U0587862

新訂朱子全書

附外編

28

［宋］朱熹 撰
朱傑人 嚴佐之 劉永翔 主編

上海古籍出版社

本册书目

鄭麥 楊同甫 黄明 校點

附錄

編者説明

本編輯録除朱熹本人著作之外有關朱熹的資料，由三部份組成：

（一）年譜：七百多年來，自朱子門人李方子（字公晦，號果齋）編第一部紫陽年譜三卷起，至現代周予同編朱熹簡明年譜止，不下五十餘種之多。而李譜已經失傳，只留下一些殘文和宋人魏了翁所作之序。現存最早的朱子年譜，乃是元人都璋編的朱子年譜一卷（又名朱文公年譜節略），附於朱文公大同集内，有元至正十二年（一三五二）都璋刻明修本，國家圖書館藏。本編則收録較有代表性的三種：一是明戴銑編朱子年譜三卷，明正德八年（一五一三）歙縣鮑雄刻本。戴銑字寶之，江西婺源人，明弘治九年進士，明史有傳。戴銑認爲：李譜屢經鋟補，頗涉淆舛，故因其舊而修之，釐爲朱子實紀十二卷，而其中的年譜三卷，是戴銑最爲致力的部份，淵源自李譜而有所增益。二是明李默編紫陽文公先生年譜五卷，該譜實爲二卷，加附録三卷，合稱五卷。李默認爲：世傳的李方子編紫陽年譜到明代嘉靖年間已不復存，只存魏了翁序，而魏序只説「果齋輯先生言行」，而不稱年譜。他懷疑李譜的存在，而現今所存年譜，多出於洪武、宣德、景泰年間諸人之筆，斷非果齋之舊。

其最謬者，朱熹歿後數十年間所得褒典，猶用編年方法。更有甚者，尊朱詆陸，非述作體。認爲朱熹與「陸氏之學」之異，主要是二人治學途徑的不同造成的，並非根本上之冲突。所以李默根據朱熹的行狀、文集、語録等資料，對舊譜去其猥冗和謬誤，只存舊本的十之七，編成年譜二卷，末附黄勉齋的朱熹行狀、宋史本傳和南宋至明給朱熹的褒典而成五卷。今收入作爲第二種，以明嘉靖刻本爲底本，以明萬曆三十九年（一六一一）刻本參校。三是清王懋竑編朱子年譜四卷，附考異四卷、附録二卷。王懋竑，字予中，號白田，江蘇寶應人。他以李默本、洪嘉植本的朱子年譜互相參考，根據朱子的文集、語録，訂補舛漏編成。此譜内容比各種版本的年譜充實，材料較爲全面，歷二十四年四易其稿而成，雖不脱門户之見，仍勝於諸家，爲研究朱熹的思想、學術提供了便利，流傳很廣。今收入作爲第三種，以清乾隆十七年（一七五二）寶應王氏白田草堂刻本爲底本，以粤雅堂叢書本和清同治九年（一八七〇）永康應氏刻本參校。原擬收録清人洪嘉植所編朱子年譜。嘉植字去蕪，又字菲泉，安徽歙縣人，以布衣而事理學。其朱子年譜，係參考戴銑和李默二家年譜，加以增訂和改編而成，體現其對朱學研究的心得，是一部承前啓後的朱子年譜。奈遍訪未得，姑闕以待來者。

（二）傳記資料：收録朱熹的傳記、行狀、世家等資料。其中朱子門人黄榦撰的行狀，以明正德八年鮑雄刻本爲底本，以嘉靖本參校。宋史本傳，採用中華書局校點本。作朱子世家，乃是太史公史記中傳記的一體，主要是用來叙述世襲諸侯的事迹。作朱子世家乃表示對朱熹的尊崇，我們收録四種，其中以清人江永考訂朱子世家爲最詳密。

〔三〕序跋：七百餘年來，述朱、闡朱、評朱、攻朱，研朱一直是中國政治學術思想史的重要内容。本書搜輯歷代有關朱熹著作的序跋，依朱子全書編修體例，按經、史、子、集編排。各類之間再依作者時代先後爲序，無年代可稽者列在最後。

本編意在爲朱熹研究提供文獻信息。囿於見聞，限於水平，掛一漏萬，舛誤自屬難免，至祈讀者指正。本編由鄭麥、黄明、楊同甫編，鄭麥統稿。

一九九六年冬月　鄭麥

目録

年譜

傳記資料

序跋

年譜

朱子實紀年譜卷一

〔明〕戴銑

宋高宗建炎四年庚戌，九月甲寅，朱子生于延平尤溪之寓舍。

朱子先世居歙州之黄墩。唐天祐中，遠祖瓌以刺史陶雅命，領兵三千戍婺源，因家邑之萬安鄉松巖里，七傳至韋齋先生松。當宣和末，尉建之政和，丁外艱，時方臘亂睦，道梗且貧，不能歸，遂葬其親于政和護國寺之側。自後往來僑寓建、劍二州。是歲館于鄭氏，而朱子生焉。○按甲寅乃是月十五日，相傳朱子生時，婺源故宅井中有紫氣見。

紹興元年辛亥。

朱子二歲。

二年壬子。

朱子三歲。

三年癸丑。

朱子四歲。○嘗指日問於韋齋曰：「日何所附？」曰：「附於天。」又問：「天何所附？」韋齋奇之○。

按行狀云：「能言，韋齋指示曰：『此天也。』問曰：『天之上何物？』韋齋異之。」與此所記不同，然當是一事。其曰「能言」，必三四歲時也。

四年甲寅。

朱子五歲。

始入小學。

韋齋與内弟程復亨書云：「媳婦生男名五二，今五歲，上學矣。」○按朱子小名沋郎，小字季延，此云「五二」，蓋以行稱耳。

五年乙卯。

朱子六歲。

六年丙辰。

朱子七歲。

七年丁巳。

朱子八歲。

通孝經大義。

書八字於其上曰：「若不如此，便不成人。」○間從羣兒嬉遊，獨以沙列八卦，端坐默視。

八年戊午。

朱子九歲。

九年己未。

朱子十歲。

自知力學，聞長者言，輒不忘。

按語録云：「十數歲時讀孟子，至『聖人與我同類者』，喜不可言，以爲聖人亦易做。」

十年庚申。

朱子十一歲。

春，韋齋出知饒州，旋請祠。朱子傳學於家庭。

初，韋齋師豫章羅仲素先生，與延平李先生爲同門友，聞龜山楊文靖公所傳河洛之學，獨得古先聖賢不傳之遺意。於是益自刻厲，痛刮浮華，以趨本實。日誦大學、中庸之書，以用力於致知誠意之地。自謂卞急害道，因取古人佩韋之義，名其齋以自警飭。朱子之學，固有自來矣。

十一年辛酉。

朱子十二歲。

十二年壬戌。

朱子十三歲。

十三年癸亥。

朱子十四歲。

三月辛亥，丁韋齋憂。

韋齋卒于建之水南，享年四十七。

禀學于胡籍溪、劉草堂、劉屏山三君子之門。

先是，韋齋疾革，手自爲書，以家事屬少傅劉公子羽，而訣于籍溪胡憲原仲、白水劉勉之致中、少傅之弟子翬彦冲。且顧謂朱子曰：「此三人者吾友，其學皆有淵源，吾所敬畏。吾即死，汝往父事之，而惟其言之聽。」韋齋歿，少傅爲築室於其里第之傍。朱子遂奉母夫人遷而居焉。乃遵遺訓，禀學于三君子之門。三君子撫教如子姪，而白水劉公以其息女女焉。然不數年，二劉公相繼下世，獨事籍溪胡公最久。○朱子作屏山墓表有云：「先生病時，某以童子侍疾。一日，請問平昔入道次第，先生欣然告曰：『吾於易，得入德之門焉，所謂「不遠復」者，乃吾之三字符也。汝尚勉之。』」又命字祝詞有云：「木晦於根，春容曄敷；人晦於身，神明内腴。」又云：「子德不日新，則時予之耻。」「言而思毖，動而思蹟，凛乎惴惴，惟顔、曾是畏。」其期望之意如此。朱子晚歲，猶書門符曰：「佩韋遵考訓，晦木謹師傳。」蓋識父、師之誨也。草堂墓表有云：「初在太學，訪伊洛程氏之傳，得其書而抄誦之。聞涪陵譙天授嘗從程子遊，兼邃易學，即往扣焉，盡得其學之本末，遂棄録牒而歸。過南都，見元城劉公；過毗陵，見龜山楊公，皆請業焉。先生拜受其言，精思力行，踐履日以莊篤。」籍溪行狀有云：「先生從胡文定公學，始聞河南程氏之説。又嘗受學于譙公，其言曰：『心爲物漬，故不能有見，惟學乃可明耳。』於是喟然嘆曰：『所謂學者，非克己功夫也耶？』由是一意下學，不求人知。一旦揖諸生，歸故山。文定稱其有隱君子之操。」朱子所得於三君子者，大略如此。

十四年甲子。

朱子十五歲。

葬韋齋于西塔山。

在崇安縣五夫里。其後改葬于武夷鄉上梅里寂歷山中峰之原。○按朱子皇考遷墓記云：「乾道六年七月，遷于里之白水鵝子峰下。」行狀又云：「慶元某年某月，遷于寂歷山。」豈韋齋之墓嘗再遷歟？然行狀成於慶元五年，止云「初藏地勢卑濕」，不著白水之遷，又不載寂歷的遷年月者，竊意當乾道間墓記雖成，不果于遷，其後始卜遷寂歷耳。但明年庚申，朱子没矣。不知寂歷之遷，果在何歲也。

十五年乙丑。

朱子十六歲。○按語録云：「某年十五六時，見吕與叔『雖愚必明，雖柔必强』一段解得痛快，讀之未嘗不竦然警厲奮發。」

十六年丙寅。

朱子十七歲。○按語録云：「某年十六七時，喫了多少辛苦讀書。」

十七年丁卯。

朱子十八歲。

秋，請建州鄉舉。

考官蔡兹謂人曰：「吾取中一後生，三篇策皆欲爲朝廷措置大事，他日必非常人。」○按語録云：「某年十七八，讀中庸、大學，每早起須誦十遍。」

十八年戊辰。

朱子十九歲。

春，登進士第。

王佐榜第五甲第九十人。○按語録云：「某少年時，做得十五六篇義，後來只如此發舉及第。人但不可不會作文字，及其得也，只是如此。」或問先生：「省試報罷時如何？」曰：「某是時已自斷定，若不過省，定不復應舉矣。」又云：「某年十五六，亦嘗留心于禪。一日在劉病翁所會一僧，與之語，見他説得也煞好。及去赴試時，便用他意思去胡説。試官爲某説動了，遂得舉。」

夏，準勅賜同進士出身。

十九年己巳。

朱子二十歲。○按語録云：「從十七八歲讀孟子至二十歲，只逐句理會，更不通透。二十歲後，方知只恁地熟讀，自見得意思。」又云：「自十五六至二十歲，史書都不要看，但覺得没要緊，不難理會。」又云：「二十歲前，得上蔡語録觀之，初用朱筆畫出合處，再觀用粉筆，三觀用墨筆。數過之後，全與元看時不同矣。」又云：「二十歲前已看得書大意如此。」又跋曾南豐帖云：「某年二十許時，便喜讀南豐先生之文，而竊慕效之。」

二十年庚午。

朱子二十一歲。

春，始歸婺源省丘墓宗族。

按虞學士集作復田記略云：「韋齋之仕于閩，嘗質其先田百畝以爲資。同邑張敦頤，教授于劍，請爲贖之。韋齋没，敦頤以書慰朱子於喪次而歸田焉。」至是朱子省墓婺源，以租入充祭祀省掃之用。〇時董琦侍朱子於鄉人之坐，酒酣，坐客以次歌誦。朱子獨歌離騷經一章，音吐鴻暢，坐客竦然。〇有帖與内弟程洵論詩，且曰：「學者所急，亦不在此。學者之要務，反求諸己而已。語、孟二書，精之熟之，求所以見聖賢用意處，佩服而力持之可也。」〇按語録云：「縣有五通廟，最靈怪。某初還，或勸謁之，不往。是夜會飲灰酒，遂動臟腑。次日，又偶有蛇在階旁。衆以爲不謁廟之故。因告以『某幸歸，此去祖墓甚近，若能爲禍福，請即葬某於祖墓之旁，甚便』。」其特立之操，亦可見矣。

二十一年辛未。

朱子二十二歲。

春，銓試中等。○夏，告授左迪功郎、泉州同安縣主簿。

二十二年壬申。

朱子二十三歲。

二十三年癸酉。

朱子二十四歲。

夏，始受學于延平李先生之門。

李先生愿中受學于羅公仲素。龜山倡道東南，從遊甚衆，語其潛思力行，任重詣極者，羅公一人而已。李先生實得其傳，同門皆以爲不及。然樂道不仕，人罕知之。沙縣鄧迪天啓嘗曰：「愿中如冰壺秋月，瑩徹無瑕。」韋齋深以爲知言。朱子少耳熟焉。至是將赴同安，故往見之。○初，朱子學靡常師，出入於經傳，泛濫於釋老者，亦既有年。及見延平，洞明道要，頓悟異端之非，盡能掊擊其失。由是專精致誠，剖微窮深，晝夜不懈，至忘寢食，而道統之傳，始有所歸矣。○朱子嘗言：「初師屏山、籍溪，自見於道未有所得，乃見延平。」又云：「自見李先生，爲學始就平實，乃知向日從事於釋老之說皆非。」又云：「初見李先生，説得無限道理。李先生曰：『公恁地懸空理會得許多道理，而面前事却理會不下。道亦無他玄妙，只在日用間着實做工夫處，便自見得。』某後來方曉得他說，故今日不至於無理會耳。」又云：「赴同安任時，年二十四，始見李先生，告之學禪。李先生但曰：『不是。』再三質問，則曰：『且看聖賢言語。』某遂將所謂禪權倚閣起，取聖賢書讀之。讀來讀去，日復一日，覺得聖賢言語漸漸有味。却回頭看釋氏之説，漸漸破綻罅漏百出。」又云：「李先生令去聖經中求義理，某後刻意經學，推見實理，始信前日諸人之誤。」又云：「沈元用問尹和靖：『伊川易傳何處是切要？』尹云：『體用一原，隱顯無間，此是最切要處。』舉以問李先生，李先生曰：『尹説固好，然須是看得六十四卦三百八十四爻都有下落，方始説得此語。若學未曾子細理會，便與他如此説，豈不誤他？』某聞之悚然，始知前日空言無實，全不濟事。自此讀書益加詳細。」○延平與其友羅博文宗禮書曰：「元晦進學甚力，樂善畏義，吾黨鮮有。」又云：「此人極穎悟，力行可畏，講學極造其微處。渠所論難處，皆是操戈入室，須從原頭體認來，所以好説話。某昔於羅先生得入處，後無朋友，幾放倒了。得渠如此，極有益。渠初從謙開善處下工夫來，故皆就裏面體認。今既論難，見儒者路脈，極能指其差誤之處。自見羅先生來，未見有如此者。」又云：「此子別無他事，一味潛心於此。初講學時頗爲道理所縛，今漸能融釋，於日用處一意下工夫。若於此漸熟，則體用合矣。此道理全在日用處熟，若靜處有而動處無，則非矣。」○按已上數條，蓋非一時語。以其歲月無考，因聯書之。

秋七月壬寅，之同安任。丁酉，子塾生。

涖職勤敏，纖悉必親。郡縣長吏，事倚以決。苟利於民，雖勞無憚。廨有燕坐之室，更名曰高士軒，而以令甲凡簿所當爲者，大書揭之楣間。職兼學事，身率諸生，規矩甚嚴，厲以誠敬，開以義理。初，士子尚循故態，食已則去。朱子爲文勸諭之，以爲學如不及，猶恐失之，此君子所以孳孳焉愛日不倦，而競尺寸之陰也。今或聞諸生晨起入學，未及日中而各已散去，豈愛日之意哉？蓋今日之學者舍科舉之業，則無爲也。故苟足以應有司之求，則至於惰遊而不知反。使古人之學止於如此，則可以得志於科舉斯已矣。所以孳孳焉愛日不倦，以至乎死而後已者，果何爲而然哉？諸君苟思於科舉之外，而知所以爲學，則將有欲已而不能者。因選邑之秀民充弟子員，得許生升而愛敬之。有柯翰者，家居教授，常百餘人，行峻不爲苟合，遂請爲學職。衆益有所嚴憚，不敢爲非。又以爲區區防之於法制之末，而理義不足以悅其心，則亦無以使之知所趣而興於行。乃增修講問之法，使職事諸生相與漸摩，理義有以博其心，規矩有以約其外。學者翕然從之，以至學殿、講坐、齋舍悉加整葺云。○按七月下先紀壬寅，次丁酉，則「壬寅」二字必有一字誤。

二十四年甲戌。

朱子二十五歲。

七月，子埜生。

二十五年乙亥。

朱子二十六歲。

正月。

請于帥府，盡模府中所有書以歸，建經史閣以藏之，而爲之守視出内暴涼之禁戒。又料簡故匱治平中所藏書，得尚可讀者二百餘卷，悉上于閣，學者得以覽觀焉。○立故丞相蘇公頌祠，以學術名節爲可師也。○縣學釋奠，舊例止以人吏行事。朱子至，求政和五禮新儀印本於縣，無之，乃取周禮、儀禮、唐開元禮、紹興祀令，更相參考，畫成禮圖，訓釋辨明，纖悉畢備。執事學生得以日夕觀覽，臨事無舛。○朱子常病州縣之間，士大夫庶民之家行禮爲難。因考釋奠儀，著論以爲宜取政和禮，凡州縣官民所應用者，別加纂録，號曰禮略，刊印而頒之州縣，州縣刊印而頒之民間。擇士之篤厚好禮者誦其説，習其容。州縣各爲若干人，廩之於學，使行禮者有考焉。其祭器、祭服皆給一爲式，使州縣倣而備之。禮書之未備，則更加考正，而皆爲之圖，與書並頒而藏之。其拳拳於禮如此。○按語録云：「在同安，夜聞鐘聲，聽其一聲未絶，而此心已自走作。因此警懼，乃知爲學須是專心致志。」

二十六年丙子。

朱子二十七歲。

七月，考滿，代者不至。

按語録云：「同安簿滿，到泉州候批書。客邸借得孟子一册，子細讀，方尋得本意。」

冬，奉檄走旁郡。

因送老幼東歸。

二十七年丁丑。

朱子二十八歲。

春，返同安。

館于陳氏。○六月，作畏壘庵記。

冬十月，代者卒不至，以四考滿罷歸。

其去也，士思其教，民懷其惠，相與立祠于學。

二十八年戊寅。

朱子二十九歲。

正月，見李先生于延平。

十一月，以養親丐祠。十二月，差監潭州南嶽廟。

歸自同安，彌樂道。其於仕進泊如也。

二十九年己卯。

朱子三十歲。○三月，作謝上蔡語録後序。

八月，召赴行在，辭。

用執政陳俊卿薦也。

十一月，省劄趣行，辭。

朱子方控辭，會言路有託抑奔競以沮之者，以故不就。○是歲，籍溪胡公由司直改正字，將就職，朱子送行，有詩曰：「執我仇仇詎我知，謾將行止驗天機。猿驚鶴怨渾閑事，只恐先生袖手歸。」其後又寄詩曰：「先生去上芸香閣，閣老新峨豸角冠。留取幽人卧空谷，一川風月要人看。」「甕牖前頭翠作屏，晚來相對静儀刑。浮雲一任閑舒卷，萬古青山只麽青。」詳味此詩，則朱子任道自重之意亦可略見。五峰胡宏曰此詩有體而無用，因賡之曰：「幽人偏愛青山好，爲是青山青不老。山中雲出雨太虚，一洗塵埃山更好。」似爲籍溪解嘲。以其皆是歲事，足以互相發明，故附焉。

三十年庚辰。

朱子三十一歲。

冬，見李先生于延平。

退寓舍旁西林院，閲月而後去。○按是歲延平與朱子書云：「聞召命不置，復有指揮。今來亦執前説，辭之甚佳。蓋守之已定，自應如此。」

三十一年辛巳。

朱子三十二歲。○冬，有與黄樞密論恢復書。

三十二年壬午。

朱子三十三歲。

春，迎謁李先生于建安，遂與俱歸延平。

復寓西林者幾月。〇汪端明應辰嘗稱朱子師事延平，久益不懈。每一去而復來，則所聞必益超絶。蓋其上達不已，日新如此。

夏五月，祠滿復請。六月，孝宗即位，詔求直言。八月，應詔上封事，是月得祠。

其略曰：「帝王之學，必將格物致知，以極夫事物之變。使夫事物之過乎前者，義理所存，纖微畢照，則自然意誠心正，而所以應天下之務者得矣。至於記誦華藻，非所以探淵源而出治道；虚無寂滅，非所以貫本末而立大中也。」又曰：「今日之計，要在脩政事，攘夷狄而已。然其計所以不時定者，講和之説疑之也。」又曰：「陛下前日所號召者，皆天下所謂忠臣賢士也。誠與之共圖天下之事，使疏而賢者，雖遠不遺；親而否者，雖邇必棄。毋主先入，以致偏聽獨任之譏；毋篤私恩，以犯示人不廣之戒。進退取舍，惟公論是從。則朝廷正而内外遠近莫不一於正矣。」不報。〇十月，作論語纂訓序。

孝宗隆興元年癸未。

朱子三十四歲。

三月，再召，辭。七月丁酉，行。十月，至行在。辛巳，入對垂拱殿。

其略曰：「大學之道，本於格物。格物者，窮理之謂也。謂之理，則無形而難知；謂之物，則有迹而易覩。必因物求理，使瞭然無毫髮之差，則應事自然無毫髮之謬。是以意誠心正而身脩，家齊國治而天下平。勸講之臣所以聞於陛下者，不過記誦詞章之習，而陛下又不過求之老子、釋氏之書。是以雖有生知之性，高世之行，而未嘗隨事以觀理，故天下之理多所未察，未嘗即理以應事，故天下之事多所未明。是以舉措之間，動涉疑貳；聽納之際，未免蔽欺。由不講乎大學之道，而溺心於淺近虚無之過也。願博訪真儒知此道者，講而明之，則今日之務所當爲者，不得不爲；所不當爲者，不得不止。」上爲之動容。次論今之論國計者三：曰戰，曰守，曰和。「此三説者，是非相攻，可否相奪。談者各飾其私，聽者不勝其眩，由不折衷於義理之根本，而馳騖於利害之末流故也。君父之讎不共戴天者，乃天之所覆，地之所載。凡有君臣父子之性者，發於至痛不能自已之同情，而非專出於一己之私也。國家之與北虜，其不可與共戴天明矣。今日所當爲者，非戰無以復讎，非守無以制勝。此皆天理之自然，非人慾之私忿也。」三論先王制御夷狄之道。「其本不在威强，而在乎德業；其備不在邊境，而在乎朝廷；其具不在兵食，而在乎紀綱。願開納諫諍，黜遠邪佞，杜塞倖門，安固邦本。四者爲急先之務，庶幾形勢自强，而恢復可冀矣。」時朝廷遣王之望使虜約和未還，宰臣湯思退等皆主和議，而近習曾覿、龍大淵招權，故奏及之。三劄所陳，不出封事之意，而加剴切焉。○先是，朱子將趨召命，問李先生所宜言。以爲今日三綱不立，義利不分，故中國之道衰而夷狄盛，人皆趨利而不顧義，而主勢孤。朱子首用其説以對。○按朱子與魏元履帖云：「初讀第一奏，論致知格物之道，天顔温粹，酧酢如響。次讀第二奏論復讎之義，第三奏論言路壅塞，佞幸鴟張，則不復聞聖語矣。」

十一月戊辰，除武學博士。

替成資闕，拜命遂歸。

是歲，論語要義成。

有目録序。

論語訓蒙口義成。

既序次論語要義，又以其訓詁略而義理詳，殆非啓蒙之要，因爲删録，以成此編。按此書當是成於元年、二年之間。○正月，答陳灃書論鹽法。六月，答汪尚書書論龜山語録。其後又屢論之。

二年甲申。

朱子三十五歲。

正月，之延平，哭李先生。

比葬，又往會。○先是，閩帥汪應辰延請李先生至帥治，坐語未終而卒。

困學恐聞編成。

朱子嘗以「困學」名其燕坐之室，因目其雜記之編曰困學恐聞。按此書當是成於此年及次年春。

乾道元年乙酉。

朱子三十六歲。

四月，請祠。

先是省劄趣就職，既至而執政錢端禮等復主和議，不合，請祠歸。

五月，差監南嶽廟，拜命。

六月，作戊午讜議序云：「戊午之議，發言盈庭。其曰虜世讎不可和者，尚書張公闡、左史胡公銓而止耳。自餘亦有謂不可和者，而其説不出於利害之間。又其餘則忘其疇昔之言，厥或告之，則曰『處士之大言耳』。因讀魏元履所序次戊午讜議，爲之流涕。」

二年丙戌。

朱子三十七歲。

三年丁亥。

朱子三十八歲。

八月，如長沙，訪南軒張公。道經昭武，謁黄端明。

端明名中，字通老。朱子以其齒德俱尊，故先之以書，請納再拜之禮而見之。〇九月抵長沙，留止兩閱月而行。〇按朱子與曹晉叔書云：「此月八日抵長沙，今半月矣。荷敬夫愛予甚篤，相與講明其所未聞，日有問學之益。敬夫學問愈高，所見卓然，議論出人意表。近讀其語説，不覺胸中灑然，誠可歎服。」又南軒贈行詩曰：「遺經得紬繹，心事兩綢繆。超然會太極，眼底無全牛。」朱子答詩曰：「昔我抱冰炭，從君識乾坤。始知太極藴，要妙難名論。謂有寧有迹，謂無復何存。惟兹酧酢處，特達見本根。萬化從此流，千聖同兹源。曠然遠莫禦，惕若初不煩。」又中和舊説序云：「予早從延平李先生學，受中庸之書，求喜怒哀樂未發之旨，未達而先生殁。聞張欽夫得衡山胡氏學，則往從而問焉。」是時范念德侍行，嘗言二先生論中庸之義，三日夜而不能合。其後朱子卒更定其説。以此觀之，則二先生晤聚講論而深相契者，大略可見，而未發之旨，蓋終有未合也。

十一月庚午，偕南軒登衡嶽。

至櫧州而别。有南嶽唱酬集。

己丑，除樞密院編脩。

用執政陳俊卿、劉珙薦也。越二日拜命。

十二月，至自長沙。

與南軒别後，遂偕范伯崇、林擇之東歸。掇拾道中所作詩，得二百餘篇，名東歸亂藁。

四年戊子。

朱子三十九歲。

四月，崇安饑。朱子貸粟于府以賑之。

時盜發浦城，崇安人情大震。朱子請于府，貸粟六百斛，籍户口散給之，民以不饑。是冬有年，民願償粟於官。知府事王淮俾留里中，而上其籍於官。社倉之法始此。

編次程氏遺書成。

初，二程子之門人各有所録，雜出並行間頗爲後人竄易。至是序次有倫，去取精審，學者始有定從，而程子之道復明于世。○凡載書成，皆以序文歲月爲定。

五月，兩被省劄趣就職，辭。

中省乞嶽廟差遣。

七月，大水，奉府檄行視水災。省劄再趣就職，又辭。

時國子學録魏掞之以論曾覿去國，朱子遂力辭。詳見次年夏秋與陳丞相、汪尚書諸書。

五年己丑。

朱子四十歲。

正月戊午，子在生。

六月，作太極通書後序。

九月戊午，丁母孺人祝氏憂。

八月，省劄復趣行，會丁祝孺人憂。孺人，歙處士確之女，後贈碩人，追封粤國夫人。○按朱子於父母墳墓所託之鄉人必加禮，敵己以上則拜之。

六年庚寅。

朱子四十一歲。

正月癸酉，葬祝孺人于後山天湖之陽。

在建陽縣崇泰里，名曰寒泉塢。先生自作壙記。

家禮成。

朱子居喪盡禮。既葬，日居墓側，旦望則歸奠几筵。蓋自始死至祥禫，參酌古今，咸盡其變，因成喪祭禮。又推之於冠婚，共爲一編，命曰家禮。既成，爲一行童竊去。至易簀後，其書始出。其間有與先生晚歲之論不合者。黄榦云：「所輯家禮，世多用之。然其後亦多損益，未暇更定。」〇七月，作皇考朱府君遷墓記。

十二月，召赴行在，以喪制未終辭。

侍郎胡銓以詩人薦，與王庭珪同召。

七年辛卯。

朱子四十二歲。

三月，省劄，候服闋依已降指揮。

八月，五夫三里刱立社倉。

朱子所居之鄉，每歲春夏之交，豪户閉糴牟利，細民發廩强奪，動相賊殺，易至挺變。遂因前所貸米刱立社倉，爲倉三、亭一，門墻守舍皆備，其規畫條約見社倉須知及社倉記。又延和奏劄云：「臣等措置，每石量收息米二斗，自後逐年依此斂散。或遇小歉，即蠲其息之半，大饑即盡蠲之。至今十有四年，支息米造成倉厫三間收貯，已將元米六百石納還本府。其見管三千一百石，並係累年人户納到息米，已申本府照會，將來依前斂散，更不收息，每石只收耗米三升。係臣與本鄉土居官及士人數人同共掌管，遇斂散時，即申府差縣官一員監視出納。以此之故，一鄉四五十里之間，雖遇凶年，人不闕食。

十二月，趣行，以禄不及養辭。

省劄檢會：「服制已是從吉，令依已降指揮，疾速起發。」〇按大全集，此月省劄趣行，至次年正月建寧府遞到，二月始謝恩具辭。則前此未嘗辭也。「以禄不及養辭」六字疑衍。

八年壬辰。

朱子四十三歲。

正月，編次論孟精義成。

初學者讀二書未知折衷，至是書出，始知道之有統，學之有宗，因而興起者甚衆。〇是書初名要義，改今名，最後更名曰集義。

二月，以禄不及養辭。

四月，再趣行。

有旨林枅、朱熹依已降指揮，疾速起發赴行在。

資治通鑑綱目成。

初，司馬公既編成通鑑，又著目録，又著舉要曆。胡文定公又著舉要補遺。朱子因二公四書，別爲義例。表歲以首年，而因年以著統；大書以提要，而分注以備言。大略綱倣春秋，而兼採羣史之長；目倣左氏，而稽合諸儒之粹。自有通鑑以來，未有此書。其後再加更定，未畢，然大經大法則已粲然矣。

六月，省劄趣行，辭。

以遭期親服辭。

十月，西銘解義成。

自二程子皆推西銘爲擴前聖所未發，遊其門者必令看大學、西銘，而未有發明其義者，朱子首爲之解。

十二月，省劄再趣行，辭。

八朝名臣言行録成。

按此書之成，歲月無考。然觀大全集，此書序列于綱目序後，當在是年或次年成耳。

九年癸巳。

朱子四十四歲。

三月，省劄再趣行，又辭。

且乞差監嶽廟。

四月，太極圖傳、通書解成。

其序略曰：「周子之學，其妙具於太極一圖。通書之言，皆發此圖之藴。而程子兄弟語及性命之際，亦未嘗不因其説。然周子既手以授二程，而程本因附書後。傳者見其如此，遂誤以圖爲書之卒章，不復釐正，使立象盡意之微旨暗而不明。而驟讀通書者，亦不復知有所統攝矣。」○序尹和靖言行録。

五月，有旨，特與改秩宮觀，辭。

朱子既累辭召命，宰相梁克家因奏朱某累召不起，宜蒙褒録。上曰：「朱某安貧守道，廉退可嘉。特與改合入官，主管台州崇道觀，任便居住。」

六月，編次程氏外書成。

遺書外，取諸集録，參伍相除，得十有二篇，名曰外書，而二程子之遺言備矣。○九月，序中庸集解。

十一月，省劄檢會依已降指揮行下。

淳熙元年甲午。

朱子四十五歲。

二月，辭。

三月，省劄檢會不許辭免，指揮行下，又辭。

五月，省劄再檢會依已降指揮。六月，拜命。

初，朱子以爲改官賦禄，蓋朝廷進賢賞功、優老報勤之典，乃使小臣終年安坐，一日無故而驟得之，求退得進，義所不安，故三具辭免，遜避逾年。上意愈堅，始拜命。

二年乙未。

朱子四十六歲。

五月，東萊吕公來訪，講學于寒泉精舍，編次近思録成。

吕公自東陽來會，留止旬日，相與掇周子、程子、張子書，關大體而切日用者，彙次成十四篇，號近思録。朱子嘗語學者曰：「四子，六經之階梯；近思録，四子之階梯。」蓋言爲學當自此而入也。○其後守臨漳日，添入數條，刊之于學。

餞東萊至鵝湖，陸子壽、子靜來會。

東萊歸，朱子送之至信之鵝湖寺。江西陸九齡子壽、弟九淵子靜，及清江劉清之子澄皆來會，相與講其所聞。二陸俱執己見，不合而罷。○鵝湖辯論，今無所考。子壽詩云：「孩提知愛長知欽，古聖相傳只此心。大抵有基方築室，未聞無址忽成岑。留情傳注翻榛塞，着意精微轉陸沉。珍重友朋勤琢切，須知至樂在如今。」子靜和云：「墟墓興哀宗廟欽，斯人千古不磨心。涓流積至滄溟水，拳石崇成泰華岑。易簡工夫終久大，支離事業竟浮沉。欲知自下升高處，真僞先須辨只今。」朱子和云：「德業風流夙所欽，别離三載更關心。偶扶藜杖出寒谷，又枉藍輿度遠岑。舊學商量加邃密，新知培養轉深沉。却愁説到無言處，不信人間有古今。」以詩觀之，則學之同異可略見矣。其後子壽頗悔其非，而子靜終身守其説不變。○後東萊與朱子書云：「子靜留幾日鵝湖，氣象已全轉否？若只就一節一目上受人琢磨，其益終不大也。」朱子答書云：「子靜舊日規模終在，其論爲學之病，多説如此即只是意見，如此即只是議論，如此即只是定本。某因與説，既是思索，即不容無意見；既是講學，即不容無議論；統論爲學規模，亦豈容無定本，但隨人材質病痛而救藥之，即不可有定本耳。渠却云正爲多是邪意見閑議論，故爲學者之病。某云如此即是自家呵叱亦過分了，須着『邪』字『閑』字方始分明，不教人作禪會耳。又教人恐須先立定本，却就上面整頓，方始説得無定本底道理，今如此一概揮斥，其不爲禪學者幾希矣。渠雖唯唯，然終亦未窮竟也。」又答書云：「子壽雖已轉步，而未曾移身，然其勢久之亦必自轉。回思鵝湖講論時，是甚氣勢，今何止什去七八邪！」又云：「子靜之病，恐未必是看人不看理，自是渠合下有些禪底意思。」又答趙子欽書云：「子靜後來得書，愈甚於前。大抵其學於心地功夫不爲無所見，但便欲恃此陵跨古今，更不下窮理細密功夫，卒並與其所得者而失之。人欲横流，不自知覺，而高談大論，以爲天理盡在是也，則其所謂心地功夫者，又安在哉？」

七月，作晦庵於蘆峰之雲谷。

有雲谷記。○跋袁機仲通鑑紀事本末。

三年丙申。

朱子四十七歲。

二月，歸婺源省先墓。

有歸新安祭墓及祭告遠祖墓文。時邑令張漢率諸生請講書于學，辭。復請撰藏書閣記，許之。而以程氏遺書、外書、文集、經説、司馬氏書儀、高氏送終禮、吕氏鄉約、鄉儀等書留學中。日與鄉人子弟講學于汪氏之敬齋，隨其資稟，循誘不倦。至六月初旬乃去。○按朱子答東萊書云：「取道浦城以往，自常山、開化趨婺源。」又云：「季通旦夕或同過婺源，然後入浙。」又云：「某十二日早達婺源，乍到一番人事冗擾，更一兩日遍走山間墳墓。歸亦不能久留也。」又作茶院朱氏譜序云：「唐天祐中，陶雅爲歙州刺史，初克婺源，乃命吾祖領兵三千戍之，是爲制置茶院府君，卒葬連同，子孫因家焉。先吏部於茶院爲八世孫，宣和中始官建之政和，而葬承事府君於其邑，遂爲建人。淳熙丙申，熹還故里，將展連同之墓，則與方夫人、十五公馮夫人之墓皆已失之。因亟詢訪得連同兆域所在，乃率族人言於有司，而後得之。然而三墓者則遂不可復見。至於藘村府君，其墓益遠，居故里者尤當以時相率展省，更力訪求三墓而表識之，以塞子孫之責。而熹之曾大父王橋府君無他子，其墓在故里者，恃有薄田於其下，得以奉守不廢。嘗質諸有司，以爲祭田，使後之子孫雖貧無得鬻云。」又按程學士敏政送朱子裔孫楙序云：「聞知長老，淳熙中文公歸展祖墓，慨然思返其故廬。因挾西山蔡元定與俱。蔡氏雖精于堪輿之説，而實則閩産，力勸文公還閩。」則先生平日惓惓于新安之山水可知已。○已上數條有關省墓時事，故附焉。

六月，除祕書省祕書郎，辭。

七月，答汪尚書書云：「熹狷介之性，矯揉萬方而終不能回，迂疏之學，用力既深而自信愈篤。以此自知決不能與時俯仰，以就功名。故二十年來，甘自退藏，以求己志。所願欲者，不過脩身守道，以終餘年。因其暇日，諷誦遺經，參考舊聞，以求聖賢立言本意之所在。既以自樂，間亦筆之於書，以與學者共之，且以待後世之君子而已。此外實無毫髮餘念也。」

八月，不允，再辭，仍舊宮觀。

時上諭大臣欲獎用廉退之士。參政龔茂良以朱子操行耿介，屢召不起爲言，遂有此除。朱子以改官之命，正以嘉其廉退之節，今乃冒進擢之寵，是左右望而罔市利，乃辭。會有言虛名之士不可用者，以故再辭。遂差主管武夷山冲佑觀。

十一月，令人劉氏卒。

次年二月葬於建陽縣唐石大林谷，名其亭曰宰如，而規壽藏於其側，名其庵曰順寧。

四年丁酉。

朱子四十八歲。

六月，論孟集註、或問成。

朱子既編次論孟集義，又作詳説，既而約其精粹妙得本旨者爲集註，又疏其所以去取之意爲或問。然恐學者轉而趨薄，故或問之書未嘗出以示人。時書肆有竊刊行者，亟請諸縣官追索其板。故惟學者私傳録之。其後集註删改日益精密，而或問則不復釐正。故其去取間有不同者，然辨析毫釐，互有發明，亦學者所當熟味也。〇詳説即訓蒙口義。

十月，周易本義、詩集傳成。

詩自毛、鄭以來皆以小序爲主，其與經文舛戾，則穿鑿爲説以通之，前後諸儒莫能釐正。朱子獨以經文爲主，而訂其序之是非，復爲一編，附寘經後，以還其舊。又答東萊書云：「讀易之法，竊疑卦、爻之詞本爲卜筮者斷吉凶，而因以訓戒。至彖、象、文言之作，始因其吉凶訓戒之意，而推説其義理以明之。後人但見孔子所説之義理，而不復推本文王、周公之本意，因鄙卜筮爲不足言。而其所以言易者，遂遠於日用之實，類皆牽合委曲，偏主一事，無復包含該貫、曲暢旁通之妙。若但如此，則聖人當時自可别作一書，明言義理，以詔後世，何用假託卦象爲此艱深隱晦之辭乎？」〇十一月，跋麻衣易説。

五年戊戌。

朱子四十九歲。

八月，差知南康軍，辭，不允，令疾速之任，候任滿前來奏事。

宰相史浩必欲起朱子，或言宜以外郡處之，差權發遣南康軍事，兼管内勸農事，仍借緋。

十月，丐祠。

東萊累書勉行。南軒亦謂須一出爲善，雖去就出處素有定論，然更須斟酌消息，勿至已甚，苟一向固拒，則上之人謂賢者不肯爲用，於大體却有害也。朱子於是始有出意。

十一月，省劄檢會已降指揮。十二月，又趣之任。

朱子實紀年譜卷二

六年己亥。

朱子五十歲。

正月，復丐祠。

未報，啓行，至信州鉛山俟命，寓止崇壽僧舍。陸子壽來訪。○跋婺源縣中庸集解、周子通書板本。

二月，在道丐祠，省劄趣行。

三月，再趣行。是月晦到任，首下教三條。

一，以郡土瘠民稀，役煩税重，求所以寬恤之方，俾士人父老、僧道軍民有能知利病之源者，悉具以陳。二，俾管下士民鄉鄰父老，歲時集會，教戒子弟，使脩孝悌忠信之行，入以事其父兄，出以事其長上，篤厚親族，和睦鄉鄰，有無相通，患難相恤，以成風俗之美。三，俾鄉黨父老各推擇其子弟之有志於學者，遣入學，當以暇時與學官同共講説經旨，以誘掖之，庶長材秀民爲時而出。○每五日一詣學，首爲諸生講説大學，終篇，則令學官授以論語。覆試未通，則爲敷暢其旨，亹亹不倦。郡之有賢德者，禮之以爲學職，士風翕然丕變。

立濂溪周先生祠于學宫，以二程先生配，别立五賢堂。以祠陶靖節、劉西澗父子、李公擇、陳了齋。先是，移文教授、司户，以爲蒙恩假守，畀付民社，固將使之宣明教化，篤厲風俗，非徒責以簿書期會之最而已。其爲訪尋陶威公侃、謝文靖公安、陶靖節先生潛、前朝孝子司馬暠、熊仁贍、義門洪氏等遺跡，與夫白鹿洞學館之廢址，濂溪先生周公、西澗先生劉公、了齋先生陳公祠宇之有無，並覈其實以告。至是施行。○按三先生祠，張南軒爲記。五賢祠，尤延之爲記。○五月，序再定太極通書。

六月，奏乞蠲減星子縣税錢。事下户部，户部下漕司，責以對補。會有言庶僚不當用劄子奏事者，引以自劾。

禁别籍異財。已犯者復合之。○六月，記濂溪先生事實。八月，跋濂溪拙賦、愛蓮説，跋伊川先生易傳板本。

十月，復建白鹿洞書院。以雨不時，高仰之田告病。行視陂塘，並廬山而東，得樵者指示白鹿洞書院故基。喜其四面山水，清邃環合，真羣居講學、遯迹著書之所。遂命教官及星子令即其故址，復建書院。且言於朝，得賜敕額及賜御書石經、監本九經。又捐俸買書以益之，置田以贍來學者。數月告成，率郡僚、寓公、過客、學徒，釋菜于先聖先師以落之，呂東萊爲記。每休沐輒一至，諸生質疑問難，誨誘不倦。退則相與徜徉泉石間，竟日乃返。又與時宰書，乞復洞主，廢官使，得備員與學徒講道其間，假之稍廩，略如祠官之入。不報。○初欲訪唐開元禮，只爲虚殿，遇釋奠、釋菜，旋立主行事。後守錢子言不可，遂塑像，設如今州縣學制云。○約聖賢教人爲學之大端，條列以示學者，爲説以勉之，而去學規不用。規模廣大，工夫切密，足爲萬世學者定式。又嘗爲賦，以紀復建本末。卒章云：「曰明誠其兩進，抑敬義其偕立。允莘摯之所懷，謹巷顔之攸執。彼青紫之勢榮，亦何心乎俛拾。」「明誠」「敬義」四字，其示學者尤切。○按語録云：「大學、中庸、語、孟諸文字皆是五十歲以前做了。」

十二月，申請陶威公廟額。

七年庚子。

朱子五十一歲。

正月，丐祠，未報。

二月，南軒張公訃至，罷宴哭之。

時南軒卒于江陵府治，朱子爲文祭之，略曰：「蓋有我之所是而兄以爲非，亦有兄之所然而我之所議，又有始所共向而終悟其偏，亦有早所同嚌而晚得其味。蓋繳紛往反者幾十有餘年，末乃同歸而一致。」又曰：「兄喬木之故家，我衡茅之賤士。兄高明而宏博，我狷狹而迂滯。故我嘗謂兄宜以是而行之當時，兄亦謂我盍以是而傳之來裔。蓋雖隱顯之或殊，實則交須而共濟。不惟相知之甚審，抑亦自靖而無愧。」觀此則二先生志同道合，與所以相期任者可見矣。又與呂東萊書云：「欽夫云見某諸經説，乃知閑中得就此業，殆天意也。因此略述向來講學與所以相期之意，而嘆吾道之孤且窮，非欽夫則不能有所發明也。」○朱子作南軒墓誌云：「常言學莫先於義利之辨。而義也者，本心之所當爲而不能自已，非有所爲而爲之者也。一有所爲，則皆人欲而非天理矣。斯乃擴前聖之所未發，而與性善養氣之論同功。」因附見焉。○按大全集朱子與南軒書，辯論太極、仁、語、孟、中庸諸説甚詳。

三月，復丐祠，不允。

脩學。

申省，乞以泗水侯孔鯉從祀先聖。申部，乞檢會政和五禮新儀内州縣臣民合行禮制，鏤板行下諸路州軍。其壇壝、器服、制度亦乞詳畫圖本頒下，以憑遵守。後又申省，以禮部符下政和五禮祭祀儀式頗未詳備，乞討論行下，以成全書。

四月，申減三縣科紐木炭錢。

歲減錢二千緡。

應詔上封事。

時詔監司、郡守條具民間利病，遂上疏言：「天下之大務，莫大於恤民。恤民之本，又在人君正心術以立紀綱。今日民間特以税重爲苦，正緣二税之入，朝廷盡取以供軍，而州縣無復贏餘，則不免於二税之外，别作名色，巧取於民。今民貧賦重，若不討理軍實，去其浮冗，則民力決不可寬。惟有選將吏、覈兵籍可以節軍貲，開廣屯田可以實軍儲，練習民兵可以益邊備。今日將帥之選，率皆膏粱子弟、厮役凡流。所得差遣，爲費已是不貲。到軍之日，惟望裒斂刻剥以償債負。總餽餉之任者，亦皆倚負幽陰，交通貨賂。其所驅催東南數十州之脂膏骨髓，名爲供軍而輂載以輸權倖之門者，不可以數計。是以比年以來，生民日益困苦，無復聊賴。有識之士，私議竊歎，以爲莫大之禍，必至之憂，近在朝夕。顧陛下未之知耳。爲今之計，欲討軍實以紓民力，則必盡反前之所爲，然後乃可冀也。所謂其本在於正心術以立紀綱者，蓋天下之紀綱不能以自立，必人主之心術公平正大，無偏黨反側之私，然後紀綱有所繫而立。君心不能以自正，必親賢臣，遠小人。講明義理之歸，閉塞私邪之路，然後乃可得而正。今宰相、臺省、師傅、賓友、諫諍之臣，皆失其職，而陛下所與親密謀議者，不過一二近習之臣。此一二小人者，上則蠱惑陛下之心志，使陛下不信先王之大道，而説於功利之卑説；不樂莊士之讜言，而安於私褻之鄙態。下則招集天下士大夫之嗜利無耻者，文武彙分，各入其門。所喜則陰爲引援，擢寘清顯；所惡則密行訾毀，公肆擠排。交通貨賂，則所盗者皆陛下之財；命卿置將，則所竊者皆陛下之柄。陛下所謂宰相、師傅、賓友、諫諍之臣，或反出入其門墻，承望其風旨。其幸能自立者，亦不過齗齗自守，而未嘗敢一言以斥之。其甚畏公論者，乃略能驚逐其徒黨之一二，既不能深有所傷，而終亦不敢明言以擣其囊橐窟穴之所在。勢成威立，中外靡然向之，使陛下之號令黜陟，不復出於朝廷，而出於此一二人之門。名爲陛下之獨斷，而實此一二人者陰執其柄。蓋其所壞非獨壞陛下之紀綱，乃併與陛下所以立紀綱者而壞之，則民又安可得而恤？財又安可得而理？軍政何自而脩？土宇何自而復？宗廟之讎耻又何自而可雪耶？」疏入，上讀之大怒，命朱子分析。宰相趙雄詭辭救解，乃已。

秋旱甚，竭力爲荒政備。

先是大旱，盛暑中，禱祠山川，却蓋暴露，蔬食踰月，恐懼憂勞，無頃刻暇。兩以人户逃移自劾，不報。至是，約苗失收什八已上，乃竭力措置爲荒政備。首諭民毋流移以待賑恤，使主户各存濟其客户，富民無增糓價以救鄉閭。令飢民毋得强糴，而勸種蕎麥以接食。隱度常平義倉爲數甚少，乃勸富室分認米數。會詔江東帥守恤民隱，決滯獄，以銷旱災，且頒勸分賞格。因即二事推廣爲奏，乞降特旨，減前所申星子縣税及三年赦文。已蠲官租，禁州郡勿得催理。若囚繫淹延，則在特詔大臣一員，專督理官，嚴立程限，排日結絶，行下乃可。遂以賞格喻先已認米之富室，合得二萬石，使樁留以待。復奏請截留綱運，乞轉運、常平兩司錢米充軍糧，備賑濟。申嚴鄰路斷港遏糴之禁，而通誘客舟。選官吏授以方略，俾視境内，具知荒歉分數，户口多寡，蓄積虚實。既覈飢民之數，乃造曆頭牌面，置簿曆，印付三縣，俾散給之。郡濱大江，舟艤岸者遇大風輒淪溺。至是募民築堤捍舟，冀稍振業飢者，舟患亦息。預戒三縣，每邑市鄉村四十里則置一場，以待賑糶，合爲三十五場。其闕食甚者，先賙濟焉。〇八月，與東萊書論憂旱致疾。

冬，以旱傷分數告于朝，乞蠲閣税租。

本軍苗米四萬六千五百餘石，檢放三萬七千四百餘石。有旨三等以下人户夏税畸零，並與倚閣。放數既寬，民以故無流徙。按語録云：「在南康時，才見旱，便剗刷官錢物，庫中得三萬貫，準擬糴米，添支官兵。却去上供錢内借三萬貫糴米，賑糶早時糴得，却糶錢還官中解發，是以不闕事。

十一月，作卧龍庵，祠諸葛武侯。

庵在廬山之陽五老峰下，朱子自爲記。越數百步，面龍潭作亭，爲民禱賽之所，命之曰起，以爲歲適大侵，龍之淵卧者，可以起而天行矣。皆捐俸資，而屬西源隱者崔嘉彦董其役，官民咸無預焉。畫諸葛武侯像於堂中，復書武侯制表中語「宏毅忠壯，忘身憂國」，「鞠躬盡力，死而後已」一十六字於亭之楣間。其微意必有識之者矣。跋語孟要義。

八年辛丑。

朱子五十二歲。

正月，開場濟糶。

初，既分場，選見任寄居、指使、添差、監押、酒税、監廟等大小使臣三十五員，各涖一場，以轄糶濟。而分委縣官巡察之，以戢减尅乞覓之弊。至是，人户赴場就糶，其鰥寡孤獨之人，則用常平米依令賑濟。既又慮農事將起，民間乏錢，則凡合糶者皆濟半月，大人一斗五升，小兒七升五合，皆一頓與之。都昌無米，則自郡運而往，千里之内，莫不周浹。閏三月望，以二麥秀茂，食新不遠，糶濟結局，凡活飢民大人一十二萬七千六百七口，小兒九萬二百七十六口。其施設次第，人爭傳録以爲法。時孝宗臨御久，垂意恤民，凡所奏請無不盡可。至撥借上供錢物糴米賑糶，復求旱餘苗米，亦盡得之。以故得行其志，民無流離捐瘠之患。

二月，陸子靜來謁。

子靜來，請書其兄教授墓誌銘。朱子率僚友諸生與俱至白鹿洞書院，請升講席。子靜以「君子小人喻義利」章發論，大略謂科舉之士，日從事聖賢之書，而志之所向專在乎利，必於利欲之習，怛然爲之痛心疾首，專志乎義而日勉焉，博學審問，謹思明辨而篤行之，斯謂之君子。朱子以爲切中學者隱微深錮之病，請書于簡以諗同志。〇按朱子答東萊書云：「子靜近日講論，比前亦不同。然終有未盡合處。幸其却好商量，亦彼此有益也。」又答劉子澄書云：「子靜一味是禪，却無許多功利術數。目下收拾得學者身心，不爲無力。然其下梢無所據依，恐亦未免害事也。」

三月，除提舉江西常平茶鹽。

初到南康，有任滿奏事之旨。將滿，廟堂議遣使蜀。上意不欲其遠去，遂除此職，然猶待次。朱子愛君之誠，深願見上以罄平生之藴。既不獲前，乃奏本職四事：一，請勿拘對補之説，特旨蠲減星子縣税。二，請照賞格補授諸出粟人，使民間早獲爲善之利。三，以爲救荒之政，蠲除賑貸，固當汲汲於其始，而撫摩存養，尤當講之於其終。請凡被災之郡，盡今年毋得理積年舊欠，而去年倚閣夏税悉與蠲放。上二等户亦有出粟減價賑糶而不及賞格者，亦請許其多作料數，帶補去年夏税殘欠。如此則無一夫一婦不被堯舜之澤矣。其四，則申言白鹿賜敕額及監本九經。多施行者。

閏三月，合符解綬東歸。

朱子治郡，視民如傷。至姦豪侵暴細民，撓法害政，擇其一二尤者，繩治不少貸。尤以厚人倫，美教化爲急務。風俗丕變，文學行義之士彬彬出焉。

四月，過九江，拜濂溪先生書堂遺像。

劉子澄來謁，請爲諸生説太極圖義。濂溪曾孫、玄孫設食于光風霽月亭，朱子題名以誌之。渡湖口，以是月十九日至家。

七月，除直祕閣。

以脩舉荒政，民無流殍除。朱子以前所勸出粟人未推恩，不拜。告下復辭，不允。

東萊吕公訃至，爲位哭之。

朱子以東萊與南軒相繼下世，深痛斯文之不幸。既爲位而哭，復遣奠於其家。○吕公定周易爲十二篇，以復古經之舊，朱子深喜而從之。又謂大事記一書自成一家之言，有補學者，故祭文有「事記將誰使續之」語，蓋嘆其難繼也。又與吕公帖云：「昨扣比日講授次第，聞只令諸生讀左氏及諸賢奏疏，至於諸經、論孟，則恐學者徒務空言，而不以告也。此恐未安，蓋爲學之序，爲己而後可以及人，達理而後可以制事。故程子教人，先讀論孟，次及諸經，然後看史，其序不可亂也。若恐其徒務空言，但當就論孟、經書中教以躬行之意，庶不相遠。至於左氏、奏疏之言，則皆時事利害，而非學者切身之急務也。其爲空言亦益甚矣，而欲使之從事其間，而得躬行之實，不亦背馳之甚乎？」二先生切磨之意，此可概見。

八月，改除提舉浙東常平茶鹽。

時浙東荐饑，上軫宸慮，遂拜命不敢辭，即日單車上道。辭前所授職名，仍乞奏事。十月，堂帖報南康出粟人已推恩，乃受職名。○九月，跋劉子澄所編曾子。

十一月己亥，奏事延和殿。

朱子去國二十年，一得見上，極陳災異之由與夫脩德任人之説。凡兩劄，大略謂：陛下臨御二十年間，水旱盗賊，略無寧歲。意者德之崇未至於天歟？業之廣未及於地歟？政之大者有未舉，而小者無所繫歟？刑之遠者或不當，而近者或幸免歟？君子有未用，而小人有未去歟？大臣失其職，而賤者竊其柄歟？直諒之言罕聞，而諂諛者衆歟？德義之風未著，而汙賤者騁歟？貨賂或上流，而恩澤不下究歟？責人或已詳，而反躬有未至歟？夫必有是數者，而後足以召災而致異。又言陛下即政之初，蓋嘗選建豪英，任以政事。不幸其間不能盡得其人，是以不復廣求賢哲，而姑取軟熟易制之人以充其位。於是左右私褻使令之賤，始得以奉燕閒，備驅使，而宰相之權日輕。又慮其勢有所偏，而因重以壅己也，則時聽外廷之論，將以陰察此輩之負犯而操切之。陛下既未能循天理，公聖心，以正朝廷之大體，則固已失其本矣。而又欲兼聽士大夫之公言以爲駕御之術，則士大夫之進見有時，而近習之從容無間。士大夫之禮貌既莊而難親，其議論又苦而難入。近習便僻側媚之態既足以蠱心志，其胥史狡獪之術又足以眩聰明。此其生熟甘苦既有所分，恐陛下未及施其駕馭之術，而已墮其數中矣。是以雖欲微抑此輩，而此輩之勢日重；雖欲兼採公論，而士大夫之勢日輕。重者既挾其重以竊陛下之權，其輕而奸者又借力於所重，以爲竊位固寵之計。中外相應，更濟其私，日往月來，浸淫耗蝕。使陛下之德業日隳，綱紀日壞，邪佞充塞，貨賂公行，兵愁民怨，盜賊間作，災異數見，饑饉荐臻。群小相挻，人人皆得滿其所欲，惟有陛下了無所得，而國家顧乃獨受其弊。上爲動容竦聽。因條陳救荒之策，首劄畫爲七事。其一，以爲救荒之務，早行檢放，從實蠲減。其二，勸分之數，量與增減，使得其平。其三，上户蓄米不多，特許減半推賞，使應募者衆。其四，乞撥豐儲倉米三十萬碩以備糶濟。其五，民間官物並與住催。其户部指定支遣之數，且於内庫支濟。紹興丁錢宜預行蠲放。其六，受命之初，即嘗印榜招海商販廣米至浙東，許以不收力勝及雜税錢，到則依價出糶，更不裁減。其七，乞申嚴行下官吏奉行不虔者奏劾，老病昏愚者汰遣。惻怛愛民，才力可仗者，許不拘文法，時暫差權。謂如治獄捕盜官不許差出之類，仍依富弼、趙抃例通差，得替待闕宫廟持服官時暫管幹。次復陳二説，乞著令自今水旱約及三分以上，第五等户並免檢踏具帳，先與全户蠲放。如及五分以上，則第四等户亦如之。及推行崇安社倉法於天下。次言紹興和買均敷之重，請革其弊。

十二月，視事于西興。

朱子既至司，則前所募海商米舟已輻輳矣。日與僚屬、寓公鈎訪民隱，規畫纖悉，晝夜不倦，至廢寢食。分畫既定，則親出按歷，始於會稽諸縣，次及七郡。窮山長谷，靡所不到，拊問存恤，不遺餘力。然每出皆乘輕車，屏徒御，一身所需皆自齎以行，秋毫不及州縣。以故所歷雖廣，而部内不知。官吏憚其風采，夙夜戒飭，常若使者壓其境，至有自引去者。婺有朱縣尉不伏賑糶，及紹、衢屬吏賈祐之等不恤荒政，皆按劾其罪。大抵措畫類南康時，而用心尤苦，所活不可勝計。○有短先生者，謂其疏於爲政。上謂宰相王淮曰：「朱某政事却有可觀。」

九年壬寅。

朱子五十三歲。

正月，條奏巡歷諸郡救荒事宜。

且乞借撥官會給降度牒，推賞獻助人。又請將山陰等縣下户夏税、秋苗、丁錢並行住催。

夏，詔捕蝗，復奏疏言事。

略云：爲今之計，獨有斷自聖心，沛然發號，責躬求言。然後君臣相戒，痛自省改。其次，惟有盡出内庫之錢，以供大禮之費，爲收糴之本。詔户部無得催理舊欠，詔諸路漕臣遵依條限檢放税租，詔宰臣沙汰被災路分州軍監司、守臣之無狀者，遴選賢能，責以荒政。庶幾猶足以下結人心，消其乘時作亂之意。不然，臣恐所憂者不止於餓殍，而在於盜賊；蒙其害者不止於官吏，而上及於國家也。復上時宰書，略云：朝廷愛民之心不如惜費之甚，是以不肯爲極力愛民之事。明公憂國之念不如愛身之切，是以但務爲阿諛順旨之計。然民之與財，孰輕孰重？身之與國，孰大孰小？財散猶可聚，民心一失則不可復收。身危猶可安，國勢一傾則不可復正。至於民散國危，而措身無所，則其所聚有不爲大盜積者邪？

得旨頒行社倉之法。

其法頒下台、婺，有應時爲之者。

條奏紹興和買之弊。

與帥守同上其説，欲乞痛減歲額。然後用貫頭均紐，仍用高下等第均敷，而免下户出錢，使得相乘除以優之。

奏免台州丁絹。

本州丁絹錢有抑納陪輸之患，奏乞每丁納半錢半絹。

條奏義役之法。

條具差役利害，凡數千言上之。義役之法，請令民均出義田，罷去役首，免排役次，官差保正副長輪收義田，仍令上户兼充户長。

奏立沿海四州鹽法。

乞倣福建下四州產鹽法行之。

奏改諸郡酒坊。

倣處州萬户酒法。〇救荒之餘，凡可以便民者，憂深慮遠，莫不規爲經久之計。

劾奏前知台州唐仲友不法。

七月，廵所部，將趍温州。涉台州境，民訴太守新除江西提刑唐仲友不法者紛紛。急趍台城，則訴者益衆，至不可勝窮。因盡得其促限催税、違法擾民、貪汙淫虐、蓄養亡命、偷盗官錢、僞造官會等事，節次劾之，仍送紹興鞫實。丞相王淮與同里閈，爲姻家，匿不以聞。仲友亦自辨，且乞送浙西無礙官體究。未幾，仲友罷新任。初，王相營救甚至，而紹興獄具情得，按章至十上。丞相度其勢益熾，乃取首章語未甚深者，及仲友自辨疏同上，曲説開陳，故他無鐫削，止罷新任。台州久旱，雨遂大注，是歲穀重熟。

毁秦檜祠。

永嘉學有秦檜祠，移文毁之。

八月，除直徽猷閣。

以賑濟有勞，進職二等。

改除江西提點刑獄，辭。

詔去冬已經奏事，不候受告，疾速之任。蓋奪仲友新任也。

詔與江東提刑梁總兩易其任，再辭。

九月，進職命下，朱子辭。以徒費大農數十萬緡之積，而無以全活一道饑饉流殍之民，躐等疏榮，懼非所以示勸懲。況近按唐仲友，反爲所訴，雖已罷其新任，而根究指揮尚未結絶。方藉藁以俟斧誅，豈敢遽竊恩榮，以紊賞刑之典。新命至，即日解職還家，亟具辭免。大略以爲，所除官乃填唐仲友闕，蹊田奪牛之誚，雖三尺童子知其不可，臣愚何敢自安。願得歸耕故壟，畢志舊聞。詔與江東梁總兩易，力辭。且言祖鄉隸江東，墳墓田産，合該迴避。詔特免迴避，復辭。以爲今來所除，仍司按察，若復奉公守法，則恐如前所爲，或至重傷朝廷事體，若但觀勢徇私，又恐下負夙心，上孤眷使。乞特與祠，使得卒其舊業，退避仇怨。時辭職不允之命同下，又辭。以爲前按唐仲友，既不差官體究，恐臣所按有不公不實之罪，難以例沾恩賞。詔並不許。

十一月，受職名，力辭新任，乞祠。

極言昨來所按贓吏，黨與衆多，棋布星羅，並當要路。自其事發以來，大者宰制斡旋於上，小者馳騖經營於下，所以蔽日月之明，而損雷霆之威者，臣不敢論。若其加害於臣，不遺餘力，則遠至於師友淵源之所自，亦復無故横肆觝排。向非聖明洞見底蘊，則不惟不肖之身反爲魚肉，而其變亂白黑，詿誤聖朝，又有不可勝言者。時吏部尚書鄭丙、監察御史陳賈奉時相意上疏，毁程氏之學，以陰詆朱子，故奏及之。

十年癸卯。

朱子五十四歲。

正月，詔與宫觀。

上覽奏，知不可强起，詔朱某累乞祠，可差主管台州崇道觀。

二月，拜命。

初，朱子起守南康，使浙東，始有以身徇國之意，所立卓然可紀。及是，知道之難行，退而奉祠，杜門不出，海内學者尊信益衆，然憂世之意未嘗忘也。有感春賦。

四月，武夷精舍成。

正月經始，至是落成，始居之，四方士友來者甚衆。有精舍雜詠並序。

十一年甲辰。

朱子五十五歲。

力辨浙學之非。

朱子還自浙東，見其士習馳騖於外，每語學者且觀孟子「道性善」及「求放心」兩章，務收斂凝定，以致克己求仁之功，而深斥其所學之誤。以爲舍六經、語孟而尊史遷，舍窮理盡性而談世變，舍治心脩身而喜事功，大爲學者心術之害。極力爲吕祖儉、潘景愈、孫應時輩言之。○答吕祖儉書云：「大抵此學以『尊德性』、『求放心』爲本，而講以聖賢親切之訓以開明之。若通古今，考事變，則亦隨力所至，推廣增益以爲補助耳。不當以彼爲重，而反輕凝定收斂之實，少聖賢親切之訓也。若如此説，則是學問之道不在於己而在於書，不在於經而在於史；爲子思、孟子則孤陋狹劣而不足觀，必爲司馬遷、班固、范曄、陳壽之徒，然後可以造於高明正大簡易明白之域也。夫學者既學聖人，則當以聖人之教爲主。今六經、語、孟、中庸、大學之書具在，彼以了悟爲高者，既病其障礙而以爲不可讀，此以記覽爲重者，又病其狹小而不足觀。如此，則是聖人所以立言垂訓者，徒足以誤人而不足以開人，孔子不賢於堯、舜，而達磨、遷、固賢於仲尼矣，無乃悖之甚耶！」答潘景愈書云：「示喻漢、唐初事，以兩家論優劣則然，然以三代之天吏言之，則其本領恐不但如此。若子房、孔明之所黽勉，亦正是渠欠闕處。吾輩正當以聖賢爲師，取其是而鑒其非，不當以彼爲準則也。今人只爲不見天理本原，而有汲汲以就功名之心，故議論見識往往卑陋，多遷就下梢頭，只是成就一個私意，更有甚好事？」又曰：「六國表議論乃是衰世一種卑陋之説。吾輩平日講論聖賢，何爲却取此等議論以爲標的。恐是日前於根本上不曾大段用功，而便於討論世變，著力太深，所以不免此弊。」又與劉子澄書云：「伯恭無恙時，愛説史學。身後爲後生輩糊塗説出一般議論，賤王尊霸，謀利計功，更不可聽。子約立脚不住，亦曰『吾兄蓋嘗言之云爾』，中間不免極力排之。今幸少定，然其疆不可令者，猶未肯豎降幡也。」○是年春，讀東萊桑中詩説，著論辨之。十二月，序資治通鑑舉要曆。

十二年乙巳。

朱子五十六歲。

二月，崇道秩滿，復丐祠。

四月，拜華州雲臺之命。

八月，有記孫覿事。

十三年丙午。

朱子五十七歲。

三月，易學啓蒙成。

易經自文王以前皆爲卜筮，至夫子作十翼，專用義理，發揮經言，而未行於世。遭秦煨燼，易以卜筮，故獨得全。迄于漢魏，流爲讖緯之學。王弼始刊落象數，釋以清談，諸儒因之。至伊川程子，始發明孔氏之微言，而卦爻之本則未及焉。康節邵子傳伏羲先天圖，蓋得其本，而亦未及於卜筮也。朱子既推義文之意，作周易本義，又懼學者未明厥旨，乃作啓蒙四篇。以爲言易不本象數，既支離散漫，而無所根著；其本象數者，又不知法象之自然，未免牽合附會。故其篇目以本圖書、原卦畫、明蓍策、考變占爲次，凡掛揲及變爻，又皆盡破古今諸儒之失，而易經始還其舊。

八月，孝經刊誤成。

與劉子澄書云：「諸書今歲都脩得一過，儘簡易條暢。」

十四年丁未。

朱子五十八歲。

正月，至莆中哭陳福公。

以三紀遊從，晚歲知己，且爲中興賢輔，故千里赴弔，爲文祭之。○序律呂新書。

三月，編次小學書成。

朱子既發揮大學以開悟學者，又懼其失序無本而不足以有進也，乃輯此書以訓蒙士，使培其根以達其支。內篇四：曰立教，曰明倫，曰敬身，曰稽古。外篇二：曰嘉言，曰善行。雖已進乎大學者，亦得以兼補之於後。脩身之事，此略備焉。

差主管南京鴻慶宫。四月，拜命。

五月，答陸子静書。

七月，除江西提點刑獄，辭，不允。

時上諭宰執，楊萬里封事，薦朱某久閒，可與監司。周必大議除轉運副使，或謂金穀非所長，故有是命。〇九月，記周子通書後。

十月，拜命。

按大全集辭免狀劄俱無拜命之文，「十月拜命」四字疑衍。〇十一月，跋程董二生學則。

十五年戊申。

朱子五十九歲。

正月，趣奏事之任，以疾辭，不允。

二月，題太極、西銘解後。

三月，遂行。在路，兩丐祠。

五月，復趣對。

六月，壬申，奏事延和殿。

會宰臣王淮罷政，乃以其月入國門。丞相周必大令人諭意云：「上問朱某到已數日，何不請對？」遂詣閤門，進榜子。有旨初七日後殿班引。及對，上迎，謂之曰：「久不見卿，卿亦老矣。」自陳昨任浙東提舉日，荷聖恩保全。上曰：「浙東救荒，煞究心。」又言：「蒙除江西提刑，衰朽多疾，不任使令。」上曰：「知卿剛正，今留在此，待與清要差遣，不復勞卿州縣。」獎諭甚渥，再三辭謝，方出奏劄。上曰：「正所願聞。」其一言皋陶作士明刑以弼五教，三代之制亦曰：「凡聽五刑之訟，必原父子之親，立君臣之義以推之。」後世論刑不知出此，其陷於申、商刻薄者，既無足論。至於鄙儒姑息之論，異端報應之說，俗吏便文自營之計，則又一以輕刑爲事。然刑愈輕而愈不足以厚民之俗，往往反以長其悖逆作亂之心，則不講乎先王之法之過也。伏見近年以來，涉於人倫風化之本者，有司議刑卒從流宥之法。伏願深詔中外典刑之官，凡有獄訟，必先論其尊卑上下、長幼親疏之分，而後聽曲直之辭。凡以下犯上，以卑凌尊者，雖直不右。其不直者，罪加凡人之坐。其有不幸至於殺傷者，雖有疑慮可憫，而至於奏讞，亦不許輒用擬貸之例。上曰：「似如此人只貸命，有傷風教，不可不理會。」其二言今天下之獄，死刑當決者，皆自縣而達之州，自州而達之使者。其有疑者，又自州而上之朝廷，自朝廷而下之棘寺，棘寺讞議而後致辟焉。其維持防閑，可謂周且審矣。然而憲臺之所詳覆，棘寺之所讞議者，不過受成州縣之具獄，使其文案粗備，情節稍圓，則雖顛倒是非，出入生死，有不得而察也。是故欲清庶獄之源者，莫若遴選州縣治獄之官。竊見縣獄止是知縣獨員推鞫，一或不得其人，則折換款詞，變亂情節，無所不至。欲望明降指揮，令縣丞同行推訊，無丞處即用主簿。仍遇大囚到獄，即限兩日内具入門款，先次飛申本州及提刑司照會，庶幾粗革舊弊。其三言經總制錢。其四言諸州科罰。上曰：「聞多是羅織富民。」其五乃言陛下即位二十有七年，而因循荏苒，無尺寸之效可以仰酧聖志。嘗反覆而思之，無乃燕閒蠖濩之中，虚明應物之地，天理有未純，人欲有未盡歟？天理未純，是以爲善不能充其量；人欲未盡，是以除惡不能去其根。一念之頃，公私邪正、是非得失之機，朋分角立，交戰於其中。故體貌大臣非不厚，而便嬖側媚得以深被腹心之寄；寤寐豪英非不切，而柔邪庸繆得以久竊廊廟之權；非不樂聞公議正論，而有時不容；非不堲讒説殄行，而未免誤聽；非不欲報復陵廟讎耻，而不免畏怯苟安；非不欲愛養生靈財力，而未免歎息愁怨。凡若此類，不一而足。願陛下自今以往，一念之頃，則必謹而察之：此爲天理耶？爲人欲耶？果天理也，則敬以擴之，而不使其少有壅閼。果人欲也，則敬以克之，而不使其少有凝滯。推而至於言語動作之間，用人處事之際，無不以是裁之，則聖心洞然，中外融徹，無一毫之私欲得以介乎其間，而天下之事，將惟陛下之所欲爲，無不如志矣。又言置將之權，旁出閹寺。上曰：「這個事却不然，盡是採之公論，如何由他？」對曰：「彼雖不敢公薦，然皆託於士大夫之公論，而實出於此曹之私意。且如監司守臣薦屬吏，蓋有受宰相、臺諫風旨。況此曹奸僞百出，何所不可。臣往蒙賜對，亦嘗以此爲説，聖諭謂爲不然。臣恐疏遠所聞不審，退而得之士大夫與夫防夫、走卒，莫不謂然。獨陛下未之知耳。至去者未遠而復還。」謂甘昪，問上曰：「陛下知此人否？」上曰：「固是，但漏洩文書，乃是他子弟之罪。」對曰：「豈有子弟有過，而父兄無罪？然此特一事耳，此人挾勢爲奸，所以爲盛德之累者多矣。」上曰：「高宗以其才薦過來。」對曰：「小人無才尚可，有才鮮不爲惡。」至「當言責者懷其私以緘默」，奏曰：「陛下以曾任知縣人爲六院察官，闕則取以充之。雖曰親擢，然其途轍一定，宰相得以先布私恩於合入之人。及當言責，往往懷其私恩，豈肯言其過失。」上曰：「然，近日之事可見矣。」至「知其爲賢而用之，則用之惟恐其不速，聚之唯恐其不多。知其爲不肖而退之，則退之唯恐其不早，去之唯恐其不盡」，奏曰：「豈有慮君子太多，須留幾個小人在裏。」至「軍政不脩，士卒愁怨」，曰：「主將刻剥士卒，以爲苞苴，陞轉階級，皆有成價。」上曰：「却不聞此。果有時，豈可不理會？卿可子細採探來說。」末後辭云：「照對江西，係是盜賊刑獄浩繁去處，久闕正官。臣今迤邐前去之任，不知有何處分？」上曰：「卿自詳練，不在多囑。」〇是行也，有要之於路，以「正心誠意」上所厭聞，戒以勿言者。朱子曰：「吾平生所得，惟此四字，豈可回互而欺吾君。」及奏，上未嘗不稱善。

除兵部郎官，以足疾丐祠。乙亥，依舊職名江西提點刑獄。

仍給還，改官後不曾陳乞磨勘，當日申免謝辭。前數日，兵部侍郎林栗與朱子論易及西銘不合，栗怒，至是遣吏抱印來迫以供職。時朱子以足疾甚在告，申部乞候疾愈，不聽。翌日，栗疏其欺慢，請行罷逐。故事，無以侍郎劾本部郎者，滿朝皆駭笑之。於是朱子請祠，併進呈。上曰：「林栗似過當。」丞相周必大奏熹上殿之日，足疾未瘳，勉强登對。上曰：「朕亦見其跛曳。」時上意方嚮朱子，欲易他部。丞相請授以前江西之命，仍舊職名。

七月，在道，辭免新任。

八月，以足疾丐祠，除直寶文閣，主管西京崇福宫，辭磨勘及職名，皆不許。轉朝奉郎。

先是，朱子行，且辭曰：「論者謂臣事君無禮。爲人臣子有此名，罪當誅戮，豈可復任外臺耳目之寄。」上覽之，喻宰執曰：「林栗章初未降出，何得外廷喧播。」或對以栗在漏舍宣言章疏，人人知之。上不悦。太常博士葉適上疏，極言栗以私意劾熹，所言不實。侍御史胡晉臣論栗狠愎自用，黨同伐異之論，乃起於論思獻納之臣，無事而指學者爲黨，最人之所惡聞，所謂天下本無事，庸人擾之耳。栗遂罷去。詔「朱某力疾入對，奏劄皆論新任職事。朕諒其誠，復從所請，可疾速之任」。固辭足疾不任起發，復丐祠，除直寶文閣，主管西京嵩山崇福宫。時廟堂知上眷厚，憚朱子復入，故爲兩罷之策焉。

九月，復召，辭。

初，朱子之去，上悟其故，至是復召之。朱子以爲遷官進職皆爲許其閑退，方竊難進易退之褒，復爲彈冠結綬之計，則其爲世觀笑，不但往來屑屑之譏。

十月，受職名。

十一月，趣入對，再辭，上封事。

初，朱子入奏事，迫於疾作，嘗面奏。以爲口陳之説有所未盡，乞具封事以聞。至是再辭，遂併具封事，投匭以進。其略曰：今天下大勢，如人有重病，内自心腹，外達四肢，無一毫一髮不受病者。臣敢以天下之大本與今日之急務，爲陛下言之。蓋大本者，陛下之心；急務，則輔翼太子，選任大臣，振舉綱維，變化風俗，愛養民力，脩明軍政六者是也。古先聖王兢兢業業，持守此心，雖在紛華波動之中，幽獨得肆之地，而所以精之一之，克之復之，如對神明，如臨淵谷，猶恐隱微之間，或有差失而不自知。是以建師保之官，列諫諍之職。凡飲食酒漿、衣服次舍、器用財賄與宦官宮妾之政，無一不領於冢宰。使左右前後、一動一静，無不制以有司之法，而無纖芥之隙，瞬息之頃，得以聽其毫髮之私。陛下之所以精一克復而持守其心，果有如此之功乎？所以脩身齊家而正其左右，果有如此之效乎？宮省事禁，臣固不得而知，然賞爵之濫，貨賂之流，閭巷竊言，久已不勝其籍籍。則陛下所以脩之家者，恐其未有以及古之聖王也。至於左右便嬖之私，恩遇過當。此輩但當使之守門傳命，供掃除之役，不當假借崇長，使得逞妖媚、作淫巧於内，以蕩上心；立門庭、招權勢於外，以累聖政。陛下不悟，反寵暱之，以是爲我之私人。至使宰相不得議其制置之得失，給舍不得論其除授之是非。則陛下所以正其左右，未能及古聖王又明矣。至於輔翼太子，則自王十朋、陳良翰之後，宮僚之選，號爲得人，而能稱其職者，蓋已鮮矣。而又時使邪佞儇薄、闒冗庸妄之輩，或得參錯於其間。所謂講讀，亦姑以應文備數，而未聞其有箴規之效。至於從容朝夕，陪侍遊燕者，又不過使臣、宦者數輩而已。夫立太子而不置師傅、賓客，則無以發其隆師親友、尊德樂義之心。獨使春坊使臣得侍左右，則無以防其戲慢媟狎、奇衺雜進之害。宜討論前典，置師傅、賓客之官，罷去春坊使臣，而使詹事、庶子各復其職。至於選任大臣，則以陛下之聰明，豈不知天下之事，必得剛明公正之人而後可任哉？其所以常不得如此之人，而反容鄙夫之竊位者，直以一念之間，未能撤其私邪之蔽，而燕私之好，便嬖之流，不能盡由於法度故也。至於振肅紀綱，變化風俗，則今日宫省之間，禁密之地，而天下不公之道，不正之人，顧乃得以窟穴盤據於其間。及其作姦犯法，則陛下又未能深割私愛而付諸外廷之議論，正以有司之法，是以紀綱不能無所撓敗。紀綱不正於上，是以風俗頽弊於下。蓋其爲患之日久矣，而浙中爲尤甚。大率習爲軟美之態，依阿之言，以不分是非，不辨曲直爲得計。一有剛毅正直、守道循理之士出乎其間，則羣議衆排，指爲道學，而加以矯激之罪。十數年來，以此二字禁錮天下之賢人君子，復如崇宣之間所謂元祐學術者，排擯詆辱，必使無所容其身而後已。嗚呼，此豈治世之事，而尚復忍言之哉！至於愛養民力，修明軍政，則自虞允文之爲相也，盡取版曹歲入窠名之必可指擬者，號爲歲終羨餘之數，而輸之内帑。顧以其有名無實，積累掛欠，空載簿籍，不可催理者，撥還版曹，以爲内帑之積，將以備他日用兵進取不時之須。然自是以來二十餘年，内帑歲入不知幾何，而認爲私貯，典以私人。宰相不得以式貢均節其出入，版曹不得以簿書勾考其在亡。其日銷月耗以奉燕私之費者，蓋不知幾何矣。而曷嘗聞其能用此錢以易胡人之首，如太祖皇帝之言哉！徒使版曹經費闕乏日甚，督趣日峻，以至廢去祖宗以來破分良法，而必以十分登足爲限。以爲未足，則又造爲比較監司郡守殿最之法，以誘脅之。於是中外承風，競爲苛急，此民力之所以重困也。諸將之求進也，必先掊剋士卒以殖私財，然後以此自結於陛下之私人，而祈以姓名達於陛下之貴將。貴將得其姓名，即以付之軍中，使自什伍以上節次保明，稱其材武堪任將帥，然後具爲奏牘，而言之陛下之前。陛下但見其等級推先，案牘具備，則誠以爲公薦而可以得人矣，而豈知其諧價輸錢，已若晚唐之債帥哉！　如此而望其脩明軍政，激勸士卒，以强國勢，豈不誤耶？　凡此六事，皆不可緩，而本在於陛下之一心。一心正則六事無不正，一有人心私欲介乎其間，則雖欲憊精勞力以求正乎六事，亦將徒爲文具，而天下之事愈至於不可爲矣。　疏入，夜漏下七刻，上已就寢，亟起秉燭，讀之終篇。○楊復曰：「先生當孝宗初政，囊封陛對，皆陳復讎之義，力辨和議之非。　其後廼置而不論，何哉？　竊觀戊申封事有曰：『此事之失已在隆興之初，不合遽然罷兵講和，遂使宴安酖毒之志日滋日長，坐薪嘗膽之志日遠日忘。是以數年以來，綱維解弛，釁孽萌生。區區東南，事猶有不勝慮者，何恢復之可圖乎？　此所以拳拳獨以天下之大本、天下之急務爲言也。』又曰：『大本誠正，急務誠脩，而治效不進，國勢不强，中原不復，仇虜不滅，臣請伏鈇鉞之誅。』以此言觀之，先生曷嘗忘復讎之義哉？　但以事不可以幸成，政必先於自治。能如是，則復中原、滅仇虜之規模，已在其中矣。」

翼日，除主管西太一宫，兼崇政殿説書，辭。

時上已有倦勤之意，蓋將以爲燕翼之謀。朱子因密草奏疏，言講學以正心，脩身以齊家，遠便嬖以近忠直，抑私恩以抗公道，明義理以絶神姦，擇師傅以輔皇儲，精選任以明體統，振綱紀以厲風俗，節財用以固邦本，脩政事以攘夷狄，凡十事，欲以爲新政之助。會執政有指道學爲邪氣者，力辭新命，遂不果上。○朱子嘗孝宗朝陛對者三，上封事者三。其初固以講學窮理爲出治之大原，其後則直指天理人欲之分、精一克復之義。其初固以當世急務一二爲言，其後則直指心術宫禁、時政風俗，披肝瀝膽，極其忠鯁。蓋所望於君父愈深，而其言愈切。孝宗亦開懷容納，武博編摩，祕省郎曹之除，蓋將引以自近，守南康，持浙東、江西之節，又知其不可强留而授之，至是復有經帷之命。朱子之盡心，孝宗之受盡言，亦未爲不遇也。然朱子進言皆痛詆大臣近習，孝宗之眷愈厚而疾者愈深，是以一日不能安其身於朝廷之上，而孝宗内禪矣。

始出太極通書、西銘二書解義，以授學者。

初，陸象山之兄九韶子美嘗有書與朱子，言太極圖説非正，曲加扶掖，終爲病根，意謂不當於「太極」上更加「無極」二字。朱子答書云：「不言無極，則太極同於一物，而不足以爲萬化根本。不言太極，則無極淪於虛寂，而不能爲萬化根本。」又曰：「無極只是無形，太極只是有理。」子美不以爲然，而詆濂溪不已。是夏，象山自謂其學少進，因爲之申其辨，以詆濂溪。第一書有曰：「易之大傳曰『形而上者謂之道』，又曰『一陰一陽之謂道』。『一陰一陽』已是『形而上者』，况太極乎！極者，中也。言無極則是言無中也，豈宜以『無極』字加於『太極』之上？『無極』二字出於老子，聖人之書所無有也。」朱子答書有云：「大傳既曰『形而上者謂之道』矣，而又曰『一陰一陽之謂道』，此豈真以陰陽爲形而上者哉？正所以見一陰一陽雖屬形器，然其所以一陰而一陽者，是乃道體之所爲也。故語道體之至極，則謂之太極；語太極之流行，則謂之道。雖名二物，實無兩體。周子所以謂之無極者，正以其無方所、無形狀，以爲在無物之前，而未嘗不立於有物之後；以爲在陰陽之外，而未嘗不行乎陰陽之中；以爲通貫全體，無乎不在，則又初無聲臭影響之可言也。今乃深詆無極之不然，則是直以太極爲有形狀，有方所矣。直以陰陽爲形而上者，則又昧於道器之分矣。又於『形而上者』之上復有『況太極乎』之語，則是又以道上別有一物爲太極矣。如老子『復歸於無極』，無極乃無窮之義，非若周子所言之意也」。象山第二書有曰：「老氏以無爲天地之始，以有爲萬物之母，以常無觀妙，以常有觀徼。直將無字搭在上面，正是老氏之學，豈可諱也？」朱子答書有曰：「詳老氏之言有無，以有無爲二，周子之言有無，以有無爲一，正如南北水火之相反。更請子細着眼，未可容易譏評也。如曰未然，則『我日斯邁而月斯征』，各尊所聞，各行所知，無復可望於必同也。」以是歲事，故附之。

十六年己酉。

朱子六十歲。

正月，除祕閣脩撰，仍舊宫祠。

二月，光宗即位，拜祠命，辭職名，不允。甲子，序大學章句。

三月，戊申，序中庸章句。

二書之成久矣，脩改不輟，至是以穩愜於心而始序之二書，又各有或問及中庸輯略。○序通鑑韻語。

四月，再辭職名。

五月，從所請，仍舊直寶文閣，令學士院降詔獎諭。

詔詞云：「以爲寵卿以爵秩，不若全卿名節之爲尤美也。」乃上表謝。

閏五月，覃恩轉朝散郎，賜緋魚。

八月，除江東轉運副使，再辭。

朱子以祖鄉田産辭，詔免迴避。又以江東漕置司建康，奄竪守行宫，循習與監司、帥守迭爲賓主，故不敢受。詔疾速之任，任滿前來奏事。

十一月，改知漳州，再辭，不允。

以光宗初政，再被除命，乃不敢辭。

朱子實紀年譜卷三

光宗紹熙元年庚戌。

朱子六十一歲。

四月，到任，首下教令數條。

臨漳素號道院，比年風俗寖薄。朱子以民未知禮，至有居父母喪而不服縗絰者，首下教述古今禮律以開喻之。又採古喪葬嫁娶之儀，揭以示之，命父老解説以訓子弟。釋氏之教，南方爲盛，男女聚僧廬爲傳經會，女不嫁者私爲庵舍以居。悉禁之，俗爲大變。時即學校誨誘諸生如南康時，其至郡齋請業問難者，接之不倦。又擇士之有行義知廉恥者，使列學職，爲諸生倡。學舊有東溪先生高登祠，登以敢言忤秦檜，貶死容州。朱子既爲祠記，至是奏乞褒贈以旌其節。〇按語録云：「先生初到時，教習諸軍弓射，分作三番，每月輪番入教場挽弓，及等者有賞，不及者留射，及等則止，終不及者罷之。兩月之間，翕然都會射。又熟聞知録趙師慮之爲人，試之政事，又得其實，遂首舉之，聞者無不心服。」

奏蠲減本州諸色上供，及經總制無額等錢。

四千七百餘緡。

奏經界利害。

初，朱子爲同安簿，已知經界不行之害。及改命臨漳，會臣僚有奏請行於閩中者，詔監司條具利害以聞，監司下其事於州。朱子既至，適與初意合，即加訪問講求，纖悉畢究，以至弓量算造之法，盡得其說。乃奏經界行否與詳略之利害各一，所必可行之術三，將不得行之慮一。蓋謂田稅均則爲公私之利，否則爲害。行之詳則足爲一定之法，行之略則適滋他日之弊。故必盡行差官置局打量步畝、攢造、圖帳三説而後可。三者又各爲條畫其便宜，使之無擾而辦。但此法之行，貧民下户雖所深喜，而豪民猾吏皆所不樂。喜之者皆單弱困苦無能之人，故雖有懇誠，而不能以言自達。不樂者皆財力辯智有餘之人，故其所懷雖實私意，而善爲説詞以惑羣聽，恐脅上下，務以必濟其私。而賢士大夫之喜安静厭紛擾者，又或不能深察其情，而望風沮怯，例爲不可行之説以助其勢。此則誠不能無將不得行之慮也。疏于朝，久之未報。又與政府劄子云：「經界尤利害之大者，退而講究巨細本末，不敢不盡規模措畫，蓋以十八九成矣。鄙意無他，蓋以本州田税不均，隱漏官物，動以萬計。公私田土，皆爲豪宗大姓詭名冒占。而細民産去税存，或更受俵寄之租，困苦狼狽，無所從出。州縣既失經常之入，則遂多方擘劃，取其所不應取之財以足歲計，如諸縣之科罰，州郡之賣鹽是也。上下不法，莫能相正。窮民受害，有使人不忍聞者。某自到官，蓋嘗反覆討論，欲救其弊，而隱度郡計入不支出，乃知若不經界，實無措手之地。所以前此申奏，欲得及此秋冬之交，早賜行下。」○嘗於州治射堂之後圃，畫爲井字九區，中區石甃爲高壇，後區爲茅庵。庵三窗，左窗櫺爲泰卦，右爲否卦，後爲復卦，前爲剥卦。庵前接爲小屋，前區爲小茅亭，左右三區各列植桃李，而間以梅。九區之外，圍繞植竹。嘗笑謂諸生曰：「上有九疇八卦之象，下有九丘八陣之法。」按此條未詳何年月，以與經界事相類，故附焉。○五月，跋陰符經説。

十月，以地震及足疾不能赴錫宴自劾。仍丐祠，不允。

郡刊四經、四子書成。

壬辰，奉以告于先聖，其文略曰：「恭惟六經大訓，炳若日星。不幸前遭秦火煨燼之厄，後罹漢儒穿鑿之謬。不惟微詞奥旨，莫得其傳；至於篇帙之次，亦復殽亂云云。又各爲説繫于後，以曉世之學者。」易取古文，分經、傳爲十二篇。其説曰：「易經本爲卜筮而作，皆因吉凶以示訓戒，故其言雖約，而所包甚廣。夫子作傳，亦略舉其一端，以見凡例而已。然自諸儒分經合傳之後，學者便文取義，往往未及玩心全經，而遽執傳之一端以爲定説。於一卦一爻僅爲一事，而易之爲用反有所局，而無以通乎天下之故。若是者，某蓋病之。」詩、書皆取序，合爲一篇，寘諸經後。其論書曰：「漢儒以伏生之書爲今文，而謂安國之書爲古文。以今考之，則今文多艱澀，而古文反平易。或者以爲今文自伏生女子口授鼂錯時失之，則先秦古書所引之文，皆已如此。或者以爲記録之實語難工，而潤色之雅詞易好，則暗誦者不應偏得所難，而考文者反專得其所易，是皆有不可知者。至諸序之文，或頗與經不合。而安國之序又絶不類西京文字，亦皆可疑。讀者姑務沈潛反覆乎其所易，而不必穿鑿傅會於其難可也。」春秋則出「左氏經文别爲一書，以踵三經之後」。四子則謂，程子之教人，「必先使之用力乎大學、論語、孟子、中庸之書，然後及乎六經，蓋其難易、遠近、大小之序，固如此而不可亂也。然讀者不先於孟子，而遽及中庸，則亦非所以爲入道之漸。」〇按語録云：「某如今方見得聖人一言一字不吾欺，只今六十一歲方理會得恁地。」又曰：「某覺得今年方無疑。」又曰：「某當初講學也豈意到這裏，幸而天假之年，許多道理在這裏。今年頗覺勝似去年，去年勝似前年。」

列上釋奠禮儀數事。

先是守南康日，嘗言之朝，乞取政和新儀鏤版頒下。而本書多牴牾，復以告焉，則莫之省。至是，列上釋奠數事，且移書禮官督趣，乃得頗爲討究，則淳熙所鏤之板已不復存。百計索之，然後得諸老吏之家。又以議論不一，越再歲乃能定議，條奏得請施行。而主其事者適徙他官，因格不下。

冬，有旨本州先行經界。

朱子以閩南春早，事已無及，請益講究，俟嗣歲行之。先是條畫經界，當行之事鉅細畢備，徧榜州縣。貧民下户莫不深喜，而寓公豪右兼併侵漁者所不便。既爲異論以揺之，州人有居要路者，幸其有是請，亟啓從之。後遂有言經界不便者。詔寢其事。而三州經界竟不行，如所料云。

二年辛亥。

朱子六十二歲。

春，復陳君舉書。

朱子往歲聞陳傅良君舉嘗著詩説，以書問之。至是書來報云：「來徵詩説，年來或與士友言之，未嘗落筆。愚見頗以雅、頌之音，簫勺羣慝，訓詁章句，付之諸生。」又謂：「二十年間聞見異同無從就正，間欲以書扣之。念長者前有長樂之爭，後有臨川之辯，他如永康往還，動數千言，更相切磋，未見其益，而學者轉相夸毗，浸失本旨。蓋刻畫太精，頗傷簡易；矜持已甚，反涉吝驕。以此益覺書不能宣，要須請見，究此衷曲耳。」朱子答書云：「嘗謂人之爲學，若從平實地上循序加功，則其目前雖未見日計之益，而積累工夫漸見端緒。自然不假用意裝點，不待用力支撐，而聖賢之心，義理之實，必皆有以見其確然而不可易者。至於講論之際，心即是口，口即是心，豈容别生較計，依違遷就，以爲諧俗自便之計耶？今人爲學，既已過高而傷巧，是以其説常至於依違遷就而無所分别。蓋其胸中未能無纖芥之疑，有以致然，非獨以避咎之故而後詭於辭也。若某之愚，自信已篤。向來之辯，雖至於遭讒取辱，然至於今日，此心耿耿，猶恨其言之未盡，不足以暢彼此之懷，合異同之趣，而不敢以爲悔也。不識高明何以教之？惟盡言無隱，使得反復其説，千萬幸甚。老病幽憂，死亡無日，念此大事，非一人私説、一朝淺計，而終無面寫之期。是以冒致愚悃，鄉風引領，不勝馳情。」後無聞焉○二月，與趙帥書，論招州軍募江戍。

三月，復除祕閣修撰、宫觀。

正月，長子塾卒于婺州。報至，即以繼體服斬衰，丐祠歸治喪葬。遂除秘撰，主管南京鴻慶宫，任便居住。

四月，拜祠命，辭職名，解組而歸。

朱子去郡，即辭免職名。蓋上初政，嘗申是命，朱子力辭，已降褒詔從其請，難以復受，辭至于再。是月與留丞相書云：「論撰華資所不當得，然亦且得去，此只竢受命，一面控辭，而於前路聽從，欲之報也。又蒙垂諭，深以士大夫之朋黨爲患。某竊謂朋黨之禍，止於縉紳，而古之惡朋黨而欲去之者，往往至於亡人之國。蓋不察其賢否忠邪，而惟黨之務去，則彼小人之巧於自謀者，必將有以自蓋其迹，而君子恃其公心，直道無所回互，往往反爲所擠，而目以爲黨。漢、唐、紹聖之已事，蓋未遠也。夫杜門自守，孤立無朋者，此一介之行也。延納賢能，黜退姦險，合天下之人以濟天下之事者，宰相之職也。顧丞相先以分別忠邪賢否爲己任。其果賢且忠耶，則顯然進之，惟恐其黨之不衆而無與共圖天下之事也。其果姦且邪耶，則顯然黜之，惟恐其去之不盡而有以害吾用賢之功也。不惟不疾君子之爲黨，而不憚以身爲之黨。不惟不憚以身爲之黨，是又將引其君以爲黨而不憚也。如此，則天下之事其庶幾乎！」○朱子治漳，僅及一期，以崇教化、正風俗爲先務。南陬僻陋，驟聞正大之論，始而慕，中而疑，越半歲乃肅然以定。僚屬厲志節而不敢恣所欲，仕族奉繩檢而不敢干以私，胥徒易慮而不敢行奸，豪猾斂跡而不敢冒法。平時習浮屠爲傳經禮塔朝嶽之會者，在在爲之屏息。平時附鬼爲妖迎遊於街衢而抄掠於閭巷者，亦皆相視斂戢不敢輒舉。良家子女從空門者，各閉精廬，或復人道之常。四境狗偷之民，亦望風奔遁，改復生業。化成而去，漳民久思之。○嘗病本州鬻鹽重爲民害，首罷瀕海十有一鋪。其餘諸鋪，欲俟經界正賦税均乃悉除之，人以不及行爲恨。○所立社稷、風雨、雷師、壇壝之制，皆稽合古典，可爲世法。

五月，歸次建陽，寓同由橋。

七月，再辭職名。詔：「論撰之職，以寵名儒。」乃不敢辭。

九月，除湖南轉運副使，辭，不允。再辭，仍以漳州經界不行自劾。

秋冬累書與留丞相論出處。

三年壬子。

朱子六十三歲。

二月，乞補滿宮觀，從之。

先是，詔：「漳州經界議行已久，湖南使節事不相關，可疾速之任。」遂有是請。

始築室于建陽之考亭。

先是，韋齋嘗過而愛之，書日記曰：「考亭溪山清邃，可居。」故遷焉。六月，落成而居之。○歸自臨漳，學徒益盛，始議建精舍于所居之旁，以待來學者。○跋趙直閣忠節録。四月，跋方季申所校韓文。

陳同甫來訪。

同甫名亮，永康人，以文雄浙間，自負王霸之略而任俠豪舉。朱子往歲嘗與書，箴其義利雙行，王霸並用。且謂漢、唐行事非三綱五常之正，以風切之。同甫有書辨難，朱子累答書，極力開諭。同甫雖不能改，未嘗不心服。每遇朱子生朝，雖居千里外，必遣人問遺，歲以爲常。至是來訪。○朱子嘗曰：「海内學術之弊，不過兩説，江西頓悟，永康事功。若不極力争辨，此道無由得明。」

十二月，除知靜江府、廣西經略，辭。

孟子要略成。

按行狀不載此書，大全集亦無序跋，俟更考。

四年癸丑。

朱子六十四歲。

正月，有旨不許辭免，疾速之任。再辭。

二月，仍舊宫觀。

七月，序詩集傳。

十二月，差知潭州、湖南安撫，辭。

或傳是冬使人自虜中回，虜問南朝朱先生安在，答以見擢用，歸白廟堂，遂有是除。以辭遠就近，不爲無嫌，力辭。

五年甲寅。

朱子六十五歲。

正月，有旨不允再辭。

二月，詔疾之任。

詔：「長沙巨屏，得賢爲重。往祗成命，毋執謙辭。可依已降指揮，疾速之任。」〇會洞猺侵擾屬郡，恐其滋熾，遂拜命。

四月，啓行。五月，至鎮。

在途所次，老稚携扶來觀，夾道填擁，幾不可行。長沙士子夙知向學，及鄰郡數百里間，學子雲集。朱子誘誨不倦，坐席至不能容，溢于户外。士俗懽動。

遣諭洞猺降之。

猺人蒲來矢出省地作過，或薦軍校田昇可用。召問之，以爲可招，期以某日不俘以來，將斬汝。昇即以數十輩馳往，取文書粗若告身者數通自隨，諭以禍福。來矢喜，聽命，遂並其妻子俘以至，官給衣冠，引赦不誅。

更建嶽麓書院。

書院本樞密劉公、南軒先生舊規，久浸廢墜，擇士之淳實者往整復之。別置員額，以待不由課試而入者，其廩給與郡庠等。後復更建於爽塏之地，規模一新焉。〇朱子窮日之力治郡事甚勞，夜則與諸生講論，隨問而答，略無倦色。每訓以切己務實，毋厭卑近而慕高遠，懇惻至到，聞者感動。

奏撥飛虎軍隸本路節制，從之。

以本路別無軍馬，唯賴飛虎軍以壯聲勢，而乃遥隸襄陽不便，遂有是請。

六月，申省乞歸田里，不允。

時孝宗陞遐，朱子哀慟不能自勝。又聞光宗以疾不能執喪，中外洶洶，益憂懼，遂申省乞歸田里。言：「天下國家所以長久安寧，唯賴朝廷三綱五常之教有以建立修明於上，然後守藩述職之臣有以稟承宣布於下。所以内外相維，小大順序，雖有强猾奸宄，無所逞志。不然，以一介書生置諸數千里軍民之上，亦何所憑恃而能服其衆哉？」又草封事，極言父子天性，不應以小嫌廢過宫禮。言頗切直。後以寧宗即位，不果上。

七月，寧宗即位，召赴行在奏事，辭。

上在藩邸聞朱子名德，每恨不得爲本宫講官，至是首加召用。○先是，蜀人黄裳爲翊善，善講説開導，上學頓進。一日，光宗宣諭曰：「嘉王進學，皆卿之功。」裳謝，因進曰：「若欲進德修業，追蹤古先哲王，則須尋天下第一等人乃可。」光宗問爲誰，對曰：「朱某。」或言長沙之命亦頗由此。彭龜年繼爲宫寮，因講魯莊公不能制其母，云：「母不可制，當制其侍御僕從。」上問：「此誰之説？」對曰：「朱某之説。」自後每講，必問朱某之説云何。蓋傾心已久，故履位之初，首加迅召，皆出上意也。○跋東萊辨志録。

考正太常所下釋奠，申明指揮付學官遵行。

先是，漳州任内得請施行所列上釋奠禮儀，既去官，復格不下。至是前太常博士詹體仁還爲少卿，乃復取往年所被敕命，下之本郡。然吏文重複繁冗，幾不可讀，且曰：「屬有大典禮，未遑徧下諸州也。」既而朱子召還奏事，行有日矣，適苦目眚，乃力疾躬爲鉤校，删剔猥釀，定爲數條，以附州案，仍移學官，符屬縣，且關帥司，並下巡内諸州。僅畢而行，則聞詹卿補外，而奉常果不復下其書他州矣。

録故死節五人，爲之立廟。

東晉王敦之亂，湘州刺史譙閔王司馬承起兵討賊，不克而死。紹興初，金賊犯順，通判潭州事孟彦卿、趙民彦督兵迎戰，臨陣遇害。城陷之日，將軍劉玠、兵官趙聿之巷戰，罵賊不屈而死。五人皆以忠節殁於王事，而從前未有廟貌。乃牒本州於城隍廟内創立祠堂，象五人。及考譙王本傳，並象其參佐數人侍左右，各立位版，記其官職、姓名，奉祀如法。後又請于朝，賜廟額曰「忠節」。

八月，除焕章閣待制兼侍講，辭，不允。

力辭奏事之命，兩旬不報，遂東歸。道中被除命，以爲超躐不次之除，不免冒昧之譏，乞仍舊奉祠。行至信州，有旨不允。〇跋南軒三家禮範。

九月，再辭，有旨依已降指揮，不允，疾速供職。

行且辭至再，且云：「陛下嗣位之初，方將一新庶政，所宜愛惜名器。若使倖門一開，其弊豈可復塞？至於博延儒臣，專意講學，蓋將求所以深得親懽者，爲建極導民之本；思所以大振朝綱者，爲防微慮遠之圖。顧問之臣，實資輔養。用人或謬，所繫非輕。」蓋朱子在道，聞南内朝禮尚闕，近習已有用事者，故預有是言。

是月晦，次闕外。

先是，朱子行至上饒，聞以内批逐首相，有憂色。學者問其故，曰：「大臣進退，亦當存其體貌，豈宜如此？」或謂此蓋廟堂之意，曰：「何不風其請去而後許之？上新立，豈可道之使輕逐大臣耶？」及至六和塔，永嘉諸賢俱集，各陳所欲施行之策，紛紜不決。朱子曰：「彼方爲几，我方爲肉，何暇議及此哉？」蓋是時，近習用事，御筆指揮，皆已有端。故朱子憂之。

十月朔，乞且帶舊職奏事。己丑，入國門。辛卯，奏事行宫便殿。

其略曰：天運艱難，國有大咎，所謂天下之大變而不可以常理處也。太皇太后躬定大策，皇帝陛下寅紹丕圖，所謂處之以權而庶幾不失其正者。亦曰陛下之心，前日未嘗有求位之計，今日未嘗忘思親之懷耳。充吾未嘗求位之心，則可以盡吾負罪引慝之誠；充吾未嘗忘親之心，則可以致吾温凊定省之禮。始終不越乎此，而大倫可正，大本可立矣。陛下誠能動心忍性，深自抑損，所以自處常如前日未嘗有位之時。内自宫掖燕私之奉，服食器用之須，不敢一旦而全享乎萬乘之尊。專務積其誠意，期以格夫親心。然後濬發德音，痛自克責，嚴飭羽衛，益勤問安視膳之行。俯伏寢門，怨慕號泣，雖勞且辱，有所不憚。然而親心猶未底豫，慈愛猶未復初，則臣不信也。次言：爲學之道，莫先於窮理。而窮理之要，必在於讀書。讀書之法，莫貴於循序而致精。而致精之本，則又在於居敬而持志。此不易之理也。夫自君臣、父子、夫婦、兄弟、朋友，以至於出入起居、應事接物之際，莫不各有理焉。有以窮之，則知其所以然，與其所當然，而無纖芥之疑。善則從之，惡則去之，而無毫髮之累。此爲學所以莫先於窮理也。至論天下之理，則其粲然之跡，必然之效，蓋莫不具於經訓史册之中。欲窮天下之理，而不即是以求之，則是正墻面而立耳。此窮理所以必在於讀書也。若夫讀書，則其好之者，不免夫貪多而務廣，誠能心潛於一，久而不移，自然漸漬浹洽，心與理會。而善之爲勸者深，惡之爲戒者切矣。此循序致精所以爲讀書之法也。若夫致精之本，則在於心。而心之爲物，至虚至靈，神妙不測，常爲一身之主，以提萬事之綱，而不可有頃刻之不存者也。誠能嚴恭寅畏，不爲物欲之所侵亂，則以之讀書，以之觀理，將無所往而不通；以之應事，以之接物，將無所施而不當矣。此居敬持志所以又爲讀書之本也。此數語者，皆愚臣平生爲學，艱難辛苦，已試之效。竊意聖賢復生，所以教人，不過如此。其三劄皆言湖南事宜。○初，朱子行至宜春，門人廬陵劉黻遮見，請曰：「先生是行，上虚心以待，敢問其道何先？」曰：「今日之事，非大改更不足以悦天意，服人心。必有惡衣服、菲飲食、卑宫室之志而不敢以天子之位爲樂，然後庶幾積誠盡孝，默通潛格，天人和同，方可有爲。其事大，其體重，以言乎輔贊之功，則非吾之所任；以言乎啓沃之道，則非吾之敢當。然天下無不可爲之時，人主無不可進之善。以天子之命召藩臣，當不俟駕而往。吾知竭吾誠，盡吾力耳。外此非吾所能預計也。」

辭待制、侍講，不允。壬辰，辭待制職名，乞改説書差遣。

奏事後面納劄子，辭職名。有旨依已降指揮，不允日下供職。乃受講筵職事。又申省，以爲未得進説而先受厚恩，萬一異時未效涓埃，而疾病不支，遂竊侍從職名而去，則臣死有餘罪。上手劄：「卿經術淵源，正資勸講次對之職，勿復牢辭，以副朕崇儒重道之意。」乃拜命。

上孝宗山陵議狀。

趙彦逾按視，謂土肉淺薄，掘深五尺，下有水石。旋改新穴，視舊僅高尺餘。孫逢吉覆按，亦乞少寬日月，别求吉兆。有旨集議，臺史憚之，議遂中寢。朱子竟上議狀，言：「壽皇聖德神功，宜得吉土以奉衣冠之藏。當廣求術士，博訪名山，不宜偏信臺史罔上誤國之言，固執紹興坐南向北之説，委之水泉砂礫之中，殘破浮淺之地。」不報。

辛丑，受詔進講大學。

庚子内引，辛丑進講。○故事，講筵每遇隻日，早晚進講。及至當日，或值假故，即行權罷。又大寒大暑亦轚罷講月分。乃奏乞除朔望旬休及過宫日外，不以寒暑雙隻月日諸色假故，並令逐日早晚進講。從之。○朱子每講，務積誠意以感悟上心。以平日所論著者，敷陳開析，坦然明白，可舉而行。講畢，有可以開益聖德者，罄竭無隱，上亦虚心嘉納。

差兼實録院同脩撰，辭，不允。

再辭，不許，遂拜命。

覃恩授朝請郎。甲辰，例賜紫金魚袋。乙巳，晚講，乞令後省看詳封事。

時以雷雨之異，下詔求言。因奏登極之初，獻言者衆，乞令後省官看詳，擇其善者條上，取旨施行。庶聞者知勸，直言日聞。詔差沈有開、劉光祖看詳，限十日奏聞。

乞三年内賀禮並免。

瑞慶聖節前一日晚，閣報來日百官稱賀。朱子欲不出，不可，乃草劄子，明日立班投進。有旨却賀表不受。末復請三年内賀禮並免，節序進名奉慰。

庚戌，講筵留身，奏四事。

時有旨修葺東宫三數百間，而諫臣黄度將論近習，遽以特批逐之。朱子不勝憂慮，乃具奏四事。其略曰：上帝震怒，災異數出，饑甸百姓，饑餓流離。太上皇帝未有進見之期，而壽皇在殯，因山未卜，几筵之奉，不容少弛。太皇太后、皇太后皆以尊老之年，煢然憂苦，晨昏之養，尤不可闕。不宜大興土木，以適安便。又壽康定省之禮，所宜下詔自責，頻日繼往，顧乃逶迤舒緩，無異尋常，泛然而往，泛然而歸。太上皇帝聞之，必以爲此徒備禮而來，實無必求見我之意，其深閉固拒而不肯見，固亦宜矣。至於朝廷紀綱，尤所當嚴。上自人主，以下至於百執事，各有職業，不可相侵。今進退宰執，移易臺諫，皆出於陛下之獨斷，而大臣不與謀，給舍不及議。正使實出於陛下之獨斷，而其事悉當於理，亦非爲治之體。況中外傳聞，皆謂左右或竊其柄，而其所行又未能盡允於公議乎！至於殯宫之卜，偏聽臺史謬妄之言，墮其交結眩惑之計，但欲於祐、思諸陵之旁，趲那遷就，苟且了當。既不爲壽皇體魄安寧之慮，又不爲宗社血食久遠之圖。臣願陛下首罷修葺東宫之役，而以其工料回就慈福、重華之間，草創寢殿一二十間，使粗可居。如是則上有以感格太上皇帝之心，而速南内進見之期，又有以致壽皇几筵之奉，而盡兩宮晨昏之禮。此一事也。若夫過宮之計，則臣又願陛下入宮之後，暫變服色，如唐肅宗之改服紫袍，執鞚馬前者，預詔近屬尊行之賢，使之先入首白太上皇后，然後隨之而入。望見太上皇帝，即當流涕伏地，抱膝吮乳，以伸負罪引慝之誠。而太上皇后、宗戚、貴臣，左右環擁，更進譬喻解釋之詞。則太上皇帝雖有忿怒之情，亦且霍然雲消霧散，而懽意浹洽矣。此二事也。若夫朝廷之紀綱，則臣又願陛下深詔左右勿預朝政。而凡號令之弛張，人材之進退，則一委之二三大臣，使之較量，勿徇己見。此三事也。若夫山陵之卜，亦望先寬七月之期，次黜臺史之説，别求草澤，以營新宫，使壽皇之遺體得安於内，則宗社生靈皆蒙福於外矣。此四事也，皆今日最急之務，切乞留神，反復思慮，斷而行之。上爲感動，然卒無所施行。

閏月戊午朔，晚講。

是日講至盤銘「日新」，因論成湯有盤銘，武王有丹書，皆人主憂勤警戒之意。○講及數次，復編次成帙，取旨進入。上喜，且令點句以來。他日請問，上曰：「宫中常讀之，其要在『求放心』耳。」朱子頓首謝，因復奏疏勉上進德，略言：願陛下日用之間，語默動静，必「求放心」以爲之本，而於玩經觀史已用力處，益用力焉。數召大臣切劘治道，俾陳今日要務，略如仁祖開天章閣故事。至於羣臣進對，亦賜温顔，反復詢訪，以求政事之得失，民情之休戚。而又因以察其人材之邪正短長，庶於天下之事各得其理，所以推廣上意焉。○朱子謂門人曰：「上可與爲善，願常得賢者輔導，天下有望矣。」

庚申，早講。辛酉，晚講，奏禮律：嫡孫承重，斬衰三年。

禮經敕令：子爲父，嫡孫承重爲祖父，皆斬衰三年。蓋嫡子當爲父後，以承大宗之重，而不能襲位以執喪，則嫡孫繼統以代之執喪，義當然也。漢文短喪之後，歷代因之，天子遂無三年之喪。爲父且然，則嫡孫承重，從可知已。人紀廢壞，三綱不明，千有餘年，莫能釐正。及我壽皇聖帝，至性自天，孝誠內發，易月之外，猶執通喪，朝衣朝冠，皆以大布。超越千古拘攣牽制之弊，革去百王衰陋卑薄之風，甚盛德也。所宜著在方册，爲世法程。子孫守之，永永無斁。而間者遺詔初頒，太上皇帝偶違康豫，不能躬就喪次。陛下實以世嫡之重，仰承大統。則所謂承重之服，著在禮律，所宜一遵壽皇已行之法。易月之外，且以布衣布冠，視朝聽政，以代太上皇帝躬執三年之喪。而一時倉卒，不及詳議，遂用漆紗淺黄之服。不惟上違禮律，無以風示天下，且將使壽皇已革之弊去而復留，已行之禮舉而復墜，臣竊痛之。然既往之失，不及追改，惟有將來啓殯發引，禮當復用初喪之服，則其變除之節，尚有可議。欲望陛下仰體壽皇聖孝成法，明詔禮官稽考禮律，預行指定。詔禮官討論，後不果行。〇又書奏藁後云：「準五服年月格，斬衰三年，嫡孫爲祖，謂承重者。法意甚明。而禮經無文，但傳云『父殁而爲祖後者服斬』，然而不見本經，未詳何據。但小記云『祖父殁而爲祖母後者三年』，可以旁照。至『爲祖後者』條下疏中所引鄭志，乃有『諸侯父有廢疾，不任國政，不任喪事』之問，而鄭答以『天子、諸侯之服皆斬』之文，方見父在而承國於祖之服，向來入此文字。時無文字可檢，歸來稽考，始見此説，方得無疑。乃知學之不講，其害如此。而禮經之文，誠有闕略，不無待於後人。向使無鄭康成，則此事終未有決斷，不可直謂古經定制一字不可增損也。」

奏疏論廟祧。

孝宗將祔廟，禮官初請祧宣祖而祔孝宗，繼復有請併祧僖、宣二祖，而正太祖祫享東向之位，乞議祧主所歸者。宰相趙汝愚素主此說，給舍樓鑰、陳傅良皆附和之。癸亥，當集議，朱子度難以口舌爭，乃辭疾不赴而入議狀，以爲不祧僖祖則百事皆順，一祧僖祖則百事皆舛。雖三年一祫，太祖不得享時暫東向之禮，而可以遂其尊祖之心，所謂祖以孫尊，孫以祖詘者也。又訪得故大儒程頤之說，或謂僖祖無功德，頤謂今日天下基本蓋出於此，豈可謂無功德。併其說上文，宰相不聽。復奏疏論之臺諫，因乞且依禮官初議。樓鑰獨乞主併祧之說。丙寅，得旨來日内引。丁卯，入對，賜食，上問外事人才畢，請宣引之旨。上於榻後取文書一卷，曰：「此卿所奏廟議也，可細陳其說。」初，朱子既被旨，恐上必問及，乃取所論，畫爲圖本，貼說詳盡。至是，出以奏陳久之。上再三稱善，且曰：「僖祖乃國家始祖，高宗時不曾祧，孝宗時亦不曾祧，太上皇帝時又不曾祧，今日豈可容易。可於榻前撰數語，俟徑批出施行。」朱子方懲内批之弊，因乞降出劄子，再令臣僚集議。上亦然之。既退，即以上意喻廟堂，則聞已毁四祖廟而祔之别廟矣。時相既以王安石之論爲非，異議之徒忌其軋己，藉以求勝，事竟不行，天下恨之。

○又與汝愚書云：「祧廟之議，上意已自開納，而丞相持之不下，便將太廟毁拆。及臺諫有言，不知只作如何處分，致後省復有云云。據其所言，亦未敢深以熹説爲非，但云未見本議，欲乞降出。而丞相又不肯降出，便從其請。以此而觀，其罪不在樓、陳，而丞相實任之也。然丞相以宗枝入輔王室，而無故輕納鄙人之妄議，毁撤祖宗之廟，以快其私，其不祥亦甚矣。欲望神靈降歆，永國祚於無窮，其可得乎？」

甲子，在告。乙丑，直日準告，封婺源縣開國男，食邑三百户。戊辰，入史院。

朱子以實録院略無統紀，脩撰官三員、檢討官四員，各欲著撰，不相統攝，所脩前後往往不相應。嘗與衆議，欲以事目分之，譬之六部，吏部專編差除，禮部專編典禮，刑部專編刑法，須依次序編排，各具首末，然後類聚爲書，方有條理。又如一事而記載不同者，須置簿抄出，與衆會議，然後去取，庶幾存得總底在。及置六房吏，若周官史幾人，各掌其事。時檢討官不從。○有擬上政府劄子。

除宫觀，尋除寶文閣待制，知江陵府、湖北安撫，辭。

庚午，面對。乙亥，直日。丙戌，晚講，留身，申言前疏，乞賜施行。既退，即降御批：「朕憫卿耆艾，方此隆冬，恐難立講，已除卿宫觀，可知悉。」宰相趙汝愚留御劄，固諫。内侍王德謙徑遣付下，即附奏以謝，仍申省照會，遂行。給事中樓鑰封還録黄，中書舍人鄧驛繼封，奏留之。上許除京祠，已而不下。起居郎劉光祖又言之，中書舍人陳傅良再封還録黄，有旨依已降指揮。工部侍郎黄艾因對問所以逐朱某之驟，上曰：「始除熹經筵，爾今乃事事欲與聞。」吏部侍郎孫逢吉亦上疏留，又因講權輿之詩反復以諷。上曰：「朱某所言，多不可用。」十一月，差知江陵府，詔不候受告，疾速之任。○初，上之立也，趙相求能通意於長信宫者，知閤門事韓侂胄自詭於太皇太后親屬也，請效力。遣人白，不許。出遇内侍關禮于門，告之故，禮請獨入，泣涕固請，太皇太后許之。乃命復將侂胄入，使喻意廟堂，其論遂定。侂胄自謂有定策功，且依托肺腑，出入宫掖，居中用事。朱子離長沙已聞之，即惕然以爲憂。因免牘上，微寓其意。及進對，再三面陳之。又約吏部侍郎彭龜年，請對白發其奸。龜年出護使客，侂胄益得志。時丞相方收召四方知名之士，聚於本朝，海内引領，以觀新政，而事已多從中出。朱子既屢言於上，又數以手書遣生徒密白丞相，當以厚賞酬其勞，勿使得預朝政，且有分界限，立紀綱，防微杜漸，謹不可忽之意。丞相方謂其易制，所倚以爲腹心謀事之人又皆持禄苟安，無復遠慮。朱子獨懷忠憤，因講畢奏疏極言之。侂胄大怒，陰與其黨謀，先去其爲首者，則其餘去之易耳。乃於禁中爲優戲，以熒惑上聽。會朱子急於致君，知無不言，言無不切，頗見嚴憚。而一時爭名之流，亦潛有惎間之意，由是侂胄之計遂行。及講筵留身，再乞施行前疏，則内批徑下。朱子既去國，彭龜年遂攻侂胄，因奏曰：「政緣陛下近日逐得朱某太暴，故亦欲陛下亟去此小人。」既而省劄直批龜年與郡。侂胄由此聲勢益張，羣憸附和，並疑丞相，視正士如深仇。衣冠之禍，蓋始此云。〇戊戌，行至玉山，邑宰司馬迈請爲諸生講説。辭，不獲，乃就縣庠賓位，因學者所請問而發明道要，聞者興起。迈刻講義一篇，以傳于世。乃朱子晚年教人親切之訓，讀者其深味之。

丁未，還家。辛未，復辭前命，仍乞追還新舊職名。

援伊川辭朝官例也。

十二月，詔依舊焕章閣待制，提舉南京鴻慶宫。

竹林精舍成。

後更名滄洲。〇朱子既歸，學者甚衆，至是精舍成，率諸生行釋菜之禮，以告成事。其文曰：「後學朱熹敢昭告于先聖至聖文宣王：恭惟道統，遠自羲軒。集厥大成，允屬元聖。述古垂訓，萬世作程。三千其徒，化若時雨。維顔、曾氏，傳得其宗。逮思及孟，益以光大。自時厥後，口耳失真。千有餘年，乃曰有繼。周程授受，萬理一原。曰邵曰張，爰及司馬。學雖殊轍，道則同歸。俾我後人，如夜復旦。某以凡陋，少蒙義方。中靡常師，晚親有道。載鑽載仰，雖未有聞。賴天之靈，幸無失墜。逮兹退老，同好鼎來。落此一丘，群居伊始。探原推本，敢昧厥初。奠以告虔，庶其昭格。陟降庭止，惠我光明。傳之方來，永永無斁。今以吉日，恭脩釋菜之禮，以先師兖國公顔氏、郕侯曾氏、沂水侯孔氏、鄒國公孟氏、濂溪周先生、明道程先生、伊川程先生、康節邵先生、横渠張先生、温國司馬文正公、延平李先生從祀。」〇又精舍規約整肅，置堂長以司之，且書其門符云：「道迷前聖統，朋誤遠方來。」

寧宗慶元元年乙卯。

朱子六十六歲。

正月，復乞追還舊職名，不允。

二月，答曾致虚書論從祀畫像。

三月，再辭，不允。

以議僖祖祧不合自劾，並累申省。有旨：「次對之職，除受已久，與廟議初不相關。依已降指揮，不得再有陳請。」〇先是吏部取會磨勘，至是轉朝奉大夫。

五月，乞致仕，不允。

初，侂胄即欲併逐趙丞相，而難其辭。及是，誣以不軌，竄永州，中外震駭，大權一歸侂胄矣。侂胄本武人，志在招權納賄。士大夫嗜利無耻或素爲清議所擯者，乃教以除去異己者，然後可以肆志而莫予違，陰疏姓名授之，俾以次斥逐。或更「道學」之名曰「僞學」，蓋謂貪黷放肆乃人真情，其廉潔好修者皆僞也。於是群小附和，以攻「僞」干進者蠭起。而大府寺丞吕祖儉以論救丞相，貶韶州。朱子自以蒙累朝知遇之恩，且尚帶從臣職名，義不容嘿，乃草封事數萬言，極陳姦邪蔽主之禍，因以明丞相之冤。子弟諸生更進迭諫，以爲必且買禍，朱子不聽。蔡元定入諫，請以蓍決之，遇「遯」之「同人」。朱子默然退，取奏稾焚之，更號遯翁，遂以疾丐休致云。

七月，復辭職名，並乞休致。

詔：「辭職謝事，非朕優賢之意，不得再有陳請。」

九月，乞鐫職名。

以嘗妄議山陵自劾待罪，乞鐫職名。詔無罪可待，餘依已降指揮。

十一月，再辭職名。

又言已罷講官，不敢復帶侍從職名。詔從之。

十二月，詔依舊充祕閣脩撰、宫觀。

制詞有「大遯如慢，小遯如僞」等語，中書舍人傅伯壽所行也。初，侂胄猶未敢有加罪朱子之意，遯牘再上，皆有褒詞。廟堂寄聲云：「朝廷欲以此别真僞，望體此意，勿固辭。」朱子辭益力，廟堂不樂。伯壽嘗執弟子禮，恨不薦己，因行詞以逢迎之，是後小人始敢直詆朱子矣。

是歲楚辭集註成。

又有辯證及後語。○楊楫跋云：「慶元乙卯，楫侍先生于考亭精舍。時朝廷治黨人方急，丞相趙公謫死于永，先生憂時之意屢形於色。忽一日，出示學者以所釋楚辭一篇。某退而思之，先生平居教學者，首以大學、語、孟、中庸四書，次而六經，又次而史傳，至於秦漢以後詞章，特餘論及之耳，乃獨爲楚辭解釋，其義何也？然先生終不言，某輩亦不敢竊有請焉。」楫之言婉而深，故録之。

二年丙辰。

朱子六十七歲。

二月，申省乞改正已受從臣恩數。

言昨來疏封錫服，封贈蔭補，磨勘轉官，恩數皆當改正。不許。

十二月，褫職罷祠。

先是，臺臣擊僞學，既榜朝堂。未幾，張貴模指論太極圖説之非。省闈知貢舉葉翥、倪思、劉德秀奏論文弊，復言僞學之魁以匹夫竊人主之柄，鼓動天下，故文風未能丕變，乞將語録之類並行除毁。是科取士，稍涉義理者悉見黜落。六經、語、孟、中庸、大學之書，爲世大禁。士子避時所忌，文氣日卑。臺諫洶洶，争欲以朱子爲奇貨。門人楊道夫聞鄉曲射利者多撰造事跡，以投合言者之意，亟以書告朱子。報曰：「死生禍福，久已置之度外。不煩過慮。」然久之相顧不敢發，獨胡紘草疏將上，會遷去不果。沈繼祖以追論伊川，得爲察官，紘以藁授之。繼祖鋭於進取，意謂立可致富貴，遂奏乞褫職罷祠。從之。○蔡元定隱居不仕，亦特編置道州。善類重足以立。○董銖曰：「僞學之説，蓋拾劉德秀、鄭丙、陳賈之緒餘。始猶未敢誦言姓名，是猶有羞惡之心也。至是沈章無所忌憚，則幾於無是非之心矣。然先生之學之行卓然在世，果何傷於日月乎？」○作皇極辨後記。

是歲始修禮書。

名曰儀禮經傳通解。其書大要以儀禮爲本，分章附疏，而以小戴諸義各綴其後。其見於他篇及他書可相發明者，或附於經，或附於義。其外如弟子職、保傅傳之屬，又自别爲篇，以附其類。其目有家禮、鄉禮、學禮、邦國禮、王朝禮、喪禮、祭禮、大傳、外傳。其大體已具者，蓋十七八。○先是，草奏欲乞脩三禮，曰：「遭秦滅學，禮樂先壞。漢晉以來，諸儒補緝，竟無全書。其頗存者，三禮而已。周官一書，固爲禮之綱領，至其儀法度數，則儀禮乃其本經，而禮記郊特牲、冠義等篇，乃其義説耳。前此猶有三禮、通禮、學究諸科，禮雖不行，而士猶得以通習而知其説。熙寧以來，王安石變亂舊制，廢罷儀禮而獨存禮記之科，棄經任傳，遺本宗末，其失已甚，而博士諸生，又不過誦其虚文以供應舉。至於其間亦有因儀法度數之實而立文者，則咸幽冥而莫知其源，一有大議，率用耳學臆斷而已。若乃樂之爲教，則又絶無師授。律尺短長，聲音清濁，學士大夫莫有知其説者，而不知其爲闕也。故臣頃在山林，嘗與一二學者考訂其説，欲以儀禮爲經，而取禮記及諸經史雜書所載有及於禮者，皆以附於本經之下，具列注疏諸儒之説，略有端緒。而私家無書檢閲，無人抄寫，久之未成。會蒙除用，學徒分散，遂不能就。而鍾律之制，則士友間亦有得其遺意者。竊欲更加參考，别爲一書，以補六藝之闕，而亦未能具也。欲望聖明特詔有司，許臣就祕書省關借禮樂諸書，自行招致舊日學徒十餘人，踏逐空閑官屋數間，與之居處，令其編類。可以興起廢墜，垂之永久。使士知實學，異時可爲聖朝制作之助，則斯文幸甚。」會去國，不及上。

三年丁巳。

朱子六十八歲。

正月，

按是月朔旦，朱子書於藏書閣下東楹曰：「周敬王四十一年壬戌，孔子卒。至宋慶元三年丁巳一千六百七十六年。」此其憂傷微意可見矣。〇跋河圖、洛書。

拜命表謝。

略云：雖補過以修身，無及桑榆之暮景。然在家而憂國，未忘葵藿之初心。〇前數日之夕，朱子方與諸生講論，有以小報來者，略起視之，復坐，講論如初。翼旦，諸生乃知有指揮。後竟無告命，蓋掖垣不敢秉筆，公論焉可誣也！

别蔡元定於寒泉。周易參同契考異成。

郡縣逮捕元定甚急，元定色不爲動。既行，朱子與嘗所遊百餘人會别淨安寺。坐方丈，寒暄外，無嗟勞語。坐客感嘆，有泣下者。朱子微視元定，不異平時，因曰：「朋友相愛之情，季通不挫之志，可謂兩得之矣。」明日，獨與元定會宿寒泉，相與訂正參同契，終夕不寐。次年，元定卒於舂陵，朱子爲之哀慟。元定從遊最久，精識博聞，同輩皆不能及。凡古書盤錯肯綮，學者讀之不能以句，元定爬梳剖析，細入秋毫，莫不暢達。義理大原，固已心通意解。尤長於天文、地理、樂律、曆數、兵陣之説。朱子論易，推本河圖、洛書、邵氏皇極經世書、先天圖，往往多因與元定往復而有發焉。故其貶也，恨無與晤語者；其没也，祭之以爲「精詣之識，卓絶之才，不可屈之志，不可窮之辯，不復可見」；「並遊之好，同志之樂，已矣，已矣！」蓋深致其哀焉。〇八月，跋袁機仲所校參同契。〇時黨禁益譁，稍稱善類，斥逐無遺，至薦舉考校皆爲厲禁。朱子方與同志講道於竹林精舍，不爲輟。或勸以謝絶生徒，儉德避禍者，朱子曰：「禍福之來，命也。」或又微諷先生有「天生德於予」底意思，却無「微服過宋」之意。曰：「某不曾上書自辨，又不曾作詩謗訕，只與朋友講習古書，説道理，更不教做，却做何事？」又與留丞相書云：「某自少鄙拙，凡事不能及人，獨聞古人爲己之學而心竊好之。又以爲是乃人之所當爲，而力所可勉，遂委己從事焉，庶幾粗以塞其受，中以生之責，初不敢爲異以求名也。既而閭里後生有相問者，因以所聞告之，而流傳之誤，乃有自遠至者。其才之高下、質之厚薄雖爲不同，然皆以是心至，某不得拒也。不謂某之無狀，偶自獲罪於世，而詿誤連染，上累斯道，下及衆賢，例得詭僞之名，詆以不道之法，至有初不相識而横罹其禍者。杜門循習，私竊負愧，雖欲悔之，而厥路無繇矣。顧其繼而來者，又未忍却。然每對之，未嘗不笑其愚，而又憐彼之愚甚於熹也。今幸旬月以來，各以事歸，計亦聞知外間風色，自不敢復來矣。」

是歲韓文考異成。

四年戊午。

朱子六十九歲。

集書傳。

按大全集止載二典、禹謨、金縢、召誥、洛誥、武成諸説，又蔡九峰書傳序云：「慶元己未冬，先生令沈作書集傳。」又云：「二典、禹謨，先生蓋嘗是正。」而此乃云「集書傳」，俟更考。

十二月，乞致仕。

以年及七十，申建寧府乞保明申奏致仕。○記外祖祝公遺事。○是歲答李季章書云：「親舊凋零，如蔡季通、吕子約皆死貶所，令人痛心，益無生意。所以惜此餘日，正爲所編禮傳已略見端緒而未能就。若更得年餘間未死，且與了却，亦可瞑目矣。」

五年己未。

朱子七十歲。

四月，詔從所請。

朱子初疑名在謫籍，不敢陳請。繼以尚帶階官，義當納禄。有旨依所乞，守朝奉大夫致仕。有致仕謝表。

始用野服見客。

榜略云：「滎陽呂公嘗言，京、洛致仕官與人相接，皆以閑居野服爲禮，而嘆外郡或不能然，其指深矣。又謂上衣下裳，大帶方履，比之涼衫，自不爲簡。其所便者，但取束帶足以爲禮，解帶足以燕居而已。且使窮鄉下邑，得見祖宗盛時京都舊俗其美如此，亦補助風教之一端也。」〇十二月，作皇考朱公行狀。

六年庚申。

朱子七十一歲。

正月，作聚星亭贊。

考亭陳氏故有離榭，名曰聚星亭，至是作新之。朱子爲本原荀、陳事迹畫著屏上，而爲之贊，末云「或乃附曹，群亦忘漢。嗣守之難，古今共嘆。」又曰：「高山景行，好德所同。課忠責孝，獨概予衷。百爾窺臨，鏡考毋怠。死國承家，永奉明戒。」其意蓋有在矣。

三月，辛酉，改大學「誠意」章。

戊午歲，嘗與廖德明帖云：「大學又修得一番，簡易平實，次第可以絶筆。」是日改「誠意」章，午刻疾甚不能興。〇先是，己未夜爲諸生説太極圖，庚申夜復説西銘甚詳，且言：「爲學之要，惟事事審求其是，決去其非，積集久之，心與理一，自然所發皆無私曲。聖人應萬事，天地生萬物，直而已矣。」

甲子，以疾終于正寢。

前夕癸亥，精舍諸生入問疾，告之曰：「誤諸君遠來，然道理亦止是如此。但相倡率下堅苦工夫，牢固着足，方有進步處。」諸生退，乃作三書。一與子在，令早歸收拾遺文。一與黄榦，令更加勉力，且云：「吾道之託在此，吾無憾矣。」及令收禮書底本，踵而成之。其書界行開具逐項合修條目，且封一卷往爲式。一與范念德，托寫禮書。甲子，即命移寢中堂。黎明，諸生復入問疾，因請曰：「先生之疾革矣，萬一不諱，當用書儀乎？」朱子摇首。「然則當用儀禮乎？」亦摇首。「然則以儀禮、書儀參用之乎？」乃頷之。就枕，誤觸巾，目門人使正之，揮婦人無得近，諸生揖而退。良久恬然而逝，午初刻也，享年七十有一。送終諸事皆用遺訓焉。是歲大風拔木，洪流崩岸，哲人之萎，豈小變哉！○朱子平居惓惓，無一念不在於國。聞時政之闕失，則戚然有不豫之色；語及國勢之未振，則感慨以至泣下。然自少即以興起斯文爲己任，俛焉孜孜不知老之將至，若不屑於斯世者。及其出而事君，則竭忠盡誠，不顧其身，推以臨民，則除其疾苦，而正其風俗，未嘗不欲其道之行也。雖遇知於人主，而不容於邪枉。故自筮仕以至屬纊，五十年間歷事四朝，仕於外者僅九考，立於朝者四十日而已。豈非天將以斯人紹往聖之統，覺來世之迷，故嗇之於彼，而厚之於此歟！○初居崇安五夫，榜其讀書之室曰紫陽書堂，以新安有紫陽山，識鄉關常在目也。後得地於建陽蘆峰之巔，曰雲谷，因創草堂，扁以「晦庵」，自稱雲谷老人，亦曰晦翁。既又得武夷五曲之地，結廬其間，曰武夷精舍。晚卜築于考亭，又曰滄洲精舍，時號滄洲病叟。取後揲蓍遇「遯」之「同人」，因更號遯翁。○按語録云：「先生每日早起，升影堂，率子弟以次列拜，炷香，又拜而退。登閣拜先聖像，方坐書院，受早揖，飲湯少坐。月朔，影堂薦酒果，望日則薦茶，有時物薦新而後食。」又按吴壽昌云：「先生每觀一水一石、一草一木有清陰處，大醉則趺坐高拱，經史子集之餘，雖語録雜説，舉輒成誦。微醺則吟哦古文，氣調清壯。某所聞見，則先生每愛誦屈原楚騷、孔明出師表、淵明歸去來辭並杜子美數詩而已。」此二條歲月無考，故附于末。

十一月壬申，葬于建陽縣唐石里之大林谷。

送者幾千人。○言者誤以爲歸葬婺源，奏乞約束會葬。

嘉泰二年壬戌，十月，除華文閣待制，與致仕恩澤。

先是，時論欲稍示更張以就平，遂有此除。郡不申殁，故以生存出命。

嘉定元年戊辰，十月，詔賜謚與遺表恩澤。

謚曰文。○自侂胄伏誅，天下稱快。朱子忠誠先見，始得暴白于世。

三年庚午，五月，贈中大夫、寶謨閣直學士。

後以明堂恩，累贈通議大夫。

理宗寶慶三年丁亥，正月，贈太師，追封信國公。

御筆指揮見後第九卷。

紹定三年庚寅，九月，改追封徽國公。

用鄒究例，制詞見後第九卷。

淳祐元年辛丑，正月，詔學宫列之從祀。

三省同奉，御筆指揮見後第九卷。

元至正二十二年壬寅，二月，改追封齊國公。

制詞見後第九卷。〇按今制，兩京國子監、天下府州縣廟學及徽、建祠祀，俱稱徽國文公，而齊國之號未聞革於何時。嘗考汪春坊仲魯文公家廟記，作於洪武丙辰之歲，則稱徽國；唐山長仲紫陽書院記作於洪武己未之歲，則稱齊國。蓋當時未有定制，故稱謂不同如此。然其後卒仍徽國之舊者，意必元籙既訖，聖明繼興，雖有勝國封詔，而天下諸司循襲已久，莫之或從。且以徽爲文公父母邦，以之封國，於義實協。而改封曰齊，殊無意謂故邪。其實封齊故號未之有革，觀仲所稱可見矣。姑識之，以俟知者正焉。

紫陽文公先生年譜卷一

〔明〕李　默

宋高宗建炎四年庚戌九月甲寅，朱子生。

朱子本歙州人，世居婺源之永平鄉松巖里。宣和末，厥考吏部韋齋先生松爲政和尉。遭父承事府君喪，以方臘亂睦，不能歸，遂葬其親於其邑護國寺之側。身嘗僑寓建、劍二州，是歲館于尤溪之鄭氏，而朱子生焉。

紹興元年辛亥。

二年壬子。

三年癸丑。

按行狀云：「先生能言，韋齋指天示之曰：『天也。』問曰：『天之上何物？』韋齋異之。」

四年甲寅，始入小學。

韋齋與内弟程復亨書云：「息婦生男名五二，今五歲，上學矣。」〇按朱子小名沋郎，小字季延，此云五二，以行稱。

五年乙卯。

六年丙辰。

七年丁巳。

通孝經大義，書其上曰：「若不如此，便不成人。」間從群兒嬉遊，獨以沙列八卦，端坐默視。

八年戊午。

九年己未。

自知力學，聞長者言，輒不忘。○按語録云：「十數歲時，讀孟子，至『聖人與我同類者』，喜不可言，以爲聖人亦易做。」

十年庚申，受學於家庭。

時韋齋爲吏部郎，以不附和議，出知饒州，請祠，居于家。初，韋齋師羅豫章，與李延平爲同門友，聞楊龜山所傳河洛之學，獨得古先聖賢不傳之遺意。於是益自刻厲，痛刮浮華，以趨本實。日誦大學、中庸之書，以用力於致知誠意之地。自謂卞急害道，因取古人佩韋之義，名其齋以自警。

十一年辛酉。

十二年壬戌。

十三年癸亥三月，丁父韋齋先生憂。初稟學于胡籍溪、劉草堂、劉屏山三君子之門。

韋齋卒于建之水南，享年四十七。當疾革時，手自爲書，以家事屬少傅劉公子羽，而訣于籍溪胡憲原仲、白水劉勉之致中、屏山劉子翬彦沖。且顧謂朱子曰：「此三人者，吾友也。其學皆有淵源，吾所敬畏。吾即死，汝往父事之，而惟其言之聽。」韋齋殁，少傅爲築室於其里第之傍，朱子遂奉母夫人遷而居焉。乃遵遺訓，禀學于三君子之門。三君子撫教如子姪，白水劉公因以其女妻之。二劉尋下世，獨事籍溪最久。○按朱子所作草堂墓表與籍溪行狀，俱稱二公受學涪陵譙天授，盡聞伊洛之學，其淵源大略本此。至于師門誼篤，則屏山爲最。其作屏山墓表有云：「先生病時，熹以童子侍疾。一日請問平昔入道次第，先生欣然告曰：『吾於易，得入德之門焉，所謂「不遠復」者，乃吾之三字符也。汝尚勉之。』」又命字祝詞有云：「木晦於根，春容曄敷。人晦於身，神明内腴。」又云：「子德不日新，則時予之恥。」「言而思毖，動而思蹎，凜乎惴惴，惟顔、曾是畏。」其期望之意如此。朱子晚歲猶書門符曰：「佩韋遵考訓，晦木謹師傳。」蓋識之也。

十四年甲子，葬韋齋先生。

墓在崇安縣五夫里之西塔山。

十五年乙丑。

按語録云：「熹年十五六時，見吕與叔『雖愚必明，雖柔必强』一段解得痛快，讀之未嘗不竦然警厲奮發。」

十六年丙寅。

按語録云：「熹年十六七時，喫了多少辛苦讀書。」

十七年丁卯秋，舉建州鄉貢。

考官蔡兹謂人曰：「吾取中一後生，三篇策皆欲爲朝廷措置大事，他日必非常人。」

十八年戊辰。春，登王佐榜進士。

中第五甲第九十人，准勑賜同進士出身。

十九年己巳。

按語録云：「從十七八歲讀孟子，至二十歲，只逐句理會，更不通透。二十歲後，方知只恁地熟讀，自見得意思。」又云：「自十五六至二十歲，史書都不要看，但覺得没要緊，不難理會。」又云：「二十歲前得上蔡語録觀之，初用朱筆畫出合處，再觀用粉筆，三觀用墨筆。數過之後，全與元看時不同矣。」又云：「二十歲前已看得書，大意如此。」又跋曾南豐帖云：「熹年二十許時，便喜讀南豐先生之文，竊慕效之。」

二十年庚午春，如婺源展墓。

時鄉會，酒酣，坐客以次歌誦。朱子獨歌離騷經一章，音吐洪暢，坐客竦然。有帖與内弟程洵論詩，且曰：「學者所急，亦不在此。學者之要，務反求諸己而已。語、孟二書，宜加精熟，求見聖賢用意處，佩服而力持之可也。」〇按虞學士集作復田記略云：「韋齋之仕于閩，嘗質其先田百畝以爲資。同邑張敦頤，教授于劍，請爲贖之。韋齋没，敦頤以書慰朱子於喪次，而歸田焉。」至是，朱子省墓婺源，遂以其租入充祭掃費。

二十一年辛未春，銓試中等，授左迪功郎、泉州同安縣主簿。

二十二年壬申。

二十三年癸酉夏，始受學于延平李先生之門。

初，龜山先生倡道東南，從遊甚衆。語其潛思力行，任重詣極者，羅公仲素一人而已。李先生愿中受學羅公，實得其傳，同門皆以爲不及。然樂道不仕，人罕知之。沙縣鄧迪天啓嘗曰：「愿中如冰壺秋月，瑩徹無瑕。」韋齋深以爲知言。朱子少耳熟焉，至是將赴同安，特往見之。朱子嘗言：「始見李先生，告之學禪。李先生但曰：『不是。』再三質問，則曰：『且看聖賢言語。』熹遂將所謂禪權倚閣起，取聖賢書讀之。讀來讀去，日復一日，覺得聖賢言語漸漸有味。却回頭看釋氏之説，漸漸破綻罅漏百出。」又言「初見李先生，説得無限道理。李先生曰：『公恁地懸空理會得許多道理，而面前事却理會不下。道亦無他玄妙，只在日用間着實做工夫處，便自見得。』熹後來方曉得他説，故今日不至於無理會耳。」又云：「李先生令去聖經中求義理，熹後刻意經學，推見實理，始信前日諸人之誤。」又延平與其友羅博文宗禮書曰：「元晦進學甚力，樂善畏義，吾黨鮮有。」又云：「此人極穎悟，力行可畏，講學極造其微處。渠所論難處，皆是操戈入室。」又云：「此子別無他事，一味潛心於此。初講學時頗爲道理所縛，今漸能融釋，於日用處一意下工夫。若於此漸熟，則體用合矣。」

秋七月，至同安。

涖職勤敏，纖悉必親。郡縣長吏，事倚以決。苟利於民，雖勞無憚。廨有燕坐之室，更名曰高士軒。而以令甲凡簿所當爲者，大書揭之楣間。又職兼學事，乃選邑之秀民充弟子員，身加督勵，並數爲文以諭之。有柯君翰者，家居教授，常百餘人，行峻不爲苟合，遂請爲學職。衆益有所嚴憚，不敢爲非。先生又以爲區區防之於法制之末，而禮義不足以悦其心，則亦無以使之知所趣而興於行。乃增脩講問之法，使職事諸生相與漸摩，禮義有以博其內，規矩有以約其外。學者翕然從之，以至學殿、講坐、齋舍，悉加整葺云。是歲，長子塾生。

二十四年甲戌。

是歲，仲子埜生。

二十五年乙亥，建經史閣。

請于帥府，盡模府中所有書，歸置閣中。又料簡故匱治平中所藏書，得尚可讀者二百餘卷，悉上于閣，學者得以覽觀焉。初，縣學釋奠，舊例止以人吏行事。朱子至，求政和五禮新儀印本於縣，無之，乃取周禮、儀禮、唐開元禮、紹興祀令，更相參考，畫成禮圖，訓釋辨明，纖悉畢備。執事學生得以日夕觀覽，臨事無舛。

立故相蘇公祠於學宮。

公名頌，同安人。相元祐間，學術風節爲世所稱。

二十六年丙子七月，秩滿。冬，奉檄走旁郡。

時代者不至，因送老幼以歸。○按語録云：「同安簿滿，到泉州候批書。客邸借得孟子一册，仔細讀，方尋得本意。」

二十七年丁丑春，還同安，候代不至，罷歸。

館于陳北溪畏壘庵者數月，命友生之嗜學者與居。作畏壘庵記。冬，十月，代者卒不至，以四考滿，罷歸。其去也，士思其教，民懷其惠，相與立祠于學。

二十八年戊寅，以養親請祠。十二月，差監潭州南嶽廟。

二十九年己卯。

作謝上蔡語録後序。

八月，召赴行在，辭。

用執政陳俊卿薦也。朱子方控辭，會言路有託抑奔競以沮之者，以故不就。是歲，籍溪胡公由司直改正字，將就職，朱子送行，有詩曰：「執我仇仇詎我知，謾將行止驗天機。猿驚鶴怨渾閑事，只恐先生袖手歸。」其後又寄詩曰：「先生去上芸香閣，閣老新裁豸角冠。留取幽人卧空谷，一川風月要人看。」「甕牖前頭翠作屏，晚來相對静儀刑。浮雲一任閑舒卷，萬古青山只麽青。」五峰胡宏曰：「此詩有體而無用。」因賡之曰：「幽人偏愛青山好，爲是青山青不老。山中雲出雨大虛，一洗塵埃山更好。」似爲籍溪解嘲云。

三十年庚辰冬，再見李先生于延平。

退寓舍旁西林院，閱月而後去。

三十一年辛巳，貽書黄樞密論恢復。

三十二年壬午春，迎謁李先生于建安，遂與俱歸。

復寓西林者數月。汪端明應辰嘗稱朱子師事延平，久益不懈。每一去而復來，則所聞必益超絶。

八月，應詔上封事。是月，復予祠。

是歲五月，祠秩滿，復以爲請會。孝宗即位，詔求直言，遂上封事。略曰：「帝王之學，必格物致知，以極夫事物之變。使夫事物之過乎前者，義理所存，纖微畢照，則自然意誠心正，而所以應天下之務者得矣。至於記誦華藻，非所以探淵源而出治道；虛無寂滅，非所以貫本末而立大中也。又曰：今日之計，要在脩政事，攘夷狄而已。然其計所以不時定者，講和之説疑之也。又曰：陛下前日所號召者，皆天下所謂忠臣賢士也。誠與之共圖天下之事，使疏而賢者，雖遠不遺；親而否者，雖邇必棄。毋主先入，以致偏聽獨任之譏；毋篤私恩，以犯示人不廣之戒。進退取舍，惟公論是從。則朝廷正而内外遠近莫不一於正矣。」不報。作論語纂訓序。

孝宗隆興元年癸未三月，再召，辭，有旨趣行。十月，至行在。辛巳，入對垂拱殿。

其略曰：「大學之道，本於格物。格物者，窮理之謂也。必因物求理，使瞭然無毫髮之差，則應事自然無毫髮之謬。是以意誠心正而身脩，家齊國治而天下平。勸講之臣所以聞於陛下者，不過記誦詞章之習，而陛下又不過求之老子、釋氏之書。是以雖有生知之性，高世之行，而未嘗隨事以觀理，即理以應事。舉措之間，動涉疑貳；聽納之際，未免蔽欺。由不講乎大學之道，而溺心於淺近虚無之過也。」上爲之動容。次論今之論國計者三：曰戰，曰守，曰和。「國家之與北虜，其不可與共戴天明矣。今日所當爲者，非戰無以復讎，非守無以制勝。此皆天理之自然，非人慾之私忿也。」三論先王制御夷狄之道。「其本不在威强，而在乎德業；其備不在邊境，而在乎朝廷；其具不在兵食，而在乎紀綱。願開納諫諍，黜遠邪佞，杜塞倖門，安固邦本。四者爲急先之務。庶幾形勢自强，而恢復可冀矣。」時朝廷遣王之望使虜約和未還，宰臣湯思退等皆主和議，而近習曾覿、龍大淵招權，故奏及之。三劄所陳，義不出封事之意，而加剴切焉。先是，朱子將趨召命，問李先生所宜言。李先生以爲，今日三綱不立，義利不分，故中國之道衰而夷狄盛，人皆趨利而不顧義，而主勢孤。朱子首用其說以對。〇按朱子與魏元履帖云：「初讀第一奏，論致知格物之道，天顔温粹，酧酢如響。次讀第二奏，論復讎之義，第三奏論言路壅塞，佞幸鴟張，則不復聞聖語矣。」

十一月，除武學博士，拜命遂歸。替成資闕也。〇按是歲有答陳漕書論鹽法，及與汪尚書書論龜山語録。

是歲，論語要義、論語訓蒙口義成。

既序次論語要義，又以其訓詁略而義理詳，殆非啓蒙之要，因而删録，以成此編。

歸劉氏田。

按乾道中田券跋云：「初，屏山與朱子講習武夷，去家頗遠。特於中途建歇馬庄，買田二百餘畝，以供諸費，實與朱子共之。屏山既没，忠定公珙盡以畀朱，資其養母。後朱子同安秩滿歸，以田還屏山子玶，玶不受。謀於忠定，轉畀南峰寺，至今猶存。」

二年甲申正月，之延平，哭李先生。

比葬，又往會。

是歲，困學恐聞成。

朱子嘗以「困學」名其燕坐之室，因目其雜記之編曰困學恐聞，至是書成。

乾道元年乙酉四月，請祠。五月，復差監南嶽廟。

先是省劄趣就職，既至而執政錢端禮等復主和議，不合，請祠以歸。是歲讀魏元履所作戊午讜議，爲之流涕，因序之，略曰：「戊午之議，發言盈庭。其曰虜世讎不可和者，尚書張公闡、左史胡公銓而止耳。自餘亦有謂不可和者，而其説不出於利害之間。又其餘則忘其疇昔之言，厥或告之，則曰『處士之大言耳』。」

二年丙戌。

三年丁亥八月，訪南軒張公敬夫于潭州。

按朱子與曹晉云：「此月八日抵長沙，今半月矣。荷敬夫愛予甚篤，相與講明其所未聞，日有問學之益。敬夫學問愈高，所見卓然，議論出人意表。近讀其語説，不覺胸中灑然，誠可歎服。」是時范念德侍行，常言二先生論中庸之義，三日夜而不能合。留長沙再閱月，與南軒偕登衡嶽，至衡州而别。有南嶽倡酬集。南軒贈詩云：「遺經得紬繹，心事兩綢繆。超然會太極，眼底無全牛。」朱子答詩曰：「昔我抱冰炭，從君識乾坤。始知太極蘊，要妙難名論。謂有寧有迹，謂無復何存。惟兹酬酢處，特達見本根。萬化從此流，千聖同兹源。曠然遠莫禦，惕若初不煩。」是行道經昭武，遂謁黄端明中於其家。端明端莊静重，德容粹然。朱子請納再拜之禮而見之。

十二月，至自長沙。

與南軒别後，遂偕范伯崇、林擇之東歸。掇拾道中所作詩，得二百餘篇，名東歸亂藁。

除樞密院編脩。

用執政陳俊卿、劉珙薦也。

四年戊子四月，崇安饑，貸粟于府以賑之。

時盜發浦城，崇安人情大震。乃請貸于府，得粟六百斛，籍户口散給之，民以不饑。是冬有年，民願輂粟還官，知府事王淮俾留里中，而上其籍於官。社倉之法始此。

程氏遺書成。

初，二程門人各有所録，雜出並行，間頗爲後人竄易。至是序次有倫，去取精審，學者始有定從，而程子之道復明于世。

七月，大水，奉府檄行視水災。

省劄屢趣就職，固辭。

時國子學録魏掞之以論曾覿去國，遂力辭。

五年己丑。

是歲，子在生。作太極通書後序。

九月戊午，丁母孺人祝氏憂。

八月，省劄復趣行，會丁祝孺人憂。孺人，歙處士確之女，後贈碩人，追封粤國夫人。

六年庚寅正月，葬祝孺人。

墓在建陽縣崇泰里後山天湖之陽，名曰寒泉塢。自作壙記。

家禮成。

朱子居喪盡禮。既葬，日居墓側，旦望則歸奠几筵。自始死至祥禫，參酌古今，咸盡其變，因成喪、祭禮。又推之於冠、婚，共爲一編，命曰家禮。○按是書晚年多所損益，未暇更定。

七月，遷韋齋先生墓。

按遷墓記云：「乾道六年七月，遷于里之白水鵝子峰下。」及考行狀又云：「慶元某年某月，遷于寂歷山，即今墓是也。」豈韋齋之墓嘗再遷歟？

十二月，召赴行在，以喪制未終辭。

侍郎胡銓以詩人薦，與王庭珪同召。

七年辛卯，創立社倉於所居之里。

朱子所居之鄉曰五夫，每歲春夏之交，豪户閉糶牟利，細民發廪强奪，動相賊殺，易至挺變。遂因前所貸郡米，創立社倉一區，以備出貸。每石量收息米二斗，逐年依此斂散，或遇小歉，即蠲其息之半，大饑即盡蠲之。故一鄉四五十里之間，雖遇凶年，人不缺食。

八年壬辰，論孟精義成。

是書初名要義，後改今名。序略曰：「論語之書，無所不包，而所以示人者，莫非操存涵養之要。七篇無所不究，而所以示人者，類多體驗充廣之端云。」其後又改名集義。

四月，有旨疾速起發，再辭。

以禄不及養故也。

是歲資治通鑑綱目成。

初，司馬公作通鑑，朱子因取其書創爲義例，表歲以首年，因年以著統，大書爲綱，分注爲目，蓋倣春秋、左氏以爲此書。

八朝名臣言行録成。

西銘解義成。

自二程推西銘爲擴前聖所未發，遊其門者必令看大學、西銘，而未有發明其義者，朱子首爲之解。

九年癸巳，省劄再趣行，又辭，就乞差監嶽廟。

太極圖傳、通書解成。

其序略曰：周子之學，其妙具於太極一圖。通書之言，皆發此圖之藴。而程子兄弟語及性命之際，亦未嘗不因其説。然周子既手以授二程，而程本因附書後。傳者見其如此，遂誤以圖爲書之卒章，不復釐正，使立象盡意之微旨暗而不明。而驟讀通書者，亦不復知有所統攝矣。作尹和靖言行録序。

五月，有旨特與改秩宫觀，辭。

朱子既累辭召命，宰相梁克家因奏朱熹累召不起，宜蒙褒録。上曰：「朱熹安貧守道，廉退可嘉。特與改合入官，主管台州崇道觀，任便居住。」

程氏外書成。

既編遺書，復取諸集録，參伍相除，得十有二篇，名曰外書，而二程子之遺言備矣。作中庸集解序。

淳熙元年甲午六月，始拜改秩之命。

省劄凡三下，趣依已降指揮。朱子以爲改官賦禄，蓋朝廷進賢賞功、優老報勤之典，乃使小臣終年安坐，一日無故而驟得之，求退得進，義所不安，故三具辭免，遜避逾年。上意愈堅，至是始拜命。

二年乙未五月，東萊吕公伯恭來訪。近思録成。

吕公自東陽來訪，留寒泉精舍者旬日。相與掇周子、程子、張子書，關大體而切日用者，彙次成十四篇，號近思録。朱子嘗語學者曰：「四子，六經之階梯；近思録，四子之階梯。」蓋言爲學當自此而入也。

偕東萊及梭山陸公子壽、象山陸公子靜會于鵝湖。

東萊歸，朱子送至信州之鵝湖寺。江西陸九齡子壽、弟九淵子靜及清江劉清之子澄皆來會，相與講其所聞。子壽詩云：「孩提知愛長知欽，古聖相傳只此心。大抵有基方築室，未聞無址忽成岑。留情傳注翻榛塞，着意精微轉陸沉。珍重友朋勤琢切，須知至樂在如今。」子靜和云：「墟墓興哀宗廟欽，斯人千古不磨心。涓流積至滄溟水，拳石崇成泰華岑。易簡工夫終久大，支離事業竟浮沉。欲知自下升高處，真僞先須辯只今。」朱子和云：「德業風流夙所欽，别離三載更關心。偶扶藜杖出寒谷，又枉藍輿度遠岑。舊學商量加邃密，新知培養轉深沉。却愁説到無言處，不信人間有古今。」既而諸公各持所見，不合而罷。

七月，作晦庵。

庵在蘆峰之雲谷，自爲記。

三年丙申二月，如婺源。

蔡元定從。既至，邑宰張漢率諸生請講書于學，辭。復請撰書閣記，許之。而以程氏遺書、外書、文集、經説、司馬氏書儀、高氏送終禮、吕氏鄉約、鄉儀等書留學中。日與鄉人子弟講學于汪氏之敬齋，隨其資禀，誨誘不倦。又作茶院朱氏譜序。至六月初旬乃歸。

六月，除祕書省祕書郎，辭。

時上諭大臣，欲奬用廉退之士。參政龔茂良以朱子操行耿介，屢召不起爲言，遂有此除。朱子以改官之命，正以嘉其廉退之節，今乃冒進擢之寵，是左右望而罔市利，乃辭。七月，答汪尚書書云：「熹狷介之性，矯揉萬方而終不能回，迂疏之學，用力既深而自信愈篤。以此自知決不能與時俯仰，以就功名。故二十年來，甘自退藏，以求己志。所願欲者，不過脩身守道，以終餘年。因其暇日，諷誦遺經，參考舊聞，以求聖賢立言本意之所在。既以自樂，間亦筆之於書，以與學者共之，且以待後世之君子而已。此外實無毫髮餘念也。」

八月，再辭，許之，遂復與祠。

會有言虚名之士不可用者，遂再辭。仍差主管武夷山沖祐觀。

十一月，令人劉氏卒。

次年二月，葬於建陽縣之唐石大林谷。名其亭曰宰如，而規壽藏於其側，名其庵曰順寧。

四年丁酉六月，論孟集註、或問成。

朱子既編次論孟集義，又作訓蒙口義，既而約其精粹妙得本旨者爲集註，又疏其所以去取之意爲或問。然恐學者轉而趨薄，故或問之書未嘗出以示人。其後集註删改日益精密，而或問則不復釐正矣。

十月，周易本義、詩傳成。

詩自毛、鄭以來皆以小序爲主，其與經文舛戾，則穿鑿爲説以通之。朱子獨以經文爲主，而訂其序之是非，復爲一編，附寘經後，以還其舊。又答東萊論易書云：「讀易之法，竊疑卦、爻之詞本爲卜筮者斷吉凶，而因以訓戒。至彖、象、文言之作，始因其吉凶訓戒之意，而推説其義理以明之。後人但見孔子所説之義理，而不復推本文王、周公之本意，因鄙卜筮爲不足言。而其所以言易者，遂遠於日用之實，類皆牽合委曲，偏主一事，無復包含該貫、曲暢旁通之妙。若但如此，則聖人當時自可别作一書，明言義理，以詔後世，何用假托卦象，爲此艱深隱晦之辭乎？」

五年戊戌八月，差知南康軍，辭，不允，仍令疾速之任。

宰相史浩必欲起之，或言宜處以外郡，於是差權發遣南康軍事，兼管内勸農事，仍借緋。

六年己亥正月，再請祠。不報，候命于鉛山。

東萊屢書勉行。南軒亦謂須一出爲善，雖去就出處素有定論，然更須斟酌消息，勿至已甚，苟一向固拒，則上之人謂賢者不肯爲用，於大體却有害也。至是再請祠，不報，朱子始有出意。正月，行至信州鉛山俟命，寓止崇壽僧舍。陸梭山來訪。

三月，省劄再趣行。是月晦，赴上。

到郡，首下教三條：其一，延訪利病；其二，令父老教戒子弟；其三，勸民遣子弟入學。每五日一詣學宫，爲諸生講説，亹亹不倦。郡之有賢德者禮之以爲學職，士風翕然丕變。

立三先生祠及五賢堂。

先是移文教授、司户，以爲蒙恩假守，畀付民社，固將使之宣明教化，篤厲風俗，非徒責以簿書期會之最而已。乃立濂溪周先生祠于學宫，以二程先生配。其陶靖節、劉西澗父子、李公擇、陳了齋，則别爲堂祀之。

六月，奏乞蠲減星子縣税錢。

事下户部，户部下漕司，責以對補。會有言庶僚不當用劄子奏事者，因引以自劾。

十月，重建白鹿洞書院。

時白鹿洞書院故址榛廢已久，朱子詢得之，乃令星子令復建書院於其地。且言於朝，得賜勑額及賜御書石經、監本九經。又捐俸買書以益之，並置田以贍學者。數月告成，率郡僚、寓公、過客、學徒，釋菜于先聖先師以落之。每暇輒一至，諸生從而質疑問難。因約聖賢教人爲學之大端以示學者，尤致意于明誠敬義數語。又與時宰書，乞復洞主，廢官使，得備員與學徒講道其間，假之稍廪，略如祠官之入。不報。

七年庚子正月，請祠，不報。

二月，張南軒訃至，罷宴哭之。

時南軒卒于江陵府治，朱子爲文祭之，略曰：蓋有我之所是而兄以爲非，亦有兄之所然而我之所議，又有始所共向而終悟其偏，亦有早所同嚌而晚得其味。蓋繳紛往反者幾十有餘年，末乃同歸而一致。南軒常言：「學莫先於義利之辨，而義也者，本心之所當爲而不能自已，非有所爲而爲之者也，一有所爲，則皆人欲而非天理矣。」朱子以爲擴前聖之所未發，與性善養氣之論同功。

三月，復請祠，不允。

四月，申減屬縣科紐木炭錢，歲二千緡。

應詔上封事。

時詔監司、郡守條具民間利病，遂上疏言：「天下之大務，莫大於恤民。恤民之本，又在人君正心術以立紀綱。今日民貧賦重，若不討理軍實，去其浮冗，則民力決不可寬。今日將帥之選，率皆膏粱子弟、厮役凡流。到軍之日，惟望裒斂刻剥以償債負。總餽餉之任者，亦皆倚負幽陰，交通貨賂。其所驅催東南數十州之脂膏骨髓，名爲供軍而輦載以輸權倖之門者，不可以數計。是以生民日益困苦，無復聊賴。今欲討軍實以紓民力，則必盡反前之所爲，然後乃可冀也。所謂其本在於正心術以立紀綱者，蓋君心不能以自正，必親賢臣，遠小人，講明義理之歸，閉塞私邪之路，然後乃可得而正。今宰相、臺省、師傅、賓友、諫諍之臣皆失其職，而陛下所與親密謀議者，不過一二近習之臣。此一二小人者，上則蠱惑陛下之心志，下則招集天下士大夫之嗜利無耻者盡入其門。所喜則陰爲引援，擢寘清顯；所惡則密行訾毁，公肆擠排。所盜者皆陛下之財，所竊者皆陛下之柄。陛下所謂宰相、師傅、賓友、諫諍之臣，或反出入其門墻，承望其風旨。勢成威立，中外靡然向之，使陛下之號令黜陟，不復出於朝廷，而出於此一二人之門。蓋非獨壞陛下之紀綱，乃併與陛下所以立紀綱者而壞之，則民又安可得而恤？財又安可得而理？軍政何自而脩？土宇何自而復？宗廟之讎耻又何自而可雪耶？」疏入，上讀之大怒，命其分析。宰相趙雄詭辭救解，乃已。

大脩荒政。

時值大旱，至秋，約苗失收什八已上，乃竭力措置，爲救荒備。會詔江東帥守恤民隱，決滯獄，以銷旱災，且頒勸分賞格。因即二事推廣爲奏，乞降特旨，減前所申星子縣税及三年赦文。已蠲官租，禁州郡勿得催理。若因繫淹延，則在特詔大臣一員，專督理官，嚴立程限，排日結絶乃可。因以賞格諭富室，得米二萬石，使樁留以待。復奏請截留綱運，乞轉運、常平兩司錢米充軍糧，備賑濟。郡濱大江，舟艤岸者遇大風輒淪溺。至是募民築堤捍舟，冀稍振業饑者，舟患亦息。預戒三縣，每邑市鄉村四十里則置一場，以待賑糶，合爲三十五場。其闕食甚者，先加賙給。比冬，遂以旱傷分數告于朝，乞蠲閣稅租，本軍苗米四萬六千五百餘石，檢放三萬七千四百餘石。奉旨三等以下人户夏稅畸零，並與倚閣。放數既寬，民以故無流徙。

十一月，作卧龍庵。

祀諸葛武侯也。庵在廬山之陽五老峰下，並向龍潭作起亭，爲民禱賽之所。皆捐俸爲之，而屬西源隱者崔嘉彦董其役，官民咸無預焉。

八年辛丑正月，開場濟糶。

初，既分場，選見任寄居、指使、添差、監押、酒稅、監廟等大小使臣三十五員，各蒞一場，以轄糶事。而分委縣官巡察之，以戢減尅乞覓之弊。至是，人户悉令赴場就糶，鰥寡孤獨之人，則用常平米依令賑濟。又慮農事將起，民間乏錢，凡合糶者皆濟半月。都昌無米，自郡運而往，千里之内，莫不周浹。凡三月結局，所活饑民老幼二十一萬七千餘口。其施設次第，人争傳録以爲法。時孝宗臨御日久，垂意恤民，凡所奏請，無不報可以。故得行其志，民無流離捐瘠之患。

二月，陸象山來訪。

象山請書其兄教授墓誌銘。朱子率僚友諸生與俱至白鹿洞書院，請升講席。象山以「君子小人喻義利」章發論，大略謂科舉之士，日從事聖賢之書，而志之所向專在乎利，必於利欲之習，怛然爲之痛心疾首，專志乎義而日勉焉，博學審問，謹思明辨而篤行之，斯謂之君子。朱子以爲切中學者隱微深錮之病，請書于簡以諗同志。

三月，差提舉江西常平茶鹽，待次。

初到南康，有任滿奏事之旨。將滿，廟堂議遣使蜀。上意不欲其遠去，遂有此命，然猶待次。因奏本職四事：一，請勿拘對補之説，特旨蠲減星子縣税。二，請照賞格補授諸出粟人，使民間早獲爲善之利。三，請凡被災之郡，盡今年毋得理積年舊欠，而去年倚閣夏税悉與蠲放。上二等户亦有出粟減價賑糶而不及賞格者，亦請許其多作料數，帶補去年夏税殘欠。如此則無一夫一婦不被堯舜之澤矣。其四，則申請白鹿賜額及監本九經。多見施行。

閏三月，去郡東歸。

朱子治郡，視民如傷。至姦豪侵暴細民，撓法害政者，亦必繩治不少貸。尤以厚人倫，美教化爲急務。風俗丕變，文學行義之士彬彬出焉。四月，過九江，拜濂溪先生書堂遺像。劉子澄來謁，請爲諸生説太極圖義。遂以是月十九日至家。

七月，除直祕閣，辭。

以荒政脩備，民無流殍，故有此除。朱子以前所勸出粟人未推恩，不拜。復辭，不允。

吕東萊訃至，爲位哭之。

吕公定周易爲十二篇，以復古經之舊，朱子深喜而從之。又謂大事記一書自成一家之言，有補學者。又與吕公帖云：「昨叩比日講授次第，聞只令諸生讀左氏及諸賢奏疏，至於諸經、論孟，則恐學者徒務空言，而不以告也。此恐未安，蓋爲學之序，爲己而後可以及人，達理而後可以制事。故程子教人，先讀論孟，次及諸經，然後看史，其序不可亂也。若恐其徒務空言，但當就論孟、經書中教以躬行之意，庶不相遠。至於左氏、奏疏之言，則皆時事利害，而非學者切身之急務也。其爲空言亦益甚矣，而欲使之從事其間，而得躬行之實，不亦背馳之甚乎。」其切磨之意如此。

八月，差提舉浙東常平茶鹽。

時浙東薦饑，上軫宸慮，遂拜命不敢辭，即日單車上道。辭前所授職名，仍乞奏事。十月，堂帖報南康出粟人已推恩，乃受職名。

十一月己亥，奏事延和殿。

朱子去國二十年，既得見上，極陳災異之由與夫脩德任人之説。上爲動容竦聽。因條陳救荒之策，畫爲七事上之。

十二月，視事于西興。

初受命，即印榜招海商販廣米至浙東，許以不收力勝及雜税錢，到則依價出糶，更不裁減。至是，海商米舟已輻輳矣。日與僚屬、寓公鈎訪民隱，規畫纖悉，晝夜不倦，至廢寢食。分畫既定，則親出按歷，始於會稽諸縣，次及七郡。窮山長谷，靡所不到，拊問存恤，不遺餘力。然每出皆乘輕車，屏徒御，一身所需皆自齎以行，秋毫不及州縣。以故所歷雖廣，而部内不知。官吏憚其風采，夙夜戒飭，常若使者壓其境，至有自引去者。婺有朱縣尉，不伏賑糶，及紹、衢屬吏賈祐之等不恤荒政，皆按劾其罪。大抵措畫類南康時，而用心尤苦，所活不可勝計。有短先生者，謂其疏於爲政。上謂宰相王淮曰：「朱熹政事却有可觀。」

九年壬寅正月，條奏救荒事宜。

並乞借撥官會給降度牒，推賞獻助人。又請將山陰等縣下户夏税、秋苗、丁錢並行住催。

有詔捕蝗，復上疏言事。

略云：爲今之計，獨有斷自聖心，沛然發號，責躬求言，然後君臣相戒，痛自省改。其次，惟有盡出内庫之錢，以供大禮之費，爲收糴之本。詔户部無得催理舊欠，諸路漕臣遵依條限檢放税租，宰臣沙汰被災路分州軍監司、守臣之無狀者，遴選賢能，責以荒政。庶幾猶足以下結人心，消其乘時作亂之意。不然，臣恐所憂者不止於餓殍，而在於盗賊；蒙其害者不止於官吏，而上及於國家也。復上時宰書，略云：朝廷愛民之心不如惜費之甚，是以不肯爲極力愛民之事。明公憂國之念不如愛身之切，是以但務爲阿諛順旨之計。然民之與財，孰輕孰重？身之與國，孰大孰小？財散猶可聚，民心一失則不可復收。身危猶可以安，國勢一傾則不可復正。至於民散國危，而措身無所，則其所聚有不爲大盗積者邪？

詔行社倉法于諸郡。

初，條陳荒政，請推行崇安社倉法于天下，至是得請。首頒行之台、婺，有應時爲之者。

條奏諸州利病。

首言紹興和買之弊，欲乞痛減歲額。然後用貫頭均紐，仍用高下等第均敷，而免下户出錢，使得相乘除以優之。及言台州丁絹錢有抑納陪輸之患，奏乞每丁納半錢半絹。其諸郡義役之法，請令民均出義田，罷去役首，免排役次，官差保正副長輪收義田，仍令上户兼充户長。沿海四州鹽法，乞倣福建下四州産鹽法行之。諸郡酒坊，亦乞改照處州萬户酒法。救荒之餘，凡可以便民者，莫不規爲經久之計焉。

劾奏前知台州唐仲友不法。

七月，行部，將由台趍温。既入台境，民有訴太守新除江西提刑唐仲友不法者。及趨台城，則訴者益衆。因盡得其促限催税，違法擾民，貪汙淫虐，蓄養亡命，偷盜官錢，僞造官會等事，具劾之，仍送紹興鞫實。丞相王淮以姻舊匿不爲奏，仲友亦自辯，且乞送浙西無礙官體究。已而紹興獄具按章至十上，宰相不得已，取首章語未甚深者，及仲友名辯疏同上，曲説開陳，故他無鐫削，止罷江西新任。台州久旱，雨遂大注。是歲穀重熟。

毁秦檜祠。

永嘉學有秦檜祠，移文毁之。

八月，除直徽猷閣，辭。

奬賑濟之勞也。朱子以爲徒費大農數十萬緡之積，而無以全活一道饑饉流殍之民，躐等疏榮，懼非所以示勸懲。況近按唐仲友，反爲所訴，雖已罷其新任，而根究指揮尚未結絶。方藉藁以俟斧誅，豈敢遽竊恩榮，以紊賞刑之典。不允。

差江西提點刑獄，辭。詔與江東提刑梁總兩易其任，再辭。

初聞江西之命，即日解職東還，亟具辭免。大略以爲，所除官乃填唐仲友闕，蹊田奪牛之誚，雖三尺童子知其不可，臣愚何敢自安。願得歸耕故壟，畢志舊聞。詔與江東梁總兩易之，又辭。且言祖鄉隸江東，墳墓田産，合該迴避。詔特免迴避，復辭。以爲今來所除，仍司按察，若復奉公守法，則恐如前所爲，或至重傷朝廷事體，若但觀勢徇私，又恐下負夙心，上孤眷使。乞特與祠，使得卒其舊業，退避仇怨。時辭職名不允之命同下，則又辭。以爲前按唐仲友，既不差官體究，恐臣所按有不公不實之罪，難以例沾恩賞。詔並不許。

十一月，始受職名，仍力辭新任，請祠。

極言昨來所按贓吏，黨與衆多，棋布星羅，並當要路。自其事發以來，大者宰制斡旋於上，小者馳騖經營於下。所以蔽日月之明，而損雷霆之威者，臣不敢論。若其加害於臣，不遺餘力，則遠至於師友淵源之所自，亦復無故横肆觝排。向非聖明洞見底藴，則不惟不肖之身反爲魚肉，而其變亂白黑，詿誤聖朝，又有不可勝言者。時吏部尚書鄭丙、監察御史陳賈奉時相意上疏，毁程氏之學，以陰詆朱子，故奏及之。

十年癸卯正月，差主管台州崇道觀。

上覽奏，知不可强起，故有是命。初，朱子起守南康，使浙東，始有以身徇國之意。及是，知道之難行，退而奉祠，杜門不出，海内學者尊信益衆。作感春賦以見志。

四月，武夷精舍成。

正月經始，至是落成，徙居之，四方士友來者甚衆。有精舍雜詠並序。

紫陽文公先生年譜卷二

十一年甲辰，力辨浙學之非。

朱子還自浙東，見其士習馳騖於外，每語學者且觀孟子「道性善」及「求放心」兩章，務收斂凝定，以致克己求仁之功，而深斥其所學之誤。以爲舍六經、語孟而尊史遷，舍窮理盡性而談世變，舍治心脩身而喜事功，大爲學者心術之害。極力爲吕祖儉、潘景愈、孫應時輩言之。答吕祖儉書云：「大抵此學以『尊德性』、『求放心』爲本，而講以聖賢親切之訓以開明之。若通古今，考事變，則亦隨力所至，推廣增益以爲補助耳。不當以彼爲重，而反輕凝定收斂之實，少聖賢親切之訓也。若如此說，則是學問之道不在於己而在於書，不在於經而在於史；爲子思、孟子則孤陋狹劣而不足觀，必爲司馬遷、班固、范曄、陳壽之徒，然後可以造於高明正大簡易明白之域也。」與劉子澄書云：「伯恭無恙時，愛說史學。身後爲後生輩糊塗說出一般議論，賤王尊霸，謀利計功，更不可聽。」

十二年乙巳二月，崇道秩滿，復請祠。差主管華州雲臺觀。

十三年丙午三月，易學啓蒙成。

六經遭秦煨燼，惟易以卜筮得全。迄于漢、魏，流爲讖緯之學，王弼始刊落象數，釋以清談，諸儒因之。至伊川程子，始發明孔氏之微言，而卦爻之本則未及焉。康節邵子傳伏羲先天圖，蓋得其本，而亦未及於卜筮也。朱子既推羲文之意，作周易本義，又懼學者未明厥旨，乃作啓蒙四篇。以爲言易不本象數，既支離散漫，而無所根著，其本象數者，又不知法象之自然，未免牽合附會。故其篇目以本圖書、原卦畫、明蓍策、考變占爲次，凡掛揲及變爻，又皆盡破古今諸儒之失，而易經始還其舊。

八月，孝經刊誤成。

十四年丁未正月，如莆吊陳福公。

以三紀遊從，晚歲知己，且爲中興賢輔，故千里赴吊，并爲文祭之。是歲作律呂新書序。

三月，小學成。

朱子既發揮大學以開悟學者，又懼其失序無本而不足以有進也，乃輯此書以訓蒙士，使培其根以達其枝。内篇四：曰立教，曰明倫，曰敬身，曰稽古。外篇二：曰嘉言，曰善行。脩身之事，此略備焉。

七月，差江西提點刑獄，辭。

差主管南京鴻慶宫。

時上諭宰執，朱熹久閒，可與監司。周必大議除轉運副使，或謂金穀非其所長，故有是命。誥詞云：「勑宣教郎直徽猷閣主管南京鴻慶宫朱熹：爾好古道，據正不回，利物愛人，用志彌篤。擁州麾，分使節，先德後刑，民從其化。而救荒之政，所全活者尤衆。久從家食，念之不忘。江右持平，往哉惟允，行爾盡心之學，廣我好生之仁。可依前官，差提點江南西路刑獄公事。」淳熙十四年七月日，陳居仁行詞。

十五年戊申正月，趣奏事之任，復以疾再辭。不允，且趣入對。

六月壬申，奏事延和殿。

會宰臣王淮罷政，乃以其月入國門。丞相周必大令人諭意云：「上問朱熹到已數日，何不請對？」遂詣閤門，進榜子。有旨初七日後殿班引。及對，上迎，謂之曰：「久不見卿，卿亦老矣。」自陳昨任浙東提舉日，荷聖恩保全。上曰：「浙東救荒，煞究心。」又言：「蒙除江西提刑，衰朽多疾，不任使令。」上曰：「知卿剛正，今留在此，待與清要差遣，不復勞卿州縣。」獎諭甚渥，再三辭謝，方出奏劄。上曰：「正所願聞。」其一言刑獄失當，上曰：「似此有傷風教，不可不理會。」其二言獄官當擇其人。三言經總制錢。四言諸州科罰。上曰：「聞多是羅織富民。」其五乃言陛下即位二十有七年，因循荏苒，無尺寸之效可以仰酬聖志。因反復以天理人欲爲言，規諷切至。又言置將之權，旁出闇寺。上曰：「這個事却不然，盡是採之公論，如何由他？」對曰：「彼雖不敢公薦，然皆託於士大夫之公論，而實出於此曹之私意，獨陛下未之知耳。」又指甘昪，問上曰：「陛下知此人否？」上曰：「固是，但漏洩文書，乃是他子弟之罪。」對曰：「豈有子弟有過，而父兄無罪？然此特一事耳，此人挾勢爲奸，所以爲盛德之累者多矣。」上曰：「高宗以其才薦過來。」對曰：「小人無才尚可，有才鮮不爲惡。」至論言官緘默，奏曰：「陛下以曾任知縣人爲六院察官，闕則取以充之。雖曰親擢，然其途轍一定，宰相得以先布私恩於合入之人。及當言責，往往懷其私恩，豈肯言其過失。」上曰：「然，近日之事可見矣。」至論軍政不備，士卒愁怨，曰：「主將刻剥士卒，以爲苞苴，陞轉階級，皆有成價。」上曰：「却不聞此，果有時，豈可不理會？卿可子細採探來説。」末後辭云：「照對江西，係是盗賊刑獄浩繁去處，久闕正官。臣今迤邐前去之任，不知有何處分？」上曰：「卿自詳練，不在多囑。」是行也，有要之於路，以「正心誠意」上所厭聞，戒以勿言者。朱子曰：「吾平生所學，惟此四字，豈可回互而欺吾君。」及奏，上未嘗不稱善。

除兵部郎官，以足疾請祠。詔依舊職名，提刑江西。

前數日，兵部侍郎林栗與朱子論易及西銘不合。栗怒，至是遣吏抱印來迫以供職。時朱子以足疾甚在告，申部乞候疾愈，不聽。翌日，栗疏其欺慢，請行罷逐。故事，無以侍郎劾本部郎者，滿朝皆駭笑之。於是朱子請祠，上曰：「林栗似過當。」丞相周必大奏熹上殿之日，足疾未瘳，勉强登對。上曰：「朕亦見其跛曳。」時上意方向朱子，欲易他部。丞相請仍授提刑，從之。

七月，除直寶文閣，主管西京崇福宫。

朱子既行，且辭曰：「論者謂臣事君無禮。爲人臣子有此名，罪當誅戮，豈可復任外臺耳目之寄。」上覽之，諭宰執曰：「林栗章初未降出，何得外廷喧播。」或對以栗在漏舍宣言章疏，人人知之。上不悦。太常博士葉適上疏，極言栗以私意劾熹，所言不實。侍御史胡晉臣論栗狠愎自用，無事而指學者爲黨，最人之所惡聞。栗遂罷去。詔朱熹可疾速之任，因固辭足疾不任起發，復丐祠，遂除直寶文閣，主管西京嵩山崇福宫。告詞云：「朕惟廉節不立，風俗未淳，思得難進易退之士，表而用之，庶幾曠然變其舊習。爾之學術，遠有淵源，其爲操行，養之久矣。志在憂時，曾未得一日立於朝。比以部刺史入奏便殿，朕嘉其讜論，留寘郎曹，蓋將進諸清要之地。遽以疾諗，祈反初服，既勉從於素志，復更請於真祠。夫招麾何意於去來，仕止不形於喜愠，此古之清達之士也。朕察爾誠，是用陞職二等，聽食優閑之禄。身雖在外，亦有補於風化。」淳熙十五年八月日，中書舍人鄭僑行詞。時廟堂知上眷厚，憚朱子復入，故爲兩罷之策焉。

九月，復召，辭。

初，朱子之去，上悟其故，至是復召之。朱子以爲遷官進職皆爲許其閑退，方竊難進易退之褒，復爲彈冠結綬之計，則其爲世觀笑，不但往來屑屑之譏。

十一月，趣入對，再辭，遂上封事。

初，朱子入奏事，迫於疾作，嘗面奏。以爲口陳之説有所未盡，乞具封事以聞。至是再辭，遂併具封事，投匭以進。其略曰：今天下大勢，如人有重病，内自心腹，外達四肢，無一毫一髮不受病者。臣敢以天下之大本與今日之急務，爲陛下言之。蓋大本者，陛下之心；急務，則輔翼太子，選任大臣，振舉綱維，變化風俗，愛養民力，脩明軍政六者是也。凡此六事，皆不可緩，而本在於陛下之一心。一心正則六事無不正，一有人心私欲介乎其間，則雖欲憊精勞力以求正乎六事，亦將徒爲文具，而天下之事愈至於不可爲矣。疏入，夜漏下七刻，上已就寢，亟起秉燭，讀之終篇。

除主管西太一宫、兼崇政殿説書，辭。

於是上感其忠鯁，故有經帷之命，蓋將爲燕翼謀也。朱子因密草疏奏，言講學以正心，脩身以齊家，遠便嬖以近忠直，抑私恩以抗公道，明義理以絶神姦，擇師傅以輔皇儲，精選任以明體統，振綱紀以厲風俗，節財用以固邦本，脩政事以攘夷狄，凡十事，欲以爲新政之助。會執政有指道學爲邪氣者，力辭新命，遂不果上。

始出太極通書、西銘解義，以授學者。

初，陸象山之兄九韶嘗有書與朱子，言太極圖説非正，曲加扶掖，終爲病根，意謂不當於「太極」上更加「無極」二字。朱子答書云：「不言無極，則太極同於一物，而不足以爲萬化根本。不言太極，則無極淪於虚寂，而不能以爲萬化根本。」又曰：「無極只是無形，太極只是有理。」子美不以爲然。是夏，象山爲之申辯。第一書有曰：「易之大傳曰『形而上者謂之道』，又曰『一陰一陽之謂道』。『一陰一陽』已是『形而上者』，況太極乎！極者，中也。言無極則是言無中也，豈宜以『無極』字加於『太極』之上？『無極』二字出於老子，聖人之書所無有也。」朱子答書有云：「大傳既曰『形而上者謂之道矣』，而又曰『一陰一陽之謂道』，此豈真以陰陽爲形而上者哉？正所以見一陰一陽雖屬形器，然其所以一陰而一陽者，是乃道體之所爲也。故語道體之至極，則謂之太極；語太極之流行，則謂之道。雖名二物，實無兩體。周子所以謂之無極者，正以其無方所、無形狀，以爲在無物之前，而未嘗不立於有物之後；以爲在陰陽之外，而未嘗不行乎陰陽之中；以爲通貫全體，無乎不在，則又初無聲臭形響之可言也。今乃深詆無極之不然，則是直以太極爲有形狀、有方所矣。直以陰陽爲形而上者，則既昧於道器之分矣。又於『形而上者』之上復有『況太極乎』之語，則是又以道上别有一物爲太極矣。如老子『復歸於無極』，無極乃無窮之義，非若周子所言之意也。」象山第二書有曰：「老氏以無爲天地之始，以有爲萬物之母，以常無觀妙，以常有觀竅，直將無字搭在上面，正是老氏之學，豈可諱也？」朱子答書有曰：「詳老氏之言有無，以有無爲二，周子之言有無，以有無爲一，正如南北水火之相反。更請子細着眼，未可容易譏評也。如曰未然，則我日斯邁而月斯征，各尊所聞，各行所知，無復可望於必同也。」

十六年己酉正月，除祕閣脩撰，辭。

時孝宗内禪，光宗即位。

是歲序大學、中庸章句。

二書定著已久，猶時加竄改，至是以穩愜於心而始序之，又各著或問及中庸輯略。

四月，再辭職名。許之，仍舊直寶文閣，降詔獎諭。

詔詞云：「以爲寵卿以爵秩，不若全卿名節之爲尤美也。」乃上表謝。

閏五月，更化覃恩，轉朝散郎，賜緋魚。

八月，除江東轉運副使，又辭。

詔疾速之任，任滿前來奏事。朱子以祖鄉田産隸部内辭，詔免迴避。

十一月，改知漳州，再辭，不允，始拜命。

以光宗初政，再被除命，遂不敢辭。

光宗紹熙元年庚戌四月，到郡，首頒禮教。

臨漳風俗薄陋，民不知禮，至有居父母喪而不服衰絰者。朱子首下教述古今禮律以開喻之。又採古喪葬嫁娶之儀，揭以示之，命父老解説以訓子弟。其俗尤崇尚釋氏，男女至聚僧廬爲傳經會，女不嫁者私爲庵舍以居。悉禁之，俗爲大變。時詣學校訓誘諸生如南康時，其至郡齋請業問難者，接之不倦。又擇士之有行義知廉耻者，使列學職，爲諸生倡。○按語録云：「先生初到時，教習諸軍弓射，分作三番，每月輪番入教場挽弓，及等者有賞，不及者留射，及等則止，終不及者罷之。兩月之間，皆成精伎。」又熟聞知録趙師慮之爲人，試之政事，尤得其實，遂首舉之，聞者無不心服。

奏除屬邑上供，罷科茶錢及蠲減本州無額經總制錢，凡萬餘緡。

奏行經界法。

初，朱子爲同安簿，已知經界不行之害。至是，即加訪問講求，纖悉畢究，以至弓量算造之法，盡得其説。乃具陳利害，疏于朝，及與執政書究論之。然貧民下户莫不深喜，而寓公豪右兼併侵漁者，輒以爲不便。會州人有居要路者，幸其有是奏，亟啓從之。久之，有旨本州先行經界，後竟有阻之者，事遂以寢。

十月，以地震及足疾不能赴錫宴自劾，仍請祠，不允。

刻五經、四書於郡。

各著爲説，繫于諸經書後，以曉學者。○按語録云：「熹如今方見得聖人一言一字不吾欺，只今六十一歲方理會得恁地。」又曰：「熹覺得今年方無疑。」又曰：「熹當初講學也豈意到這裏，幸而天假之年，許多道理在這裏。今年頗覺勝似去年，勝似前年。」

二年辛亥春，與永嘉陳君舉論學。

朱子往歲聞陳傅良君舉嘗著詩説，以書問之。至是書來報云：「來徽詩説，年來或與士友言之，未嘗落筆。愚見頗以雅頌之音，篇勺群慝，訓詁章句，付之諸生。」又謂：「二十年間聞見異同，無從就正，間欲以書叩之，念長者前有長樂之爭，後有臨川之辯，他如永康往還，動數千言，更相切磋，未見其益，而學者轉相夸毗，浸失本旨。蓋刻畫太精，頗傷簡易，矜持已甚，反涉吝驕。以此益覺書不能宣，要須請見，究此衷曲耳。」朱子答書云：「嘗謂人之爲學，若從平實地上循序加功，則其目前雖未見日計之益，而積累工夫，漸見端緒，自然不假用意裝點，不待用力支撐，而聖賢之心，義理之實，必皆有以見其確然而不可易者。至於講論之際，心即是口，口即是心，豈容别生較計，依違遷就，以爲諧俗自便之計耶？今人爲學，既已過高而傷巧，是以其説常至於依違遷就而無所分别。蓋其胸中未能無纖芥之疑，有以致然，非獨以避咎之故而後詭於辭也。若熹之愚，自信已篤。向來之辯，雖至於遭讒取辱，然至於今日，此心耿耿，猶恨其言之未盡，不足以暢彼此之懷，合異同之趣，而不敢以爲悔也。老病幽憂，死亡無日，念此大事，非一人私説、一朝淺計，而終無面寫之期。是以冒致愚悃，鄉風引領，不勝馳情。」後無聞焉。

二月，與趙帥書，論招州軍募江戍。

三月，復除祕閣脩撰，主管南京鴻慶宮，任便居住。

正月，長子塾卒于婺州。報至，即以繼體服斬衰，丐祠歸治喪葬，遂有是除。

四月，去郡，再辭職名。

上初政，嘗除祕撰，時已力辭。奉詔褒許，難以復受，故再辭焉。與留丞相書論黨禍，且以黨正黜邪爲諷。其治漳也，一以崇教化、正風俗爲先務。期年化成而去，漳民莫不思之。

五月，歸次建陽，寓同由橋。

七月，再辭職名，不允。

詔：「論撰之職，以寵名儒。」乃不敢辭。

九月，除湖南轉運副使，辭。

十二月，仍以漳州經界不行自劾。

三年壬子二月，復請補祠職，從之。

詔：「漳州經界議行已久，湖南使節事不相關。可疾。」朱子猶以補祠職爲請，遂許之。

始築室于建陽之考亭。

先是，韋齋嘗過考亭而愛之，書日記曰：「考亭溪山清邃，可居。」至是，卒成韋齋之意。

永嘉陳同甫來訪。

同甫，名亮，永康人，以文雄浙中，自負王霸之略而任俠豪舉。朱子往歲嘗與書，箴其義利雙行，王霸並用。且謂漢、唐行事非三綱五常之正，以風切之。同甫有書辨難，朱子累答書，極力開諭。同甫雖不能改，未嘗不心服。每遇朱子生辰，雖居千里外，必遣人問遺，歲以爲常。至是來訪。朱子嘗曰：「海内學術之弊，不過兩説，江西頓悟，永康事功。若不極力争辨，此道無由得明。」

十二月，除知靜江府、廣西經略，辭。

四年癸丑正月，再辭。

十二月，除知潭州、湖南安撫，辭，不允。

或傳是冬使人自虜中回，虜問南朝朱先生安在，答以見擢用，歸白廟堂，遂有是除。誥詞云：「十國爲連，師帥是寄。矧長沙據湖湘上游，賜履甚廣，視邦選侯，尤難其人。以爾學古粹深，風節峻特，可以爲世之師；仁心仁聞，威惠孚洽，可以爲時之帥。兼是二者，往臨藩方，聲望所加，列城聳服。儒先相望，士氣方振，爾其爲朕教之。楚俗雖安，尚有凋瘵，爾其爲朕撫之。典刑所存，奚事多訓。可。」紹熙四年十二月日，中書舍人樓鑰行詞。朱子以辭遠就近，不爲無嫌，力辭。

五年甲寅正月，再辭。詔疾速之任。

詔：「長沙巨屏，得賢爲重。往祇成命，毋執謙辭。可依已降指揮，疾速之任。」會洞獠侵擾屬郡，恐其滋熾，遂拜命。

五月，至鎮。

在途所次，老稚携扶來觀，夾道填擁，幾不可行。長沙士子夙知向學，及鄰郡數百里間，學子雲集。朱子誨誘不倦，坐席至不能容，士俗懽動。

洞獠侵擾郡境，遣使諭降之。

傜人蒲來矢，出省地作過，或薦軍校田昇可用。召問之，以爲可招，期以某日不俘以來，將斬汝。昇即以數十輩馳往，取文書粗若告身者數通自隨，諭以禍福。來矢喜，聽命，遂并其妻子俘以至，官給衣冠，引赦不誅。

改建嶽麓書院。

書院本樞密劉公、南軒先生之舊，久而廢墜，乃更擇爽塏之地而新之。别置員額，以待不由課試而入者，其廩給與郡庠等。朱子常窮日之力治郡事，夜則與諸生講論問答，略無倦色。每訓以切己務實之學，懇惻至到，聞者感動。

奏請飛虎軍隸本路節制，從之。

以本路别無軍馬，唯賴飛虎軍以壯聲勢，而乃遥隸襄陽不便，故以爲請。

六月，申乞歸田，不允。

時孝宗陞遐，朱子哀慟不能自勝。又聞光宗以疾不能執喪，中外洶洶憂懼，遂有此陳。

七月，寧宗即位。召赴行在奏事，辭。

先是，蜀人黄裳爲嘉邸翊善，善講説開導，上學頓進。一日，光宗宣諭曰：「嘉王進學，皆卿之功。」裳謝，因進曰：「若欲進德脩業，追蹤古先哲王，則須尋天下第一等人乃可。」光宗問：「爲誰？」對曰：「朱熹。」或言長沙之命亦頗由此。彭龜年繼爲宫寮，因講魯莊公不能制其母，云：「母不可制，當制其侍御僕從。」上問：「此誰之説？」對曰：「朱熹之説。」自後每講必問朱熹之説云何。蓋傾心已久，故履位之初，首加召用。

考正釋奠禮儀，行于郡。

先是，漳州任内嘗列上釋奠禮儀，得請施行。既去官，復格不下。至是下之時，召還奏事。又苦目眚，乃力疾躬爲鈎校，删剔猥穰，定爲數條，頒行巡内州邑，僅畢而行。

立忠節廟。

東晉王敦之亂，湘州刺史譙閔王司馬承起兵討賊，不克而死。紹興初，金賊犯順，通判潭州事孟彦卿、趙民彦督兵迎戰，臨陣遇害。城陷之日，將軍劉玠、兵官趙聿之巷戰，罵賊不屈而死。五人皆以忠節歿於王事，而從前未有廟貌。乃於城隍廟内創立祠堂，肖象祀之。又請于朝，賜廟額曰「忠節」。

八月，除焕章閣待制兼侍講，再辭，不允，仍趣令疾速供職。

誥詞云：「朕初承大統，未暇他圖，首闢經帷，詳延學士。眷儒宗之在外，須召節以趣歸，徑登從班，以重吾道。具位朱熹，發六經之藴，窮百氏之源。其在兩朝，未爲不用，至今四海，猶謂多奇。擢之次對之班，處以邇英之列，若程頤之在元祐，若尹焞之於紹興。副吾尊德樂義之誠，究爾正心誠意之説，豈惟慰滿于士論，且將增益于朕躬。非不知政化方行，師垣有賴。試望之於馮翊，不如寘之本朝；召賈傅于長沙，自當接以前席。慰兹渴想，望爾遄驅。可。」紹熙五年八月日，黄由行詞。朱子初辭奏事之命，兼句不報，遂東歸。道中忽被除命，以爲超躐不次之除，不免冒昧之譏，乞仍舊奉祠。辭至再，且云：「陛下嗣位之初，方將一新庶政，所宜愛惜名器。若使倖門一開，其弊豈可復塞？至於博延儒臣，專意講學，蓋將求所以深得親懽者，爲建極導民之本，思所以大振朝綱者，爲防微慮遠之圖。顧問之臣，實資輔養。用人或謬，所繫非輕。」蓋朱子在道，聞南内朝禮尚闕，近習已有用事者，故預有是言。

九月晦日，至自長沙，次于郭外。

先是，朱子行至上饒，聞以内批逐首相，有憂色。學者問其故，曰：「大臣進退，亦當存其體貌，豈宜如此？」或謂此蓋廟堂之意，曰：「何不風其請去而後許之？上新立，豈可道之使輕逐大臣耶？」及至六和塔，永嘉諸賢俱集，各陳所欲施行之策，紛紜不決。朱子曰：「彼方爲几，我方爲肉，何暇議及此哉？」蓋是時近習用事，御筆指揮，皆已有端，故朱子憂之。

十月朔，乞且帶舊職奏事。次日入國門，越日奏事行宮便殿。

其略曰：天運艱難，國有大咎，所謂天下之大變而不可以常理處也。太皇太后躬定大策，皇帝陛下寅紹丕圖，所謂處之以權而庶幾不失其正者。亦曰陛下之心，前日未嘗有求位之計，今日未嘗忘思親之懷耳。充吾未嘗求位之心，則可以盡吾負罪引慝之誠；充吾未嘗忘親之心，則可以致吾温凊定省之禮。如此而大倫可正，大本可立矣。次言：爲學之道，莫先於窮理。而窮理之要，必在於讀書。讀書之法，莫貴於循序而致精。而致精之本，則又在於居敬而持志。此不易之理也。其三劄皆言湖南事宜。初，朱子行至宜春，門人廬陵劉黻遮見，請曰：「先生是行，上虚心以待，敢問其道何先？」曰：「今日之事，非大改更不足以悦天意，服人心。然天下無不可爲之時，人主無不可進之善。吾知竭吾誠，盡吾力耳。外此非吾所能預計也。」

辭新除職名，不允。

奏事後面納劄子，辭職名。有旨依已降指揮，不允。又申省，以爲未得進説而先受厚恩，萬一異時未效涓埃，而疾病不支，遂竊侍從職名而去，則臣死有餘罪。上手劄：「卿經術淵源，正資勸講次對之職，勿復牢辭，以副朕崇儒重道之意。」乃拜命。

上孝宗山陵議狀。

趙彦逾按視山陵，謂土肉淺薄，掘深五尺，下有水石。旋改新穴，視舊僅高尺餘。孫逢吉覆按，亦乞少寬日月，别求吉兆。有旨集議，臺史憚之，議遂中寢。朱子乃上議狀，言：「壽皇聖德神功，宜得吉土以奉衣冠之藏。當廣求術士，博訪名山，不宜偏信臺史罔上誤國之言，固執紹興坐南向北之説，委之水泉砂礫之中，殘破浮淺之地。」不報。

辛丑，受詔進講大學。

故事，講筵每遇隻日，早晚進講。及至當日，或值假故，即行權罷。又大寒大暑，亦槩罷講月分。乃奏乞除朔望旬休及過宫日外，不以寒暑雙隻月日諸色假故，並令逐日早晚進講。從之。朱子每講，務積誠意以感悟上心。以平日所論著者，敷陳開析，坦然明白，可舉而行。講畢，有可以開益聖德者，罄竭無隱，上亦虚心嘉納。

差兼實録院同脩撰，再辭，不允。

更化覃恩，授朝請郎，賜紫金魚袋。

誥詞云：「學先王之道，而明於當世之務，三仕三已，義不苟合，天下高之，蓋累朝之所嘉嘆而不忘也。長沙謀帥，强爲時起，肆予初政，式遄其歸，于以勸講，朕將虚己聽焉。爰因大賚，序進厥秩，雖曰舊章，亦冀樂告。可。」紹熙五年十月日，中書舍人陳傅良行詞。

乙巳晚講，乞令後省看詳封事。

時以雷雨之異，下詔求言。因奏登極之初，獻言者衆。乞令後省官看詳，擇其善者條上，取旨施行。庶聞者知勸，直言日聞。詔差沈有開、劉光祖看詳，限十日奏聞。

奏乞三年内賀禮並免。

瑞慶聖節前一日晚關報，來日百官稱賀。朱子欲不出，不可，乃草劄子，明日立班投進。有旨却賀表不受。末復請三年内賀禮並免，節序進名奉慰。

庚戌，講筵留身，奏四事。

時有旨脩葺東宫三數百間，而諫臣黄度將論近習，遽以特批逐之。朱子不勝憂慮，乃具奏四事。其略曰：上帝震怒，災異數出，畿甸百姓，饑餓流離。太上皇帝未有進見之期，而壽皇在殯，因山未卜，几筵之奉，不容少弛。太皇太后、皇太后皆以尊老之年，煢然憂苦，晨昏之養，尤不可闕。不宜大興土木，以適安便。又壽康定省之禮，所宜下詔自責，頻日繼往。至於朝廷紀綱，尤所當嚴。今進退宰執，移易臺諫，皆出於陛下之獨斷。中外傳聞，皆謂左右或竊其柄，而其所行又未能盡允於公議。至於殰宫之卜，偏聽臺史謬妄之言，但欲於祐、思諸陵之旁，趲那遷就，苟且了當。既不爲壽皇體魄安寧之慮，又不爲宗社血食久遠之圖。臣願陛下首罷脩葺東宫之役，而以其工料回就慈福、重華之間，草創寢殿一二十間，使粗可居。及過宫之日，願暫變服色。望見太上皇帝，即當流涕伏地，抱膝吮乳，以伸負罪引慝之誠。及深詔左右，勿預朝政。而凡號令之弛張，人材之進退，則一委之二三大臣，使之較量，勿狥己見。若夫山林之卜，亦望先寬七月之期，次黜臺史之説，别求草澤，以營新宫。使壽皇之遺體得安於内，則宗社生靈皆蒙福於外矣。此四事，皆今日最急之務，切乞留神，反復思慮，斷而行之。上爲之感動，然卒無所施行。

閏月朔，編次講章以進。

朱子進講，數論及盤銘、丹書，復編次成帙以進。上喜，且令點句來聞。他日請問，上曰：「宫中常讀之，其要在『求放心』耳。」朱子頓首謝，因復奏疏勉上進德，具言：「願陛下日用之間，語默動静，必『求放心』以爲之本。而於玩經觀史已用力處，益用力焉。數召大臣切劘治道，俾陳今日要務，略如仁祖開天章閣故事。至於群臣進對，亦賜温顔，反復詢訪，以求政事之得失，民情之休戚。而又因以察其人材之邪正短長，庶於天下之事各得其理，所以推廣上意焉。」朱子退謂門人曰：「上可與爲善，願常得賢者輔導，天下有望矣。」

請脩嫡孫承重之服。

略曰：禮經勑令子爲父，嫡孫承重爲祖父，皆斬衰三年。蓋嫡子當爲父後，以承大宗之重，而不能襲位以執喪，則嫡孫繼統以代之，義當然也。漢文短喪之後，千有餘年莫能釐正。及我壽皇聖帝，至性孝誠，易月之外，猶執通喪，超越千古拘攣牽制之弊，甚盛德也。間者遺詔初頒，太上皇帝偶違康豫，不能躬就喪次。陛下實以世嫡之重，仰承大統。則所謂承重之服，著在禮律，所宜一遵壽皇已行之法。易月之外，且以布衣布冠視朝聽政，以代太上皇帝躬執三年之喪。而一時倉卒，不及詳議，遂用漆紗淺黄之服。不惟上違禮律，無以風示天下，且將使壽皇已行之禮舉而復墜，臣竊痛之。然既往之失，不及追改，惟有將來啓殯發引，禮當復用初喪之服。欲望陛下仰體壽皇聖孝成法，明詔禮官稽考禮律，預行指定。詔禮官討論，後不果行。○按書奏藁後云：「嫡孫爲祖，禮經無文，但傳云『父歿而爲祖後者服斬』。本條下疏中有『諸侯父有癈疾，不任國政，不任喪事』之問，而鄭答以『天子、諸侯之服，皆斬』之文，方見父在而承國於祖之服，向來入此文字。時無文字可檢，歸來稽考，始見此說，方得無疑。乃知學之不講，其害如此。」

上廟祧議。

孝宗將祔廟，禮官初請祧宣祖而祔孝宗，繼復有請併祧僖、宣二祖，而正太祖東向之位者。宰相趙汝愚素主此説，給舍樓鑰、陳傅良皆附和之。癸亥，當集議，朱子度難以口舌爭，乃辭疾不赴而入議狀，條其不可者四。復引大儒程頤之説，以爲物豈無本而生者，今日天下基本蓋出僖祖，豈可謂無功德。併其説上之，宰相不聽。復奏疏論之臺諫，因乞且依禮官初議。樓鑰獨乞主併祧之説。丙寅，得旨來日内引。丁卯，入對，賜食，上問外事人才畢，請宣引之旨。上於榻後取文書一卷，曰：「此卿所奏廟議也，可細陳其説。」初，朱子既被旨，恐上必問及，乃取所論，畫爲圖本，貼説詳盡。至是，出以陳奏久之。上再三稱善，且曰：「僖祖乃國家始祖，高宗、孝宗、太上皇帝俱不曾祧，今日豈可容易。可於榻前撰數語，俟徑批出施行。」朱子方懲内批之弊，因乞降出劄子，再令臣僚集議。上亦然之。既退，即以上意喻廟堂，則聞已毀僖、宣廟，而更創别廟以祀四祖矣。時相既以王安石之論爲非，異議之徒忌其軋己，藉以求勝，事竟不行，天下恨之。

准告，封婺源縣開國男，食邑三百户。

戊辰，入史院。

朱子以實録院略無統紀，脩撰官三員、檢討官四員，各欲著撰，不相統攝，所脩前後往往不相應。嘗與衆議，欲以事目分之，譬之六部，吏部專編差除，禮部專編典禮，刑部專編刑法，須依次序編排，各具首末，然後類聚爲書，方有條理。又如一事而紀載不同者，須置簿抄出，與衆會議，然後去取，庶幾存得案底在。時檢討官不從。

丙戌，詔除寶文閣待制，知江陵府、湖北安撫，辭。

是日晚，請留身，申言前疏，乞賜施行。既退，即降御批：「朕憫卿耆艾，方此隆冬，恐難立講，已除卿宫觀，可知悉。」宰相趙汝愚留御劄，固諫。内侍王德謙徑遣付下，因即附奏以謝。樓鑰、鄧驛、劉光祖、陳傅良皆爭留之，不可。有旨除寶文閣待制，與州郡差遣，遂行。道除知江陵府，辭，不允。他日，工部侍郎黄艾因對問所以逐朱熹之驟，上曰：「始除熹經筵，爾今乃事事欲與聞。」吏侍孫逢吉亦因講權輿之詩反復以諷，上曰：「朱熹所言多不可用。」初，韓侂胄自謂有定策功，且依托肺腑，出入宫掖，居中用事。朱子聞之，惕然以爲憂慮，辭免職名，已微寓其意。及進對，再三面陳之。又約吏部侍郎彭龜年，請對白發其奸。龜年出護使客，侂胄益得志。朱子又數以手書遺生徒密白丞相，當以厚賞酬其勞，勿使得預朝政。丞相方謂其易制，所倚以爲腹心謀事之人又皆持禄苟安，無復遠慮。朱子獨懷忠憤，因講畢奏疏極言之。侂胄大怒，陰與其黨謀去之。而一時爭名之流，亦潛有惎間之意，由是侂胄之計遂行。朱子既去國，彭龜年遂攻侂胄，因奏曰：「正緣陛下近日逐得朱熹太暴，故亦欲陛下亟去此小人。」既而省劄直批龜年與郡。侂胄由此聲勢益張，羣憸附和，并疑及丞相，視正士如深仇。衣冠之禍，蓋始此云。

十一月，還考亭。復辭前命，仍乞追還新舊職名。

初，還過玉山，邑宰司馬迈請爲諸生講説。辭，不獲，乃就縣庠賓位，因學者所請問而發明道要，聞者興起。迈刻講義一篇，以傳于世。及抵家，遂力辭新命。

十二月，詔依舊焕章閣待制，提舉南京鴻慶宫。

誥詞云：「從欲者，聖人之仁；尚謙者，君子之行。眷我執經之老，辭夫次對之榮。既諒忱誠，其頒茂命。以爾心耽墳典，性樂丘樊。被累朝之特招，稱疾屢矣；於十連而趣召，肯起翻然。既陪東學之遊，兼侍西清之邃。見卿幾晚，方善桓榮之説書；高論未聞，遽若貢生之懷土。仍夫華職，秩以真祠。蓋彰優老之風，且示隆儒之意。逮兹累歲，始復有陳。前受之是，今受之非，誰能無惑？大遜如慢，小遜如僞，夫豈其然！顧而務狥於名高，在我詎輕於爵馭。俾解禁嚴之直，復居論著之聯。雖雅志之勉從，在至懷而良咈。噫，厭承明，勞侍從，既違持橐之班；歸鄉里，受生徒，往究專門之業。其祗予訓，用蹈于中。可依舊祕閣脩撰，宫觀差遣。」慶元元年十二月日，中書舍人傅伯壽行詞。

竹林精舍成。

朱子既歸，學者甚衆，至是精舍成，率諸生行釋菜禮于先聖。其文略曰：「恭惟道統，遠自羲軒。集厥大成，允屬元聖。維顔、曾氏，傳得其宗。逮思及孟，益以光大。自時厥後，口耳失真。千有餘年，乃曰有繼。周程授受，萬理一原。曰邵曰張，爰及司馬。學雖殊轍，道則同歸。俾我後人，如夜復旦。熹以凡陋，少蒙義方。中靡常師，晚親有道。載鑽載仰，雖未有聞。賴天之靈，幸無失墜。逮兹退老，同好鼎來。落此一丘，羣居伊始。探原推本，敢昧厥初。」精舍規約整肅，置堂長以司之。且書其門符云：「道迷前聖統，朋誤遠方來。」後精舍更名曰滄洲。

寧宗慶元元年乙卯正月，辭舊職名。三月，又辭，並不允。

以議僖祖祧不合自劾，并累申省。有旨：「次對之職，除受已久，與廟議初不相關。依已降指揮，不得再有陳請。」

轉朝奉大夫。

誥詞云：「敕：登崇俊良，固欲符於衆望；丕視功載，自難廢於彝章。雖吾法從之英，亦用叙遷之典。具位受才宏遠，造道精醇。舉明主於三代之隆，夙懷此志；以六經爲諸儒之倡，務淑私人。爵每見於辭榮，節素高於難進。載稽吏考，爰陟文階。積久以致官，恐未免如昔人之議；舉賢不待次，當有以狥天下之公。其體朕心，勿忘猷告。可。」慶元元年三月日，中書舍人鄧驛行詞。

五月，復辭職名，并乞致仕。不允。

初，侂胄即欲併逐趙相，而難其辭。及是，誣以不軌，竄永州。中外震駭，大權一歸侂胄矣。侂胄本武人，志在招權納賄。士大夫嗜利無恥或素爲清議所擯者，乃教以除去異己者，然後可以肆志。陰疏姓名授之，於是羣小附和，以攻僞學。太府寺丞呂祖儉以論救丞相，貶韶州。先生自以蒙累朝知遇之恩，且尚帶從臣職名，義不容默，乃草封事數萬言，極陳姦邪蔽主之禍，因以明丞相之冤。子弟諸生更進迭諫，以爲必自賈禍，先生不聽。蔡元定入諫，請以蓍決之，遇遯之同人。先生默然，退取奏藁焚之，更號遯翁，遂以疾丐休致云。

十二月，以屢辭職名，詔依舊充祕閣脩撰，宮祠如故。

先是辭職名，不允。又以嘗妄議山陵自劾待罪，乞鐫職名。詔無罪可待。又言已罷講官，不敢復帶侍從職銜，詔從之。

是歲楚辭集註成。

時朝廷治黨人方急，丞相趙公謫死于永。先生憂時之意屢形於色，因註楚辭以見志，其書又有辯證及後語。

二年丙辰二月，申省乞改正恩數。

大意言昨來疏封錫服，封贈蔭補，磨勘轉官，皆爲已受從官恩數，請乞改正。不許。

十二月，褫職罷祠。

先是，臺臣擊僞學，既榜朝堂。未幾，張貴謨指論太極圖說之非。省闈知之，是科取士，稍涉義理者悉見黜落。士子咸避時忌，文氣日卑。門人楊道夫聞鄉曲射利者多撰造事跡，以投合言者之意，亟以書告朱子。報曰：「死生禍福，久已置之度外，不煩過慮。」久之，奸人相顧不敢發，獨胡紘草疏將上，會遷去不果。沈繼祖以追論伊川先生得爲察官，紘因以藁授之。繼祖銳於進取，意謂立可致富貴，遂奏乞褫職罷祠。從之。蔡元定隱居不仕，亦特編置道州。善類重足以立。是歲作皇極辯後記。

是歲始脩禮書。

名曰儀禮經傳通解。其書大要以儀禮爲本，分章附疏，而以小戴諸義各綴其後。其見於他篇及他書可相發明者，或附於經，或附於義。其外如弟子職、保傅傳之屬，又自别爲篇，以附其類。其目有家禮、鄉禮、學禮、邦國禮、王朝禮、喪禮、祭禮、大傳、外傳。其大體已具者蓋十七八。先是，草奏欲乞脩三禮，曰：「遭秦滅學，禮、樂先壞。漢、晉以來，諸儒補輯，竟無全書，其頗存者，三禮而已。周官一書，固爲禮之綱領，至其儀法度數，則儀禮乃其本經，而禮記郊特牲、冠義等篇，乃其義説耳。前此猶有三禮、通禮、學究諸科，禮雖不行，而士猶得以通習而知其説。熙寧以來，王安石變亂舊制，廢罷儀禮而獨存禮記之科，棄經任傳，遺本宗末，其失已甚，而博士諸生又不過採其虚文以供應舉。至於其間亦有因儀法度數之實而立文者，則咸幽冥而莫知其源，一有大議，率用耳學臆斷而已。若乃樂之爲教，則又絶無師授。律尺短長，聲音清濁，學士大夫莫有知其説者，而不知其爲闕也。臣昔在山林，嘗與一二學者考訂其説，欲以儀禮爲經，而取禮記及諸經史雜書所載有及於禮者，皆以附於本經之下，具列注疏諸儒之説，略有端緒。而私家無書檢閲，無人抄寫，久之未成。會蒙除用，學徒分散，遂不能就。而鍾律之制，則士友間亦有得其遺意者。竊欲更加參考，别爲一書，以補六藝之闕，而亦未能具也。欲望聖明特詔有司，許臣就祕書省關借禮樂諸書，自行招致舊日學徒十餘人，踏逐空閑官屋數間與之居處，令其編類。可以興起廢墜，垂之永久。使士知實學，異時可爲聖朝制作之助，則斯文幸甚。」會去國，不及上。

三年丁巳，别蔡元定於寒泉精舍。

前數日，朱子方與諸生講論，有以褫職之命來報者，略起視之，復坐講論如初。翼旦，諸生乃知有指揮。尋具表謝，略云：雖補過以脩身，無及桑榆之暮景；然在家而憂國，未忘葵藿之初心。時郡縣逮捕元定甚急，元定色不爲動。既行，朱子與嘗所游百餘人會别淨安寺。坐方丈，寒暄外，無嗟勞語。坐客感嘆，有泣下者。朱子微視元定，不異平時，因曰：「朋友相愛之情，季通不挫之志，可謂兩得之矣。」明日，獨與元定會宿寒泉，相與訂正參同契，終夕不寐。次年，元定卒於舂陵，朱子爲之哀慟。元定從游最久，精識博聞，同輩皆不能及。時黨禁益譁，稍稱善類，斥逐無遺，至薦舉考校皆爲厲禁。朱子方與同志講道於竹林精舍，不爲輟。或勸以謝絶生徒，儉德避禍者，朱子曰：「禍福之來，命也。」或又微諷先生有「天生德於予」底意思，却無「微服過宋」之意。曰：「熹不曾上書自辯，又不曾作詩謗訕，只與朋友講習古書，説道理，更不教做，却做何事？」

韓文考異成。

四年戊午，作書傳。

按大全集止載二典、禹謨、金縢、召誥、洛誥、武成諸説數篇，及親藁百餘段具在，其他大義悉口授蔡沈，俾足成之。

十二月，引年乞休。

朱子以明年年及七十，尚帶階官，義當納禄，具申建寧府乞保明申奏致仕。是歲，答李季章書云：「親舊凋零，如蔡季通、吕子約皆死貶所，令人痛心，益無生意。所以惜此餘日，正爲所編禮傳已略見端緒而未能就，若更得年餘間未死，日與了却，亦可瞑目矣。」

五年己未四月，有旨令守朝奉大夫致仕。

始用野服見客。

坐位榜略云：「滎陽吕公嘗言，京、洛致仕官與人相接，皆以閑居野服爲禮，而嘆外郡或不能然，其指深矣。又謂：上衣下裳，大帶方履，比之凉衫自不爲簡。其所便者，但取束帶足以爲禮，解帶足以燕居而已。且使窮鄉下邑得見祖宗盛時京都舊俗其美如此，亦補助風教之一端也。」

六年庚申三月辛酉，改大學「誠意」章。

戊午歲，嘗與廖德明帖云：「大學又脩得一番，簡易平實，次第可以絶筆。」是日改「誠意」章，午刻疾甚不能興。先是，己未夜爲諸生説太極圖，庚申夜復説西銘甚詳，且言：「爲學之要，惟事事審求其是，決去其非，積累久之，心與理一，自然所發皆無私曲。聖人應萬事，天地生萬物，直而已矣。」

甲子，朱子卒。

前夕癸亥，精舍諸生入問疾，告之曰：「誤諸君遠來，然道理亦止是如此。但相倡率下堅苦工夫，牢固着足，方有進步處。」諸生退，乃作三書。一與子在，令早歸收拾遺文。一與黄榦，令更加勉力，且云：「吾道之託在此，吾無憾矣。」及令收禮書底本，踵而成之。其書界行開具逐項合脩條目，且封一卷往爲之式。一與范念德，托寫禮書。甲子，即命移寢中堂。黎明，諸生復入問疾，因請曰：「先生之疾革矣，萬一不諱，當用書儀乎？」朱子摇首。「然則當用儀禮乎？」亦摇首。「然則以儀禮、書儀參用之乎？」乃頷之。就枕，誤觸巾，目門人使正之，揮婦人無得近，諸生揖而退。良久恬然而逝，午初刻也，享年七十有一。送終諸禮皆遵遺訓焉。

十一月壬申，葬于建陽縣唐石里之大林谷。

會葬者幾千人。

附録　歷代褒典

宋

寧宗嘉泰二年，學禁稍弛，詔朱熹可華文閣待制，特與致仕恩澤。

是時，朱子卒已數年，守臣不以聞，朝廷猶以生存命之。

嘉定元年戊辰十月，詔賜謚與遺表恩澤。

開禧三年，侂胄伏誅，凶徒憸黨悉已斥戮。至是年十月十八日，三省同奉聖旨：朱熹特與賜謚，令有司議定申奏，仍依條與遺表恩澤，右劄付禮部太常寺。

嘉定二年，詔朱熹賜謚曰文。

謚議曰：「三才定位，非道無與立也。儒者之學，所以講明大道，正人事之綱常而參天地之化育。故世之治亂，常視道之隆汙。若饑者之食，必以穀粟；寒者之衣，必資桑麻，不可易也。自周衰，正學不明，道術分裂。急功利者昧本原，其流爲申韓；尚清虚者忘實用，其弊爲莊老。孔孟生乎其時，躬履是道，既與其徒辯問講究，又著而爲書，使後世有傳焉。然轍環天下，詆毁困阨，至老而不獲用，身死而後，其道始明，是何不能取信於當時而乃獲伸於後世邪？蓋真僞之相奪，固不容以口舌勝，而枉己直人者，又聖賢之所不爲也。百年之後，愛憎泯而是非定，則謗毁熄而公議行矣。至漢之楊雄、隋之王通、唐之韓愈，學孔孟者也，其出處通塞，大抵皆然。故待制侍講朱公，自少有志斯道。既仕，志愈篤，累辭召請，益得以涵養所學。其後不獲命，亦屢位于朝，分符持節于外，而類多齟齬不合。主上龍飛，擢侍經筵。未幾，力排權臣而逐去，尋以論者詆爲僞學奪職，而公亦繼以下世矣。權臣既誅，聖化日新，乃還舊職，特命賜謚。以公之學，曾不究用於平生，而僅昭白於身後。豈其儒者之道，固不能以苟合，而亦不可以終泯，蓋異時而同符也。

謹按謚法：『道德博聞曰文』，『廉公方正曰忠』。惟公躬履純誠，潛心問學，近承伊洛，遠接洙泗。自格物致知，閑邪存誠，以爲踐履之實，用功於不睹不聞之際，加省於日用常行之間。及行著而習察，德新而理明，然後明聖賢藴奥之旨，救清談功利之偏。訓釋諸經，平實坦明，使後學有所依據。居鄉則信於朋友，而有講切之功；居官則信於吏民，而以教化爲務，非『道德博聞』之謂乎？勤恤民隱，如恐傷之，奏減横賦，脩舉荒政，爲民有請，不避煩瀆，必使實惠下究。任部使則糾發吏姦，不撓於權勢，雖忤時必得其職乃已。至於立朝，則從容奏對，極言無隱，剴切論疏，發於至誠。方權臣初得志，竊弄威福，知其漸不可長，禍且及天下，抗章極論，繼於請筵密奏，雖知取禍，弗顧也，非『廉方公正』之謂乎？彼詞章制作，兼備衆體，雄深雅健，追並古作，亦可以爲『文』矣，而未足爲『道德博聞』之『文』也。彼盡心獻納，隨事規拂，或抗直以揚名，或削藁而歸美，亦可以爲『忠』矣，而未必皆『廉方公正』之『忠』也。曰『文』與『忠』，惟公足以當之而無愧。合是二者，以定公行，傳之天下與來世，庶乎久而益信。謹議。」嘉定二年，大學博士章倈上。覆議曰：「謚古也，複謚非古也。謚法曰：『謚生於行者也，苟當於其行，一字足矣，奚複哉？』故侍講朱公没於爵，未得謚。上以公道德可謚，下有司議所以謚，謹獻議曰：六經，聖人載道之文也。孔氏没，子思、孟軻更述其遺言以待斯世，文幸未墜。漢末諸儒采收以資文墨，鄭司農、王輔嗣輩又老死訓詁，謂聖人之心真在句讀而已。隋唐間，河汾講學已不涉聖賢閫奥，韓愈氏復出，特其文近道爾。蓋孔氏之道，賴子思、孟軻而明。子思、孟軻之死，明者復晦，由漢而下，闇如也。及本朝而又明，濂溪、横渠剖其幽，二程子宿其光，程氏之徒嘘其焰，至公聖道粲然矣。公之學，以誠持中、敬持外。其於書，舍六籍則諸子曲説不得干其思。其於道，不敢深索也，恐入乎幽；不敢過求也，恐汩其統。讀書初貫穿百氏，終也縮以聖人之格言。自近而入微，由博而歸約。原心於眇忽，析理於錙銖。采衆説之精而遺其粗，集諸儒之粹而去其駁。嗚呼，醇矣哉！孟氏以來不多有也。公中科第猶少也，薄游徑隱，閉門潛思。朝廷每以好官召公，莫能屈。不得已而出，惟恐去之不早。自官簿書考者九，而閑居者四十餘年。山林之日長，問學之功深也。平居與其徒磨切講貫，皆道德性命之言、忠敬孝愛之事。由公學者，必行己莊，與人信。居則安貧而樂道，仕則尊君而憂民。重名節而愛出處，合於古而背於時。若此者，真公之學也。嗚呼！師友道喪，人各自是。公力扶聖緒，本末宏闊，而弄筆墨小技者以爲迂；癯於山澤，與世無競，而汩没朝市者以爲矯；自童至耄，動以禮法，而跅弛於繩墨者姗以爲誕。世嘗以是病孔孟矣，公何恨焉？初，太常議以『文忠』謚公。按公在朝之日淺，正主庇民之學鬱而不施，而著書立言之功大暢于後，合『文』與『忠』謚公，似矣而非也。有功於斯文而謂之『文』，簡矣而實也。本朝歐、蘇不得謚『文』，而得者乃楊大年、王介甫。介甫經學非醇也，其事業亦有可恨。楊公正復文士爾，『文』乎豈是之謂乎？世多評韓愈爲『文』而非也，原道謂『軻之死不得其傳』，斯言也程子與之。公晚爲韓文立考異一書，豈其心亦有合歟？請以韓子之謚謚公。謹議。」尚書吏部員外郎兼考功郎官劉彌正上，奉聖旨依。

嘉定三年庚午五月，贈中大夫、寶謨閣直學士。

理宗寶慶三年丁亥正月，贈太師，追封信國公。

御批云：「朕每觀朱熹所著論語、中庸、大學、孟子注解，發揮聖賢之藴，羽翼斯文，有補治道。朕方厲志講學，緬懷典刑，深用歎慕。可特贈太師，追封信國公，謚如故。」誥詞云：「天之未喪斯文，以方册之具在；書者所以載道，歷古今而罕明。惟我宋之化成，有二程之傑出。雖博極羣經而窮理，必提挈要指以示人。故於論語、大學之傳，與夫子思、孟軻之作，常誨人而不倦，俾學者之易知。沿襲既訛，本真浸失，嗣興道統，允屬儒先。具位熹極高明而道中庸，多聞見而守卓約。凡六籍悉爲之論述，於四書尤致於精詳。紛然衆説之殊，折以聖人之正。朕自親學問，灼見淵源。常三復於遺編，知有補於治道。載惟一節，歷事四朝。早錫郡符，晚登櫜從。始終之際，待遇弗渝。然而學士隆名，博聞美謚，備舉當時之茂典，未充列聖之盛心。是用析圭五等之尊，定位三公之冠。申加禮贈，式究前猷。噫！身没言存，所恨丘原之難起；源深澤遠，實同義理之無窮。尚其不忘，歆此嘉命。」王塈行。郊禮推封制云：「肇祀南郊，已訖泰壇之禮；推恩邇列，爰申禰廟之褒。式重典刑，用昭慭錫。具位熹心潛列聖，德配前脩。家有成書，發千古不傳之祕；户多蒲屨，爲四方來學之宗。聽白首於禁塗，鰥孤忠於講席。雖用之不盡，莫紓經濟之懷；然仰之愈尊，洊厚推崇之典。兹繇令子，克相精禋。適當竣事之初，宜舉因心之教。維垣極品，已增松檟之春；廣信稱公，不改封疆之舊。諒惟英識，克對殊休。」陳卓行。寶慶三年正月某日。

紹定三年庚寅九月，改封徽國公。誥詞云：「饗明堂而霈澤，具有彝章；謂故國以移封，式尊儒道。昔屢舉用鄒兖例也。褒揚之典，兹再疏追襚之恩。眷我宗工，若時明訓。具位熹傳孔孟之學，抱伊傅之才。皋陵知講道以致知格物爲先，歷萬世而無弊；著書以抑邪與正爲本，關百聖而不惭。非漢唐諸子所可擬議，於伊洛二老尤能之，而有廉靜之褒；寧廟用之，而賴論思之益。每閱四書之奧旨，允爲庶政之良規。雖已加發揮。肆予訪落止之初，深有不同時之恨。適逢禋歲，載錫嘉名。爵之父母之邦，位以公師之品。豈禮，贈之崇然，未盡憲章之善。指書社而封，斯道遂明於今日；即桐鄉而祀，厥光复異於前專踵故，式表教忠。噫！有赫其靈，尚淑爾後。」鍾震行。紹定三年九月某日。

聞。

嘉熙二年，建寧守臣王埜創建朱子祠，請於朝，御書「建安書院」額扁賜之。

淳祐元年辛丑正月，詔以朱熹從祀孔子廟廷。淳祐四年，詔改滄洲精舍爲考亭書院，御書額扁賜之。

淳祐六年，徽州守臣韓補徙朱子祠于江東道院故址，御書「紫陽書院」額扁賜之。

度宗咸淳元年九月，命宰執訪司馬光、蘇軾、朱熹後人之賢者以聞。

咸淳五年，詔婺源祠所稱「文公闕里」，繡使方逢辰書額。

元

至元元年三月，婺源知州干文傳請于朝，得旨創立徽國文公之廟。

至正二十一年十二月，追謚父韋齋曰獻靖公，告詞云：「考德而論時，灼見風標之峻；觀子而知父，迨聞詩禮之傳。久閟幽堂，丕昭公論。故宋左丞議郎守尚書吏部員外郎兼史館校勘、累贈通議大夫朱松，仕不躁進，德合中行。遡鄒魯之淵源，式開來學；闡圖書之蘊奥，妙契玄機。奏對雖忤於權姦，嗣續篤生於賢哲。化民成俗，著書滿車。既繼志述事之光前，何節惠易名之孔後？才高弗展，嗟沈滯於下僚；道大莫容，竟昌明於永世。神靈不昧，休命其承。可謚獻靖公。」至正二十一年十二月某日。

至正二十二年二月，改封齊國公。

誥詞云：「聖賢之藴，載諸經義理，實明於先正；風節之厲，垂諸世褒崇，豈間於異時？不有鉅儒，孰膺寵數？故宋華文閣待制、累贈寶謨閣直學士太師、追封徽國公謚文朱熹，挺生異質，蚤擢科名。試用於郡縣，而善政孔多；廻翔於館閣，而直言無隱。權姦屢擯，志慮不回。著書立言，嘉乃簡編之富；愛君憂國，負其經濟之長。正學久達於中原，渙號申行於仁廟。詢諸僉議，宜易故封。國啓營丘，爰錫太公之境土；壤鄰洙泗，尚觀尼父之宫牆。緬想英風，載欽新命。可追封齊國公，餘並如故。」至正二十二年二月某日。

國朝

洪武年間，監察御史汪文亮，字用晦，以朱子産於婺，當以嫡派子孫奉祀，迺奏請遷閩支鏡公居婺源里，以承奉祀〔一〕。

正統四年，奉禮部勘合，據順天府推官徐郁奏，准行，令婺源縣每年於均徭户内僉點二户看守朱子祠廟〔二〕。仍於見在子孫内，選取聰明俊秀，堪中教養，情願入學者，不拘名數，送赴所在儒學讀書。有司官時加勤撫提調，務獲成效，以繼先業。子孫内有資質端莊重厚，材學識見可取，堪爲時用者，有司從實甄録具奏，取自上裁。所司毋得怠情遲緩及狥私不舉，有負朝廷優待先賢之恩〔三〕。

景泰六年，詔以朱子建安九世嫡長孫梴，世襲翰林院五經博士，以奉祭祀。婺源守祠九世孫梀，送國子監讀書。

景泰七年，奉禮部勘合，内一件崇祀事該傳。奉聖旨顔子、孟子、程明道、程伊川、朱文公，恁禮部行所在有司與他整理祠堂。如原有的脩理，無的蓋造，務要時常脩餙，不許損壞，春秋猪羊致祭。

景泰七年，欽降建安致祭朱子，祝文：

「某年月日，曾孫翰林院五經博士某，祗奉朝命，昭告于先祖太師徽國文公曰：惟公德盛仁熟，理明義精，布諸方册，啓我後人。屬兹仲春秋，謹以牲帛醴儀，用申常薦。尚享。」

景泰七年，朱子八世孫朱泗奏，乞以文公門人黄榦、蔡沈、劉錀、真德秀陪祀本祠。許之。

成化十八年，耆民汪貴奏，請於歙縣紫陽書院致祭。許之。

弘治十五年，兵科給事中戴銑奏，請行婺源脩理朱子祠廟，并致祭。許之。

弘治十五年，欽降婺源致祭朱子祠，祝文：

「某年月日，直隸徽州府婺源縣知縣某，欽奉朝命，致祭于宋贈太師徽國文公朱先生。公義理精微，道德純備，闡揚聖學，宗主斯文。功冠諸儒，教行百世。鄉邦故在，風範攸存。兹值仲春秋，敬陳品物，式脩薦祀，以報明靈。尚享。」皇上龍飛。壬午，詔以朱子守婺源祠十一世孫墅，蔭録翰林院五經博士，以奉祭祀。時守臣張芹等及户科給事中汪玄錫援孔氏曲阜例以請故也〔四〕，至今朱氏有兩博士云。

校勘記

〔一〕洪武年間至以承奉祀　以上四十四字原無，據萬曆本增。

〔二〕令婺源縣每年於均徭户内 「婺源」二字原無，據萬曆本增。

〔三〕仍於見在子孫内至有負朝廷優待先賢之恩 此段原無，據萬曆本增。

〔四〕時守臣張芹等及户科給事中汪玄錫援孔氏曲阜例以請故也 「及户科給事中汪玄錫」九字原無，據萬曆本增。

朱子年譜　考異

〔清〕王懋竑

例義

自昔輯朱子年譜，爲門人果齋李氏，其元本今不可得見。而行世者明李古沖本，多竄易果齋之舊。近有洪去蕪本，收載較繁，增損未當。又新閩本，尤疏略。先生大抵據李、洪兩本，嚴審而慎採之，恐覽者無以悉其源流前後，迺取魏鶴山序果齋元本者冠於首，以存其自，而後來諸序以次附，庶開卷而瞭然於相沿之得失焉。

李、洪兩本年譜，按之朱子文集、語録，多所不符。先生蓋憑文集、語録以考正李、洪兩本，故文集、語録收載爲詳，而文集删取尤多。或不録詞者，列其目於下，其義理大要，雖長篇必全載。

朱子行狀爲門人勉齋黄氏作，最可徵信，宋史本傳不無舛誤。先生考正李、洪兩本，悉以行狀爲主，而本傳有可採者亦參附之。

延平答問、張南軒集、吕東萊集，朱子師友淵源所繫，多有足採者。若陸象山、陳同甫集，亦供附證。他所引據甚繁，兹不悉舉。

李、洪兩本年譜，先生分别注明，仍志年譜之舊。而所載文集、語録、行狀、本傳，暨凡引證羣書，總綴於各條下，統標之曰朱子年譜。

昔朱子作伊川年譜，自言：「某嘗竊取實録所書、文集内外書所載，與凡他書之可證者，次其後先，以爲年譜。既不敢以意形容，又不能保無謬誤，故於每事之下各系其所從得者。」先生正恪遵朱子作伊川年譜例，而規模不同，意義則一，覽者可知其所自來焉。

先生纂訂年譜，凡己所辯論，原綴各條末，後恐繁重難以行遠，因摘出别爲一書曰年譜考異，略倣朱子作韓文考異例。

李本簡率，洪本較詳，而所增改皆不明其所出，後人無從考證。先生深病之，故悉著其去取之所以然者，見考異中。昔朱子跋方本韓文言：「萬一考訂或有未盡，取舍不無小差，亦得尚存他本别字，以待後之君子。」先生正遵斯意。

先生友朋講論，凡有採取，必明其所自。同邑朱止泉著聖學考略，先生改曰正學考，所論屢及之。又武進鄒琢其著年譜正訛，間資裁擇，云「鄒本」者指此。而自著有朱子文集注，並周易本義九圖論、家禮考，亦附見考異中。

朱子論學語散見文集、語録甚夥，年譜有不能具載者。先生復取己丑後最切要語，彙一編，而亦按年以叙，間附考異於其下，惜未盡脱稿而先生殁。遺言云：「雖未及成，然大概具矣。」附録年譜後，覽者其通前書合觀焉。

昔朱子題太極圖西銘解後有言：「近見儒者多議此兩書之失，或乃未嘗通其文義，而妄肆詆訶。」竊謂後之詆訶朱子者正類是，而爲朱子辯者亦未能盡通朱子文義。先生潛心體驗，於朱子書實契淵微，嘗以爲文義既明，則遺訓昭如日月，不容後人多著語也。所附論學切要語，簡約分明，覽者當以是意求之。

陸學之非，朱子辨之以明。逮王陽明宗陸氏，而其説復熾，所撰晚年定論，祇欲彌縫異同，以肆其誣罔。李古沖爲陽明之學，率其私意，删改舊譜，即晚年定論之計而更詭出焉。先生有憂之。得洪本稍增多，並有閩本可參校，因訂成此書。肱異説之囊橐，辨燕郢之混淆，大啓關鍵，曲暢旁通，蓋亦倣閑闢録、學蔀通辨大指，而發揮統緒，確有據依，宏深著顯，直遠出兩書之上。海内君子，必有先生知心焉。謬陳管窺，惟祈高明正之。

外孫孫仝轍、仝敞敬書

朱子年譜卷一

〔清〕王懋竑

高宗建炎四年庚戌，秋九月甲寅，先生生。

行狀 先生諱熹，字仲晦。父朱氏，爲婺源著姓，以儒名家。吏部公擢進士第，入官尚書郎兼史事，以不附和議去國。文章行義爲學者師，號韋齋先生。吏部因仕入閩，至先生始寓建之崇安五夫里，今居建陽之考亭。先生以建炎四年九月十五日午時生南劍尤溪之寓舍。年譜 先生本歙州人，世居婺源之永平鄉松巖里。宣和末，考吏部韋齋公松，字喬年，爲建州政和縣尉，遭父承事府君喪，以貧不能歸，遂葬其親於政和縣護國寺側。服除，調南劍尤溪縣尉。去官，嘗僑寓建、劍二州。是歲，館於尤溪之鄭氏，而先生生焉。洪本。

紹興元年辛亥，二歲。

二年壬子，三歲。

三年癸丑，四歲。

行狀 先生幼穎悟莊重，甫能言，韋齋指天示之曰：「天也。」問曰：「天之上何物？」韋齋異之。年譜同。

四年甲寅，五歲。始入小學。

年譜　韋齋與内弟程復亨書云：「息婦生男，名五二。今五歲，上學矣。」按先生小名沈郎，小字季延，此云五二，以行稱。

五年乙卯，六歲。

語録　某五六歲時，心便煩惱：天體是如何？外面是何物？黄義剛。

六年丙辰，七歲。

七年丁巳，八歲。

行狀　就傅，授以孝經，一閲通之，題其上曰：「不若是，非人也。」嘗從羣兒戲沙上，獨端坐，以指畫沙，視之八卦也。年譜同。

八年戊午，九歲。

語録　孔子曰：「仁遠乎哉，我欲仁，斯仁至矣。」這個全要人自去做。孟子所謂奕秋，只是爭這些子，一個進前要做，一個不把當事。某年八九歲時，讀孟子到此，未嘗不慨然奮發，以爲爲學當如此做工夫。當時便有這個意思，如此只是未知得是如何做工夫，自後更不肯休，一向要去做工夫。不知何人。

九年己未，十歲。

行狀 少長，厲志聖賢之學，於舉子業初不經意。年譜 時自知力學，聞長者言，輒不忘。語録 某十數歲時，讀孟子，至「聖人與我同類者」，喜不可言，以爲聖人亦易做，而今方覺得難。包揚，庚寅後。

十年庚申，十一歲。受學于家庭。

年譜 時韋齋爲吏部員外郎，以不附秦檜和議，出知饒州，請祠，居於家。初，韋齋師事羅豫章，與李延平爲同門友，聞楊龜山所傳伊洛之學，獨得古先聖賢不傳之遺意。於是益自刻厲，痛刮浮華，以趨本實。日誦大學、中庸之書，以用力於致知誠意之地。自謂卞急害道，因取古人佩韋之義，名其齋曰韋齋，以自警焉。文集 皇考吏部府君行狀云：又得浦城蕭公顗子莊、劍浦羅公從彦仲素，而與之遊，則聞龜山楊氏所傳河洛之學。延平行狀云：先考吏部府君亦從羅公問學〔一〕，與先生爲同門友。韋齋先生書昆陽賦後云：爲兒塤讀光武紀，至昆陽之戰，熹問何以能若是，爲道梗概，欣然領解，故書蘇子瞻昆陽賦畀之。先生跋云：紹興庚申，熹年十一歲，先君罷官行朝，寓建陽，登高邱氏之居，暇日手書此賦以授熹，爲説古今成敗興亡大致，慨然久之。續集。

十一年辛酉，十二歲。

十二年壬戌，十三歲。

十三年癸亥，十四歲。春三月辛亥，丁父韋齋先生憂。

文集遷墓記云：以十三年三月二十四日辛亥卒於建州城南之寓舍，年四十有七。

稟學于劉屏山、劉草堂、胡籍溪三先生之門。

年譜當韋齋疾革時，手自爲書，以家事屬少傅劉公子羽，而訣於籍溪胡憲原仲、白水劉勉之致中、少傅之弟屏山劉子翬彦沖。且顧謂先生曰：「此三人者，吾友也。學有淵源，吾所敬畏。吾即死，汝往父事之，而唯其言之聽。」韋齋殁，少傅爲築室於其里第之傍，先生遂奉母夫人遷而居焉。乃遵遺訓，稟學於三君子之門。三君子撫教如子姪，而白水劉公因以其女妻之。不數年，二劉公相繼下世，獨事籍溪胡公爲最久。屏山卒於紹興十七年丁卯十二月，白水卒於十九年乙巳九月，籍溪則至三十二年壬午方卒也。

文集屏山墓表云：先人疾病時，嘗顧語熹曰：「籍溪胡原仲、白水劉致中、屏山劉彦沖，此三人者，吾友也。其學皆有淵源，吾所敬畏。吾即死，汝往父事之，而唯其言之聽，則吾死不恨矣。」熹飲泣受言不敢忘。既没，則奉以告三君子而稟學焉。時先生之兄侍郎公，尤以收恤孤窮爲己任，以故熹獨得朝夕於先生之側。而先生亦不鄙其愚穉，所以教示期許，皆非常人之事。白水墓表云：先君子棄諸孤，先生慨然爲經理其家事，而教誨熹如子姪，既又以其息女歸之。籍溪行狀云：先生所與同志，唯白水劉先生。既與俱隱，又得屏山劉公彦沖先生而與之遊，更相切磋，以就其學。熹之先君子，亦晚而定交焉。既病且没，遂因以屬其子。故熹於三君子之門，皆得供灑掃之役，而事先生爲最久。少傅劉公碑云：先人晚從公遊，疾病，寓書以家事爲寄。公惻然憐之，收教熹如子姪。故熹自幼得侍公左右。

屏山字詞 冠而欽名，粤惟古制。朱氏子熹，幼而騰異。友朋尚焉，請祝以字。字以元晦，表名之義。木晦於根，春榮一作「容」。曄敷。人晦於身，神明内腴。昔者曾子，稱其友曰：「有若無，實若虚。」不斥厥名，而傳於書。雖百世之遠也，揣其氣象，知顔子如愚，迹參並遊，英馳俊驅。豈無他人，夫誰敢居？自諸子言志，回欲無伐，一宣於聲，終身弗越。陋巷闇然，其光烈烈。從事於斯，惟參也無慚。貫道惟一，省身則三。夾輔孔門，翺翔兩驂。學的欲正，吾知斯之爲指南。惟先吏部，文儒之粹，彪炳育珍，文一作「又」。華其繼。來兹講磨，融融熹熹。真聰廓開，如源之方駛，望洋渺瀰，老我縮氣。古人不云乎，純亦不已。悵友道之衰變，切切而唯唯。子德不日新，則時予之耻。勿謂此耳，充之益充，借曰合矣，宜養於蒙。言而思毖，動而思蹟，凛乎惴惴，惟顔、曾是畏。

十四年甲子，十五歲。葬韋齋先生。

年譜 墓在崇安縣五夫里西塔山。

十五年乙丑，十六歲。

語録 某年十五六時，讀中庸「人一己百，人十己千」一章，因見吕與叔解得此段痛快，未嘗不悚然警厲奮發。沈僩。某年十四五時，便覺得這物事，是好底物事，心便愛了。某不敢自昧，實以銖累寸積而得之。李方子。

十六年丙寅，十七歲。

語録 某自十六七時，下工夫讀書，彼時四旁皆無津涯，只自恁地硬著力去做。至今日雖不足道，但當時也是喫了多少辛苦讀書。楊道夫。

十七年丁卯，十八歲。秋，舉建州鄉貢。

年譜 考官蔡兹謂人曰：「吾取中一後生，三篇策皆欲爲朝廷措置大事，他日必非常人。」

十八年戊辰，十九歲。春，登王佐榜進士。夏，准敕賜同進士出身。

年譜 中第五甲第九十人。語録 某少年時，只做得十五六篇舉業，後來只是如此發舉及第。人但不可不會作文字，及其得也，只是如此。今人却要求爲必得，豈有此理。曾祖道。學者難得，都不肯自去著力讀書。某登科後要讀書，被人橫截直截，某只是不管，一面自讀。陳文蔚。

十九年己巳，二十歲。

語録 某從十七八歲讀孟子至二十歲，只逐句去理會，更不通透。二十歲已後，方知不可恁地讀。元來許多長段，都自首尾相照管，脉絡相貫串，只恁地熟讀，自見得意思。從此看孟子，覺得意思極通快。葉賀孫。某自十五六時至二十歲，史書都不要看，但覺得閒是閒非没要緊，不難理會，大率才看得此等文字有味，畢竟粗心了。林履孫。某舊年思量義理未透，直是不能睡。初看子夏「先傳後倦」一章，凡三四夜窮究到明，徹夜聞杜鵑聲。王過。某舊讀「仲氏任只，其心塞淵。終温且惠，淑慎其身。先君之思，以朂寡人」。「既破我斧，又缺我斨。周公東征，四國是皇。哀我人斯，亦孔之將」。伊尹曰「先王肇修人紀，從諫弗咈，先民時若，居上克明，爲下克忠，與人不求備，檢身若不及，以至于有萬邦，茲維艱哉」。如此等處，直爲之廢卷慨想而不能已。覺得朋友間看文字，難得這般意思。某二十歲前後，已看得書大意如此。錢木之。某舊時亦要無所不學，禪道文章、楚辭、詩、兵法，事事要學。出入時無數文字，事事有兩册。一日忽思曰：且慢，我只一個渾身，如何兼得許多。自此逐時去了。大凡人知個用心處，自無緣及得外事。包揚。文集跋曾南豐帖云：熹年二十許時，便喜讀南豐先生之文，竊慕效之。跋徐誠叟詩云：熹年十八九時，得拜徐先生於清湖之上，便蒙告以克己歸仁，知言養氣之說。時蓋未達其言，久而後知其爲不易之論也。

二十年庚午，二十一歲。春，如婺源展墓。

年譜先是，婺源鄉丈人俞仲猷，嘗得先生少年翰墨，以示其友董穎，相與嗟賞。穎有詩云：「共歎韋齋老，有子筆扛鼎。」時董琦嘗侍先生於鄉人之坐，酒酣，坐客以次歌誦。先生獨歌離騷經一章，吐音洪暢，坐客竦然。有帖與內弟程洵曰：「聞之諸先生皆云，作詩須從陶、柳門庭中來乃佳，不如是無以發蕭散沖淡之趣，不免於局促塵埃，無繇到古人佳處也。如選詩及韋蘇州詩，亦不可不熟觀。然更須讀語孟，以深其本。」又帖云：「三百篇，性情之本；離騷，辭賦之宗。學詩而不本之於此，是亦淺矣。然學者所急，亦不在此。學者之要，務反求諸己而已。反求諸己，別無要妙，語孟二書，精之熟之，求見聖賢所以用意處，佩服而力持之可也。」洪本。按虞集作復田記略云：「吏部之來閩，質其先業百畝以爲資。同鄉張公敦頤，教授於劍，請爲贖之。計十年之入，可以當其直，而後以田歸朱氏。癸亥，吏部没，張公以書慰文公於喪次，而歸田焉。庚午，公省墓於婺源，以其租入充省掃祭祀之用。」李本。

二十一年辛未，二十二歲。春，銓試中等，授左廸功郎、泉州同安縣主簿。

二十二年壬申，二十三歲。

二十三年癸酉，二十四歲。夏，始見李先生于延平。

年譜 初，龜山先生倡道東南，從遊甚衆。語其潛思力行，任重詣極者，羅公仲素一人而已。李先生諱侗，字愿中，受學羅公，實得其傳，同門皆以爲不及。然樂道不仕，人罕知之。沙縣鄧廸天啓嘗曰：「愿中如冰壺秋月，瑩澈無瑕。」韋齋深以爲知言。先生少耳熟焉，至是將赴同安，特往見之。語録 初師屏山、籍溪。籍溪學於文定，又好佛、老，以文定之學爲論治道則可，而道未至，然於佛、老亦未有見。屏山少年能爲舉業，官莆田，接埝下一僧，能入定，數日後乃見了。老歸家讀儒書，以爲與佛合，故作聖傳論。其後屏山先亡，籍溪在，某自見於此道未有所得，乃見延平。鄭可學。文集 延平行狀云：初，龜山先生倡道東南，士之遊其門者甚衆。然語其潛思力行，任重詣極如羅公，蓋一人而已。先生既從之學，講誦之餘，危坐終日，以驗夫喜怒哀樂未發之前氣象爲何如，而求所謂中者。蓋久之而知天下之大本，真有在乎是也。又云：其接後學答問，窮晝夜不倦，隨人淺深誘之各不同，而要以反身自得，而可以入於聖賢之域。故其言曰：「學問之道，不在多言，但默坐澄心，體認天理。若見雖一毫私欲之發，亦退聽矣。久久用力於此，庶幾漸明，講學始有得力耳。」又嘗曰：「學者之病，在於未有灑然冰解凍釋處，縱有力持守，不過苟免顯然悔尤而已，若此者恐未足道也。」又嘗曰：「讀書者，知其所言莫非吾事，而即吾身以求之，則凡聖賢所至而吾所未至者，皆可勉而進矣。若直以文字求之，悦其詞義，以資誦説，其不爲玩物喪志者幾希。」以故未嘗爲講解文書，然其辨析精微，毫釐畢察。嘗語問者曰：「講學切要，在深潛縝密，然後氣味深長，蹊徑不差。若以理一而不察其分之殊，此學者所以流於疑似亂真之説而不自知也。」其開端示人，大要類此。

秋七月，至同安。

行狀 莅職勤敏，纖悉必親，郡縣長吏，事倚以決。苟利於民，雖勞無憚。職兼學事，選邑之秀民充弟子員，訪求名士以爲表率。日與講説聖賢修己治人之道。年方踰冠，聞其風者，已知學之有師而尊慕之。年譜 廨有燕坐之室，更名曰高士軒，而以令甲凡簿所當爲者，大書楣間。又職兼學事，身率諸生，規矩甚嚴。初，士子尚循故態，食已則去。先生爲文勸諭之，以爲學如不及，猶恐失之，此君子所以孳孳焉愛日不倦，而競尺寸之陰也。今聞諸生晨起入學，未及日中各已散去，豈愛日之意哉？蓋今日學者舍科舉之業，則無以爲也。故苟足以應有司之求，則至於怠游而不知返。使古人之學止於如此，則可以得志於科舉斯已矣。所以孳孳焉愛日不倦，死而後已者，果何爲哉？諸君苟思於科舉之外，知所以爲學，則將有欲已不能者矣。先生既選邑之秀民充弟子員，身加督厲。有本縣進士徐應中，議論純正，王賓操履堅確，敦請赴學，待以賓客之禮，俾諸生有所矜式。又有柯君翰者，家居教授常百餘人，行峻不苟，遂請爲學職。衆益有所嚴憚，不敢爲非。先生又以爲區區防之於法制之末，而理義不足以悦其心，則亦無以使之知所趨而興於行。乃增修講問之法，使職事諸生相與漸摩，理義有以博其内，規矩有以約其外。學者翕然從之，以至學殿、講座、齋舍悉加整葺云。語録 昔在同安作簿時，每點追税必先期曉示。只以一幅紙截作三片，作小榜遍帖云：「本廳取幾日點追甚鄉分税，仰人户鄉司主人頭知委只如此。」到限日近時，納者紛紛。然此只是一個信而已，如或違限遭點定，斷不恕，所以人怕。潘時舉。初任同安主簿，縣牒委補試，喚吏人問例，云須榜曉示，令其具檢頗多。即諭以不要如此，只用一幅紙寫數榜，但云：「縣學某月某日補試，各請知悉。」臨期，吏覆云例當展日。又諭以斷不展日。王過。主簿就職内大有事，縣中許多簿書皆當管。某向爲同安簿，許多賦税出入之簿，逐日點對簽押，以免吏人作弊。葉賀孫。文集答陳明仲書云：頃在同安，見官户富家吏人市户，典買田業，不肯受業，操有餘之勢力，以坐困破責家計狼狽之人，殊使人扼腕。每縣中有送來整理者，必了於一日之中。蓋不如此，則村民有宿食廢業之患，而市人富家得以持久困之，使不敢伸理，此最弊之大者。

文集高士軒記。 同安縣諭學者。 諭諸職事。 補試榜諭。 請徐王二生充學賓申縣劄子。舉柯翰狀。

是月丁酉，子塾生。

二十四年甲戌，二十五歲。秋七月，子埜生。

二十五年乙亥，二十六歲。春，建經史閣。

年譜 正月，以檄至帥府，盡模府中所有之書，藏弆閣中。又料簡故匱治平中所藏書，得尚可讀者二百餘卷，悉庋於閣，學者得以覽觀焉。文集 同安縣學官書後記云：二十五年春正月，熹以檄書白事大都督府，言於連帥方公，願橅府中所有書以歸，俾學者得肆習焉。公即日屬工官橅以予縣，凡九百八十五卷。同安縣故書目序云：同安學故有官書一匱，無籍記文書，皆故敝殘脱，無復次第。爲之料簡其可讀者，得凡六種一百九十一卷。又下書募民間，得故所藏弆者復二種三十六卷〔二〕，著之籍記，而善藏之加嚴焉。

文集 經史閣上梁告先聖文。

夏，縣有盜，分守城之西北隅。

文集 射圃記云：二十五年夏，縣有警，令、丞以下部吏士分城以守，而予與監鹽稅曹侯沆分備西北。侯與予行所部，循勉慰飭，諭意吏士，士皆感奮爲用。又相與相城之隅，得隙地以爲射圃，屬其徒日射其間。其後盜雖潰去，而圃因不廢，間往射如初。

定釋奠禮。

年譜 初，縣學釋奠舊例，止以人吏行事。先生至，求政和五禮新儀印本於縣，無之，乃取周禮、儀禮、唐開元禮、紹興祀令，更相參考，畫成禮儀、器用、衣服等圖，訓釋辨明，纖悉畢備。俾執事學生朝夕觀覽，臨事無舛。洪本。

申請嚴婚禮。

文集 申嚴婚禮狀云：竊惟禮律之文，婚姻爲重。所以別男女，經夫婦，正風俗，而防禍亂之原也。訪聞本縣自舊相承無婚姻之禮，里巷之民貧不能聘，或至奔誘，則謂之引伴爲妻，習以成風。其流及於士子富室，亦或爲之，無復忌憚。其弊非特乖違禮典，瀆亂國章而已。至於妒媢相形，稔成禍釁，則或以此殺身而不悔。習俗昏愚，深可悲憫，欲乞檢坐見行條法，曉諭禁止。仍乞備申使州，檢會政和五禮士庶婚娶儀式行下，以憑遵守約束施行。

立故丞相蘇公祠于學宫。

年譜 蘇公名頌，字子容，同安人。相元祐時，學術風節爲世所稱。

文集 蘇丞相祠記。

二十六年丙子，二十七歲。秋七月，秩滿。冬，奉檄走旁郡。

年譜 時秩滿，代者不至，因送老幼以歸。語録 看文字却是索居獨處方精專，看得透徹。某往年在同安，日因差出體究公事處，夜寒不能寐，因看得子夏論學一段分明。後官滿，在郡中等批書，已遣行李，無文字看，於館人處借得孟子一册熟讀，方曉得「養氣」一章語脉。當時亦不暇寫，只逐段以紙簽簽之云「此是如此説」，簽了便看得更分明。後來其間雖有修改，不過是轉换處，大意不出當時所見。黄𦬊。某向爲同安簿滿，到泉州候批書，在客邸，只借得一册孟子，將來仔細讀，方尋得本意見。看他初問如此問又如此答，待再問又如此答，其文雖若不同，自有意脉，都見貫穿，字字語意，都有下落。葉賀孫。少年時在同安，夜聞鐘鼓聲，聽其一聲未絶，而此心已自走作。因此警懼，乃知爲學須是專心致志。廖德明。

二十七年丁丑，二十八歲。春，還同安，候代不至，罷歸。

館陳氏者數月，命友生之嗜學者與居，名其室曰畏壘菴。陳氏世爲醫，名良傑。行狀 歷四考，罷歸，以奉親講學爲急。年譜 冬十月，代者卒不至，以四考滿，罷歸。其去也，士思其教，民懷其惠，相與立祠於學宫。

二十八年戊寅，二十九歲。春正月，見李先生于延平。

趙師夏跋延平答問 文公幼孤，從屏山劉公學問。及壯，以父執事延平而已，至於論學，蓋未之契。而文公每誦其所聞，延平亦莫之許也。文公領簿同安，反復延平之言，若有所得，於是盡棄所學而師事焉。則此編所録，蓋同安既歸之後也。文公先生嘗謂師夏曰：「余之始學，亦務爲儱侗宏濶之言，好同而惡異，喜大而恥於小。於延平之言，則以爲何爲多事若是，心疑而不服。同安官餘，反復思之，始知其不我欺矣。蓋延平之言曰：『吾儒之學，所以異於異端者，理一分殊也。理不患其不一，所難者分殊耳。』此其要也。」文集與范直閣書云：熹頃至延平，見李愿中丈，問以一貫忠恕之説，與卑意不約而合。又與范直閣書云：熹奉親屏處，山間深僻，亦可觀書。又得胡丈來歸，朝夕有就正之所。窮約之中，此亦足樂矣。

冬十一月，以養親請祠。十二月，差監潭州南嶽廟。

年譜先生自同安歸，彌樂其道，其於仕進泊如也。

文集申建寧府狀云：同安到任四年，省罷歸鄉，偶以親老食貧不能待次，遂乞嶽廟差遣。行狀請奉祠監潭州南嶽廟。

延平答問李先生書云：某自聞師友之訓，賴天之靈，時時只在心目間，雖資質不美，世累妨奪處多，此心未嘗敢忘也。於聖賢之言，亦時有會心處，亦間有識其所以然者。但覺見反爲理道所縛，殊無進步處。今已老矣，日益恐懼。吾元晦乃不鄙孤陋寡聞，遠有質問所疑，何媿如之。戊寅十一月。

文集存齋記云：許生之學，蓋有意乎孟氏所謂「存其心」者，於是以「存」名其齋。而告之曰：人之所以位天地之中，而爲萬物之靈者，心而已矣。然心之爲體，不可以聞見得，不可以思慮求。謂之有物，則不得於言；謂之無物，則日用之間，無適而非是也。君子於此，亦將何所用其力哉？「必有事焉而勿正，心勿忘，勿助長」，則存之之道也。如是而存，存而久，久而熟，心之爲體，必將瞭然有見乎參倚之間，而無一息之不存矣。此予所以名齋之説也。

二十九年己卯，三十歲。春三月，校定謝上蔡先生語録。

文集後序云：謝先生，名良佐，字顯道。學於程夫子昆弟之門，有論語説行於世，而此書傳者蓋鮮焉。熹初得括蒼吴任寫本一篇，後得吴中版本一篇，二家之書，皆温陵曾恬天隱所記，最後得胡文定公家寫本二篇，凡書四篇，以相參校。胡氏上篇五十五章，記文定公問答。下篇四十七章，與版本、吴氏本略同，然時有小異，輒因其舊，定著爲二篇。獨版本所增多猶百餘章，然或失本指，雜他書。其尤者五十餘章，至詆程氏以助佛學，輒放而絶之。其餘亦頗刊去，而得先生遺語三十餘章，别爲一篇。凡所定著書三篇，已校定，可繕寫。後記云：往時削去版本五十餘章，特以理推知其決非先生語，初未嘗有所左驗，亦不知其果出於何人也。後籍溪胡先生入都，於其學者吕祖謙得江民表辨道録一篇，讀之則盡向所削去五十餘章者，首尾次序，無一字之差，然後知其爲江公所著，而非謝氏之語，益以明白。因書以示讀者，使無疑舊傳云。戊子。語録某二十年前，得上蔡語録觀之，初用朱筆畫出合處，及再觀則不同矣，乃用粉筆，三觀則又用墨筆，數過之後，則全與元看時不同矣。余大雅。

文集謝上蔡語録後序。謝上蔡語録後記。

秋八月，召赴行在，辭。

年譜 用執政陳康伯薦也，先生方控辭，會言路有託抑奔競以沮之者，以故不就。本傳 以輔臣薦，與徐度、吕廣問、韓元吉同召，以疾辭。

文集 辭免召命狀。

三十年庚辰，三十一歲。冬，見李先生于延平，始受學焉。

文集 再題達觀軒詩序云：紹興庚辰冬，予來謁隴西先生，退而寓於西林院惟可師之舍，以朝夕往來受教焉，閱數月而後去。年譜 退寓舍旁西林院，閱數月而後去。行狀 延平李先生學於豫章羅先生，豫章羅先生學於龜山楊先生，韋齋於延平爲同門友。先生歸自同安，不遠數百里，徒步往從之。延平稱之曰：「樂善好義，鮮與倫比。」又曰：「潁悟絶人，力行可畏。其所論難，體認切至。」自是從遊累年，精思實體，而學之所造益深矣。年譜 延平與其友羅博文書云：「元晦進學甚力，樂善畏義，吾黨鮮有。」又云：「此人極潁悟，力行可畏，講學極造其微處。渠所論難處，皆是操戈入室，從源頭體認來，所以好説話。某昔於羅先生得入處，後無朋友，幾放倒了，得渠如此，極有益。渠初從謙開善處下工夫來，故皆就裏面體認。今既論難，見儒者路脉，極能指其差誤之處。自見羅先生來，未見有如此者。」又云：「此人别無他事，一味潛心於此，初講學時，頗爲道理所縛，今漸能融釋於日用處，一意下工夫。若於此漸熟，則體用合矣。此道理全在日用處熟，若静處有而動處無，即非矣。」洪本。語録某年十五六時，亦嘗留心於禪。一日在病翁所會一僧，與之語，其僧只相應和了説，也不説是不是，却與劉説，某也理會得個昭昭靈靈底禪。劉後説與某，某遂疑此僧更有要妙處在。遂去扣問他，見他説得也煞好。及去赴試時，便用他意思去胡説。是時文字不似而今細密，隨人粗説，試官爲某説動，遂得舉。後赴同安任時，年二十四五矣，始見李先生。與他説，李先生只説不是。某却倒疑李先生理會此未得，再三質問。李先生爲人簡重，却是不甚會説，只教看聖賢言語。某遂將那禪權倚閣起，意中道禪亦自在，且將聖人書來讀。讀來讀去，一日復一日，覺得聖賢言語漸漸有味。却回頭看釋氏之説，漸漸破綻罅漏百出。輔廣。初見李先生，説得無限道理。李先生云：「汝恁地懸空理會得許多，面前事却理會不得。道亦無玄妙，只在日用間著實做工夫處理會，便自見得。」後來方曉得他説，故今日不至無理會耳。董銖。沈元周問尹和靖，伊川易傳何處是切要？尹云：「體用一源，顯微無間，此是最切要處。」後舉以問李先生，先生曰：「尹説固好，然須是看得六十四卦、三百八十四爻都有下落，方始説得此語。若學者未曾仔細理會，便與他如此説，豈不誤他。」某聞之竦然，始知前日空言無實，全不濟事，自此讀書益加詳細云。李閎祖。李先生令去聖經中求義。某後刻意經學，推見實理，始信前日諸人之悮。余大雅。延平先生嘗言：「道理須是日中理會，夜裏却去静處坐地思量，方始有得。」某依此説做去，真個是不同。黄義剛。某向來從師，一日間所聞説話，夜間如温書一般，字字仔細思量過，才有疑，明日又問。輔廣。

三十一年辛巳，三十二歲。

年譜　是歲貽黃樞密書。黃名祖舜，以三十一年同知樞密院事。

三十二年壬午，三十三歲。春，迎謁李先生于建安，遂與俱歸延平。

文集　再題達觀軒詩序云：壬午春，復拜李先生於建安，而從以來，又舍於此者幾月。李先生次子信甫時爲建安主簿。年譜　復寓西林者數月。文集　延平行狀云：熹獲從先生遊，每一去而復來，則所聞必益超絶。蓋其上達不已，日新如此。延平答問　李先生書云：某幸得早從羅先生遊，自少時粗聞端緒，中年一無佽助，爲世事淟汩者甚矣。所幸比年來得吾元晦，相與講學，於頹墮中復此激發，恐庶幾於晚境也，何慰如之。七月二十一日。

夏五月，祠秩滿，復請祠。

六月，高宗内禪，孝宗即位，復差監南嶽廟。

秋八月，應詔上封事。

年譜　是歲五月，祠秩滿，復以爲請。會六月孝宗即位，詔求直言，遂上封事。行狀　祠秩滿，再請。孝宗即位，復因其任。會有詔求直言，因上封事。其略言：聖躬雖未有闕失，而帝王之學不可以不熟講；朝政雖未有闕遺，而修攘之計不可以不早定；利害休戚雖不可遍以疏舉，然本原之地不可以不加意。陛下毓德之初，親御簡策，不過諷誦文辭，吟咏情性。比年以來，欲求大道之要，又頗留意於老子、釋氏之書。記誦詞藻，非所以探淵源而出治道；虚無寂滅，非所以貫本末而立大中。夫帝王之學，必先格物致知，以極夫事物之變，使義理所存，纖悉畢照，則自然意誠心正，而可以應天下之務。次言：今日之計，不過修政事，攘夷狄。然計不時定者，講和之説疑之也。今敵於我有不共戴天之讎，則不可和也，義理明矣。知義理之不可爲而猶爲之，以有利而無害也。以臣策之，所謂和者，有百害而無一利，何苦而必爲之。願疇咨大臣，總攬羣策，鑒失之之由，求應之之術，斷以義理之公，參以利害之實。閉關絶約，任賢使能，立紀綱，厲風俗。使吾修政事，攘夷狄之外，孑然無一毫可恃以爲遷延中已之資，而不敢懷頃刻自安之意。然後將相軍民，無不曉然知陛下之志，更相激厲，以圖事功。數年之外，志定氣飽，國富兵强。視吾力之强弱，觀彼釁之淺深，徐起而圖之，中原故地不爲吾有而將焉往？次言：四海利病，繫斯民之休戚。斯民休戚，繫守令之賢否。監司者，守令之綱；朝廷者，監司之本。欲斯民之得其所，本原之地亦在朝廷而已。陛下以爲今日之監司，姦贓狼籍，肆虐以病民者誰，則非宰執臺諫之親舊賓客乎？其已失勢者，既按見其交私之狀而斥去之。尚在勢者，豈無其人？顧陛下無自而知之耳。

文集壬午應詔封事。

文集答許順之書云：所寄諸説，求之皆似太過。若一向如此，恐駸駸然遂失正途，入於異端之説，爲害亦不細。差之毫釐，謬以千里，況此非特毫釐之差乎！且以程先生及范、尹二公之説爲標準，反復玩味，只於平易慤實之處，認取至當之理。凡前日所從事一副當高奇新妙之説，並且倚閣，久之見實理，自然都使不著矣。蓋爲從前相聚時，熹亦自有此病，所以相漸染成此習尚，今日乃成相誤，惟以自咎耳。如子韶之説，直截不是正理，説得儘高儘妙處，病痛愈深。此可以爲戒，而不可學也。

孝宗隆興元年癸未，三十四歲。春三月，復召，辭。有旨趣行。冬十月，至行在。

文集 辭免召命狀。

十一月六日，奏事垂拱殿。

行狀 入對，其一言：大學之道，在乎格物以致其知。蓋有是物，必有是理，然理無形而難知，物有迹而易覩，故因是物以求之，使是理瞭然於心目之間，而無毫髪之差，則應乎事者，自無毫髮之謬。陛下雖有生知之性，高世之行，而未嘗隨事以觀理，故天下之理多所未察，未嘗即理以應事，故天下之事多所未明。是以舉措之間，動涉疑貳，聽納之際，未免蔽欺。平治之效所以未著，由不講於大學之道，而溺心於淺近虛無之過。其二言：君父之讎，不共戴天，乃天之所覆，地之所載。凡有君臣父子之性者，發於至痛不能自已之同情，而非專出於一己之私。然則今日所當爲者，非戰無以復讎，非守無以制勝，是皆天理之同然，非人欲之私忿也。末言：古先聖王制御夷狄之道，其本不在於威强，而在於德業；其備不在於邊境，而在於朝廷；其具不在於號令，而在於紀綱。今日諫諍之塗尚壅，佞幸之勢方張，爵賞易致而威罰不行，民力已殫而國用未節。則德業未可謂修，朝廷未可謂正，紀綱未可謂立。凡古先聖王所以强本折衝，威制夷狄之道，皆未可謂備。三劄所陳，不出封事之意，而加剴切焉。先生以爲制治之原，莫急於講學，經世之務，莫大於復讎，至於德業成敗，則決於君子小人之用舍，故於奏對復申言之。蓋學有定見，事有定理，而措之於言者如此。年譜 時朝廷遣王之望使虜約和未還，宰臣湯思退等皆主和議，而近習曾覿、龍大淵招權，故奏及之。先是，先生將趨召命，問李先生所宜言。李先生以爲，今日三綱不立，義利不分，故中國之道衰而夷狄盛，人皆趨利不顧義，而主勢孤。先生用其説以對。

文集 癸未垂拱殿奏劄一。奏劄二。奏劄三。

十二日，除武學博士，待次。

年譜 替成資闕也，拜命遂歸。行狀 除武學博士，待次。文集 與魏元履書云：熹六日登對，初讀第一奏，論致知格物之道，天顔温粹，酬酢「酢」疑作「答」。如響。次讀第二奏，論復讎之義。第三奏，論言路壅塞，佞幸鴟張，則不復聞聖語矣。十二日有旨，除此官。然闕尚遠，恐不能待。已具請祠之劄，辭日投之。

論語要義、論語訓蒙口義成。

年譜 既序次論語要義，又以其訓詁略而義理詳，非啓蒙之要，因而删録以成此編。文集 論語要義序云：熹年十三四時，受二程先生論語説於先君，未通大義，而先君棄諸孤。中間歷訪師友，以爲未足。於是遍求古今諸儒之説，合而編之。誦習既久，益以迷眩。晚親有道，竊有所聞，乃慨然發憤，盡删餘說，獨取二先生元本缺此五字，今補入。及其門人朋友數家之說，補緝訂正，以爲一書，目之曰論語要義。論語訓蒙口義序云：予既叙次論語要義以備覽觀，又以其訓詁略而義理詳，殆非啓蒙之要，因爲刪録，以成此編。本之注疏以通其訓詁，參之釋文以正其音讀，然後會之於諸老先生之說，以發其精微。一句之義，繫之本句之下；一章之指，列之本章之左。又以平生所聞於師友而得於心思者，間附見一二條焉。本末精粗，大小詳略，無或敢偏廢也。然本其所以作，取便於童子之習而已，故名之曰訓蒙口義。

文集論語要義目録序。　論語訓蒙口義序。

歸劉氏田。

年譜按乾道中田券跋云：初，屏山與朱子講習武夷，去家頗遠。時於中途建歇馬莊，買田二百餘畝，以供諸費，實與朱子共之。屏山既没，忠肅公珙盡以畀朱子，資其養母。後朱子同安秩滿歸，以田還屏山子玶，玶不受。謀於忠肅，轉畀南峰寺，至今猶存。李本。

文集答汪尚書書云：熹於釋氏之說，蓋嘗師其人，尊其道，求之亦切至矣，然未能有得。其後以先生君子之教，校夫先後緩急之序，於是暫置其說，而從事於吾學。其始蓋未嘗一日不往來於心也。以爲俟卒究吾說而後求之，未爲甚晚耳，非敢遽絀絶之也。而一二年來，心獨有所自安，雖未能即有諸己，然欲復求之外學，以遂其初心，不可得矣。汪尚書應辰，時以敷文閣待制知福州。云尚書者，蓋追題之。

二年甲申，三十五歲。春正月，如延平，哭李先生。比葬，復往會。

年譜 始閩帥汪公應辰延請李先生至帥治，坐語未終而卒，時癸未十月十五日也。先生以十一月歸，正月即往哭之。比葬，又往會。洪本。

文集 祭延平李先生文。再祭延平李先生文。

秋九月，如豫章。

續集 答羅參議書云：九月廿日至豫章，及魏公之舟而哭之。云亡之歎，豈特吾人共之，海内有識之所同也。自豫章送之豐城，舟中與欽夫得三日之款。其名質甚敏，學問甚正，若充養不置，何可量也！

困學恐聞編成。

年譜 先生嘗以「困學」名其燕坐之室，因目其雜記之編曰困學恐聞，至是歲書成。文集 困學恐聞編序云：予嘗以「困學」名予燕居之室，目其雜記之編曰困學恐聞，蓋取「子路有聞，未之能行，惟恐有聞」之意，以爲困而學者，其用力宜如是也。困學詩云：舊喜安心苦覓心，捐書絶學費追尋。困衡此日安無地，始覺從前枉寸陰。困學工夫豈易成，斯名獨恐是虚稱。旁人莫笑標題誤，庸行庸言實未能。

文集 答江元適書云：熹天資魯鈍，自幼記問言語不能及人。以先君子之餘誨，頗知有意於爲己之學，而未得其處，蓋出入於釋、老者十餘年。近歲以來，獲親有道，始知所向之大方。竟以才質不敏，知識未離乎章句之間，雖時若有會於心，然反而求之，殊未有以自信。答何叔京書云：熹少而魯鈍，百事不及人，獨幸稍知有意於古人爲己之學，而求之不得其要。晚親有道，粗得其緒餘之一二，方幸有所向而爲之焉，則又未及卒業，而遽有山頹梁壞之歎，倀倀然如瞽之無目，擿埴索途，終日而莫知所適也。

乾道元年乙酉，三十六歲。春，省劄趣就職。夏四月，至行在，復請祠。五月，復差監南嶽廟。

行狀 乾道改元，促就職。既至，以時相方主和議，請監南嶽廟以歸。年譜 先是，省劄趣就職。既至，而執政錢端禮等方主和議，不合，請祠以歸。

文集 戊午讜議序。與陳侍郎書。陳名俊卿，時爲吏部侍郎。

二年丙戌，三十七歲。

文集 與張欽夫書云：人自有生，即有知識，事物交來，應接不暇，念念遷革，以至於死，其間初無頃刻停息，舉世皆然也。然聖賢之言，則有所謂未發之中寂然不動者。夫豈以日用流行者爲已發，而指夫暫而休息、不與事接之際爲未發時耶？嘗試以此求之〔二〕，則泯然無覺之中，邪暗鬱塞，似非虛明應物之體，而幾微之際，一有覺焉，則又使爲已發，而非寂然之謂，蓋愈求而愈不可見。於是退而驗之於日用之間，則凡感之而通，觸之而覺，蓋有渾然全體應物而不窮者。是乃天命流行，生生不已之機，雖一日之間，萬起萬滅，而其寂然之本體，則未嘗不寂然也。所謂未發，如是而已，夫豈別有一物，限於一時，拘於一處，而可以謂之中哉？然則天理本真，隨處發見，不少停息者，其體用固如是，而豈物欲之私所能壅遏而梏亡之哉？故雖汩於物欲流蕩之中，而其良心萌蘖，亦未嘗不因事而發見。學者於是致察而操存之，則庶乎可以貫乎大本達道之全體，而復其初矣。先生自注云：「此書非是，但存之以見議論本末耳。」下篇同此。又與張欽夫書云：前書所扣，正恐未得端的，所以求正。兹辱誨諭，尚有認爲兩物之弊，深所欲聞，幸甚幸甚！當時乍見此理，言之惟恐不親切分明，故有指東畫西、張皇走作之態。自今觀之，只一念間已具此體用，發者方往，而未發者方來，了無間斷隔截處，夫豈別有物可指而名之哉！然天理無窮，而人之所見，有遠近深淺之不一。不審如此見得，又果無差否？龜山所謂「學者於喜怒哀樂未發之際，以心驗之，則中之體自見」，亦未爲盡善。大抵此事渾然，無分段時節先後之可言。今著一「時」字「際」字，便是病痛。當時只云寂然不動之體，又不知如何。語録亦嘗疑一處說「存養於未發之時」一句，及問者謂「當中之時，耳目無所見聞」，而答語殊不痛快，不知左右所疑是此處否，更望指誨也。向見所著中論有云：「未發之前，心妙乎性，既發則性行乎心之用矣。」於此，竊亦有疑。蓋性無時不行乎心之用，但不妨常有未行乎用之性耳。今下一「前」字，亦微有前後隔截氣象，如何如何？熟玩中庸，只消著一「未」字，便是活處，此豈有一息停住時耶？只是來得無窮，便常有個未發底耳。若無此物，則天命有已時，生物有盡處，氣化斷絶，有古無今久矣。此所謂天下之大本，若不真的見得，亦無揣摸處也。先生自注云：「此書所論尤乖戾，所疑語録皆非是。」後自有辨説甚詳。又與張敬夫書云：誨諭曲折數條，始皆不能無疑，既而思之，則或疑或信而不能相通。近深思之，乃知只是一處不透，所以觸處窒礙。偶却見得所以然者，輒具陳之，以卜是否。大抵目前所見，累書所陳者，只是儱侗地見得個大本達道底影象，便執認以爲是了。却於「致中和」一句，全不曾入思議，所以累蒙教告以求仁之爲急，而自覺殊無立脚下工夫處。蓋只見得個直截根源，傾湫倒海底氣象，日間但覺爲大化所驅，如在洪濤巨浪之中，不容少頃停泊。蓋其所見一向如是，以故應事接物處，但覺粗厲勇果增倍於前，而寬裕雍容之氣，略無毫髮，雖竊病之，而不知其所自來也。而今而後，乃知浩浩大化之中，一家自有一個安宅，正是自家安身立命、主宰知覺處。所以立大本、行達道之樞要，所謂體用一源、顯微無間者，乃在於此。而前此方往方來之説，正是手忙足亂無著身處。道邇求遠，乃至於是，亦可笑矣。又與張敬夫書云：前書所稟寂然未發之旨，良心發見之端，自以爲有小異於疇昔偏滯之見。比遣書後，累日潛玩，其於實體似益精明。因復取凡聖賢之書，及近世諸老先生之遺語，讀而驗之，則又無一不合。蓋平日所疑而未白者，今皆不待安排，自見灑落處。始竊自信以爲天下之理其果在是，而致知格物、居敬精義之功，自是其有所施之矣。蓋通天下只是一個天機活物，流行發用，無間容息。據其已發者，而指其未發者，則已發者人心，而未發者皆其性也。亦無一物而不備矣。夫豈别有一物，拘於一時，限於一處而名之哉！即夫日用之間，渾然全體，如川流之不息，天運之不窮耳。此所以體用精粗，動静本末，無一毫之間，而鳶飛魚躍，觸處朗然也。存者存此而已，養者養此而已，必有事焉而勿正，心勿忘，勿助長也。從前是做多少安排没頓著處，今覺得如水到船浮，解維正柂，而沿洄上下，惟意所適矣，豈不易哉！始信明道所謂「未嘗致纖毫之力」者，真不浪語。而此一段事，程門先達惟上蔡謝公所見透徹無隔礙處，其餘雖不敢妄有指議，然味其言，亦可見矣。近范伯崇來自邵武，相與講此甚詳，亦歎以爲得未曾有，而悟前此用心之左。且以爲雖先覺發明指示不爲不切，而私意汩漂不見頭緒，向非老兄抽關啓鍵，直發其私，不以愚昧而捨置之，何以得此。其何感幸如之，區區筆舌，蓋不足以爲謝也。但未知自高明觀之，復以爲如何爾。答何叔京書云：熹孤陋如昨，近得伯崇過此，講論踰月，甚覺有益，所恨者不得就正於高明耳。李先生教人，大抵令於静中體認大本未發時氣象分明，即處事應物，自然中節，此乃龜山門下相傳指訣。然當時親炙之時，貪聽講論，又方竊好章句訓詁之習，不得盡心於此，至今若存若亡，無一的實見處，辜負教育之意。每一念此，未嘗不愧汗沾衣也。又答何叔京書云：體驗操存，雖不敢廢，然無脱然自得處，但比之舊日則亦有間矣。所患絶無朋友之助，終日兀然猛省提掇，僅免憒憒而已，一小懈則復惘然。此正天理人欲消長之幾，不敢不著力，不審别來高明所進復如何？向來所疑已冰釋否？若果見得分明，則天性人心、未發已發，渾然一致，更無别物。由是而克己居敬，以終其業，則日用之間亦無適而非此事矣。中庸之書，要當以是爲主。而諸君子訓義，於此鮮無遺恨，比來讀之，亦覺其有可疑者，雖子程子之言，其門人所記録，亦不能不失，蓋記者之誤，不可不審所取也。又答何叔京書云：昔聞之師，以爲當於未發已發之幾，默識而心契焉，然後文義事理，觸類可通，莫非此理之所出，不待區區求之於章句訓詁之間也。向雖聞此，而莫測其所謂，由今觀之，始知其爲切要至當之説，而竟亦未能一蹴而至其域也。伯崇近過建陽相見，得兩夕之款。所論益精密可喜，其進未可量也。答羅參議書云：某塊坐窮山，絶無師友之助，惟時得欽夫書問往來，講究此道，近方覺有脱然處，潛味之久，益覺日前所聞於西林而未之契者，皆不我欺矣，幸甚！幸甚！元來此事與禪學十分相似，所爭毫末耳。然此毫末却甚占地步。今學者既不知禪，而禪者又不知學，互相排擊，絶不劄著痛處，亦可笑耳。續集。又答羅參議書云：欽夫嘗收安問，警益甚多。大抵衡山之學，只就日用處操存辨察，本末一致，尤易見功。近乃覺知如此，非面未易究也。續集。答許順之書云：秋來心閒無事，得一意體驗，比之舊日漸覺明快，方有下工夫處，目前真是一盲引衆盲耳。更有一絶云：「半畝方塘一鑑開，天光雲影共徘徊。問渠那得清如許？爲有源頭活水來。」試舉似石丈如何？

三年丁亥，三十八歲。秋七月，崇安大水，奉府檄行視水災。

文集答林擇之書云：熹以崇安水災，被諸司檄來，與縣官議賑恤事。因爲之遍走山谷間，十日而後返。大率今時肉食者漠然無意於民，直是難與圖事。不知此個端緒，何故汩没得如此。因知若此學不明，天下事決無可爲之理。

八月，訪南軒張公敬夫于潭州。

年譜道經昭武，謁黄端明中於其家。端明端莊静重，德容粹然。先生先之以書而請見焉。李本。

文集與曹晉叔書云：九月八日抵長沙，今半月矣。荷敬夫愛予甚篤，相與講明其所未聞，日有問學之益。敬夫學問愈高，所見卓然，議論出人意表。近讀其語説，不覺胸中灑然，誠可歎服。年譜是時范念德侍行，嘗言二先生論中庸之義，三日夜而不能合，留長沙再閲月，與南軒偕登衡嶽，至衡州而别。李本。

冬十一月，偕南軒張公登南嶽衡山。

是月六日庚午，自潭城往南嶽。十日甲戌至，十三日登山，十六日庚辰下，十九日癸未始離南嶽。二十三日丙戌至櫧州，次日與敬夫别，而偕伯崇、擇之東歸。凡二十八日，至家十二月二十日也。甲戌至庚辰詩，名南嶽唱酬集，敬夫爲序。丙戌贈答詩，文集有南嶽遊山後記。與伯崇、擇之東歸，名東歸亂藁，文集有東歸亂藁序。南軒集詩送元晦尊兄云：君侯起南服，豪氣蓋九州。頃登文石陛，忠言動宸旒。坐令聲利場，縮頸仍包羞。竭來卧衡門，無愧自日休。盡收湖海氣，仰希洙泗游。不遠關山阻，爲我再月留。遺經得紬繹，心事兩綢繆。超然會太極，眼底無全牛。惟兹斷金友，出處寧殊謀。南山對牀語，匪爲林壑幽。白雲正在望，歸袂風飀飀。朝來出别語，已抱離索憂。妙質貴强矯，精微更窮搜。豪釐有弗察，體用豈周流？驅車萬里道，中途可停輈。勉哉共無斁，邈矣追前修。文集答詩云：我行二千里，訪子南山陰。不憂天風寒，況憚湘水深。辭家仲秋旦，税駕九月初。問此爲何時？嚴冬歲云徂。勞君步玉趾，送我登南山。南山高不極，雪深路漫漫。泥行復幾程，今夕宿櫧州。

明當分背去，惆悵不得留。誦君贈我詩，三歎增綢繆。厚意不敢忘，爲君商聲謳。昔我抱冰炭，從君識乾坤。始知太極藴，要眇難名論。謂有寧有跡，謂無復何存？惟應酬酢處，特達見本根。萬化自此流，千聖同兹源。曠然遠莫禦，惕若初不煩。云何學力微，未勝物欲昏。涓涓始欲達，已被横流吞。豈知一寸膠，救此千丈渾。勉哉共無斁，此語期相敦。

十二月，至自潭州。

是月除樞密院編修官，待次。

年譜 用執政陳俊卿、劉珙薦，替施元之闕。本傳 陳俊卿、劉珙薦爲樞密院編修官，待次。

四年戊子，三十九歲。夏四月，崇安饑，請粟于府以賑之。

文集 五夫社倉記云：乾道戊子春夏之交，建人大饑。知縣事諸葛侯廷瑞以書來屬予及鄉之耆艾劉如愚，勸豪民發藏粟，下其直以賑之。俄而盗發浦城，人情大震，藏粟亦且竭，乃請於府。時知府事余公嚞以粟六百斛來，於是籍民口大小仰食者若干人，以率受粟，民遂得無饑亂以死，無不悦喜。而浦城之盗，亦以無復隨和而就禽。是冬有年，民願以粟償官，將輂載以歸有司，而知府事王公淮俾留里中，而上其籍於府。

程氏遺書成。

年譜 初，二程門人各有所録，雜出並行，間頗爲後人竄易。至是序次有倫，去取精審，學者始有定從，而程子之道，復明於世。文集程氏遺書後序云：右程氏遺書二十五篇，二先生門人記其所見聞答問之書也。始諸公各自爲書，先生殁而其傳寖廣。然散出並行，無所統一，傳者頗以己意私竊竄易。歷時既久，殆無全編。熹家有先人舊藏數篇，皆著當時記録主名，語意相承，首尾通貫，蓋未更後人之手，故其書最爲精善。後益以類訪求，得凡二十五篇。因稍以所聞歲月先後，第爲此書。篇目皆因其舊，而又別爲之録，如此以見分別次序之所以然者。然嘗竊聞之伊川先生無恙時，門人尹焞得朱光庭所抄先生語，奉而質諸先生，先生曰：「某在，何必讀此書？若不得某之心，所記者徒彼意耳。」尹公自是不敢復請。夫以二先生倡明道學於孔孟既没千載不傳之後，可謂盛矣。而當時從遊之士，蓋亦莫非天下之英才，其於先生之嘉言善行，又皆耳聞目見而手記之，宜其親切不差，可以行遠。而先生之戒，猶且丁寧若是，豈不以學者未知心傳之要，而滯於言語之間，或者失之毫釐，則其謬將有不可勝言者乎？又況後此且數十年，區區掇拾於殘編墜簡之餘，傳誦道説，玉石不分，而謂真足以盡得其精微嚴密之旨，其亦誤矣。雖然，先生之學，其大要則可知已。讀是書者，誠能主敬以立其本，窮理以進其知，使本立而知益明，知精而本益固，則日用之間，且將有以得乎先生之心，而於疑信之傳，可坐判矣。此外諸家所抄尚衆，率皆割裂補綴，非復本篇，異時得其所自來，當復出之，以附今録。無則亦將去其重複，別爲外書，以待後之君子云爾。程氏遺書附録後序云：右附録一卷，明道先生行狀之屬，凡八篇。伊川先生祭文一篇，奏狀一篇，皆其本文，無可議者。獨伊川行事本末，當時無所論著，熹嘗竊取實録所書、文集内外書所載，與凡他書之可證者，次其後先，以爲年譜。既不敢以意形容，又不能保無謬誤，故於每事之下，各繫其所從得者。今亦輒取以著於篇，合爲一卷，以附於二十五篇之後。嗚呼，學者察言以求其心，考跡以觀其用，而有以自得之，則斯道之傳也，其庶幾乎。乾道四年，歲在著雍困敦夏四月。

文集答程允夫書云：去冬走湖湘，講論之益不少。然此事須是自做工夫，於日用間行住坐卧，自有見處，然後從此操存，以至於極，方爲己物爾。敬夫所作艮齋銘，便是做工夫底節次。近日相與考證古聖所傳門庭，建立此個宗旨，相與守之。與曾裘父書云：敬夫爲元履作齋銘，嘗見之否？謾納一本，其言雖約，然大學始終之義具焉，恐可寘左右也。答何叔京書云：向來妄論持敬之説，亦不記其云何。但因其良心發見之微，猛省提撕，使心不昧，則是做工夫底本領。本領既立，自然下學而上達矣。若不察於良心發見處，即渺渺茫茫，恐無下手處也。所喻多識前言往行，固君子之所急，熹向來所見亦是如此。近因反求未得個安穩處，却始知此未免支離，如所謂因諸公以求程氏，因程氏以求聖人，是隔幾重公案。曷若默會諸心，以立其本，而其言之得失，自不能逃吾之鑒邪。欽夫之學，所以超脱自在，不爲言句所桎梏，亦爲合下入處親切也。又答何叔京書云：博觀之弊，誠不自揆，若使道可以多聞博觀而得，則世之知道者爲不少矣。熹近日因事方有省發處，如「鳶飛魚躍」，明道以爲與「必有事焉勿正」之意同者，今乃曉然無疑。日用之間，觀此流行之體，初無間斷處，「處」疑作「方」。有下工夫處，乃知日前自誑誑人之罪，不可勝贖也。此與守書册，泥言語，全無交涉，幸於日用間察之，知此則知仁矣。答石子重書云：熹自去秋之中走長沙，閱月而後至，留兩月而後歸，在道繚繞又五十餘日還家。幸老人康健，諸況粗適，他無足言。欽夫見處卓然，從游之久，反復開益爲多。但其天姿明敏，初從不歷階級而得之，故今日語人，亦多失之太高。湘中學子從之游者，遂一例學爲虚談，其流弊亦將有害，比來頗覺此病矣。别後當有以救之。然從游之士，亦自絶難得樸實頭理會者，可見此道之難明也。胡氏子弟及他門人，亦有語此者，然皆無實得，拈槌豎拂，幾如説禪矣。與文定合下門庭大段相反，更無商量處。惟欽夫見得表裏通徹，舊來習見，微有所偏，今此相見，盡覺釋去，儘好商量也。「敬」字之説，深契鄙懷。只如大學次序，亦須如此看始得。非格物致知，全不用誠意正心，及其誠意正心，却都不用致知格物。但下學處須是密察，見得後便泰然行將去，此有始終之異耳。其實始終是個「敬」字，但敬中須有體察工夫，方能行著習察，不然兀然持敬，又無進步處也。觀夫子答門人「爲仁」之問不同，然大要以敬爲入門處，正要就日用純熟處識得，便無走作。非如今之學者，前後自爲兩段，行解各不相資也。近方見此意思，亦患未得打成一片耳。「大化之中，自有安宅」，此立語固有病，然當時之意，却是要見自家主宰處，所謂「大化」須就此識得，然後鳶飛魚躍，觸處洞然。若但泛然指天指地，説個「大化」便是「安宅」，「安宅」便是「大化」，却恐顢頇儱侗，非聖門求仁之學也。答許順之書云：大抵聖門求仁格物之學，無一事與釋氏同，所以尋常議論間，偶因記憶，自然及之，非是特然立意，與之争勝負，較曲直也。想見孟子之闢楊、墨，亦是如此，故曰：「予豈好辨哉，予不得已也。」又答許順之書云：近聞越州洪适欲刊張子韶經解，爲之憂歎不能去懷。若見得孟子正人心、承三聖意思，方知此心不是苟然也。

五年己丑，四十歲。春正月戊午朔，子在生。

夏五月，省劄再趣就職，再辭。

樞密院編修官施元之因磨勘改官，别行注授。省劄催促前來供職，先生辭以見患足疾，未任起發。復以家貧親老，急於禄養，陳乞嶽廟差遣。

秋七月，省劄復趣行，辭。

年譜 時太學録魏掞之以論曾覿去國，遂力辭。文集 與陳丞相書云：鄙性惷愚，觸事妄發。竊觀近事，深恐一旦不能自抑，以取罪戾。不肖之身，非敢自愛，誠懼仰負相公手書招徠之意，重玷聽言待士之美，則其爲罪大矣。況復老親行年七十，旁無兼侍，尤不欲其至於如此，旦夕憂煩，幾廢寢食，人子之心，深所不遑。敢再瀝悃誠，欲乞檢會前狀，特與陶鑄嶽廟一次，實爲莫大之幸。與汪尚書書云：前書戒以勿視元履爲去就，熹固已略言之矣。夫朝有闕政，宰執侍從臺諫熟視却立，不能一言，使小臣出位犯分，顛沛至此，已非聖朝之美事。又不能優容奬勵，顧使之逡巡而去，以重失士心。又不俟其自請，而直譴出之，則駭聽甚矣。陳公之待天下士乃如此，明公又不少加調護，而聽其所爲，則熹亦何恃而敢來哉！蓋熹非敢視元履爲去就，乃視諸公所以待天下士者而爲進退耳。行狀 五年，三促就職，會魏掞之以布衣召爲國子録，因論曾覿去，遂力辭。先生嘗兩進絶和議、抑佞幸之戒，言既不行，雖擢用狎至不敢就。出處之義，凜然有不可易者。

文集回申催促供職狀一。乞嶽廟劄子。回申催促供職狀二。

文集已發未發説云：中庸未發已發之義，前此認得此心流行之體，又因程子「凡言心者皆指已發」之云，遂目心爲已發，而以性爲未發之中，自以爲安矣。比觀程子文集、遺書，見其所論多不符合，因再思之。乃知前日之説，雖於心性之實未始有差，而未發已發命名未當，且於日用之際，欠却本領一段工夫。蓋所失者，不但文義之間而已。因條其語，而附以己見，告於朋友，願相與講焉。據諸説，皆以思慮未萌，事物未至之時，爲喜怒哀樂之未發。當此之時，即是心體流行，寂然不動之處，而天命之性，體段具焉。以其無過不及，不偏不倚，故謂之中。然已是就心體流行處見，故直謂之性則不可。吕博士論此大概得之，特以中即是性，赤子之心即是未發，則大失之，故程子正之。蓋赤子之心，動靜無常，非寂然不動之謂，故不可謂之中。然無營欲知巧之思，故爲未遠乎中耳。未發之中，本體自然，不須窮索，但當此之時，敬以持之，使此氣象常存而不失，則自此而發者，其必中節矣。此日用之際本領工夫，其曰却於已發之處觀之者，所以察其端倪之動，而致擴充之功也。一不中則非性之本然，而心之道或幾於息矣。故程子於此，每以「敬而無失」爲言。又曰：「入道莫如敬，未有致知而不在敬者。」又曰：「涵養須用敬，進學則在致知。」以事言之，則有動有靜；以心言之，則周流貫徹。其工夫初無間斷也，但以靜爲本爾。周子所謂「主靜」者，亦是此意。但言靜則偏，故程子又説「敬」。自來講論思索，直以心爲已發。而所論致知格物，亦以察識端倪爲初下手處。以故缺却平日涵養一段工夫，其日用意趣常偏於動，無復深潛純一之味，而其發之言語事爲之間，亦常躁迫浮露，無古聖賢氣象，由所見之偏而然爾。程子所爲「凡言心者，皆指已發而言」，此却指心體流行而言，非謂事物思慮之交也。然與中庸本文不合，故以爲未當而復正之。固不可執其已改之言而盡疑諸説之誤，又不可遂以爲當而不究其所指之殊也。周子曰：「無極而太極。」程子又曰：「人生而静，以上不容説，纔説時便已不是性矣。」蓋聖賢論性，無不因心而發，若欲專言之，則是所謂無極而不容言者，亦無體段之可名矣。中和舊説序云：余早年從延平李先生學，受中庸之書，求喜怒哀樂未發之旨未達，而先生没。余竊自悼其不敏，若窮人之無歸。聞張欽夫得衡山胡氏學，則往從而問焉。欽夫告予以所聞，予亦未之省也。退而沈思，殆忘寢食。一日，喟然歎曰：「人自嬰兒以至老死，雖其語默動静之不同，然其大體莫非已發，特其未發者，爲未嘗發爾。」自此不復有疑，以爲中庸之旨，果不外乎此矣。後得胡氏書，有與曾吉父論未發之旨者，其論又適與余意合，用是益自信。雖程子之言有不合者，亦直以爲少作失傳而不之信也。然間以語人，則未見有能深領會者。乾道己丑之春，爲友人蔡季通言之，問辨之際，予忽自疑，斯理也，雖吾之所默識，然亦未有不可以告人者。今析之如此，其紛糾而難明也；聽之如此，其冥迷而難喻也。意者乾坤易簡之理，人心所同然者殆不如是。而程子之言，出其門人高弟之手，亦不應一切謬誤以至於此。然則予之所自信者，其無乃反自誤乎？則復取程氏書，虚心平氣而徐讀之，未及數行，凍解冰釋。然後知情性之本然，聖賢之微旨，其平正明白乃如此。而前日讀之不詳，妄生穿穴，凡所辛苦而僅得之者，適足以自誤而已。至於推類究極，反求諸身，則又見其爲害之大，蓋不但名言之失而已也。於是又竊自懼，亟以書報欽夫，及嘗同爲此論者。惟欽夫復書深以爲然，其餘則或信或疑，或至於今累年而未定也。夫忽近求遠，厭常喜元本作「棄」，誤。新，其弊乃至於此，可不戒哉！暇日料檢故書，得當時往還書稿一編，輒序其所以，而題之曰中和舊説。蓋所以深懲前日之病，亦使有志於學者讀之，因予之可戒而知所戒也。獨恨不得奉而質諸李氏之門，然以先生之所已言者推之，知其所未言者其或不遠矣。壬辰八月。與湖南諸公論中和第一書云：中庸未發已發之義，前此認得此心流行之體，又因程子「凡言心者，皆指已發而言」，遂目心爲已發，性爲未發。然觀程子之書，多所不合。因復思之，乃知前日之説，非惟心性之名命之不當，而日用工夫全無本領。蓋所失者，不但文義之間而已。按文集、遺書諸説，似皆以思慮未萌、事物未至之時，爲喜怒哀樂之未發。當此之時，即是此心寂然不動之體，而天命之性，全元本作「當」，誤。體具焉。以其無過不及，不偏不倚，故謂之中。及其感而遂通天下之故，則喜怒哀樂之情元本作「性」，誤。發焉，而心之用可見。以其無不中節，無所乖戾，故謂之和。此則人心之正，而性情之德然也。然未發之前，不可尋覓，已發元本作「覺」，誤。之後，不容安排。但平日莊敬涵養之功至，而無人欲之私以亂之，則其未發也，鏡明水止，而其發也，無不中節矣。此是日用本領工夫。至於隨事省察，即物推明，亦必以是爲本，而於已發之際觀之，則其具於未發之前者，固可默識。故程子之答蘇季明，反復論辨，極於詳密，而卒之不過以「敬」爲言。又曰「敬而無失，即所以中」，又曰「入道莫如敬，未有致知而不在敬者」，又曰「涵養須是敬，進學則在致知」，蓋爲此也。向來講論思索，直以心爲已發，而日用工夫，亦止以察識端倪爲最初下手處。以故闕却平日涵養一段工夫，使人胸中擾擾，無深潛純一之味，而其發之言語事爲之間，亦嘗急迫浮露，無復雍容深厚之風。蓋所見一差，其害乃至於此，不可以不審也。程子所謂「凡言心者，皆指已發而言」，此乃指赤子之心而言。而謂「凡言心者」，則其爲説之誤，故又自以爲未當而復正之。固不可徒執其已改之言，而盡疑諸説之誤，又不可遂以爲未當，而不究其所指之殊也。不審諸君子以爲如何？答張欽夫書云：諸説例蒙印可，而未發之旨又其樞要，既無異論，何慰如之！然比觀舊説，却覺無甚綱領，因復體察，見得此理須以心爲主而論之，則性情之德，中和之妙，皆有條而不紊矣。然人之一身，知覺運用莫非心之所爲，則心者固所以主於身，而無動静語默之間者也。然方其静也，事物未至，思慮未萌，而一性渾然，道義全具，其所謂中，是乃心之所以爲體而寂然不動者也。及其動也，事物交至，思慮萌焉，則七情迭用，各有攸主，其所謂和，是乃心之所以爲用，感而遂通者也。然性之静也，而不能不動；情之動也，而必有節焉。是則心之所以寂然感通，周流貫徹，而體用未始相離者也。然人有是心而或不仁，則無以著此心之妙。人雖欲仁而或不敬，則無以致求仁之功。蓋心主乎一身，而無動静語默之間，是以君子之於敬，亦無動静語默而不用其力焉。未發之前，是敬也固已立乎存養之實；已發之際，是敬也又常行於省察之間。方其存也，思慮未萌，而知覺不昧，是則静中之動，復之所以「見天地之心」也。及其察也，事物紛糾，而品節不差，是則動中之静，艮之所以「不獲其身」、「不見其人」也。有以主乎静中之動，是以寂而未嘗不感；有以察乎動中之静，是以感而未嘗不寂。寂而常感，感而常寂，此心之所以周流貫徹，而無一息之不仁也。然則君子之所以致中和，而天地位，萬物育者，在此而已。蓋主於身而無動静語默之間者，心也。仁則心之道，而敬則心之貞也。此徹上徹下之道，聖學之本統，明乎此，則性情之德，中和之妙，可一言而盡矣。來諭所謂「學者先須察識端倪之發，然後可加存養之功」，則熹於此不能無疑。蓋發處固當察識，但人自有未發時，此處便合存養，豈可必待發而後察，察而後存耶！且從初不曾存養，便欲隨事察識，竊恐浩浩茫茫無下手處，而毫釐之差，千里之謬，將有不可勝言者。且如灑掃應對進退，此存養之事也，不知學者將先於此而後察之耶？抑將先察識而後存養也？以此觀之，則用力之先後，判然可觀矣。來教又謂「言靜則溺於虛無」，此固所當深慮。然此二字，如佛者之論，則誠有此患。若以天理觀之，則動之不能無靜，猶靜之不能無動也；靜之不能無養，猶動之不可不察也。但見得一動一靜，互爲其根，敬義夾持，不容間斷之意，則雖下一「靜」字，元非死物，至靜之中，蓋有動之端焉。是乃所以見天地之心者。而先王之所以至日閉關，蓋當此之時，則安靜以養乎此爾，固非遠事絶物，閉目兀坐，而偏於靜之謂。但未接物時，便有敬以主乎其中，則事至物來，善端昭著，而所以察之者益精明爾。伊川所謂「却於已發之際觀之」者，正謂未發則只有存養，而已發則方有可觀也。來教又謂熹言「以靜爲本」，不若遂言「以敬爲本」，此固然也。然「敬」字工夫通貫動靜，而必以靜爲本，故熹向來輒有是語。今者遂易爲敬，雖若完全，然却不見敬之所施有先有後，則亦未得爲諦當也。至如來教所謂「要須察夫動以見靜之所存，靜以涵動之所本，動靜相須，體用不離，而後爲無滲漏也」。此數句卓然意語俱到，然上兩句次序似未甚安。意謂易而置之，乃有可行之實，不審尊意以爲如何？答林擇之書云：中庸徹頭徹尾説個慎獨工夫，即所謂敬而無失平日涵養之意。樂記却直到好惡無節處，方説不能反躬，天理滅矣。殊不知未感物時，若無主宰，則亦不能安其静，只此便自昏了天性，不待交物之引然後差也。蓋「中和」二字，皆道之體用，以人言之，則未發已發之謂。但不能慎獨，則雖事物未至，固已紛綸膠擾，無復未發之時。既無以致夫所謂中，而其發必乖，又無以致夫所謂和。惟其戒謹恐懼，不敢須臾離，然後中和可致，而大本達道乃在我矣。二先生蓋屢言之，而龜山所謂「未發之際能體所謂中，已發之際能得所謂和」，此語爲近之，然未免有病。舊聞李先生論此最詳，後來所見不同，遂不復致思。今乃知其爲人深切，然恨已不能盡記其曲折矣。如云「人固有無所喜怒哀樂之時，然謂之未發，則不可言無主也」。又云「『致』字如『致師』之致」。又如先言慎獨，然後及中和，此意亦嘗言之。但當時既不領略，後來又不深思，遂成蹉過，孤負此翁耳。又答林擇之書云：前日中和之説看得如何？但當數日來玩味此意，日用間極覺得力，乃知日前所以若有若亡，不能得純熟，而氣象浮淺，易得動摇，其病皆在此。湖南諸友，其病亦似是如此。近看南軒文字，大抵都無前面一截工夫也。大抵心體通有無，該動静，故工夫亦通有無，該動静，方無滲漏。若必待其發而後察，察而後存，則工夫之所不至多矣。惟涵養於未發之前，則其發處自然中節者多，不中節者少。體察之際，亦甚明審，易爲著力，與異時無本可據之説大不同矣。又答林擇之書云：古人自幼子常視毋誑以上，灑掃應對進退之間，便是做涵養底工夫，豈待先識端倪而後加涵養哉！但從此涵養中，漸漸體出這端倪來，則一一便爲己物，又只如平常地涵養將去，自然純熟。今曰即日所學，便當察此端倪而加涵養之功，似非古人爲學之序也。蓋義理，人心之固有，苟得其養而無物欲之昏，則自然發見明著，不待别求，格物致知，亦因其明而明之爾。今乃謂不先察識端倪，則涵養個甚底，不亦太急迫乎？「敬」字通貫動静，但未發時，則渾然是敬之體，非是知其未發，方下敬底工夫也。既發，則隨事省察，而敬之用行焉。然非其體素立，則省察之功亦無自而施也。故敬義非兩截事，必有事焉而勿正，心勿忘，勿助長，則此心卓然通貫動静，敬立義行，無適而非天理之正矣。答林謙之書云：自昔聖賢教人之法，莫不使之以孝弟忠信、莊敬持養爲下學之本，而後博觀衆理，近思密察，因踐履之實，以致其知。其發端啓要，又皆簡易明白，初若無難解者，而及其至也，則有學者終身思勉而不能至焉。蓋非思慮揣度之難，而躬行默契之不易。故曰：「夫子之文章，可得而聞也；夫子之言性與天道，不可得而聞也。」夫聖門之學，所以從容積累，涵養成就，隨其淺深，無非實學者，其以此歟！今之學者則不然，蓋未明一理，而已傲然自處以上智生知之流，視聖賢平日指示學者入德之門至親切處，例以爲鈍根小子之學，無足留意。其平居道説，無非子貢所謂「不可得而聞」者，往往務爲險怪懸絶之言以相高。甚者至於周行却立，瞬目揚眉，内以自欺，外以惑衆。此風肆行，日以益甚，使聖賢至誠善誘之教，反爲荒幻險薄之資，仁義充塞，甚可懼也。

九月戊午，丁母祝孺人憂。

年譜 孺人，歙州祝處士確之女，卒年七十。

文集 外大父祝公遺事。

六年庚寅，四十一歲。春正月，葬祝孺人。

年譜　墓在建陽縣崇泰里後山天湖之陽，名曰寒泉塢。自作壙記。

秋七月，遷韋齋先生墓。

年譜　按遷墓記，乾道六年七月五日，遷於里之白水鵝子峰下。及考吏部行狀又云：「慶元某年某月某日，遷於寂歷山，即今墓是也。」豈韋齋之墓嘗再遷與？

文集　先妣孺人祝氏壙誌。　皇考吏部府君遷墓記。

文集　答呂伯恭書云：熹舊讀程子之書有年矣，而不得其要。比因講究中庸首章之指，乃知所謂「涵養須用敬，進學則在致知」者，兩言雖約，其實入德之門無踰於此。方竊洗心以事斯語，而未有得也，不敢自外輒以爲獻。　答劉子澄書云：程夫子曰：「涵養須用敬，進學則在致知。」此二言者，體用本末，無不該備。試用一日「日」疑作「月」。之功，當得其趣。夫涵養之功，非他人所得與，在賢者加之意而已。若致知之事，則正須友朋講學之助，庶有發明。　答陳師德書云：程夫子之言曰：「涵養須是敬，進學則在致知。」此二言者，實學者立身進步之要，而二者之功，蓋未嘗不交相發也。然夫子教人持敬，不過以整衣冠齊容貌爲先，而所謂致知者，又不過讀書史，應事物之間，求其理之所在而已，非如近世荒誕怪譎不近人情之説也。抑讀書之法，要當循序而有常，致一而不懈，從容乎句讀文義之間，而體驗於操存踐履之實，然後心靜理明，漸見意味。不然則雖廣求博取，日誦五車，亦奚益於學哉！語録李先生當時説學，已有許多意思，只爲説「敬」字不分明，所以許多時無捉摸處。又云舊失了此物多時，今收來尚未使入腔窠，但當盡此生之力而後已。楊方。

冬十二月，召赴行在，以喪制未終，辭。

年譜工部侍郎胡銓以詩人薦，與王庭珪同召。

七年辛卯，四十二歲。夏五月，創立社倉于五夫里。

文集五夫社倉記云：劉侯與余既奉王公教，留民所償官粟貯里中。次年夏，又請於府曰：「山谷細民，無蓋藏之積，新陳未接，雖樂歲不免出倍稱之息，貸食豪右。而官粟積於無用之地，後將紅腐不復可食。願自今以來，歲一斂散，既以紓民之急，又得易新以藏。俾願貸者出息什二，不欲者勿彊。歲小饑則弛半息，大祲則盡蠲之。請著爲例。」既而又請曰：「粟分貯民家，於守視出納不便，請放古法爲社倉以儲之。」經始於七年五月，而成於八月，爲倉三、亭一，門墻守舍，無一不具。又講求倉之利病，具爲條約，揭之楣間，以視來者。於是倉之庶事，細大有程，可久而不壞矣。辛丑延和奏劄四云：臣所居建寧府崇安縣開耀鄉，有社倉一所，係昨乾道四年，鄉民艱食，本府給到常平米六百石，委臣與本鄉土居朝奉郎劉如愚，同共賑貸，至冬收到元米。次年夏，本府復令依舊貸與人户，冬間納還。臣等申府措置，每石量收息米二斗，自後逐年依此斂散。或遇小歉，即蠲其息之半，大饑即盡蠲之，至今十有四年。其支息米造成倉廒三間收貯，已將元米六百石還納本府。其見存三千一百石，並是累年人户納到息米。已申本府照會，將來依前斂散，更不收息，每石只收耗米三升。係臣與本鄉土居官及士人數人同共掌管，遇斂散時，即申府差縣官一員監視出納。以此之故，一鄉四五十里之間，雖遇凶年，人不缺食。

文集建寧府崇安縣五夫社倉記甲午。

文集答林擇之書云：熹哀苦之餘，無他外誘，痛自斂飭，乃知「敬」字之功，親切要妙如此。而前日不知於此用力，徒以口耳浪費光陰，人欲横流，天理幾滅。今而思之，怛然震慄，蓋不知所以措其躬也。又答林擇之書云：比因朋友講論，深究近世學者之病，只是合下欠却持敬工夫，所以事事滅裂。其言敬者，又只説能存此心，自然中理。至於容貌詞氣，往往全不加工。設使真能如此存得，亦與釋老何異？又況心慮荒忽，未必真能存得耶。程子言敬，必以整齊嚴肅，正衣冠、尊瞻視爲先。又言未有箕踞而心不慢者，如此乃是至論。而先聖説克己復禮，尋常講説，於「禮」字每不快意，必訓作「理」字然後已。今乃知其精微縝密，非常情所及耳。

冬十二月，省劄趣行，以禄不及養，辭。

文集辭免召命狀一云：右熹正月十七日，準建寧府遞到乾道七年十二月二十六日尚書省劄子，令熹遵依已降指揮，疾速起發赴行在。續準本府再送到元寄納軍資庫尚書省劄子二道，内一道備坐乾道六年十二月二十六日三省同奉聖旨，召熹赴行在指揮。伏念熹才不逮人，學無所就，累蒙召擢，訖無補報。近者喪制未終，復叨收召之命。甫及除禫，朝旨又趣其行。熹雖至愚，仰戴恩遇，豈不感激奮勵，庶以圖報萬分。實以凡庸，自知甚審。頃希微禄，徒以爲親，今則禍罰之餘，荒蕪益甚，誠不忍虚冒榮寵，以增不洎之悲。加以憂患侵凌，心志凋弱。近於髀裏復發癰腫，雖幸破潰，耗損愈多。正使義無可辭，筋力亦難勉强。惟是跡涉違慢，心不自安，敢罄微誠，仰干洪造。伏祈特賜敷奏，早與寢罷元降指揮，則熹不勝幸甚。壬辰二月。

八年壬辰，四十三歲。春正月，論孟精義成。

年譜 是書後名要義，又改名集義。文集序云：論孟之書，學者所以求道之至要，古今爲之説者，蓋已百有餘家。然自秦漢以來，儒者類皆不足以與聞斯道之傳。宋興百年，有二程先生者出，然後斯道之傳有繼。其於孔子、孟氏之心，蓋異世而同符也。故其所以發明二書之説，言雖近而索之無窮，指雖遠而操之有要。所以興起斯文，開悟後學，可謂至矣。間嘗蒐輯條疏，以附本章之次。既又取夫學之有同於先生者，與其有得於先生者，若横渠張公、范氏、二吕氏、謝氏、游氏、楊氏、侯氏、尹氏，凡九家之説，以附益之，名曰論孟精義。抑嘗論之，論語之言，無所不包，而其所以示人者，莫非操存涵養之要。七篇之指，無所不究，而其所以示人者，類多體驗充擴之端。夫聖賢之分，其不同固如此。然而體用一源也，顯微無間也。是則非夫先生之學之至，其孰能知之？嗚呼！此其所以奮乎百世絶學之後，而獨得夫千載不傳之緒也歟！若張公之於先生，論其所至，竊意其猶伯夷、伊尹之於孔子；而一時及門之士，考其言行，則又未知其孰可以爲孔氏之顔、曾也。今録其言，非敢以爲無少異於先生，而悉合乎聖賢之意，亦曰大者既同，則其淺深疏密毫釐之間，正學者所宜盡心耳。至於近歲以來，學於先生之門人者，又或出其書焉，則意其源遠末分，醇醨異味，而不敢載矣。或曰，然則説之行於世而不列於此者，皆無取已乎？曰不然也。漢魏諸儒正音讀，通訓詁，考制度，辨名物，其功博矣。學者苟不先涉其説，則亦何以用力於此。而近世二三名家，與夫學於先生之門人者，其考證推説，亦或時有補於文義之間，學者有得於此而後觀焉，則亦何適而無得哉！若夫外自託於程氏，而竊其近似之言，以文異端之説者，則誠不可以入於學者之心。然以其荒幻浮夸足以欺世也，而流俗頗已鄉之矣，其爲害豈淺淺哉！顧其語言氣象之間，則實有不難辨者。學者誠用力於此書而有得焉，則於其言雖欲讀之，亦且有所不暇矣。然則是書之作，其率爾之誚，雖不敢辭，至於明聖傳之統，成衆説之長，折流俗之謬，則竊亦妄意其庶幾焉。乾道壬辰月正元日。書語孟要義序後云：熹頃年編次此書，鋟版建陽，學者傳之久矣。後細考之，程、張諸先生説，尚或時有所遺脱。既加補塞，又得毗陵周氏説四篇有半於建陽陳焞明仲，復以附於本章。豫章郡文學南康黄某商伯，見而悦之，既以刻於其學，又慮夫讀者疑於詳略之不同也，屬熹書於前序之左，且更定其故號精義者曰要義云。淳熙庚子冬十一月。

夏四月，有旨趣行，復辭。六月，省劄再趣行，再辭。

文集 辭免召命狀二。狀三。狀四。

資治通鑑綱目成。

文集序云：先正温國司馬文正公受詔編集資治通鑑既成，又撮其精要之語，別爲目録三十卷，晚病本書太詳，目録太簡，更著舉要歷八十卷，以適厥中，而未成也。至紹興初，故侍讀南陽胡文定公，始復因公遺藁修成舉要補遺若干卷，則其文愈約而事愈備矣。然往者得於其家而伏讀之，猶竊自病記識之弗强，不能有以領其要而及其詳也。故嘗過不自料，輒與同志，因兩公四書，別爲義例，增損檃括，以就此編。蓋表歲以首年，而因年以著統，大書以提要，而分注以備言。使夫歲年之久近，國統之離合，辭事之詳略，議論之同異，通貫曉析，如指諸掌，名曰資治通鑑綱目，凡若干卷。藏之巾笥，姑以私便檢閲，自備遺忘而已。若兩公述作之本意，則有非區區所敢及者。雖然，歲周於上而天道明矣，統正於下而人道定矣，大綱概舉而監戒昭矣，衆目畢張而幾微著矣。是則凡爲致知格物之學者，亦將慨然有感於斯，而兩公之志，或庶幾可以默識矣。因述其指意條例如此，列於篇端，以俟後之君子云。乾道壬辰夏四月。與蔡季通書云：通鑑節本「節」下元本脱「本」字。只名綱目，取一綱舉衆目張之義，條例亦已定矣。三國竟須以蜀漢爲正，方得心安耳。壬辰。此以下六書俱續集。又與書云：綱目凡例修改元本作「立」，誤。略定，極有條理意義矣，到此更商榷之。但修書功緒尚廣，若得數月全似此兩月無事，則可以小成矣。壬辰。又與書云：綱目元本作「通鑑」。方修改未定，舊本太略，不成文字也。壬辰後。與李伯諫書云：綱目三國以後草藁之屬，臨行忘記説及，今想隨行有的，便旋付及，幸甚。癸巳後。又與書云：通鑑文字近方修得數卷，南北朝者，伯起不承當，已託元善矣，度渠必能成之，但見修者殊費工夫，蓋舊看正史不熟，倉卒無討頭處，計今秋可了。癸巳後。又與書云：通鑑諸書，全不得下功。前此却修得晉事，粗定條例，因事參考，亦頗詳密。但晉事最末兩三卷未到，故前書奉速。宋以後事分屬張元善，已修得大字數卷來，尚未得點勘。癸巳後。與林擇之書云：通鑑工夫浩博，甚悔始謀之太鋭，今甚費心力。然業已爲之，不容中輟，須來年春夏間，近入山僧寺，謝絶人事，作一兩月期，畢力了之乃可。别集甲午。答吕伯恭書云：近稍得暇，整頓得綱目元本作「通鑑」。數卷，頗可觀。欲寄，未有别本，俟來春持去求是正也。甲午。又答吕伯恭書云：綱目草藁略具，俟寫校淨本畢，即且休歇數月。乙未後。答劉子澄書云：綱目亦修得二十許卷，此一卷是正本五卷。義例益精密，上下千有餘年，亂臣賊子，真無所匿其形矣。恨相去遠，不得少借餘力，一加訂正，異時脱藁，終當以奉累耳。又云：近看温公論東元本作「史」，誤。漢名節處，覺得有未盡處，但知黨錮諸賢趨死不避，爲光武、明、章之烈，而不知建安以後，中州士大夫只知有曹氏，不知有漢室，却是黨錮殺戮之禍有以敺之也。且以荀氏一門論之，則荀淑正言於梁氏用事之日，而其子爽已濡跡於董卓專命之朝，及其孫彧，則遂爲唐衡之婿、曹操之臣，而不知以爲非矣。蓋剛大直方之氣，折於凶虐之餘，而漸圖所以全身就事之計，故不覺其淪胥而至此耳。想其當時父兄師友之間，亦自有一種議論文飾蓋覆，使驟而聽之者，不覺其爲非，而真以爲是，必有深謀奇計，可以活國救民於萬分有一之中也。邪説横流，所以甚於洪水猛獸之害，孟子豈欺余哉！年來讀書，只覺得此意思分明，參前倚衡，自不能舍。雖知以是爲人所惡，而終窮以死，其心誠甘樂之，不自以爲悔也。丙申。答張敬夫書云：通鑑綱目近再修到漢、晉間，條例稍舉，今亦謾録數項上呈。但近年衰悴目昏，燈下全看小字不得，甚欲及早修纂成書。而多事分奪，無力謄寫，未知何時可脱藁求教耳。丁酉。答吕伯恭書云：綱目近亦重修及三之一，條例整頓，視前加密矣。戊戌。答李濱老書云：通鑑之書，頃嘗觀考，病其於正閏之際，名分之實有未安者，因嘗竊取春秋條例稍加檃括，别爲一書，而未及就。衰眊浸劇，草藁如山，大懼不能卒業，以爲終身之恨。己亥。答吕伯恭書云：綱目此中正自難得人寫，亦苦無專一仔細工夫，所修未必是當，請更須後也。庚子三月。答尤延之書云：蒙教揚雄、荀彧二事。按温公舊例，凡莽臣皆書「死」，如太師王舜之類。獨於揚雄，匿其所受莽朝官爵，而以「卒」書，似涉曲筆。不免却按本例書之曰「莽大夫揚雄死」，以爲足以警夫畏死失節之流，而亦未改温公直筆之正例也。荀彧却是漢侍中光禄大夫，而參丞相軍事，其死乃是自殺，但據實書之曰「某人某官自殺」，而系於曹操擊孫權至濡須之下，非故以彧爲漢臣也。然悉書其官，亦見其實漢天子近臣，而附賊不忠之罪，非與其爲漢臣也。此等處，當時極費區處，不審竟得免於後世之公論否？胡氏論彧爲操謀臣，而劫遷、九錫二事，皆爲董昭先發。故欲少緩九錫之議，以俟他日徐自發之。其不遂而自殺，乃劉穆之之類。而宋齊邱於南唐事，亦相似。此論竊謂得彧之情。丙午。又答尤延之書云：區區鄙意，正以其與王舜之徒所以事莽者雖異，而其爲事莽則同。故竊取趙盾、許止之例，而概以莽臣書之，所以著萬世臣子之戒，明雖無臣賊之心，但畏死貪生而有其迹，則亦不免於誅絶之罪。此正春秋謹嚴之法。若温公之變例，則不知何所據，實有所不敢從也。丙午。答潘恭叔書云：通鑑舉要詳不能備首尾，略不可供檢閲，此綱目之書所爲作也。但精力早衰，不能卒業，恐爲千古之恨耳。丙午。壬寅辭免江東提刑奏狀三貼黄云：臣舊讀資治通鑑，竊見其間周末諸侯僭稱王號，而不正其名，漢丞相亮出師討賊，而反書入寇，此類非一，殊不可曉。又凡事之首尾詳略，一用平文書寫，雖有目録，亦難檢尋。因竊妄意就其事實，别爲一書，表歲以首年，而因年以著統，大書以提要，而小注以備言。至其是非得失之際，則又輒用古史書法，略示訓戒，名曰資治通鑑綱目。如蒙聖慈，許就閑秩，即當繕寫首篇草本，先次進呈，恭候臨決。語録綱目若成書，當亦不下通鑑許多文字。但恐精力不逮，未必能成耳。若度不能成，則須焚之。余大雅，戊戌後。綱目今未及修，後之君子必有取焉。陳淳，庚戌。行狀考論西周以來至於五代，取司馬公編年之書，繩以春秋紀事之法，綱舉而不煩，目張而不紊，國家之理亂，君臣之得失，如指諸掌。又云：通鑑綱目僅能成編，每以未及修補爲恨。

八朝名臣言行録成。

文集序云：余讀近代文集及紀事之書，觀其所載國朝名臣言行之迹，多有補於世教。然以其散出而無統也，既莫究其始終表裏之全，而又汩於虚浮詭誕之説。余嘗病之，於是掇取其要，聚爲此録，以便記覽。尚恨書籍不備，多所遺闕，嗣有所得，當續書之。答吕伯恭書云：名臣言行録二書，亦當時草草爲之。其間自知尚多謬誤，編次亦無法，初不成文字，因看得爲訂正示及爲幸。癸巳。

冬十月，西銘解義成。

年譜横渠張子，學古力行，篤志好禮，爲關中士子宗師。嘗於學堂雙牖，左書「砭愚」，右書「訂頑」。

伊川先生曰「是啓爭端」，改曰「東銘」、「西銘」。伊川先生嘗言：「西銘明理一而分殊，擴前聖所未發，與孟子性善養氣之論同功，自孟子後，蓋未之見。」遊其門者，必令看大學、西銘。先生至是發明其義。洪本。語録向到雲谷，自下上山，半途大雨，通身皆濕。得到地頭，因思著天地之塞吾其體，天地之帥吾其性。時季通及某人同在那裏，某因各人解此兩句，自亦作兩句解，後來看也自說得著，所以迤邐便作西銘等解。葉賀孫。

文集西銘後記。

文集答薛士龍書云：熹自少愚鈍，事事不能及人，顧嘗側聞先生君子之餘教，粗知有志於學，而求之不得其術，蓋舍近求遠，處下窺高，馳心空妙之域者二十餘年。比乃困而自悔，始復退而求之於句讀文義之間〔四〕，謹之於視聽言動之際，而亦未有聞也。方將與同志一二友朋，並心合力以從事於其間，庶幾銖積絲累，分寸躋攀，以幸其粗知理義之實，不爲小人之歸，而歲月侵尋，齒髮遽如許矣。答汪尚書書云：聖門之教，下學上達，自平易處講究討論，積慮潛心，優柔饜飫，久而漸有得焉，則日見其高深遠大而不可窮矣。程夫子所謂善學者求言必自近，易於近者非知言者也，亦謂此耳。今曰此事非言語臆度所及，必先有見，然後有以造夫平易，則是欲先上達而後下學。譬之是猶先察秋毫，而後覩山岳；先舉萬石，而後勝匹雛也。夫道固有非言語臆度所及者，然非顔、曾以上幾於化者不能與也。今日爲學用力之初，正當學問思辨而力行之，乃可以變化氣質而入於道。顧乃先自禁切，不學不思，以坐待其無故忽然而有見，無乃溺心於無用之地，玩歲愒日，而卒不見其成功乎？就使僥倖於恍惚之間，亦與天理人心叙秩命討之實，了無交涉。其所自謂有得者，適足爲自私自利之資而已。此則釋氏之禍，橫流稽天而不可遏者。有志之士，所以隱憂浩歎而欲火其書也。

九年癸巳，四十四歲。春三月，省劄復趣行，復辭，並請祠。

文集　辭免召命狀五。

夏四月，太極圖説解、通書解成。

年譜　始濂溪周子著太極圖，明天理之根源，究萬物之終始。又著通書四十篇，發明太極之藴。其言約而道大，文質而義精，得孔孟之本源，大有功於學者。先生謂二程先生語及性命之際，未嘗不因其説。然周子手授二程本圖附書後。傳者見其如此，遂誤以圖爲書之卒章，不復釐正，使先生立象盡意之微指，闇而不明。而驟讀通書者，亦不知有所統攝。又朱震進易説表謂此圖之傳，自陳摶、种放、穆修來。而五峰胡氏以先生非止爲种、穆之學者，此特其學之一師，非其至者也。夫以先生之學之妙，不出此圖，以爲得之於人，則決非种、穆所及，以爲非其至者，則先生之學又何以加於此圖哉！至是爲之傳解，與西銘解義皆未出以示人也。洪本。文集　答胡廣仲書云：夫太極之旨，周子立象於前，爲説於後，互相發明，平正洞達，絶無毫髮可疑。而舊傳圖説皆有謬誤，幸其失於此者，猶或有存於彼。是以向來得以參考互證，改而正之，凡所更改，皆有據依，非出於己意之私也。程允夫問：「程子未嘗明以此圖示人，今乃遽爲之説以傳之，是豈先生之意耶？」答曰：「當日此書未行，故可隱。今日流布已廣，若不説破，却令後生枉生疑惑，故不得已而爲之説爾。」

文集太極通書後序。己丑。太極圖説後記。癸巳。再定太極通書後序。己亥。通書後記。丁未。題太極西銘解後。戊申。

五月，有旨特改左宣教郎，主管台州崇道觀，再辭。

年譜先是，有旨再趣行，再辭。繼而四被省劄，俱辭。至是進呈乞嶽廟劄子。宰相梁克家因奏朱某屢召不起，宜蒙褒録。執政俱稱之。上曰：「朱某安貧守道，廉退可嘉。特與改合入官，主管台州崇道觀，任便居住。」洪本。行狀先生以改秩畀祠，皆進賢賞功、優老報勤之典，今無故驟得之，求退得進，於義未安，再辭。

文集辭免改官宫觀狀一。狀二。

六月，程氏外書成。

文集後序云：右程氏外書十二篇，熹所序次，可繕寫。始，熹序次程氏遺書二十五篇，皆諸門人當時記録之全書，足以正俗本紛更之謬，而於二先生之語，則不能無所遺也。於是取諸集録，參伍相除，得此十有二篇，以爲外書。夫先生之言，非有精粗之異，而兩書皆非一手所記，其淺深工拙，又未可以一概論。其曰外書云者，特以取之之雜，或不能審其所自來，其視前書，尤當精擇而審取之耳。乾道癸巳六月。

伊洛淵源録成。

文集 答呂伯恭書云：欲作淵源録一書，盡載周、程以來諸君子行實文字。正苦未有此及永嘉諸人事跡首末，因書士龍，告爲託其搜訪見寄也。又答書云：淵源録許爲序引，甚善。又答書云：外書、淵源二書，頗有緒否？幸早留意。甲午。

冬十一月，省劄檢會已降指揮，不合辭免。

淳熙元年甲午，四十五歲。春二月，復辭。三月，有旨不許辭免，復辭。夏六月，始拜命。

行狀 淳熙元年又再辭，上意愈堅，始拜命，改宣教郎奉祠。年譜 先是十一月，省劄檢會依已降指揮行下。二月，再辭。三月，省劄檢會不合辭免，旨劄下，又辭。五月，省劄再檢會依已降指揮。先生以爲改官賦禄，蓋朝廷進賢賞功、優老報勤之典，乃使小臣終年安坐，一日無故而驟得之，求退得進，於義未安，故三具辭免，遜避逾年。上意愈堅，至是始拜命。

文集 辭免改官宫觀狀三。狀四。申建寧府狀。謝改官宫觀奏狀。

編次古今家祭禮。

文集 跋古今家祭禮云：右古今家祭禮，熹所纂次，凡十有六篇。蓋人之生無不本乎祖者，故報本反始之心，凡有血氣者之所不能無也。古之聖王因其所不能無者，制爲典禮，所以致其精神，篤其恩愛，有義有數，本末詳焉。遭秦滅學，禮最先壞。由漢以來，諸儒繼出，稍稍綴緝，僅存一二。以古今異便，風俗不同，雖有崇儒重道之君，知經好學之士，亦不得盡由古禮以復於三代之盛。其因時述作，隨事討論，以爲一國一家之制者，固未必皆得先王義起之意。然其存於今者，亦無幾矣。惜其散脱殘落，將遂泯没於無聞。因竊蒐輯叙次，合爲一篇，以便觀覽，庶其可傳於後。然皆無雜「雜」當作「别」。本可參校，往往闕誤不可曉知，雖通典、唐書博士官舊藏版本亦不足據，則他固可知已。諸家之書，如荀氏、徐暢、孟馮翊、周元陽、孟詵、徐潤、孫日周「周」，答鄭書作「用」，疑誤。等儀，有録而未見者，尚多有之。有能采集附益，並得善本通校而廣傳之，庶幾見聞有所興起，相與損益折衷，共成禮俗。於以上助聖朝敦化導民之意，豈不美哉！淳熙元年五月。答鄭景望書云：家祭禮三策並上，不知可補入見版本卷中否？若可添入，即孟詵、徐潤兩家，當在賈頊家薦儀之後，孟爲第七，徐爲第八，而遞儹以後篇數，至政和五禮爲第十一，而繼以孫日用爲第十二，乃以杜公四時祭享儀爲第十三，而遞儹以後至范氏祭儀爲第十九。又於後序中改「十有六」爲「十有九」，仍删去「孟詵徐潤孫日用」七字。此板須别换。不然，即存舊序，而别作數語，附見其後，尤爲詳實，不審尊意以爲如何，更俟誨諭也。但寫校須令精審無誤，然後刻板，免致將來更改費力爲佳。或未刻間且並寫定上板真本寄示，容與諸生詳勘納上尤便也。馬端臨文獻通考古今家祭禮二十卷。陳氏曰：朱子集通典、會要所載，以及唐、本朝諸家祭禮皆在焉，凡二十卷。

校勘記

〔一〕先考吏部府君亦從羅公問學　「問」，原作「同」，據晦庵先生朱文公文集(以下簡稱文集)卷九十七延平行狀、同治庚午永康應氏本朱子年譜(以下簡稱同治本)改。

〔二〕得故所藏弆者復二種三十六卷　「弆」，原作「去」，據粤雅堂叢書本朱子年譜(以下簡稱粤雅堂本)改。

〔三〕嘗試以此求之　「試」，原作「識」，據文集卷三十與張欽夫書、粤雅堂本朱子年譜改。

〔四〕始復退而求之於句讀文義之間　「退」，原作「進」，據文集卷三十八答薛士龍書、同治本朱子年譜改。

朱子年譜卷二

〔清〕王懋竑

淳熙二年乙未，四十六歲。夏四月，東萊吕公伯恭來訪。近思録成。

文集書近思録後云：淳熙乙未之夏，東萊吕伯恭來自東陽，過余寒泉精舍，留止旬日。相與讀周子、程子、張子之書，歎其廣大閎博，若無津涯，而懼夫初學者不知所入也。因共掇取其關於大體而切於日用者，以爲此編。總六百二十二條，分十四卷。蓋凡學者所以求端用力、處己治人之要，與夫辨異端觀聖賢之大略，皆粗見其梗概。以爲窮鄉晚進有志於學，而無明師良友以先後之者，誠得此而玩心焉，亦足以得其門而入矣。如此，然後求諸四君子之全書，沈潛反復，優柔厭飫，以致其博而反諸約焉。則其宗廟之美、百官之富，庶乎其有以盡得之。若憚煩勞，安簡便，以爲取足於此而可，則非今日所以纂集此書之意也。五月五日。東萊吕公跋近思録既成，或疑首卷陰陽變化性命之説，大抵非始學者之事。祖謙竊嘗與聞次輯之意，後出晚進於義理之本原，雖未容驟語，苟茫然不識其梗概，則亦何所底止，列之篇端，特使之知其名義，有所嚮望而已。至於餘卷所載講學之方，日用躬行之實，具有科級，循是而進，自卑升高，自近及遠，庶幾不失纂集之旨。若乃厭卑近而騖高遠，躐等陵節，流於空虛，迄無所依據，則豈所謂「近思」者耶？覽者宜詳之。文集答呂伯恭書云：近思録近令抄作册子，亦自可觀。但向時嫌其太高，去却數段，如太極及明道論性之類。今看得似不可無。如以顔子論爲首章，却非專論道體，自合入第二卷。作「第二段」。又事親居家事，直在第九卷，亦似太緩，今欲別作一卷，令在出處之前，乃得其序。卷中添却數段，草卷附呈，不知於尊意如何？第五倫事閫範中亦不載，不記曾講及否。不知去取之意云何，因來告諭及也。此書若欲行之，須更得老兄數字附於目録之後爲佳，千萬勿吝也。乙未八月。又答呂伯恭書云：近思數段，已補入逐篇之末，今以上呈，恐有未安，却望見教。所欲移入第六卷者可否，亦望早垂喻也。丙申。答張敬夫書云：近思舉業三段及横渠語一段並録呈，幸付彼中舊官屬正之，或更得數字，説破增添之意尤佳。丁酉。答呂伯恭書云：欽夫寄得所刻近思録來，欲添入説舉業數段，已寫付之，不知渠已去彼能了此書否耳？戊戌。語録修身大法，小學備矣；義理精微，近思録詳之。李閎祖。近思録好看。四子，六經之階梯。近思録，四子之階梯。陳淳。近思録逐篇綱目：一道體，二爲學大要，三格物窮理，四存養，五改過遷善，克己復禮，六齊家之道，七出處進退辭受之義，八治國平天下之道，九制度，十君子處事之方，十一教學之道，十二改過及人心疵病，十三異端之害，十四聖賢氣象。蕭振。聖賢説得語言平，如中庸、大學、論語、孟子皆平易。近思録是近來人説話，便較切。又曰且熟看大學了，即讀語、孟，近思録又難看。葉賀孫。近思録首卷難看，某所以與伯恭商量，教他做數語以載於後，正謂此也。若只讀此，則道理孤單，如頓兵堅城之下。却不如語、孟只是平鋪説去，可以游心。楊道夫。看近思録，若於第一卷未曉得，且從第二卷第三卷看起，久久後看第一卷，則漸曉得。王過。

偕東萊吕公至鵝湖，復齋陸子壽、象山陸子静來會。

年譜 東萊歸，先生送之至信州鵝湖寺。江西陸九齡子壽、九淵子静及清江劉清之子澄皆來會，相與講其所聞。而子壽、子静自執所見，不合而罷。其後子壽頗悔其非，而子静終身守其説不變。

附象山年譜 淳熙二年乙未，吕伯恭約先生與季兄復齋，會朱元晦諸公於信之鵝湖寺。復齋詩云云，元晦歸三年，乃和此詩。朱亨道書云：「鵝湖講道，誠當今盛事。伯恭蓋慮朱與陸猶有異同，欲令歸於一，而定其所適從。伯恭蓋有志於此，語自得則未也。」臨川趙守景明，邀劉子澄、趙景昭，景昭在臨安與先生相款，亦有意於學。又曰鵝湖之會，論及教人。元晦之意，欲令人泛觀博覽，而後歸之約。二陸之意，欲先發明人之本心，而後使之博覽。朱以陸之教人爲太簡，陸以朱之教人爲支離，此頗不合。先生更欲與元晦辨，以爲堯舜之前，何書可讀？復齋止之，趙、劉諸公拱聽而已。象山語録 吕伯恭爲鵝湖之集，先兄復齋謂某曰：「伯恭約元晦爲此集，正爲學術異同。某兄弟先自不同，何以望鵝湖之同？」先兄遂與某議論致辨，又令某自説，至晚罷。先兄云：「子静之説是。」次早，某請先兄説。先兄云：「某無説，夜來思之，子静之説極是。方得一詩云：『孩提知愛長知欽，古聖相傳只此心。大抵有基方築室，未聞無址忽成岑。留情傳注翻榛塞，著意精微轉陸沈。珍重友朋勤琢切，須知至樂在於今。』」某云：「詩甚佳，但第二句微有未安。」先兄云：「説得恁地，又道未安，更要如何？」某云：「不妨一面起行，某沿途却和此詩。」及至鵝湖，伯恭首問先兄别後新功，先兄舉詩才四句，元晦顧伯恭曰：「子壽早已上子静船了也。」舉詩罷，遂致辨於先兄。某云：「某途中和得家兄此詩：『墟墓興哀宗廟欽，斯人千古不磨心。涓流積至滄溟水，卷石崇成泰華岑。易簡工夫終久大，支離事業竟浮沈。』」舉詩至此，元晦失色。至末二句云：「欲知自下升高處，真僞先須辨自今。」元晦大不懌，於是各休息。翌日，二公商量數十折議論來，莫不悉破其説。繼日凡致辨，其説隨屈。伯恭甚有虚心相聽之意，竟爲元晦所尼。

[文集]答吕伯恭書云：陸子壽聞其名甚久，恨未識之。子澄云其議論頗宗無垢，未知今竟如何也。癸巳。

答吕子約書云：陸子静之賢，聞之蓋久。然似聞有脱略文字，直趨本根之意，不知其與中庸學問思辨然後篤行之旨，又如何耳？甲午。

又答吕子約書云：近聞陸子静言論風旨之一二，全是禪學，但變其名號耳。競相祖習，恐誤後生，恨不識之，不得深扣其説，因獻所疑也。然想其説方行，亦未必肯聽此老生常談，徒竊憂歎而已。甲午。

[東萊集]與朱元晦書云：撫州士人陸九齡子壽，篤實孝友，兄弟皆有立。舊所學稍偏，近過此相聚累日，亦甚有問道四方之意。癸巳。

[文集]答張敬夫書云：子壽兄弟氣象甚好。其病却是盡廢講學，而專務踐履。却於踐履之中，要人提撕省察，悟得本心，此爲病之大者。要其操持謹質，表裏不二，實有以過人者。惜乎其自信太過，規模窄狹，不復取人之善，將流於異學而不自知耳。乙未。

答王子合書云：前月末送伯恭至鵝湖，陸子壽兄弟來會，講論之間，深覺有益。此月八日方分手而歸也。乙未。東萊集答邢邦用書云：祖謙自春末爲建寧之行，與朱元晦相聚四十餘日。復同出至鵝湖，二陸及子澄諸兄皆集，甚有講論之益。前書所論甚當，近已嘗爲子靜詳言之。講貫誦繹，乃百代爲學通法，學者緣此支離泛濫，自是人病，非是法病，見此而欲盡廢之，正是因噎廢食。然學者苟徒能言其非，而未能反已就實，泛泛汩汩，無所底止，是又適所以堅彼之自信也。乙未。南軒集答朱元晦書云：陸子壽兄弟何如肯相聽否？乙未。又答書云：臨川其說方熾，此尤可慮。乙未。

秋七月，雲谷晦庵成。

文集雲谷記。

三年丙申，四十七歲。春三月，如婺源。

年譜蔡元定從。既至，邑宰張漢率諸生請講書於學，辭。復請撰藏書閣記，許之。而以程氏遺書、外書、文集、經說、司馬氏書儀、高氏送終禮、呂氏鄉儀、鄉約等書留學中。鄉人子弟日執經請問，隨其資稟，誨誘不倦。又作茶院朱氏譜序。至六月初旬乃歸。洪本。嘗與滕璘游，見水山幽靜，曰：「儼余疇昔夢中所見也。」問其地，對曰：「名緋塘，璘業也。先塚在此。」曰：「故與子有神交者在。」因命作亭於其上，書「草堂」二字與之。李本。文集答呂伯恭書云：汪丈遽至於此，想同此傷歎，旦夕歸婺源，當便道往哭之也。又答呂伯恭書云：昨承遠訪，數日開警良多。熹十二日達婺源，更一兩日遍走山間墳墓，歸亦不能久留也。

復遠祖墓。

先生展墓，以遠祖制置府君兆域，歲久弗修，爲他人所有，乃言於有司，而復其舊。伐石崇土，加修葺焉。文集祭汪尚書文。祭告遠祖墓文。文集答呂伯恭書云：道間與季通講論，因悟向來涵養工夫全少，而講説又多彊探，必取尋流逐末之弊，推類以求，衆病非一，而其源皆在此。恍然自失，似有頓進之功，若保此不懈，庶有望於將來，然非如近日諸賢所謂頓悟之機也。

夏六月，授祕書省祕書郎，辭，不允。秋八月，復辭，並請祠，許之，差管武夷山冲祐觀。

行狀除祕書郎，先生以改官之命，正以嘉其廉退，今乃冒進擢之寵，是左右望而罔市利，力辭。時上諭大臣，欲奬用廉退，執政因以先生爲言，故有是命。會有言虚名之士不可用者，以故再辭。即從其請，主管武夷山冲祐觀。年譜時上諭大臣奬用廉退之士，以勵風俗。參政龔茂良以先生操行耿介，屢召不起爲言，遂有此除。先生以改官之命，正以嘉其廉退之節，今乃冒進擢之寵，是左右望而罔市利，力辭，且以手書遺茂良言之。時權倖羣小乘間譏毁，會有言虚名之士不可用者，乃因其再辭，即從其請。文集辭免祕書郎狀一云：右熹準六月二十一日尚書省劄子，并告命一道，授熹祕書郎者，熹聞命震驚，罔知所措。竊以聖主寤寐俊傑，圖起事功，片善寸長，靡不收用，巖穴幽隱，亦弗棄遺，遂使妄庸有此遭遇。恩德隆重，捧戴難勝，豈敢飾詞遜避，以孤獎拔之意。然熹竊惟國家開建圖書之府，所以儲蓄秀異之才，選試有程，未始輕授。郎以奉守爲職，雖異典校之官，然自昔相承，或用以處老成耆德之士。如熹凡陋，豈所克堪？今若貪冒寵榮，不自量度，此必坐取嘲笑，以累聖主知人之明。又況頃年屢以多病不才，懇辭召命，已蒙聖慈洞照肺腑。蓋既憐其愛君憂國，粗有畎畝夙夜之誠，而又知其衰朽，無庸重閔勞以官職之事。故凡所以假借褒嘉惠養全活之意，雖非愚賤之所當得，然天地父母委曲生成之恩，則有不可以終辭者。此熹所以懇辭逾年而卒拜明命，且復具以此意，附奏陳謝，其所以感恩自誓之誠，蓋有皦然而不可欺者。今乃欲因聖主前日所以假借惠養之資，而遂夤緣以冒進擢無涯之寵，則是古人所謂登壟斷而左右望以罔市利者。不惟士夫清議有所不貸，而熹之不肖亦竊羞之。是以恐懼回皇，不敢祗受，伏惟鈞慈憐察，特爲敷奏，早賜寢罷元降指揮，使熹愚分少安，不勝幸甚。熹除已將省劄告命申建寧府，送軍資庫寄納外，謹具狀申尚書省伏候指揮。謹狀。辭免秘書郎狀二。答韓尚書書云：區區行役，前月半間始得還家。忽聞除命，出於意望之外。自視才能，豈稱兹選，愧懼窘迫，不知所爲，竊妄意此必尚書丈過恩推挽之力。既而府中遞到六月十五日所賜書，傅丈亦以所得別紙垂示，乃知台意所以眷念不忘者果如此，私感雖深，然非本心平日所望於門下也。熹狷介之性，矯揉萬方，而終不能回迂疏之學。用力既深，而自信愈篤，以此自知決不能與時俯仰，以就功名。以故二十年來，自甘退藏，以求己志，所願欲者，不過修身守道以終餘年，因其暇日諷誦遺經，參考舊聞，以求聖賢立言本意之所在，既以自樂，間亦筆之於書，以與學者共之，且以待後世之君子而已，此外實無毫髮餘念也。中間懇辭召命，反誤寵褒。初亦不敢奉承，既而思之，是乃君相灼知無用之實，而欲假以閔勞惠養之恩，故少進其官，益其禄，而卒許以投閒，似若有可受者，以故懇避踰年，而終於拜受。私竊以爲是足以上承朝廷之美意，而下得以自絶於名宦之途，自是以往，其將得以優游卒歲，就其所業而無感迫之慮矣。而事乃有大繆不然者，熹亦安得默然而亡言哉！夫以熹之狷介迂疏，不能俯仰，世俗固已聞風而疾之矣。獨賴一時賢公名卿，或有誤而知之，然聽於下風，考其行事議論之本末，則於鄙意所不能無疑者尚多。今若不辭而冒受，則賓主之間，異同之論，必有所不能免者。無益於治，而適所以爲群小嘲笑之資。且熹之私願所欲就者，亦將汩没而不得成。其或收之桑榆，而幸有所就，人亦必以爲已試不驗之書，而不之讀矣。又況今日一出，而前日所斟酌辭受而不敢苟然之意，亦且黯闇而不能以自明。諸公誠知之深，愛之厚，則曷爲不求所以伸其志，全其守，而必脅歐縱臾，使至此極也耶！且士大夫之辭受出處，又非獨其身之事而已。其所處之得失，乃關風俗之盛衰，故尤不可以不審也。若熹者向既以辭召命而得改官矣，今又因其所改之官而有此授，熹若受而不辭，則是美官要職，可以從容辭遜，安坐而必致之也。近世以來，風頽俗靡，士大夫倚托欺謾以取爵禄者，不可勝數，獨未有此一流耳。而熹適不幸，諸公必欲强之使充其數，熹雖不肖，實不忍以身蒙此辱，使天下後世持清議者，得以唾罵而嗤鄙之也。且熹之言此于門下有年，苦言悲懇，無所不至。而執事者聽之藐然，方且從容游談，大爲引重，而其要歸成效，則不過使之内違素心，外貽深誚而後已，此熹所不能識。且復竊自計其生平言行，必有大不相副者，而使執事者不信其言以至此也。深自悔責，無所歸咎。然亦不敢終默默於門下，是以敢復言之，伏惟憐而察焉。熹前日所報大參書，怱怱不及盡此曲折，故今僭易有言，非獨以伸鄙意於明公，亦使因是以自達於龔公也。必若成命已行，不欲追寢，則願因其請免，復畀祠官之職，其於出令之體，似未爲失，何必待其狂疾之既作，然後藥之乎？瞻望門墻，無由趨侍，情意迫切，言語無倫，伏惟高明，垂賜矜察。

冬十一月，令人劉氏卒。

【年譜】草堂劉公女也。明年某月，葬於建陽縣之唐石大林谷，名其亭曰宰如。而規壽藏於其側，名其菴曰順寧。

四年丁酉，四十八歲。夏六月，論孟集註、或問成。

【年譜】先生既編次論孟集義，又作訓蒙口義。既而約其精粹妙得本旨者爲集註，又疏其所以去取之意爲或問。然恐學者轉而趨薄，故或問之書未嘗出以示人。時書肆有竊刊行者，亟請於縣官追索其板，故惟學者私傳録之。其後集註删改日益精密，而或問則不復釐正，故其去取間有不同者。然辨析毫釐，互有發明，亦學者所當熟味也。洪本。【文集】答何叔京書云：孟子集解當悉已過目，有差謬處，切望痛加刊削，警此昏憒，幸甚。丙戌。答張欽夫書云：中庸、大學章句緣此略修一過，再録上呈。然覺其間更有合删處，論語亦如此，草定一本，未暇脱藁。孟子則方欲爲之，而日力未及也。乙未。答呂伯恭書云：兩月間只看得兩篇論語，亦自黄直卿先爲看過，參考同異了，方爲折中。己亥。答胡季隨書云：熹於語、孟、大學、中庸，一生用功，粗有成説。然近日讀之一二大節目處，猶有謬誤，不住修削，有時隨手又覺病生，此豈易事？若恃一時聰明才氣，略看一過，便謂事了，豈不輕脱自誤之甚耶！癸卯後。語録論語集註蓋某十年前本，爲朋友傳去，鄉人遂不告而刊。及知覺，則已分裂四出而不可收矣。其間多所未穩，煞誤看讀。楊道夫，己酉後。文集答張元德書云：大學等書，近多改定處，未暇録寄。亦有未及整頓者，如論、孟二書，甚恨其出之早也。庚戌。答孫敬甫書云：南康語孟是後來所定本，然比讀之，尚有合改定處未及下手。大學亦有删定數處，未暇録去。丙辰。語録程先生經解，理在解語内。某集註論語，只是發明其辭，使人玩味經文，理皆在經文内。不知何人。聖人精義是許多言語，而集註能有幾何言語，一字是一字，有一字當百十字底，公都把作等閒看了。聖人言語本是明白，不須解説，只爲學者看不出，所以做出註解，與學者省一半力。若註解上更看不出，却如何看得聖人意出？不知何人。前輩解説，恐後學難曉，故集註盡撮其要，已説盡了，不須更去註脚外又添一段説話，只把這個熟看，自然曉得。不知何人。語學者曰：「某語孟集註，添一字不得，減一字不得，公仔細看。」又曰：「不多一個字，不少一個字。」甘節。論語集註如秤上稱來無異，不高些不低些，自是學者不肯用功看。郭友仁。某於論孟，四十餘年理會，中間逐字稱等，不教偏些子，學者將註處宜仔細看。王過。某那集註都詳備，只是要人看無一字閑，那個無緊要閑底字，越要看，自家意裏説是閒字，那個正是緊要字。沈僩。某所解語孟和訓詁，註在下面，要人精粗本末字字爲咀嚼過。此書某自三十歲便下功夫，到而今改猶未了，不是草草看者。曾祖道，丁巳。集註於正文之下，正解説字訓文義與聖經正意，如諸家之説有切當明白者，即引用而不没其名。如學而首章，先尹氏，而後程子，亦只是順正文解下來，非有高下去取也。章末用圈而列諸家之説者，或文外之意，而於正文有所發明，不容略去，或通論一章之意，反復其説切要，而不可不知也。朱在過庭所聞。集註中解有兩説相似而少異者，亦要相資。有説全别者，是未定也。陳淳。問：「集註有兩存者，何者爲長？」曰：「使某見得長底時，豈復存其短底？只爲是二説皆通，故并存之。然必有一説合得聖人之本意，但不可知耳。」又曰：「大率兩説，前一説勝。」董拱壽。某釋經，每下一字，直是稱等輕重，方敢寫出。李方子。某解書如訓詁一二字等處，多有不必解處，只是解書之法如此，亦要教人知道看文字不可忽略。葉賀孫。每常解文字，諸先生有多少好説話，有時不敢載者，蓋他本未有這般意思在。楊道夫。

文集 答潘端叔書云：論語或問此書，久無功夫修得。只集註屢改不定，却與或問前後不相應矣。山間無人録得，不得奉寄，可只用舊本看，有不穩處，仔細喻及，却好評量也。癸卯後。張元德問曰：「語孟或問乃丁酉本，不知後來改定如何？」答曰：「論孟集註後來改定處多，遂與或問不甚相應，又無工夫修得或問，故不曾傳出。今莫若且就正經上玩味，有未適處，參考集註，更自思索爲佳。不可恃此未定之書，便以爲是也。」當在丙辰後。語録「論語或問甚好，何故不肯刊行？」曰：「便是不必如此，文字儘多，學者愈不將做事了，只看得集註儘得。」郭友仁。問論語或問，曰：「是五十歲元本作

「年」，誤。前文字，與今說不類。當時欲修，後來精力衰，那個工夫大，後掉了。」甘節。

詩集傳成。

文集詩集傳序，丁酉冬十月。先生孫鑑詩傳遺說注云：詩傳舊序，此乃先生丁酉歲用小序解經時所作，後乃盡去小序，故附見於辨呂氏詩說之前。呂氏家塾讀詩記後序，壬寅九月。讀呂氏詩記桑中篇，甲辰春。書臨漳所刊詩經後云：鄭康成說南陔等篇遭秦而亡，其義則與衆篇之義合編，故存。至毛公爲詁訓傳，乃分衆篇之義，各置於其篇端。愚按鄭氏謂三篇之義本與衆篇之義合編者，是也。然遂以爲詩與義皆出於先秦，詩亡而義猶存，至毛公乃分衆義各置篇端，則失之矣。後漢衛宏傳明言宏作毛詩序，則序豈得爲與經並出，而分於毛公之手哉！然序之本不冠於篇端，則因鄭氏此說而可見。熹嘗病今之讀詩者知有序而不知有詩也。故因其說而更定此本，以復於其初。猶懼覽者之惑也，又備論於其後云。紹熙庚戌冬十月〔一〕。答范伯崇書云：十五國風次序，恐未必有意，故集傳中不敢提起。歐陽公本末論甚佳，亦收在後語中矣。乙未前。答呂伯恭書云：竊承讀詩終篇，想多所發明，恨未得從容以請。熹所集解，當時亦甚詳備，後以意定，所餘才此耳。然爲舊說牽制，不滿意處極多，比欲修正，又苦別無稽援，此事終累人也。乙未冬。又答呂伯恭書云：詩說所欲修改處，是何等類。因書告略及之，比亦得閒刊定。大抵小序盡出後人臆度，若不脫此窠臼，終無緣得正當也。去年略修舊說，訂正爲多，尚恨未能盡去，得失相半，不成完書耳。庚子。又答呂伯恭書云：詩說昨已附小雅後二冊去矣。小序之說未容以一言定，更俟來誨，却得反復。區區之意，已是不敢十分放手了。前諭未極，更須有說話也，恐尊意見得不如此處，却望仔細一一垂諭，更容考究爲如何。逐旋批示尤幸，并得之却難看也。庚子正月四日。又答吕伯恭書云：向來所喻詩序之説，不知後來尊意看得如何？「雅」、「鄭」二字，「雅」恐便是大小雅，「鄭」恐便是鄭風，不應概以風爲雅，又於鄭風之外別求鄭聲也。聖人删録，取其善者以爲法，存其惡者以爲戒，無非教者，豈必滅其籍哉？看此意思，甚覺通達，無所滯礙，氣象亦自公平正大，無許多回互費力處，不審高明以爲何如也。庚子。又答吕伯恭書云：詩不知竟作如何看。近來看得前日之説，猶是泥裏洗土塊，畢竟心下未安穩清脱。便中求所定者節目處一二篇一觀，恐或有所警發也。庚子。答潘文叔書云：詩亦再看舊説多所未安。見加删改，別作一小書，庶幾簡約易讀。若詳考，即自有伯恭之書矣。甲辰。答潘恭叔書云：近再看二南舊説，極有草草處，已略刊訂，別爲一書，以趨簡約，尚未能便就也。甲辰後。答吕子約書云：詩説久已成書，無人寫得，不能奉寄，亦見子約專治小序而不讀詩，故自度其説未易合而不寄耳。丁未。答李公晦書云：詩説近修得國風數卷，舊本且未須出，甚善。甲寅後。語録詩本易明，只被前面序作梗。序出於漢儒，反亂詩本義。且只將四字成句底詩讀，却自分曉。見作詩集傳，待取詩編排放在前面，驅逐序過後面，自作一處。陳文蔚。〇在字、序字補入。詩序，東漢儒林傳分明説是衛宏作，後來經意不同，都是被他壞了。某又看得亦不是衛宏一手作，多是兩三手合成一序，愈説愈疏。邵浩。向來鄭漁仲有詩辨妄，力詆詩序，其間言語太過，以爲皆是村野妄人所作。始亦疑之，後來仔細看一兩篇，因質之史記、國語，然後知詩序之果不足信。葉賀孫。某向作詩解文字，初用小序，間爲辨破，然終是不見詩人本意。後來方知只盡去小序，便自可通。於是盡滌舊說，詩意方活。吳必大。續集與葉彦忠書云：詩傳兩本，煩爲以新本校舊本，其不同者依新本改正，有紙卅副在内，恐要帖换也。未詳其時，疑甲辰後。年譜詩自毛、鄭以來，皆以小序爲主，其與經文舛戾，則穿鑿爲說以通之。先生獨以經文爲主，而訂其序之是非，復爲一編，附寘經後，以還其舊。

周易本義成。

文集書臨漳所刊易經後云：右古文周易經傳十二篇，亡友東萊呂祖謙伯恭父之所定。而音訓一篇，則其門人金華王莘叟之所筆受也。熹嘗以謂易經本爲卜筮而作，皆因吉凶以示訓戒，故其言雖約而所包甚廣。夫子作傳，亦略舉其一端，以見凡例而已。然自諸儒分經合傳之後，學者便文取義，往往未及玩心全經，而遽執傳之一端，以爲定說。於是一卦一爻，僅爲一事，而易之爲用，反有所局，而無以通乎天下之故。若是者，熹蓋病之，是以三復伯恭父之書，而有發焉，非特爲其章句之近古而已也。音訓則妄，意其猶或有所遺脱。莘叟蓋言書甫畢而伯恭父殁。是則固宜，然亦不敢輒補也，爲之別見於篇後云。淳熙九年夏六月。呂氏書古易後漢興，言易者六家，獨費氏傳古文易而不立於學官。劉向以中古文易經校施、孟、梁邱經，或脱去「旡咎」、「悔」、「亡」，惟費氏經與古文同，然則真孔氏遺書也。東京馬融、鄭元，皆爲費氏學，其書始盛行。今學官所列王弼易，雖宗莊、老，其書固鄭氏書也。費氏易在漢諸家中，最近古，最見排擯，千載之後，巋然獨存，豈非天哉！自康成、輔嗣合彖、象、文言於經，學者遂不見古本。近世嵩山晁氏編古周易，將以復於其舊，而其刊補離合之際，覽者或以爲未安。祖謙謹因晁氏書參考傳記，復定爲十二篇，篇目卷帙一以古爲斷，其説具於音訓云。淳熙八年五月。**晁氏古易跋**周易卦爻一、彖二、象三、文言四、繫辭五、説卦六、序卦七、雜卦八，謹第如上。案晉太康初，發汲縣舊冢，得古簡編，科斗文字，散亂不可訓知，獨周易最爲明了，上下篇與今正同，別有陰陽説，而無彖、象、文言、繫辭。杜預疑於時仲尼造之於魯，尚未播之遠國。而漢藝文志：「易經十二篇，施、孟、梁邱三家。」顔師古曰：「上下經及十翼，故十二篇。」是則彖、象、文言、繫辭始附卦、爻而傳於漢歟。先儒謂費直專以彖、象、文言參解易爻，以彖、象、文言入卦中者，自費氏始。其初費氏不列學官，惟行民間，至漢末陳元方、鄭康成之徒，皆學費氏，古十二篇之易遂亡。孔穎達又謂輔嗣之意，象本釋經，宜相附近，分爻之象辭，各附當爻。則費氏初變亂古制時，猶若今乾卦，彖、象繫卦之末歟？古經始變於費氏，而卒大亂於王弼，惜哉！**朱子書嵩山古易跋後**按晁氏此説，與呂氏音訓大同小異，蓋互有得失也。先儒雖言費氏以彖、象、文言參解易爻，然初不言其分傳以附經也。至謂鄭康成始合彖、象於經，則魏志之言甚明。而詩疏亦云：「漢初，爲傳訓者皆與經別行。」三傳之文不與經連，故石經書公羊傳皆無經文，而藝文志所載毛詩故訓傳亦與經別。及馬融爲周禮注，乃云：「欲省學者兩讀，故具載本文而就經元本作「説經」。爲注。」馬、鄭相去不遠，蓋倣其意而爲之爾。故呂氏於此義爲得之，而晁氏不能無失。至晁氏謂初亂古制時，猶若今之乾卦，彖、象并繫卦末，而卒大亂於王弼，則其説原於孔疏，而吕氏不取也。蓋孔疏之言曰：「夫子所作象辭，本在六爻經辭之後，以自卑退，不敢干亂先聖正經之辭。及至輔嗣之意，以爲象者本釋經文，宜相附近，其義易了，故分爻之象辭，各附其當爻下言之。」此其以爲夫子所作，元在經辭之後，爲夫子所自定，雖未免於有失，而謂輔嗣分爻之象以附當爻，則爲得之，故晁氏捨其半而取其半也。其實今所定復爲十二篇者，古經之舊也。王弼注本之乾卦，蓋存鄭氏所附之例也。坤以下六十三卦，又弼之所自分也。呂氏於跋語雖言康成、輔嗣合傳於經，然於音訓乃獨歸之鄭氏，而不及王弼，則未知其何以爲二家之別。而於王本經傳次第兩體之不同，亦不知所以爲説矣，豈非闕哉？周易會通載此於呂氏易後。

文集答呂伯恭書云：讀易之法，竊疑卦爻之詞，本爲卜筮者斷吉凶，而因以訓戒。至彖、象、文言之作，始因其吉凶訓戒之意，而推説其義理以明之。後人但見孔子所説義理，而不復推本文王、周公之本意，因鄙卜筮爲不足言，而其所以言易者，遂遠於日用之實，類皆牽合委曲，偏主一事而言，無復包含該貫、曲暢旁通之妙。若但如此，則聖人當時自可別作一書，明言義理，以詔後世，何容假託卦象，爲此艱深隱晦之辭乎？故今欲凡讀一卦一爻，便如占筮所得，虛心以求其詞義之所指，以爲吉凶可否之決。然後考其象之所已然者，求其理之所以然者。然後推之於事，使上自王公，下至民庶，所以修身治國，皆有可用。私竊以爲如此求之，似得三聖之遺意。然方讀得上經，其間方多有未曉處，不敢强通也。其可通處，極有本甚平易淺近，而今傳注誤爲高深微妙之説者。如「利用祭祀」、「利用享祀」，只是卜祭則吉。「田獲三狐」、「田獲三品」，只是卜田則吉。「公用享于天子」，只是卜朝覲則吉。「利建侯」，只是卜立君則吉。「利用爲依遷國」，只是卜遷國則吉。「利用侵伐」，只是卜侵伐則吉之類。但推之於事，或有如此説者耳。凡此之類不一，亦欲私識其説，與朋友訂之而未能就也。乙未。答虞士朋書云：寄示趙倉易説，簡易精密，恨未得一見，面扣其詳也。但象數乃作易根本，卜筮乃其用處之實，而諸儒求之不得其要，以至苛細繳繞，令人厭聽。今乃一向屏棄闊略，不復留意，却恐不見制作綱領，語意來歷，似未甚便也。昨於「乾」、「坤」二卦，略記所疑之一二，今漫録呈，幸爲詳之。試因語次，以盛意扣之。癸巳後。與趙提舉書云：大抵易之書本爲卜筮而作，舊亦草筆其説，今漫録二卦上呈。其他文義未瑩者，多未能卒業，姑以俟後世之子雲耳。近又嘗編一小書，略論象數梗概，并以爲獻。丙午、丁未間。答陳明仲書云：讀易亦佳，但經書難讀，而此書尤難。廷老所傳鄙説，當時草草抄出，未成文字，然試略考之，亦可見門户梗概。癸巳後。答余正叔書云：歸家只看得大學與易，修改頗多。義理無窮，心力有限，奈何！惟須畢力鑽研，死而後已耳。戊申後。答鄭仲禮書云：示諭讀易之説甚善。熹蓋嘗以康節之言求之，而得其畫卦之次第。至於經文，亦但以虚心讀之，間略曉其一二，至有不可曉處，則便放下。亦嘗粗筆其説，而未成也。至於畫卦揲蓍之法，則又嘗有一書摹印以傳，名曰啓蒙。癸丑。答孫季和書云：示及易説，意甚精密。但近世言易者，直棄卜筮而虚談義理，致文義牽强無歸宿，此弊久矣。要須先以卜筮占決之意，求經文本義，而復以傳釋之，則其命辭之意，與其所自來之故，皆可漸次而見矣。舊讀此書，嘗有私記未定，而爲人傳出摹印。近雖收毁，而傳布已多，不知曾見之否？其説雖未定，然大概可見，循此求之，庶不爲鑿空妄説也。又嘗作啓蒙一書，亦已板行，不知曾見之否？今往一通，試看如何？别集，辛亥。答劉君房書云：本義未能成書，而爲人竊出，再行摸印，有誤觀覽。啓蒙自今觀之，如論河圖、洛書亦未免有剩語。乙卯後。答楊伯起書云：讀易想益有味，某之謬説，本未成書，往時爲人竊出印賣，更加錯誤，殊不可讀。不謂流傳已到几間，更自不足觀也。別集，己未。語録某之易簡略者，當時只搭記兼文義，伊川及諸儒皆已説過了，某只就語脉中略牽過這意思。劉礪。問：「本義何專以卜筮爲主？」曰：「且須熟讀正文，莫看注解。蓋古易彖、象、文言各在一處，至王弼始合爲一。後世諸儒遂不敢與移動，今難卒説，且須熟讀正文，久當自悟。」余大雅。庚戌五月初，見先生於臨漳，問看易，曰：「易未好看，易自難看。先儒講解失聖人意處多。」又問讀詩，曰：「詩固可以興，然亦自難。先儒之説亦多失之。某枉費許多年工夫，近來於詩、易略得聖人之意。」徐寓。近趙子欽有書來，云某説語、孟極詳，易説却太略。譬之此燭籠，添得一條骨子，則障了一路光明。若能盡去其障，使之統體光明，豈不更好？蓋著不得詳説也。李方子。先生於詩傳，自以爲無復遺恨，曰：「後世若有揚子雲，必好之矣。」而意不甚滿於易本義，蓋先生之意只欲作卜筮用，而爲先儒説道理太多，終是翻這窠臼未盡，故不能不致遺恨云。沈僩。

五年戊戌，四十九歲。秋八月，差知南康軍，辭。

年譜宰相史浩必欲起之，或言宜處以外郡。於是差權發遣南康軍事，兼管内勸農事，仍借緋。本傳史浩再相，除知南康軍，降旨便道之任。

文集辭免知南康軍狀。

冬十月，有旨不許辭免，復辭，請祠。

十月，奉旨不許辭免，令疾速前去之任。候任滿前來奏事。即具劄子辭，乞宫廟差遣。

文集 乞宫觀劄子。

十二月，省劄趣之任。

六年己亥，五十歲。春正月，復請祠。二十五日啓行，候命于鉛山。

年譜 東萊屢書勉行。南軒亦謂須一出爲善，雖去就出處素有定論，然更須斟酌消息，勿至已甚，苟一向固拒，則上之人謂賢者不肯爲用，於大體却有害也。先生至是始有行意。二十五日離家，行至信州鉛山候命，寓止崇壽僧舍。

二月，復請祠。

陸子壽來訪。

文集 和鵝湖寺子壽韻云：「德義風流夙所欽，别離三載更關心。偶扶藜杖出寒谷，又枉藍輿度遠岑。舊學商量加邃密，新知培養轉深沈。只愁説到無言處，不信人間有古今。」語録 陸子壽自撫來信，訪先生於鉛山觀音寺。子壽每談事，必以論語爲證，如曰：「聖人教人『居處恭，執事敬』。」又曰：「『子所雅言，詩、書、執禮，皆雅言也』。『弟子入則孝，出則弟，謹而信，泛愛衆而親仁』。此等皆教人就實處行，何嘗高也。」先生曰：「某舊時持論亦好高，近來漸漸移近下，漸漸著實也。如孟子却是將他已到底教人，如言存心養性，知性知天，有其説矣，是他自知得，餘人未到他田地，如何知得他滋味，卒欲行之，亦未有入頭處。若論語却是教人存心養性，知性知天，實涵養處，便見得，便行得也。」子壽看先生解「莫顯乎微」云「幾微，細事也」，因歎美其説之善曰：「前後説者連『莫見乎隱』一滚説了，更不見切體處。今如此分別，却是使人有檢點處。九齡自覺力弱，尋常非禮念慮，固能常常警策，不使萌於心。然志力終不免有怠時，此殆所謂幾微處須檢點也。」先生曰：「固然。」陸子壽言：「古者教小子弟，自能言能食即有教，以至灑掃應對皆有所習，故長大則易語。今人自小即教做對，少大即教作虚誕之文，皆壞其性質。某嘗思欲做一小學規，使人自小教之便有法，如此亦須有益。」先生曰：「只做禪院清規樣，亦自好。」子壽言：「孔子答群弟子所問，隨其材答之，不使聞其不能行之説，故所成就多。如『克己復禮爲仁』，唯以分付與顔子，其餘弟子不得與聞也。今教學者，説著便令克己復禮，幾乎以顔子望之矣。今釋子接人，猶能分上中下三根，云我則隨其根器接之。吾輩却無這個。」先生曰：「此説固是，如克己之説，却緣衆人皆有此病，須克之乃可進，使肯相從，却不誤他錯了路。設若教他釋子輩來相問，吾人使之克己復禮，他還相從否？」子壽云：「他不從矣。」曰：「然則彼所謂根器接人者，又如何見得是與不是？解後却錯了，不可知。」俱余大雅。文集答吕伯恭書云：近兩得子壽兄弟書，却自訟前日偏見之説，不知果如何？戊戌。又答吕伯恭書云：子壽相見，其説如何？子静近得書，其徒曹立之者來訪，氣質儘佳，亦似知其師説之誤。持得子静答渠書，與劉淳叟書，却説人須是讀書講論，然則自覺其前説之誤矣。但不肯翻然説破今是昨非之意，依舊遮前掩後，巧爲詞説，只此氣象却似不佳耳。己亥十月。又答吕伯恭書云：子静學生又有興國萬人傑字正淳者，亦佳，見來此相聚，云子静却教人讀書講學。亦得江西朋友書，亦云然。此亦皆濟事也。庚子。又答吕伯恭書云：子壽兄弟得書，子静約秋涼來游廬阜，但恐此時已换却主人耳。渠兄弟今日豈易得？但子静似猶有舊來意思。聞其門人説，子壽言其雖已轉步而未曾移身。然其勢久之亦必自轉。回思鵝湖講論時，是甚氣勢，今何止什去七八耶。庚子六月。東萊集與朱元晦書云：陸子壽前日經過，留此二十餘日，幡然以鵝湖所見爲非，甚欲著實看書講論，心平氣下，相識中甚難得也。庚子。文集答曹立之書云：録示陸兄書，意甚佳。近大冶萬正淳來訪，亦能言彼講論曲折，大概比舊有間矣。但覺得尚有兼主舊説，以爲隨時立教不得不然之意。似此意思，却似漸有揜覆不明白處。以故包顯道輩仍主先入，尚以讀書講學爲充塞仁義之禍。此語楊子直在南豐親聞其説。而南軒頃亦云傅夢泉者，揚眉瞬目云云。恐不若直截剖判，使令今是昨非平白分明，使學者各洗舊習，以進於日新之功，不宜尚復疑貳祕藏，以滋其惑也。祭陸子壽教授文云：學匪私説，惟道是求。苟誠心而擇善，雖異序以同流。如我與兄，少不並遊。蓋一生而再見，遂傾倒以綢繆。念昔鵝湖之下，實云識面之初。兄命駕而鼎來，載季氏而與俱。出新篇以示我，意懇懇而無餘。厭世學之支離，新易簡之規模。顧予聞之淺陋，中獨疑而未安。始聽瑩於胸次，卒紛繳於談端。徐度兄之不可遽以辨屈，又知兄必將返而深觀。遂逡巡而旋返，悵猶豫而盤旋。別未幾時，兄以書來。審前説之未定，曰子言之可懷。逮余辭官而未獲，停驂道左之僧齋。兄乃枉車而來教，相與極論而無猜。自是以還，道合志同。何風流而雲散，乃一西而一東。蓋曠歲以索居，僅尺書之兩通。期杖屨之肯顧，或慰滿乎余衷。屬者乃聞兄病在牀，亟發書而問訊，并裹藥而携將。曾往使之未返，何來音之不祥。驚失聲而隕涕，沾予袂以淋浪。嗚呼哀哉！今茲之歲，非龍非蛇，何獨賢人之不淑，屢興吾道之深嗟。唯兄德之尤粹，儼中正而無邪。至其降心以從善，又豈有一毫驕吝之私耶！嗚呼哀哉！兄則已矣，此心實存，炯然參倚，可覺惰昏。孰泄予哀，一慟寢門，緘辭千里，侑此一尊。子壽以庚子九月二十九日卒。答呂伯恭書云：子壽復爲古人，可痛可傷。不知今年是何氣數，而吾黨不利如此也。又答呂伯恭書云：子壽云亡，深可痛惜。吾道不振，此天也。奈何！奈何！答傅子淵書云：荆州云亡，忽忽歲晚。比又得青田教授陸兄之訃，吾道不幸，乃至於此。每一念之，痛恨無窮。俱庚子。

三月，省劄復趣行，是月晦，赴上。

年譜　到任，首下教三條：一，以郡土瘠民稀，役煩税重，求所以寬恤之方，俾士人父老僧道民人，有能知利病之源者，悉具以陳。二，俾士人鄉人父老，歲時集會，教戒子弟，使修其孝弟忠信，入以事其父兄，出以事其長上，篤厚親族，和睦鄉鄰，有無相通，患難相恤，以成風俗之美。三，俾鄉黨父老各推擇其子弟之有志於學者，遣詣學宫，以暇時與教官同共講説經旨，以誘掖之，庶長材秀民爲時而出。洪本。先生每四五日一詣學宫，爲諸生講説，亹亹不倦。郡之有賢德者禮之以爲學職，士風翕然丕變。李本。

立濂溪周先生祠于學宫，以二程先生配。又立五賢祠。

年譜 先是移文教授、司户，以爲蒙恩假守，畀付民社，將使宣明教化，敦厲風俗，非徒責以簿書期會而已。其爲訪尋陶威公侃、謝文靖公安，陶靖節先生潛、前朝孝子司馬暠、司馬延義、熊仁贍，義門洪氏等遺跡，與夫白鹿洞學宮之廢址，濂溪先生周公、西澗先生劉公父子、了翁先生陳公祠宇之有無，並核其實以告。至是乃立周先生祠，以二程先生配。其陶靖節潛、劉西澗父子、屯田員外郎劉渙凝之，子祕書丞劉恕道原。李公擇、尚書李常公擇。陳了翁，諫議大夫陳瓘了翁。四公皆南康人，了翁則謫居於此。則別爲堂祀之，榜曰五賢堂。洪本。周祠，張南軒爲記。五賢祠，尤延之爲記。

文集 知南康榜文。又牒。

夏五月，遣使祭唐孝子熊仁贍之墓。

修復劉屯田墓。

壯節亭記：始至，訪求先賢遺跡，得故尚書、屯田員外郎劉公凝之之墓，於城西門外草棘中。爲作小亭於其前，立門墻，謹扃鑰，以限樵牧。用歐陽公語，名其亭以壯節。

文集 告熊孝子墓文。祭屯田劉居士墓文。壯節亭記。

請祠，不報。

作卧龍菴，祀諸葛武侯。

年譜 菴在廬山之陽五老峰下，捐俸錢，屬西原隱者崔嘉彦董其役。繪諸葛武侯像於堂中，書武侯制表中語「洪毅忠壯，忘身憂國，鞠躬盡力，死而後已」一十六字於楣間。後又越數百步，面龍潭作亭，爲吏民禁禱之所。時歲適旱祲，以爲龍之淵卧者，可以起而天行矣，因榜曰起亭。洪本。

文集卧龍菴記。

文集答吕伯恭書云：四五日一至學中，爲諸生誦説。只此一事，猶覺未失故步。又答吕伯恭書云：學中略爲説大學，近已終篇。今却只是令教官挑覆所授論語諸生説未到處，略爲發明，亦未嘗輒升講座，侵官瀆告，如來教所慮也。但只如文翁、常衮之爲，區區志願止於如此耳。政事固欲簡静，但今時仕宦之人，不務恤民，多是故縱吏胥，畏憚權豪，凡有公事，略加點檢，無不坐此二病者。勢不得已，須差擇一二根治，此外則不敢有毫毛之擾。財賦適諸縣皆不得人，弛廢殊甚，爲丞佐所迫，亦不免追人吏監禁斷遣〔二〕。然思爲縣者，亦豈不欲了辦財賦，見知州郡，何苦如此逋慢，想亦是有做不行處。每握筆欲判此等文字，未嘗不慨然太息也。又云修造事，學中二祠只是因舊設像，無地步可起造，其他方作得劉凝之菴亭並門。凡此等皆用初到送代者折送香藥，及逐月供給中不應得者樁管爲之，不敢破使官錢。至如前書所説卧龍菴，又自用俸錢，亦不敢破此錢矣。

六月，奏乞減星子縣税錢。

具狀奏請本軍諸縣大抵荒涼，而星子尤甚，因官吏節次增起税額及和買折帛，數目浩瀚，人户盡力供輸，有所不給，乞賜蠲減。事下户部。

請祠，不報。

秋七月，以庶僚不合用劄子，中省自劾。

行狀 先生在任，嘗用劄子奏事，後因臺諫言用劄子非舊制，遂申乞罷黜。

八月，嚴別籍異財之令。

文集 答吕伯恭書云：郡事比亦甚簡静，秋間以兩縣破壞，不免暫易其人，即日詞訟便減十七八，今或至竟日而無訟者，亦緣略鋤去一二亂政生訟者之故。戒令勸率，民間亦肯相信。如舉行别籍異財之令，父子復合者數家。初恐未必從令，不意其能爾也。

文集 曉喻兄弟争財産事。

冬十月，復建白鹿洞書院。

書院乃唐隱士李渤所居，當時學者多從之遊，遂立黌舍。五代時李氏爲建官師，給田贍養，徒衆甚盛。太平興國中，嘗蒙詔賜九經，而官其洞主。咸平中，有敕重修。其後淪壞日久，莽爲丘墟。乃爲訪求遺址，屬教授楊大法、星子令王仲傑重建書院於其地。明年三月訖功，率賓佐合師生修釋菜之禮，以告於先聖先師。又奏乞賜書院敕額，及太上皇帝御書石經板本九經注疏，并遍求江西諸郡文字藏之。又置田以贍學者，每休沐輒一至，諸生質疑問難，誨誘不倦。退則相與徜徉泉石間，竟日乃反。文集 白鹿洞書院學規：父子有親，君臣有義，夫婦有别，長幼有序，朋友有信。右五教之目。堯舜使契爲司徒，敬敷五教，即此是也。學者學此而已。而其所以學之之序，亦有五焉，其別如左：博學之，審問之，愼思之，明辨之，篤行之。右爲學之序。學問思辨四者，所以窮理也。若夫篤行之事，則自修身以至於處事接物，亦各有要，其別如左：言忠信，行篤敬，懲忿窒慾，遷善改過。右修身之要。正其誼不謀其利，明其道不計其功。右處事之要。己所不欲，勿施於人，行有不得，反求諸己。右接物之要。熹竊觀古昔聖賢所以教人爲學之意，莫非使之講明義理，以修其身，然後推以及人，非徒欲其務記覽爲詞章，以釣聲名取利禄而已也。今人之爲學者，則既反是矣。然聖賢所以教人之法，具存於經，有志之士，固當熟讀深思而問辨之。苟知其理之當然，而責其身以必然，則夫規矩禁防之具，豈待他人而後有所持循哉！近世於學有規，其待學者爲已淺矣，而其爲學又未必古人之意也。故今不復以施於此堂，而特取凡聖賢所以爲學之大端，條列如右，而揭之楣間。諸君其相與講明遵守，而責之於身焉，則夫思慮云爲之際，其所以戒謹而恐懼者，必有嚴於彼者矣。其有不然，而或出於此言之所棄，則彼所謂規者，必將取之，故不得而略也。諸君其亦念之哉。

東萊呂公白鹿洞書院記

淳熙六年，南康軍秋雨不時，高卬之田告病。郡守新安朱侯熹，行眡陂塘，並廬山而東，得白鹿洞書院廢址，慨然顧其僚曰：是蓋唐李渤之隱居，而太宗皇帝驛送九經，俾生徒肄業之地也。書院創於南唐，其事至鮮淺，太宗於汛掃區宇日不暇給之際，奬勸封殖，如恐弗及，規摹遠矣。中興五十年，釋、老之宫圮於寇戎者，斧斤之聲相聞，各復其初。獨此地委於榛莽，過者太息，庸非吾徒之耻哉！郡雖貧薄，顧不能築屋數楹，上以宣布本朝崇建人文之大指，下以續先賢之風聲於方來乎！乃屬軍學教授楊君大法、星子縣令王君仲傑董其事。又以書命祖謙記其成。祖謙竊聞之諸公長者，國初斯民新脱五季鋒鏑之厄，學者尚寡，漸而向平，文風日起，儒先往往依山林即閒曠以講授，大師多至數十百人，嵩陽、嶽麓、睢陽及是洞爲尤著，天下所謂四書院者也。祖宗尊右儒術，分之官書，命之禄秩，錫之扁榜，所以寵綏之者甚備。當是時，士皆上質實，下新奇，敦行義而不偷，守訓詁而不鑿，雖學問之淵源統紀或未深究，然甘受和，白受采，既有進德之地矣。慶曆、嘉祐之間，豪傑並出，講治益精。至於河南程氏、横渠張氏，相與倡明正學。然後三代孔孟之教，始終條理於是乎可考。熙寧初，明道先生在朝，建白學制、教養、考察、賓興之法，綱條甚悉。不幸王氏之學方興，其議遂格，有志之士未嘗不嘆息於斯也。建炎再造，典刑文憲，浸還舊觀，關、洛緒言，稍出於黜棄剪滅之餘。晚進小生，驟聞其語，不知親師取友，以講求用力之實，躐等陵節，忽近慕遠，未能窺程、張之門庭，而先有王氏高自聖賢之病。如是洞之所傳習道之者，或鮮矣。然則書院之復，豈苟云哉！此邦之士，盍相與揖先儒淳固慤實之餘風，而遵守離經辨志之始教，由博而約，自下而高，以答揚熙陵開迪樂育之大德，則於賢侯之勸學斯無負矣。至於考方志，紀人物，亦有土者所當謹，若李濬之之遺跡，固不得而略也。侯於是役，重民之勞，賦功已狹，率損其舊十七八，力不足而意則有餘矣。興廢始末，具於當途執事所記者，皆不書。

文集白鹿洞賦。白鹿洞牒。白鹿洞成告先聖文。

是月，申省自劾。

申省狀言：屬縣今秋有旱傷處，不惟失於檢放，而催理舊欠過於嚴急，遂致人户流移，乞特與敷奏，早賜罷黜，以爲遠近牧守之戒。十二月，又以未蒙處分，復申省自劾。

申請賜晉太尉陶威公廟額。

申轉運使狀云：據都昌縣税户等言，公始家鄱陽，後徙潯陽，見有遺跡在本軍都昌縣界，及本軍城内。都昌縣有廟二所，水旱禱禳，皆有感應，乞加封號。又據本縣繳到江南劉義仲所撰公贊，撫州吴澥所著辯論，所以發明公之心迹，尤爲明白，有補名教，理宜褒顯。而公位登三事，爵冠五等，當時所以品節尊名者，已稱其行事之實。今據士民陳請，欲乞朝廷詳酌，採其行事，特賜廟額，以表忠義，更不别賜爵號。

七年庚子，五十一歲。春正月，請祠不報。

二月，復奏乞免星子縣税錢。

去歲六月，奏事下户部，户部下之漕司，責以上供對補。乃復上奏，州郡公私匱乏不能相救，是以有此奏請。今乃限以對補，勢無從出，不過剜肉醫瘡，以欺天罔人，非惟無益，而反有害。欲望聖慈直賜蠲放施行，計其所捐不過紬絹一千五十餘匹、錢二千九百餘貫，而可以少寬斯人，使得安其生業。文集乞蠲減星子縣税錢第二狀。第一狀闕。

南軒張公訃至，罷宴，哭之。

文集祭張敬夫殿撰文云：嗚呼敬夫，遽棄余而死也耶！我昔求道，未獲其友。蔽莫予開，吝莫予剖。蓋自從公而觀於大業之規模，察彼群言之紛糾，於是相與切磋以究之，而又相厲以死守也。丙戌當作「丁亥」。之冬，風雪南山，解袂梯州，今十五當作「四」。年。公試畿輔，公當作「入」。翔禁省，公牧于南，我遯巖嶺，顯晦殊迹，心莫與同，書疏懇惻，鬼神可通。公尹江陵，我官廬嶽，驛騎相望，音問逾數。去臘之窮，有來自西，告我公疾，手書在携。我觀於時，神理或僭，是疾雖微，已足深念。亟遣問訊，閱月而歸，叩函發書，歎吒歔欷。時友曾子，實同我憂，揮涕請行，誼不忍留。曾行未幾，公訃果至。張侯適來，相向反袂。嗚呼敬夫！竟棄予而死也耶！惟公家傳忠孝，學造精微。外爲軍民之所屬望，內爲學者之所依歸。治民以寬，事君以敬，正大光明，表裏輝映。自我觀之，非惟十駕之弗及，蓋未必終日言而可盡也。矧聞公喪，痛徹心膂，緘詞寄哀，不遑他語。顧聞公之臨絕，手遺疏以納忠，召賓佐而與訣，委符節而告終。蓋所謂正而斃者，又凜乎其有史魚之風，此猶足以爲吾道而增氣，抑又可以上悟於宸聰。又聞公於此時，屬其弟以語予，用斯文以爲寄，意懇懇而無餘，顧何德以堪之。然敢不竭其庸虛，並矢詞以爲報，尚精爽其鑒茲，嗚呼哀哉！又祭張敬夫殿撰文云：維淳熙七年，歲次庚子六月癸未朔六日丁亥，具位朱熹聞故友敬夫張兄右文修撰，大葬有期，謹遣清酌時羞，奠於柩前，南望拜哭。起而言曰：嗚呼，自孔孟之云遠，聖學絕而莫繼。得周翁與程子，道乃抗而不墜。然微言之輟響，今未及乎百歲，士各私其所聞，已不勝其乖異。嗟惟我之與兄，脗志同而心契，或面講而未窮，又書傳而不置。蓋有我之所是，而兄以爲非；亦有兄之所然，而我之所議；又有始所共鄉，而終悟其偏；亦有早所同嚌，而晚得其味。蓋繳紛往反者，幾十餘年，末乃同歸而一致。由是上而天道之微，遠而聖賢之祕，近則進修之方，大則行藏之義，以兄之明，固已洞照而無遺，若我之愚，亦幸竊窺其一二。然兄喬木之故家，而我衡茅之賤士；兄高明而宏博，我狷狹而迂滯。故我嘗謂兄宜以是而行之當時，兄亦謂我盍以是而傳之來裔。蓋雖隱顯之或殊，實則交須而共濟，不惟相知之甚審，抑亦自靖而無媿。嗚呼！孰謂乃使兄終在外以違其心，予亦見縻於斯，而所願將不遂也。政使得間以就其書，是亦任左肱而失右臂也。傷哉吾道之窮，予復何心於此世也！惟修身補過，以畢餘年，庶有以見兄於下地也。聞兄之葬而不得臨，獨南望長號以寄此酹也。惟兄憐而鑒之，尚陰有以輔予之志也。嗚呼哀哉！神道碑云：公之教人，必使之先有以察乎義利之間，而後明理居敬以造其極。其剖析開明，傾倒切至，必竭兩端而後已。蓋其嘗言有曰：學莫先於義利之辨〔三〕，而義也者，本心之所當爲而不能自已，非有所爲而爲之者也。一有所爲而後爲之，則皆人欲之私，而非天理之所存矣。嗚呼！至哉言也！其亦可謂擴前聖之所未發，而同於性善養氣之功者歟。年譜南軒卒於江陵府治。疾革時，弟定叟求教，南軒曰：「朝廷官職莫愛他底。」一友在左右，扶掖求教，南軒曰：「蟬蜕人欲之私，春融天理之妙。」語訖而逝。洪本。文集答吕伯恭書云：欽夫竟不起疾，極可痛傷。熹前月初遣人請祠未還，今又專人再懇，勢必可得，只俟命下，便自此便道一過長沙哭之也。又答吕伯恭書云：荆州之訃，前書想已奉聞。兩月來每一念及之，輒爲之泫然。朋舊書來，無不相弔。吾道之衰，乃至於此，爲將奈何！又答吕伯恭書云：欽夫之逝，忽忽半載，每一念之，未嘗不酸噎。同志書來，亦無不相弔者，益使人慨歎。蓋不惟吾道之衰，於當世亦大有利害也。今日方再遣人往致葬奠，臨風哽愴，殆不自勝。計海内獨尊兄爲同此懷也。祭文一篇，謹録呈。蓋欽夫向嘗有書來，云見熹諸經説，乃知閒中得就此業，殆天意也。因此略述向來講學與所以相期之意，而歎吾道之孤且窮，於欽夫則不能有所發明也。張敬夫文集序云：孟子没而義利之説不明於天下，中間董相仲舒、諸葛武侯、兩程先生屢發明之，而世之學者，莫之能信。是以其所以自爲者，鮮不溺於人欲之私，而其所以謀人之國家，則亦曰功利焉而已爾。爰自國家南渡以來，乃有丞相魏國張忠獻公，倡明大義，以斷國論。侍讀南陽胡文定公，誦説遺經，以開聖學。其託於空言，見於行事，雖若不同，而於孟子之言，董、葛、程氏之意，則皆有所謂千載而一轍者。若近故荆州牧張侯敬夫者，則又忠獻公之嗣子，而胡公季子五峰先生之門人也。自其幼壯不出家庭，而固已得夫忠孝之傳。既又講於五峰之門，以會其歸，則其所以默契於心者，人有所不得而知也。獨其見於論説，則義利之間，毫釐之辨，蓋有出於前哲之所欲言而未及究者。措諸事業，則凡宏綱大用，巨細顯微，莫不洞然於胸次，而無一毫功利之雜。是以論道於家，而四方學者爭鄉往之。入侍經帷，出臨藩屏，則天子亦味其言，嘉其績，且將寄以大用。而敬夫不幸死矣！敬夫既没，其弟定叟裒其故藁，得四巨編，以授予曰：「先兄不幸早世，而其同志之友亦少存者。今欲次其文以行於世，非子之屬而誰可？」予受書愀然，開卷亟讀，不能盡數篇，爲之廢書太息流涕而言曰：「世復有斯人也耶！無是人而有是書，猶或可以少見其志。然吾友平生之言，蓋不止此也。」因復益爲求訪，得諸四方學者所傳凡數十篇。又發吾篋，出其往還書疏讀之，亦多有可傳者。方將爲之定著繕寫，歸之張氏，則或者已用别本摹印，而流傳廣矣。遽取觀之，蓋多向所講焉而未定之論，而凡近歲以來，談經論事，發明道要之精語，反不與焉。予因慨念敬夫天資甚高，聞道甚蚤，其學之所就，既足以名於一世，然察其心，蓋未嘗一日以是而自足也。比年以來，方且窮經會友，日反諸心而驗諸行事之實，蓋有所謂不知年數之不足者。是以其學日新而無窮，其見於言語文字之間，始皆極於高遠，而卒反就於平實，此其淺深疏密之際，後之君子其必有以處之矣。顧以序次之不時，使其說之出於前而棄於後者，猶得以雜乎篇帙之間，而讀者或不能無疑信異同之惑，是則予之罪也已夫。於是乃復亟取前所蒐輯，參伍相校，斷以敬夫晚歲之意，定其書爲四十卷。嗚呼！使敬夫而不死，則其學之所至，又豈予之所得而知哉！敬夫所爲諸經訓義，唯論語說晚嘗更定，今已別行，其他往往未脱藁時，學者私所傳録，敬夫蓋不善也，以故皆不著。其立朝論事，及在州郡條奏民間利病，則上意多鄉納之，亦有頗施行者，以故亦不著。獨取其經筵口義一章，附於表奏之後，使敬夫所以堯舜吾君，而不愧其父師之傳者，讀者有以識其端云。淳熙甲辰十有二月辛酉。答何叔京書云：欽夫之學，所以超脱自在，見得分明，不爲言句所桎梏，只爲合下入處親切。今日説話雖未能絶無滲漏，終是本領是當，非吾輩所及也。戊子。答石子重書云：欽夫見處卓然不可及，從遊之久，反復開益爲多。但其天姿明敏，初從不歷階級而得之，故今日語人亦多失之太高。湘中學子從之遊者，遂一例學爲虛談，其流弊亦將有害。比來頗覺此病矣。戊子。答范伯崇書云：欽夫日前議論傷快，無涵養本原工夫，終覺應事匆匆。熹亦近方覺此病不是小事也。庚寅。答吕伯恭書云：長沙三兩月不得書。邵武有孟子説，不知所疑云何？預以見告，須得本考之也。然此等文字，流傳太早，爲害不細。昨見人抄得節目一兩條，已頗有可疑處，不知全書復如何？若洙泗言仁則固多未合，當時亦不當便令盡版行也。癸巳。又答吕伯恭書云：欽夫近得書寄語解數段，亦頗有未合處，然比之向來，收斂慤實則已多矣。癸巳。與劉子澄書云：荆州論語甚改得好，比舊本大不干事，若不死，更長進，深可痛惜。伯恭詳審，穩當有餘，却不及此公之俊偉明快也。别集，辛丑。答吕士瞻書云：南軒辨吕與叔中庸，其間病多，後本已爲删去矣。但程先生云：涵養於未發之前則可，求中於未發之前則不可。此語切當不可移易。則欽夫之説，亦未爲非。但其意一切要於閙處承當，更無程子涵養之意，又自爲大病耳。渠後來此意亦改，晚年説話儘不干事也。甲辰。語録欽夫見識極高，却不耐事。伯恭學耐事，却有病。黄升卿。南軒、伯恭之學，皆疏略。南軒疏略從高處去，伯恭疏略從卑處去。沈僩。南軒論語初成書時，先見後十篇，一切寫去與他説，後見前十篇，又寫去。後得書來，謂説得是，都改了。孟子説不曾商量。不知何人。

三月請祠，不允。

修學，申乞以泗水侯從祀。

申省狀云：昨因修葺軍學，見從祀神位名號差舛，具狀申尚書禮部，准本部降到，見行從祀神位名號已奉安訖，而泗水侯孔鯉獨未得在從祀之列。欲望朝廷特賜詳酌，將泗水侯列於從祀，位在七十子之後，沂水侯孔伋之前。庶幾孔門之賢，悉登祀典。文集乞以泗水侯從祀先聖狀。

申乞頒降禮書。

申禮部狀云：今州縣春秋釋奠，祈報社稷，及祀風雨雷師壇壝器服之度，升降跪起之節，無所據依，循習茍簡。而臣民之家冠昏喪祭，亦無頒降禮文可以遵守。欲乞特賜申明，檢會政和五禮新儀内州縣臣民合行禮制，鏤板行下諸路州軍。其壇壝器服制度，亦乞彩畫圖本，詳著大小高低廣狹淺深尺寸行下，以憑遵守。又乞增修禮書狀云：禮部符下政和五禮祭祀儀式，竊嘗參考，頗未詳備。又近者禮部奏請編類州縣臣民禮儀，鏤板頒降。竊慮其間未詳備處，將來奉行或致牴牾。今具如後，如有可採，乞賜施行。

文集 乞頒降禮書狀。 乞增修禮書狀。

夏四月，申減屬縣木炭錢。

本軍木炭錢，元係交納本色，紹興年間改折納錢。以税絹紐折，比之紬絹，計增一倍，比之本色，計增三倍，重困民力。到任之初，即申提點坑冶司，乞與裁減。又具狀申省，准省劄下泉司指定，至是泉司奏下，凡三屬縣，歲減二千緡。提點坑冶司號泉司。

文集 論木炭錢利害劄子一。 劄子二。 劄子三。

應詔上封事。

行狀 詔監司郡守，條具民間利病。遂上疏，言天下之大務，莫大於恤民，恤民之本，又在人君正心術以立紀綱。今日民間特以税重爲苦，正緣二税之入，朝廷盡取以供軍，而州縣無復贏餘，則不免於二税之外，別作名色，巧取於民。今民貧賦重，若不討理軍實，去其浮冗，則民力決不可寬。唯有選將吏，覈兵籍，可以節軍貲；開廣屯田，可以實軍儲；練習民兵，可以益邊備。今日將帥之選，率皆膏粱子弟，厮役凡流，所得差遣，爲費已是不貲。到軍之日，唯望裒斂刻剥，以償債負。總餽餉之任者，亦皆倚負幽陰，交通貨賂。其所驅催東南數十州之脂膏骨髓，名爲供軍，而輦載以輸權倖之門者不可以數計。然則欲討軍實以紓民力，必盡反前之所爲，然後乃可革也。授將印，委利權，一出於朝廷之公議，則可以絶苞苴請託之私，而刻剥之風可革。務求忠勇沈毅、實經行陣之人，則可以革輕授非才之弊。而軍士畏愛，蒐閲以時，以漸省列屯坐食之兵，稍損州縣供軍之數。又擇老成忠實、通曉兵農之務者，使領屯田之事，付以重權，責以久任，則可竄名冗食者，不得容於其間。軍節既覈，屯田既成，兵民既練，州縣事力既紓，然後可以禁其苛斂，責其寬恤，庶幾窮困之民得保生業，無復流移漂蕩之患矣。所謂其本在於正心術以立紀綱者，蓋天下之紀綱不能以自立，必人主之心術公平正大，無偏黨反側之私，然後紀綱有所繫而立。君心不能以自正，必親賢臣，遠小人，講明義理之歸，閉塞私邪之路，然後乃可得而正。今宰相、臺省、師傅、賓友、諫諍之臣皆失其職，而陛下所與親密謀議者，不過一二近習之臣。此一二小人者，上則蠱惑陛下之心志，使陛下不信先王之大道，而悦於功利之卑説，不樂莊士之讜言，而安於私暬之鄙態。下則招集士大夫之嗜利無耻者，文武彙分，各入其門，所喜則陰爲引援，擢寘清顯，所惡則密行訾毁，公肆擠排。交通貨賂，則所盗者皆陛下之財；命卿置相〔三〕，則所竊者皆陛下之柄。陛下所謂宰相、師傅、賓友、諫諍之臣，或反出入其門墻，承望其風旨。其幸能自立者，亦不過齷齪自守，而未嘗敢一言以斥之。其甚畏公論者，乃略能警逐其徒黨之一二。既不能深有所傷，而終亦不敢明言，以擣其囊橐窟穴之所在。勢成威立，中外靡然向之，使陛下之號令黜陟不復出於朝廷，而出於此一二人之門，名爲陛下之獨斷，而實此一二人者陰執其柄。蓋其所壞，非獨壞陛下之紀綱，乃併與陛下所以立紀綱者而壞之。則民又安可得而恤？財又安可得而理？軍政何自而修？土宇何自而復？宗廟之讎耻又何時而可雪耶？文集答呂伯恭書云：前日妄發，本期密贊聖聰，昨日乃聞降付後省，不密失身，從是始矣。然業已致身事主，生死禍福，唯其所制，非己所得專也。此間只有三五擔行李，及兒甥一兩人〔四〕，去住亦不費力，但屏息以俟雷霆之威耳。前日如自明諸人文字及近習者皆不降出，此乃付外又不可曉，區區愚忠，猶不能無冀幸於萬一耳。庚子六月。與江東陳帥云：熹疏賤狂瞽之言，意謂必觸雷霆之怒，今聞已降付後省矣。是明主固優容之，但此章宣露，賤迹自是愈孤危矣。陳帥俊卿。與周參政劄子云：蒙諭謬妄所陳，聖旨乃有假借納用之意，自惟疏賤，不宜得此，悚戴之私，殆未易以言語既也。然前事不聞有所施行，後事更被詰問，反若以遲滯之罪罪之者，惜乎聖主虛心受言之美，未有以見於行事之實也。周參政必大。文集庚子應詔封事。

請祠，不報。

秋七月，再奏南康軍旱災。

大修荒政。

年譜是夏大旱，盛暑中，禱祠山川，却蓋暴露，蔬食踰月，恐懼憂勞，無頃刻暇。至秋計苗，失收七分以上，乃竭力措置，爲荒政備。首諭小民安分著業，以待賑恤，毋得輕有流移。令主户各存恤其客户，有餘米平價出糶，以濟鄉閭。其有措借出放，亦許自依鄉例，將來填還不足，官司爲責償。如有違令閉糴者，當根究施治。其貧民妄行需索，鼓衆作鬧，定當重作行遣。又計度本軍别無儲積，常平米斛甚少，乃兑借上供官錢二萬四千餘貫，糴米一萬一千餘石，以備賑糶。又以賞格勸諭富室，得米一萬九千石，賑給饑民。又奏乞留六年未起米，及本年檢放外餘米，盡行撥賜。又乞令轉運、常平兩司，將所管常平義倉，通融支撥，應副軍糧。又乞許依分數放免外，其今年夏税未納錢帛，權行倚閣，俟來年蠶麥成熟，却隨新税帶納本年苗米四萬六千五百餘石，檢放三萬七千四百餘石。又奉旨三等以下人户，零欠夏税，並與倚閣。放數既寬，以故民無流移，凡荒政涉冬皆已有緒。洪本。〔語録〕先生因説賑濟曰：平居須是修陂塘始得，到得旱了賑濟，委無良策。然下手得早，亦得便宜。在南康時才見旱，便剗刷錢物，庫中得三萬來貫，準擬糴米添支官兵，却去上供錢内借三萬貫，糴米賑糶，早時糴得却糶，錢還官中解發，是以不闕事。舊來截住客船糴三分米，至於客船不來。某見官中及上户自有米，遂出榜放客船米自便，不糴客船米，又且米價不甚貴。滕璘。

〔行狀〕至郡，懇惻愛民，如己隱憂，興利除害，惟恐不及。屬邑星子，土瘠税重，乞從蠲減，章凡五六上。歲值不雨，講求荒政，凡請於朝，言無不盡。官物之檢放、倚閣、蠲減、除豁、帶納，如秋苗、夏税、木炭、月樁、經總制錢之屬，各視其色目爲之條奏，或至三四，不得請不已。並奏請截留綱運，乞轉運，常平兩司撥錢米充軍糧，備賑濟。中嚴隣路斷港遏糴之禁。選官吏，授以方略，俾視境内，具知荒歉分數、户口多寡、蓄積虛實，通商勸分，多所全活。其施設次第，人爭傳録以爲法。訖事，奏乞依格推賞納粟人者凡數四。先生視民如傷，至姦豪侵擾細民、撓法害政者，懲之不少貸。由是豪强斂戢，閭里安靖。

文集　奏南康軍旱傷狀。　再奏南康軍旱傷狀。　乞放免租税及撥錢米充軍糧賑濟狀。　乞截留米綱充軍糧賑濟狀。　奏推廣御筆指揮二事狀。　奏借兑上供官錢糴米并乞權行倚閣夏税錢帛狀。　乞撥賜檢放外合納苗米充軍糧狀。　奏勸諭到賑濟人户狀。　申南康旱傷乞放租税及應副軍糧狀。　申南康旱傷乞倚閣夏税狀。　乞聽從民便納錢絹劄子。　乞禁保甲擅開集劄子。　報經總制錢數目劄子。　乞減移用錢額劄子。　乞行遣欄米官吏劄子。　乞申明閉糴指揮劄子。　乞撥兩年苗税劄子。　與星子諸縣議荒政。　勸諭救荒。　與江東陳帥畫一劄子。俊卿。　與江東王漕劄子。師愈，江東轉運判官。　與漕司畫一劄子。即王漕。　乞除豁經總制錢及月樁錢狀。辛丑。

九月，申請修築沿江石堤。

劄子云：本軍邊臨大江，舊有石砌隄寨，堰住西灣水汊，藏泊舟船。每歲錢糧綱運並商権舟船，俱於寨内拋泊〔五〕，雖值風濤，亦免沈溺，公私兩便。自紹興以來，不暇開修，逐年風浪，砌石損動，寨内沙土填塞。重載舟船，不免於石寨外江心排泊，每有大風震作，漂溺人船，不容拯救，拋失官私錢物，不可勝計。今緣本軍旱傷，細民缺食，準紹興年令災傷州縣可以募人興工者，預行檢計工料奏聞。本軍已委官檢計合用工料，具申轉運使衙，取撥窠名錢米，雇募人工修葺，使饑民就役，不致缺食。而公私舟船，得免沈溺之患。

文集　乞支錢米修築石堤劄子。　乞催修石堤劄子。

八年辛丑，五十二歲。春正月，開場濟糶。

年譜 先是預戒三縣，每邑市鄉村四十里，則置一場，以待賑糶，合爲三十五場。乃選見任寄居、指使添差、監押、酒稅、監廟等大小使臣三十五員，各監一場，以轄賑糶。而分委縣官巡察之，以戢減尅乞覓之弊。至是，人户赴場就糶，其鰥寡孤獨，則用常平米依令賑濟。又慮農事將起，民間乏錢，則凡合糶者皆濟半月，大人一斗五升，小兒七升五合，皆一頓與之。都昌無米，則自郡運而往，千里之内，莫不周浹。閏三月望，以二麥秀茂，食新不遠，糶濟結局，凡活饑民大人一十二萬七千六百七口，小兒九萬二百七十六口。其施設次第，人爭傳録以爲法。時孝宗臨御久，垂意恤民，凡所奏請，無不畫可。至撥借上供錢物糶米賑糶，復求旱餘苗米，亦盡得之。以故得行其志，民無流移捐瘠之患。洪本。

二月，陸子静來訪。

年譜 子静來訪，請書其兄教授墓誌銘。先生率僚友諸生與俱至白鹿洞書院，請升講席。子静以「君子小人喻義利」章發論，先生以爲切中學者隱微深痼之病，請書於簡，以諗同志。洪本。文集 跋陸子静白鹿洞書堂講義云：淳熙辛丑春二月，陸兄子静來自金谿，其徒朱克家、陸麟之、周清叟、熊鑑、路謙亨、胥訓實從。十日丁亥，熹率僚友諸生與俱至於白鹿洞書堂，請得一言以警學者。子静既不鄙而惠許之，至其所以發明敷暢，則又懇到明白，而皆有以切中學者隱微深痼之病，蓋聽者莫不竦然動心焉。熹猶懼其久而或忘之也，復請子靜筆之於簡，而受藏之。凡我同志，於此反身而深察之，則庶乎其可以不迷於入德之方矣。

附陸子靜講義

九淵雖少服父兄師友之訓，不敢自棄，而頑鈍疏拙，學不加進，每懷愧惕，恐卒負其初心。方將求鍼砭鐫磨於四方師友，冀獲開發，以免罪戾。此來得從郡侯祕書先生至白鹿書堂，群賢畢集，瞻覩盛觀，竊自慶幸。祕書先生、教授先生不察其愚，令登講席，以吐所聞。顧惟庸虚，何敢當此，辭避再三，不得所請。取論語中一章，陳平昔之所感，以應嘉命，亦幸有以教之。子曰：「君子喻於義，小人喻於利。」此章以義利判君子小人，辭旨曉白，然讀之者苟不切己觀省，亦恐未能有益也。九淵平日讀此，不無所感。竊謂學者於此，當辨其志。人之所喻由其所習，所習由其所志。志乎義，則所習者必在於義，所習在義，斯喻於義矣。志乎利，則所習者必在於利，所習在利，斯喻於利矣。故學者之志，不可不辨也。科舉取士久矣，名儒鉅公皆由此出，今爲士者固不能免此。然場屋之得失，顧其技與有司好惡何如耳，非所以爲君子小人之辨也。而今世以此相尚，使汩没於此而不能自拔，則終日從事者，雖曰聖賢之書，而要其志之所鄉，則有與聖賢相背而馳者矣。推而上之，則又唯官資崇卑、禄廪厚薄是計，豈能悉心力於國事民隱，以無負於任使之者哉！從事其間，更歷之多，講習之熟，安得不有所喻，顧恐不在於義耳。誠能深思是身不可使之爲小人之歸，其於利欲之習，怛然爲之疾心痛首，專志乎義而日勉焉，博學審問謹思明辨而篤行之，由是而進於場屋，其文必皆道其平日之學，胸中之藴，而不詭於聖人。由是而仕，必皆共其職，勤其事，心乎國，心乎民，而不爲身計，其得不謂之君子乎！祕書先生起廢以新斯堂，其意篤矣。凡至斯堂者，必不殊志，願與諸君子勉之，以毋負其意。文集答吕伯恭書云：子静到此數日，所作子壽埋銘已見之，叙述發明，此極有功，卒章微婉，尤見用意深處，歎服，歎服！子静近日講論，比舊亦不同，但終有未盡合處。幸其却好商量，亦彼此有益也。辛丑三月。又答吕伯恭書云：子静舊日規模終在，其論爲學之弊病，多説如此即只是意見，如此即只是議論，如此即只是定本。熹因與説「既是思索，即不容無意見；既是講學，即不容無議論；統論爲學規模，亦豈容無定本？但隨人材質病痛而救藥之，即不可有定本耳。」渠却云「正爲多是邪意見、閑議論，故爲學者之病」。熹云「如此却是自家呵叱，亦過分了。須著邪字閑字方始分明，不教人作禪會耳」。又「教人恐須先立定本，却就上面整頓，方始説得無定本底道理。今如此一概揮斥，其不爲禪學者幾希矣」。渠雖唯唯，終亦未竟窮也。子静之病，恐未必是看人不看理，自是渠合下有些禪底意思，又自主張太過，須説我不是禪而諸生錯會了，故其流至此。如所喻陳正己，亦其所訶以爲溺於禪者，熹未識之，未知其果然否也？大抵兩頭三緒，東出西没，無提撮處，從上聖賢無此様轍。方擬湖南，欲歸途過之，再與仔細商訂，偶復蹉跌，未知久遠竟如何也。然其好處，自不可掩覆，可敬服也。他時或約與俱詣見，相與劇論尤佳，俟寄書扣之，或是來春始可動也。辛丑六月。語録謂楊道夫曰：「曾見子静義利之説否？」曰：「未也。」曰：「這是他來南康，某請他説書，他却説這義利分明，是説得好。如云今人只讀書便是爲利，如取解後又要得官，得官後又要改官，自少至老，自頂至踵，無非爲利。説得來痛快，至有流涕者。今人初生，稍有知識，此心便恁亹亹地去了，干名逐利，浸浸不已，其去聖賢日以益遠，豈不深可痛惜！」楊道夫。子静只是拗，伊川云「唯其深喻,是以篤好」,子静必要云「好後方喻」。看來人之於義利,喻而好也多,若全不曉,又安能好,然好之則喻矣。畢竟伊川説占得多。滕璘。某向與子静説話,子静以爲意見。某曰:「邪意見不可有,正意見不可無。」子静説:「此是閒議論。」某曰:「閒議論不可議論,合議論則不可不議論。」又曰:「大學不曾説無意,而説誠意。若無意見,將何物去擇乎中庸,將何物去察邇言。論語無意,只是無私意,若是正意,則不可無。」又曰:「他之無意見,只是不理會,理只是胡撞將去。若無意見,成甚麽人在這裏。」甘節。文集答林擇之書云:此中見有朋友數人講學,其間亦難得樸實頭負荷得者。因思日前講論,只是口説,不曾實體於身,故在己在人都不得力。今方欲與朋友説日用之間,常切檢點氣習偏處、意欲萌處,與平日所講相似與不相似,就此痛著工夫,庶幾有益。陸子壽兄弟,近日議論,却肯向講學上理會。其門人有相訪者,氣象皆好,但其間亦有舊病。此間學者却是與渠相反。初謂只如此講學漸涵自能入德,不謂末流之弊,只成説話,至於人倫日用最切近處,亦都不得毫毛氣力。此不可不深懲而痛警也。庚子。與吳茂實書云:近來自覺向時工夫止是講論文義,以爲積集義理,久當自有得力處,却於日用工夫全少點檢。諸朋友往往亦只如此做工夫,所以多不得力。今方深省而痛懲之,亦願與諸同志勉焉,幸老兄遍以告之也。陸子壽兄弟近日議論與前大不同,却方要理會講學。其徒有曹立之、萬正淳者來相見,氣象皆儘好,却是先於性情持守上用力。此意自好,但不合自主張太過,又要得省發覺悟,故流於怪異耳。若去其所短,集其所長,自不害爲入德之門也。然其徒亦多有主先入不肯捨棄者,萬、曹二君,却無此病也。庚子。答符復仲書云:所喻義利之間,誠有難擇者。但意所疑以爲近利者，即便捨去可也。向後見得親切，却看舊事，只有見未盡、舍未盡者，不解有過當也。見陸丈回書，其言明當，且就此持守，自見功效，不須多疑多問，却轉迷惑也。庚子後。

附陸子靜與符復仲書 常俗汩没於貧富貴賤、利害得喪、聲色嗜欲之間，喪失其良心，不顧義理，極爲可哀。今學者但能專意一志於道理，事事要覩是，不肯徇情縱欲，識見雖未通明，行事雖未中節，亦不失爲善人正士之徒，更得師友講磨，何患不進？未親師友，亦只得隨分自理會，但得不陷於邪惡，亦自可貴。若妄意强説道理，又無益也。文集答項平父書云：示諭曲折及陸國正語，三復爽然，所警於昏惰者爲厚矣。大抵子思以來教人之法，惟以尊德性、道問學兩事爲用力之要。今子靜所説，專是尊德性事，而熹平日所論，却是道問學上多了。所以爲彼學者多持守可觀，而看得義理全不仔細，又别説一種杜撰道理遮蓋，不肯放下。而熹自覺雖於義理不敢亂説，却於緊要爲己爲人上多不得力。今當反身用力去短集長，庶幾不墮一邊耳。癸卯。答陳膚仲書云：陸學固有似禪處，然鄙意近覺婺州朋友專事見聞，而於自己身心全無工夫。所以每勸學者，兼取其善，要得身心稍稍端静，方於義理知所決擇，非欲其兀然無作，以冀於一旦豁然大悟也。吾道之衰，正坐學者各守己偏，不能兼取衆善，所以終有不明不行之弊，非是細事。

三月，除提舉江南西路常平茶鹽公事，待次。

年譜 初到南康，有任滿奏事之旨。將滿，廟堂議遣使蜀。上意不欲其遠去，遂除此職，然猶待次。先生愛君之誠，深願見上以罄平生之藴。既不獲前，乃奏本職四事：一，請勿拘對補之説，特旨蠲減星子縣税。二，請照賞格補授諸出粟人，使民間早得爲善之利。三，請凡被災之郡，盡今年毋得理積年舊欠，而去年倚閣夏税，乞與蠲放，其上二等人户亦有出粟減價賑糶而不及賞格者，亦請許其多作料數，帶補去年夏税殘欠。四，請降敕賜白鹿洞書院額，及須賜太上皇帝御書、九經注疏印本等書。洪本。

文集 繳納南康軍任滿合奏稟事件狀。

閏三月二十七日，去郡東歸。

年譜 先生治郡，視民如傷。至姦豪侵暴細民，撓法害政者，亦必繩治不少貸。尤以厚人倫，美教化爲急務。風俗丕變，文學行義之士，彬彬出焉。李本。語録 先生曰：某南康臨罷，有躍馬於市者，踏一小兒將死。某訊而禁之，次日杖之譙樓下。偶一相識云：「此是人家子弟，何苦辱之？」某曰：「人命所係，豈可寬弛？若云子弟得躍馬踏人，則後日將有甚於此者矣。況州郡乃朝廷行法之地，保佑善良，抑挫豪横，乃其職也。縱而不問，其可得耶？」後某罷，諸公相餞於白鹿，某爲極口説西銘「民吾同胞，物吾與也」一段。今人爲秀才者便主張秀才，爲武官者便主張武官，爲子弟者便主張子弟，其陷溺一至於此。楊道夫。

夏四月，過江州，拜濂溪先生書堂遺像。

年譜 劉子澄請爲諸生説太極圖義。濂溪曾孫正卿、彦卿、元孫濤爲設食於光風霽月之亭。渡湖口而歸，是月壬戌還家。洪本。文集答吕伯恭書云：閏三月二十七日，方得合符。而歸替後，只走山南山北旬日，拜謁濂溪書堂，以四月十九日至家。

秋七月，除直祕閣，三辭。

年譜以修舉荒政，民無流殍，故除。先生以前所勸出粟人未推賞，辭。九月告下，復辭。不允，又辭。

行狀除直祕閣，凡三辭，皆以前所奏納粟人未推賞，難以先被恩命。

文集辭免直祕閣狀一。狀二。狀三。

八月，東萊吕公訃至，爲位哭之。

文集祭吕伯恭著作文云：嗚呼哀哉！天降割於斯文，何其酷耶！往歲已奪吾敬夫，今者伯恭胡爲又至於不淑耶？道學將誰使之振，君德將誰使之復，後生將誰使之誨，斯民將誰使之福耶！經説將誰使之繼，事記將誰使之續耶！若我之愚，則病將孰爲之箴，而過將誰爲之督耶！然則伯恭之亡，曷爲不使我失聲而驚呼，號天而慟哭耶！嗚呼伯恭！有蓍龜之智而處之若愚，有河漢之辯而守之若訥。胸有雲夢之富而不以自多，詞有黼黻之華而不易其出。此固今之所難，而未足以議兄之彷彿也。若乃孝友絶人而勉勵如弗及，恬淡寡欲而持守不少懈，盡言以納忠而羞爲訐，秉義以飭躬而耻爲介，是則古之君子尚或難之，而吾伯恭猶欿然而未肯以自大也。蓋其德宇寬洪，識量閎廓，既海納而川渟，豈澄清而撓濁。矧涵濡於先訓，紹文獻於厥家，又隆師而親友，極探討之幽遐。所以稟之既厚而養之深，取之既博而成之粹。宜所立之甚高，亦無求而不備。故其講道於家，則時雨之化；進位於朝，則鴻羽之儀。造辟陳謨，則宣公獨御之對；承詔奏篇，則右尹祈招之詩。上方虛心而聽納，衆亦注目其敷施。何遭時之不遂，遽縈疾而言歸。慨一卧以三年，尚左圖而右書；聞逍遥以曳杖，恍沂上之風雩。衆咸喜其有瘳，冀卒攄其素藴，不惟傳道以著書，抑亦後來之程準，何此望之難必，奄一夕而常終。增有邦之殄瘁，極吾黨之哀恫。嗚呼哀哉！我實無似，兄辱與遊，講摩深切，情義綢繆。粤前日之枉書，尚粲然其手筆。始言沈痼之難除，猶幸死期之未即，中語簡編之次第，卒誇草樹之深幽。謂昔騰牋而有約，盍今命駕以來遊，欣此旨之可懷，懍訃車而偕至。考日月之幾何，不旦暮之三四。嗚呼伯恭，而遽死也耶！吾道之衰，乃至此耶！既爲位以泄哀，復緘辭以寓奠。冀嗣歲之有間，尚前言之可踐。嗚呼哀哉！尚饗。年譜先生稱伯恭舊時性極褊，因病中讀論語「躬自厚而薄責於人」，有省，遂如此好。又曰：「讀書如伯恭，方可爲變化氣質。」至是，東萊與南軒相繼下世，深痛斯文之不幸，既爲位而哭，又遣奠於其家。呂公定周易爲十二篇，以復古經之舊，先生深喜而從之。又謂大事記自成一家之言，有補學者，故祭文中有「事記將誰使續」之語，蓋歎其難繼也。洪本。文集與劉子澄書云：伯恭逝去令人悲痛不可言，計報中必已見之，傷悼之懷相與同之也。去年方哭敬夫，今伯恭又如許，吾道之衰一至於此，不知天意如何？吾人不可不自勉。未死已前，協力支撑也。別集，辛丑。又與劉子澄書云：日前爲學緩於反己〔六〕，追思凡百，多可悔者。前時猶得敬夫、伯恭，時惠規益，得以警省。二友云亡，耳中絶不聞此等語。因循媮惰，安得不至於此。今乃深有望於吾子澄也。壬寅。答詹帥書云：伯恭大事記甚精密，古今蓋未有此書，若能續而成之，豈非美事？但恐其所謂經世之意者，未離乎功利術數之間，則非筆削之本意耳。浙中近年怪論百出，駭人聞聽，壞人心術。强者唱，弱者和，淫衍四出，而頗亦自附於伯恭，當爲深歎息也〔七〕。壬寅。詹帥，儀之。語録伯恭説義理太多傷巧，未免杜撰。李閎祖。看大事記，曰：「此書甚好，考訂得仔細，大勝詩記。」不知何人。文集呂氏家塾讀詩記後序。跋呂伯恭書説。附東萊集與朱元晦書云：詳觀來諭，激揚振厲，頗之廣大温潤氣象。若立敵較勝負者，頗似未弘，不可不省察也。庚寅。又與書云：大凡人之爲學，最當於矯揉氣質上做工夫。如懦者當强，急者當緩，視其偏而用力焉。以吾丈英偉明峻之資，恐當以顔子爲樣轍，回擒縱低昂之用，爲持養斂藏之功，斯文之幸也。庚寅。又與書云：張五十丈祭文，讀之泫然，不唯痛逝者之不可作，又竊以窺任道之心，屹然益堅，幸甚。願益勉之，使宏大平粹，則見諸行事，垂諸方册，皆可以爲後世模轍，吾道之幸也。大抵稟賦偏處，便使消磨得九分，觸事遇物，此一分依前張旺，要須融化得盡方可爾。庚子。文集答張敬夫書云：傷急不容耐之病，固亦自知其然，深以爲苦，而未能革。若得伯恭朝夕相處，當得減損，但地遠不能數見爲恨耳。乙未。

是月，改除提舉兩浙東路常平茶鹽公事。

年譜時浙東薦饑，宰相王淮薦先生提舉浙東常平茶鹽公事。先生以上軫宸慮，遂拜命不敢辭，即日單車就道。復以南康納粟人未推賞，辭職名，仍乞奏事。十月，堂帖報南康納粟賞行，遂受職名。洪本。文集除浙東提舉乞奏事狀。

冬十一月己亥，奏事延和殿。

年譜先生去國二十年，既得見上，極陳災異之由，與夫修德任人之説，上爲動容竦聽。因條陳救荒之策，並南康兩事，共七劄上之。李本。行狀入對，其一，言陛下臨御二十年間，水旱盗賊，略無寧歲。意者德之崇未至於天與？業之廣未及於地與？政之大者有未舉，而小者無所繫與？刑之遠者或不當，而近者或幸免與？君子有未用，而小人有未去與？大臣失其職，而賤者竊其柄與？直諒之言罕聞，而諂諛者衆與？德義之風未著，而汙賤者騁與？貨賂或上流，而恩澤不下究與？責人或已詳，而反躬有未至與？夫必有是數者，然後足以召災而致異。其二，言陛下即政之初，蓋將選建英豪，任以政事。不幸其間不能盡得其人，是以不復廣求賢哲，而姑取軟熟易制之人以充其位。於是左右私褻使令之賤，始得以奉燕閒，備驅使，而宰相之權日輕。又慮其勢有所偏，而因重以壅己也，則時聽外廷之論，將以陰察此輩之負犯而操切之。陛下既未能循天理，公聖心，以正朝廷之大體，則固已失其本矣。而又欲兼聽士大夫之公言，以爲駕馭之術。則士大夫之進見有時，而近習之從容無間。士大夫之禮貌既莊而難親，其議論又苦而難入。近習便嬖側媚之態，既足以蠱心志，其胥史狡獪之術，又足以眩聰明。此其生熟甘苦既有所分，恐陛下未及施其駕馭之術，而先墮其數中矣。是以雖欲微抑此輩，而此輩之勢日重；雖欲兼采公論，而士大夫之勢日輕。重者既挾其重，以竊陛下之權；輕者又借力於所重，以爲竊位固寵之計。中外相應，更濟其私，日往月來，浸淫耗蝕。使陛下之德業日隳，綱紀日壞，邪佞充塞，貨賂公行，兵愁民怨，盜賊間作，災異數見，饑饉荐臻。群小相挺，人人皆得滿其所欲，惟有陛下了無所得，而國家顧乃獨受其弊。其三，言救荒利害。如州縣旱傷，早行檢放，從實蠲減。勸諭人户賑糶，務得其平。納粟之人，早行推賞，所納米數，乃減其半。乞撥豐儲倉米三十餘萬石，以備濟糶。州縣新舊官物，並且住催。紹興丁身等錢，預行蠲放。及免米商力勝税錢。量立賞格，官吏違慢者奏劾，昏病者别與差遣，仍差選得替、待闕、宫廟、持服官員，時暫管幹。其四，言水旱三分以上，第五等户免檢並放。五分以上，第四等户依此施行。乞行著令，及請頒行社倉條約於諸路。其五，言紹興和買，乞議革其弊。其六，言南康嘗乞蠲減星子租税，有司拒以對補，吝細鄙狹，不達大體。其七，言白鹿書院請賜書額。先生所對奏劄凡七，其一二皆自書以防宣洩。又以南康所上封事繕寫成册，用袋重封，於閤門投進。後五劄亦有非一時救荒之急者，當倥偬不暇給之際，而憂深慮遠，從容整暇，蓋急於救民，罄竭忠悃，不敢有所隱也。先生所居之鄉，每歲春秋之交，豪户閉糴牟利，細民發廪强奪，動相賊殺，幾至挺變。先生嘗帥鄉人置社倉以賑貸之，米價不登，人得安業。至是，乞推行之。白鹿書院事本不暇及，前期執政使人諭以且宜勿言。先生因念主上未必有鄙薄儒生之意，而大臣先爲此言，不可。及對，卒言之。上委曲訪問，悉從其請。

文集　辛丑延和奏劄一。　奏劄二。　奏劄三。　奏劄四。　奏劄五。　奏劄六。　奏劄七。

十二月六日，視事于西興。

行狀　先生初拜命，即移書他郡，募米商，蠲其征。及至，客舟之米已輻輳。復以入奏荒政數事，推廣條上，情詞懇惻，條目詳密。日與僚屬寓公鈎訪民隱，至廢寢食。

奏劾賈祐之不抄劄饑民。

奏狀言：紹興府兵馬都監賈祐之，並無抄劄，委是不職，乞重賜黜責，以爲官吏奉行賑濟不虔之戒。

詔行社倉法于諸郡。

年譜　初奏事延和殿，請推行崇安社倉法於諸郡。十二月二十四日，奉旨頒行。

校勘記

〔一〕紹熙庚戌冬十月　「紹熙」，原作「淳熙」，據文集卷八十二書臨漳所刊四經後、同治本改。

〔二〕亦不免追人吏監禁斷遣　「追」，原作「使」，據文集卷三十四答吕伯恭書、同治本改。

〔三〕學莫先於義利之辨　「於」原脱，據文集卷八十九右文殿修撰張公神道碑、同治本補。

〔四〕及兒甥一兩人　「及」，原作「乃」，據文集卷三十四答吕伯恭書、同治本改。

〔五〕俱於寨内抛泊 「抛」，原作「注」，據文集卷二十乞支錢米修築石隄劄子、同治本改。

〔六〕日前爲學緩於反己 「日」，原作「目」，據文集卷三十五答劉子澄書、同治本改。

〔七〕當爲深歎息也 「當」，原作「常」，據文集卷二十七與張帥書、同治本改。

朱子年譜卷三

〔清〕王懋竑

淳熙九年壬寅，五十三歲。春正月，巡歷紹興府屬縣、婺州、衢州。

行狀 分畫既定，按行所部，窮山長谷，靡所不到，拊問存恤，所活不可勝計。每出皆乘單車，屏徒從，所歷雖廣而人不知。郡縣官吏憚其風采，倉皇驚懼，常若使者壓其境，至有自引去者，由是所部肅然。而尤以戢盜、捕蝗、興水利爲急，大抵措畫悉如南康時，而用心尤苦。

語録 自古救荒只有兩説：第一，是感召和氣，以致豐穰；其次，只有儲蓄之計。若待他饑時理會，更有何策？東邊遣使去賑濟，西邊遣使去賑濟，只討得逐州幾個紫綾册子來，某處已如何措置，某處已如何經畫，元無實惠及民。孫自修。紹興時去得遲，已無擘畫，只依常行，先差一通判抄劄城下兩縣饑民。其人不留意，只抄得四萬人來，外縣却抄得多，却托石天民重抄得八萬人。是時已遲，天民云甚易，只關集大保長盡在一寺，令供出人之貧者，大保長無有不知，數日便辦，却分作數等賑濟賑糶。其初令畫地圖，量道里遠近，就僧寺及莊宇，置糶米所於門首，置木牕關防再入之人。滕璘。可學云：浙東民户歌先生之德。先生曰：「向時到部，州縣有措置，亦賴朝廷應副，得以效力。已自有名無實者多。」因曰：「大抵今時做事在州郡已難，監司尤難，以地闊遠，動成文具，惟縣令於民親，行之爲易。」鄭可學。

奏劾密克勤偷盜官米。

奏狀言：蒙聖恩撥下米斛賑濟，紹興府差指使密克勤往平江府請取米，分上虞、新昌、嵊縣交卸賑濟。今臣巡歷到嵊縣，點檢其所押米一萬三千石，内折欠升合拌和糠泥之數，計缺米四千一百六十石，情理重害，不可容恕。除已牒本府交量發下賑濟，仍拘管密克勤送獄根勘外，欲望聖慈先將本人重作施行，仍令紹興府監追所盜米斛，送納賑濟。

奏劾上户朱熙績不伏賑糶。

奏狀言：臣巡歷到婺州金華縣孝順鄉第十二都米場，無人在彼糶米。據人户衆狀告訴，本縣分撥上户朱熙績就近在本場糶米，其朱熙績輒敢欺凌縣道，不復發米前去。及臣巡歷到彼，乃詐出文榜，稱就十四都出糶，致一場人户無從得食。其在家所糶，又皆減尅升斗，虚批歷頭，所散粥日以一二斗米，多用水漿煮成粥飲，就食者反爲所悮，狼狽而歸。凡其所爲，無非姦狡切害之事。若使人皆如此，荒政何由可辦。欲望聖慈重賜黜責，以爲豪右姦猾不恤鄉鄰之戒。

哭東萊呂公墓。

文集題伯恭所抹荆公日録云：淳熙壬寅正月十七日，來哭伯恭之墓，而叔度出此編視予，感歎之餘，爲書其左。

奏劾衢州守李嶧。

奏狀言：自去歲大水之後，知州事李嶧專務掩蔽，不以實聞，及轉運司訪聞得實，反爲李嶧執稱無水，而其親戚方在政路，曲爲主張，至今未竟。及既遭旱，嶧又妄申諸司民不缺食，未至流移。檢放諸縣，都不盡實。如常山一縣被災最甚，通計七八分，而嶧只作一分六釐減放。開化縣被災不減常山，又僅及一釐一毫而已。臣今行視兩縣，水痕尚存，山谷之民，羸瘦萎黄，非復人貌，死亡已多。而嶧恬然略不加恤，但知一概差人下縣督責財賦，急如星火。加以病昏不能視履，百度廢弛，不成州郡，不但檢放不實，荒政不修而已。敢昧萬死，按劾以聞。

奏劾張大聲、孫孜檢放不實。

奏狀言：衢州元差監酒庫張大聲、龍遊縣丞孫孜，前去檢視覈實，却乃觀望本州守臣意指，輒敢欺罔滅裂，將七八分以上災傷，作一釐一毫八絲六忽檢放，以致被災人户流移四出，而貧下之民死亡甚衆。望特降睿旨，將張大聲、孫孜並行重賜黜責，以爲日後附下罔上、慢法害民之戒。

永康陳同甫來訪。

同甫名亮，永康人，吕東萊特重之。至是來訪於衢、婺間，旬日而別。

二月，回紹興，乞賜鐫削。

奏狀云：臣以職事，横被中傷，伏蒙聖明，特賜臨照，謹已遵稟復還紹興府界。竊見諸暨縣災傷至重，疾疫大作，民之羸瘠死亡者已不勝數。臣前日聞命之際，震恐猝迫，輕去職守，有失照管，其罪已在不赦之域〔一〕。顧以救荒事亟，未敢乞罷，只乞聖慈且將臣見在官職先賜鐫削，候救荒結局日，别行竄責，庶允公議。

夏六月，旱，上修德政以弭天變狀。

行狀 先生以前後奏請多見抑却，幸而從者，又率稽緩後時，無益於事，蝗旱相仍，不勝憂憤。復奏言：爲今之計，獨有斷自聖心，沛然發號，責躬求言，然後君臣相戒，痛自省改。其次，惟有盡出内庫之錢，以供大禮之費，爲收糴之本。詔户部無得催理舊欠，詔諸路漕臣遵依條限檢放租税，詔宰臣沙汰被災路分州軍監司守臣之無狀者，遴選賢能，責以荒政。庶幾猶足以下結人心，消其乘時作亂之意。不然，臣恐所憂者不止於餓殍，而在於盜賊。蒙其害者，不止於官吏，而上及於國家也。復上時宰書云：朝廷愛民之心，不如惜費之甚，是以不肯爲極力救民之事；明公憂國之念，不如愛身之切，是以但務爲阿諛順旨之計。然民之與財，孰輕孰重？身之與國，孰大孰小？財散猶可復聚，民心一失則不可復收；身危猶可復安，國勢一傾則不可復正。至於民散國危，而措身無所，則其所聚，有不爲大盜積者耶！

條奏諸州利病。

行狀 初奏紹興和買之弊，至是乞先與痛減歲額，然後用貫頭科紐。惟恐下户受其弊，則請參用高下等第均敷，及減免下户丁錢以優之。又乞免台州丁錢。至於差役利害，亦嘗條具數千言申省。義役之法，則乞令均出義田，罷去役首，免排役次，官差保正副長輪收義田，仍令上户兼充户長。又乞取會福建下四州見行產鹽法，行於本路沿海四州。又乞依處州見行之法，改諸郡酒坊爲萬户。於救荒之餘，猶悉及他事，以爲經久之計。本傳 又言台州丁絹錢有抑納倍輸之患，乞每丁納半錢半絹。年譜 上謂王淮曰：「朱熹政事却有可觀。」有短熹者，謂其疏於爲政。

秋七月，奏蝗蟲傷稼。

奏狀言：聞紹興府會稽縣蝗蟲頗多，遣人走探，已據回報，即親往看視，委是爲災，有害苗稼。紹興府先已支錢募人打撲，赴官埋瘞，本司亦支錢添貼收買。臣與帥臣王希吕一面詢究祈禱，打撲焚瘞外，須至奏聞者。

奉御筆回奏。

奏狀言：紹興府會稽縣蝗蟲，已同本府發錢收買焚埋。續奉御札，令臣分詣祈禳，更行支賞，召人收捕，令速殄滅。臣恭禀聖訓，夙夜不遑，即同帥臣就府治設醮祈禳。又於先支錢外加倍增貼，召人收捕。今據申到，並已收買焚埋，尚有一分以上未至盡絶，爲此先具奏聞。

巡歷紹興府屬縣，入台州界。

申知江山縣王執中不職。

申省狀言：熹昨巡歷至江山縣，見得知縣王執中庸謬山野，不堪治劇。及據士民詞訴，又伏覩臣僚所奏本縣饑民事，其知縣王執中委是弛慢不職之甚，難以容令在任。伏乞敷奏，將王執中特賜罷黜，已先行下衢州，將本官對移閑慢職事，聽候朝廷指揮。

奏劾知寧海縣王辟綱不職。

奏狀言：臣昨親見寧海縣人户流移，自到本州，即行詢究。見本縣流移人户已千有餘口，其知縣王辟綱恬然不恤，亦無申報，委是不職，欲望聖慈特賜罷黜。

申乞許令佐自陳嶽廟。

申省狀言：諸州連歲災傷，全藉知縣佐官協力措置，以救民命。竊慮其間或有老病庸懦不能任事之人，欲加按劾，則無顯過，欲置不問，則爲民害。欲望敷奏特降指揮，如有似此之人，許令自陳嶽廟差遣。仍嚴責已差下人疾速赴上，其未到間，乞委自本司差人權攝，庶幾數月之間逐縣得人，不至誤事。

奏乞留婺州通判趙善堅措置賑濟。

奏狀言：婺州去歲災傷，本州通判趙善堅措置濟糶，委有勞效。本官雖將任滿，本州今歲又遭旱傷，全要知得措置首尾官員，差委幹辦。欲望特降睿旨，許令善堅在任，同本州守錢佃，協力措置災傷，庶免誤事。

奏劾前知台州唐仲友不法。

年譜　知台州唐仲友，與丞相王淮爲姻家，吏部尚書鄭丙、侍御史張大經交薦之，遷江西提刑未行。七月，先生巡所部，將趨温州，涉台州境，民訴太守新除江西提刑唐仲友不法者紛紛。急趨台城，則訴者益衆，至不可勝窮。因盡得其促限催税，違法擾民，貪污淫虐，蓄養亡命，偷盜官錢，僞造官會等事，節次劾之，仍送紹興司理院鞫實。章三上，王淮匿不以聞。先生論愈力，仲友亦自辨，淮乃以先生章進呈。上令宰屬看詳，都司陳庸等乞令浙西提刑司委清彊官體究，仍令先生速往旱傷州郡相視。先生時留台未行，既奉詔，益上章論，前後六上，淮不得已，奪仲友江西新命。初，王淮營救甚至，而紹興獄具情得，按章至六上。淮度其勢益熾，乃取首章語未甚深者，及仲友自辨疏同上，曲説開陳，故他無鐫削，止罷新任。台州久旱，雨遂大霔。是歲穀重熟。洪本。

八月，留台州，乞賜罷黜。

奏狀云：臣之所以久留台州，只緣憂慮仲友逞憾報復，殘虐吏民。今新知本州史彌正已到，俟其交割州印，臣即便恭稟聖旨，日下起發，不敢稽留外。再臣雖孤賤，叨被使令，今者所按巨姦，未蒙朝廷準依常法略賜施行，則自是以往，復有貪殘不法，肆毒害民如仲友者，未審在臣合與不合按劾，如臣愚闇，實有疑焉。然以臣之私計而言，則惟有收迹朝市，遠避權豪，可以少遂初心，克全素守。臣謹上奏，乞賜罷免。十八日離台州，至二十二日入處州縉雲縣界，又以未蒙處分，再乞黜責。

毁秦檜祠。

年譜 永嘉學有秦檜祠，移文毀之，曰：「竊見故相秦檜，歸自金庭，久專國柄。内忍事讎之耻，外張震主之威。以恣睢戮善良，銷沮人心忠義剛直之氣；以喜怒爲進退，崇奬天下諂諛偷惰之風。究其設心，何止誤國！岳侯既死於棘寺，魏公復竄於嶺隅。連逮趙汾之獄，蓋將掩衆正而盡誅；徘徊漢鼎之旁，已聞圖九錫而來獻。天不誅檜，誰其弱秦？今中外之有識，猶皆憤惋而不平，而朝廷於其家，亦且擯絶而不用。况永嘉號禮義之地，學校實風化之源，尚使有祠，無乃未講。雖捐田以示濡沫，恐出市恩；然設像以厠英賢，何以爲訓？」洪本。

除直徽猷閣，再辭。

年譜 奬賑濟之勞也。先生以爲徒費大農數十萬緡之積，而無以全活一道饑饉流殍之民，蠲等疏榮，懼非所以示勸懲。况前按知台州唐仲友，反被論訴，雖蒙聖斷，已罷本人新任，而體究指揮尚未結絶。方藉藁以俟斧誅，豈容遽竊恩榮，以紊賞刑之典。

文集 辭免進職奏狀一。奏狀二。

改除江南西路提點刑獄公事，辭。

年譜 蓋奪唐仲友新任也，先生初聞江西新命，即日解職東還。具奏言：臣自早歲即甘退藏，妄意討論遺經，以待後之學者。今蒙恩許解賤職，正愚臣得遂夙心之時。而所除官，又係填唐仲友闕，蹊田奪牛之誚，雖三尺童子，亦知其不可，臣愚何敢自安？願得歸耕故壟，畢志舊聞。」

文集 辭免江西提刑奏狀。

九月十二日，去任歸。

文集 奏紹興府都監賈祐之不抄劄饑民狀。辛丑。乞借撥官會給降度牒及推賞獻助人狀。辛丑。奏救荒事宜狀。辛丑。奏紹興府指使密克勤偷盗官米狀。奏巡歷合奏聞陳乞事件狀：乞再賜官會三十萬貫，速行舊歲之賞。痛減度牒之價，其作捺湖埂，亦新年農事利害之大者。並乞早賜米斛。奏上户朱熙績不伏賑糶狀。奏巡歷婺衢救荒事件狀：一於所賜錢内，取撥台州、處州義倉米錢五萬貫，應副婺州糴米糶濟。一於許撥義倉米五萬石内，將一萬石專充衢州賑濟。奏衢州守臣李嶧不留意荒政狀。奏請畫一事件狀。奏張大聲孫孜檢放旱傷不實狀。乞賜鐫削狀。乞給降官會等事狀：其一，乞推去年獻助之賞。其二，乞減度牒米數。其三，再乞賜錢會三十萬貫，又乞將山陰等縣下户夏税秋苗錢並行住催。乞將山陰等縣下户夏税和買役錢展限起催狀。乞住催被災州縣積年舊欠狀。乞推賞獻助人狀：婺州金華縣進士陳夔獻米二千五百石合，補迪功郎。婺州浦江縣進士鄭良裔獻米二千石，合補上州文學。婺州東陽縣進士賈大圭獻米二千石，合補上州文學。處州縉雲縣進士詹玠獻米二千五百石，合補迪功郎。奏衢州官吏擅支常平義倉米狀。乞修德政以弭天變狀。奏蝗蟲傷稼狀。御筆回奏狀。再奏衢州官吏擅借支常平義倉米狀。奏救荒畫一事件狀：一，被災州郡督理夏税特與寬限，其紹興府去年住催夏税人户，先期輸納者，理折今年夏税。一，乞詔州郡依條受理旱帳，及早差官檢放。一，請開許印給度牒，官會早賜給降。其度牒減價，每道止責五百貫。一，聞村落間已有彊借劫奪之患，乞早撥上項錢數，宣布存恤，自可以銷厭禍亂之萌。然後詔安撫、提刑兩司，察其敢有作過倡亂之人，及早擒捕，致之憲典，庶幾姦民知畏，不至生事。一，獻納減半賞格，止於紹興一府，今乞於浙東一路通行。一，興修農田水利，既濟饑民，又成永久之利。一，七州糴濟，用人甚廣，乞許將得替待闕丁憂致仕之人，權行差使，庶可集事。乞留婺州通判趙善堅措置賑濟狀。乞將合該蠲閣夏税人户前期輸納者理折今年新税狀。奏巡歷沿路災傷事理狀：一，蝗蟲傷稼，催促差官檢視，及支錢收捕埋瘞。一，乞賜指揮令州縣，不得刷具舊欠，催督賦税。一，乞將嵊縣、上虞、餘姚三縣新舊租税特與倚閣，俟見秋苗合放分數別賜處分。一，至新昌縣連得大雨，中晚之禾間有可望，而秋序已深，恐難結實，荒熟之形，切宜子細分別。一，已損田段不堪收割，皆欲耕犂布種蕎麥、二麥之屬。乞特降指揮催促檢放，庶幾民間及早耕種，其有缺少種糧，更令官司量行應副。奏知寧海縣王辟綱不職狀。奏救荒事宜畫一狀：一，已蒙給降三十萬貫，更乞撥錢湊作二百萬貫，及早分給諸州，廣行運糴。一，減半賞格，已許於浙東一路通行。乞刪去今來指揮所增委曲關防之語，庶幾人爭先應募。一，乞將本路被災縣分人户夏税權行住催，俟檢放秋苗分數定日，將夏税亦依分數蠲減。至台州五縣等五等人户，今年丁絹乞特與蠲放。一，乞許於賜給錢内，量撥什三於合修水利去處，審實應副。一，乞被災州縣人户苗米五斗以下，不候檢踏，先賜蠲放。一，被災州縣人户往外興販糶糴者，不得邀阻抽税，其糴米訖，所買回貨，並不得輒收分文税錢。

奏明州乞給降官會及本司乞再給官會度牒狀。奏台州免納丁絹狀。再奏乞給降錢物及減放住催水利等狀。乞降旨令婺州撥還所借常平米狀。奏巡歷至台州奉行事件狀：一，奉旨給降度牒三百道，官會十五萬緡，即時分撥應副諸州。仍詢訪土居官員士人誠實練事者，一縣數人，與州縣官公共措置，募船前往收糴米斛。仍請上户説諭，或出米穀，或出錢物，添助賑糶，又立式選差都正鄉官，家至户到，抄劄饑民，取見的確數目，俟將來闕食，就行糶濟。一，已諭州縣官吏，常切體訪，不拘早晚，但覺民間闕食，便行賑糶。收錢運糴，循環接濟，無損於官，有益於民。一，興修黄巖水利，支錢一萬貫，付本縣及土居官林鼐、蔡鎬公共措置。其本縣知縣范直興不甚曉事，難以倚仗，乞特與嶽廟，別選清强官權攝縣事，庶幾興役救荒，不至闕誤。奏均減紹興府和買狀。同本府上。奏鹽酒課及差役利害狀。奏義役利害狀。按知台州唐仲友第一狀。第二狀。第三狀。第四狀。第五狀。第六狀。申乞禁止遏糴狀。申乞賑糶賑濟合行五事狀。申乞將衢州義倉米糶濟狀。申救荒事宜畫一狀。申乞許令佐自陳嶽廟狀。申知江山縣王執中不職狀。

詔與江東梁總兩易其任，辭。詔免回避，復辭。

年譜　詔與江東梁總兩易之，又辭。言臣區區誠懇，已具前奏，既蒙改命，曲遂其私，其在微臣，固已深幸。但臣前所奏，尚有未蒙聖察者，欲望曲賜哀憐，追寢誤恩，改畀祠禄，使其得遂夙心，免罹非禍。且臣祖鄉正隸江東，見有墳墓宗族，些小田産，合該迴避。詔特免迴避，又辭。以爲今來所除仍司按察，若復奉公守法，則恐如前所爲，或至重傷朝廷事體，若但觀勢徇私，又恐下負夙心，上辜眷使。乞特與祠，使得卒其舊業，退避仇怨。時辭職名不允之命下，又辭。以爲前按唐仲友，更不差官體究，其紹興府見勘已招人蔣輝等，亦聞已得朝旨，盡行釋放。竊恐臣所按劾，不公不實，别有合得罪名，難以例霑恩賞。詔並不許。

文集 辭免江東提刑奏狀一。奏狀二。

冬十一月，始受職名，仍辭新任，並請祠。

年譜 始受職名，仍辭新任，且乞奉祠。極言昨來所按贓吏，黨與衆多，棋布星羅，並當要路。自其事發以來，大者宰制斡旋於上，小者馳鶩經營於下。所以蔽日月之明，而損雷霆之威者，臣不敢論。若其加害於臣，不遺餘力，則遠至於師友淵源之所自，亦復無故横肆觝排。向非聖明洞見底藴，則不惟不肖之身反爲魚肉，而其變亂黑白，詿誤聖朝，又有不可勝言者。爲臣之計，惟有乞身就閒，庶可少紓患害。時鄭丙上疏詆程氏之學，以沮先生。王淮又擢大府寺丞陳賈爲監察御史，賈面對首論近日薦紳，有所謂道學者，大率假名以濟僞，願考察其人，擯棄勿用，蓋指先生也。故先生奏言及之。

文集 辭免江東提刑奏狀三。

十年癸卯，五十四歲。春正月，差主管台州崇道觀。

年譜 上覽奏，知不可强起，詔以累乞奉祠，可差主管台州崇道觀。行狀 先生守南康，使浙東，始得行其所學，已試之效卓然，而卒不果用。退而奉崇道、雲臺、鴻慶之祠者五年，自是海内學者尊信益衆。

【年譜】先生守南康，使浙東，始有以身殉國之意，及是知道之難行，退而奉祠，杜門不出。海內學者，尊信益衆。然憂世之意未嘗忘也，作感春賦以見意。洪本。

夏四月，武夷精舍成。

【年譜】結廬於武夷之五曲，正月經始，至四月落成，始來居之，四方士友來者甚衆。洪本。韓元吉爲記。

【文集】武夷精舍雜詠並序。武夷櫂歌十首，甲辰。

冬十月，如泉州。

傅安道自得，與先生有先人之舊，是歲八月卒，往弔之，十二月歸。

十一年甲辰，五十五歲。是歲辨浙學。

【年譜】先生還自浙東，見其士習馳騖於外，每語學者且觀孟子道「性善」、「求放心」兩章，務收斂凝定，以致克己求仁之功，而深斥其所學之誤。以爲舍六經、論孟而尊史遷，舍窮理盡性而談世變，舍治心修身而喜事功，大爲學者心術之害。力爲呂祖儉、潘景愈、孫應時輩言之。【文集】答呂子約書云：大抵此學以「尊德性」、「求放心」爲本，而講於聖賢親切之訓，以開明之，此爲要切之務。若通古今，考世變，則亦隨力所至，推廣增益以爲補助耳。不當以彼爲重，而反輕凝定收斂之實，少聖賢親切之訓也。若如此說，則是學問之道不在於己而在於書，不在於經而在於史，爲子思、孟子則孤陋狹劣而不足觀，必爲司馬遷、班固、范曄、陳壽之徒，然後可以造於高明正大簡易明白之域也。夫學者既學聖人，則當以聖人之教爲主。今六經、語、孟、中庸、大學之書具在，彼以了悟爲高者既病其障礙，而以爲不可讀，此以記覽爲重者又病其狹小，而以爲不足觀。如是，則是聖人所以立言垂訓者，徒足以誤人而不足以開人，孔子不賢於堯、舜，而達磨、遷、固賢於仲尼矣，毋乃悖之甚耶！甲辰。又答吕子約書云：頃來議論一變，如山移河決，使學者震蕩回撓，不問愚智，人人皆有趨時徇勢、馳騖功名之心，令人憂懼，故不得不極言之。漢、唐本體，只是智力，就中有暗合處，故能長久。如此言之，却無過當。但若講得聖門學問分明，則此固無足言者，而正道正理未嘗一日而可無者，亦不待引此然後爲有徵也。設若接引下根，亦只須略與説破，仍是便須救拔得他跳出功利窠窟，方是聖賢立教本指。今乃深入其中，做造活計，不惟不能救得他人，乃並自己陷入其中而不能出，豈不誤哉！乙巳。又答吕子約書云：世路險窄已無可言，吾人之學聖賢者，又將流而入於功利變詐之習，其勢不過一傳再傳，天下必有受其禍者。而吾道益以不振，此非細事也。癸卯。又答吕子約書云：孟子一生忍窮受餓，費盡心力，只破得「枉尺直尋」四字。今日諸賢苦心勞力，費盡言語，只成就「枉尺直尋」四字，不知淆訛在甚麽處，此話無告訴處，只得仰屋浩歎也。乙巳。答路德章書云：又謂儻遇漢祖、唐宗，亦須有爭不得且放過處，亦是舊時意思尚在。方寸之地，只有一毫此等見識，便是「枉尺直尋」底根株。直須見得正當道理分明，不容些兒走作。即自然無復此等意思，雖欲宛轉回護，亦有所不可得矣。古之聖賢以「枉尺直尋」爲大病，今日議論乃以「枉尺直尋」爲根本。若果如此，即孟子果然迂闊，而公孫衍、張儀，真可謂大丈夫矣。答沈叔晦書云：前日務爲學而不觀書，此固一偏之論。然近日又有一般學問，廢經而治史，略王道而尊霸術，極論古今興亡之變，而不察此心存亡之端。若只如此讀書，又不若不讀之爲愈也。又答沈叔晦書云：子約爲人固無可疑，但其門庭近日少有變異，而流傳已遠，大爲學者心術之害，故不得不苦口耳。近日一派流入江西，蹴踏董仲舒，而推尊管仲、王猛。又聞有非陸贄而是德宗者，尤可駭異。癸卯後。答劉子澄書云：伯恭無恙時，愛説史學，身後爲後生輩糊塗説出一般惡口小家議論，賤王尊霸，謀利計功，更不可聽。子約立脚不住，亦曰「吾兄蓋嘗言之云爾」，中間不免極力排之。今幸少定，然其强不可令者，猶未肯竪降旛也。乙巳。又答劉子澄書云：婺州自伯恭死後，百怪都出。至如子約别説一般差異底話，全然不是孔、孟規模，却做管、商見識，令人駭歎。然亦是伯恭自有些拖泥帶水，致得如此，又令人追恨也。乙巳。答孫季和書云：子約漢、唐之論，在渠非有私心，然亦未免程子所謂乃邪心者，却是教壞後生，此甚不便。近年以來彼中學者，未曾理會讀書修己，便先懷取一副當功利之心。未曾出門踏著正路，便先做取落草由徑之計，相引去私語密傳，以爲奇特，直是不成模樣，故不得不痛排斥之。不知子約還知外面氣象如此否耳？甲辰。答潘叔昌書云：六國表議論，乃是衰世一種卑陋之説。吾輩平日講誦聖賢，何爲却取此等議論以爲標的，殊不可曉。此恐是日前於根本上不曾大段用功，而便於討論世變處著力太深，所以不免此弊。向答子約一書，亦極言之，正恐赤幟已立，未必以爲然耳。熹老矣，不復有意於此世，區區鄙懷，猶欲勉率同志之士，熟講勤行以趨聖賢之域。不謂近年議論蠭起，高者溺於虚無，下者淪於卑陋，各執己見，不合不公，使人憂歎，不知所以爲計。而今而後，亦不復敢以此望於今世之人，姑抱遺經以待後之學者而已。甲辰後。答耿直之書云：頃歲入浙，從士大夫游，數月之間，凡所聞者，無非「枉尺直尋」，苟容偷合之論，心竊駭之。癸卯。答潘端叔書云：子約所守，固無可疑。但其論甚怪，教得學者相率而舍道義之塗，以趨功利之域。充塞仁義，率獸食人，不是小病，故不免極力陳之。以其所守言之，固有過當，若據其議論，則亦不得不說到此地位也。乙巳。答黄直卿書云：婺州近日一種議論愈可惡，大抵名宗吕氏而實主同父，深可憂歎。亦是伯恭有以啓之。續集，庚戌。

十二年乙巳，五十六歲。春二月，祠秩滿，復請祠。夏四月，差主管華州雲臺觀。

辨陸學之非。

文集曹立之墓表云：立之名建，幼穎悟，長知自刻厲學古今文，皆可觀。一日得河南程氏書讀之，始知聖賢之學爲有在也。則慨然盡棄其所爲者，而大覃思於諸經。聞張敬夫講道湖湘，欲往見之，不能致。有告以沙隨程氏學古行高者，即往從之，得其指歸。既又聞陸氏兄弟獨以心之所得者爲學，其説有非文字言語之所及者，則又往受其學，久而若有得焉。子壽蓋深許之，而立之未敢以自足也。則又寓書以講于張氏，然敬夫尋没，立之竟不得見，後盡得其遺文，考其爲學始終之致，于是乃有定論不疑。其告朋友書有曰：「學必貴于知道，而道非一聞可悟，一超可入也。循下學之則，加窮理之功，由淺而深，由近而遠，則庶乎其可矣。今必先期于一悟，而遂至于棄百事以趨之，則吾恐未悟之間，狼狽已甚，又況忽下趨高，未有幸而得之者邪。」此其晚歲用力之標的程度也。胡子有言：「學欲博不欲雜，守欲約不欲陋。」信哉！如立之者，博而不雜，約而不陋，使天假之年，以盡其力，則斯道之傳，其庶幾乎。癸卯。答劉晦伯書云：立之墓表已爲作矣，而爲陸學者以爲病己，頗不能平。鄙意則初無適莫，但據實直書耳。續集，癸卯。與陸子靜書云：立之墓表今作一通，顯道甚不以爲然，不知尊意以爲何如？見陸譜，甲辰。答劉子澄書云：子靜寄得對語來，語意圓轉渾浩無凝滯處，亦是渠所得效驗，但不免些禪底意思。昨答書戲之云：「這些子恐是葱嶺帶來。」渠定不伏，然實是如此，諱不得也。近日建昌説得動地，揎眉努眼，百怪俱出，甚可憂懼。渠亦本是好意，但不合只以私意爲主，更不講學涵養，直做得如此狂妄，世俗滔滔，無話可説。有志于學者，又爲此説引去，真吾道之不幸也。閑闢録注，乙巳七月九日。答陸子靜書云：子淵去冬相見，氣質剛毅，極不易得。但其偏處亦甚害事，雖嘗苦口，恐未必以爲然。今想到部必已相見，亦嘗痛與砭礴否？道理雖極精微，然初不在耳目見聞之外，是非黑白即在面前，此而不察，乃欲別求玄妙于意慮之表，亦已誤矣。熹衰病日侵，去年災患亦不少，此數日來病軀方似略可支吾，然精神耗減，日甚一日，恐終非能久於世者。所幸邇來日用工夫頗覺有力，無復向來支離之病。甚恨未得從容面論，未知異時相見，尚復有異同否耳！丙午。答諸葛誠之書云：示諭競辨之端，三復惘然。愚意比來深欲勸同志者兼取兩家之長，不可輕相詆訾，就有未合，亦且置勿論，而姑勉力於吾之所急，不謂乃以曹表之故，反有所激，如來諭之云也。不敏之故，深以自咎。然吾人所學喫緊著力處，止在天理人欲二者相去之間耳。如今所論則彼之因激而起者，於二者之間果何處也？子靜平日所以自任，正欲身率學者一於天理，而不以一毫人欲雜於其間，恐决不至如賢者之所疑也。義理天下之公，而人之所見有未能盡同者，正當虚心平氣，相與熟講，而徐究之，以歸於是，乃是吾黨之責。而向來講論之際，見諸賢往往皆有立我自是之意，厲色忿詞，如對仇敵，無復長少之節，禮遜之容，蓋常竊笑，以爲正使真是仇敵，亦何至此？但觀諸賢之氣方盛，未可遽以片辭取信，因默不言，至今常不滿也。丙午。又答諸葛誠之書云：所喻子静不至深諱者，不知所諱何事？又云消融其隙者，不知隙從何生？愚意講論義理，只是大家商量，尋個是處，初無彼此之間，不容更似世俗遮掩回護，愛惜人情，纔有異同，便生嫌隙也。丙午。答程正思書云：所論皆正當確實，而衛道之意又甚嚴，深慰懷抱。祝汀州見責之意，敢不敬承。蓋緣舊日曾學禪宗，故於彼説雖知其非，而不免有私嗜之意，亦是被渠説得遮前掩後，未盡見其底藴。譬如楊、墨，但知其爲我兼愛，而不知其至於無父無君，亦不知其便是禽獸也。去冬因其徒來此，狂妄凶狠，手足盡露，自此乃始顯然鳴鼓攻之，不復爲前日之唯阿矣。丙午。答趙幾道書云：所論時學之弊甚善，但所謂冷淡生活者，亦恐反遲而禍大耳。孟子所以舍申、商而距楊、墨者，正爲此也。向來正以吾黨孤弱，不欲於中自相矛盾，亦厭繳紛競辨若可羞者，故一切容忍，不能極論。近乃深覺其弊，全然不曾略見天理，彷彿一味只將私意東作西捺，做出許多詖淫邪遁之説。又且空腹高心，妄自尊大，俯視聖賢，蔑棄禮法，只此一節，尤爲學者心術之害。故不免直截與之説破，渠輩家計已成，決不肯舍。然此説既明，庶幾後來者免墮邪見坑中，亦是一事耳。丁未。答陸子静書云：税駕已久，諸況想益佳，學徒四來，所以及人者，在此而不在彼矣。區區所憂，一種輕爲高論，妄生内外精粗之别，以良心日用分爲兩截，謂聖賢之言不必盡信，而容貌詞氣之間不必深察者，此其爲説，乖戾狠愎，將有大爲吾道之害者，不待他時末流之弊矣。此事不比尋常小小文義異同，恨相去遠，無由面論，徒增耿耿耳。丁未五月二日。答趙子欽書云：子靜後來得書，愈甚於前。大抵其學於心地工夫，不爲無所見，但便欲恃此陵跨古今，更不下窮理細密工夫，卒並與其所得者而失之。人欲横流，不自知覺，而高談大論，以爲天理盡在是也。則其所謂心地工夫者，又安在哉！戊申。答劉公度書云：臨川近説愈肆，荆舒祠記曾見之否？此等議論皆學問偏枯，見識昏昧之故，而私意又從而激之。若公度之説行，則此等事都無人管，恣意横流矣，試思之如何？戊申。與黄直卿書云：伯起説去年見陸子靜，説游、夏之徒自是一家學問，不能盡棄其説，以從夫子之教，唯有琴張、曾晳、牧皮乃是真有得於夫子者，其言怪僻乃至於此，更如何與商量討是處也？可歎，可歎！續集，戊申。答項平父書云：告子之病，蓋不知心之慊處即是義之所安，其不慊處即是不合於義，故直以義爲外而不求。今人因孟子之言，却有見得此意，而識義之在内者，然又不知心之慊與不慊，亦必有待講學省察，而後能察其精微者。故於學聚問辨之所得，皆指爲外而以爲非義之所在，遂一切棄置而不爲。此與告子之言雖若小異，然其實則百步五十步之間耳。以此相笑，是同浴而譏裸裎也。由其所見之偏如此，故於義理之精微，氣質之偏蔽，皆所不察。而其發之暴悍狂率無所不至，其所慨然自任以爲義之所在者，或未必不出於人欲之私也。壬子。答吴伯豐書云：異端之學，以性自私，固爲大病。然又不察氣質物欲之偏，而率意妄行，便謂無非至理，此尤害事。近世儒者之論，亦有近似之者，不可不察也。故所見愈高，則所發愈暴。壬子。答方賓王書云：

所論近世識心之弊，則深中其失。古人之學，所貴於存心者，蓋將推此以窮天下之理。今之所謂識心者，乃欲恃此而外天下之理。是以古人知益崇而禮益卑，今人則論愈高而其狂妄恣睢也愈甚，得失亦可見矣。辛亥。答邵叔義書云：子静書來，殊無義理，每爲閉匿，不敢廣以示人，不謂渠乃自暴揚如此。然此事理甚明，識者自當知之。當時若便不答，却不得也。大率渠有文字，多即傳播四出，唯恐人不知，此其常態，亦不足深怪。吾人所學，却且要自家識見分明，持守正當，深當以此等氣象舉止爲戒耳。已酉。答程正思書云：臨川之辨，當時似少商量，徒然合鬧，無益於事也。其書近日方答之，所説不過如所示者，而稍加詳耳。此亦不獲已而答，恐後學不知爲惑耳。渠則必然不肯回也。戊申。又答程正思書云：答子静書，無人寫得，聞其已謄本四出久矣。此正不欲暴其短，渠乃自如此，可歎，可歎！然得渠如此，亦甚省力，且得四方學者略知前賢立言本旨，不爲無益，不必深辨之，云似未知聖賢任道之心也。已酉。答陸子美書一，丙午。書二，丁未。與陸子静書五，戊申十一月。書六，已酉正月。附陸象山兩書。語録陸子静之學，千般萬般病，只在不知有氣禀之雜，把許多粗惡底氣，都把做心之妙理，合當恁地自然做將去。向在鉛山得他書云：「看見佛之所以與儒異者，止是他底全在利，吾儒止是全在義。」某答他云：「公亦只見得第二著。看他意只説儒者絶斷得許多利欲，便是千了百當，一向任意做出都不妨。不知初自受得這氣禀不好，今纔任意發出許多不好底也。只都做好商量了，只道這是胸中流出自然天理，不知氣有不好底夾雜在裏，一齊衮將去，道害事不害事。」看子静書，只見他許多粗暴底意思可畏。其徒都是這樣，纔説得幾句，便無大無小，無父無兄，只我胸中流出底是天理，全不著得些工夫。看來這錯處，只在不知有氣禀之性。葉賀孫。陸子静之學，只管説一個心本來是好底物事，上面著不得一個字，只是人被私欲遮了，若識得一個心了，萬法流出，更都無許多事。他却是實見得個道理恁地，所以不怕天不怕地，一向胡叫胡喊。又曰：如東萊便是如何云云，不似他見得恁地直拔俊偉。下梢東萊學者，一人自執一説，更無一人守其師説，亦不知其師緊要處是在那裏，都只恁地衰塌不起了，其害小。他學者是見得個物事，便都恁底胡叫胡説，實是卒動他不得，一齊恁地無大無小，便是天上天下，惟我獨尊。若我見得，我父不見得，便是父不似我，兄不見得，便是兄不似我。更無大小，其害甚大。不待後世，即今便是。葉賀孫。有江西士人問爲學，曰：公們都被陸子静誤教莫要讀書，誤公一生，使公到今已老，此心倀倀然如村愚聾盲無知之人，撞墻撞壁無所知識，使得這心飛揚跳躑，渺渺茫茫，都無所主，若涉大水，浩無津涯，少間便會失心去，傅子淵便是如此。豈有學聖人之道，臨了却反有失心者，是甚道理？吁，誤人，誤人！可悲，可痛！分明是被他塗其耳目，至今猶不覺悟。沈僩。陸氏之學，只是禪。初間猶自以吾儒之説蓋覆，如今一向説得熾，不復遮護了。渠自説有見於理，到得做處，一向任私意做去，全不睹是人同之則喜，異之則怒，至任喜怒胡亂便打人罵人，後生纔登其門，便學得不遜無禮出來，極可畏。世道衰微，千變百怪如此，可畏，可畏！錢木之。陸子静之學，自是胸中無奈許多禪何，看是甚文字，不過假借以説其胸中所見者耳。據其所見，本不須聖人文字得，他却須要以聖人文字説者，此正如販鹽者上面須得數片鮝魚遮蓋，方過得關津，不被人捉了耳。輔廣。陸子静説克己復禮，云「不是克去己私利欲之類，别自有個克處」，又却不肯說破。某常代之下語云:「不過是要言語道斷,心行路絶耳。」因言此是陷溺人之深坑,學者切不可不戒。輔廣。或説象山説克己復禮,不但只是欲克去那利欲忿慺之私,只是有一念要做聖賢便不可。曰:此等議論,却如小兒則劇一般,只管要高去,聖門何嘗有這般説話?人要去學聖賢,此是好底念慮,有何不可?若以爲不得,則堯舜之兢兢業業,周公之思兼三王,孔子之好古敏求,顔子之有爲若是,孟子之願學孔子之念,皆當克去矣。看他意思,只是禪。誌公云:「不起纖毫修學心,無相光中常自在。」他只是要如此,然豈有此理。只如孔子答顔子「克己復禮爲仁」,據他説時只這一句已多了,又況有下頭一落索,只是顔子才問仁,便與打出方是,及至恁地説他,他又却諱。某嘗謂人要學禪時,不如分明去學他禪,和一棒一喝便了。今乃以聖賢之言夾雜了説,道是龍又無角,道是蛇又有足。子静舊年也不如此,後來弄得直恁地差異,如今都教壞了後生,個個不肯去讀書,一味顛蹶没理會處,可惜,可惜!正如荀子不睹是,逞快胡罵,教得個李斯出來,遂至焚書坑儒。若使荀卿不死,見斯所爲如此,必須自悔。使子静今猶在,見後生輩如此顛蹶,亦須自悔其前日之非。又曰:子静説話,常是兩頭明,中間暗。或問暗是如何?曰:他是那不説破處,他所以不説破,便是禪。所謂「鴛鴦繡出從君看,莫把金針度與人」,他禪家自愛如此。輔廣。問陸象山道「當下便是」,曰:看聖賢教人曾有此等語無?聖人教人,皆從平實地上做去。所謂「克己復禮,天下歸仁」,須是先克去己私方得。孟子雖云「人皆可以爲堯舜」,也須是服堯之服,言堯之言,行堯之行方得。聖人告顔子以克己復禮,告仲弓以出門如見大賓,使民如承大祭;告樊遲以居處恭,執事敬,與人忠;告子張以言忠信,行篤敬，這個是説甚底話？又平時告弟子也，須道是學而時習，行有餘力，則以學文，又豈曾説個「當下便是」底語？黄卓。因看金溪與胡季隨書中説顔子克己處，曰：看此兩行議論，其宗旨是禪尤分曉，此乃捉著真贓正賊，惜方見之，不及與之痛辯。其説以忿欲等皆未是己私，而思索講習却是大病，乃所當克治者。如禪家説「乾屎橛」等語，其上更無意義，又不得别思義理，將此心都禁遏定，久久忽自有明快處，方謂之得，此之謂失其本心，故下梢忿欲紛起，恣意猖獗。如劉淳叟輩所爲，皆彼自謂不妨者也。又曰：金溪學問真正是禪，欽夫、伯恭緣不曾看佛書，所以看他不破，只某便識得他。試將楞嚴、圓覺之類一觀，亦可粗見大意。吴必大。人心知此義理、行之得宜，固自内發。人性質有不同，或有魯鈍，一時見未到得，别人説出來，反之於心，見得爲是而行之，是亦内也。人心所見不同，聖人方見得盡。今陸氏只是要自渠心裏見得底，方謂之内，若别人説底，一句也不是，纔自别人説出，便指爲義外，如此乃是告子之説。如生而知之與學而知之、困而知之，安而行之與利而行之、勉强而行之，及其知之行之則一也。豈可一一須待自我心而出，方謂之内，所以指文義而求之者，皆不爲内。故自家纔見得如此，便一向執著，將聖賢言語便亦不信，更不去講貫，只是我底是。其病痛只在此，只是專主生知安行，而學知以下一切皆廢。黄䓾。一便如一條索，那貫底物事便如許多散錢，須是積得這許多散錢了，却將那一條索來一串穿，這便是一貫。若陸氏之學，只是要尋這一條索，却不知道都無可得穿。且其爲説，喫緊是不肯教人讀書，只恁地摸索悟處。譬如前面有一個關，纔跳得過這一個關便是了，此煞壞學者。某老矣，日月無多，方待不説破來，又恐後人錯以某之學亦與他相似。今不奈何苦口説破，某道他斷然是異端，斷然是曲學，斷然非聖人之道。但學者稍肯低心向平實處下工夫，那病痛亦不難見。不知何人。文集答詹元善書云：子静旅櫬經由，聞甚周旋之，此殊可傷，見其平日大拍頭胡叫喚，豈謂遽至此哉！然其説頗行於江湖間，損賢者之志，而益愚者之過，不知此禍又何時而已耳。癸丑。答趙然道書云：荆門之訃，聞之慘怛。故舊凋落自爲可傷，不計平日議論之同異也。來喻謂恨未及見其與熹論辨有所底止，此尤可笑。蓋老拙之學，雖極淺近，然求之甚艱，而察之甚審。視世之道聽塗説於佛老之餘，而遽自謂有得者，蓋嘗笑其陋，而譏其僭，豈今垂老而肯以其千金易人之敝帚者哉！癸丑。答孫敬甫書云：陸氏之學，在近年一種浮淺頗僻議論中，固自卓然非其儔匹。其徒傳習，亦有能修其身，能治其家，以施之政事之間者。但其宗指本自禪學中來，不可揜諱。當時若只如晁文元、陳忠肅諸人，分明招認著實受用，亦自有得力處，不必如此隱諱遮藏，改名換姓，欲以欺人而人不可欺，徒以自欺而自陷於不誠之域也。然在吾輩，須但知其如此而勿爲所惑。若於吾學果有所見，則彼之言，釘釘膠粘，一切假合處，自然解拆破散，收拾不來矣。切勿與辨，以啓其紛拏不遜之端，而反爲卞莊子所乘也。少時喜讀禪學文字，見杲老與張侍郎書云：左右既得此欛柄入手，便可改頭換面，却用儒家語，説向士大夫，接引後來學者。後見張公經解文字，一用此策，但其遮藏不密，漏露處多，故讀之者一見便知其所自來，難以純自託於儒者。若近年則其爲術益精，爲説浸巧，拋閃出没，頃刻萬變，而幾不可辨矣。然自明者觀之，亦見其徒爾自勞，而卒不足以欺人也。丙辰。

辨陳學之非。

年譜 同父以文雄浙中，自負王霸之略，任俠豪舉。先生與書，箴其義利雙行，王霸並用。且謂漢、唐行事非三綱五常之正，以風切之。同父有書辨難，先生累與書，極力開諭。同父雖不能改，未嘗不心服焉。每逢先生生辰，雖居千里外，必遣人問遺，歲以爲常。文集 與陳同父書三。癸卯。書四。書六。甲辰。書七。書八。乙巳。書十。丙午。附 陳同父甲辰答書。乙巳三書。語録 説同父，因謂呂伯恭烏得爲無罪，恁地横論，却不與他剖説打教破，却和他都自被包裹在裏。今來伯恭門人，却亦有爲同父之説者，二家打成一片，可怪。君舉只道某不合與説，只是他見不破，天下事不是是，便是非，直截兩邊去，如何恁地含糊鶻突。某向來與説許多，豈是要眼前好看，青天白日在這裏，而今人雖不見信，後世也須有人看得，此説也須回轉得幾人。葉賀孫。同父才高氣粗，故文字不明瑩，要之自是心地不清和也。楊道夫。同父在利欲膠漆盆中。李閎祖。因言陳同父讀書，譬如人看劫盜公案，看了須要斷得他罪，及防備禁制他，教做不得，它却不要斷他罪，及防備禁制他，只要理會得許多做劫盜底道理待學他做。輔廣。陳同父學已行到江西，浙人信向已多，家家談王霸，不説蕭何、張良，只説王猛；不説孔、孟，只説文中子。可畏，可畏！鄭可學。或問：「同父口説皇帝王霸之略，而一身不能自保。」先生曰：「這只是見不破，只説個是與不是便了。若做不是，恁地依阿苟免，以保其身，此何足道？若做得是，便是委命殺身，也是合當做底事。」葉賀孫。年譜 先生嘗曰：「海内學術之弊，不過兩説：江西頓悟，永康事功。若不極力争辯，此道無由得明。」

十三年丙午，五十七歲。春三月，易學啓蒙成。

年譜 六經遭秦煨燼，唯易以卜筮得全。迄漢、魏流爲讖緯之學，王弼始刊落象數，釋以清談，諸儒因之。至伊川程子，始發明孔氏之微言，而卦爻之本則未及焉。康節邵子傳伏羲先天圖，蓋得其本，而亦未及於卜筮也。先生既推羲、文之意，作周易本義，又懼學者未明厥旨，乃作啓蒙四篇。以爲言易不本象數，既支離散漫而無所根著。其本象數者又不知法象之自然，未免牽合附會。故其篇目以本圖書、原卦畫、明蓍策、考變占爲次。凡掛揲及變爻又皆盡破古今諸儒之失，而易始復其舊。李本。

文集 序云：聖人觀象以畫卦，揲蓍以命爻，使天下後世之人，皆有以決嫌疑，定猶豫，而不迷於吉凶悔吝之途，其功可謂盛矣。然其爲卦也，自本而幹，自幹而支，其勢若有所迫，而自不能已。其爲蓍也，分合進退，縱横順逆，亦無往而不相值焉。是豈聖人心思智慮之所得爲也哉！特氣數之自然，形於法象，見於圖書者，有以啓於其心而假手焉耳。近世學者類喜談易，而不察於此。其專於文義者，既支離散漫，而無所根著。其涉於象數者，又皆牽合傅會，而或以爲出於聖人心思智慮之所爲也。若是者，予竊病焉。因與同志頗輯舊聞，爲書四篇，以示初學，使無疑於其説云。淳熙丙午暮春既望。

易五贊原象：太乙肇判，陰降陽升。陽一以施，陰兩而承。惟皇昊羲，仰觀俯察。奇耦既陳，兩儀斯設。既幹乃支，一各生兩。陰陽交錯，以立四象。奇加以奇，曰陽之陽。奇而加耦，陽陰以章。耦而加奇，陰内陽外。耦復加耦，陰與陰會。兩一既分，一復生兩。三才在目，八卦指掌。奇奇而奇，初一曰乾。奇奇而耦，兑次二焉。奇耦而奇，次三曰離。奇耦而耦，四震以隨。耦奇而奇，巽居次五。耦奇而耦，坎六斯睹。耦耦而奇，艮居次七。耦耦而耦，八坤以畢。初畫爲儀，中畫爲象。上畫卦成，人文斯朗。因而重之，一貞八悔。六十四卦，由内達外。交易爲體，往此來彼。變易爲用，時靜而動。降帝而王，傳夏歷商。有占無文，民用弗彰。文王繫彖，周公繫爻。視此八卦，二純六交。乃乾斯父，乃坤斯母。震坎艮男，巽離兑女。離南坎北，震東兑西。乾坤艮巽，位以四維。建官立師，命曰周易。孔聖傳之，是爲十翼。遭秦弗燼，及宋而明。邵傳羲畫，程演周經。象陳數列，言盡理得。彌億萬年，永著常式。

述旨：昔在上古，世質民淳。是非莫别，利害不分。風氣既開，乃生聖人。聰明睿智，出類超群。仰觀俯察，始畫奇耦。教之卜筮，以斷可否。作爲君師，開鑿户牖。民用不迷，以有常守。降及中古，世變風移。淳澆質喪，民僞日滋。穆穆文王，身蒙大難。安土樂天，惟世之患。乃本卦義，繫此彖辭。爰及周公，六爻是資。因事設教，丁寧詳密。必中必正，乃亨乃吉。語子惟孝，語臣則忠。鉤深闡微，如日之中。曁乎末流，淫於術數。僂句成欺，黄裳亦誤。大哉孔子，晚好是書。韋編既絶，八索以祛。乃作彖、象，十翼之篇。專用義理，發揮經言。居省象辭，動察變占。存亡進退，陟降飛潛。曰毫曰釐，匪差匪謬。加我數年，庶無大咎。恭惟三古，四聖一心。垂象炳明，千載是臨。惟是學者，不本其初。文辭象數，或肆或拘。嗟予小子，既微且陋。鑽仰没身，奚測奚究。匪警滋荒，匪識滋漏。維用存疑，敢曰垂後。

明筮：倚數之元，參天兩地。衍而極之，五十乃備。是曰大衍，虚一無爲。其爲用者，四十九蓍。信手平分，置右於几。取右一蓍，掛左小指。乃以右手，揲左之策。四四之餘，歸之於扐。初扐左手，無名指間。右策左揲，將指是安。再扐之奇，通掛之算。不五則九，是謂一變。置此掛扐，再用存策。分掛揲歸，復準前式。三亦如之，奇皆四八。三變既備，數斯可察。數之可察，其辨伊何？四五爲少，八九爲多。三少爲九，是曰老陽。三多爲六，老陰是當。一少兩多，少陽之七。孰八少陰，少兩多一。既得初爻，復合前蓍。四十有九，如前之爲。三變一爻，通十八變。六爻發揮，卦體可見。老極而變，少守其常。六爻皆守，彖辭是當。變視其爻，兩兼首尾。變及三爻，占兩卦體。或四或五，視彼所存。四二五一，二分一專。皆變而他，新成舊毀。消息盈虛，捨此視彼。乾占用九，坤占用六。泰愕匪人，姤喜來復。稽類：八卦之象，説卦詳焉。考之於經，其用弗專。彖以情言，象以象告。惟是之求，斯得其要。乾健天行，坤順地從。震動爲雷，巽入木風。坎險水泉，亦雲亦雨。離麗文明，電日而火。艮止爲山，兑説爲澤。以是舉之，其要斯得。凡卦六虛，奇耦殊位。奇陽耦陰，各以其類。得位爲正，二五爲中。二臣五君，初始上終。貞悔體分，爻以位應。陰陽相求，乃得其正。凡陽斯淑，君子居之。凡陰斯慝，小人是爲。常可類求，變非例測。非常曷變，謹此爲則。警學：讀易之法，先正其心。肅容端席，有翼其臨。於卦於爻，如筮斯得。假彼象辭，爲我儀則。字從其訓，句逆其情。事因其理，意適其平。曰否曰臧，如目斯見。曰止曰行，如足斯踐。毋寬以略，毋密以窮。毋固而可，毋必而通。平易從容，自表而裏。及其貫之，萬事一理。理定既實，事來尚虛。用應始有，體該本無。稽實待虛，存體應用。執古御今，由静制動。潔静精微，是之謂易。體之在我，動有常吉。在昔程氏，繼周紹孔。奥旨宏綱，星陳極拱。惟斯未啓，以俟後人。小子狂簡，敢述而申。

答陸子美書云：近嘗作一小卜筮書，蓋緣近世説易者於象數全然闊略。其不然者，又太拘滯，支離不可究詰。故推本聖人經傳中説象數者，只此數條，以意推之，以爲是足以上究聖人作易之本指，下濟生人觀變玩占之實用，學易者決不可以不知。而凡觀象數之過乎此者，皆可以束之高閣而不必問矣。不審尊意以爲如何？答方賓王書云：熹向來作啓蒙，正爲見人説得支離，因竊以謂易中所説象數，聖人所已言者，不過如此。今學易者，但曉得此數條，則於易略通大體，而象數亦皆有用。此外紛紛，皆不須理會矣。其第二篇論太極、兩儀、四象之屬尤精，誠得其説，則知聖人畫卦，不假纖毫思慮計度。而所謂畫前有易者，信非虚語也。語録 啓蒙，初間只因看歐陽公集内，或問易大衍，遂將來考算得。以此知諸公文集，雖各自成一家文字，中間自有好處，緣是這道理，人人同得看如何也，自有人見得到底。葉賀孫。文集 答袁機仲書云：此非熹之説，乃康節之説。非康節之説，乃希夷之説。非希夷之説，乃孔子之説。但當日諸儒既失其傳，而方外之流，陰相付受，以爲丹竈之術。至於希夷、康節乃反之於易，而後其説始得復明於世。然與見今周易次第行列多不同者，故聞者創見，多不能曉而不之信。只據目今見行周易，緣文生義，穿鑿破碎，有不勝其杜撰者，此啓蒙之書所爲作也。若其習聞易曉，人人皆能領略，則又何必更著此書，以爲屋下之屋，牀上之牀哉！更願高明毋以爲熹之説而忽之，姑且虚心遜志，以求其通曉，未可好高立異，而輕索其瑕疵也。玩之久熟，浹洽於心，則天地變化之神，陰陽消長之妙，自將瞭於心目之間。而其可驚可喜，可笑可樂，必有不知其然而然者矣。言之不盡，偶得小詩云：「忽然半夜一聲雷，萬户千門次第開。若識無心涵有象，許君親見伏羲來。」狂妄僭率，幸勿鄙誚也。

秋八月，孝經刊誤成。

文集 後記云：熹舊見衡山胡侍郎論語説疑孝經引詩非經本文。初甚駭焉，徐而察之，始悟胡公之言爲信，而孝經之可疑者，不但此也。因以書質之沙隨程可久丈，程答書曰：「頃見玉山汪端明亦以爲此書多出後人附會。」於是乃知前輩讀書精審，其論固已及此。又竊自幸有所因述，而免於鑿空妄言之罪也。因欲掇取他書之言可發此經之旨者，別爲外傳，如冬温夏凊，昏定晨省之類，即附始於事親之傳。顧未敢耳。淳熙丙午八月十二日記。

十四年丁未，五十八歲，春正月，如莆中弔陳福公。

年譜 以三紀游從，晚歲知己，且爲中興賢輔，故千里赴弔，並爲文祭之。

文集 祭陳福公文。 陳正獻公行狀。

三月，小學書成。

文集 題小學書云：古者小學，教人以灑掃應對進退之節、愛親敬長隆師親友之道，皆所以爲修身齊家治國平天下之本，而必使之講而習之於幼稚之時，欲其習與智長，化與心成，而無扞格不勝之患也。今其全書雖不可見，而雜出於傳記者亦多。讀者往往直以古今異宜而莫之行，殊不知其無古今之異者，固未始不可行也。今頗蒐輯以爲此書，授之童蒙，資其講習，庶幾有補於風化之萬一云爾。淳熙丁未三月朔旦晦庵題。年譜先生既發揮大學以開悟學者，又懼其失序無本而不能以有進也，乃輯此書以訓蒙士，使培其根以達其支。内篇四：曰立教，曰明倫，曰敬身，曰稽古。外篇二：曰嘉言，曰善行。雖已進乎大學者，亦得以兼補之於後。修身之事，此略備焉。洪本。

差主管南京鴻慶宫。

年譜以三月除，至夏四月拜命。洪本。別集答劉子澄書云：雲臺將滿，方欲俟批書畢，遣人宛轉致懇，復求舊秩。忽尤延之送敕來，乃蒙朝廷檢舉直差，雖似小小行遣，聞新揆却甚以爲恩。新揆，周益公。又書云：昨日拜鴻慶敕，偶得一絶云：「舊京原廟久烟塵，白髮祠官感慨新。北望千門空引籍，不知何日去朝真。」年衰易感，不知涕泗之横集也。

秋七月，除江南西路提點刑獄公事，待次，辭，不允。

年譜時上諭宰執，楊萬里封事，薦朱某久閒，可與監司。周必大相議除轉運副使，或謂錢穀非其所長，故有是命，以疾辭，不許。告詞云：「敕宣教郎、直徽猷閣、主管南京鴻慶宫朱熹：爾好古道，據正不回，利物愛人，用志彌篤。擁州麾，分使節，先德後刑，民從其化。而救荒之政，所全活者尤衆。久從家食，念之不忘。江右持平，往哉惟允，行爾盡心之學，廣我好生之仁。可依前官，差提點江南西路刑獄公事。」淳熙十四年七月某日，陳居仁行詞。行狀十四年，除提點江西刑獄，待次，以疾辭，不許，遂拜命。本傳十四年，周必大相，除熹提點江西刑獄公事。

文集 辭免江西提刑狀一。

十五年戊申，五十九歲。春正月，有旨趣奏事之任，復以疾辭，不允。三月十八日，啓行，在道再辭，并請祠。夏五月，復趣入對。

文集 辭免江西提刑劄子一。 劄子二。 劄子三。

六月壬申，奏事延和殿。

語録 六月四日，周揆令人諭意云：「上問朱某到已數日，何不請對？」遂詣閤門，通進榜子。有旨初七日後殿班引。及對，上慰勞甚渥。自陳昨任浙東提舉日，荷聖恩保全。上曰：「浙東救荒，煞究心。」又言：「蒙除江西提刑，衰朽多疾，不任使令。」上曰：「知卿剛正，只留卿在這裏，待與清要差遣。」再三辭謝，方出奏劄。上曰：「正所欲聞。」口奏第一劄，意言犯惡逆者近來多奏裁減死，上曰：「似如此人只貸命，有傷風教，不可不理會。」第四劄言科罰，上曰：「聞多是羅織富民。」第五劄，讀至「制將之權旁出閹寺」，上曰：「這個事却不然，盡是採之公論，如何由他？」對曰：「彼雖不敢公薦，然皆託於士大夫之公論，而實出於此曹之私意。且如監司、守臣薦屬吏，蓋有受宰相、臺諫風旨者，況此曹奸僞百出，何所不可！臣往蒙賜對，亦嘗以此爲説。聖諭謂爲不然，臣恐疏遠所聞不審，退而得之士大夫與夫防夫走卒，莫不謂然，獨陛下未之知耳。」至「去者未遠而復還」，問上曰：「陛下知此人否？」上曰：「固是，但洩漏文書，乃是他子弟之罪。」對曰：「豈有子弟有過而父兄無罪？然此特一事耳。此人挾勢爲奸，所以爲盛德之累者多矣。」上曰：「高宗以其有才薦過來。」對曰：「小人無才尚可，小人有才鮮不爲惡。」上因舉馬、蘇論才德之辨云云。至「當言責者懷其私以緘默」，奏曰：「陛下以曾任知縣入爲六院察官，闕則取以充之。雖曰親擢，然其塗轍一定，宰相得以先布私恩於合入之人，及當言責，往往懷其私恩，豈肯言其過失？」上曰：「然，近日之事可見矣。」至「知其爲賢而用之，則用之唯恐其不速，聚之唯恐其不多；知其爲不肖而退之，則退之唯恐其不早，去之唯恐其不盡」，奏曰：「豈有慮君子太多，須留幾個小人在裏。人之治身亦然，豈有慮善太多，須留些惡在裏。」至「軍政不修，士卒愁怨」，曰：「主將刻剥士卒，以爲苞苴。陞轉階級，皆有成價。」上曰：「却不聞此，果有此，豈可不理會？卿可仔細採探却來説。」末後辭云：「照對江西係是盗賊刑獄浩繁去處，久闕正官，臣今迤邐前去之任，不知有何處分？」上曰：「卿自詳練，不在多囑。」李閎祖。行狀十五年，促奏事，又以疾辭，不許，遂行。又以疾請奉祠者再。淮罷相，遂力疾入奏。是行也，有要之於路，以「正心誠意」爲上所厭聞，戒以勿言者。先生曰：「吾生平所學，只有此四字，豈可回互而欺吾君乎？」及奏，上未嘗不稱善，曰：「久不見卿，浙東之事，朕自知之。今當處卿清要，不復勞卿州縣。」本傳時曾覿已死，王忭亦逐，獨内侍甘昪尚在。熹力以爲言，上曰：「昪乃德壽所薦，爲其有才耳。」熹曰：「小人無才，安能動人主？」

文集戊申延和奏劄一。　奏劄二。　奏劄三。　奏劄四。　奏劄五。

癸酉，除兵部郎官，以足疾在告，請祠。乙亥，詔依舊職名、江西提刑。

文集 辭免江西提刑狀二云：特蒙聖恩，除熹兵部郎官。熹以未能即日拜命供職，即具申朝廷，給假將理。是晚忽有吏人抱印前來，令熹交割。熹以未曾供職，不敢收領。嘗具公狀劄子回申本部，俟病愈赴部供職。而次日傳聞長貳已有劾章，熹不敢自辨，即具狀請祠回避。復蒙聖慈，曲賜全護，使得仍舊持節江西。本傳 翌日，除兵部郎官，以足疾丐祠。本部侍郎林栗嘗與熹論易、西銘不合，劾熹本無學術，徒竊程頤、張載緒餘，謂之道學，所至輒攜門生數十人，妄希孔、孟歷聘之風，邀索高價，不肯供職，其僞不可掩。上曰：「林栗言似過。」周必大言熹上殿之日足疾未瘳，勉强登對。上曰：「朕亦見其跛曳。」左補闕薛叔似亦奏援熹，乃令依舊職江西提刑。行狀 除兵部郎官，以足疾丐祠，未供職。本部侍郎林栗前數日與先生論易、西銘不合，至是遣部吏抱印迫以供職。先生以疾告，遂疏先生欺慢。時上意方嚮先生，欲易以他部郎，時相竟請授以前江西之命，仍舊職名。又令吏部給還改官以後不曾陳乞磨勘。蓋先生改職，既出特恩，其後累任祠官，無績可考，以故不曾乞磨勘者十有四年。

在道辭免新任，有旨趣之任。秋七月，復以足疾辭。並請祠磨勘轉朝奉郎，除直寶文閣，主管西京嵩山崇福宮。八月，辭轉官，辭職名，皆不允，遂拜命。

年譜 先生行且辭曰：「論者謂臣事君無禮，爲人臣子有此名，罪當誅戮，豈可復任外臺耳目之寄。」上覽之，諭宰執曰：「林栗章初未降出，何得外廷喧播？」或對以栗在漏舍宣言章疏，人人知之。上不悦。太常博士葉適上疏，與栗辨，謂其言無一實者，謂之道學一語，無實尤甚。往日王淮表裏臺諫，陰廢正人，蓋用此術。詔：「朱熹力疾入對，奏劄皆論新任職事，朕亦諒其誠，復從所請，可疾速之任。」先生固辭足疾不任起發，復請祠。會胡晉臣除侍御史，首論栗執拗不通，狠愎自用，黨同伐異之論，乃起於論思獻納之臣，無事而指學者爲黨，最人之所惡聞，所謂天下本無事，庸人自擾之耳。乃出栗知泉州，而先生亦除直寶文閣，主管西京嵩山崇福宫。時廟堂知上眷厚，憚先生復入，故爲兩罷之策焉。告詞云：朕惟廉節不立，風俗未淳，思得難進易退之士，表而用之，庶幾幡然變其舊習。爾之學術，遠有淵源，其爲操行，養之久矣。志在憂時，曾未得一日立於朝。比以部刺史入奏便殿，朕嘉其讜論，留寘郎曹，蓋將進諸清要之地。遽以疾諗，祈反初服，既勉從於素志，復更請於真祠。夫指麾何意於去來，仕止不形於喜愠，此古之清達之士也。朕察爾誠，是用陞職二等，聽食優閒之禄。身雖在外，亦有補於風化。淳熙十五年八月某日，中書舍人鄭僑行詞。洪本。

文集 辭免江西提刑狀二。狀三。辭免磨勘轉官狀。辭免直寶文閣狀。

九月，復召，辭。

行狀 未踰月，再召。時廟堂知上眷厚，憚先生復入，故爲兩罷之策。上悟，復召先生受職名。辭召命，以爲遷官進職皆爲許其閒退，方竊難進易退之褒，復爲彈冠結綬之計，則其爲世觀笑，不但往來屑屑之譏。

冬十月，趣入對。十一月，復辭，遂上封事。

行狀 又促召。初，先生入奏事，迫於疾作，嘗面奏，以爲口陳之説有所未盡，乞具封事以聞。至是再辭，遂併具封事，投匭以進。文集 戊申封事云：十一月一日，朝奉郎、直寶文閣、主管西京嵩山崇福宫臣朱熹，謹齋沐具疏，昧死再拜，獻於皇帝陛下。臣猥以庸陋，蒙被聖知，有年於此矣。而兩歲以來，受恩稠疊，有加於前，顧視輩流，無與爲比，其爲感激之深，固有言所不能諭者。然竊惟念狂妄之言，抵觸忌諱，雖蒙聽納，不以爲罪，而伏俟數月，未見其有略施行者。臣誠不自知，求所以堪陛下非常之恩者，而未知所出也。以是慚懼，久不自安。不意陛下又欲召而見之，臣愚於此仰窺聖意，尤不識其果何謂也。以爲欲聽其計策，則言已陳而不可用；以爲欲加之恩意，則寵既厚而無以加。二者之間，未有所當，此臣之所以徘徊前却，懇扣辭避而不能已也，然而陛下猶未之許。則臣又重思之，前日進對之時，口陳之説迫於疾作，而猶有未盡言者，蓋嘗請以封事上聞，而久未敢進，豈非陛下偶垂記憶，而欲卒聞之乎？抑其别有以乎？臣不得而知也。然君父之命至於再下，而爲臣子者堅卧於家，則臣於此實有所未安者。其所深慮，獨恐進見之後，所言終不可用，而又徒竊誤寵，如前之爲，則臣之辭受，將有所甚難處而終得罪者。是以輒因前請而悉其所言以獻，以爲雖使得至陛下之前，所言不過如此。伏惟聖慈幸賜觀省，若以其言爲是，而次第行之，則臣之志願千萬滿足，退伏巖穴，死無所憾。萬一聖意必欲其來，則臣亦不過求一望見清光，而後懇請以歸而已。若見其言果無可取，則是臣所學之陋，他無所有，政使冒進，陛下亦將何所用之。不若因其懇請，而許其歸休，猶足以兩有所全也。又況陛下之庭，侍從之列，方有造爲飛語以中害善良，唱爲横議以脅持上下，其巧謀陰計，又有甚於前日之不思而妄發者。陛下無爲使臣輕犯其鋒，而復蹈已覆之轍也。蓋臣竊觀今日天下之勢，如人之有重病，内自心腹，外達四肢，蓋無一毛一髮不受病者。雖於起居飲食未至有妨，然其危迫之證，深於醫者固已望之而走矣。是必得如盧扁、華佗之輩，授以神丹妙劑，爲之湔腸滌胃，以去病根，然後可以幸於安全。如其不然，則病日益深，而病者不覺，其可寒心，殆非俗醫常藥之所能及也。故臣前日之奏，輒引「藥不瞑眩，厥疾不瘳」之語，意蓋爲此，而其言有未盡也。然天下之事，所當言者不勝其衆，顧其序有未及者，臣不暇言，且獨以天下之大本與今日之急務，深爲陛下言之。蓋天下之大本者，陛下之心也。今日之急務，則輔翼太子、選任大臣、振舉綱維、變化風俗、愛養民力、修明軍政六者是也。臣請昧死而悉陳之，惟陛下之留聽焉。臣之輒以陛下之心爲天下之大本者，何也？天下之事，千變萬化，其端無窮，而無一不本於人主之心者，此自然之理也。故人主之心正，則天下之事無一不出於正；人主之心不正，則天下之事無一得由於正。蓋不惟其賞之所勸、刑之所威各隨所向，勢有不能已者，而其觀感之間，風動神速，又有甚焉。是以人主以眇然之身居深宫之中，其心之邪正，若不可得而窺者，而其符驗之著於外者，常若十目所視，十手所指，而不可掩。此大舜所以有「惟精惟一」之戒，孔子所以有「克己復禮」之云，皆所以正吾此心，而爲天下萬事之本也。此心既正，則視明聽聰，周旋中禮，而身無不正。是以所行無過不及，而能執其中。雖以天下之大，而無一人不歸吾之仁者。臣謹按尚書舜告禹曰：「人心惟危，道心惟微，惟精惟一，允執厥中。」夫心之虛靈知覺，一而已矣，而以爲有人心道心之別者何哉？蓋以其或生於形氣之私，或原於性命之正，而所以爲知覺者不同，是以或危殆而不安，或精微而難見耳。然人莫不有是形，故雖上智不能無人心；亦莫不有是性，故雖下愚不能無道心。二者雜於方寸之間，而不知所以治之，則危者愈危，微者愈微，而天理之公卒無以勝乎人欲之私矣。「精」則察夫二者之間而不雜也，「一」則守其本心之正而不離也。從事於斯，無少間斷，必使道心常爲一身之主，而人心每聽命焉，則危者安，微者著，而動靜云爲，自無過不及之差矣。又按論語：「顔淵問仁，子曰：『克己復禮爲仁。一日克己復禮，天下歸仁焉。爲仁由己，而由人乎哉？』」夫仁者，本心之全德也；己者，一身之私欲也；禮者，天理之節文也。蓋人心之全德，莫非天理之所爲。然既有是身，則亦不能無人欲之私以害焉。故爲仁者必有以勝其私欲而復於禮，則事皆天理，而本心之德復全於我也。心德既全，則雖以天下之大，而無一人不歸吾之仁者。然其機則固在我而不在人也。日日克之，不以爲難，則私欲淨盡，天理流行，而仁不可勝用矣。此大舜、孔子之言，而臣輒妄論其用力之方如此，伏乞聖照。然邪正之驗著於外者，莫先於家人，而次及於左右，然後有以達於朝廷，而及於天下焉。若宫闈之内，端莊齊肅，后妃有關雎之德，後宫無盛色之譏，貫魚順序，而無一人敢恃恩私以亂典常，納賄賂而行請謁，此則家之正也。退朝之後，從容燕息，貴戚近臣、擕僕奄尹，陪侍左右，各恭其職，而上憚不惡之嚴，下謹戴盆之戒，無一人敢通内外，竊威福，招權市寵，以紊朝政，此則左右之正也。内自禁省，外徹朝廷，二者之間，洞然無有毫髮私邪之間，然後發號施令，羣聽不疑，進賢退姦，衆志咸服，紀綱得以振而無侵撓之患，政事得以修而無阿私之失。此所以朝廷百官、六軍萬民，無敢不出於正，而治道畢也。心一不正，則是數者固無從而得其正。是數者一有不正，而曰心正，則亦安有是理哉！是以古先聖王，兢兢業業，持守此心，雖在紛華波動之中，幽獨得肆之地，而所以精之一之，克之復之，如對神明，如臨淵谷，未嘗敢有須臾之怠，然猶恐其隱微之間或有差失而不自知也。是以建師保之官以自開明，列諫諍之職以自規正，而凡其飲食酒漿、衣服次舍、器用財賄，與夫宦官宫妾之政，無一不領於冢宰之官，使其左右前後、一動一静，無不制以有司之法，而無纖芥之隙、瞬息之頃，得以隱其毫髮之私。蓋雖以一人之尊，深居九重之邃，而懔然常若立乎宗廟之中、朝廷之上。此先王之治所以由内及外，自微至著，精粹純白，無少瑕翳，而其遺風餘烈，猶可以爲後世法程也。臣竊見周禮天官冢宰一篇，乃周公輔導成王，垂法後世，用意最深切處。欲知三代人主正心誠意之學，於此考之，可見其實，伏乞聖照。陛下試以是而思之，吾之所以精一克復而持守其心者，果嘗有如此之功乎？所以修身齊家而正其左右者，果嘗有如此之效乎？宫省事禁，臣固有不得而知者，然不見其形而視其影，不覩其内而占其外，則爵賞之濫，貨賂之流，閭巷竊言，久已不勝其籍籍矣。臣竊以是窺之，則陛下之所以修之家者，恐其未有以及古之聖王也。至於左右便嬖之私，恩遇過當。往者淵、覿、説、抃之徒，勢焰熏灼，傾動一時，今已無可言矣。獨有前日臣所面奏者，雖蒙聖慈委曲開譬，然臣之愚，終竊以爲此輩但當使之守門傳命，供掃除之役，不當假借崇長，使得逞邪媚、作淫巧於内，以蕩上心，立門庭、招權勢於外，以累聖政。而其有才無才，有罪無罪，自不當論。況其有才適所以爲姦，有罪而不可復用乎？且如向來主管喪事，欽奉几筵之命，遠近傳聞，無不竊笑。臣不知國史書之，野史記之，播於外國，傳於後世，且以陛下爲何如主也。縱有曲折如前日所以諭臣者，陛下亦安能家置一喙而人曉之耶？刑餘小醜，不比人類，顧乃熒惑聖心，虧損聖德，以至此極，而公卿大臣，拱手熟視，無一言以救其失，臣之痛心，始者惟在於此。比至都城，則又知此曹之用事者，非獨此人，而侍從之臣，蓋已有出其門者。臣伏見陛下即位以來，臣下稍有知識，無不以此事爲言者。既皆不蒙聽納，甚者至或抵罪。故自近年以來，無復有言此者，蓋知其根株牢固，不可動摇，言之無益，徒取乖牾。以致所言他事亦不見用，故置此事於度外，而姑論其次耳。不唯如此，亦以過失之萌，人所創見，故以爲異而爭言之，及其既久，則習熟見聞，以爲常事而不足言。正如近年冬雷秋雪時時有之，人遂不以爲異，然此豈可常之理哉！惟臣愚暗，不識時宜，故今日猶復論此人所諱言而厭道之事。雖幸未蒙誅斥，而亦未見有所施行也。臣竊思之，必使陛下聽疏遠之言，而逐其平日深所愛幸之人，誠有所難能者。然此事利害既陳於前，而臣所深憂，又恐其不可爲後聖法也。伏惟陛下深爲宗社子孫萬世之慮，忍而行之，天下幸甚。至其納財之塗，則又不於士大夫而專於將帥。臣於前日亦嘗輙以面奏，而陛下諭臣以爲誠當深察而痛懲之矣。退而始聞陛下比於環列之尹，已嘗有所易置，乃知陛下固已深察其弊，而無所待於人言。然猶未能明正其罪，而反寵以崇資巨鎮，使即便安。此曹無知，何所忌憚，況中外將帥，其不爲此者無幾，陛下亦未能推其類而悉去之也。臣竊聞之道路，自王抃既逐之後，諸將差除多出此人之手。蓋抃與此人專爲諸將交通内侍，納賂買官，得其指意，風喻軍中等第論薦，以欺陛下，實將帥之牙儈也。今雖去之，而未正其罪。又聞向者鄂帥剋剥之事，亦是此人内外營救，遂致罪人漏網，言者被罪，中外至今爲之不平。既而又有匿名揭榜，暴其過惡者，亦被決配。此不惟行遣大偏，足爲聖政之累，而自此之後，遂無復有人敢言諸將之罪者。以小人握重兵，或在周廬肘腋之間，或在江湖千里之外，而中外無一人敢白其姦，此於國計，深恐未便。前代之監，蓋亦非遠，伏乞陛下，少留聖慮。陛下竭生靈之膏血，以奉軍旅之費，本非得已。而爲軍士者，顧乃未嘗得一温飽，甚者採薪織屨，掇拾糞壤以度朝夕。其又甚者，至使妻女盛塗澤，倚市門以求食也。怨詈謗讟，悖逆絶理，至有不可聞者。一有緩急，不知陛下何所倚仗？是皆爲將帥者巧爲名色，頭會箕斂，陰奪取其糧賜以自封殖，而行貨賂於近習以圖進用。彼此既厭足矣，然後時以薄少號爲羨餘，陰奉燕私之費，以嫁士卒怨怒之毒於陛下。且幸陛下一受其獻，則後日雖知其罪，而不得復有所問也。出入禁闥腹心之臣，外交將帥，共爲欺蔽，以至於此，豈有一毫愛戴陛下之心哉！而陛下不悟，反寵暱之，以是爲我之私人，至使宰相不得議其制置之得失，給諫不得論其除授之是非。以此而觀，則陛下所以正其左右，未能及古之聖王又明矣。且私之得名，何爲也哉？據己分之所獨有，而不得以通乎其外之稱也。故自匹夫而言，則以一家爲私，而不得以通乎其鄉。自鄉人而言，則以一鄉爲私，而不得以通乎其國。自諸侯而言，則以一國爲私，而不得以通乎天下。至於天子，則際天之所覆，極地之所載，莫非己分之所有，而無外之不通矣，又何以私爲哉？今以不能勝其一念之邪，而至於有私心，以不能正其家人近習之故，而至於有私人。以私心用私人，則不能無私費。於是内損經費之入，外納羨餘之獻，而至於有私財。陛下上爲皇天之所子，全付所覆，使其無有私而不公之處，其所以與我者，亦不細矣。乃不能充其大，而自爲割裂以狹小之，使天下萬事之弊，莫不由此而出，是豈不可惜也哉！

臣竊聞太祖皇帝改營大内既成，躬御正殿，洞開重門，顧謂侍臣曰：「此如我心，少有邪曲，人皆見之。」臣竊謂太祖皇帝不爲文字言語之學，而其方寸之地正大光明，直與堯舜之心如合符節，此其所以肇造區夏而垂裕無疆也。伏惟陛下遠稽前聖，而近以皇祖之訓爲法，則一心克正，而遠近莫敢不一於正矣。伏乞聖照。

若以時勢之利害言之，則天下之勢合則彊，分則弱。故諸葛亮之告其君曰：「宫中府中，俱爲一體，陟罰臧否，不宜異同。若有作姦犯科及爲忠善者，宜付有司，論其刑賞，以昭陛下平明之理，不宜偏私，使内外異法也。」當是之時，昭烈父子，以區區之蜀，抗衡天下十分之九，規取中原，以興漢室。以亮忠智，爲之深謀，而其策不過如此，可謂深知時務之要，而暗合乎先王之法矣。夫以蜀之小，而於其中又以公私自分彼此如兩國，然則是將以梁、益之半圖吴、魏之全。又且内小人而外君子，廢法令而保姦回，使内之所出者日有以賊乎外，公之所立者常不足以勝乎私。則是此兩國者又自相攻，而其内之私者常勝，外之公者常負也。外有鄰敵之虞，内有陰邪之寇，日夜夾攻而不置，爲國家者，亦已危矣。夫以義理言之既如彼，以利害言之又如此，則今日之事如不蚤正，臣恐陛下之心雖勞於求賢，而一有所妨乎此，則賢人必不得用，而所用者皆庸繆憸巧之人；雖勤於立政，而一有所礙乎此，則善政必不得立，而所行者皆阿私苟且之政。日往月來，養成禍本，而貽燕之謀未遠，輔相之職不修，紀綱壞於上，風俗壞於下，民愁兵怨，國勢日卑，一旦猝有不虞，臣竊寒心，不知陛下何以善其後也。然則臣之所謂天下大本惟在陛下之一心者，可不汲汲皇皇而求有以正之哉！

臣昨來面奏劄子内一節云：「伏願陛下自今以往，一念之萌，則必謹而察之，此爲天理耶？爲人欲耶？果天理也，則敬以擴之，而不使其少有壅閼。果人欲也，則敬以克之，而不使其少有凝滯。推而至於言語動作之間，用人處事之際，無不以是裁之。知其爲是而行之，則行之惟恐其不力，而不當憂其力之過也。知其爲非而去之，則去之惟恐其不果，而不當憂其果之甚也。知其爲賢而用之，則任之惟恐其不專，聚之惟恐其不衆，而不當憂其爲黨也。知其爲不肖而退之，則退之惟恐其不速，去之惟恐其不盡，而不當憂其有偏也。如此，則聖心洞然，中外融徹，無一毫之私欲得以介乎其間，而天下之事，將惟陛下之所爲，無不如志矣。」今恐日久，元本不存，再此具奏，伏乞聖照。

至於輔翼太子之説，則臣前日所謂數世之仁者，蓋以徽發其端，而未敢索言之也。夫太子天下之本，其輔翼之不可不謹，見於保傅傳者詳矣。陛下聖學高明，洞貫今古，宜不待臣言而喻。然臣嘗竊怪陛下所以調護東宮者，何其疏略之甚也。由前所論而觀之，豈非所以自治者猶未免於疏略，因是亦以是爲當然而不之慮耶！夫自王十朋、陳良翰之後，宮寮之選，號爲得人，而能稱其職者，蓋已鮮矣。而又時使邪佞儇薄、闒冗庸妄之輩，或得參錯於其間，所謂講讀，聞亦姑以應文備數，而未聞其有箴規之效。至於從容朝夕、陪侍遊燕者，又不過使臣宦者數輩而已。皇太子睿性夙成，閱理久熟，雖若無待於輔導，然人心難保，氣習易汙，習於正則正，習於邪則邪。此古之聖王教世子者，所以必選端方正直、道術博聞之士與之居處，而又使之逐去邪人，不使見惡行，蓋常謹之於微，不待其有過而後規也。今三代之制，雖不可考，且以唐之六典論之。東宮之官，師傅、賓客既職輔導，而詹事府、兩春坊實擬天子之三省，故以詹事、庶子領之，其選甚重。今則師傅、賓客既不復置，而詹事、庶子有名無實，其左右春坊遂直以使臣掌之，何其輕且褻之甚耶！夫立太子而不置師傅、賓客，則無以發其隆師親友、尊德樂義之心；獨使春坊使臣得侍左右，則無以防其戲慢媟狎、奇衺雜進之害，此已非細事矣。至於皇孫德性未定，聞見未廣，又非皇太子之比，則其保養之具，尤不可以不嚴。而今日之官屬尤不備，責任尤不專，豈任事者亦有所未之思耶？謂宜深詔大臣，討論前代典故，東宮除今已置官外，別置師傅、賓客之官，使與朝夕遊處。罷去春坊使臣，而使詹事、庶子各復其職。宮中之事，一言之入，一令之出，必由於此而後通焉。又置贊善大夫，擬諫官以箴闕失。王府則宜稍放六典親王之制，置賓友、咨議以司訓導，置長史、司馬以總衆職。妙選耆德，不雜他材，皆置正員，不爲兼職，明其職掌，以責功效，則其官屬已略備矣。陛下又當以時召之，使侍燕遊，從容啓迪。凡古先聖王正心修身、平治天下之要，陛下之所服行而已有效，與其勉慕而未能及，愧悔而未能免者，傾倒羅列，悉以告之，則聖子神孫皆將有以得乎陛下心傳之妙，而宗社之安，統業之固，可以垂於永久而無窮矣。此今日急務之一也。臣伏見比者聖詔令皇太子參決庶務，此見聖慮之深，將使皇太子以時習知國家政事之得失也。然臣之愚見，則以爲使之習事，不若勉其修德。況今皇太子育德春宮幾二十年，其於天下之事，蓋不待習而無不熟矣。獨恐正心修德之學未至，而於物欲之私未免有所係累，則雖習於其事，而或不能自決於取捨之間。故臣竊論輔養之未至者，非有他也，但欲陛下更留聖意於此而已。伏乞聖照。至於選任大臣之説，則臣前所謂勞於求賢，而賢人不得用者，蓋已發其端矣。夫以陛下之聰明，豈不知天下之事必得剛明公正之人而後可任也哉。其所以常不得如此之人，而反容鄙夫之竊位者，非有他也，直以一念之間未能撤其私邪之蔽，而燕私之好，便嬖之流不能盡由於法度。若用剛明公正之人以爲輔相，則恐其有以妨吾之事，害吾之人，而不得肆。是以選掄之際，常先排擯此等，寘之度外，而後取凡疲懦軟熟，平日不敢直言正色之人而揣摩之，又於其中得其至庸極陋、決可保其不至於有所妨者，然後舉而加之於位。是以除書未出，而其物色先定，姓名未顯，而中外已逆知其決非天下之第一流矣。故以陛下之英明剛斷，略不世出，而所取以自輔者，未嘗有如汲黯、魏徵之比，顧嘗反得如秦檜晚年之執政臺諫者而用之。彼以人臣竊國柄，而畏忠言之悟主以發其姦也，故專取此流以塞賢路，蔽主心，乃其勢之不得已者。陛下尊居宸極，威福自己，亦何賴於此輩而乃與之共天下之政，以自蔽其聰明，自壞其綱紀，而使天下受其弊哉！夫其所以取之者如此，故其選之不得而精；選之不精，故任之不得而重；任之不重，則彼之所以自任者亦輕。夫以至庸之材，當至輕之任，則雖名爲大臣，而其實不過供給唯諾，奉行文書，以求不失其窠坐資級，如吏卒之爲而已。求其有以輔聖德，修朝政而振紀綱，不待智者而知其必不能也。下此一等，則惟有作姦欺，植黨與，納貨賂，以濁亂陛下之朝廷耳。其尤甚者，乃至十有餘年而後敗露以去，然其列布於後，以希次補者，又已不過此等人矣。蓋自其爲臺諫，爲侍從，而其選已如此，其後又擇其尤碌碌者而登用之，則亦無怪乎陛下常不得天下之賢材而屬任之也。然方用之之初，亦曰姑欲其無所害於吾之私而已，夫豈知其所以害夫天下之公者，乃至於此哉！陛下試反是心以求之，則庶幾乎得之矣。蓋不求其可喜，而求其可畏；不求其能適吾意，而求其能輔吾德；不憂其自任之不重，而常恐吾所以任之者之未重；不爲燕私近習一時之計，而爲宗社生靈萬世無窮之計。陛下誠以此取之，以此任之，而猶曰不得其人，則臣不信也。此今日急務之二也。至於振肅紀綱，變化風俗之説，則臣前所謂勤於立政而善政卒不得立者，亦已發其端矣。夫以陛下之心，憂勤願治，不爲不至，豈不欲夫綱維之振、風俗之美哉？但以一念之間未能去其私邪之蔽，是以朝廷之上，忠邪雜進，刑賞不分，士夫之間，志趣卑汙，廉耻廢壞，顧猶以爲事理之當然，而不思有以振厲矯革之也。蓋明於内，然後有以齊乎外；無之己，而後可以非諸人。今宫省之間，禁密之地，而天下不公之道、不正之人，顧乃得以竄穴盤據於其間。而陛下目見耳聞，無非不公不正之事，則其所以熏蒸銷鑠，使陛下好善之心不著，疾惡之意不深，其害已有不可勝言者矣。及其作姦犯法，則陛下又未能深割私愛，而付諸外廷之議，論以有司之法，是以紀綱不能無所撓敗，而所以施諸外者，亦因是而不欲深究切之。且如頃年方伯連帥，嘗有以贓汙不法聞者矣，鞫治未竟，而已有與郡之命，及臺臣有言，則遂與之祠禄，而理爲自陳。至於其所藏匿作過之人，則又不復逮捕付獄，名爲降官，而實以解散其事。此雖宰相曲庇鄉黨以欺陛下，然臣竊意陛下非全然不悟其欺者，意必以爲人情各有所私，我既欲遂我之私，則彼亦欲遂彼之私，君臣之間，顔情稔熟，則其勢不得不少容之。且以爲雖或如此，亦未至甚害於事，而不知其敗壞綱紀，使中外聞之，腹非巷議，皆有輕侮朝廷之心，姦贓之吏，則皆鼓舞相賀，不復畏陛下之法令，則亦非細故也。又如廷臣爭議配享，其間邪正曲直，固有所在，則兩無所問而並去之。宰監司挾私以誣郡守，則不問其曲直而兩皆罷免。監司使酒以凌郡守，亦不問其曲直而兩皆與祠。其有相植黨營私，孤負任使，則曲加保全而使之去。臺諫懷其私恩，陰拱不言，而陛下亦不之問也。其有初自小官擢爲臺諫，三四年間，趨和承意，不能建明一事，則年除歲遷，至極其選，一日論及一二武臣罪惡，則便斥爲郡守，而不與職名。從臣近典東畿，遠帥西蜀，一遭飛語，則體究具析，無所不至，及究析來上，而所聞不實，則言之者晏然一無所訶。山陵諸使，矕賣辟闕，煩擾吏民，御史有言，亦無行遣，而或反得超遷。御史言及畿漕，則名補卿列，而實奪之權，其所言者，則雖量加絀削，而繼以進用。臣伏見近年惟有主張近習一事，賞信罰必，無所假借。自餘百事，多務含容，曲直是非，兩無所問。似聞聖意以謂如此處置，方得均平，此誠堯舜之用心也。然臣於此竊有疑焉。若推其本，則臣固已妄論於前。只據「平」之一事而言，則臣於易象「稱物平施」之言，竊有感也。蓋古之欲爲平者，必稱其物之大小高下，而爲其施之多寡厚薄，然後乃得其平。

若不問其是非曲直而待之如一，則是善者常不得伸，而惡者反幸而免。以此爲平，是乃所以爲大不平也。故雖堯舜之治，既舉元凱，必放共、兜，此又易象所爲「遏惡揚善，順天休命」者也。蓋善者天理之本然，惡者人欲之邪妄。是以天之爲道，既福善而禍淫，又以賞罰之權寄之司牧，使之有以補助其禍福之所不及。然則爲人君者，可不謹執其柄，而務有以奉承之哉！伏惟陛下，深留聖意。從班之中，賢否尤雜，至有終歲緘默，不聞一言以裨聖聽者，顧亦隨羣逐隊，排連儹補。其桀黠者，乃敢造飛語，立横議，如臣前所陳者。而宰相畏其凶焰，反撓公議而從之，臺諫亦不敢以聞於陛下而請其罪。臣聞古先聖王，敷求哲人，俾輔後嗣。然則今日正是博求賢能，置之列位之時。而此人趣操不謹，懼爲身害，乃敢陰爲譏慝，公肆劫持，遂其姦謀，不爲國計。欲望聖慈，密賜宣問。陛下視此綱紀爲如何，可不反求諸身而亟有以振肅之耶？綱紀不振於上，是以風俗頹弊於下。蓋其爲患之日久矣，而浙中爲尤甚。大率習爲軟美之態，依阿之言，而以不分是非，不辨曲直爲得計。下之事上固不敢少忤其意，上之御下亦不敢稍咈其情，惟其私意之所在，則千塗萬轍，經營計較，必得而後已。甚者以金珠爲脯醢，以契券爲詩文，宰相可啗則啗宰相，近習可通則通近習，惟得之求，無復廉耻。父詔其子，兄勉其弟，一用此術而不復知有忠義名節之可貴。其俗已成之後，則雖賢人君子亦不免習於其説。一有剛毅正直、守道循理之士出乎其間，則羣譏衆排，指爲道學之人，而加以矯激之罪，上惑聖聰，下鼓流俗。蓋自朝廷之上，以及閭里之間，十數年來，以此二字禁錮天下之賢人君子，復如崇、宣之間所謂元祐學術者，排擯詆辱，必使無所容措其身而後已。嗚呼，此豈治世之事，而尚復忍言之哉！又其甚者，乃敢誦言於衆，以爲陛下嘗謂「今日天下幸無變故，雖有伏節死義之士，亦何所用」？

此言一播，大爲識者之憂，而臣有以知其必非陛下之言也。夫伏節死義之士，當平居無事之時，誠若無所用者。然古之人君所以必汲汲以求之者，蓋以如此之人，臨患難而能外死生，則其在平世必能輕爵禄；臨患難而能盡忠節，則其在平世必能不詭隨。平日無事之時，得而用之，則君心正於上，風俗美於下，足以逆折姦萌，潛消禍本，自然不至真有伏節死義之事，非謂必知後日當有變故，而預蓄此人以擬之也。惟其平日自恃安寧，便謂此等人材必無所用，而專取一種無道理、無學識、重爵禄、輕名義之人，以爲不務矯激而尊寵之。是以綱紀日壞，風俗日偷，非常之禍伏於冥冥之中，而一旦發於意慮之所不及，平日所用之人交臂降叛，而無一人可同患難，然後前日擯棄留落之人，始復不幸而著其忠義之節。以天寶之亂觀之，其將相貴戚、近幸之臣皆已頫顙賊庭，而起兵討賊，卒至於殺身湛族而不悔，如巡、遠、杲卿之流，則遠方下邑，人主不識其面目之人也。使明皇早得巡等而用之，豈不能銷患於未萌，巡等早見用於明皇，又何至真爲伏節死義之舉哉！商鑒不遠，在夏后之世，此識者所以深憂於或者之言也。雖以臣知陛下聖學高明，識慮深遠，決然不至有此議論。然每念小人敢託聖訓以蓋其姦，而其爲害，至於足以深沮天下忠臣義士之氣，則亦未嘗不痛心疾首，而不敢以識者之慮，爲過計之憂也。陛下視此風俗爲如何？可不反求諸身，而亟有以變革之耶！此今日急務之三、四也。至於愛養民力，修明軍政之説，則民力之未裕，生於私心之未克，而宰相臺諫失職也。軍政之未修，生於私心之未克，而近習得以謀帥也。是數説者，臣皆已極陳於前矣。今請即民力之未裕而推言之。臣聞虞允文之爲相也，盡取版曹歲入窠名之必可指擬者，號爲歲終羨餘之數，而輸之内帑。顧以其有名無實，積累掛欠，空載簿籍，不可催理者撥還版曹。其爲説曰：「内帑之積，將以備他日用兵進取不時之須，而版曹目今經費，已自不失歲入之數。」聽其言，誠甘且美矣。然自是以來二十餘年，内帑歲入不知幾何，而認爲私貯，典以私人，宰相不得以式貢均節其出入，版曹不得以簿書勾考其在亡。其日銷月耗，以奉燕私之費者，蓋不知其幾何矣。而曷嘗聞其能用此錢以易敵人之首，如太祖皇帝之言哉！徒使版曹經費闕乏日甚，督趣日峻，以至廢去祖宗以來破分良法，而必以十分登足爲限。以爲未足，則又造爲比較監司郡守殿最之法以誘脅之，不復問其政教設施之得失，而一以其能剥民奉上者爲賢。於是中外承風，競爲苛急，監司明諭州郡，郡守明諭屬邑，不必留心民事，惟務催督財賦，此民力之所以重困之本。而税外無名之賦，如和買、折帛、科罰、月椿之屬，尚未論也。臣伏見祖宗舊法，凡州縣催理官物，已及九分以上，謂之破分，諸司即行住催，版曹亦置不問，由是州縣得其贏餘以相補助，貧民些少拖欠，亦得遷延以待蠲放。恩自朝廷，惠及閭里，君民兩足，公私俱便，此誠不刊之令典也。昨自曾懷用事，始除此法。盡刷州縣舊欠，以爲隱漏，悉行拘催。於是民間税物，毫分銖兩，盡要登足。曾懷以此進身，遂取宰相，而生靈受害，冤痛日深。得財失民，猶爲不可，況今政煩賦重，民卒流亡，所謂財者，又將無有可得之理。若不蚤救，必爲深害。臣每讀大學卒章，見其所論「小人之使爲國家，菑害並至，雖有善者，亦無如之何」者，其言丁寧痛切，未嘗不爲寒心。惟陛下少留聖意，亟發德音，以幸天下。其次則陛下所用之宰相，不能擇中外大吏，而惟狥私情之厚薄；所用之臺諫，不能公行糾劾，而惟快己意之愛憎。是以監司郡守多不得人，而其賢者或反以舉職業、忤臺諫而遭斥逐也。至於監司太多，而事權不歸於一，銓法雖密，而縣令未嘗擇人，則又其法之有未善者。然其本正，則此等不難區處。其本未正，則雖或舉此，臣恐未見其益，而反有害也。又嘗即夫軍政之不修而推之，則臣聞日者諸將之求進也，必先掊尅士卒以殖私財，然後以此自結於陛下之私人，而祈以姓名達於陛下之貴將。貴將得其姓名，即以付之軍中，使自什伍以上節次保明，稱其材武堪任將帥，然後具爲奏牘，而言之陛下之前。陛下但見其等級推先，案牘具備，則誠以爲公薦而可以得人矣，而豈知其諧價輸錢，已若晚唐之債帥哉！只此一事，有耳者無不聞，有口者無不道，然以其門户幽深，蹤跡詭祕，故無路得以窺其交通之實狀，是以雖或言之，而陛下終不信也。夫將者三軍之司命，而其選置之方乖剌如此，則彼智勇材略之人，其孰肯抑心下首於宦官宫妾之門。而陛下之所得以爲將帥者，皆庸夫走卒，固不知兵謀師律之爲何事，而惟尅剥之是先，交結之是圖矣。陛下不知其然，而猶望其修明軍政，激勸士卒，以彊國勢，豈不悮哉！然將帥之不得人，非獨兵卒之受其弊也。推其爲害之極，則又有以及乎民者。蓋將帥得人，則尺籍嚴而儲蓄羡，屯田立而漕運省。今爲將帥者如此，則固無望其肯核軍實而豐儲蓄矣。至於屯田，則彼自營者尤所不願，故朝廷不免爲之别置使者以典治之，而兵屯之衆，資其撥遣，則又不免使參其務。然聞其占護軍人，不肯募其願耕者以行，而彊其不能者以往，至屯則偃蹇不耕，而反爲民田之害。使者文吏，其力蓋有所不能制者，是以陛下欲爲之切，而久不得成也。屯田不立，漕運煩費，諸州苗米，至或盡數起發，而無以供州兵之食，則加耗斛面之弊，紛紛而起，而民益困矣。又凡和買、折帛、科罰、月椿之類，往往亦爲供軍之故而不可除。若屯田立，而所資於諸路者減，則此屬庶乎其皆可禁矣。今乃不然，則是置將之不善，而害足以及民也。凡此數者，根株深固，枝條廣闊，若不可以朝變而夕除者，然究其本，則亦在夫陛下之反諸身耳。聖心誠無不正，則必能出私帑以歸版曹矣。版曹不至甚闕，必能復破分之法，除殿最之科，以寬州縣矣。聖心誠無不正，則必能擇宰相以選牧守矣，擇臺諫以公刺舉矣。聖心誠無不正，則必能嚴宦官兵將交通之禁，而以選將屬宰相矣。宰相誠得其人，則必能爲陛下擇將帥以作士氣，計軍實、廣屯田以省漕運矣。上自朝廷，下達州縣，治民典軍之官既皆得人，然後明詔宰相議省監司之員，而精其選，重其責。又詔銓曹使以縣之劇易分爲等差，而常切詢訪天下之官吏能爲縣者，不拘薦舉之有無，不限資格之高下，而籍其姓名，使以次補最劇之縣，果有治績，則優而進之，不勝其任，則絀而退之。凡州縣之間，無名非理之供，横斂巧取之政，其泰甚而可去者，可以漸去，而民力庶乎其可寬矣。至於屯田之利，則以臣愚見，當使大將募軍士，使者招游民，各自爲屯，不相牽制。其給授課督，賞罰政令，各從本司自爲區處。軍中自有將校可使，不須別置官吏。使者則聽其辟置官屬三五人，指使一二十人，以備使令。又擇從官通知兵農之務、兼得軍民之情者一員，爲屯田使，總治兩司之政，而通其奏請，趣其應副。又以歲時按行，察其勤惰之實，以行誅賞。如此則兩屯心競，各務其功，田事可成，漕運可省，而諸路無名非理之供，横斂巧取之政，前日有所不獲已而未可盡去者，今亦可以悉禁，民力庶乎其益裕矣。此今日急務之五、六也。屯田一事，如臣之策，亦是將來將帥得人之後，方可施行。若將帥止如今日，却恐徒壞漕司已成之功，無補將帥兵屯之實。且乞指揮趁此水災之後，廣招流冗，並行民屯之策，以俟見效。仍詔漕臣更爲詢訪利病之未盡者，條具以聞，然後隨事商量，及時措置。庶幾已成之緒，不至動摇，輕有廢壞。伏乞聖照。凡此六事，皆不可緩，而其本在於陛下之一心。一心正則六事無不正，一有人心私欲以介乎其間，則雖欲憊精勞力以求正夫六事者，亦將徒爲文具，而天下之事愈至於不可爲矣。故所謂天下之大本者，又急務之最急而尤不可以少緩者，惟陛下深留聖意而亟圖之。使大本誠正，急務誠修，而治效不進，國勢不彊，中原不復，仇敵不滅，則臣請伏鈇鉞之誅，以謝陛下。陛下雖欲赦之，臣亦不敢承也。然又竊聞之，今日士夫之論，其與臣不同者非一，及究其實，則皆所謂似是而非者也。蓋其樂因循之無事者則曰：「陛下之年寖高，而天下亦幸無事。年寖高則血氣不能不衰，天下無事則不宜更爲庸人所擾。」其欲奮厲而有爲者則又曰：「祖宗之積憤不可以不攄，中原之故疆不可以不復，以此爲務，則聖心不待勸勉而自彊，捨此不圖，則雖欲策厲以有爲，而無所向望以爲標準，亦卒歸於委靡而已」。凡此二說，亦皆有理。而臣輒皆以爲非者，蓋樂因循者，知聖人之血氣有時而衰，而不知聖人之志氣無時而衰也。知天下有事之不可以苟安，而不知天下無事之尤不可以少怠也。況今日之天下，又未得爲無事乎？且以衛武公言之，其年九十有五矣，猶箴儆於國，以求規諫，而作抑戒之詩以自警，使人朝夕誦之，不離於其側。此其年豈不甚高，而其戒謹恐懼之心，豈以是而少衰乎？況陛下視武公之年，三分未及其二，而責任之重、地位之高，又有十百千萬於武公者。臣雖不肖，又安敢先處陛下於武公之下，而直謂其不能乎？且天下之事，非艱難多事之可憂，而宴安酖毒之可畏。政使功成治定，無一事之可爲，尚當朝兢夕惕，居安慮危，而不可以少怠。況今天下雖若未有目前之急，然民貧財匱，兵惰將驕，外有彊暴之寇仇，内有愁怨之軍民，其他難言之患，隱於耳目之所不加，思慮之所不接者，近在堂奥之間，而遠在數千里之外，何可勝數？堂奥之説已陳於前，此句更乞陛下少留聖意。追計其前，既未有可見之效，却顧於後，又未有可守之規。臣竊見尋常之人，將欲屬人以一至微至細之事，猶必先爲規模，使其盡善，然後所屬之人有所持循，而不失吾之所以屬之之意。況有天下者，將以天下至大之事屬之於人，而不先爲盡善可守之規以授之乎？然臣於此事不敢盡言，若蒙聖明少加聖慮，則當此之時，誠亦一新德業，重整綱維，不可失之機會也。臣狂妄僭率，罪當萬死，伏惟陛下裁赦。亦安得遽謂無事，而遂以逸豫處之乎？其思奮厲者，又徒知恢復之不可忘，頹墮之不可久，然不知不世之大功易立，而至微之本心難保，中原之戎寇易逐，而一己之私意難除也。誠能先其所難，則其易者將不言而自辦。不先其難，而徒然僥倖於其易，則雖朝夕談之不絶於口，是亦徒爲虚言以快天下之意而已。又況此事之失，已在隆興之初，不合遽然罷兵講和，遂使宴安酖毒之害日滋日長，而坐薪嘗膽之志日遠日忘。是以數年以來，綱維解弛，釁孽萌生，區區東南，事猶有不勝慮者，何恢復之可圖乎？故臣不敢隨例迎合，苟爲大言以欺陛下。而所望者，則惟欲陛下先以東南之未治爲憂，而正心克己，以正朝廷，修政事，庶幾真實功效，可以馴致，而不至於别生患害，以妨遠圖。蓋所謂善易者不言易，而真有志於恢復者，果不在於撫劍抵掌之間也。論者又或以爲陛下深於老、佛之學，而得其識心見性之妙，於古先聖王之道，蓋有不約而自合者，是以不悦於世儒之常談死法，而於當世之務，則寧以管、商一切功利之説爲可取，今乃以其所厭飫鄙薄者，陳於其前，亦見其言愈多而愈不合也。臣以爲此亦似是而非之論，非所以進盛德於日新也。彼老子、浮屠之説，固有疑於聖賢者矣。然其實不同者，則此以性命爲真實，而彼以性命爲空虚也。此以爲實，故所謂寂然不動者，萬理粲然於其中，而民彝物則無一之不具，所謂感而遂通天下之故，則必順其事，必循其法，而無一事之或差。彼以爲空，則徒知寂滅爲樂，而不知其爲實理之原，徒知應物見形，而不知其有真妄之別也。是以自吾之説而修之，則體用一原，顯微無間，而治心修身，齊家治國，無一事之非理。由彼之説，則其本末横分，中外斷絶，雖有所謂朗澈靈通、虚静明妙者，而無所救於滅理亂倫之罪、顛倒運用之失也。故自古爲其學者，其初無不似有可喜，考其終則詖淫邪遁之見，鮮有不作而害於政事者。是以程顥常闢之曰：「自謂窮神知化，而不足以開物成務。言爲無不周徧，而實外於倫理。窮深極微，而不可以入堯舜之道。天下之學，自非淺陋固滯，則必入於此，是謂正路之榛蕪，聖門之蔽塞，闢之而後可與入道。」嗚呼，此真可謂理到之言，惜乎其未有以聞於陛下者，使陛下過聽髡徒誑妄之説，而以爲真有合於聖人之道。至分治心、治身、治人以爲三術，而以儒者之學爲最下，則臣竊爲陛下憂此心之害於政事，而惜此説之布於來今也。如或未以臣言爲然，則聖質不爲不高，學之不爲不久，而所以正心修身以及天下者，其效果安在也？是豈可不思其所以然者而亟反之哉！臣聞仁宗時有程顥者，與其弟頤同受學於周敦頤。實得孔孟以來不傳之緒。同時又有邵雍、張載相與博約，遂使聖道闇而復明，其功甚大。俗儒淺學既不足以窺其藴奥，姦人鄙夫又以其言居必誠敬，動由禮義，有害於己之所爲，以故相與怨疾，指爲道學，而加詆訕焉，臣已略論於前矣。夫世俗無知，既以道學爲不美，則是必欲舉世之人俱無道，俱不學，悉如己之所爲，而後適於其意耳。邪説肆行，人心頗僻，無所忌憚，乃至於此，此正閔馬父之所深憂也。今敦頤等所著之書，頗藏册府，陛下試取而觀之，聖學高明，必將有默相契合而見諸行事者。若遂於此賜一言以表章之，則正心之效不惟自得，而所以正人心亦在是矣。伏惟陛下，深留聖意。若夫管、商功利之説，則又陋矣。陛下所以取之者，則以既斥儒者之道爲常談死法，而天下之務日至於前，彼浮屠之學又不足以應之，是以有味乎彼之言，而冀其富國彊兵，或有近效耳。然自行其説至今幾年，而國日益貧，兵日益弱，所謂近效者，亦未之見。而聖賢所傳生財之道，理財之義，文武之怒，道德之威，則固所以爲富彊之大，而反未有講之者也。豈不誤哉！今議者徒見老、佛之高，管、商之便，而聖賢所傳明善誠身齊家治國平天下者，初無新奇可喜之説，遂以爲常談死法而不足學。夫豈知其常談之中自有妙理，死法之中自有活法，固非老、佛、管、商之陋所能彷彿其萬分也哉！伏惟陛下察臣之言，以究四説之同異而明辨之，則知臣之所言，非臣所爲之説，乃古先聖賢之説，非聖賢所爲之説，乃天經地義自然之理，雖以堯、舜、禹、湯、文、武、周、孔之聖，顔、曾、伋、軻之賢，而有所不能違也。則於臣之言，與夫論者之説，其爲取捨從違，不終日而決矣。抑臣於此又竊有感而自悲焉。蓋臣之得事陛下，於今二十有七年矣，而於其間得見陛下，數不過三。自其始見於隆興之初，固嘗輒以近習爲言矣。辛丑再見，又嘗論之。今歲三見，而其所言又不過此。臣遐方下土田野之人，豈有積怨深怒於此曹，而固欲攻之以快己私也哉！其所以至於屢進不合而不敢悔者，區區之意，獨爲國家之計，而不敢自爲身謀，其愚亦可見矣。然自頃以來，歲月逾邁，如川之流，一往而不復反，不惟臣之蒼顔白髮已迫遲暮，而竊仰天顔，亦覺非昔時矣。臣之鄙滯固不能別有忠言奇謀，以裨聖聽，而陛下日新之盛德，亦未能有以使臣釋然而忘其夙昔之憂也。則臣於此，安得不深有感而重自悲乎？身伏衡茅，心馳魏闕，竊不勝其愛君憂國之誠，敢冒萬死，刳瀝肺肝，以效野人食芹炙背之獻，且以自乞其不肖之身焉。臣區區私計，輒冒威顔，並此陳述。臣賦性拙直，不能隨世俯仰，故自早年即自揣度決是不堪從宦。所以一向竊食祠禄，前後九任，豈不知有致身之義，亦非恬無濟物之心，寧爲退藏，蓋以避禍。中間稍蒙任使，果然自速顛隮，十年之間，措身無所。今者一出，又致紛紜。幸賴聖明，保全終始，增其禄秩，使足以免於飢寒，進其官資，使足以延於嗣息，此皆已非臣平生意望所及，天地之恩，不啻厚矣。今者奏疏，止爲感激陛下虚心屈己，容受狂言，故竭平日憂國之誠，以畢前日願忠之意。所冀上有補於聖明，下無負於所學而已，非敢變其初心，而復有進爲之望也。若蒙聖慈詳賜觀覽，循其本末次第施行，使臣之言卓然實有可見之效，則臣不待違心犯患以汙周行，而其榮遇已不在諸臣之後矣。如其謬妄無可施行，則投閑置散，乃分之宜，雖欲借之恩私，適足增其慚懼，決非臣之所敢當也。竊恐陛下見其所論懇切，誤謂尚堪使令，故復具奏，伏乞聖察。伏惟陛下哀憐財赦而擇其中，則非獨愚臣之幸，實宗社生靈之幸。臣之所論，雖爲一時之弊，然其規畫，實皆治體之要，可以傳之久遠而無窮。蓋前聖後聖，其時雖異，而其爲道未嘗不同。此臣之言所以非徒有望於今日，而又將有望於後來也。疏遠賤微，旨不敢盡。伏惟聖慈，憐臣愚忠，赦其萬死，或因皇太子參決之際，特賜宣示，千萬幸甚。臣熹誠惶誠恐，昧死再拜，謹言。〔行狀〕疏入，夜漏下七刻，上已就寢，亟起秉燭，讀之終篇。〔年譜〕楊復曰：先生當孝宗初政，囊封陛對，皆陳復讎之義，力辨和議之非。其後乃置而不論，何哉？竊觀戊申封事有曰：「此事之失，已在隆興之初，不合遽然罷兵講和，遂使宴安酖毒之害日滋日長，卧薪嘗膽之志日遠日忘。是以數年以來，綱維懈弛，釁孽萌生。區區東南，事猶有不勝慮者，何恢復之可圖乎？」此所以惓惓獨以天下之大本，天下之急務爲言也。又曰：「大本誠正，急務誠修，而治效不進，國勢不彊，中原不復，讎虜不滅，臣請伏鈇鉞之誅。」以此言觀之，先生曷嘗忘復讎之義哉？但以事不可幸成，政必先於自治。能如是，則復中原滅讎虜之規模，已在其中矣。

除主管西太乙宮，兼崇政殿説書，辭。

【行狀】時上已有倦勤之意，蓋將以爲燕翼之謀。先生嘗草奏疏，言講學以正心，修身以齊家，遠便嬖以敬忠直，抑私恩以抗公道，明義理以絶神姦，擇師傅以輔皇儲，精選任以明體統，振綱紀以厲風俗，節財用以固邦本，修政事以攘夷狄，凡十事，欲以爲新政之助。會執政有指道學爲邪氣者，力辭新命，除祕閣修撰，仍奉外祠，遂不果上。先生當孝宗朝，陛對者三，上封事者三。其初固以講學窮理爲出治之大原，其後則直指天理人欲之分，精一克復之義。其初固以當世急務一二爲言，其後封事之上，則心術宫禁、時政風俗，披肝瀝膽，極其忠鯁。蓋所望於君父者愈深，而其言愈切。故於封事之末，有曰：「日月逾邁，如川之流，一往而不復反，不獨臣之蒼顔白髮已迫遲暮，而竊仰天顔，亦覺非昔時矣。」忠誠懇惻，至今讀者猶爲之涕下。先生進疏雖切，孝宗亦開懷容納，武博、編修、祕省郎曹之除，皆將引以自近，守南康，持浙東、江西之節，又知其不可强留而授之，至是復有經帷之命。先生之盡忠，孝宗之受盡言，亦不爲不遇也。然先生進言皆痛詆大臣近習，孝宗之眷愈厚，而嫉者愈深，是以不能一日安其身於朝廷之上，而孝宗内禪矣。

【文集】辭免召命狀。　辭免召命奏狀。　辭免崇政殿説書奏狀。

是歲二月，始出太極圖説、西銘解義，以授學者。

【文集】題太極西銘解後云：始余作太極、西銘二解，未嘗敢出以示人也。近見儒者多議兩書之失，或乃未嘗通其文義，而妄肆詆訶，予竊悼焉。因出此解，以示學徒，使廣其傳，庶幾讀者由辭以得意，而知其未可以輕議也。淳熙戊申二月己巳晦翁題。

文集答呂士瞻書云：程先生云：「涵養於未發之前則可，求中於未發之前則不可。」此語切當不可移易。李先生當日用功，未知於此兩句爲如何？後學未敢輕議。但今當只以程先生之語爲正。甲辰

後。答方賓王書云：延平行狀中語，乃是當時所聞其用功之次第。今以聖賢之言、進修之實驗之，恐亦自是其一時入處，未免更有商量也。戊申。語録道夫言：「羅先生教學者静坐中看喜怒哀樂未發謂之中，未發作何氣象？李先生以爲此意不唯於進學有力，兼亦是養心之要。而遺書有云：『既思則是已發。』昔嘗疑其與前所舉有礙，細思亦甚緊要，不可以不考。」直卿曰：「此問亦甚切。但程先生剖析毫釐，體用明白。羅先生探索本原，洞見道體。二者皆有大功於世，善觀之，則亦並行而不相背矣。況羅先生於静坐時觀之，乃其思慮未萌，虛靈不昧，自有以見其氣象，則初未害於未發。蘇季明以求字爲問，則求非思慮不可，伊川所以力辨其差也。」先生曰：「雖是如此分解，羅先生說終恐做病。如明道亦說『静坐可以爲學』，謝上蔡亦言『多著静不妨』。此說終是小偏，才偏便做病。道理自有動時，自有静時。學者只是敬以直内，義以方外，見得世間無處不是道理，雖至微至小處亦有道理，便以道理處之，不可專要去静處求。所以伊川說只用敬不用静，便說得平，也是他經歷多，故見得恁地正而不偏。若以世之大段紛擾人觀之，若會静得固好，若講學則不可有毫髮之偏也。如天雄附子，冷底人喫也好，如要通天下喫便不可。」楊道夫。問：「先生所作李先生行狀，云『終日危坐，以驗夫喜怒哀樂之

前氣象爲如何，而求所謂中』者，與伊川之説若不相似。」曰：「這處是舊日下得語太重，今以伊川語格之，則其下工夫處亦是有些子偏，只是被李先生靜得極了，便自見得是有個覺處。不似别人今終日危坐，只是且收斂在此，勝如奔馳。若一向如此，便似坐禪入定。」葉賀孫。問：「延平欲於未發之前觀其氣象，此與楊氏體驗於未發之前者，異同如何？」曰：「這個亦有些病。那體驗字，是有個思量了，便是已發。若觀時恁著意看，便也是已發。」陳淳。或問：「延平先生何故驗於喜怒哀樂未發之前，而求所謂中？」曰：「只是要見氣象。」陳後之曰：「持定良久亦可見未發氣象。」曰：「延平即是此意，若一向這裏，又差從釋氏去。」陳淳。或問：「近見廖子晦言，今年見先生，問延平先生靜坐之説。先生頗不以爲然，不知如何？」曰：「這事難説，靜坐理會道理自不妨，只是討要靜坐則不可，理會得道理明透，自然是靜。今人都是討靜坐以省事，則不可。」沈僩。問擇之云：「先生作延平行狀，言默坐澄心，觀四者未發已前氣象，此語如何？」曰：「先生亦自説有病，後復以問，先生云：『學者不須如此。』」廖德明。

十六年己酉，六十歲。春正月，除祕閣修撰，依舊主管西京嵩山崇福宫，辭職名。

年譜　拜祠命，辭職名。

文集　辭免祕閣修撰狀。

二月，孝宗内禪，光宗即位。

甲子，序大學章句。三月戊申，序中庸章句。

年譜 二書定著已久，猶時加竄改不輟，至是以穩洽於心而始序之。又各著或問，中庸又有輯略。先生微言大義具見二書序中，尤學者所當盡心也。洪本。語録 大學是爲學綱目，先通大學，立定綱領，其他經皆雜説在裏。許通得大學了，去看他經，方見得此是格物致知事，此是正心誠意事，此是修身事，此是齊家治國平天下事。不知何人。看大學且逐章理會，須先讀本文念得，次將章句來解本文，又將或問來參章句。須逐一令記得，反復尋究，待他浹洽，既逐段曉得，將來統看温尋過，這方始是。須是靠他這心，若一向靠寫的，如何得？楊道夫。問大學或問，曰：「且從頭逐句理會到不通處，却看章句。或問乃注脚之注脚，亦不必深理會。」葉賀孫。學者且去熟讀大學正文了，又仔細看章句。或問未要看，俟有疑處，方可去看。葉賀孫。或問：「朱敬之有異聞乎？」曰：「平常只是在外面聽朋友問答，或時裏面亦只説某病痛處，得一日教看大學曰：我平生精力盡在此書。先須通此，方可讀書。」葉賀孫。説大學啓蒙畢，因言某一生只看得這兩件文字透，見得前賢所未到處，若使天假之年，庶幾將許多書逐件看得恁地煞有工夫。葉賀孫。問：「趙書記欲以先生中庸解鋟木，如何？」先生曰：「公歸時煩説與切不可，某爲人遲鈍，旋見得旋改，一年之内，改了數遍不可知。」又自笑云：「那得個人如此著述！」邵浩。解文字下字最難，某解書所以未定常常更改者，只爲無那恰好底字，把來看又見不穩當，又著改幾字，所以横渠説命辭爲難。葉賀孫。伊川舊日教人先看大學，那時未有解説，想也看得鶻突。而今看注解，覺大段分曉了，只在仔細去看。葉賀孫。人只説某説大學等不略説，使人自致思，此大不然。人之爲學，只爭個肯與不肯耳。他若不肯向這裏，略亦不解致思。他若肯向這一邊，自然有味，愈詳愈有味。不知何人。文集答許順之書云：大學之説近日多所更定，舊説極陋處不少，大抵本領不是，只管妄作，自誤誤人，深爲可懼耳。丁亥。答呂伯恭書云：中庸章句一本上納。此是草本勿以示人。更有詳説一書，字多未暇，餘俟後便寄去。有未安者，一一條示爲幸。大學章句並往亦有詳説，後便寄也。甲午，〇詳説疑即或問稿。與張敬夫書云：大學、中庸章句緣此略修一過，再録上呈，然覺其間更有合删處。乙未十二月。答詹帥書云：中庸、大學舊本已領，二書所改尤多。中庸序中推本堯舜傳授來歷，添入一段甚詳。大學「格物」章中，改定用功程度甚明，删去辨論冗説極多，舊本直是見得未真也。乙巳。

夏四月，復辭職名，許之，依舊直寶文閣，降詔獎諭。

文集辭免狀云：右熹四月準尚書省劄子，以熹辭免祕閣修撰恩命，奉聖旨不許辭免，仍準吏部降到告命一道，授熹前件職名者，誤寵横加，乃超三級，所有告命，不敢祇受。年譜詔辭云：「以爲寵卿以爵秩，不若全卿名節之爲尤美也。」乃上表謝。

文集辭免祕閣修撰狀二。謝依所乞仍舊直寶文閣及賜詔書獎諭表。

閏五月，更化覃恩，轉朝散郎，賜緋衣銀魚。

秋八月，除江南東路轉運副使，辭。

年譜 詔疾速之任，任滿前來奏事。先生以江東漕置司建康，奄竪守行宫循習，至與監司帥守迭爲賓主，故不敢受，以祖鄉田産隸部内辭。洪本。

冬十月，詔免回避，疾速之任，復辭。

文集 辭免江東運使狀一。狀二。

十一月改知漳州，再辭，不允，始拜命。

行狀 改知漳州，又再以疾辭，不許。時光宗初政，再被除命，遂以紹熙元年之任。

文集 辭免知漳州狀。辭免知漳州劄子。

校勘記

〔一〕罪已在不赦之域 「赦」，原作「救」，據文集卷十七乞賜鐫削狀、同治本改。

朱子年譜卷四

光宗紹熙元年庚戌，六十一歲。夏四月二十四日，到郡，首頒禮教。

年譜 臨漳素號道院，比年風俗寖薄。先生以民未知禮，至有居父母喪而不服衰絰者，首下教述古今禮律以開喻之。又採古喪葬嫁娶之儀，揭以示之，命父老解説，以訓子弟。其俗尤崇尚釋氏之教，男女聚僧廬爲傳經會，女不嫁者私爲菴舍以居。悉禁之，俗爲大變。時詣學校訓誘諸生如南康時，其至郡齋請業問難者，接之不倦。又擇士之有行義知廉耻者，使列學職，爲諸生倡。語録 郡中元自出公牒，延郡士黄知録樵、施允壽、石洪慶、李唐咨、林易簡、楊士訓，及淳與永嘉徐寓八人入學，而張教授與舊職事沮格。至是先生下學，僚屬又有乞留舊有官學正，有司只得守法，言者不止。先生變色厲詞曰：「郡守以承流宣化爲職，不以簿書財計獄訟爲事。某初到此，未知人物賢否，風俗厚薄。今已九月矣，方知得學校底裏，遂欲留意學校。所以採訪鄉評物論，延請黄知録，以其有恬退之節，欲得表率諸生。又延請前輩士人，同爲之表率，欲使邦人士子，識些向背，稍知爲善之方，與一邦之人共趨士君子之域，以體朝廷教養作成之意。不謂作之無應，弄得來没合殺。教授受朝廷之命，分教一邦，其責任不爲不重，合當自行規矩。而今却容許多無行之人、爭訟職事人在學，枉請官錢，都不成學校。士人先要識個廉退之節，禮義廉耻，是謂四維，若寡廉鮮耻，雖能文要何用？某雖不肖，深爲諸君耻之。」陳淳。先生熟聞知録趙師慮之爲人，試之政事，又得其實，遂首舉之。其詞曰：「履行深醇，持心明恕。」聞者莫不心服。楊道夫。某在漳州，初到時教習諸軍弓射等事，皆無一人能之。後分許多軍作三番，每日輪番入校塲挽弓，及等者有賞，其不及者留在，只管挽射，及等則止，終不及則罷之。兩月之間，翕然都會射，及上等者亦多，後多留剌以填闕額。其有老弱不能者，並退罷之。葉賀孫。某爲守，一日詞訴，一日著到，合是第九日亦詞訟，某却罷了此日詞訟。明日是休日，今日便刷起一旬之內有未了者，一齊都要了。大抵做官，須是自家常閒，吏胥常忙，方得。若自家被文字來叢了討頭不見，吏胥便來作弊，做官須是立綱紀，綱紀既立，都自無事。葉賀孫。

奏除屬縣上供，罷科茶錢，及蠲減本州無額經總制錢，凡萬餘緡。

奏狀云：將諸州縣所認折茶錢、罷科荔枝龍眼乾錢、抱認豐國監鑄不足鉛本錢七千六十四貫，及近年所增經總制無額錢四千七百五十四貫，盡與蠲減。行狀 奏除屬縣無名之賦七百萬，減經總制錢四百萬。

條畫經界事宜，申諸司。

文集 乞蠲減漳州上供經總制額等錢狀。

年譜 初，先生爲同安簿，已知經界不行之害。及改命臨漳，會臣僚有奏請行於泉、漳、汀三州者，詔監司條具利害以聞，監司下其事於州。先生既至，適與初意合，即加訪問講求，纖悉畢究，以至弓量算造之法，盡得其説。乃具申諸司，以經界行否之利害一，經界詳略之利害一，又得其必可行之術三，將不得行之慮一。蓋謂田税均，則爲公私之利，否則爲害。行之詳則足爲一定之法，行之略則適滋他日之弊。故差官置局，打量步畝，攢造圖帳，三者皆必可行，而三者又各爲條畫其便宜，使之無擾而辦。但此法之行，貧民下户雖所深喜，而豪民猾吏皆所不樂。喜之者皆困苦單弱無能之人，故雖有懇誠而不能以言自達。不樂者皆才力辨智有餘之人，故其所懷雖實私意，而善爲説辭以惑羣聽，恐脅上下，務以必濟其私。而賢士大夫之喜安静厭紛擾者，又或不能深察其情而望風沮怯，例爲不可行之説，以助其勢。此則誠不能無將不得行之慮也。

詔相度漳州先行經界，秋八月，上條奏經界狀。

奏狀云：准省劄，令臣相度漳州先行經界事，須至條畫奏聞。一，推行經界最急之務，在於推擇官吏。欲乞朝廷先令監司一員主其事，使擇一郡守臣，汰其昏繆疲輭、力不任事者。而使郡守察其屬縣令，或不能，則擇於其佐〔一〕；又不能，則擇於它官；一州不足，則取於一路；見任不足，則取於得替待缺之中，皆委守臣踏逐申差，只以措置經界爲名，使之審思熟慮於其始，而委任責成於其終，事畢之後，量加旌賞。一，經界之法，打量一事最費功力，而紐折算計之法，又人所難曉。本州已差人於鄰近州縣已行經界去處，取會到紹興年中施行事目，及募本州舊來有曾經奉行諳曉算法之人，選擇官吏將來可委者，日逐講究，聽候指揮。但紹興年中〔二〕，户部行下打量攢算格式印本，未見全文，乞詔户部根檢謄録點對行下。一，圖帳之法，始於一保，凡山川道路，人户田宅，頃畝之闊狹，水土之高低，當衆共定，各得其實。其十保合爲一都，諸都合爲一縣，則其圖帳但取大界總數而已，不必更爲諸保諸都之别也。今只令役户作草圖草帳，而官爲置紙雇工，以造正圖正帳。專委守倅及所差官，會計費用若干，具申漕憲，於本州上供錢内截撥應副，則大利可成，而民亦不至於煩費矣。一，紹興經界打量既畢，隨畝均産，而其産錢不許過鄉。今恐逐鄉産錢祖額，本來已有輕重，雖一番打量攢算，而未足以革其本來輕重不均之弊。欲乞特許産錢過鄉，通縣均紐，庶幾百里之内，輕重齊同，實爲利便。一，本州民間田，有産田，有官田，有職田，有學田，有常平租課田，名色不一，而其所納税租輕重亦各不同。姦民猾吏，並緣爲姦。爲今之計，盡去此等名字，只將見在田土打量步畝，一概均産。每田一畝，隨九等高下，定計産錢幾文。而總計一州諸色租税錢米之數，却以産錢爲母，别定等則，一例均敷。每産一文，納錢若干，米只一倉受納，錢亦一庫交收，却以到官之數照元分數分隸，逐旋撥入諸色倉庫。除逐年二税造簿之外，遇辰、戌、丑、未年，逐縣令諸鄉各造一簿，開具本鄉所管田數、四至步畝等第，各注某人管業。有典賣，則云元係某人管業，某年典賣，某人見今管業。却於後項通結，逐一開具某人田若干，産錢若干，使其首尾相照。又造合縣都簿一扇，類聚諸簿，通結逐户田若干畝，産錢若干文。其有田業散在諸鄉者，則併就煙爨地分開排總結，並隨秋料税簿，送州印押，下縣知佐通行收掌。人户遇有交易，即將契書及兩家砧基，照鄉縣簿對行批鑿，則版圖一定而民業有經矣。一，本州更有荒廢寺院，田產頗多，目今並無僧行住持，田土爲人侵占，失陷税賦不少。乞特降指揮，許令本州召人實封請買，不惟一時田業有歸，亦免向後官司税賦因循失陷，而又合於韓愈所謂「人其人，廬其居」之意。

文集與留丞相劄子云：恭奉聖旨，相度經界利病，皆是一郡永久利害，而經界尤利害之大者，所以不避僭率，極意盡言，不敢少有顧望前却、首鼠兩端之意。退而講究，巨細本末，不敢不盡，規摹措畫，蓋已什八九成矣。鄙意無他，蓋以本州田税不均，隱漏官物，動以萬計，公私田土，皆爲豪宗大姓詭名冒占，而細民産去税存，或更受俵寄之租困苦狼狽，無所從出。州縣既失經常之入，則遂多方擘畫，取其所不應取之財以足歲計，如諸縣之科罰，州郡之賣鹽是也。上下不法，莫能相正，窮民受害，有使人不忍聞者。熹自到官，蓋嘗反復討論，欲救其弊，而隱實郡計，入不支出，乃知若不經界，實無措手之地。所以前此申奏，欲得及此秋冬之交，早賜行下。竊聞廟堂有意施行，亦有陽爲兩可，而陰實力沮之者。只今已近冬至，更五十日即是新春，設使便蒙施行，亦無日子可以辦集矣。

語録經界既行也，安得盡無弊？只是十分弊，也須革去得九分半，所餘者一分半分而已。今人却情願受這十分重弊，壓在頭上，都不管。及至纔有一人理會起，便去搜剔那半分一分底弊來瑕疵之，以爲決不可行。如被人少却百貫千貫，却不管，及被人少却百錢千錢，便反到要與理會。今人都是這般見識，而今分明是有個天下國家，無一人肯把做自家物事看。沈僩。

文集經界申諸司狀。再申諸司狀。條奏經界狀。

九月，奏劾黄岦罪狀。

奏狀言：縣官黄岦，怠慢不職，專務營私，不以國家養兵捕盗爲念。其土軍月糧，不爲及時交納，致令一寨土兵饑餓狼狽，實非細事，委是難以存留在任。本州遂將黄岦與龍巖縣主簿對移，已申尚書省並諸監司照會訖。欲望聖斷，將黄岦重賜施行，以爲官吏慢令廢職、不恤軍民之戒。

文集 按黄岦狀。

冬十月，以地震及足疾不能赴錫宴自劾。仍請祠，不允。

行狀 會朝論欲行泉、漳、汀三州經界，先生初任同安，已知經界不行之害，至是訪事宜，擇人物，以至弓量之法，洞見本末，遂疏其事上之。蓋經界法行，息爭止訟，大爲民利，而占田隱税、侵漁貧弱者所不便。及具宣德意，榜之通衢，則邦人鼓舞，而寓公豪右，果爲異議以沮之。遂因地震及足疾不赴錫宴自劾。文集 與留丞相劄子云：九月中，州境屢有地震之異，未及自劾以聞，而舊疾發動，遍傳兩足，痛楚呻吟，不可堪忍，以至滿散錫宴之日，不得少伸臣子歸美報上之誠。宋史：「十月二十二日會慶節。」又所請罷科茶錢、無額經總制錢之屬，久不蒙開允，經界聞亦有陽爲兩可而陰力沮之者。至於按劾弛慢不虔之吏，諸司又不主張，甚有已行取勘而無故自引罷者。如此，使熹寧復更有顔面可臨吏民。已具奏牒，乞從罷黜，而並以此私布腹心於下執事。伏惟少賜矜憐，復得奉祠，則又千萬之幸也。

刊四經、四子書于郡。

【年譜】壬辰，奉以告諸先聖，各爲説，繫於後，以曉世之學者。

【文集】書臨漳所刊四經後。易。載「易本義成」下。詩。載「詩集傳成」下。書：世傳孔安國尚書序言，伏生口傳書二十八篇：堯典、皋陶謨、禹貢、甘誓、湯誓、盤庚、高宗肜日、西伯戡黎、微子、牧誓、洪範、金縢、大誥、康誥、酒誥、梓材、召誥、洛誥、多士、無逸、君奭、多方、立政、顧命、吕刑、文侯之命、費誓、秦誓。孔子壁中書增多二十五篇：大禹謨、五子之歌、胤征、仲虺之誥、湯誥、伊訓、太甲上、太甲中、太甲下、咸有一德、説命上、説命中、説命下、泰誓上、泰誓中、泰誓下、武成、旅獒、微子之命、蔡仲之命、周官、君陳、畢命、君牙、冏命。分伏生書中四篇爲九篇，又增多五篇：舜典、益稷、盤庚中、盤庚下、康王之誥，並序一篇，合之凡五十九篇。及安國作傳，遂引序以冠其篇首，而定爲五十八篇，今世所行公私版本是也。然漢儒以伏生之書爲今文，而謂安國之書爲古文，以今考之，則今文多艱澀，而古文反平易。或者以爲今文自伏生女子口授鼂錯時失之，則先秦古書所引之文皆已如此。或者以爲記録之實語難工，而潤色之雅詞易好，則暗誦者不應偏得所難，而考文者反專得其所易，是皆有不可知者。至諸序之文，或頗與經不合，如康誥、酒誥、梓材之類，而安國之序又絶不類西京文字，亦皆可疑。獨諸序之本不先經，則賴安國之序而可見。故今别定此本，一以諸篇本文爲經，而復合序篇於後，使覽者得見聖經之舊，而不亂乎諸儒之説。又論其所以不可知者如此，使讀者姑務沉潛反復乎其所易，而不必穿鑿傅會於其所難者云。紹熙庚戌十月。春秋：熹之先君子好左氏書，每夕讀之，必盡一卷乃就寢。故熹自幼未受學時，已耳熟焉。及長，稍從諸先生長者問春秋義例，時亦窺其一二大者，而終不能有以自信於其心。以故未嘗敢輒措一詞於其間，而獨於其君臣父子大倫大法之際，爲有感也。近刻易、詩、書於郡帑，易用吕氏本古經傳十二篇，而絀詩、書之序，置之經後，以曉當世，使得復見古書之舊，而不錮於後世諸儒之説。顧三禮體大，未能緒正。獨念春秋大訓，聖筆所刊，不敢廢塞。而河南邵氏皇極經世學，又以易、詩、書、春秋爲皇帝王霸之書，尤不可以不備，乃復出左氏經文别爲一書，以踵三經之後。其公、穀二經所以異者，類多人名地名，而非大義之所繫，故不能悉具。異時有能放吕公之法，而爲三經之音訓者，尚有以成吾之志也哉。書臨漳所刊四經後：聖人作經，以詔後世，將使讀者誦其文，思其義，有以知事理之當然，見道義之全體，而身力行之，以入聖賢之域也。其言雖約，而天下之故幽明巨細靡不該焉。欲求道以入德者，捨此爲無所用其心矣。然去聖既遠，講誦失傳，自其象數名物訓詁凡例之間，老師宿儒尚有不能知者，況於新學小生驟而讀之，是亦安能遽有以得其大指要歸也哉？故河南程夫子之教人，必先使之用力乎大學、論語、中庸、孟子之言，然後及乎六經。蓋其難易遠近大小之序固如此，而不可亂也。故今刻四古經，而遂及乎此四書者，以先後之。且考舊聞爲之音訓，以便觀者。又悉著凡程子之言及於此者，附於其後，以見讀之之法，學者得以覽焉。抑嘗妄謂中庸雖七篇之所自出，然讀者不先於孟子而遽及之，則亦非所以爲入道之漸也。因竊並記於此云。紹熙改元臘月。

文集 刊四經成告先聖文。

年譜 按語録云：某如今方見得聖人一言一字不吾欺，只今六十一歲方理會得恁地。又云：熹覺得今年方無疑。章伯羽。某當初講學也，豈意到這裏，幸而天假之年，許多道理在這裏。今年頗覺勝似去年，去年勝似前年。林夔孫，丁巳。先生教人以大學、語、孟、中庸爲人道之序，而後及諸經。以爲不先乎大學，則無以提綱挈領，而盡語、孟之精微；不參之語、孟，則無以融會貫通，而極中庸之旨趣；然不會其極於中庸，則又何以建立大本，經綸大經，而讀天下之書，論天下之事哉！其於讀書也，必使之辨其音釋，正其章句，玩其辭，求其義，研精覃思，以究其所難知，平心易氣，以驗其所自得，然爲己務實，辨别義利，毋自欺，謹其獨之戒，未嘗不三致意焉。洪本。

列上釋奠禮儀。

年譜 先是，南康准禮部符，下政和五禮祭祀儀式，其中有未詳備。又朝廷編類臣民禮儀鏤板頒降，亦恐有未詳備處。乞更增修，事未施行。至是乃復列上釋奠禮儀數事，且移書禮官，乃得頗爲討究。則淳熙所鏤之板，已不復存。後乃得於老吏之家。又以議論不一，越再歲始能定議，得請施行。而主其事者，適徙他官，遂格不下。洪本。

別集 申禮部檢狀。

十一月，詔先將漳州經界措置施行。

申狀云：尚書省十二月二日劄子，福建轉運、提刑、提舉司奏，相度到泉、漳、汀三州經界，十一月二十六日降指揮，先將漳州措置施行。行狀 冬，有旨先行漳州經界。南方春旱，事已無及。明年，屬有嗣子之喪，再請奉祠。其後經界竟報罷。語録 問欲行經界本末，曰：「本一官員姓唐上殿論及此，尋行下漳、泉二州相度，本州以爲可行，而泉州顔尚書操兩可之説，致廟堂疑貳，却是因黄伯耆再論，上如其請，即時付出。三省宰執奏請，又止，且行於漳州。

二年辛亥，六十二歲。春正月，申轉運司，經界乞候冬季打量。

申狀云：正月九日准省劄。十一月降指揮，先將漳州經界措置施行。熹自去年累次申請，欲於秋成之後即便打量，東作之前次第了畢。目今雖是正月中旬，然閩南地煖，纔及冬春之交，民間已是耕犁，若於此時施行，不惟有妨農務，而春月雨水常多，原野泥濘，恐亦難得應期了畢。欲望使司詳酌其宜，特賜敷奏，許俟七月一日方行差，十月一日然後打量。文集與留丞相劄子云：經界已被漕檄，聞命之日，已是正初，農事方興，不容措手。已申漕司，乞候十月一日打量矣。其合預行措置事件，則目今不住施行講究，令益精審，以俟及期而行。但此事之行，雖細民之所願欲，而豪家右族倚勢并兼者，惡其害己，莫不陰謀詭計，思有以動揺。未知此八九月之間，事體又復如何？更願丞相深察其情，而以天下至公之理裁之，有以終惠此邦之人，而不墮於騰口間説之計，則如熹等輩，尚得以效奔走，而徼幸於有成。如其不然，則當以微罪自劾而歸，不敢遊丞相陶鈞之内矣。年譜宰相留正，泉人也，其里黨多以爲不可行，先生與書再三切言之。有旨先行漳州經界，而已是春初，事已無及。二月，先生以子喪，乞祠去郡。冬十月，漳州進士吴禹圭訟其擾人，詔寢其事，而三州經界訖不行。洪本。

奏請褒東溪高公登直節。

年譜 高東溪先生名登，漳浦人，爲古縣令，以直言忤秦檜削官，徙容州死。舊有祠郡學中，先生爲之記。至是奏請於朝，昭雪褒贈，以旌其直節。洪本 文集 與留丞相書云：高古縣特蒙主張，得被仁聖漏泉之澤，九原忠憤，一旦獲伸，丞相所以褒顯忠直、擯抑姦諛之意，不但施之今日，周行之間，所勸多矣。文集 乞褒録高登狀。

二月，以嗣子喪，請祠。

年譜 正月癸酉，長子塾卒於婺州。報至，即以繼體服斬衰，丐祠歸治喪葬。

奏薦知龍溪縣翁德廣。

奏狀言：德廣天資剛直，才氣老成，不爲赫赫可喜之名，而有懇懇愛民之實。察其施爲，庶幾乎古之循吏者，欲望聖慈特與陞擢差遣，以爲官吏勤事愛民之勸。文集 與留丞相書云：龍溪亦蒙收召之恩，始望蓋不及此。

文集 薦知龍溪縣翁德廣狀。

三月，復除祕閣修撰，主管南京鴻慶宫。

行狀 屬有嗣子之喪，再請奉祠，除祕閣修撰，主管南京鴻慶宫。語録 先生以喪嫡子，丐祠甚堅。當路者又以經界一奏，先生持之力，雖已報行，而終以不便已爲病，幸其有是請也，亟啓從之。陳淳。

夏四月二十九日，去郡，辭職名。

年譜 先生去郡，即辭免職名。蓋上初政，嘗申孝宗是命。力辭得請，已降褒詔，難以復受，故再辭焉。洪本。

語録 先生在臨漳僅及一期，以南陬敝陋之俗，驟承道德正大之化。始雖有欣然慕，而亦有愕然疑、譁然毀者。越半年後，人心方肅然以定。僚屬厲志節而不敢恣所欲，仕族奉繩檢而不敢干以私，胥徒易慮而不敢行姦，豪猾斂踪而不敢冒法。平時習浮屠，爲傳經禮塔朝岳之會者，在在皆爲之屏息。平時附鬼爲妖，迎遊於街衢而抄掠於閭巷，亦皆相視斂戢，不敢輒舉。良家子女從空門者，各閉精廬，或復人道之常。四境狗盜之民，亦望風奔遁，改復生業。至是及期，正爾安息先生之化，而先生行矣，豈不深可恨哉！陳淳。

文集 辭免祕閣修撰狀一。

五月，歸次建陽，寓同繇橋。

文集 與留丞相書云：以四月二十六日解罷郡事，越三日，發臨漳，五月二十四日，遂抵建陽。答吳伯豐書云：此間寓居近市，人事應接倍於山間。今不復成歸五夫，見就此謀卜居，已買得人舊屋，明年可移。目今且架一小書樓，更旬月可畢工也。

秋七月，復辭職名，不允，乃拜命。

文集辭免祕閣修撰狀二。

九月，除荆湖南路轉運副使，辭，不允。冬十二月，復辭，以經界不行自劾。

文集辭免湖南運使狀一。狀二。即自劾狀。

文集與留丞相書云：蒙垂諭，深以士大夫之朋黨爲患。此古今之通病，誠上之人所當疾也。然熹嘗謂朋黨之禍止於縉紳，而古之惡朋黨而欲去之者，往往至於亡人之國。蓋不察其賢否忠邪，而惟黨之務去，則彼小人之巧於自謀者，必將有以自蓋其迹，而君子恃其公心直道無所回互，往往反爲所擠，而目以爲黨。漢、唐、紹聖之已事，今未遠也。熹雖至愚，伏讀丞相所賜之書，知丞相愛君憂國之心，無一言一字不出於至誠惻怛。此天下之賢人君子，所以相率而願附於下風也，而未能不以朋黨爲慮。熹恐丞相或未深以天下之賢否忠邪爲己任，是以上之所以告於君者，未能使之判然不疑於君子小人之分，下之所以行於進退予奪者，未能有以服天下之心，慰天下之望，而陰邪讒賊，常若反有侵凌干犯之勢也。夫杜門自守，孤立無朋者，此一介之行也。延納賢能，黜退姦險，合天下之人以濟天下之事者，宰相之職也。奚必以無黨者爲是，而有黨者爲非哉！夫以丞相今日之所處，無黨則無黨矣。而使小人之道日長，君子之道日消，天下之慮將有不可勝言者，則丞相安得辭其責哉！熹不勝愚者之慮，願丞相先以分別賢否忠邪爲己任，其果賢且忠耶，則顯然進之，惟恐其黨之不衆而無與共圖天下之事也。其果姦且邪耶，則顯然黜之，惟恐其去之不盡而有以害吾用賢之功也。不惟不疾君子之爲黨，而不憚以身爲之黨；不惟不憚以身爲之黨，是又將引其君以爲黨而不憚也。如此，則天下之事其庶幾乎。前年逐二諫官，去年逐一御史，近聞又逐一諫官矣。上下不交，而天下將至於無邦。丞相不此之慮，而慮士大夫之爲黨，其亦誤矣。四月。又與留丞相書云：抑又聞之，天下事勢有消長賓主之不同。以易而言，方其復而長也，一陽爲主於下，而五陰莫之能遏，及其遇而消也，五龍夭矯於上，而不足以當一陰，羸豕蹢躅之孚，甚可畏也。丞相觀於今日之勢，孰爲主而方長乎？孰爲客而方消乎？孰能制人，而孰爲制於人者乎？於是焉而汲汲乎以求天下之賢以自助，使之更進迭入，日陳安危治亂之明戒，以開上心，排抑陰邪，無使主勢小傾而陷入其黨。尚恐後時而無及於事，不精而未免有失，亦何遽至預憂其分別太甚，而爲異日之患乎？七月。又與留丞相書云：願丞相深觀大易陰陽消長、否泰往來之變，謹察君子小人之分，而公進退之，毋爲調停之説所誤。使忠言日聞，聖德日新，而天下之人真享富壽康寧之福，朝廷之上真見平平蕩蕩之風，則衰病之軀，老死丘壑，無所憾矣。如於忠邪之分察之有未明，消長之戒信之有未篤，而又以一身利害之私參錯乎其間，則今所謂持平者，是乃所以深助小人之勢，以爲君子之病，將見彼黨日甚，此勢日孤，天下之事，將有不可爲者。丞相雖欲奉身而退，窮勝事而樂清時，亦不得辭後世良史之責矣。熹不勝感德之至，輒復冒昧言之，伏惟恕其狂妄，而採其千慮之一得焉。十月。

是歲，與永嘉陳君舉論學。

年譜 先生往歲聞永嘉陳傅良君舉嘗有詩説，以書問之。至是遣書來報，云：「來徵詩説，年來或與士友言之，未嘗落筆。愚見欲以雅頌之音簫勺羣慝，訓詁章句，付之諸生。」又謂：「二十年間聞見異同，無從就正，間欲以書叩之，念長者前有長樂之爭，後有臨川之辨，至如永康往還，動數千言，更相切磋，未見其益，而學者轉相夸毗，浸失本旨。蓋刻劃太精，頗傷簡易，矜持已甚，反涉吝驕。以此益覺書不能宣，要須請見，究此衷曲耳。」先生答云：「嘗謂人之爲學，若從平實地上循序加功，則其目前雖未見日計之益，而積累工夫，漸見端緒，自然不假用意裝點，不待用力支撑，而聖賢之心，義理之實，必皆有以見其確然而不可易者。至於講論之際，心即是口，口即是心，豈容別生計較，依違遷就，以爲諧俗自便之計耶？今人爲學，既已過高而傷巧，是以其説常至於依違遷就而無所分別。蓋其胸中未能無纖芥之疑，有以致然，非獨以避咎之故，而後詭於詞也。若熹之愚，自信已篤。向來之辨，雖至於遭讒取辱，然至於今日，此心耿耿，猶恨其言之未盡，不足以暢彼此之懷，合異同之趣，而不敢以爲悔也。不識高明何以教之？惟盡言無隱，使得反覆其説，千萬幸甚。老病幽憂，死亡無日，念此大事，非一人私説，一朝淺計，而終無面寫之期。是以冒致愚悃，向風引領，不勝馳情。」文集 又與陳君舉書云：前書所扣未蒙開示，然愚悃之未能盡發於言者亦多，每恨無由得遂傾倒，以求鐫切。近曹器之來訪，乃得爲道曲折。計其復趨函丈，必以布露，敢丐高明少垂採擇，其未然者痛掊擊之，庶有以得其真是之歸，上不失列聖傳授之統，下使天下之爲道術者得定於一，非細事也。惟執事圖之。語録 君舉得書云，更望「以雅頌之音消鑠羣慝，章句訓詁，付之諸生」，問他如何是「雅頌之音」？今只有雅頌之詞在，更没理會，又去那裏討雅頌之音？便都只是瞞人。又謂某前番不合與林黄中、陸子靜諸人辨，以爲相與詰難，竟無深益，「蓋刻劃太精，頗傷易簡，矜持已甚，反涉吝驕」。不知更何如方是深益？若孟子之闢楊、墨，也只得恁地闢。他說刻劃太精，便只是某不合說得太分曉，不似他只恁地含糊。他是理會不得，被衆人擁從，又不肯道我不識，又不得不說，說又不識，所以不肯索性開口道這個是甚物事，又只恁鶻突了。又曰：他那得似子静，子静却是見得個道理，却成一部禪，他和禪也識不得。葉賀孫。今永嘉又自說一種學問，更没頭没尾，又不及金溪。大抵都說一載疑作「截」。話，終不說破是個甚麽，然皆以道義先覺自處，以此傳授。君舉到湘中一收，收盡南軒門人，胡季隨亦從之問學。某向見季隨，固知其不能自立，其胸中自空空無主人，所以纔聞他人之說便動。吳必大。

文集答葉正則書云：向來相見之日甚淺，而荷相與之意甚深。中間寓舍並坐移晷，觀左右之意，若欲有所言者，而竟囁嚅不能出口。前書疏往來，雖復少見鋒穎，而亦未能彼此傾倒，以求實是之歸。但見士子傳誦所著書，及答問書尺，類多籠罩包藏之語，不惟他人所不解，意者左右亦自未能曉然於心，而無所疑也。世衰道微，以學爲諱，上下相狥，識見議論，日益卑下。彼既不足言矣，而吾黨之爲學者，又皆草率苟簡，未曾略識道理規模、工夫次第，便以己見摶量湊合，撰出一般說話，高自標置，下視古人。及考其實，則全是含糊影響之言，不敢分明道著實處。竊料其心豈無所疑？只是已作如此聲勢，不可復謂有所不知，遂不免一向自瞞，彊作椌柱。只要如此鶻突將去，究竟成就得何事業？未論後世，只今日旁觀，便須有人識破。未論他人，只自家方寸，如何得安穩邪！如來書所謂在荆州無事，看佛書，乃知世外瓌奇之說本不能與治道相亂，所以參雜辨爭，亦是讀者不深考爾。此殊可駭，不謂正則乃作如此語話也。中間得君舉書，亦深以講究辨切爲不然。此蓋無他，只是自家不曾見得親切端的，不容有豪釐之差處，故作此見耳。欲得會面相與劇談，庶幾彼此盡情吐露，尋一個是處，大家講究到底，大開眼看覷，大開口説話，分明去取，直截剖判，不須得如此遮前掩後，似説不説，做三日新婦子模樣，不亦快哉！孟子自許雖行霸王之事而不動其心。究其根原，乃只在識破詖、淫、邪、遁四種病處。今之學者，不惟不能識此，而其所做家計窠窟，乃反在此四種病中，便欲將此見識判斷古今，議論聖賢，豈不誤哉！相望千里，死亡無日，因書聊復一言，不識明者以爲如何？然勿示人，恐又起鬧，無益而有損也。辛亥後。答項平父書云：中間得葉正則書，亦方似此依違籠罩，而自處甚高，不自知其淺陋，殊可憐憫。以書告之，久不得報，恐未必能堪此苦口也。壬子。語録 陸子静分明是禪，但却成一個行户，尚有個據處。如葉正則説，則只是教人都曉不得。嘗得一書來，言世間有一般魁偉底道理，自不亂于三綱五常。既説不亂三綱五常，又説别是個魁偉底道理，却是個甚麽物事，也是亂道。他不説破，籠統恁地説以謾人，及人理會得來，都無效驗時，他又説你是未曉到這裏，他自也不曉得他之説，最誤人。世間獃人，被他瞞不自知。黄義剛。葉正則説話只是杜撰，看他進卷可見大略。湯泳。葉正則作文論事，全不知些著實利害，只虚論。蕭振。

三年壬子，六十三歲，春二月，有旨趣之任，復辭，並請補祠秩，許之。

年譜 詔：「漳州經界，議行已久，湖南使節，事不相關，可疾速之任。」先生猶以補祠秩爲請，遂許之。

文集辭免湖南運使狀三。

始築室于建陽之考亭。

年譜先是，韋齋嘗過其地，愛之，書日記曰：「考亭溪山清邃，可以卜居。」至是，卒成韋齋之志遷焉，以六月落成而居之。洪本。文集告家廟文云：熹罪戾不天〔三〕，幼失所怙。祇奉遺訓，往依諸劉。卜葬卜居，亦既累歲。時移事改，存没未安。乃眷此鄉，實亦皇考所嘗愛賞而欲卜居之地。今既定宅，敢伸虔告，以妥祖考之靈。

冬十二月，除知静江府、廣南西路經略安撫使，辭。

文集與留丞相劄子云：春間蒙恩，獲安祠館，感戴蓋不勝言。今者曾未逾年，又叨除目，付以一路軍民之寄。此蓋某官愛惜人材，不忍使其終身棄於無用之地，故以及此。而熹衰病益侵，精神益耗，自度實難冒受，以誤使令之意。已具狀辭免，欲望鈞慈特與將上，令熹終滿今任祠禄之後，别聽指揮。

文集辭免知静江府狀一。

是歲，孟子要略成。

語録敬之問：「看要略，見先生所説孟子皆歸之仁義，如説性及以後諸處皆然。」曰：「是他見得這道理通透，見得裏面本來都無别物事，只有個仁義，到得説將出，都離這個不得。不是要安排如此。」葉賀孫。因整要略，謂孟子發明許多道理都盡，自此外更無别法思維。這個先從性看，看得這個物事破了，然後看入裏面去，終不甚費力。要知雖有此數十條是古人已説過，不得不與他理會，到得做工夫時，却不用得許多，難得勇猛底人直截便做將去。葉賀孫。敬之問：「要指不取杞柳一章。」曰：「此章自分曉，無可玩索，不用入亦可。却是「生之謂性」一段難曉，説得來反恐鶻突，故不編入。」葉賀孫。問：「孟子首章，先剖判個天理人欲，令人曉得，其托始之意甚明。先生所編要略，却是要從源頭説來，所以不同。」曰：「某向時編此書，今看來亦不必。只孟子便直恁分曉，示人自是好了。」陳時舉。

四年癸丑，六十四歲。春正月，有旨趣之任，復辭。

辭免狀二云：右熹正月二十三日，準正月七日尚書省劄子，以熹辭免知静江府恩命。正月六日，奉聖旨不許辭免，依已降指揮疾速之任。熹前狀所陳，委曲詳盡，不謂未蒙照察，申命益嚴，是敢昧死復有陳述。伏惟朝廷，再爲開陳，收回誤恩，復還舊秩。不勝祈懇激切之至。

文集 辭免知静江府狀二。

二月，差主管南京鴻慶宫。

冬十二月，除知潭州、荆湖南路安撫使，辭。

年譜 或傳是冬使人自虜中回，虜問：「南朝朱先生安在？」答：「以見已擢用。」歸白廟堂，遂有是除。先生以辭遠就近，不爲無嫌，力辭。告詞云：「十國爲連，師帥是寄。矧長沙據湖、湘上游，賜履甚廣，視邦選侯，尤難其人。以爾學古粹深，風節峻特，可以爲世之師；仁心仁聞，威惠孚洽，可以爲時之帥。兼是二者，往臨藩方，聲望所加，列城聳服。儒先相望，士氣方振，爾其爲朕教之；楚俗雖安，尚有凋瘵，爾其爲朕撫之。典刑所存，奚事多訓，可。」紹熙四年十二月某日，中書舍人樓鑰行詞。文集與留丞相書云：熹迂闊鄙儒，多致齟齬。相公曾未識其面目，乃於秉鈞之初，首加拔用。到官一年，有請必遂，如褒贈漳浦高公，減免經總制錢之屬，皆前日守臣屢請而不得者，是相公於熹知之不爲不深，而於漳之士民愛之不爲不厚矣。至於經界一事，乃獨屢上而不報，至其甚不得已而陽許之，則又多爲疑貳之言，以來讒賊之口，曾不一年而卒罷之，則熹於是始疑相公所以知熹者，不若其於鄉里小兒之深，所以愛夫漳之士民者，不如其於瑣瑣姻婭之厚，而匹夫之志，因以慨然自知其決不可以復入相公之門矣。是以湖南、廣西再命再辭，蓋不惟以粗伸己志，亦庶幾陰以解謝臨漳千里狼狽失業之民也。今相公郊居累月，一日來歸，復首以不肖之姓名言於上前，付以湖南一路之寄。聖主以相公之言爲重，即使出命。君相之恩隆厚若此，自當黽勉拜命，以稱所蒙。而熹之私心，反覆思之，終以前事有未能忘者。夫宰相以得士爲功，下士爲難，而士之所守，乃以不自失爲貴。今相公之得士如此，下士如此，已爲盛美。若又能容熹使不自失其所守，則是古人所謂人有其實者，亦何必使之回面汙行，而爲終身之羞哉！抑今日之勢，天意雖若暫回，而恐未固，禍機雖若暫息，而恐未除。事會之來，乃有大於漳州之經界者矣。願相公深以前事爲戒，公其心，遠其慮，毋使天下之士賢於熹者，復有所激而不肯出於門墻，則熹今日之言，猶未爲無以報德也。語録過甲寅年見先生，聞朋輩説，昨歲虜人問使人云：「南朝朱先生出處如何？」歸白廟堂，所以得帥長沙之命。王過。

文集辭免知潭州狀一。

五年甲寅，六十五歲。春正月，復辭。二月，有旨趣之任。

年譜黄裳爲嘉王府翊善，自以學不及先生，乞召爲宫僚。王府直講彭龜年，亦爲大臣言之。留正曰：「正非不知某，但其性剛，到此不合，反爲累耳。」先生方再辭，有旨：「長沙巨屏，得賢爲重。往祗成命，毋執謙辭。可依已降指揮，疾速之任。」會洞獠侵擾屬郡，恐其滋熾，遂拜命。四月，啓行。洪本。

文集辭免知潭州狀二。

夏五月五日，至鎮。

年譜在途所次，老穉攜扶來觀，夾道填擁，幾不可行。長沙士子夙知向學，及鄰郡數百里間，學子雲集。先生誨誘不倦，坐席至不能容，溢於户外，士俗歡動。

洞獠侵擾屬郡，遣使諭降之。

年譜猺人蒲來矢，出省地作過，或薦軍校田昇可用。先生召問之，以爲可招，期以某日不俘以來，將斬汝。昇即以數十輩馳往，取文書粗若告身者數通自隨，諭以禍福。來矢喜，聽命，遂並其妻子俘以至，官給衣冠，引赦不誅。

奏劾將官陸景任。

奏狀言：潭州東南第八將從事郎陸景任，病患尫羸，不能行立，兵官職事，難以倚仗。欲乞改與宮觀差遣，别選材武前來充職，庶幾軍務不致廢弛。

文集 奏劾陸景任狀。

祭南軒張公祠。

文集 祭張敬夫城南祠文。　祭南軒墓文。

修復嶽麓書院。

委教授牒云：本州州學之外，復置嶽麓書院，本爲有志之士求師取友，以爲優游肄業之地。故前帥忠肅劉公特因舊基，復創新館，延請故侍講張公先生往來其間，使四方來學之士，得以傳道授業解惑焉。而比年以來，師道凌夷，講論廢息，士氣不振，議者惜之。當職叨冒假守，到官兩月，困於簿書，未及一往。除已請到醴陵黎君貢士充講書職事，與學録鄭貢士同行措置外，今議别置額外學生十員，以處四方遊學之士。其廩給依州學則例，更不補試，聽候當職考察搜訪，徑行撥入。凡使爲學者知所當務，不專在於區區課試之間，實非小補。牒教授及帖書院照會施行。年譜 先生窮日之力，治郡事甚勞。夜則與諸生講論，隨問而答，略無倦色。多訓以切己務實，毋厭卑近而慕高遠，懇惻至到，聞者感動。

洪本。

文集 委教授措置嶽麓書院牒。

申請飛虎軍隸本州節制，從之。

年譜 申教令，嚴武備，以飛虎軍人爲百姓害，郡不能禁。且本路别無軍馬，惟賴飛虎軍以壯聲勢，而乃遥隸襄陽不便，遂有是請。洪本。

文集 乞撥飛虎軍隸湖南安撫司劄子。

六月申，乞放歸田里。

年譜 時孝宗升遐，先生哀慟不能自勝。又聞光宗以疾不能執喪，中外洶洶，益憂懼，遂申省乞放歸田里。言天下國家所以長久安寧，惟賴朝廷三綱五常之教，有以建立修明於上，然後守藩述職之臣，有以稟承宣佈於下，所以内外相維，小大順序，雖有彊猾姦宄之人，無所逞其志而爲亂。不然，則以一介書生，彊而置諸數千百里軍民之上，彼亦何所憑恃而能服其衆哉！熹雖至愚，自知甚審，而亦粗嘗竊窺古今治亂安危存亡之變矣。誠恐朽鈍之餘，不堪今日方面之寄，兼以近奉大行壽皇聖帝遺誥，攀號不逮，迷悶隕絶，自覺精力亦難支吾，欲望朝廷特賜敷奏，放歸田里。行狀 又草封事，極言父子天性，不應以小嫌廢彝倫，言頗切直。會今上即位，不果上。

秋七月，光宗内禪，寧宗即位，召赴行在奏事，辭。

文集 乞放歸田里狀。

宋史 寧宗本紀云：七月庚午，召祕閣修撰知潭州朱熹詣行在。年譜 寧宗即位，趙汝愚首薦先生及陳傅良，有旨赴行在奏事。先生行且辭。先是蜀人黄裳爲嘉邸翊善，善講説開導，上學頓進。一日光宗宣諭云：「嘉王進學，皆卿之力。」裳謝，因進曰：「若欲進德修業，追蹤古先哲王，則須尋天下第一人乃可。」光宗問：「爲誰？」對曰：「朱某。」彭龜年繼爲宫僚，因講魯莊公不能制其母，云：「母不可制，當制其侍御僕從。」上問：「此誰之説？」曰：「朱某之説。」自後每講必問朱某之説云何。蓋傾心已久，故履位之初，首加召用。洪本。行狀 上在潛邸，聞先生名，每恨不得先生爲本宫講官，至是首召奏事。

文集 辭免召命狀。

立忠節廟。

年譜 東晉王敦之亂，湘州刺史譙閔王司馬承起兵討賊，不克而死。紹興初，金賊犯順，通判潭州事孟彦卿、趙民彦督兵迎戰，臨陣遇害。城陷之日，將軍劉玠、兵官趙聿之巷戰，駡賊不屈而死。五人皆以忠節殁於王事，而從前未有廟貌，乃牒本州於城隍廟内創立祠堂，象五人者。又考譙王本傳，並象其參謀數人立侍左右，各立位版，記其官職姓名，奉祀如法。後赴闕奏事，特請於朝，賜廟額曰「忠節」。

洪本。

文集乞漳州譙王等廟額狀。

考正釋奠禮儀，行于郡。

年譜先是，漳州任内列上釋奠禮儀，已條奏得請施行，而復格不下。至是，前太常博士詹元善還爲太常少卿，始復取往年所被敕命下之本郡。吏文重複繁冗，幾不可讀，且曰：「屬有大典禮，未遑遍下諸州。」先生以召還奏事，行有日矣。又苦目病，乃力疾躬爲鉤校，删剔猥雜，定爲數條，以附州案，俾移學宫，符屬縣，且關帥司，並下巡内諸州，僅畢而行。未幾，元善補外，而奉常亦不復下其書他州矣。洪本。

文集書釋奠申明指揮後。

八月，赴行在。

年譜先生行至宜春，門人劉黻遮道請見，曰：「先生此行，上虚心以待，敢問其道何先？」先生曰：「今日之事，非大更改不足以悦天意服人心。必有惡衣服，菲飲食，卑宫室之志，而不敢以天子之位爲樂，然後庶幾積誠盡孝，默通潛格，天人和同，方可有爲。其事大，其體重，以言乎輔贊之功，則非吾之所任，以言乎啓沃之道，則非吾之敢當。然天下無不可爲之時，人主無不可進之善。以天子之命召藩臣，當不俟駕而往。吾知竭吾誠，盡吾力耳，外此非吾所能預計也。」洪本。

除煥章閣待制兼侍講，再辭，不允，仍趣前來供職。

宋史寧宗本紀云：八月癸巳，以朱熹爲煥章閣待制兼侍講。年譜先生辭奏事之命，兩旬不報，遂東歸。道中忽被除命，以爲超躐不次之除，難以祇受，乞以舊官奉祠。辭者至再，且云：「陛下嗣位之初，方將一新庶政，所宜愛惜名器，不可輕以假人。若使僥倖之門一開，豈可復塞？至於博延儒臣，專意講學，蓋將求所以深得親歡者，爲建極導民之本，思所以大振朝綱者，爲防微慮遠之圖。顧問之臣，實資輔養。用人或謬，所係非輕。」蓋先生在道，聞南内朝禮尚闕，近習已有用事者，故預有是言。告詞云：「朕初承大統，未暇他圖，首闢經帷，詳延學士。眷儒宗之在外，頒召節以趣歸，徑登從班，以重吾道。具位朱熹，發六經之藴，窮百氏之源。其在兩朝，未爲不用，至今四海，猶謂多奇。擢之次對之班，處以邇英之列，若程頤之在元祐，若尹焞之於紹興。副吾尊德樂義之誠，究爾正心誠意之説。豈惟慰滿於士論，且將增益於朕躬。非不知政化方行，師垣有賴。試望之於馮翊，不如寘之本朝；召賈傅於長沙，自當接以前席。慰兹渴想，望爾遄驅。可。」紹熙五年八月某日，黄繇行詞。文集奏狀二云：臣昨辭召命，已被疾速前來供職指揮，今兹祈免詔除，又奉不允之詔，不敢更有留滯。見已一面起離信州，前路聽候處分。答蔡季通書云：至臨江，忽被改除之命，超越非常，不敢當也。始者，猶欲且歸里中，未決。今既如此，又得朝士書，皆云召旨乃出上意親批，且屢問及，不可不來。又云主上虚心好學，增置講員，廣立程課，深有願治之意。果如此，實國家萬萬無疆之休，義不可不往。遂自臨川改趨信上，以俟辭免之報。

文集 辭免焕章閣待制侍講奏狀一。　奏狀二。

九月，奏乞帶元官職奏事。

文集 辭免焕章閣待制侍講乞且帶元官職詣闕奏狀三。

奏狀云：次對異恩，無故超授，在臣私分，實難自安，是以徬徨未敢拜受。今來復準前項聖旨，已即日起發前去外，欲乞到日許臣且依七月十一日已降指揮，帶元官職詣闕奏事，所有新除却俟面奏辭免，別聽處分。

晦丁亥，至自潭州，次于郊外。

年譜 先是先生行至上饒，聞以内批逐首相，留丞相正出知建康。有憂色。學者問其故，先生曰：「大臣進退，亦當存其體貌，豈宜如此！」或謂此蓋廟堂之意，先生曰：「何不風其請去而後許之？上新立，豈可導之使輕逐大臣耶？」及至六和塔，永嘉諸賢俱集，各陳所欲施行之策，紛然不決。先生曰：「彼方爲几，我方爲肉，何暇議及此哉！」蓋是時近習用事，御筆指揮，皆已有端，故先生憂之。

冬十月己丑，入國門，申省乞帶元官職奏事。

文集 申省狀。

辛卯，奏事行宫便殿。

年譜首言：乃者天運艱難，國有大咎，天變爲之見於上，地變爲之作於下，人情爲之哀恫怫鬱，而皆有離叛散亂之心。此所謂天下之大變，而不可以常理處焉者也。太皇太后躬定大策，皇帝陛下寅紹丕圖，不越須臾之頃，而鄉之危者安，離者合，天下之勢翕然而大定，亦可謂處之以權，而不失其正矣。然自頃至今亦既三月，而天變未盡消，地變未盡弭，君親之心未盡歡，學士大夫羣黎百姓或反不能無疑於逆順名實之際，至於禍亂之本，又已伏於冥冥之中，特待時而發耳。臣雖至愚，亦知竊爲陛下憂之。然而猶有可諉者，亦曰陛下之心，前日未嘗有求位之計，今日未嘗忘思親之懷而已爾。此則所謂道心微妙之全體，天理發用之本然，而所以行權而不失其正之根本也。誠即是心以充之，則孔子所謂「求仁得仁而無怨」，孟子所謂「終身訢然樂而忘天下」者，有以知陛下之不難矣。借曰天命神器不可以無傳，宗廟社稷不可以無奉，則轉禍爲福，易危爲安，亦豈可以捨此而他求哉！充吾未嘗求位之心，則可以盡吾負罪引慝之誠；充吾未嘗忘親之心，則可以致吾温凊定省之禮。始終不越乎此，而大倫可正，大本可立矣。陛下誠能動心忍性，深自抑損，所以自處常如前日未嘗有位之時。內自宮掖燕私之奉，服食器用之須，不敢一毫有加於潛邸之舊。外至百辟多儀之享，恩澤匪頒之式，不敢一日而全享乎萬乘之尊。專務積其誠意，期以格乎親心，然後濬發德音，痛自克責，嚴飭羽衛，益勤問安視膳之行，十日一至而不得見，則繼以五日，五日一至而不得見，則繼以三日，三日而不得見，則二日而一至，以至於無一日而不一至焉。俯伏寢門，怨慕號泣，雖勞且辱，有所不憚，然而親心猶未底豫，慈愛猶未復初，逆順名實之疑，不涣然而冰釋，則臣不信也。若夫災異之變，禍亂之機，有未盡去，則又在陛下凝神恭默，深監古先，日與大臣講求政理，可否相濟，唯是之從，必使發號施令無一不出乎朝廷，進退人材無一不合乎公論，不爲偏聽以啓私門，則聖德日新，聖治日起，而天人之應不得違，釁孽之萌不得作矣。今日之計，莫大於此，惟深留聖意而亟圖之。次言：爲學之道，莫先於窮理；窮理之要，必在於讀書；讀書之法，莫貴於循序而致精；而致精之本，則又在於居敬而持志，此不易之理也。夫天下之事，莫不有理，爲君臣者，有君臣之理，爲父子者，有父子之理，爲夫婦爲兄弟爲朋友，以至於出入起居、應事接物之際，亦莫不各有理焉。有以窮之，則自君臣之大以至事物之微，莫不知其所以然與其所當然，而亡纖芥之疑，善則從之，惡則去之，而無毫髮之累，此爲學所以莫先於窮理也。至論天下之理，則要妙精微，各有攸當，亘古亘今，不可移易。唯古之聖人爲能盡之，而其所行所言，無不可爲天下後世不易之大法，其餘則順之者爲君子而吉，背之者爲小人而凶。吉之大者，則能保四海而可以爲法。凶之甚者，則不能保其身，而可以爲戒。是其粲然之跡，必然之效，蓋莫不具於經訓史册之中。欲窮天下之理，而不即是而求之，則是正墻面而立爾，此窮理所以必在乎讀書也。若夫讀書，則其不好之者，固怠忽間斷而無所成矣。其好之者，又不免乎貪多而務廣，往往未啓其端，而遽已欲探其終，未究乎此，而忽已志在乎彼，是以雖復終日勤勞不得休息，而意緒匆匆，常若有所奔趨迫逐，而無從容涵泳之樂，是又安能深信自得，常久不厭，以異於彼之怠忽間斷而無所成者哉！孔子所謂「欲速則不達」，孟子所謂「進鋭者退速」，正謂此也。誠能鑒此而有以反之，則心潛於一，久而不移，而所讀之書，文意接連，血脉通貫，自然漸漬浹洽，心與理會，而善之爲勸者深，惡之爲戒者切矣。此循序致精，所以爲讀書之法也。若夫致精之本，則在於心。而心之爲物，至虚至靈，神妙不測，常爲一身之主，以提萬事之綱，而不可有頃刻之不存者也。一不自覺而馳騖飛揚，以徇物欲於軀殼之外，則一身無主，萬事無綱。雖其俯仰顧盼之間，蓋已不自覺其身之所在，而況能反覆聖言，參考事物，以求義理至當之歸乎！孔子所謂「君子不重，則不威，學則不固」，孟子所謂「學問之道無他，求其放心而已矣者，正謂此也。誠能嚴恭寅畏，常存此心，使其終日儼然，不爲物欲之所侵亂，則以之讀書，以之觀理，將無所往而不通；以之應事，以之接物，將無所處而不當矣。此居敬持志，所以爲讀書之本也。此數語者，皆愚臣平生爲學，艱難辛苦，已試之效。竊意聖賢復生，所以教人不過如此。不獨布衣韋帶之士所當從事，蓋雖帝王之學，殆亦無以易之。伏惟聖明深賜省覽，試以其説驗之於身，蚤寤晨興，無忘今日之志，而自强不息，以緝熙於光明，於以著明人主講學之效，卓然爲萬世帝王之標準。則臣雖退伏田野，與世長辭，有餘榮矣。又言：湖南歲計入少出多，官吏往往苟逭目前，多方趣辦，尚且入不支出，公私俱困。若更差到諸班換授歸正，雜流補官之人復有增加，愈見逼迫，無以爲計。欲望聖慈特詔本路帥臣監司，諸郡並行均節，痛加退減，指定奏聞，庶幾州得以恤其縣，縣得以寬其民，而有不奉詔者，亦無以逃其罪矣。又言：湖南州郡，從前邊防全無措置，因令州守臣條畫到移置寨柵，增撥戍兵利害數條，已經具奏。欲望明詔大臣，早賜處分，俾所司公共相度，從長區處，庶爲一方永久之利。又言：潭州城壁剥落摧圮，乞行下計度修築，以爲永久不虞之備。

面辭待制、侍講，不允。

文集 甲寅行宫便殿奏劄一。　奏劄二。　奏劄三。　奏劄四。　奏劄五。　辭免待制侍講面奏劄子。

壬辰，申省辭待制職名，乞改作説書差遣。

申省言：　昨具劄子面奏辭免新除，奉旨不允。熹已仰體聖意，不敢力辭講筵職事。第以未得進説，先受厚恩，萬一異時未有報效，而疾病發作，不可支吾，遂竊侍從職名而去，則熹之愚，死有餘罪。欲望朝廷特爲開陳，與免待制職名，改作説書差遣，容熹即日拜命供職。不敢數具奏狀，上勞聖覽，謹具狀申尚書省。

文集 辭免待制改作説書狀。

丁酉，奉御筆不允，乃拜命，係銜供職。

行狀 既對，面辭待制、侍講，不許。翌日，又辭待制職名，改作説書差遣。上手札：「卿經術淵源，正資勸講，次對之職，勿復牢辭，以副朕崇儒重道之意。」遂拜命。文集 謝御筆以次對係銜供職奏狀云：右臣十月初十日準御前降到御筆一封付臣，令臣勿復牢辭次對之職。臣昨以新除恩命超躐異常，累具辭免，日望開允，豈意仰勤聖主親御翰墨，俯賜褒諭，令勿牢辭。疏賤小臣，分不當得，拜受伏讀，不勝恐懼。謹已仰遵聖訓，係銜供職外，謹具奏聞，伏乞睿照。

上孝宗山陵議狀。

行狀 趙彦逾按視孝宗山陵，以爲土肉淺薄，掘深五尺，下有水石。旋改新穴，比舊僅高尺餘。孫逢吉覆按，亦乞少寬月日，别求吉兆。有旨集議，臺史憚之，議遂中寢。先生竟上議狀言：「壽皇聖德神功，宜得吉土以奉衣冠之藏。當廣求術士，博訪名山，不宜偏信臺史罔上誤國之言，固執紹興坐南向北之説，委之水泉砂礫之中，殘破浮淺之地。」不報。

文集 山陵議狀。

辛丑，受詔進講大學。

年譜 庚子内引，辛丑進講。故事，講筵每遇隻日，早晚進講。及至當日，或值假故，即行權罷。又大寒大暑，亦係罷講月分。先生奏乞除朔望旬休及過宫日外，不以寒暑雙隻月日諸色假故，並令逐日早晚進講。從之。先生每講，務積誠意以感悟上心。以平日所論著者敷陳開析，坦然明白，可舉而行。講畢，有可以開益上德者，罄竭無隱，上亦虚心嘉納焉。

文集 乞不以假故逐日進講劄子。

差兼實録院同修撰，再辭，不允。

文集 辭免兼實録院同修撰奏狀一。奏狀二。

更化覃恩，授朝請郎。甲辰，賜紫金魚袋。

年譜 告詞云：「學先王之道，而明於當世之務，三仕三已，義不苟合，天下高之，蓋累朝之所嘉歎而不忘也。長沙謀帥，彊爲時起，肆予初政，式遄其歸，於以勸講，朕將虛己納焉。爰因大賚，序進厥秩，雖曰舊章，亦冀樂告。可。」紹熙五年十月十七日，中書舍人陳傅良行詞。

奏乞令後省看詳封事。

年譜 時以雷雨之異，下詔求言。因奏登極之初，已下明詔，獻言者衆，未聞一有施行。今日求言，殆成虛語。乞令後省官看詳，擇其善者條上，取旨以次施行。則求言之詔，不爲具文，庶聞者知勸，直言日聞。十七日奉旨，差沈有開、劉光祖，限十日內看詳聞奏。宋史寧宗本紀云：甲辰，以朱熹言，趣後省看詳應詔封事。

文集 乞差官看詳封事劄子。乞令看詳封事官面奏劄子。

奏乞討論嫡孫承重之服。

劄子云：禮經敕令子爲父，嫡孫承重爲祖父，皆斬衰三年。蓋嫡子當爲父後，而不能襲位以執喪，則嫡孫繼統以代之執喪，義當然也。然自漢文短喪之後，歷世因之，天子遂無三年之喪，爲父且然，則嫡孫承重，從可知已。至尊壽聖皇帝，至性自天，孝誠內發，易月之外，猶執通喪，朝衣朝冠，皆以大布，超越千古，甚盛德也。間者遺誥初頒，太上皇帝偶違康豫，不能躬就喪次。陛下實以世嫡之重，仰承大統，則所謂承重之服，著在禮律，所宜一遵壽皇已行之法，易月之外，且以布衣布冠視朝聽政，以代太上皇帝躬執三年之喪。而一時倉卒，不及詳議，遂用漆紗淺黄之服，不惟上違禮律，且使壽皇已行之禮，舉而復墜，臣竊痛之。然既往之失不及追改，惟有將來啓殯發引，禮當復用初喪之服，則其變除之節，尚有可議。欲望陛下仰稽壽皇聖孝成法，明詔禮官稽考禮律，預行指定。其官吏軍民男女方喪之禮，亦宜稍爲之制，勿使過爲華靡。庶有以著於君臣之義，實天下萬世之幸。宋史寧宗本紀云：十一月辛亥，詔行孝宗三年喪制，命禮官條具典禮以聞。禮志云：初，高宗之喪，孝宗爲三年服。及孝宗之喪，有司請於易月之外，用漆紗淺黄之制，蓋循紹興以前之舊。朱熹初至不以爲然，奏言：「已往之失不及追改，唯有將來啓攢發引，禮常復用初喪之服，則其變除之節，尚有可議。望明詔禮官稽考禮律，豫行指定。其官吏軍民方喪之服，亦宜稍爲之制，勿使肆爲華靡。」其後詔中外百官，皆以凉衫視事，蓋用此也。年譜奏上，詔禮官討論，後不果行。

文集乞討論喪服劄子。

瑞慶節奏乞却賀表，並乞三年内賀表並免。

年譜瑞慶聖節前一日，百官詣行宫便殿稱賀。先生欲不出，不可，乃草劄子立班投進，乞權免稱賀，表亦不收接。三年之内，凡有稱賀事，並依此例。有旨却賀表不受。宋史寧宗本紀云：丙午，以朱熹奏請，却瑞慶節賀表。

文集 乞瑞慶節不受賀劄子。

乙巳，晚講。

庚戌，講筵留身，面奏四事。

年譜 時論者以爲上未還大内，則名體不正而疑議生，金使且來，或有窺伺。有旨修葺舊東宫，爲屋三數百間，欲徙居之。而諫臣黄度將論近習，遽以特批逐之。先生不勝憂慮，乃具奏四事，言：「臣之所言，其最大者，則勸陛下凡百自奉，深務抑損，自宫闈之私，居處服用，且如潛邸之舊，以至外庭禮數，僕御恩澤，亦未可遽然全享萬乘之尊，庶幾有以感格親心，早遂晨昏定省之願。以爲陛下必垂開納，而數日來，乃聞有旨修葺舊日東宫，爲屋三數百間。外議皆謂陛下意欲速成，早遂移蹕，以爲便安之計。不惟未能抑損，乃是過有增加。臣不知此果出於陛下之心、大臣之議、軍民之願耶？抑亦左右近習倡爲此説以誤陛下，而欲因以遂其姦心也。臣恐不惟上帝震怒，災異數出，正當恐懼修省之時，不當興此大役，以咈譴告警動之意。亦恐畿甸百姓，饑餓流離，阽於死亡之際，忽見朝廷正用此時大興土木，修造宫室，但以適己自奉爲事，而無矜恻憫憐之心，或能怨望忿切，以生他變。不惟無以感格太上皇帝之心，以致未有進見之期，亦恐壽皇在殯，因山未卜，几筵之奉，不容少弛。太皇太后、皇太后，皆以尊老之年，煢然在憂苦之中，晨昏之養，尤不可闕。而四方之人，但見陛下亟欲大治宫室，速得成就，一旦翩然委而去之，以就安便，六軍萬民之心，必又將有扼腕而不平者矣。前鑒未遠，甚可懼也。至於一離尊親之側，輕去倚廬之次，深宮永巷，園囿池臺，耳目之娱，雜然而進。臣又竊恐陛下之心，未易當此紛華盛麗之熒惑感移。雖欲日親儒士，講求經訓，以正厥事，而進德修業，亦將有所不暇矣。此又臣之所大懼也。至於壽康定省之禮，則臣嘗言之矣，而其意有未盡也。今聞逾日一再過宫，亦未得見，而不亟爲之慮，如臣所謂下詔自責，頻日繼往者，顧乃逶迤舒緩，無異尋常之時，泛然而往，泛然而歸。太上皇帝聞之，必以爲此徒備禮而來，實無必求見我之意，其深閉固拒而不肯見，固亦宜矣。又聞太上皇后懼忤太上皇帝之意，不欲其聞太上之稱，又不欲其聞内禪之説，此又慮之過者。殊不知若但一向如此，而不爲宛轉方便，使太上皇帝灼知陛下所以不得已而即位者，但欲上安宗社，下慰軍民，姑以代己之勞，而非敢遽享至尊之奉，則父子之間，上怨怒而下憂懼，將何時而已乎？父子天倫，三綱所繫，不惟陛下之心深所未安，而四方觀聽殊爲不美，久而不圖，亦將有借其名以造謗生事者，此又臣之所大懼也。至於朝廷紀綱，尤所當嚴。上自人主，以下至於百執事，各有職業，不可相侵。蓋君雖以制命爲職，然必謀之大臣，參之給舍，使之熟識，以求公議之所在，然後揚於王庭，明出命令而公行之。是以朝廷尊嚴，命令詳審，雖有不當，天下亦皆曉然知其謬之出於某人，而人主不至獨任其責，臣下欲議之者，亦得以極意盡言而無所憚，此古今之常理，亦祖宗之家法也。今者陛下即位未能旬月，而進退宰執，移易臺諫，甚者方驟進而忽退之，皆出於陛下之獨斷，而大臣不與謀，給舍不及議。正使實出於陛下之獨斷，而其事悉當於理，亦非爲治之體，以啓將來之弊，況中外傳聞，無不疑惑，皆謂左右或竊其柄，而其所行又未能盡允於公議乎？此弊不革，臣恐名爲獨斷，而主威不免於下移，欲以求治，而反不免於致亂。蓋自隆興以來，已有此失。臣嘗再三深爲壽皇論之，非獨今日之憂也。尚賴壽皇聖性聰明，更練世事，故於此輩，雖以驅使之故，稍有假借，實亦陰有以制之，未至全墮其計。然積習成風，貽患於後，其害已有不可勝言者。如陳源、袁佐之流，皆陛下所親見也，奈何又欲襲其跡而蹈之乎？且陛下自視聰明剛斷，孰與壽皇？更練通達，孰與壽皇？壽皇尚不能制之於前，而陛下乃欲制之於後，臣恐其爲患之益深，非但前日而已，此又臣之所大懼也。至於殯宫之卜，偏聽臺史膠固謬妄之言，墮其交結眩惑之計，而不復廣詢術人以求吉地，但欲於佑、思諸陵之傍，儹那遷就，苟且了當。既不爲壽皇體魄安寧之慮，又不爲宗社血食久遠之圖，則自宰執侍從以至軍民，皆知其非，而不敢力争。夫以壽皇之豐功盛烈，百世不忘，而所以葬之如此其草草也，此豈不又大咈天人之心，以致變異之頻，仍而貽患於無窮乎？此又臣之所大懼也。凡此四懼，皆非小故。臣願陛下深察愚言而反之於心，明詔大臣首罷修葺東宫之役，而以其工料回就慈福、重華之間，草創寢殿一二十間，使粗可居。又於宫門之外，草創供奉宿衛之廬數十間，勿使其有偪仄暴露之苦。如是則上有以感格太上皇帝之心，而速南内進見之期，又有以致壽皇几筵之奉，而盡兩宫晨昏之禮。下有以塞羣下窺覦眩惑之姦，而慰斯民饑餓流離之歎。此一事也。若夫過宫之計，則臣又願陛下下詔自責，減省輿衛。入宫之後，暫變服色，如唐肅宗之改服紫袍，執控馬前者。預詔近屬尊行之賢，使之先入，首白太上皇后以臣前所陳宛轉方便之説，然後隨之而入，望見太上皇帝，即當流涕伏地，抱膝吮乳，以伸負罪引慝之誠。而太上皇后、宗戚貴臣，左右環擁，更進譬諭解釋之詞，則太上皇帝雖有忿怒之情，亦且霍然雲消霧散，而歡意浹洽矣。此二事也。若夫朝廷之紀綱，則臣又願陛下深詔左右勿預朝政。但使朝廷尊嚴，紀綱振肅，而國家有泰山之安，則此等自然不失富貴長久之計。其實有勳庸，而所得褒賞未愜衆論者，亦詔大臣公議其事，稽考令典，厚報其勞。而凡號令之弛張，人才之進退，則一委之二三大臣，使之反覆較量，勿徇己見，酌取公論，奏而行之，批旨宣行，不須奏覆。但未令尚書省施行，先送後省審覆，有不當者限以當日便行繳駁。如更有疑，則詔大臣與繳駁之官當晚入朝，面議於前，互相論難，擇其善者，稱制臨決。則不惟近習不得干預朝權，大臣不得專任己私，而陛下亦得以益明習天下之事，而無所疑於得失之算矣。此三事也。若夫山陵之卜，則臣前日嘗以議狀進呈，近日又與同列連名具奏。今更不敢頻煩聖聽，亦望特宣大臣，使詳臣等前後所論，而決其可否於立談之間，先寬七月之期，次黜臺史之説，别求草澤，以營新宫，使壽皇之遺體得安於内，則宗社生靈皆蒙福於外矣。此四事也。凡此四事，皆今日最急之務，切乞留神，反覆思慮，斷而行之，以答天變，以慰人心，上以彰聖主用人求諫之實，下以申小臣愛君憂國之忠，則臣不勝千萬大幸。」上爲之感動，然卒無所施行。

文集 講筵留身面陳四事劄子。

閏十月戊午朔，晚講。次日，編次講章以進。

年譜 是日講至盤銘「日新」，因論湯有盤銘，武王有丹書，皆人主憂勤警戒之意。先生講及數次，復編次成帙，取旨以入。上喜，且令點句以來。他日請問，上曰：「宫中嘗讀之，其要在『求放心』耳。」先生頓首謝。先生知上有意於學，因復以劄子勉上進德，其略言：「願陛下日用之間，語默動静，必『求放心』以爲之本。而於玩經觀史，親近儒學，已用力處，益用力焉。數召大臣切劘治道，俾陳今日要急之務，略如仁祖開天章閣故事。至如羣臣進對，亦賜温顔，反復詢訪，以求政事之得失，民情之休戚。而又因以察其人材之邪正短長，庶於天下之事各得其理，經歷詳盡，浹洽貫通，聰明日開，志氣日彊，德聲日聞，治效日著，則堯、舜、湯、武之盛，不過如此。不宜妄自菲薄，而不復以古之聖賢自期也。」先生退謂門人曰：「上可與爲善，願常得賢者輔導，天下有望矣。」洪本。

庚申，早講。辛酉，晚講。

上論災異劄子。

劄子云：今月五日夜漏方下五六刻間，都城之内，忽有黑烟四塞，草氣襲人，咫尺之間，不辨人物，著於面目，皆爲沙土，此爲陰聚包陽，不和而散之象，臣竊懼焉。蓋嘗聞之商之中宗、高宗，遇災而懼，修德正事，故能變災爲祥。伏願陛下視以爲法，克己自新，早夜思省。舉心動念，出言行事之際，常若皇天上帝臨之在上，宗社生靈守之在旁，懔懔然不敢復使一毫私意萌於其間，以煩譴告。而又申敕中外大小之臣，同寅協恭，日夕謀議，以求天意之所在而交修焉。則庶乎災害日去，而福禄日來矣。

文集論災異劄子。

甲子，上廟祧議，是日在告。乙丑，直日，准告，封婺源縣開國男，食邑三百户。丁卯，宣引入對。

年譜 孝宗將祔廟，禮官孫逢吉、許及之、曾三復等，初請祧宣祖而祔孝宗，繼復有請並祧僖、宣二祖，而奉太祖居第一室，祫享則正東鄉之位。乞議祧主所歸者。時宰相趙汝愚素主此說，諸儒給舍樓鑰、陳傅良輩皆附和之。癸亥，當集議，先生度難以口舌爭，乃辭疾不赴而入議狀。宰相不聽，臺諫因乞且依禮官初議，樓鑰獨乞主並祧之說。丙寅，得旨來日內引。丁卯，入對，賜食，上問外事人才畢，請宣引之旨。上於榻後取文書一卷，曰：「此卿所奏廟議也，可細陳其說。」初，先生既被旨，恐上必問及，乃取所論畫爲圖本，貼說詳盡。至是，出以奏陳久之，上再三稱善，且曰：「僖祖乃國家始祖，自不當祧。高宗即位時不曾祧，壽皇即位時亦不曾祧，太上即位時亦不曾祧，今日豈可容易。可於榻前撰數語，俟徑批出施行。」先生方懲內批之弊，因乞降出劄子，再令臣僚集議，上亦然之。既退，即以上意喻廟堂，則聞已毀撤僖、宣廟，而更創别廟以祀僖、順、翼、宣四祖矣。自太祖皇帝首尊四祖之廟，治平間，議者以世數寖遠，請遷僖祖於夾室。後王安石等奏，僖祖有廟，與稷、契無異，請復其舊。趙汝愚既以王安石之論爲非，侍從之臣多附和其說，吏部尚書鄭僑欲且祧宣祖而祔孝宗。先生謂神宗復奉僖祖以爲始祖，已爲得禮之正，而合於人心，所謂有其舉之，莫敢廢之者乎？異議之徒，忌其軋己，借以求勝，事竟不行，天下至今恨之。洪本。

行狀 會孝宗祔廟，議宗廟迭毁之次，有請並祧僖、宣二祖，奉太祖居第一室，祫祭則正東向之位。有旨集議，僖、順、翼、宣四祖祧主，宜有所歸。自太祖皇帝首尊四祖之廟，以僖祖爲四祖之首。治平間，議者以世數寖遠，請遷僖祖於夾室。未及數年，王安石等奏，僖祖有廟，與稷、契無異，請復其舊，詔從之。時相雅不以熙寧復祀僖祖爲是，先生度難以口舌爭，遂移疾，上議狀。既上，廟堂持之不以聞，即毁撤僖、宣廟室，更創别廟以奉四祖。宰相既有所偏主，樓鑰、陳傅良又復牽合裝綴以附其説。先生所議，頗達上聽。忽有旨召赴内殿奏事，因節略狀文爲劄子，畫圖以進。上然之，且曰：「僖祖國家始祖，高宗、孝宗、太上皇帝不曾遷，今日豈敢輕議。」欲令先生於榻前撰數語，以御批直罷其事。先生方懲内批之弊，因言乞降出劄子，再令臣僚集議。既退，復以上意喻廟堂，而事竟不行。經生學士知禮者，皆是先生。一時異議之徒，忌其軋己，權姦遂從而乘之。

文集　祧廟議狀並圖。面奏祧廟劄子並圖。議祧廟劄子。進擬詔意。

戊辰，入史院。

語録　實録院略無統紀，修撰官三員，檢討官四員，各欲著撰，不相統攝，所修前後往往不相應。先生嘗與衆議，欲以事目分之，譬之六部，吏部專編差除，禮部專編典禮，刑部專編刑法，須依次序編排，各具首末，然後類聚爲書，方有條理。又如一事而記載不同者，須置簿抄出，與衆會議，然後去取，庶幾存得總底在，唯葉正則不從。時葉爲檢討官。李閎祖。今當於史院置六房吏，各專掌本房之事，如周禮官屬下所謂史幾人者，即是此類。如吏房有某注差，刑房有某刑獄，户房有某財賦，皆各有册，系日月而書。其吏房有事涉刑獄，則關過刑房。刑房有事涉財賦，則關過户房。逐月接續爲書，史官一閲，則條目具列，可以依據。又以合立傳之人，列其姓名於轉運司，令下諸州，索逐人之行狀、事實、墓誌等文字，專諉一官掌之，逐月送付史院。如此，然後有可下筆處。及異日史成之後，五房書亦各存之，以備漏落。陳淳。

庚午，面對。乙亥，直日。

丙子，晚講，是日御批除宫觀。戊寅，付下，附奏謝，申省乞放謝辭，遂行。

年譜 丙子，晚講，留身，申言前所奏四事疏，乞賜施行。既退，即降御批：「朕憫卿耆艾，方此隆冬，恐難立講，已除卿宫觀，可知悉。」宰相趙汝愚留御劄，固諫，上不省。汝愚因求罷政，不許。越二日戊寅，韓侂胄遣内侍王德謙封内批付下，先生即附奏謝，仍申省乞放謝辭，得旨免謝，出靈芝寺，遂行。中書舍人陳傅良、起居郎劉光祖、起居舍人鄧驛、御史吴獵、吏部侍郎孫逢吉、登聞鼓院游仲鴻、給事中樓鑰，交章留之，皆不報。洪本。他日工部侍郎黄艾，因對問所以逐朱某之驟，上曰：「初除某經筵，爾今乃事事欲與聞。」吏部侍郎孫逢吉，亦因講權輿之詩反復以諷，上曰：「朱某所言多不可用。」

宋史 寧宗本紀云：戊寅，侍講朱熹以上疏忤韓侂胄罷。

文集 謝御筆與宫觀奏狀。乞放謝辭狀。

壬午，除寶文閣待制，與州郡差遣，辭。尋除知江陵府、荆湖北路安撫使，辭，並乞追還待制職名。

行狀 除寶文閣待制，與州郡差遣，力辭。尋除知江陵府，又力辭。仍乞追還新舊職名。年譜 有旨除寶文閣待制，與州郡差遣，力辭。遂除知江陵府，辭。並辭新舊職名，不允。

文集 辭免寶文閣待制與郡狀。辭免兩次除授待制職名及知江陵府奏狀。

年譜 初，上之立也，宰相趙汝愚求能通意於長信宫者知閤門事。韓侂胄自詭於太皇太后親屬也，請效力。遣入白，不許。出遇内侍關禮於門，告之故，禮請獨入，泣涕固請，太皇太后許之。乃命復呼侂胄入，使喻意廟堂，其論遂定。侂胄自謂有定策功，且依託肺腑，出入宫掖，居中用事。先生離長沙已聞之，即惕然以爲憂。因辭免職名，已微寓其意。及進對，再三面陳之。又約吏部彭龜年，請對白發其姦。龜年出護使客，侂胄益得志。時丞相方收召四方之士，聚於本朝，海内引領以觀新政，而事已多從中出。先生既屢言於上，又數以手書遺生徒密白丞相，當以厚賞酬其勞，勿使得預朝政，且有分界限，立紀綱，防微杜漸，謹不可忽之語。丞相方謂其易制，所倚以爲腹心謀事之人，又皆持禄苟安，無復遠慮。先生獨懷忠憤，因講畢奏疏極言之。侂胄大怒，陰與其黨謀先去其爲首者，則其餘去之易耳。乃於禁中爲優戲，以熒惑上聽。會先生急於致君，知無不言，言無不切，頗見嚴憚。而一時爭名之流，亦潛有惎間之意，由是侂胄之計遂行。及講筵留身，再乞施行前疏，則内批徑下。先生既去國，彭龜年遂攻侂胄，因奏曰：「政緣陛下近日逐得朱某人暴，故亦欲陛下逐去此小人。」既而省劄直批龜年與郡。侂胄由此聲勢益張，羣憸附和，並疑及丞相，視正士如深仇。衣冠之禍，蓋始此云。洪本。

十一月戊戌，至玉山，講學于縣庠。

年譜 邑宰司馬迈請爲諸生講説，先生辭，不獲，乃就縣庠賓位。因學者所請問而發明道要，聞者興起。迈刻講義一篇，以傳於世。此乃先生晚年親切之訓，讀者其深味之。洪本。

丁未，還考亭。

十二月，詔依舊焕章閣待制，提舉南京鴻慶宫，辭。

先生拜祠命，仍辭待制職名。

文集 乞追還焕章閣待制奏狀一。奏狀二。

竹林精舍成。

年譜 先生既歸，學者益衆，至是精舍落成，率諸生行釋菜之禮於先聖先師，以告成事。後精舍更名曰滄洲。

文集 滄洲精舍告先聖文。

慶元元年乙卯，六十六歲。春三月，復辭舊職名，并以議廟祧自劾。

三月三日，准省劄，以乞追還焕章閣待制職名。奉聖旨，不允。因復力辭，並以前輒議廟祧不合，乞收還誤恩。是月二十八日，奉旨：次對之職，除授已久，與廟議初不相關，可依已降指揮，不得再有陳請。

文集乞追還待制職名奏狀三。

磨勘，轉朝奉大夫。

年譜先是吏部取會磨勘，至是轉朝奉大夫。洪本。文集奏狀貼黃云：蒙吏部降到告命，磨勘轉官，即已謝恩祇受。年譜告詞云：「敕：登崇俊良，固欲符於衆望；丕視功載，自難廢於彝章。雖吾法從之英，亦用叙遷之典。具位受才宏遠，造道精醇。舉明主於三代之隆，夙懷此志；以六經爲諸儒之倡，務淑斯人。爵每見於辭榮，節素高於難進。載稽吏考，爰陟文階。積久以致官，恐未免如昔人之議；舉賢不待次，當有以徇天下之公。其體朕心，勿忘猶告。可。」慶元元年三月某日，中書舍人鄧驛行詞。

夏五月，復辭職名，并乞致仕。

年譜初，韓侂胄即欲並逐趙相，而難其詞。及是，誣以不軌，竄永州。中外震駭，大權一歸侂胄矣。侂胄本武人，志在招權納賄。士大夫嗜利無耻或素爲清議所擯者，乃教以除去異己者，然後可以肆志而莫予違。陰疏姓名授之，俾以次斥逐。或更「道學」之名曰「僞學」，蓋謂貪黷放肆乃人真情，其廉潔好修者皆僞也。於是羣小附和，以攻「僞」干進者蜂起。而太府寺丞呂祖儉，以論救丞相，貶韶州。先生自以蒙累朝知遇之恩，且尚帶從臣職名，義不容默，乃草封事數萬言，極陳姦邪蔽主之禍，因以明丞相之冤。子弟諸生更進迭諫，以爲必且賈禍，先生不聽。蔡元定入諫，請以蓍決之，遇「遯」之「家人」。先生默然，退，取奏稿焚之，更號遯翁，遂以疾丐休致云。別集答劉德修書云：病中痓「痓」字疑誤。發狂疾，欲舒憤懣，一訴穹蒼。既復自疑，因以易筮之，得「遯」之「家人」，爲「遯尾」、「好遯」之占，遂亟焚稿齰舌，然胸中猶勃勃不能已也。餘干數日前得書，處之甚適，亦甚不易。只去歲忙亂中得其書，字畫言語皆晏然如平日，固已服其有定力矣。某掛冠之請，人尚未還，而小報已不允。勢須再請，但得冷撰舊秩，亦可以已矣，不敢必其悉從也。殘暑未衰，萬萬以時自重。

文集申建寧府乞保明致仕狀。乞追還待制職名及守本官致仕奏狀四。

秋七月，復以議永阜殰陵自劾。

奏狀言：臣累具奏辭免職名，並乞致仕。奉聖旨：「辭職謝事，非朕優賢之意，不得再有陳請。」臣已恭稟聖訓，未敢再溷宸聽，所辭職名，亦不敢再祈避免。然伏念向嘗妄議永阜殰宫，今小大之臣曾議此者，皆已次第降黜，而臣以所入文字不曾付外，是致漏網，豈可隱匿不言，冒竊寵榮。伏望聖明付之司敗，以肅邦刑。有旨：「朱熹無罪可待，餘依已降指揮。」

冬十一月，復辭職名。

文集乞追還待制職名並自劾不合妄議永阜殰陵事奏狀五。

奏狀言：臣本意止爲已罷講官，不敢復帶侍從職名，而於其間三次奏狀，乃因它事忘其前語，今始覺前日之謬，不敢再有它説。伏望照臣去年申省及第一次、第二次辭免奏狀，早賜施行，使臣得以本官仍奉香火，屏伏田畝，以終餘年。貼黄言：去歲初除之日，已冒疏封錫服之寵，封贈廕補之澤，及用檢舉磨勘轉官，皆爲已受從臣恩數，並乞賜處分，討論改正。

文集 乞追還待制職名奏狀六。

十二月，詔依舊祕閣修撰，提舉南京鴻慶宫。

年譜 告詞云：「從欲者聖人之仁，尚謙者君子之行。眷我執經之老，辭夫次對之榮。既諒忱誠，其頒茂命。以爾心耽墳典，性樂邱樊。被累朝之特招，稱疾屢矣；於十連而趣召，肯起幡然。既陪東學之遊，兼侍西清之邃。見卿幾晚，方善桓榮之説書；高論未聞，遽若貢生之懷土。仍夫華職，秩以真祠，蓋彰優老之風，且示隆儒之意。逮兹累歲，始復有陳，前受之是，今受之非，誰能無惑？大遜如慢，小遜如僞，夫豈其然！顧而務徇於名高，在我豈輕於爵馭？俾解禁嚴之直，復居論著之聯。雖雅志之勉從，在至懷而良咈。噫，厭承明，勞侍從，既違持槖之班；歸鄉里，受生徒，往究專門之業。其祗予訓，用蹈於中。可依舊祕閣修撰，宫觀差遣。」慶元元年十二月某日，中書舍人傅伯壽行詞。

二年丙辰，六十七歲。春二月，申乞改正已受從官恩數。

申省言：元奏貼黄内稱，疏封錫服，封贈廕補，磨勘轉官，皆爲已受從官恩數，乞賜改正。未奉進止。

欲乞朝廷，特爲敷奏，檢照條例，逐一討論，悉行改正，庶安愚分。

文集 乞改正已受過從官恩數狀。

冬十二月，落職罷祠。

年譜 先是，臺臣擊僞學，既榜朝堂。未幾，張貴模指論太極圖説之非。省闈聞之，知舉葉、倪、劉等奏論文弊，復言僞學之魁以匹夫竊人主之柄，鼓動天下，故文風未能丕變，乞將語録之類並行除毁。是科取士，稍涉義理者悉見黜落。六經、語、孟、大學、中庸之書，爲世大禁。士子避時所忌，文氣日卑。臺諫洶洶，爭欲以先生爲奇貨。門人楊道夫聞鄉曲射利者多撰造事跡，以投合言者之意，亟以書告先生。報曰：「死生禍福，久已置之度外，不煩過慮。」久之，姦人相顧不敢發，獨胡紘草疏將上，會遷去不果。沈繼祖以追論伊川得爲察官，紘以藁授之。繼祖鋭於進取，謂立可致富貴，遂奏乞褫職罷祠。從之。洪本。蔡元定隱居不仕，亦特編管道州。善類重足以立。李本。宋史胡紘傳云：紘未達時，嘗謁朱熹於建安。熹待學子，惟脱粟飯，遇紘不能異也。紘不悦，語人曰：「此非人情，隻雞尊酒，山中未爲乏也。」遂亡去。及是爲監察御史，遂劾趙汝愚，且詆其引用朱熹爲僞學罪首，汝愚遂謫永州。汝愚初抵罪去國，搢紳大夫與夫學校之士，皆憤悒不平，疏論甚衆。侂胄患之，以汝愚之門及朱熹之徒，多知名士，不便於己，欲盡去之，謂不可一一誣以罪，則設爲僞學之目以擯之。用何澹、劉德秀爲言官，專擊僞學，然未有誦言攻熹者。獨紘草疏將上，會改太常少卿，不果。沈繼祖以追論程頤，得爲察官。紘遂以疏授之，繼祖論熹皆紘筆也。行狀自先生去國，侂胄勢益張。鄙夫憸人，迎合其意，以學爲僞，謂貪黷放肆乃人真情，廉潔好禮者皆僞也。科舉取士，稍涉經訓者悉見排黜；文章議論，根於理義者並行除毁。六經、語、孟，悉爲世之大禁。猾胥賤隸、頑鈍無耻之徒，往往引用，以至卿相。繩趨尺步，稍以儒名者，無所容其身。從遊之士，特立不顧者，屏伏邱壑，依阿巽懦者，更名他師，過門不入，甚至變易衣冠，狎遊市肆，以自别其非黨。先生日與諸生講學竹林精舍，有勸以謝遣生徒者，笑而不答。本傳自熹去國，侂胄勢益張。何澹爲中司，首論專門之學，文詐沽名，乞辨真僞。劉德秀仕長沙，不爲張栻之徒所禮，及爲諫官，首論留正引僞學之罪，「僞學」之稱，蓋自此始。太常少卿胡紘言比年僞學猖獗，圖爲不軌，望宣諭大臣權住進擬，遂召陳賈爲兵部侍郎。未幾，熹有奪職之命。劉三傑以前御史論熹、汝愚、劉光祖、徐誼之徒，前日之僞黨，至此又變而爲逆黨，即日除三傑右正言。右諫議大夫姚愈，論道學權臣結爲死黨，窺伺神器，乃命直學士院高文虎草詔諭天下，於是攻僞學日急。選人余嚞至上書乞斬熹。語録有一朋友微諷先生云：「先生有『天生德於予』底意思，却無『微服過宋』之意。」先生曰：「某又不曾上書自辨，又不曾作詩謗訕，只是與朋友講習古書，説這道理，更不教做，却做何事？」因曰：「論語首章言『人不知而不愠，不亦君子乎』？斷章言『不知命無以爲君子』。今人開口，亦解説一飲一啄自有定分，及遇小小利害，便生趨避計較之心。古人刀鋸在前，鼎鑊在後，視之如無物者，蓋緣只見得這個道理，都不見那刀鋸鼎鑊。」又曰：「死生有命，如合在水裏死，須是溺殺。此猶不是深奥底事，難曉底話。如今朋友都信不及，覺見此道日孤，令人意思不佳。」萬人傑。或勸先生散了學徒，閉户省事以避禍者。先生曰：「禍福之來，命也。」輔廣。如某輩皆不能保，只是做將去，事到則盡付之人，欲避禍終不能避。廖德明。今爲避禍之説者，固出於相愛，然得某壁立萬仞，豈不益爲吾道之光。李閎祖。其默足以容，只是不去擊鼓訟冤，便是默，不成屋下合説底話亦不敢説也。李閎祖。

是歲，始修禮書。

年譜 名曰儀禮經傳通解。其書大要以儀禮爲本，分章附疏，而以小戴諸義各綴其後。其見於他篇及他書可相發明者，或附於經，或附於義。其外如弟子職、保傅傳之屬，又自别爲篇，以附其類。其目有家禮、鄉禮、學禮、邦國禮、王朝禮、喪禮、祭禮、大傳、外傳。其大體已具者，蓋十七八。先是，其奏欲乞修三禮，曰：「臣聞六經之道同歸，而禮樂之用爲急。遭秦滅學，禮樂先壞。漢、晉以來，諸儒補緝，竟無全書。其頗存者，三禮而已。周官一書，固爲禮之綱領。至其儀法度數，則儀禮乃其本經，而禮記郊特牲、冠義等篇，乃其義説耳。前此猶有三禮、通禮、學究諸科，禮雖不行，而士猶得以誦習而知其説。熙寧以來，王安石變亂舊制，廢罷儀禮而獨存禮記之科，棄經任傳，遺本宗末，其失已甚。而博士諸生，又不過誦其虚文以供應舉。至於其間亦有因儀法度數之實而立文者，則咸幽冥而莫知其源，一有大議，率用耳學臆斷而已。若乃樂之爲教，則又絶無師授。律尺短長，聲音清濁，學士大夫莫有知其説者，而不知其爲闕也。故臣頃在山林，嘗與一二學者考訂其説，欲以儀禮爲經，而取禮記及諸經史雜書所載有及於禮者，皆以附於本經之下，具列注疏諸儒之説，略有端緒。而私家無書檢閲，無人抄寫，久之未成。會蒙除用，學徒分散，遂不能就。而鍾律之制，則士友間亦有得其遺意者。竊欲更加參考，别爲一書，以補六藝之闕，而亦未能具也。欲望聖明特詔有司，許臣就祕書省、太常寺關借禮樂諸書，自行招致舊日學徒數十人，踏逐空閒官屋數間與之居處，令其編類。可以興起廢墜，垂之永久，使士知實學，異時可爲聖朝制作之助，則斯文幸甚。」會去國，不及上。文集答應仁仲書云：前賢常患儀禮難讀，以今觀之，只是經不分章，記不隨經，而注疏各爲一書，故使讀者不能遽曉。今定此本，盡去此諸弊，恨不得令韓文公見之也。先生季子在跋儀禮經傳通解目録先君所著家禮五卷，鄉禮三卷，學禮十一卷，邦國禮四卷，王朝禮十四卷，其曰經傳通解者凡二十三卷，蓋先君晚歲之所新定，是爲絶筆之書。唯書數一篇，缺而未補，而大射禮、聘禮、公侯大夫禮、諸侯相朝禮八篇，則猶未脱稾也。其曰集傳集注者，此書之舊名也，凡十四卷，爲王朝禮，而下卜筮篇亦缺。餘則先君所草定而未暇删改也。至於喪、祭二禮，則嘗以規模次第屬之門人黄榦，俾之類次。他日書成，亦當相從於此，庶幾此書本末具備。

三年丁巳，六十八歲。春正月，拜命謝表。

年譜前數日之夕，先生方與諸生講論，有以落職之命來告者，先生略起視之，復坐講論如初。翌日，諸生方知其有指揮也。尋具表謝。

文集落職罷宫觀謝表。落祕閣修撰依前官謝表。戊午春。

語録季通被罪，臺評及先生。先生飯罷，樓下起西序行數回，即中位打坐。賀孫退歸精舍，告諸友。漢卿筮之，得小過「公弋，取彼在穴」，曰：「先生無虞，蔡所遭必傷。」即至樓下，先生坐睡甚酣，因諸生偶語而覺。諸生問所聞蔡丈事如何？曰：「州縣捕索甚急，不曉何以得罪？」因與正淳説早上所問孟子未通處甚詳，繼聞蔡已遵路，防衛頗嚴，諸友急往中途見别。先生舟往不及，聞蔡留邑中，皆詹元善調護之。先生初亦欲與經營，包顯道因言禍福已定，徒爾勞擾。先生嘉之，且曰：「顯道説得自好，未知當局如何？」是夜，諸生坐樓下圍爐講問而退。聞蔡編管道州，乃沈繼祖文字，主意詆先生也。葉賀孫。

餞别蔡季通于淨安寺。

宋史蔡元定傳云：沈繼祖、劉三傑爲言官，連疏詆熹及元定。未幾，謫道州，州縣捕元定甚急。元定聞之，不辭家，即就道。熹與從游者數百人，餞别蕭寺中，坐客興歎，有泣下者。熹微視元定不異平時，因喟然曰：「朋友相愛之情，季通不挫之志，可謂兩得之矣。」續集答儲行之書云：季通之行，浩然無幾微不適意，邱子服獨爲之涕泣流漣而不能已，處事變，恤窮交，亦兩得其理也。語録先生往淨安寺候蔡，蔡自府乘舟就貶過淨安，先生出寺門接之。坐方丈，寒暄外，無嗟勞語，以連日所讀參同契所疑扣之，蔡應答灑然。少遲，諸人釀酒至，飲皆醉。先生閒行，列坐寺前橋上飲，回寺又飲。先生醉睡，方坐橋上，詹元善即退去，先生曰：「此人富貴氣。」葉賀孫。年譜明日，獨與季通會宿寒泉，相與訂正參同契，終夕不寐。次年，季通卒於舂陵，先生爲之哀慟。季通從先生遊最久，精識博聞，同輩皆不能及。義理大原固已心通意解，尤長於天文、地理、樂律、曆數、兵陣之説，凡古書盤錯肯綮，學者讀之不能以句，元定爬梳剖析，細入秋毫，莫不暢達。先生論易，推本河圖、洛書、皇極經世書、先天圖，往往多因與元定往復而有發焉。故其貶也，恨無與晤語者。其殁也，祭之，以爲精詣之識、卓絶之才、不可屈之志、不可窮之辨，不復可見，並遊之好、同志之樂已矣。蓋深致其哀云。洪本。續集與蔡季通書云：自奉别後，惘惘至今不能忘於懷。某幸無它，諸生既來，遣之不去，亦姑任之。若有禍害，亦非此可免也。但極難得人議究文字，義理深處便無人可告語，殊憒憒，益懷仰耳。又與蔡季通書云：素患難行乎患難，吾人平日講之熟矣。今日正要得力，想爲日既久，處之愈安，不以彼此遲速惑其心也。賤迹復挂彈文，繼此須更有行遣，只得静以俟之。若得在湖、嶺之間，庶得聲聞易通，亦一幸也。

韓文考異成。

文集書韓文考異前云：此集今世本多不同，惟近歲南安軍所刊方氏校定本號爲精善，别有舉正十卷，論其所以去取之意，又他本之所無也。然其去取多以祥符杭本、嘉祐蜀本，及李、謝所據館閣本爲定，而尤尊館閣本，雖有謬誤，往往曲從，他本雖善亦棄不録。至於舉正則又例多而辭寡，覽者或頗不能曉知。故今輒因其書，更爲校定，悉考衆本之同異，而一以文勢義理及他書之可驗者決之，苟是矣，則雖民間近出小本不敢違，有所未安，則雖官本、古本、石本不敢信。又各詳著其所以然者，以爲考異十卷。庶幾去取之未善者，覽者得以參伍而筆削焉。

四年戊午，六十九歲。集書傳。

年譜 按大全集，二典、禹謨、金縢、召誥、洛誥、武成諸説數篇，及親稿百餘段具在，其他悉口授蔡沈，俾足成之。李本。

冬十二月，引年乞休。

年譜 先生以明年年及七十，初疑猶在罪籍，不敢有請，繼以尚帶階官，義當納祿，具申建寧府乞保明申奏致仕。是歲，答李季章書云：「親舊凋零，如蔡季通、呂子約皆死貶所，令人痛心，益無生意。所以惜此餘日，止爲所編禮書已略見端緒而未能就。若更得年餘間未死，日與了却，亦可瞑目矣。」洪本。

文集 申建寧府乞保明致仕狀。

五年己未，七十歲。春三月，楚辭集註、後語、辨證成。

文集 楚辭集註序云：右楚辭集註八卷，今所校定，其第錄如上。蓋自屈原賦離騷，而南國宗之，名章繼作，通號楚辭，大抵皆祖原意，而離騷深遠矣。竊嘗論之，原之爲人，其志行雖或過於中庸而不可以爲法，然皆出於忠君愛國之誠心。原之爲書，其辭旨雖或流於跌宕怪神、怨懟激發而不可以爲訓，然皆生於繾綣惻怛、不能自已之至意。雖其不知學於北方，以求周公、仲尼之道，而獨馳騁於變風、變雅之末流，以故醇儒莊士或羞稱之。然使世之放臣屏子、怨妻去婦，抆淚謳唫於下，而所天者幸而聽之，則於彼此之間，天性民彝之善，豈不足以交有所發，而增夫三綱五典之重！此余之所以每有味於其言，而不敢直以詞人之賦視之也。然自原著此詞，至漢未久，而説者已失其趣，如太史公蓋未能免，而劉安、班固、賈逵之書，世復不傳。及隋、唐間，爲訓解者尚五六家，又有僧道騫者，能爲楚聲之讀，今亦漫不復存，無以驗其説之得失。而獨東京王逸章句與近世洪興祖補注，並行於世，其於訓詁名物之間，則已詳矣。顧王書之所取捨，與其題號離合之間，多可議者，而洪皆不能有所是正。至其大義，則又皆未嘗沈潛反復，嗟歎詠歌，以尋其文詞指意之所出，而遽欲取喻立説，旁引曲證，以强附於其事之已然。是以或以迂滯而遠於性情，或以迫切而害於義理，使原之所爲抑鬱而不得伸於當年者，又晦昧而不見白於後世，余於是益有感焉。疾病呻吟之暇，聊據舊編，粗加檃括，定爲集註八卷。庶幾讀者得以見古人於千載之上，而死者可作，又足以知千載之下有知我者，而不恨於來者之不聞也。嗚呼悕矣，是豈易與俗人言哉！

夏四月，有旨令守朝奉大夫致仕，拜命謝表。

文集 乞致仕狀。致仕謝表。

始用野服見客。

年譜 坐位榜略云：「滎陽呂公嘗言，京、洛致仕官與人相接，皆以閒居野服爲禮，而歎外郡或不能然，其指深矣。夫上衣下裳，大帶方履，比之涼衫自不爲簡。其所便者，但取束帶足以爲禮，解帶足以燕居而已。且使窮鄉下邑得見祖宗盛時京都舊俗其美如此，亦補助風教之一端也。」

六年庚申，七十一歲，春正月，作聚星亭贊。

年譜 考亭陳氏故有離榭名曰聚星亭，至是作新之。先生爲本原荀、陳事畫著屏上而爲之贊，末云：「彧乃附曹，羣亦忘漢。嗣守之難，古今所歎。」又曰：「高山景行，好德所同。課忠責孝，獨概余衷。百爾窺臨，鏡考毋怠。開國承家，永奉明戒。」先生之意深矣。洪本。

文集 聚星亭贊。

三月辛酉，改大學「誠意」章。

三月，初先生病已甚，猶修書不輟。夜爲諸生講論，多至夜分，且曰：「爲學之要，惟在事事審求其是，決去其非，積累久之，心與理一，自然所發皆無私曲。聖人應萬事，大地生萬物，直而已矣。」是日，改大學「誠意」章。午後，暴下不能興，隨入室堂，自此不復能出樓下。

甲子，先生卒。

年譜 前夕癸亥，精舍諸生入問疾，先生起坐曰：「誤諸君遠來，然道理亦止是如此。但相倡率下堅苦工夫，牢固著足，方有進步處。」諸生退，先生乃作三書。一與子在，令早歸收拾遺文。一與黃榦，令收禮書底本，補緝而成之，其書界行，開具逐項合修條目，且封一卷，往爲之式。一與范念德，託寫禮書。

甲子，即命移寢中堂。黎明，諸生復入問疾，因請曰：「先生之疾革矣，萬一不諱，當用書儀乎？」曰：「疎略。」「然則當用儀禮乎？」乃頷之。良久恬然而逝，午初刻也，享年七十有一。送終諸禮，皆遵遺訓焉。是日大風拔木，洪水崩山，哲人之萎，豈小變哉！洪本。黎明，諸生復入問疾，因請曰：「先生之疾革矣，萬一不諱，當用書儀乎？」先生摇首。「然則當用儀禮乎？」亦摇首。「然則以儀禮、書儀參用之乎？」乃頷之。李本。行狀 先生疾且革，手爲書，囑其子在與門人范念德、黄榦，尤拳拳以勉學及修正遺書爲言。翌旦，門人侍疾者請教，先生曰：「堅苦。」問温公喪禮，曰：「疎略。」問儀禮，頷之。已而正坐，整冠衣，就枕而逝。門人治喪者，既一以儀禮從事。而訃告所至，從遊之士，與夫聞風慕義者，莫不相與爲位而聚哭焉。禁錮雖嚴，有所不避也。蔡沈夢奠記 慶元庚申三月初二日丁巳，先生簡附葉味道來約沈下考亭，當晚，即與味道至先生侍下。是夜，先生看沈書集傳，説書數十條及時事甚悉。精舍諸生皆在，四更方退，只沈宿樓下書院。初三日戊午，先生在樓下改書傳兩章，又貼修稽古録一段，是夜説書數十條。初四日己未，先生在樓下，商量起小亭於門前洲上，先生自至溪岸相視，陳履道載酒，飲於新築亭基。時溪東山間有獸聲甚異，里人在坐者云：「前後如此，鄉里輒有喪禍，然聲未嘗有此雄也。」是夜，説書至太極圖。初五日庚申，先生在樓下，臟腑微利。邑宰張揆來見，有餽，先生却之，謂：「知縣若寬一分，百姓得一分之惠。」揆藉時相之勢，凶焰可畏，百姓苦之。是夜，説西銘，又言：「爲學之要，惟事事審求其是，決去其非，積累日久，心與理一，自然所發皆無私曲。聖人應萬事，天地生萬物，直而已矣。」初六日辛酉，改大學「誠意」章，令詹淳謄寫，又改數字。又修楚辭一段。午後，大瀉，隨入宅室，自是不復能出樓下書院矣。初七日壬戌，先生臟腑甚脱，文之埜自五夫歸。初八日癸亥，精舍諸生來問病，先生起坐，曰：「誤諸生遠來，然道理只是恁地。但大家倡率做些堅苦工夫，須牢固著脚力，方有進步處。」時在坐者，林子武夔孫、陳器之埴、葉味道賀孫、徐居父寓、方伯起、劉擇之成道、趙惟夫、范益之元裕及沈。先生顧沈曰：「某與先丈病勢一般，決不能起。」沈答曰：「先人病兩月餘，先生方苦臟腑。然老人體氣易虚，不可不急治之。」蓋先生病實與先人相似，上極熱，揮扇不輟，下極冷，泄瀉不止。先人亦初因痁結服神功丸，致動臟腑。春陵病革時，嘗作先生書及此故也。諸生退，先生作范伯崇念德書，託寫禮書，且爲冢孫擇配。又作黄直卿榦書，令收禮書底本，補葺成之。又作敬之在書，令早歸收拾文字。且歎息言：「許多年父子，乃不及相見也。」夜分，令沈檢巢氏病源。劉擇之云：「待制脉絶已三日矣，只是精神定，把得如此分曉。」初九日甲子五更，令沈至卧内，先生坐床上，沈侍立。先生以手挽沈衣令坐，若有所欲言而不言者久之。醫士諸葛德裕來，令無語，用治命移寢中堂。平明，精舍諸生復來問病，味道云：「先生萬一不諱，禮數用書儀何如？」先生摇首。益之云：「用儀禮何如？」先生復摇首。沈曰：「儀禮、書儀參用何如？」先生首肯之，然不能言。意欲筆寫，示左右以手版托紙進。先生執筆如平時，然力不能運。少頃，置筆就枕，手誤觸巾，目沈正之。諸生退，沈坐首邊，益之坐足邊，先生上下其視，瞳猶烱然，徐徐開合，氣息漸微而逝，午初刻也。是日，大風破屋，左右梧桐等大木皆拔。未幾洪水，山皆崩陷。其所謂山頹木壞者歟？嗚呼，痛哉！先生頻年脚氣，自入春來尤甚，以足弱氣痁，步履既艱，刺痛更作，服藥不效。先生謂沈曰：「脚氣發作，異於常年，精神頓壞，自覺不能長久。」閏二月，俞倅夢達聞中自邵武至延平，過考亭，薦醫士張修之。張至，云：「須略攻治，去其壅滯，方得氣脉流通。」先生初難之，以問劉擇之。擇之蓋素主不可攻治者，叩其用藥，擇之曰：「治粗人病爾，此豈所宜？」張執甚力，擇之不能屈。先生亦念此病恐前後醫者只養得住，遂用其藥。初製黄著、鶯粟殼等，服之，小效。繼用巴豆、三稜、莪朮等藥，覺氣快足輕，向時遇食多不下膈之病皆去。既而大腑又秘結，先生再服温白丸數粒，臟腑通而泄瀉不止矣。黄芽、歲丹作大劑投之，皆不效，遂至大故。嗚呼，痛哉！先君歿春陵時，謂沈曰：「先生老矣，汝歸終事之。」未逾年，先生亦歿。數奇命薄，學未有聞，而父師俱往，抱無涯之悲，飲終天之恨，幾何不窘苦而遂死也。嗚呼，痛哉！武夷蔡沈書記。文集與黄直卿書云：三月八日，熹啓：人還得書，知已至三山，一行安樂。又知授學次第，人益信向，所示告文規約皆佳，深以爲慰。今想愈成倫理，凡百更宜加勉力，吾道之託在此者，吾無憾矣。衰病本自略有安意，爲俞夢達薦一張醫來，用硇砂、巴豆等攻之，病遂大變，此兩日愈甚，將恐不可支吾。泰兒又遠在千里外，諸事無分付處，極以爲撓。然凡百已定，只得安之耳。異時諸子諸孫，切望直卿一一推誠，力賜教誨，使不大爲門户之羞。至祝至祝。恩老昏事，餘干有許意，彼所言者上有外家之嫌，不可問也。禮書，今爲用之、履之不來，亦不濟事，無人商量，可使報之，可且就直卿處折衷。如向來喪禮，詳略皆已得中矣。臣禮一篇兼舊本，今先附案，一面整理。其他並望參考條例，以次修成。就諸處借來可校作兩樣本，行道大小並附去，並紙各千番，可收也。謙之、公度各煩致意。不意遂成永訣，各希珍重。仁卿未行，亦爲致意。病昏且倦，作字不成，所懷千萬，徒切悽黯。不具。

年譜 先生閒居，未明而起，深衣幅巾方履，拜於家廟，以及元聖。退坐書室，几案必正，書籍器用必整。其飲食也，羹食行列有定位，匙箸舉措有定所。倦而休也，瞑目端坐，休而起也，整步徐行。中夜而寢，既寢而寤，則擁衾而坐，或至達旦。其色莊，其言厲，其行舒而恭，其坐端而直。威儀容止之則，自少至老，祁寒盛暑，造次顛沛，未嘗有須臾之離也。平居惓惓，無一念不在於國。聞國政之闕失，則戚然有不豫之色。語及國勢之未振，則感慨以至泣下。然自少時即以興起斯文爲己任，俛焉孜孜，不知老之將至，若不屑於斯世者。及其出而事君，則竭忠盡誠，不顧其身。推以臨民，則除其疾苦，而正其風俗，未嘗不欲其道之行也。雖遇知於人主，而不容於邪枉，故自筮仕以至屬纊，五十年間，歷事四朝，仕於外者僅九考，立於朝者四十日而已。豈非天將以先生紹往聖之統，覺來世之迷，故嗇之於彼而厚之於此歟？洪本。行狀 先生平居惓惓，無一念不在於國。聞時政之闕失，則戚然有不豫之色。語及國勢之未振，則感慨以至泣下。然謹難進之禮，則一官之拜，必抗章而力辭；厲易退之節，則一語不合，必奉身而亟去。其事君也，不貶道以求售；其愛民也，不徇俗以苟安。故其於世動輒齟齬，自筮仕以至屬纊，五十年間，歷事四朝，仕於外者僅九考，立於朝四十日，道之難行也如此。然紹道統，立人極，爲萬世宗師，則不以用捨爲加損也。

冬十一月壬申，葬于建陽縣唐石里之大林谷。

年譜會葬者幾千人。李本。本傳既歿將葬，言者謂四方僞徒期會，送僞師之葬，會聚之間，非妄談時人短長，則謬議時政得失，望令守臣約束。從之。

勉齋先生作行狀云：自韋齋先生得中原文獻之傳，聞河洛之學，推明聖賢遺意，日誦大學、中庸，以用力於致知誠意之地。先生早歲已知其説，而心好之。韋齋病且革，屬曰：「籍溪胡原仲、白水劉致中、屏山劉彦沖三人，吾友也，學有淵源，吾所敬畏。吾即死，汝往事之，而惟其言之聽，則吾死不恨矣。」先生既孤，則奉以告三君子而禀學焉。時年十有四，慨然有求道之志，博求之經傳，遍交當世有識之士，雖釋、老之學，亦必究其歸趣，訂其是非。延平李先生學於豫章羅先生，羅先生學於龜山楊先生，延平於韋齋爲同門友。先生歸自同安，不遠數百里，徒步往從之。延平稱之曰：「樂善好義，鮮與倫比。」又曰：「潁悟絶人，力行可畏，其所論難，體認切至。」自是從遊累年，精思實體，而學之所造者益深矣。其爲學也，窮理以致其知，反躬以踐其實，居敬者所以成始成終也。謂：「致知不以敬，則昏惑紛擾，無以察義理之歸。躬行不以敬，則怠惰放肆，無以致義理之實。持敬之方，莫先主一。」既爲之箴以自警，又筆之書，以爲小學、大學皆本於此。儼然端坐一室，討論訓典，未嘗少輟。自吾一心一身，以至萬事萬物，莫不有理。存此心於齋莊静一之中，窮此理於學問思辨之際，皆有以見其所當然而不容已，與其所以然而不可易。然充其知而見於行者，未嘗不反之於身也。不睹不聞之前，所以戒懼者愈嚴愈敬；隱微幽獨之際，所以省察者愈精愈密。思慮未萌，而知覺不昧；事物既接，而品節不差。無所容乎人欲之私，而有以全乎天理之正。不安於偏見，不急於小成，而道之正統在是矣。其爲道也，有太極而陰陽分，有陰陽而五行具，禀陰陽五行之氣以生，則太極之理各具於其中。天所賦爲命，人所受爲性，感於物爲情，統情性爲心。根於性，則爲仁義禮智之德；發於情，則爲惻隱、羞惡、辭遜、是非之端；形於身，則爲手足耳目口鼻之用；見於事，則爲君臣父子夫婦兄弟朋友之常；求諸人，則人之理不異於己；參諸物，則物之理不異於人。貫徹古今，充塞宇宙，無一息之間斷，無一毫之空闕，莫不析之極其精而不亂，然後合之盡其大而無餘。先生之於道，可謂建諸天地而不悖，質諸聖賢而無疑矣。故其得於己而爲德也，以一心而窮造化之原，盡性情之妙，達聖賢之藴；以一身而體天地之運，備事物之理，任綱常之責。明足以察其微，剛足以任其重，弘足以致其廣，毅足以極其常。其存之也虚而静，其發之也果而確，其用之也應事接物而不窮，其守之也歷變履險而不易。本末精粗不見其或遺，表裏始終不見其或異。至其養深積厚，矜持者純熟，嚴厲者和平，心不待操而存，義不待索而精。猶以爲義理無窮，歲月有限，常歉然有不足之意，蓋有日新又新不能自已者，而非後學之所可擬議也。其可見之行，則修諸身者，其色莊，其言厲，其行舒而恭，其坐端而直。其閒居也，未明而起，深衣幅巾方履，拜於家廟以及先聖。退坐書室，几案必正，書籍器用必整。其飲食也，羹食行列有定位，匕箸舉措有定所。倦而休也，瞑目端坐。休而起也，整步徐行。中夜而寢，既寢而寤，則擁衾而坐，或至達旦。威儀容止之間，則自少至老，祁寒盛暑，造次顛沛，未嘗有須臾之離也。行於家者，奉親極其孝，撫下極其慈。閨庭之間，内外斬斬，恩義之篤，怡怡如也。其祭祀也，事無纖鉅，必誠必敬，小不如儀，則終日不樂，已祭無違禮，則油然而喜。死喪之際，哀戚備至，飲食衰絰，各稱其情。賓客往來，無不延遇，稱家有無，常盡其歡。於親故雖疏遠必致其愛，於鄉閭雖微賤必致其恭。吉凶慶弔，禮無所遺，賙恤問遺，恩無所缺。其自奉則衣取蔽體，食取充腹，居止取足以障風雨，人不能堪，而處之裕如也。若其措諸事業，則州縣之設施，立朝之言論，經綸規畫，正大宏偉，亦可概見。雖達而行道，不能施之一時，然退而明道，足以傳之萬代。謂聖賢道統之傳，散在方册，聖經之旨不明，則道統之傳始晦。於是竭其精力，以研窮聖賢之經訓。於大學、中庸，則補其闕遺，别其次第，綱領條目，粲然復明。於論語、孟子，則深原其當時答問之意，使讀而味之者，如親見聖賢而面命之。於易與詩，則求其本義，攻其末失，深得古人遺意於數千載之上。凡數經者，見之傳注，其關於天命之微，人心之奥，入德之門，造道之域者，既已極深研幾，探賾索隱，發其旨趣而無所遺矣。至於一字未安，一詞未備，亦必沈潛反復，或達旦不寐，或累日不倦，必求至當而後已。故章旨字義，至微至細，莫不理明詞順，易知易行。於書則疑今文之艱澀，反不若古文之平易。於春秋則疑聖心之正大，決不類傳注之穿鑿。於禮則病王安石廢罷儀禮，而傳記獨存。於樂則憫後世律尺既亡而清濁無據。是數經者，亦嘗討論本末，雖未能著爲成書，然其大旨固已獨得之矣。若歷代史記，則又考論西周以來，至於五代，取司馬編年之書，繩以春秋紀事之法，綱舉而不繁，目張而不紊，國家之理亂，君臣之得失，如指諸掌。周、程、張、邵之書，所以繼孔孟道統之傳，歷時未久，微言大義，鬱而不章，先生爲之裒集，發明而後得以盛行於世。太極、先天二圖，精微廣博，不可涯涘，爲之解剥條畫，而後天地本原、聖賢蘊奥不至於泯没。程、張門人祖述其學，所得有淺深，所見有疏密，先生既爲之區别，以悉取其所長。至或識見小偏，流於異端者，亦必研窮剖析，而不没其所短。南軒張公、東萊呂公同出其時，先生以其志同道合，樂與之友。至或識見少異，亦必講磨辨難，以一其歸。至若求道而過者，病傳注誦習之煩，以爲不立文字可以識心見性，不假修爲可以造道入德，守虚靈之識而昧天理之真，借儒者之言以文老佛之説，學者利其簡便，詆訾聖賢，捐棄經典，猖狂叫呶，側僻固陋，自以爲悟。立論愈下者，則又崇獎漢、唐，比附三代，以便其計功謀利之私。二説並立，高者陷於空無，下者溺於卑陋，其害豈淺淺哉！先生力排之，俾不至亂吾道以惑天下，於是學者靡然向之。先生教人以大學、語、孟、中庸爲入道之序，而後及諸經。以爲不先乎大學，則無以提綱挈領，而盡語、孟之精微；不參之論、孟，則無以融會貫通，而極中庸之旨趣；然不會其極於中庸，則又何以建立大本，經綸大經，而讀天下之書，論天下之事哉！其於讀書也，必使之辨其音釋，正其章句，玩其辭，求其義，研精覃思，以究其所難知，平心易氣，以聽其所自得。然爲己務實，辨别義利，毋自欺，謹其獨之戒，未嘗不三致意焉。蓋亦欲學者窮理反身，而持之以敬也。從遊之士，迭誦所習，以質其疑。意有未喻，則委曲告之而未嘗倦；問有未切，則反復戒之而未嘗隱。務學篤則喜見於言，進道難則憂形於色。講論經典，商略古今，率至夜半，雖疾病支離，至諸生問辨，則脱然沈痾之去體，一日不講學，則惕然常以爲憂。摳衣而來，遠自川蜀；文詞之傳，流及海外。至於夷虜，亦知慕其道，竊問其起居。窮鄉晚出，家蓄其書，私淑諸人者不可勝數。先生既没，學者傳其書、信其道者益衆，亦足以見理義之感於人者深矣。繼往聖將微之緒，啓前賢未發之機，辨諸儒之得失，闢異端之訛謬，明天理正人心，事業之大，又孰有加於此者！至若天文、地志、律曆、兵機，亦皆洞究淵微。文詞字畫，騷人才士，疲精竭神，常病其難。至先生未嘗用意，而亦皆動中規繩，可爲世法。是非資禀之異，學行之篤，安能事事物物各當其理，各造其極哉！學修而道立，德成而行尊，見之事業者又如此。秦、漢以來，迂儒曲學，既不足以望其藩墻，而近代諸儒，有志乎孔、孟、周、程之學者，亦豈能以造其閫域哉！嗚呼，是殆天所以相斯文，篤生哲人以大斯道之傳也。竊聞道之正統，待人而後傳。自周以來，任傳道之責，得統之正者，不過數人。而能使斯道章章較著者，一二人而止耳。由孔子而後，曾子、子思繼其微，至孟子而始著。由孟子而後，周、程、張子繼其絶，至先生而始著。蓋千有餘年之間，孔孟之徒所以推明是道者，既已煨燼殘闕，離析穿鑿，而微言幾絶矣。周、程、張子崛起於斯文湮塞之餘，人心蠹壞之後，扶持植立，厥功偉然，未及百年，踳駁尤甚。先生出，而自周以來相傳之道，一旦豁然，如日月中天，昭晰呈露，則摭其言行，又可略歟！而又私竊以道統之著者終之，以俟知德者考焉。

果齋李氏曰：先生之道之至，原其所以臻斯閾者，無他焉，亦曰主敬以立其本，窮理以致其知，反躬以踐其實。而敬者又貫通乎三者之間，所以成始而成終者也。故其立敬也，一其内以制乎外，齊其外以養其内。内則無二無適，寂然不動，以爲酬酢萬變之主。外則儼然肅然，終日若對神明，而有以保固其中心之所存。及其久也，静虚動直，中一外融，而人不見其持守之力，則篤敬之驗也。其窮理也，虚其心，平其氣。字求其訓，句索其旨。未得乎前，則不敢求乎後；未通乎此，則不敢志乎彼。使之意定理明，而無躁易凌躐之患；心專慮一，而無貪多欲速之蔽。始以熟讀，使其言皆若出於吾之口；繼以精思，使其意皆若出於吾之心。自表而究裏，自流而溯源，索其精微，若别黑白，辨其節目，若數一二。而又反復以涵泳之，切己以體察之，必若先儒所謂沛然若河海之浸，膏澤之潤，涣然冰釋，怡然理順，而後爲有得焉。若乃立論以驅率聖言，鑿説以妄求新意，或援引以相糾紛，或假借以相溷惑，粗心浮氣，意象匆匆，常若有所迫逐，而未嘗徘徊顧戀，如不忍去，以待其浹洽貫通之功，深以爲學者之大病，不痛絶乎此，則終無入德之期。蓋自孔孟以降，千五百年間，讀書者衆矣，未有窮理若此其精者也。其反躬也，不睹不聞之前，所以戒懼者，愈嚴愈敬；隱微幽獨之際，所以省察者，愈精愈密。思慮未萌，而知覺不昧；事物既接，而品節不差。視聽言動，非禮不爲，意必固我，與迹俱泯，無所容乎人欲之私，而有以全乎天理之正。蓋語默云爲之際，周旋出入之頃，無往而非斯道之流行矣。合是三者而一以貫之，其惟敬乎。先生天姿英邁，視世之所屑者，不啻如草芥，翛然獨與道俱，卓然獨與道立，固已迥出庶物之表。及夫理明義精，養深積盛，充而爲德行，發而爲事業，人之視之，但見其渾灝磅礴，不可涯涘。而莫知爲之者，雖門人弟子親炙之久，固亦莫得而形容也。姑以蠡測管窺者言之，則修諸身者，其色莊，其言厲，其行舒而恭，其坐端而直。其閒居也，未明而起，幅巾大帶方履，拜於家廟以及先聖。退坐几案，必正書籍，器用必整。其飲食也，羹食行列有定位，匕箸舉措有定所。倦而休也，瞑目端坐。休而起也，整步徐行。中夜而寢，既寢而寤，則擁衾而坐，或至達旦。威儀容止之則，自少至老，祁寒盛暑，造次顛沛，未嘗有須臾之離也。行於家者，奉親極其孝，撫下極其慈，閨庭之間，内外斬斬，恩誼之篤，怡怡如也。其祭祀也，事無纖鉅，必誠必敬，小不如儀，則終日不樂，已祭無違禮，則油然而安。死喪之際，哀戚備至，飲食衰絰，各稱其情。賓客往來，無不延遇，稱家有無，常稱其歡。於親故雖疏遠必致其愛，於鄉閭雖微賤必致其恭。吉凶慶弔，禮無所遺；賙恤問遺，恩無所闕。其自奉則衣取蔽體，食取充腹，居止取足以障風雨，人不能堪，而處之裕如也。至於入以事君，則必思堯舜其君；出以治民，則必欲堯舜其民。言論風旨之所傳，政教條令之所佈，固皆可爲世法。而其考諸先聖而不繆，建諸天地而不悖，百世以俟聖人而不惑者，則以訂正羣書，立爲準則，使學者有所據依循守，以入於堯舜之道，此其勳烈之尤彰明盛大者。語、孟二書，世所誦習，爲之說者亦多，而析理未精，釋言未備。大學、中庸，至程子始表章之，然大學次序不倫，闕遺未補，中庸雖爲完篇，而章句渾淪，讀者亦莫知其條理之粲然也。先生蒐輯先儒之說，而斷以己意，彙別區分，文從字順，妙得聖人之本旨，昭示斯道之標的。又使學者先讀大學以立其規模，次及語、孟以盡其蘊奧，而後會其歸於中庸。尺度權衡之既定，由是以窮諸經，訂羣史，以及百世之書，則將無理之不可精，無事之不可處矣。又嘗集小學，使學者得以先正其操履。集近思録，使學者得以先識其門庭，羽翼四子，以相左右。蓋此六書者，學者之飲食裘葛，準繩規矩，不可以須臾離也。聖人復起，不易斯言矣。其於易也，推卦畫之本體，辨三聖之旨歸，專主筮占，而實該萬變，以還潔静精微之舊。其於詩也，深玩辭氣而得詩人之本意，盡削小序以破後儒之臆說，妄言美刺，悉就芟夷，以復温柔敦厚之教。其於禮也，則以儀禮爲經，而取禮記及諸經史書所載有及於禮者，皆以附於本經之下，具列注疏諸儒之說，補其闕遺，而析其疑晦，雖書不克就，而宏綱大要固已舉矣。謂書之出於口授者多艱澀，得於壁藏者反平易，學者當沈潛反復於其易，而不必穿鑿附會於其難。謂春秋正義明道，尊王賤霸，尊君抑臣，内夏外夷，乃其大義。而以爵氏名字、日月土地爲褒貶之例，若法家之深刻，乃傳者之鑿説。謂周官遍布周密，周公運用天理熟爛之書。學者既通四子，又讀一經，而遂學焉，則所以治國平天下者思過半矣。謂通鑑編年之體近古，因就繩以策牘之法，以綱提其要，以目紀其詳，綱倣春秋，而兼採羣史之長，目倣左氏，而稽合諸儒之粹，褒貶大義，凛乎烈日秋霜，而繁簡相發，又足爲史家之矩範。謂諸子百家，其言多詭於聖人，獨韓子論性，專指五常，最爲得之，因爲之考訂其集之同異，以傳於世。而屈原忠憤，千古莫白，亦頗爲發明其旨。樂律久亡，清濁無據，亦嘗討論本末，探測幽眇，雖未及著爲成書，而其大旨固已獨得之矣。若夫析世學之繆，辨異教之非，擣其巢穴，砭其隱微，使學者由於大中至正之則，而不躓於荆棘擭穽之塗，摧陷肅清之功，固非近世諸儒所能髣髴其萬一也。自夫子設教洙、泗，以博文約禮授學者，顔、曾、思、孟相與守之，未嘗失墜。其後正學失傳，士各以意爲學。其騖於該洽者，既以聞見積累自矜，而流於泛濫駁雜之歸。其溺於徑約也，又謂不立文字可以識心見性，而陷於曠蕩空虚之域。學者則知所傳矣，亦或悦於持敬之約，而憚於觀理之煩。先生身任道統，而廣覽載籍，先秦古書，既加考索，歷代史記、國朝典章，以及古今儒生學士之作，靡不遍觀。取其所同而削其不合，稽其實用而剪其煩蕪，參伍辨證以扶經訓，而詰其舛差，秋毫不得遁焉。數千年間，世道學術議論文詞之變，皆若身親歷於其間，而耳接目覩焉者。大本大根，固已上達直遂，柯葉散殊，亦皆隨其所至。究其所窮，條分派别，經緯萬端，本末巨細，包羅囊括，無所遺漏。故所釋諸書，悉有依據，不爲臆度料想之説。外至天文地志，律曆兵機，邊鄙屯防，戰守經畫，至纖至悉，靡不洞究。下至文章字畫，亦皆高絶一世。蓋其包涵停蓄，溥博淵泉，故其出之者，自若是其無窮也。學者據經辨疑，隨問隨析，固皆極其精要。暇而辨難古今，其應如響，愈扣愈深，亹亹不絶。及詳味而細察之，則方融貫於一理而已矣。嘗有言曰：「學者望道未見，固必即書以窮理。苟有見焉，亦當考諸書，有所證驗而後實，有所裨助而後安。不然，則德孤而與枯槁寂滅者無以異矣，潛心大業何有哉！粤自周衰教失，禮樂養德之具，一切盡廢，所以維持此心者，惟有書耳，詎可輒棄經傳，遽指爲糟粕而不觀乎？要在以心體之，以身踐之，而勿以空言視之而已矣。以是存心，以是克己，仁豈遠乎哉！」至於晚歲，德尊言立，猶以義理無窮，歲月有限，慊然有不足之意。洙、泗以還，博文約禮，兩極其至者，先生一人而已。先生教人，規模廣大，而科級甚嚴，循循有序，不容躐等凌節而進。至於切己務實，别義利，毋自欺，謹其獨之戒，未嘗不丁寧懇到，提耳而極言之。每誦南軒張公「無所爲而然」之語，必三歎焉。學者即其所誦而質其疑，意有未諭，則委曲告之，而未嘗倦；問有未切，則反復戒之，而未嘗隱。務學篤，則喜見於言；進道難，則憂形於色。講論商略，率至夜半，雖疾病支離，至諸生問辯，則脱然沈疴之去體，一日不講學，則惕然常以爲憂。晚見諸生繳繞於文義之間，深慮斯道之無傳，始頗指示本體，使深思而自得之，其望於學者益切矣。嗚呼，道之在天下未嘗亡也，而統之相傳，苟非其人，則不得而與。自孟子没，千有餘年，而後周、程、張子出焉，歷時未久，寖失其真。及先生出，而後合濂、洛之正傳，紹鄒、魯之墜緒，前聖後賢之道，該徧全備，其亦可謂盛矣。蓋昔者易更三古，而溷於八索，詩、書煩亂，禮、樂散亡，而莫克正也。

夫子從而贊之定之，删之正之。又作春秋，六經始備，以爲萬世道德之宗主。秦火之餘，六經既已爛脱，諸儒各以己見，妄穿鑿爲説，未嘗有知道者也。周、程、張子，其道明矣，然於經言未暇釐正。一時從遊之士，或昧其旨，遁而入於異端者有矣。先生於是考訂訛謬，探索深微，總裁大典，勒成一家之言，仰包粹古之載籍，下採近世之文獻，集其大成，以定萬世之法，然後斯道大明，如日中天，有目者皆可睹也。夫子之經，得先生而正；夫子之道，得先生而明。起斯文於將墜，覺來裔於無窮，雖與天壤俱弊可也。

校勘記

〔一〕或不能則擇於其佐　「佐」，原作「任」，據文集卷十九條奏經界狀、同治本改。

〔二〕但紹興年中　「紹興」，原作「紹熙」，據文集卷十九條奏經界狀、同治本改。

〔三〕熹罪戾不天　「戾」，原作「及」，據文集卷八十六遷居告家廟文、同治本改。

朱子年譜考異卷一

〔清〕王懋竑

洪本年譜云：「朱子諱熹，字元晦，一字仲晦。元本云「字仲晦」，此據本傳改。徽州婺源人。元本云「新安人」，此據行狀、本傳改。生於南劍尤溪之寓舍。元本云「劍州尤溪」，此據行狀改。始居崇安五夫里，牓所居之聽事堂曰紫陽書堂。元本云「牓所讀書之室」，此據文集堂室記改。徽州有紫陽山，韋齋先生嘗以刻其印章，用之牓於聽事，識故鄉也。元本云「新安有紫陽山，識故鄉也」，此據堂室記補。又創草堂於天湖寒泉塢，曰寒泉精舍。元本無，此據文集補。又創草堂於建陽蘆峰之雲谷，牓曰晦庵，自稱雲谷老人，亦曰晦翁。又結廬於武夷五曲，曰武夷精舍。晚卜築於建陽之考亭，作滄洲精舍，自號滄洲病叟，後又更號遯翁。元本有「揲蓍」等語，今删去。卒年七十有一，仕至朝奉大夫，元本有「文華閣待制」，今删去。贈寶謨閣直學士、通議大夫，謚曰文，追封徽國公，從祀孔子廟廷。李本無。」

按年譜始於李果齋先生，而洪本載此條於年譜之首，洪本皆稱先生，而此條獨稱朱子。又追封徽國公在紹定庚寅，從祀孔廟在淳祐辛丑，距朱子殁四十年矣，果齋必不及見也，其爲後人所增入無疑。今從李本削去，而附載於此，其有訛誤，俱據文集、行狀改正。閩本亦載此條於後，而又有不同。今皆略之，不復一一置辨也。李果齋元本不可見，今行世者，有李、洪、閩三本。李爲陽明後人，多所删改。

洪本略有增入，而無能是正。新閩本尤爲疏略。○按行狀云字仲晦，本傳云字元晦，一字仲晦。考屏山先生所作字詞本云元晦。朱子跋屏山遺帖「熹字元晦，亦先生所命」，不云改字仲晦。惟性理大全載字詞，注云：「後以元爲四德之首，不敢當，改字仲晦。」此於文集、語録皆無所考，不知其何所據而云也。延平答問及張、呂、陸、陳諸集，其稱元晦，無云仲晦者。而朱子文集於題跋自署皆云仲晦，無稱元晦者，是爲參錯。疑大全注語亦有自來。行狀據朱子自稱，本傳則兼考他書，故兩存之。洪譜止據行狀而不及其同異之故，甚爲疏略，故附記於此。又按閩本亦云：「後以元爲四德之首，不敢當，改字仲晦。」疑年譜元本有之，此大全所本。然閩本新出，或反以大全注而增入，亦未可知。其載字詞較大全則多十餘語，又似別有所本，非自大全採入者也。

高宗建炎四年庚戌，秋九月甲寅，先生生。

按年譜李本稱朱子，洪本稱先生。年譜，朱子門人果齋李公晦方子所輯，自合稱先生，李蓋以意改也，定從洪本。閩本稱文公，此又近人所改。○按遷墓記云：「府君以同上舍出身，授迪功郎、建州政和縣尉。承事公卒，貧不能歸，因葬其邑。」年譜云：「以方臘亂，不能歸。」方臘之亂在庚子、辛丑，承事之卒在乙巳，見閩本。則方臘之平久矣，年譜誤也。又吏部行狀云：「授建州政和縣尉，丁外艱。服除，調南劍州尤溪縣尉。」以乙巳計之，除服當在丁未，而四月靖康之變，吏部已在尤溪。是吏部以丁未三、四月間除服，即調尤溪矣。又考吏部與祝公書，己酉十二月，在建州權職官；庚戌正月，棄所攝，攜家寓政和；五月初，又攜家下南劍，入尤溪。是在尤溪約二年即去官，但未詳何時，以嘗作政和、尤溪兩縣尉，故往來其間而假館焉。閩本云：「任尤溪秩滿，假館鄭氏之義齋，而生文公。」非其實也。今定從李、洪本，改「以方臘亂」句，而補「調尤溪縣尉」於「嘗僑寓」句之上，庶爲得其實云。又考閩本所載南溪精舍記，鄭氏號義齋，非寓舍名也。閩本「假館鄭氏之義齋」，亦誤。○閩本年譜云：「婺源南街故宅有古井，紹聖四年，井中白氣如虹，是日韋齋公生。文公嘗曰：『聞先君生時，井中有氣如白虹，經日不散，因名虹井。』韋齋公嘗作井銘，遂名韋齋井。是歲，井中紫氣如雲，「雲」疑當作「虹」。三日而文公生。」洪本略。按建炎四年，正干戈擾攘之時，尤溪距婺源甚遠，即故宅井有紫氣，焉得知之？且曰「三日而文公生」，其爲附會無疑也。今從李本刪去。閩本又云：「文公面右有七黑子，時並稱異。」李、洪本不載，今附見於此。

四年甲寅，五歲。

韋齋行狀：是年召試館職，除祕書省正字，尋丁内艱。服除，除祕書省校書郎，遷著作佐郎、尚書度支員外郎，兼史館校勘，歷司勳吏部員外郎。按丁内艱當即在四年，服除則六年也。至十年則出知饒州，乞祠還家矣。○閩本年譜云：「文公名沈郎，小字季延，皆志其地也。尤溪原名沈溪，後因避王審知諱，改尤溪。尤溪隸延平。行五十二。」

五年乙卯，六歲。

黄義剛録與行狀「天之上何物」語略同而小異，故並載之。

七年丁巳，八歲。

洪本年譜云：「又嘗指日問於韋齋曰：『日何所附？』曰：『附於天。』又問：『天何所附？』韋齋奇之。」李本無。按此與行狀所載本一事，而所記不同，今從李本删去。

十年庚申，十一歲。

年譜所載本之兩行狀，而缺蕭公顗，今並載吏部行狀。

十三年癸亥，十四歲。春三月辛亥，丁父韋齋先生憂。

「二十四日」四字據吏部行狀補。「城南」，年譜作「水南」，誤。

稟學于劉屏山、劉草堂、胡籍溪三先生之門。

按韋齋遺命稟學三君子，而朱子師事屏山爲舉業，於白水、籍溪，蓋以父執事之。白水妻以女，不詳何時，未幾而卒。事籍溪最久，然皆稱胡丈，不稱先生。至爲三君子墓表、行狀，則皆自稱門人，蓋以韋齋之命也。○年譜云：按先生所爲草堂墓表與籍溪行狀，俱稱二公受學涪陵譙天授，盡聞伊洛之學，一其淵源大略本此。至於師門誼篤，則屏山爲最。其爲屏山墓表有云：「先生病時，熹以童子侍疾。一日，請問平昔入道次第，先生欣然告曰：『吾於易，得入德之門焉。所謂「不遠復」者，乃吾之三字符也。汝尚勉之。』」又命字祝詞有云：「木晦於根，春容曄敷；人晦於身，神明内腴。」又云：「子德不日新，則時予之耻。言而思毖，動而思蹟，凛乎惴惴，惟顔、曾是畏。」其期望之意如此。先生晚歲猶書門符曰「佩韋遵考訓，晦木謹師傳」，蓋識父師之誨也。李、洪本同。按草堂墓表云：「聞涪陵譙公天授，嘗從程夫子遊，兼邃易學，即往扣焉，盡得其學之本末。」籍溪行狀云：「既又學易於涪陵處士譙公天授。」初未嘗言譙公盡得伊洛之學也。屏山學佛，以爲佛與吾聖人合，故作聖傳論，墓表明載之矣。晚歲「晦木」、「師傳」之云，獨指字詞而言耳。年譜所云，恐皆未確，今删去，而載屏山、白水兩墓表，籍溪行狀及少傅劉公碑於後。又以此條李、洪本皆同，或元本所有，故附見於此，而並論之。○字詞，閩本較性理大全增多十餘語，今據閩本。

十四年甲子，十五歲。葬韋齋先生。

按吏部行狀，以卒之明年葬崇安五夫里之西塔山。遷墓記云：「初，府君將殁，欲葬崇安之五夫。卒之明年，遂窆其里靈梵院側。」與吏部行狀不同。年譜從行狀，今姑仍之。洪本並及改葬，今删去。

二十年庚午，二十一歲。春，如婺源展墓。

年譜「先是婺源」以下從洪本，李本略。與内弟程洵前一帖，李本不載，後帖亦有删削，止云「有帖與内弟程洵論詩」，且曰「學者所急」云云。按朱子此時頗事詩文，而卒歸重語、孟與反求諸己，則大本已立矣。李本以意删削，非元本也，今從洪本。○按與程允夫二帖，今文集缺。○虞集復田記，此後人所增入於文集、語録，其事皆無所考，不知虞何所據也。李本尚存其真，洪本删其首「按虞集作復田記」句，則似元本所有，後人遂無從考證矣，今姑仍李本而附論之。

二十三年癸酉，二十四歲。夏，始見李先生于延平。

李、洪本皆作「始受學於延平李先生之門」，今改正。○按年譜言癸酉受學延平先生，而行狀言歸自同安，不遠數百里，徒步往從之遊。以趙師夏跋考之，當從行狀。但自同安歸後，戊寅往見，庚辰又往見，而行狀不指其年。以今考之，戊寅與范直閣書稱李願中丈，不似受學，有云「不審尊意以爲何如」。至再題西林達觀軒詩序，庚辰始稱先生。往來受教，則受學當在庚辰也。今據行狀、文集改正。○延平戊寅冬答書云：「得吾元晦，不鄙孤陋寡聞，遠有質問。」此非從學語也。壬午書云：「所幸比年以來，得吾元晦，相與講學。」壬午距庚辰三年，故云比年。若以癸酉計，則已十年，即戊寅，亦已五年，不得云比年也。以此二書證之，則庚辰受學無疑矣。○續集與羅宗約書云：「目前所聞於西林而未之契者，皆不我欺矣。」庚辰，朱子見延平，寓西林院，此亦庚辰受學之一證也。○洪本年譜云：「初，先生學無常師，出入於經傳，泛濫於釋、老者幾十年。年二十四，見延平，洞明道要，頓悟異學之非，盡能掊擊其失。由是專精致誠，剖微窮深，晝夜不懈，至忘寢食，而道統之傳，始有所歸矣。」按此條必元本所有，非後人所增入。李爲陽明之學，以「道統之傳，始有所歸」語爲太重，故删之，非有所據也。今按朱子盡棄異學在庚辰，而年譜屬之二十四歲時，非是，故改從行狀，而年譜則仍附見於此，非敢效李氏之妄删也。

二十五年乙亥，二十六歲。

鄒本年譜「春，建經史閣」後，有「晤吕伯恭於福州」一條，注云：「時伯恭父倉部公官福州，朱子以檄書白事大都督府，與伯恭交始此。」按東萊年譜云：是年春，倉部爲福建提刑司幹官，公隨侍於福唐；丙子，應福建轉運司舉；丁丑春，試禮部不中；六月，歸福州；十月，倉部秩滿，隨侍歸婺州。據此，則東萊乙亥、丙子、丁丑皆在福州，其與朱子相見，必在此數年間，但兩家文集皆無所考。「白事大都督府」，似用同安官書記中語。據記春正月以檄書白事大都督府，而東萊年譜「是年春倉部官福州」，則正月未至任也。此未詳其所據。又鄒本於癸未有「晤張敬夫於臨安」一條。按包揚録云：「上初召魏公，先召南軒，某時赴召至行在，語南軒云云。」則鄒所據也。然包録亦不言其初相見。今俱附見於此。鄒本考訂較舊譜爲詳，其有訛誤，亦不悉辨也。

夏，縣有盗，分守城之西北隅。

李、洪本無，今從鄒本補。

定釋奠禮。

李、洪本皆附注「建經史閣」下，閩本另立一條，今從閩本。

申請嚴婚禮。

李、洪本無，鄒本有之而不詳，今載申嚴婚禮狀。又此狀與蘇丞相祠記皆無歲月可考，今附於同安任之末。

二十七年丁丑，二十八歲。春，還同安，候代不至，罷歸。

李本「館於陳北溪」，洪本「館於北溪陳淳」，俱誤。閩本已改正。按北溪，漳州人，朱子庚戌至漳州，始來受學。年譜之誤甚明，今據畏壘菴記改正。

二十八年戊寅，二十九歲。春正月，見李先生于延平。

按李本不載此條，而續通鑑載之。續通鑑必本之年譜，此李氏自以意刪之耳。戊寅與范直閣書云：「頃在延平，見李願中丈。」此爲確證。李蓋據西林詩序以庚辰謁李先生，故刪戊寅，而未考之文集也。於庚辰又書「再見」，其意以爲癸酉受學，此爲再見。凡李氏之率意刪改類如此，今從洪本，閩本同。

二十九年己卯，三十歲。秋八月，召赴行在，辭。

年譜云：「用執政陳俊卿薦也。」李、洪本同。按是年陳俊卿未爲執政，疑當作陳康伯。康伯以二十八年九月參知政事。○陳康伯於紹興爲名臣，其薦朱子當在諸公之先。自行狀略不載，但云「召赴行在」。本傳云「以輔臣薦」，亦不載其名。年譜必以實書，後來者祇知陳俊卿之薦朱子，而不知有康伯，遂以意改之，不知俊卿方爲殿中侍御史，未爲執政也。孟子或問論「武王不泄邇，不忘遠」，而曰：「近讀陳魯公集有論此者，與鄙意合，是固德人之言也。」其於康伯不薄矣。不知修譜者何意改之。頃見陳魯公家集，其裔孫所刻，僞撰朱子序及書，自署門生，此甚可笑。然於此可見年譜舊本必云康伯薦，故後人因之而僞撰也。「陳俊卿」三字，今改作「陳康伯」。○年譜云：「是歲籍溪胡公以正字召。」據籍溪行狀「除大理司直，未行，改祕書省正字」，元本「由司直改正字」，誤。先生送行詩有曰：「祖餞衣冠滿道周，此行誰與話端由。心知不作功名計，祇爲蒼生未敢休。」此首元本不載，據文集補。「執我仇仇詎我知，漫將行止驗天機。猿啼鶴怨渾閑事，只恐先生袖手歸。」「渾閑」，文集作「因何」。其後又寄詩曰：「先生去上芸香閣，閣老新峩獬豸冠。留取幽人卧空谷，一川風月要人看。」「甕牖前頭翠作屏，晚來相對静儀刑。浮雲一任閑舒卷，萬古青山只麽青。」五峰胡公宏曰：「此詩有體而無用。」因賡之曰：「幽人偏愛青山好，爲是青山青不老。山中雲出雨太虛，一洗塵埃山更好。」似爲籍溪解嘲云。按李、洪兩本皆載此條，是時籍溪家居，召爲大理司直，未行，改祕書省正字。籍溪年已七十餘矣，耳又重聽，見文集與籍溪先生書。門人子弟皆疑其行。朱子四詩皆有諷焉。籍溪行狀叙此頗詳。但不知年譜載此，亦復何意？豈以爲朱子不赴召之證耶？五峰詩見朱子題跋中，爲籍溪解嘲，於朱子年譜亦無所當。且籍溪赴召在庚辰，見跋五峰詩。載是歲亦誤，今删去。以其兩本俱載，或元本有之，故附之於此。

三十年庚辰，三十一歲。冬，見李先生于延平，始受學焉。

年譜作「再見李先生於延平」，今據達觀軒詩序改正。○洪本年譜云：「汪端明應辰云：『先生師事延平，久益不懈。嘗言每一去而復來，則所聞必益超絶。蓋其上達不已，日新如此。』」李本此條在「壬午俱歸延平」下，「云」作「嘗稱」，「先生」作「朱子」，而删「嘗言」二字及「蓋其上達不已日新如此」句。按端明前輩，不當稱先生。李本稱朱子，亦是以例改。「每一去而復來」以下，延平行狀中語。「上達不已日新」，指延平言，與首二句語意不合。李本亦以意删，非有所據也。今以延平行狀語系之「壬午俱歸延平」下，而此條則削去。○按年譜「道統之傳，始有所歸」語，必果齋元本所有，然不如行狀所叙之爲得也。自龜山先生受學程子，以傳之豫章羅先生、延平李先生，以及朱子，其的緒相承如此。然朱子之學，受之延平而發明盛大，有不盡於延平所傳者。大學章句序叙道統直接二程，龜山以下，皆在私淑之列，其大指亦可見矣。延平行狀言求中未發甚悉，而反求之未得所安，於是往問之南軒，而胡氏之學與延平不合。其後朱子自悟心爲已發，性爲未發，而又以已所悟合之延平所傳，其云：「已發未發之機，默識而心契焉。」則與體認未發氣象亦小不同，而與胡氏先察識後涵養之論反相近。及至潭州，與南軒共講之，南軒蓋深以延平默坐澄心，體認天理爲不然，見語録廖子晦問語。又力辨呂氏求中之説。見文集與呂士瞻書。而朱子卒從南軒，受胡氏之學，以艮齋銘爲宗指，見與程允夫書。則與延平異矣，故戊子諸書不及延平。迨己丑，又悟其非，更定已發未發之分，以胡氏先察識後涵養爲不然，而於未發仍守延平之説。其云：「以静爲本。」又云：「從静中漸漸養出端倪來，則猶體認未發氣象之論也。」庚寅，始拈出程子「涵養須用敬，進學則在致知」二語，學問大指定於此。而壬辰作中和舊説序，謂不得奉而質諸李氏之門，於所已言者而未言者可推，則已不專主延平之説。癸巳以後，往來講論亦不及延平。至甲辰與呂士瞻書、戊申與方賓王書，明言程子之説不可移易，延平自是一時入處，未免合有商量。晚年語録，楊道夫、葉味道、陳安卿、廖子晦所記尤詳。中庸或問力辨呂氏求中之非，而謂龜山亦未免呂氏之失。龜山之説，則延平之所自出也。此其前後異同之故，亦大略可考矣。故今從行狀，而年譜所載則附論於此。未知後之君子以爲何如也。○按朱子少即有志爲己之學，其學禪正是從心地著工夫。而於語孟、經史及周、程、張諸家之説，考訂講貫，蓋無一日不用其功。内外兩進，自幼已然，此所謂生知安行，無積累之漸者也。同安歸後，再見延平，盡棄異學，而於求中未發之旨未達，與南軒講論逾四五年，迨己丑始定其説。至庚寅拈出程子涵養二語，生平學問大指定於此。其早年進學之序，於答江元適書、汪尚書書、薛士龍書、陳正己書及中和舊説序，自叙極爲分明，今日可據以爲説。至庚寅以後，所謂獨覺其進，而人不及知者，蓋非後來之所能擬議矣。孔子自言吾十有五以至七十，其節次可考。而程子言：「聖人未必然，特爲學者立法。」朱子亦言：「因其近似自名，不敢輒爲之説也。」明道謂謝顯道曰：「賢見某如此，某煞用工夫。」以顯道之高明，又親炙之久，於明道尚有不及知者，後之人何敢妄下一語耶？若以一己所見，而取文集彷彿之語以爲依據，又雜取諸家語録厖亂之説，而斷之曰某年至某地位，又某年至某地位，未免於以管窺天，以蠡測海，恐識者之有以議其後矣。語録有云：「只今六十一歲，方理會得恁地。」又曰：「某覺得今年始無疑。」又曰：「自覺得無甚長進，於上面猶隔一膜。」此聖賢日新不已，望道未見之心，若遂據以爲證，是又癡人前不得説夢也。文集、語録中多謙己誨人之辭，大率因人説法，應病與藥，又間或有爲而發，如與象山書「無復向來支離之病」，此因象山譏其支離故云爾。不可泥看。孔子嘗言「何有於我」，又言「我無能焉」，孔子豈真何有、無能者哉？此又讀文集、語録者所當知也。故因年譜語而附論之，世之君子望有以訂其是非焉。

三十一年辛巳，三十二歲。

年譜云：「是歲貽書黄樞密，論恢復。」按文集與黄樞密書，言敵退後，當先爲自治之計。其於恢復，蓋慎言之。末以起用舊人爲要策，而恐敵之復來，未嘗專言恢復也。年譜元本出於果齋，不應舛誤若此。疑此三字或後人增入，今删去。

三十二年壬午，三十三歲。六月，高宗内禪，孝宗即位。復差監南嶽廟。

年譜云：「五月，祠秩滿，復以爲請。六月，孝宗即位，詔求直言。八月，應詔上封事，不報。是月，予祠。」行狀云：「祠秩滿，再請。孝宗即位，復因其任。會有詔求直言，遂上封事。」據年譜則予祠在上封事之後，據行狀則得祠在上封事之前。按封事首言左迪功郎監潭州南嶽廟，則固已得祠矣。今從行狀。

孝宗隆興元年癸未，三十四歲。十一月六日，奏事垂拱殿。十二日，除武學博士，待次。

洪本年譜云：「冬十月辛巳，入對垂拱殿。」「十一月戊辰，除武學博士。」李本無「戊辰」二字。今改正。○按孝宗本紀，隆興元年十月戊午朔，辛巳爲二十四日，十一月不得有戊辰。且辛巳距戊辰四十七日，不應授官如是之遲也。據文集與魏元履書，六日登對，十二日除武學博士。則年譜之誤無疑，今依鄒本改正。鄒又據與李先生書，九月二十六日尚在鉛山。到臨安後，答呂伯恭書有云：「區區已審察，一二日當得對。」以程途時日計之，登對當在十一月，非十月也。今亦從之。○除武學博士，年譜云：「替成資闕也，拜命遂歸。」行狀云：「除武學博士，待次。」考宋官制，除見闕曰「填某人闕」，其待次者曰「替某人闕」。朱子南康任滿狀云「已係成資」，而丁未辭江西提刑狀云「替馬大同成資闕」，則成資爲闕滿之名，「成資」上當有姓名，如「替馬大同成資」例。而年譜缺不載，今無可考，姑仍之。○年譜又云：「是歲有與陳漕書論鹽法，與汪尚書書論龜山語録。」李、洪本同。按論鹽法可不載其目，與汪尚書書爲多，不當獨載此，今削去。

歸劉氏田。

按屏山卒於紹興十七年丁卯，則田券不當在乾道中。還田在隆興，亦不在乾道中也。豈以乾道還田，而年譜誤載耶？忠肅元本作「忠定」，誤，閩本已改正。稱謚，則在忠肅歿後。忠肅卒於淳熙五年戊戌，則亦非乾道中所跋矣。且云「至今猶存」，則並在朱子歿後，其去朱子時已久矣，不知何時何人所跋也。此於文集、語録皆無所考。然李必據舊本。如虞集復田記之類，但不知何人增入。洪本去「按乾道中田券跋云」八字，則似元本所有，後人無所考正矣。今仍李本。

二年甲申，三十五歲。困學恐聞編成。

按朱子以「困學」名其燕居之室，必在同安既歸之後，困學詩之作則在恐聞成編之前，蓋戊寅、己卯間也。困學恐聞編序，不著其年，而文集次於論語訓蒙口義之後，年譜序於甲申，必有所據。又延平答問之録，自丁丑至癸未，其成編必在甲申後，但無序文可考耳。年譜亦缺，附記於此。

按朱子少稟學於劉、胡三先生之門，而出入於老、釋者十餘年。自庚辰受學延平後，斷然知老、釋之非矣。答江元適書以先君子之餘誨而不及劉、胡者，以三先生皆爲佛學也。獲親有道，自指延平先生。此書叙次最爲分明，更以何叔京書參考之，尤爲可據。其云「近歲以來，獲親有道」，又云「晚親有道」，則亦受學在庚辰而非癸酉之確證也。○或疑江書不及延平之卒，當在癸未。朱子以十一月拜武學博士命歸，即聞延平先生之卒矣。江書及垂拱奏劄，自在歸後，非必癸未也。其或在叔京書後，歲月已遠，偶未之及耳。

乾道元年乙酉，三十六歲。春，省劄趣就職。夏四月，至行在，復請祠。五月，復差監南嶽廟。

按行狀、本傳皆云「既至」，則朱子四月間至行在矣。因執政復主和議，故不就職，而請祠以歸耳。年譜亦云「既至」。所書未明，今依行狀改正。○按本傳「既至，而洪适爲相，復主和議，不合，歸」，與年譜不合。考宋史，洪适是年八月參知政事，十二月爲尚書省僕射、同平章事，四月間未爲相也，本傳誤。錢端禮以甲申十一月簽書樞密院事，十二月除參知政事，次年八月方罷。是歲二月，陳康伯罷，時未置相。端禮爲首參，則年譜是也。○年譜載戊午讜議序曰：「戊午之議，發言盈廷云云。」戊午之議據序文當作癸未之議，李、洪本皆妄改。按戊午，高宗紹興八年，癸未，孝宗隆興元年。戊午初議和，癸未再議和。元履所叙次者，戊午之議，而朱子序中所極論者，癸未之議也。年譜不考全文，略載數語，又妄改癸未爲戊午，盡失其意。今削去，而別載序文於後。

二年丙戌，三十七歲。

按與張欽夫兩書，朱子自注甚明。其別卷答張敬夫兩書，與前兩書意同，而在前兩書之後，其無注者，或朱子所自删而後人又收入之。然中和舊説序云「得當時往還書稿一編」，則必不止兩書也。前第二書注云「自有辨説甚詳」，今未之見，豈指已發未發説及中和舊説序耶？姑記於此。○朱子文集三十卷與張欽夫書、三十一卷答張敬夫書，大概以年叙。三十二卷所載則不以年叙，且多未定之論，故疑爲朱子所自删而後人復入之者，然未敢定也。○按朱子受延平求中未發之説，未達，而延平歿，求其説而不得。甲申，晤南軒於豫章舟中，自是書問往來，皆講論未發之旨也。南軒集無所考，而朱子兩書自注甚明。别卷兩書無注，然詳其文義，實皆一時語也。向以中和舊説序云「聞張欽夫得衡山胡氏之學，則往從而問焉」，爲至潭州時，故以四書在戊子。今以答羅宗約書考之，自指書問往來，而非至潭州時也。答何叔京書「未發已發，渾然一致」與此四書意相合，又言程門記録之誤，與中和舊説序所云「以爲少作失傳而不之信」，亦正相合，而何書自在丙戌。何書言伯崇過建陽在丙戌，許順之書亦及之，第三書末及雜學辨跋，其在丙戌冬無疑。彼此參考，四書之在丙戌而非戊子，確然矣。其以心爲已發，性爲未發，更不分時節。此朱子所自悟，非受之南軒。中和舊説序及與敬夫書述伯崇語可考。而南軒從胡氏之學，先察識，後涵養，不言未發，與朱子所見略同。南軒前書，尚有認爲兩物之疑。朱子再與書反復發明於此，蓋無異論也。至潭州後講論之語無所考。南軒贈行詩云：「超然會太極，眼底無全牛。」朱子别詩云：「始知太極藴，要妙難名論。謂有寧有迹，謂無復何存。惟應酬酢處，特達見本根。」皆以未發爲太極，即以心爲已發，性爲未發之旨，與四書同一意。至己丑，始悟其非，亟以書報欽夫及當日同爲此論者。則潭州之所講論，與朱子所見皆同。而胡氏之學，先察識，後涵養，雖若小不同，而實無異指。此中和舊説序，於潭州之行略而不言也。故今斷以四書皆在丙戌，而以答叔京三書、答宗約二書繫之。叔京書言體認未發氣象，爲龜山門下相傳指訣，而有「愧汗沾衣」之語。此求中而未達之時，當在丙戌之春。其言「未發已發，渾然一致」，則在既悟性爲未發之後，又言延平謂學者當於未發已發之幾，默識而心契焉。則以己所悟，合之延平所傳，與龜山門下指訣，亦似少異，此在丙戌之冬。此書及雜學辨跋，跋在丙戌冬，此最明證。若宗約書，宗約遠在西蜀，又卒於戊子之四月，二書必不在往潭州後。其言欽夫書問往來，近方覺有脱然處，自指丙戌之悟。又言所聞於西林者皆不我欺，與叔京書亦相合。又言衡山之學尤易見功，近乃覺知如此，則與中和舊説序所云「欽夫告予以所聞，亦未有省，後得胡氏與曾吉父書，乃益自信」，亦正相合。則此書或丙戌之冬，丁亥之春夏，未可知也。李本年譜，既一切不載。洪本雜叙與欽夫諸書於往訪潭州時，其意未明，通辨亦不之及，而閑闢録反以末卷與張敬夫兩書爲朱子尊德性之證，尤爲大誤。正學考已覺其誤，而以四書載於戊子，叙説雖多，其意終未明了，故於此特詳論之，以俟後之君子考訂其是非焉。○朱子自注二書，文集編次於論程集改字之前，時劉共甫在潭州，乃乙酉、丙戌間，至丁亥則召還矣。此亦四書在丙戌而不在戊子之明證也。

三年丁亥，三十八歲。秋七月，崇安大水，奉府檄行視水災。

按此條李、洪本皆載於戊子。是年五夫有秋，見社倉記。與水災不合，向疑其有誤。及考續集與蔡季通書云：「邑中水禍至此，極可傷憫。此中幸亦無他，兩日後方聞之耳。」是此水所及不遠，而五夫獨不及也。李、洪兩本皆無注，而文集與林擇之書言此最詳。崇安大饑之後，重遭此水災，書中略不言及。與何叔京書言早稻已熟，可無他虞，正是七月，亦不言崇安之有水災。而戊子春夏之交，建人大饑，必因上年水災之故。以此參考，則行視水災之在丁亥無疑也。林擇之以丁亥從學，而水災爲第一書，此亦在丁亥之證。與擇之書極言州縣官漠然無意於民，難與圖事。而朱子八月即往潭州，蓋避之而不欲與其事也。是時知建寧府者徐嚞，嚞乃秦檜之黨，朱子自不肯爲之用。至次年崇安大饑，及於五夫，應縣官之委，則不得不與其事，而以請於府。嚞方以檜黨不自安，而朱子已爲樞密院編修官，陳應求、劉共甫皆執政，故所請即從，而其實未嘗相合也。嚞以戊子秋奉祠去，而社倉之米實始於嚞。社倉記亦不欲没其名。反復參校，水災自在丁亥。今爲改正，而附著其説。如此，後之人得以考焉。

八月，訪南軒張公敬夫于潭州。

按朱子以九月八日至潭州，留兩月，講論之語，於文集、語録皆無所考。李本極略，洪本所增爲多，而不無謬誤。今僅載李本數語，而洪本則别見於此，而附論之。洪本年譜云：「留長沙兩月，講論之語，無所考見。南軒贈行之詩曰：『遺經得紬繹，心事兩綢繆。超然會太極，眼底無全牛。』先生答詩云：『昔我抱冰炭，從君識乾坤。始知太極藴，要妙難名論。謂有寧有迹，謂無復何存。惟兹酬酢處，特達見本根。萬化從此流，千聖同兹源。曠然遠莫禦，惕若初不煩。』以二詩觀之，則其往復深相契者，太極之旨也。又中和舊説序云：『余早從延平李先生學，受中庸之書，求喜怒哀樂未發之旨未達，而先生殁。聞張敬夫得衡山胡氏學，則往從而問焉。』是時范念德侍行，嘗言二先生論中庸之義三日夜而不能合。其後先生卒更定其説，然則未發之旨，蓋未相契也。」又云：「考先生與敬夫論中和，幾十年而始定。初與敬夫書，以爲人自有生即有知識云云。又曰通天下只是一個天機活物云云。後答敬夫書，又以浩浩大化之中云云。最後與敬夫書曰：近復體察，見得此理，須以心爲主而論之，則性情之德，中和之妙，皆有條而不紊云云。及與湖南諸公論中和書，皆是此意。」按洪本所云深契太極之旨，此以贈行詩與答詩臆度之耳。朱子自甲申後，與南軒往復皆講未發之旨，而以心爲已發，性爲未發，蓋以未發爲太極。詩所云太極，則指未發而言也。專言太極，則不識其意矣。心爲已發，性爲未發，兩先生於此無異論，至潭州當必共講之。中和舊説序云：「亟以書報欽夫，及當日同爲此論者。」則至潭州與南軒同爲此論，灼然可證。而謂「未發之旨未相契」者，真妄説也。范念德言兩先生論中庸之義三日夜而不能合，此語絶無所據。洪本云「其後先生卒更定其説」，李本無此語。則指己丑已發未發説而言，故以爲歷十年而後定中和之指。與南軒講論，在乙酉、丙戌，至己丑即悟其非，以書報欽夫，欽夫以爲然，不過四五年間。惟先察識，後涵養之説，欽夫執之尚堅，後卒從朱子説，雖不詳其時，大約不久而論定矣。以爲十年而後定者，亦妄説也。其叙丙戌三書爲初未定之論則是，然不載中和舊説序所云，則指意不分明。又載己丑論心學一書，以爲定論，此書在己丑初悟已發未發之分時，尚多未定之論，如「以静中知覺，不昧爲復，寂而常感，感而常寂，以静爲本」諸論，皆後來所不言。即如「仁中爲静，義正爲動」，與太極圖解正相反，豈可據以爲定論耶？祭南軒文云：「蓋繳紛往反者，幾十有餘年，末乃同歸而一致。」此統言之，如論語説、仁説之類，非指中和説而言，洪譜蓋誤認此語也。凡此皆非果齋之舊。李爲陽明之學，自主中和舊説，故於此多所删削，略而不言。而洪本則不勝其可疑也。姑附其説於此。羅整菴與陽明書引與敬夫最後一書以爲辨，而平湖讀朱隨筆亦以爲朱子定論，與年譜略同，恐皆未盡然也。○「是時范念德侍行，嘗言兩先生論中庸之義三日夜而不能合」，李、洪兩本皆載之，此或元本所有，非後人增入也。然於文集、語録皆無所考。而洪本以爲未發之旨未相契者，非是。竊嘗考之，朱子從延平之學，南軒從衡山之學，各有師承。延平殁而問之南軒，南軒以所聞告之，亦未有省。已而朱子自悟性爲未發，而合之延平所傳。見與何叔京、羅宗約書。南軒則專主衡山，而以延平默坐澄心，體認天理爲不然。見語録廖子晦問語。又力辨吕氏求中之非，見文集與吕士瞻書。自與延平不合，意其所云不合者，或在於此。其後朱子卒從南軒受衡山之學，其得胡氏與曾吉父書，與己意合，必在此時。以艮齋銘爲宗指，相與守之，見與程允夫、曾裘父書。先察識，後涵養，則與延平異矣。與林擇之書「後來所見不同，不復致思」，蓋指此時。而戊子諸書絶不及延平，亦自可證。至己丑始悟以性爲未發之非，未發已發各有時節，而於未發仍守延平之説，又深以先察識爲非，其先後異同大概如此。竊以意擬之而未敢定也。今仍李本，存此二語，以俟考焉。

冬十一月，偕南軒張公登南嶽衡山。

李本無此條，今從洪本。〇按南軒南嶽唱酬集序、朱子遊山後記、東歸亂稿序，其叙次時日道里，極爲詳悉。李本略載南嶽唱酬、東歸亂稿於往潭州、至自長沙兩條下。洪本别立此條，而注語最爲舛誤。今依兩家文集考正，而洪本注語直削去之，亦不復一一置辨也。〇又按朱子往訪南軒，與林擇之俱行，南軒序亦止言三人。范伯崇至己卯始别其羣從昆弟而來，同登山，又與朱子、擇之同歸。然年譜言范念德侍行，疑本與伯崇、擇之同行，伯崇有羣從兄弟在湖湘間，别往視之，至己卯而後來，然未有考也。南軒序謂「己卯胡實廣仲、范念德至，同登山」。朱子後記謂伯崇來，「始聞水簾之勝，欲一往觀，以雨不果，而趙醇叟、胡廣仲、伯逢、季立、甘可大來，餞雲峰寺，酒五行，劇論所疑而别」。洪本叙次斷續不明，而以自嶽宫至櫧州爲南嶽唱酬集，尤爲舛謬，今盡削去。

是月，除樞密院編修官，待次。

李、洪本皆闕「官」字，誤。考宋制編修官、檢討官，皆有官字，今補正。○己丑省劄：施元之因磨勘改官，别行注授，疾速前來供職。則此除替施元之闕也。施元之官期未滿，故待次於家。

四年戊子，三十九歲。夏四月，崇安饑，請粟于府以賑之。

年譜本社倉記，而不及縣官之委，甚爲缺略，今載社倉記。

程氏遺書成。

按程子「涵養須用敬」二語，庚寅始特拈出，而戊子遺書序已云「主敬以立其本，窮理以進其知」，即此二語之指也。續集與蔡季通書云：近看遺書目録序「時有先後」以下一節，説道理不出，欲更之云：「先生之學，其大要則可知已。讀是書者，誠能主敬以立其本，窮理以進其知，兩者交相爲用而不已焉，則日用之間，且將有以默契乎先生之心，而疑信之傳可坐判矣。」則是序文後有更改。蔡書不詳何時，豈在庚寅以後耶？「時有先後」之云，亦不見於遺書序中，則其所更改者，又不止此也。

按自潭州歸後，以艮齋銘爲宗指，其見於與程允夫、曾裘父書甚明。艮齋銘以知止爲始，而格物致知專以察識端倪爲下手工夫，與學聚問辨之指不類。其云「天心粹然，道義俱全，是曰至善，萬化之源」，與「至善，事理當然之極」注又不合。與何叔京書「因其良心發見之微，猛省提撕，使心不昧，默會諸心，以立其本」，是皆艮齋銘之指也。石子重書「非格物致知，不用正心誠意，及其正心誠意，却不用致知格物」，其語自是。但以審察見得爲格物致知，以泰然行將去爲正心誠意，亦仍是艮齋銘之指也。

大抵以心爲已發，以性爲未發，要從已發處識得未發，故曰：「惟應酬酢處，特達見本根。」凡戊子諸書，皆是一意。平湖謂答叔京書易爲異學所借，尚似有所未察。正學考不載與允夫書，則未見其宗指，而於講論多所反覆，似皆未得其要領也，故附論之。

五年己丑，四十歲。夏五月，省劄再趣就職，再辭。秋七月，省劄復趣行，辭。

按樞密院編修官，係替施元之闕。是歲施元之磨勘改官，别行注授，省劄催促前來供職。年譜載於戊子年之末，誤也。魏掞之以四年十二月除太學録，五年六月罷歸，正省劄趣行時，朱子所以因是力辭也。朱子魏元履墓誌、南軒魏元履墓表，年月俱可考。年譜誤載，而續通鑑因之，今改正。○行狀云「五月，三促就職」。據文集回申催促供職狀，五月内兩次准尚書省劄子催促供職，今又准前件指揮。年譜八月復趣行，即第三次也。以戊子末一條移於今年五月，則明白無疑矣。

按已發未發説，與湖南諸公論中和第一書，皆在己丑之春。蓋乍易舊説，猶多有未定之論。如凡言心者，皆指已發而言，程子自以爲未當。而已發未發説則以爲指心體流行而言，非指事物思慮之交。與湖南書又以爲指赤子之心而言，但不當言凡言心者。此皆有所未安。吕博士説中庸或問，力辨其失，而此以爲大概得之。又謂涵養之功至，則其發也無不中節，又似删却已發工夫。皆早年未定之論也。中和舊説序在壬辰，距己丑又三年，不及前諸説，則其所見已不同矣。中和舊説序云：「亟以書報欽夫，及當時同爲此論者。」今其書不見於與欽夫答問中，豈即與湖南諸公書耶？既云第一書，則尚有第二書、第三書矣。此書序年當在前，而編次於六十四卷之末，與答或人爲類，此皆編次之失，恨不得起勉齋諸公而一質問之也。○與張欽夫諸説例蒙印可一書，當在與湖南諸公書之後，亦己丑答也。其中亦多未定之論，如以心爲主即心體流行之見，又云「仁者心之道，而敬者心之貞也」，後來都無此語。又云：「静中之動，動中之静，動静自是兩時，不必互説。」又云：「寂而常感，感而常寂，感者已發也，寂者未發也。今若曰已發而常未發，未發而常已發可乎？」又云：「以静爲本，亦似偏於静已發未發説，小注已自明言之。」而篇末二語，亦自平説，凡此恐皆未定之論。如以静中知覺爲復，後來改之。而太極解以仁中爲静，義正爲動，與今解相反。豈可據此書以爲定論耶！整菴羅氏引此書與陽明辨，平湖陸氏亦以此書爲定論，恐皆有所未察也。○答林擇之三書，皆辨先察識後涵養之非，而於涵養特重於已發工夫，未免少略。如云「從涵養中漸漸體出這端倪來」，陳湛之學似之。又云「苟得其養，而無物欲之昏，自然發見昭著，不待別求」，陽明之學似之。是皆早年未定之論，而後來所不取也。羅整菴嘗言「後人創爲異説者，乃拾前人之所棄以自珍」，正謂是爾。

六年庚寅，四十一歲。春正月，葬祝孺人。

年譜云：先生居喪盡禮，既葬，日居墓側，朔望則歸奠几筵。「朔望」，李、洪本作「旦望」，閩本已改正。按李、洪、閩三本皆云「日居墓側」，而不言何所。寒泉精舍當與墓相近，然以精舍名，則是講論之地，而非守墓之所也。朱子庚寅與范伯崇書云：「比攜二子過寒泉，招季通來相聚，亦有一二友朋，初不廢講論。」則朱子固嘗至寒泉與友朋講論，而謂「日居墓側，朔望方歸奠几筵」，恐未然也。今削去，而附見於此。○按書儀，始虞猶朝夕哭，不奠，小祥止朝夕哭，惟朔望饋食會哭。則朔望饋食，小祥前當亦然也。朱子居喪，自用書儀，故或朔望歸奠几筵。考文集答陸子壽書力言撤几筵之不可，而於朝夕饋食則未明言。答李繼善問謂朝夕饋食，不害其爲厚，而又無嫌於僭，且當從之。其答葉味道書則據左氏「特祀於寢」與國語「日祀」之文，謂主復於寢，三年内皆日上食。此後來所講定，與書儀亦有不同者矣。○按禮記「朝奠日出，夕奠逮日」，注疏説皆不分明。開元禮朝奠至徹夕奠，夕奠至徹朝奠。開元距孔、賈不遠，其或有所傳也。鄭注既夕記云：「饋，朝夕食也。孝子不忍死其親，事之如生存時，進徹之時如其頃。」據此，則殯宫朝夕之奠與下室之饋絶不同，卒哭後罷朝夕奠，而下室之饋自仍行於正寢，但經文不具爾。儀禮：「猶朝夕哭，不奠。」不奠者，但謂不行喪奠之禮。書儀即以不奠爲不饋食，考之或有未詳也。

年譜有「家禮成」一條，今削去。○洪本年譜云：先生居喪盡禮，既葬，日居墓側，朔望則歸奠几筵，自始死至祥禫，參酌古今，咸盡其變，因成喪祭禮。又推之於冠昏，共爲一編，命曰家禮。既成，未嘗爲學者道。易簀之後，其書始出於人家。其間有與先生晚歲之論不合者。黄榦直卿云：「家禮世多用之，然其後亦多損益，未暇更定，覽者詳擇焉。」李本略。家禮附録李氏方子曰：「乾道五年九月，先生丁母祝令人憂，居喪盡禮，參酌古今，因成喪葬祭禮，又推之於冠昏，共爲一編，命曰家禮。」年譜，李氏所輯，疑此年譜本語，而其他則後人增益之耳。黄氏㽦曰：「先生既成家禮，爲一行童竊以逃。先生易簀，其書始出，今行於世。然其間有與先生晚歲之語不合者，故未嘗爲學者道也。」陳氏淳曰：「嘉定辛未歲，過温陵，先生季子敬之倅郡，出示家禮一編，云：『此往年僧寺所亡本也，有士人録得，會先生葬日攜來，因得之』。」○文集答汪尚書書云：「嘗因程氏之説，草具祭寢之儀，將以行於私家，而連年遭喪，未及盡試。」答吕伯恭書云：「祭禮略已成書，欲俟之一兩年，徐於其間，察所未至。今又遭此期喪，勢須卒哭後，乃可權宜行禮，考其實而修之，續奉寄求訂正也。」又答吕伯恭書云：「祭禮已寫納汪丈處，託以轉寄。然其間有節次修改處，俟旦夕别録，呈求訂正也。」答張欽夫書云：「祭禮修定處甚多，大抵多本程氏，而參以諸家，故特取二先生説。今所承用者，爲祭説一篇，而祭儀、祝文又各爲一篇，比之昨本，稍復精密。」與蔡季通書云：「祭禮只是於温公書儀内少增損之，正欲商訂，須俟開春稍暇乃可爲也。」程氏冬至、立春二祭，昔嘗爲之，或者頗以僭上爲疑，亦不爲無理，並俟詳議也。」答汪、吕書在壬辰，又答吕書在癸巳，張書則在丁亥、戊子間，蔡書不詳其時，大約庚寅後。跋三家禮範云：「嘗欲因司馬氏之書，參考諸家之説，裁訂增損，舉綱張目，以附其後，使覽之者得提其要，以及其詳，而不憚其難，行之者雖貧且賤，亦得以具其大節，略其繁文而不失其本意也。顧以病衰不能及已。嗚呼！後之君子，其尚有以成吾之志也。」甲寅八月。語録云：「某之祭禮不成書，只是將司馬公書減却幾處。」葉賀孫。「某嘗修祭禮，只就温公儀中間行禮處，分作五六段，甚簡易曉。後被人竊去亡之矣。」陳淳。

按年譜及家禮附録，則家禮爲朱子之書無疑。考之文集、語録，則有祭禮、祭説而無云家禮者，所云被人竊去亡之者，亦祭禮而非家禮也。唯與蔡季通書有「已取家禮四卷並附疏者一卷納一哥」之語。此丁巳後書，所云家禮乃經傳通解中之家禮，亦非今之家禮也。經傳通解中家禮六卷，此以前四卷與之耳。年譜，家禮成於庚寅，正居母喪時，而序絶不及居憂一語，所謂因喪祭而推於冠昏，序中亦無此意。勉齋行狀及家禮後序但言其後多損益，未暇更定，既不言其居喪時所輯，亦不言其亡而復得，是皆有所不可曉者。姑類集諸録及文集、語録諸説於此，以俟後之人考而訂焉。○明邱氏濬曰：武林應氏作家禮辨，謂：「文公先生於紹熙甲寅八月跋三家禮範云：『某嘗欲因司馬公之書，參考諸家之説，裁訂損益，舉綱張目，以附其後，顧以衰病不能及已。』勉齋先生家禮後序云：『文公以先儒之書，本末詳略猶有可疑，斟酌損益，更爲家禮。迨其晚年，討論家、鄉、侯國、王朝之禮，未及脱藁而先生没，此百世之遺恨也。』今且以其書之出不同置之，姑以年月考之。宋光宗紹熙甲寅，文公已於三家禮範自言『顧以衰病不能及』，豈於孝宗乾道己丑已有此書，況勉齋先生亦云『未及脱藁而文公没』，則是書非文公所編，不待辨而明矣。文公集中有與門人言及家禮已成四卷，並家禮序文，此門人編入以爲張本耳。」按應氏此言，謂家禮爲未成之書，雖成而未盡用，可也，乃併以爲無此書，可乎？既無此書，則胡爲而有此序，且序文決非朱子不能作。而謂門人編入以爲張本，決不然也。況其所引勉齋跋語所謂未及脱藁者，指經傳通解也，非謂家禮也。三家禮範序所云「是亦未及參考諸家，裁訂增損，使無遺恨爾」，非謂無是書也。黄、陳、李、楊諸子，皆出自朱門，親授指教，皆不以爲疑。而應氏生元至正間，一旦乃肆意辨論，以爲非朱子所編，斷斷乎出於門人附會無疑，且謂其「妄意增損三家禮範之文，殊乖禮經」，又謂「附注穿鑿尤甚」，噫，應氏之爲此言，其亦淺妄之甚矣！按邱氏辨應氏之説詳矣。然以愚考之，則應氏所疑不爲無見，但所據勉齋跋語則非其旨，所引已成家禮四卷亦考之不詳。至邱氏謂序文決非朱子不能作，然序文自與年譜不合，勉齋行狀及跋語不言成於居憂時，又不言其亡而復得，與年譜、家禮附録皆不合，凡此俱略而不言。其所解三家禮範跋語，則其失正與應氏同也。應氏之辨今不可見，因邱氏之語而得之，故並附著於此，以見前人已有疑於此者，以俟後之君子考而質焉。所引應氏語「今且以其書之出不同置之」，語不可曉，疑有錯誤。又家禮，年譜成於庚寅，應以爲己丑。家禮序無年月，豈應所見之本有「己丑」字，後來因與年譜不合故删之耶？抑應氏之誤也？○勉齋行狀序朱子所編次有古今家祭禮，而家禮與通解皆以其未成書别叙於後。至宋史本傳，則以家禮入於所編次之中，删去古今家祭禮。故後之人但知有家禮，而古今家祭禮遂失其傳，甚可惜也。古今家祭禮成於淳熙甲午，跋語可考，其後增三卷，見於與鄭景望書，後又增一卷，共二十卷，馬氏通考載之。年譜歷叙諸書而獨削古今家祭禮不載，其意以爲有家禮而古今家祭禮之書可廢，宋史之誤，蓋亦由此。此朱子所云「不待七十子喪而大義已乖」者，於後之人又何責哉？○附家禮考。家禮非朱子之書也。家禮載於行狀，其序載於文集，其成書之歲月載於年譜，其書亡而復得之由載於家禮附録。自宋以來，遵而用之，其爲朱子之書，幾無可疑者。乃今反復考之，而知決非朱子之書也。李公晦叙年譜，家禮成於庚寅居祝孺人喪時，文集序不紀年月，而序中絶不及居喪事。家禮附録陳安卿述朱敬之語，以爲此往年僧寺所亡本，有士人録得，會先生葬日攜來，因得之。其録得攜來，不言其何人，亦不言其得之何所也。黄勉齋作行狀，但云「所輯家禮，世所遵用，其後多有損益，未及更定」。既不言成於居母喪時，亦不言其亡而復得，其書家禮後亦然。敬之，朱子季子，公晦、勉齋、安卿，皆朱子高第弟子，而其言參錯不可考據如此。按文集朱子答汪尚書書、與張敬夫書呂伯恭書，其論祭儀、祭説往復甚詳。汪、吕書在壬辰、癸巳，張書不詳其年，計亦其前後也。壬辰、癸巳距庚寅僅二三年，家禮既有成書，何爲絶不之及，而僅以祭儀、祭説爲言耶？陳安卿録云：「向作祭禮甚簡而易曉，今已亡之矣。」則是所亡者，乃祭禮而非家禮也明矣。文集、語録自家禮序外無一語及家禮者，唯答蔡季通書有「已取家禮四卷納一哥」之語。見續集，在蔡至道州後丁巳、戊午閒。此儀禮經傳通解中家禮六卷之四，而非今所傳之家禮也。甲寅八月跋三家禮範後云：「嘗欲因司馬氏之書，參考諸家，裁訂增損，舉綱張目，以附其後。顧以衰病不能及已，後之君子必有以成吾志也。」甲寅距庚寅二十年，庚寅已有成書，朱子雖耄老，豈盡忘之至是而乃爲是語耶？竊嘗推求其故，此必有因三家禮範跋語，而依倣以成之者，蓋自附於後之君子而傳者，遂以託之朱子所自作。其序文亦依倣禮範跋語，而於家禮反有不合。家禮重宗法，此程、張、司馬氏所未及，而序中絶不言之，以跋語所未有也。其年譜所云「居母喪時所作」，則或者以意附益之爾。敬之但據所傳不加深考，此如司馬季思刻温公書之比。公晦從遊在戊申後，其於早年固所不詳，祇叙所聞以爲譜。而勉齋行狀之作在朱子歿後二十餘年，其時家禮已盛行，又爲敬之所傳録，故不欲公言其非，但其辭略而不盡。其書家禮後，謂經傳通解未成，爲「百世之遺恨」，則其微意亦可見矣。後之人以朱子家季子所傳，又見行狀、年譜所載，廖子晦、陳安卿皆爲刊刻，三山楊氏、上饒周氏復爲之考訂，尊而用之，不敢少致其疑。然雖云尊用其書，實未有能行者，故於其中謬誤亦不及察，徒口相傳，以熟文公家禮云爾。惟元應氏作家禮辨，其文亦不傳，僅見於明邱仲深所刻家禮儀節中，其辨專據三家禮範跋語，辭多疏略，未有以解世人之惑，仲深亦不然之。故余今偏考年譜、行狀及朱子文集、語録所載，俱附於後，而一一詳注之。其應氏、邱氏語亦並附焉，他所摘謬誤亦數十條，庶來者有以知家禮決非朱子之書，而余亦得免於鑿空妄言之罪焉爾。另有後考，摘家禮舛誤凡數十條，文多不載。○又按朱子跋古今家祭禮在淳熙元年甲午，距庚寅五年，不言其有家禮，其云：「有能採集附益通校而廣傳之，相與損益折衷，共成禮俗。」與跋三家禮範雖前後絶遠，而其意大概相同也。家禮之非朱子書，此亦一證。

秋七月，遷韋齋先生墓。

文集遷墓記云：「初，府君將殁，欲葬崇安之五夫。卒之明年，遂窆其里靈梵院側。熹幼未更事，卜地不詳。既懼體魄之不獲其安，乃以乾道六年七月五日，遷於里之白水鵝子峰下。」吏部行狀云：「卒之明年，熹奉其柩，葬於建寧府崇安縣五夫里之西塔山，而碩人别葬建陽縣崇泰里之後山舖東寒泉塢。六年，遷於白水鵝子峰下。」祝孺人壙記言，距府君白水之兆百里而遠。是韋齋之墓遷於白水無疑矣。壙記云：距府君白水之兆百里而遠。然公所藏地勢卑濕，懼非久計。乃卜以慶元某年某月某日，奉而遷於武夷鄉上梅里寂歷山中峰僧舍之北。」按遷墓記言，以韋齋卒之明年，窆其里靈梵院側，至乾道乃行狀止云以明年葬於崇安縣五夫里之西塔山，而不言遷墓，豈西塔山即白水鵝子峰耶？靈梵院側、鵝子峰皆在五夫里，相距不遠，故統言之乎？然不得云明年也。靈梵之窆云卜地不詳，而行狀之地勢卑濕，自指白水之兆，而不言再遷，此不可曉。果齋作譜時，尚可諮問，而今譜但爲疑詞，不知即果齋之舊否也？遷墓記與行狀互有異同，編次者亦略不爲考訂，何耶？姑記所疑於此。

按自庚寅與吕東萊、劉子澄書拈出程子兩語，生平學問大指，蓋定於此。即中庸「尊德性，道問學」，易大傳之「敬以直内，義以方外」，從古聖賢所傳，若合符節。至甲寅與孫敬甫書云：「程夫子之言曰『涵養須用敬，進學則在致知』。此兩言者，如車兩輪，如鳥兩翼，未有廢其一而可行可飛者也。」尤爲直截分明。蓋相距二十五年矣，而其言無毫髮異也。自庚寅以後，書問往來，雖因人説法，間有所獨重，而其大指不出此兩語。晚年爲鄂州稽古閣記、福州經史閣記，正以此兩語相對發明，其指意尤曉然矣。通辨、正學考皆不載此二書，今據文集補入。陳師德書不詳何時。師德卒於甲午，此書當去庚寅不遠，故附載之。

七年辛卯，四十二歲。冬十二月，省劄趣行，以禄不及養，辭。

按六年十二月召赴行在，是年五月，陳俊卿出知福州，虞允文獨相，閏五月，梁克家參知政事。此召雖以胡銓之薦，亦或允文、克家之意也。朱子以喪制未終辭，其狀不見於文集，疑其在喪中不復具狀，但以省劄回納建寧府軍資庫而已。至七年十二月，喪制既滿，尚書省依六年元降指揮催促起發，朱子於八年二月具辭免召命狀，以禄不逮養辭。四月三省同奉聖旨，令疾速起發。行狀：七年既免喪，復召，以禄不及養辭。免喪在七年，而復召則在八年四月。行狀統言之，不復詳叙，本傳亦同。其七年十二月省劄，乃依六年元降指揮，而非即有復召之命也。八年二月，克家爲相，與允文並。本傳「九年克家相，再申前命」。九年當作八年。自召赴行在屢趣起發，疑皆出克家之意，而允文特聽之耳。允文以八年八月去位，九年特與改秩宫觀，則允文之去位久矣。然朱子於允文、克家皆無書，豈以申省狀已屢言之，而素無交往，故不便有書耶？抑或文集之脱漏也。陳丞相、龔參政、周丞相、留丞相，皆再三與書，即趙雄、王淮亦屢與書，是在南康、浙東事有相關，不得不爾。見與吕伯恭書。而文集乃諱言之，亦不識朱子之意矣。行狀云「四年之間，辭者六」，此指六年召赴行在，八年召赴行在，七年省劄趣行，八年省劄再趣行，九年省劄又趣行，辭免召命狀凡五，而喪制未終無辭狀，元甚分明。李本止載六年、八年兩召命，九年省劄趣行，爲太略。洪本爲得之，而以七年十二月趣行，爲八年二月趣行，則亦失之。今考正其始末，而附論之如此。

八年壬辰，四十三歲。春正月，論孟精義成。

按癸未編次論語要義、論語訓蒙口義，兩書皆不傳，而存其序。至壬辰編次論孟精義，庚子刻於南康，改名要義，蓋其名偶同，而非即前論語要義之本也。年譜誤認，以此書先名要義後改精義，又改名集義。以書語孟要義序後考之，非是，今改正。○又按癸未要義序，獨取二先生此五字元本缺。及其門人朋友數家之説，補輯訂正，以爲一書，則亦與精義略同。但其書草略，故後來編次精義不復及之，而别爲之序，自非癸未之本也。南康之刻，蓋取舊名，以「精義」二字太重，而諸家之解亦有未盡當者，後定名集義亦以此。年譜之云，蓋未辨此意也。

夏四月，有旨趣行，復辭。六月，省劄再趣行，再辭。

按辭免召命狀，以去冬十二月省劄趣行，二月具狀辭免。洪本以趣行敘於二月，誤也。夏四月，有旨疾速起發。至五月六月，省劄又兩次趣行。洪本止載六月省劄催，亦非是，今俱改正。

資治通鑑綱目成。

按綱目序於壬辰，據季通、伯諫、擇之、伯恭諸書，則癸巳、甲午至乙未，方寫校淨本，乃成編也。又據敬夫、伯恭、李濱老書，則重修於丙申、丁酉，至庚子方可寫。據延之、恭叔書，則丙午以後欲重修而未及，行狀所云「每以未及修補爲恨」也。余大雅録在戊戌後，當是重修時，而語意不類，恐記者之誤。若陳淳録則自分明矣。年譜，綱目成於壬辰，以序文而言耳。○凡例刻於王魯齋柏，勉齋諸公皆未之及，或以後出爲疑。今考蔡書云：「條例亦已定矣。」又云：「綱目凡例修立略定，極有條理意義。」則元有凡例當以蔡書爲據也○又按綱目於通鑑改正甚多，而猶有未及改者，故曰「恐爲千古之恨」。今載與劉子澄、尤延之書，以見其概。朱子於壬寅年，以綱目爲孝宗言之，蓋欲倣温公之例，而孝宗顧置之，則反不如神宗遠矣。而朱子居家五年，竟亦未能再修，此所以常以爲恨也。

八朝名臣言行録成。

按東萊集與汪尚書書云：「近建寧刻一書，名五朝名臣言行録，此前集，又有後集。云是朱元晦所編，其間當考訂處頗多。近亦往問元晦，未報，不知曾過目否？」是書書呂許公事切直，故東萊不樂之，見沈僴録。而朱子後來亦未修改。此早年之書，與論孟或問同也。前集五朝，後集三朝，故總曰八朝。呂公所見者，前集也。

冬十月，西銘解義成。

按年譜據西銘解後跋，然考之作解當在壬辰前。跋云「熹既爲此解，後得尹氏書」，則非壬辰明矣。又考葉味道語録，自在雲谷作「天地之塞」兩句解，後來逈邐作西銘等解。雲谷記以庚寅得雲谷，則西銘解作於庚寅、辛卯間。據吕東萊書，太極、西銘兩解皆成於壬辰前也。

九年癸巳，四十四歲。夏四月，太極圖説解、通書解成。

按年譜，壬辰十月西銘解成，癸巳四月太極圖解、通書解成，此據兩後記歲月言之，而通書則附見焉。考之吕、張兩集，則太極圖解成於戊子，西銘解成於庚寅、辛卯。東萊書壬辰有改定太極圖説解之云，則必不至於癸巳而後成矣。○又按己丑、己亥皆訂正太極、通書，不云有解也。丁未作通書後記，戊申始出太極、西銘兩解以示學者。年譜以通書解附焉。東萊與朱子書云：「太極圖解近方得本玩味，淺陋不足窺見精藴，多未曉處，已疏於别紙。」其書在戊子。又云：「太極所疑，重蒙一一鐫誨。」則在己丑。又云：「示下太極圖、西銘解，當朝夕玩繹，若稍有所未達，當一一請教，亦不敢以示人也。」又云：「向承示以改定太極圖論解，比前本益覺精密。西銘發昔人所未發處益多。」又云：「太極圖解昨與張丈商量未定，而匆匆分散，少暇當理前説。」此三書當在辛卯。朱子與南軒書云：「太極解後來所改不多，别紙上呈。」則書在戊子、己丑間。南軒書云：「伯恭昨日得書，猶疑太極説中體用先後之論。」則在辛卯後。據此諸書，則太極圖解成於戊子、己丑，西銘解成於庚寅、辛卯。兩書後跋，各以其跋之歲月言，非成書之歲月也。又戊申跋未敢出以示人，乃爲學者言之，張、吕二公則未嘗不共商榷。象山云：「考訂注釋，似亦見圖解矣。」通書後記作於丁未，此如己酉序大學、中庸章句之比，章句非至己酉始成，通書解亦非丁未始成也。年譜叙於癸巳，疑亦因太極圖解附及之。而李微之序亦云：「太極通書解義成於癸巳。」豈别有所據乎？竊意亦成於壬辰以前。至丁未始作後記，以授學者。戊申二月，則出兩解，非並出通書也。梭山詆太極圖、西銘，林黄中詆易、西銘，而通書尚未有議者，故未之及焉。今姑依年譜所叙，而考訂其歲月先後如此。○李微之性傳語録序序成書歲月，大概同年譜。而易本義，以爲成於乙巳、丙午之間，與年譜不同，則非盡同年譜也。戊申出太極、西銘兩解以示學者，明言兩解，不及通書，而李、洪兩本，於戊申皆以通書附焉。今據鄒本删之，前説亦以意度，未盡然也。

五月，有旨特改左宣教郎，主管台州崇道觀，再辭。

洪本「進呈乞嶽廟劄子」下有「是年梁克家相申前命，又辭」十一字，誤用本傳語，重複不可曉。而李本並無「進呈乞嶽廟劄子」句，則克家之奏爲無所因矣。今從洪本，而「是年」以下十一字則删去。

淳熙元年甲午，四十五歲。春二月，復辭。三月有旨，不許辭免，復辭。夏六月，始拜命。

按文集辭免改秩宫觀狀凡四，行狀云「九年再辭」，「元年又再辭」。李本止云「省劄凡三下，趣依已降指揮」，太略。洪本得之，而僅統叙於「拜命」之下，亦非是。今依行狀、文集改正。○行狀「辭者四」，則據辭免狀。年譜云「三具辭免」，則以第一狀辭改官，第二狀辭告命，實一事也，此則非誤。

編次古今家祭禮。

朱子自爲之跋甚詳，而不載其目。其答鄭景望書言增孟詵、徐潤、孫日用三卷，爲十九卷。以書考之，則賈頊家祭儀第六，孟詵第七，徐潤第八，政和五禮第十一，孫日用第十二，杜公祭享儀第十三，范氏祭儀第十九，其確然可考者七卷而已。馬氏文獻通考：陳氏曰：「朱子集通典、會要所載，以及唐、本朝諸家祭禮皆在焉，凡二十卷。」則又增一卷矣。凡十三卷，蓋莫可考。以通考所載計之，有江都集禮，有開元禮、開寶禮，有胡氏吉凶書儀、唐鄭正則祠享禮、唐范傳式寢堂時享禮、劉岳書儀、陳致雍新定寢祀禮，又有韓氏古今家祭式、横渠張氏祭禮、伊川程氏祭禮、吕氏家祭禮、温公書儀，書儀今刻無祭禮，或是涑水祭儀。凡十三篇，正合二十卷之數，或即是耶？此朱子手自編次之書，而家禮則後人僞作。勉齋以古今家祭禮同爲編次，而家禮則别出。至宋史以家禮入於編次諸書之内，而删古今家祭禮，故後人但知有家禮，而古今家祭禮遂以不傳於世，甚可惜也。然藏書之家，或當有存者，有志之士多方訪求，庶朱子之書復見於世，寧非大幸乎！

朱子年譜考異卷二

淳熙二年乙未，四十六歲。夏四月，東萊吕公伯恭來訪。

李、洪本俱作「夏五月」，今改正。〇按文集書近思録後云：「乙未夏，訪予於寒泉精舍，留止旬日。」而末署云「五月五日」，則來訪在四月明矣。東萊年譜亦云四月，可證。

近思録成。

洪本年譜云：「其後先生守漳州日又添入數條，刻於學宫。」按文集與張、吕書，則添入數條在丙申、丁酉間。不知洪本何據？李本無之，今删去。〇按勉齋集復李公晦書云：「真丈所刊近思、小學皆已得之，後語亦得拜讀。先近思而後四子，却不見朱先生有此語。陳安卿所謂『近思，四子之階梯』，亦不知何所據而云。」據此，則「近思録，四子之階梯」或非朱子語，亦與葉録不合。程子云：「若不得某之心，所記者徒彼意耳。」此又讀語録者所當知也。

偕東萊吕公至鵝湖，復齋陸子壽、象山陸子静來會。

李、洪本皆作「梭山陸公子壽」。按梭山，子壽兄子美號也，子壽號復齋。譜蓋因象山辨太極書屢言梭山而誤，今改正。○按鵝湖之會，年譜不詳，語録無及此者。象山年譜、語録所載爲最悉，朱、陸異同皆見於此，故附著之。至其辭氣之悖，覽者當自曉，然無庸辨也。朱子和詩在己亥春三月，子壽訪朱子於鉛山，追和鵝湖詩韻以贈子壽。象山年譜謂歸後三年乃和此詩，蓋因別離三載而言，其實非也。然可證年譜俱載鵝湖會之誤。○學蔀通辨云：「朱子年譜謂『其後子壽頗悔其非，而子靜終身守其説不變』。」今年譜無此語，此必李本所删，而洪本亦不能是正也。今依通辨補入，而其他語則不可考矣。又如諸公各執所見，於朱、陸並言之，亦必李氏所改也。○據與王子合書，則在鵝湖與二陸講論，幾旬日矣。年譜、語録皆無可考。象山語録所云「數十折議論者」，不知是何議論，可惜也。○按鵝湖之會，朱、陸異同，是作譜大關鍵，果齋元本不可得見，李爲陽明後人，於此皆諱而不言，故載文集諸書並張、吕書，俾後人有考焉。

秋七月，雲谷晦庵成。

按雲谷記，乾道庚寅始得其地，即作草堂，榜曰「晦庵」。則晦庵之成在庚寅，至乙未已六年矣。蓋至是亭臺始具，而又併得山北姚氏地，故作記以識其成。年譜云「秋七月晦庵成」，蓋以晦庵統名其地，非指草堂三間也，今姑仍之。

三年丙申，四十七歲。春三月，如婺源。

鄉考云：「三月望後起行。」年譜俱作二月，誤，今改正。○洪本有「先生與鄉人子弟講學於汪氏之敬齋」，而附敬齋箴。按敬齋箴前題云：「讀南軒主一箴，綴其遺意，作敬齋箴以自警。」南軒卒於庚子，當是庚子後作，此爲附會無疑也，今删去。○按「與滕璘游」一條，見李本，洪本不載。考滕璘通書在丙申前，此或元本所有，姑存之。○按茶院朱氏譜序，今文集缺。○答吕伯恭書，此在婺源所寄，余文集注有説。附文集注。此書有「頓進之功」語，距己丑八年矣。仰窺古人精進，刻刻用力，所謂上達不已日新者，固不可執己丑一悟以爲定也。○又按九月答吕伯恭書云：「前月至昭武，見端明黄丈，旬日而歸。黄丈端莊渾厚，老而不衰，議論不爲詭激，而指意懇切，亦自難及，見之不覺使人心服。」據此，則朱子自婺源歸，再見黄端明矣。年譜俱缺，今附見於此。

夏六月，授祕書省祕書郎，辭，不允。秋八月，復辭，並請祠，許之，差主管武夷山沖祐觀。

按本傳以手書遺茂良。今考龔書，其辭不詳。其與韓旡咎尚書書最爲詳盡。年譜「與汪尚書書」，「汪」字誤，即與韓書也。僅删取其前數十語而意不明，今全載。「汪」字閩本已改正。

冬十一月，令人劉氏卒。

按年譜明年二月葬於建陽縣之唐石大林谷。唐石，里名也，後朱子葬唐石里大林谷可證。閩本葬嘉禾里之唐石大林谷，「嘉禾里」三字衍文。「窂如」，閩本作「峷如」，疑當作「罫如」。「側」，閩本作「左」。語録云：「某葬亡室時，只存東畔一位。」是同穴而在左，非另規壽藏也。名其菴曰順寧，豈墓旁有菴以守墓乎？是墓旁有亭，又有菴矣。凡此皆從李、洪本。○閩本二月别立一條，或依舊本而别出之，或家有所傳，亦未可定。如年譜令人之卒在十一月，而閩本增「十三日」三字，此自有所傳也。鄒考云：「按朱子與吕伯恭書有云：『雨多，卜葬至今未定，更旬日間，且出謝親知，並看一兩處，若可用即就近卜日。』此丁酉二月書也。是年秋伯恭來書，葬地已有定卜，安厝莫須有期。則令人之葬，大約在丁酉秋冬矣。」鄒考蓋據兩書而改二月爲是歲於丁酉終。然當仍閩本而注所疑於下，不當遽改也。今仍從李、洪本，附注於令人卒之下。而「二月」兩字則改爲「某月」，以記疑。○李、洪本附録行狀「令人卒以乾道丁酉」，小注辨其誤，今考勉齋集行狀云「卒以淳熙丙申」，未嘗有誤。此附録刻本之訛舛，而辨者未及考之本書耳。

四年丁酉，四十八歲。夏六月，論孟集註、或問成。

年譜從洪本，李本太略，其謂或問「恐轉而趨薄」，似用南軒書中語，與朱子意不合也。或是果齋元本所有，姑仍之。○南軒戊戌與朱子書云：「論語章句「章句」疑作「集註」。簡確精嚴，足以詔後學。或問之書，大抵固不可易之論。但某意謂此書却未須出，蓋極力與辨説，亦不能得盡，只使之誦味章句，節節有得，則去取之意與諸家之偏自能見之。不然，却恐使之輕易趨薄耳。」按朱子之不肯刊行或問，以未及修改，而南軒所云又是一意，今附見於此。○與許順之書有云：「大學之説，近日多所更定。」其書在丙戌、丁亥間，據此則大學章句與論語訓蒙口義同時所作，但不知即以「章句」名否耳？南軒書「論語章句」，「論語」或當作「大學」也。○答吕伯恭書有云：「大學、中庸皆有詳説，此即或問稿。」洪本云「又作訓蒙口義，即詳説也」，誤。李本無「即詳説也」四字，今從李本删去。○又己亥與吕伯恭書云：「兩月間只看得兩篇論語，亦自黄直卿先爲看過，參考同異了，方爲折中。」據此則論孟集註丁酉尚未成書也。後書又云：「盛意欲得語解定本，此亦欲有修改處。今上納二册，餘却續寄。」則丁酉已成書，此更修改耳。○楊道夫録在己酉後，此集註乃初本，後來改訂極多。年譜「集註、或問成於丁酉」，止據初本言之。此云十年前，正指初本也。「不告而刊」，年譜指或問，疑與集註同刊也。○丙辰答孫敬甫云：「南康語孟是後來所定本，然比讀之，尚有合改定處未及下手。」按集註成於丁酉在南康時，己亥、庚子距丁酉二三年耳。後來所定本必在其後，而刊於南康，非在南康時也。此書丙辰距丁酉二十年矣，尚云合有改定，而諸家問語所舉集註往往與今本不同，考其年則在乙卯、丙辰後，是其修改直至没身而後已也。按文集答歐陽希遜問語，孟子「四體不言而喻」句，「凡數改方定今説，前説皆不如今本之的當」。可知朱子之苦心矣。嘗謂此等處皆宜抄出以示學者。○朱在過庭所聞，是敬之有此書矣，今語類無考。

詩集傳成。

按年譜據集傳序，而朱子明注云「集傳舊序」，則後來集傳不用此序也。集傳蓋有綱領而無序，文集注辨此頗明，今附載。附文集注。按朱子明詩傳遺説，集傳序乃舊序，此時仍用小序，後來改定，遂除此序不用。今考序言「自邶而下，國之治亂，人之賢否，有是非邪正之不齊」，又云「善者師之而惡者改焉」，則亦不純用小序，但不斥言小序之非，而雅、鄭之辨亦略而未及。以讀詩記後序及讀桑中篇考之，其爲舊序無疑。編文集者既不注明，而大全遂冠此序於綱領之前，坊刻並除綱領，而止載舊序，其失朱子之意益遠矣。今考遺説而附正之。○按乙未與吕伯恭書，朱子年四十六矣。又二年丁酉作詩傳序，則必有改正。然讀詩記皆載朱子舊説，而丁酉舊序亦後來所不用。至壬寅書讀詩記後，乃致其疑。甲辰作桑中後記，則盡斥小序之非是，今本蓋自甲辰之後所修也。壬寅朱子年五十三，甲辰年五十五。語類李煇録云：「某自二十歲時讀詩，便覺小序無意義。後到三十歲，斷然知小序之出於漢儒所作。」以文集考之，其爲記者之誤無疑也。遺説作周謨録，但云「其後斷然知小序之出於漢儒」，無「到三十歲」四字。〇又按庚子與吕伯恭書已力辨小序之非，書讀詩記後及記桑中篇皆本於此。而以答潘文叔、潘恭叔書考之，則今本必修於甲辰後。而丁未與吕子約書言詩説久已成書，則其成在丁未以前也。又考與李公晦書，則甲寅以後更有修改。而葉彦忠書又有新本、舊本之異，此書不詳其時，然當在甲寅後也。馬氏文獻通考云「南康本出胡泳伯量家，更定幾十之一」，不知即此新本否？今所更定不同處，皆不可得而見。詩傳中亦間有一二可疑處，亦無從考矣。〇按果齋李氏云：「其於詩也，深玩辭氣而得詩人之本意，盡削小序以破後儒之臆説妄言，美刺悉就芟夷，以復温柔敦厚之教。」與年譜語略同，則此疑出果齋元本也。但未考丁酉所序詩集傳之爲舊本，此爲舛誤，然不載詩集傳序，則可知序非集傳所有矣。李微之序亦言詩集傳成於淳熙丁酉，蓋本年譜之誤。

周易本義成。

按年譜，詩傳成，據傳序成於丁酉十月，易本義則不知所據也。李微之序言「成於乙巳、丙午之間」，當以李序爲正。又馬氏文獻通考：「易傳十一卷、本義十二卷。陳氏曰：『晦庵初爲易傳，用王弼本，復以吕氏古易爲本義，其大指略同，而加詳焉。首列九圖，末列揲法。』」今考之文集、語録，皆未嘗言有易傳、本義之異，後來纂輯諸書，亦未有言及此者，不知陳氏何據而云然也。前列九圖，末列揲法，則諸書所同。然實非朱子之舊。通考説蓋未可信，今姑載於此，而俟考焉。○按文集答孫敬甫書云：「易傳初以未成書，故不敢出。近覺衰耄，不能復有所進，頗欲傳之於人，而私居無人寫得，只有一本，不敢遠寄。」其書在丙辰後，則易本義久已刊行，不當云不敢出。又書名本義，不名易傳，且其語與程子答張閎中語略同，以别集答孫季和、楊伯起書考之，殊不相類，今不載。○按古易經二篇、傳十篇，後爲王輔嗣、鄭康成所亂，至宋晁、吕始正其失。朱子本義從吕氏，其見於論説者詳矣。乃朱子殁，未幾，而門人節齋蔡氏已變其例。至度宗咸淳時，天台董氏乃合程傳、傳用王輔嗣本。本義爲一書。元文宗天曆時，鄱陽董氏從其説，而小有不同。至明永樂大全依兩董氏例，而又一以程傳爲主，反以本義附焉。坊刻則去程傳，而改本義從程傳本，於是朱子已正之古易，遂淆亂而不復可見矣。果齋作譜時，節齋本亦未出，後來改訂。至永樂大全而極，若坊刻之妄，亦不足置辨也。○又按朱子自不滿於易本義，以答孫季和、劉君房、楊伯起諸書考之，則沈莊仲所録是也。但自以其未及修補改訂如章句、集注之精當耳，謂其説道理太多，翻却窠臼不盡，則亦恐未然。○周易會通載朱子辨吕氏、晁氏語，不知所從出。朱子明文公易説第十九卷論古易今刻前闕二板，當是書臨漳所刊易後及此篇，而已不可考。按會通載書臨漳所刊易後，附朱子明吕氏音訓跋云：「嵩山古易跋語，先公嘗折衷晁、吕之説於其後。」據此，則此篇乃書嵩山古易跋後，而文集竟無之，則文集之遺逸亦多矣。○易本義所附九圖、筮儀，皆非朱子之作，乃後人誤增入者。如程子易序、上下篇義，不見於程子文集，考其辭意，斷斷非程子作。而天台董氏則附上下篇義於程傳，鄱陽董氏又並以易序附焉，皆據所傳，而不考其真僞。其附九圖、筮儀於本義，亦其類也。嘗有辨説極詳，今系於後。附周易本義九圖論。易本義九圖非朱子之作也。後之人以啓蒙依倣爲之，又雜以己意，而盡失其本指者也。朱子於易有本義，有啓蒙，其見於文集、語録講論者甚詳，而此九圖未嘗有一語及之。九圖之不合於本義、啓蒙者多矣，門人豈不見此九圖者，何以絶不致疑也。朱子於本義叙畫卦，約略大傳之文，故云：「自下而上，再倍而三，以成八卦。三畫已具，八卦已成，則又三倍其畫以成六畫，而於八卦之上各加八卦，以成六十四卦。」而不敢参以邵子之説。至啓蒙則一本邵子，而邵子所傳止有先天圖，即六十四卦方圓圖也。其伏羲八卦圖、文王八卦圖，則以經世演易圖推而得之。同州王氏、漢上朱氏易，皆載伏羲八卦圖、文王八卦圖，啓蒙因之。至朱子所自作横圖六則，注大傳語及邵子語於下，而不敢題云伏羲六十四卦圖，蓋其愼重如此。今乃直云伏羲八卦次序圖、伏羲六十四卦次序圖、伏羲八卦方位圖、伏羲六十四卦方位圖，是孰受之而孰傳之耶？又云：「伏羲四圖，其説皆出邵氏。」按邵氏止有先天一圖，其八卦圖後來所推六横圖，朱子所作，而以爲皆出邵氏，是誣邵氏矣。又云：「邵氏得之李之才挺之，挺之得之穆修伯長，伯長得之希夷先生陳摶圖南。」此明道叙康節學問源流如此。漢上朱氏以先天圖屬之，已無所據。今乃以移之四圖，若希夷已有此四圖者，是並誣希夷矣。文王八卦，説卦明言之，本義以爲未詳，啓蒙别爲之説，而不以入於本義。至於「乾，天也，故稱乎父」一節，本義以爲「揲蓍以求爻」，啓蒙以爲「乾求於坤，坤求於乾」，與「乾爲首」、「乾爲馬」兩節「皆文王觀於已成之卦，而推其未明之象」，與本義不同，蓋兩存之。今乃以爲文王八卦次序圖，又孰受之而孰傳之耶？自周子太極圖以黑白分陰陽，後多因以爲説。龜山先生於詹季魯問易，以一圖示之，而墨塗其半曰「此即易也」，是皆以意爲之。朱子答袁機仲書所云「黑白之位」，當亦類此。今此圖乃推明伏羲畫卦之次序，其必以奇偶之畫，而不可以黑白之位代之，彰彰明矣。爲問伏羲之畫以奇偶乎？以黑白乎？則以黑白之位爲伏羲之畫，雖甚愚知其不可也。今直題爲伏羲八卦次序，伏羲六十四卦次序，而皆以黑白之位，又孰受之而孰傳之耶？答袁書止有八卦黑白之位，而無六十四卦。又云「三白三黑，一黑二白，一白二黑」等語，與今圖亦有不同。此書云：「黑白之位，亦非古法。今欲易曉，故爲此圖以寓之。」後書云：「僕之前書，已自謂非是古有此圖，只是今日以意爲之，寫出奇偶相生次序，令人易曉矣。」則又明指六横圖而言，非黑白之位。故竊疑袁書此一節，乃後人勦入之，以爲九圖張本，而非本文。又其後云：「此乃易中至淺至近而易見者，黑白之位元非易中所有。」考其文義，都不相屬。答袁書凡十一，論黑白僅見於此，而他書皆以奇偶論，其爲有所增損改易而非本文無疑也。卦變圖，啓蒙詳之，蓋一卦可變爲六十四卦。以本義象傳傳卦變，偶舉十九卦以爲説爾。今圖卦變，皆自「復」、「姤」、「臨」、「遯」等十二辟卦而來。以本義考之，惟「訟」、「晉」二卦爲合，餘十七卦則皆不合，其爲謬妄尤爲顯然，必非朱子之舊明矣。故嘗反復參考九圖，斷斷非朱子之作。而數百年以來未有覺其誤者，蓋自朱子既没，諸儒多以其意改易。本義流傳既久，有所篡入，亦不復辯。馬端臨文獻通考載陳氏説本義，前列九圖，後著揲法，疑即筮儀。學者遂以九圖、揲法爲本義元本。所有後之言本義者，莫不據此，而不知本義之未嘗有九圖、揲法也。明永樂大全出，以本義改附易傳，而九圖、筮儀遂爲朱子不刊之書矣。今詳筮儀之文，絶不類朱子語。

其注有云：「筮者北面，見儀禮。」按儀禮士冠禮、特牲饋食禮、少牢饋食禮，筮者皆西面，惟士喪禮筮宅，以不在廟，筮者北面。今直云「筮者北面，見儀禮」，此等瞽說，不知何來。推求其故，則學易者但見漢上易叢說有引儀禮筮宅者北面之文，而並未嘗考之儀禮也。朱子豈不見儀禮者而疏謬若是耶？由是以言，筮儀亦斷非朱子之作。余故曰：易九圖，非朱子之作也，後之人以啓蒙依放爲之，又雜以己意，而盡失其本指者也。而通考所云「前列九圖，後著揲法」者，皆爲相傳之誤，而不可以據信矣。今考其大略如此，其碎義瑣説有相發明者，別附於後，世之君子得以覽觀而審擇其是非焉。另有論後數條，文多不載。

五年戊戌，四十九歲。秋八月，差知南康軍，辭。

按八月差知南康軍，即具狀辭。十月奉旨不許辭免，令疾速前去之任。又具劄子辭，乞宫廟差遣。據與呂伯恭書，十月後又有三劄託袁機仲爲投而未之投。至十二月，堂帖又趣行，亦見與呂伯恭書，故次年正月復具狀請祠。至二月在鉛山候命，又具乞宫觀狀，三月省劄又趣行，三月三十日赴任。李本太略，今從洪本。○行狀云：「差發遣南康軍事。辭者四，始之任。」此謂八月辭免，十月請祠，正月請祠，二月請祠，辭者凡四也。本傳「再辭不許」，誤。

六年己亥，五十歲。春正月，復請祠。二十五日啓行，候命于鉛山。

按東萊屢書勉行，今東萊集可考。而南軒語則南軒集無之，或脱漏也。今以年譜爲據。○按南軒集與朱子書云：「出處之計如何，莫須一出否？」在二十三卷。此與年譜所載意略同。然此書自在丙申，以祕書郎之除而言，非己亥也。南軒以戊戌五月移知江陵，朱子八月方除南康，而此書所言皆静江事。又趙若海與詹儀之兩易其任，當在丁酉，而書中言漕司趙若海，其在丙申無疑。若己亥，南軒自别有書，而集軼弗載耳。或以此書爲年譜之證，非也。

陸子壽來訪。

李本附載「候命鉛山」下，洪本另立一條，今從洪本。○按和鵝湖寺子壽韻，年譜繫於鵝湖寺兩陸詩之後，非是。象山年譜謂「歸後三年乃和此詩」，此因别離三載而云。然考其實，亦非也。詩云「别離三載」，蓋鵝湖之會在乙未，鉛山之訪在己亥，中間隔丙申、丁酉、戊戌三年，故曰三載。「偶扶藜杖出寒谷」，則自指候命於鉛山。「又枉藍輿度遠岑」，則謂子壽之來承鵝湖言，故曰「又枉」。若在鵝湖，則「又」字下不得也。「舊學商量」四句，正祭子壽文所云「志同道合，極論無猜，降心從善」者。若在鵝湖，則方各執所見，乖異不合，又安得作此語耶？故斷以此詩爲在鉛山追和前韻以贈子壽者，今改正。○按答東萊第一書，戊戌則鵝湖會後三年也。子壽蓋頗自悔其前説之誤，故鉛山來訪時，其論與朱子多合，祭文所云「志同道合，極論無猜，降心從善」者也。朱子此時於子静更有深望焉。庚子五書皆有招徠引誘之意，其惓惓之心可想見矣。癸卯以後，子壽既卒，而子静之潰決益甚，朱子於是知其不可以挽回也。至乙巳、丙午，乃誦言攻之，以示學者俾不惑於其説。此其前後苦心，學者不可以不之考也。○按象山語録子壽與子静學問元有不同。及將會鵝湖，子静再三辨論，而子壽乃以子静之言爲是，遂作孩提知愛一詩，子静以爲然。故鵝湖之會，子壽舉詩四句，朱子曰：「子壽早已上了子静船也。」其時二陸與朱子辯論，皆不合。後三年，子壽過訪東萊，乃幡然以鵝湖所見爲非，而東萊稱之，有「著實看書講論，心平氣下」之語。故鉛山之訪，亦不與子靜俱，而卒從朱子之説。祭文所云，蓋紀其實也。是子壽與子靜之學，始終本不相同。子壽早卒，復齋集不傳於世，後之人但據鵝湖之會同稱二陸，而子壽之生平，遂爲子靜所掩，迄今未有發明之者，甚可惜也。今盡載語録、文集及祭文，並附以卒後三書，以見其概，俾後之人有考焉。祭文叙述最爲詳明，而與呂伯恭、傅子淵書，皆以爲吾道之衰，其痛悼幾與南軒同矣。東萊亦以子壽之亡，於後學大有關係。而子壽乃不大見稱於世，豈亦有幸有不幸耶！

三月，省劄復趣行，是月晦，赴上。

三月省劄復趣行，此於文集無考。與呂伯恭書：欲某赴官，須更得朝旨乃可去，蓋已報本軍官吏以嘗請祠也。則三月晦赴任，必更有省劄趣行矣。今從李、洪本。

夏五月，遣使祭唐孝子熊仁贍之墓。修復劉屯田墓。

李、洪本無此兩條。今從鄒本增入。

請祠，不報。

按與呂伯恭書云，已走介請祠，其書在四五月間。六月以疾請祠，亦見與呂書及自劾狀，而其狀則皆闕。行狀以疾請祠者五，文集止載其三，其己亥兩請皆闕不載，故無所考，今據呂書補入。

作卧龍菴祀諸葛武侯。

按作菴在己亥五六月間，見與呂伯恭書及南軒卧龍菴詩最明。年譜載之庚子冬，此因卧龍菴記在庚子十一月而誤也，今改正。〇菴成即祀武侯，而起亭又在其後，年譜未明，今據記文改正。

六月，奏乞減星子縣稅錢。

李、洪本注皆不明。其以不合用劄子自劾，又是一事，李、洪本皆附於其下，非也。今從鄒本改正。〇按鄒本增「乞聽從民便，送納錢絹」，又「乞減移用錢額，得以輕減商稅」兩條，已載其目於庚子。其與王漕師愈劄子，乞將淳熙三年、四年、五年未起零殘之數，悉從蠲免。又與顔提舉師魯劄子言本軍米斛舊赴建康交納，近一年改撥入都，乞仍令赴建康交納，俱見文集，而其事之行否，則未有考。李、洪本皆不載，今仍之，而存其大略於此。

冬十月，復建白鹿洞書院。

李本太略，洪本爲詳，然亦多未合，今考文集、行狀補正。〇洪本云：「請賜敕額，及賜御書石經、監本九經以鎮之，詔皆從焉。」李本無「詔皆從焉」四字，云「言於朝，得賜敕額，及御書石經、監本九經」，則亦同洪本也。考曹立之墓表云賜額得旨事，當在壬寅，乃辛丑延和奏劄之後。年譜未明白鹿洞學規，李本僅載一兩語，洪本所載亦不全，今全録。並録東萊白鹿洞書院記，是東萊之文，而實本朱子之意也。白鹿洞賦，李、洪兩本語焉不詳，今止載其目云。〇是役始於冬十月，次年三月告成。李、洪本附於其下，是也。而概云「累數月」，其辭不明，今改正。〇告成，率寮屬諸生釋菜於先聖、先師以落之，則是行事時旋立主，未嘗議像設也。此乃去郡後事，可不載，今删去。〇朱子是時屢請祠，故與時宰書，有「復洞主，廢官，使得備員，與學徒講道其間，假之稍廩，略如祠官之入」等語，然亦偶言之爾。朱子若罷郡，亦未必能久留南康也。其事又迄不行，今亦删去。

申請賜晉太尉陶威公廟額。

乞賜陶威公廟額，文集作乞加封陶威公狀，誤也。鄒本已改正。李、洪本皆不載。按狀所稱，發明公之忠義，有補名教，而乞賜廟額，不更別賜爵號，尤可爲後法。今從鄒本補入。

七年庚子，五十一歲。二月，復奏免星子縣税錢。

李、洪本無，今從鄒本補。

南軒張公訃至，罷宴哭之。

洪本「疾革時」以下語，李本無。今按神道碑，有「疾病垂死，而口不絶吟於天理人欲之間」語，則必舊本所有，而李氏删之耳。洪本略載兩祭文，李删後祭文。洪又載與吕伯恭書，李亦删去。今從洪本，而兩祭文則全載。與吕書洪本太略，文義不明，今增入。○按朱子文集與南軒書，三十卷、三十一卷皆以年叙，三十二卷則不以年叙，而其年亦可考。南軒集與朱子書，二十卷至二十四卷，頗有錯互，然其年亦尚可考。今以兩家文集參校，其問答不甚分明對值。朱子文集自丁酉後無書，而諸書所舉南軒語多不見於南軒集中，即如太極圖解跋明言敬夫以書來，其書亦不載。南軒於丁酉後尚有十餘書，率多論事之辭，而發明道要之精語，皆不在焉。此甚不可曉，豈朱子集多所遺，而南軒集今刻本非朱子所定本耶？四十四卷明依文集序，或後人以定叟本改就序文，未可知也。中和舊説序及南軒祭文、文集序，其前後同異之跡較然分明，而考之文集反不得其所據。今録何叔京、石子重、范伯崇諸書。其早年論議之異同與祭文、文集序無不相合，而至丁酉以後所謂「同歸一致」者，則絶無所考矣。語類以南軒入胡氏門人中，其所載語甚略。蓋南軒早卒，語録多在後，故及之者少。而黄子洪輩又非足以知南軒者，固不足據也。○文集與方賓王云：「敬夫未發之云，乃其初年議論，後覺其誤，即已改之。但舊説已傳，學者又不之察，便加模刻，爲害不細。往日曾别爲編次，正爲此耳。然誤本先行，此本後出，遂不復售，甚可恨也。」朱子所編次四十四卷，見於文集序，而定叟所貽四巨帙無卷數，文集序亦言已用别本模印而流傳廣，與方書合。馬氏通考「南軒集三十卷，奏議十卷」，與朱子所編次不合，疑即定叟四巨帙而模印先行者，是馬氏固不見朱子所編四十四卷，而於文集序亦未之考也。今南軒集刻於梁溪華氏，凡四十四卷，止載朱子序文，而不言所自來，又無他序可證，其中頗有參錯，故嘗疑之。又考黄氏日抄，其編次與今刻略同，與朱子書七十三首，今本其數亦合，但末多武侯傳及語録。黄氏既不載卷數，又不言此朱子所定本，而武侯傳、語録，文集序所未及，則黄氏所見，其爲朱子之本，定叟之本未可知也。黄氏在度宗咸淳後，馬氏相去不遠，不應黄氏見朱子本，而馬氏獨未之見。此皆有未可曉者，姑記於此，以俟質焉。黄氏日抄於經筵口義亦引朱子語，此是從文集序來，非南軒集有此注語也。

三月，請祠，不允。

按正月請祠，三月請祠，兩乞宫觀狀甚明。洪本以三月爲二月，誤也。今從李本。

中乞頒降禮書。

按乞頒降禮書，一州縣祭祀儀式，一臣民以下冠昏喪祭之禮，元有兩項。其冠昏喪祭之禮，鄂州見有印本，只乞行下取索，精加校勘，不須別行鏤板。見乞頒降禮書狀中小貼子。故禮部符下，止政和五禮祭祀儀式，其云未詳備而欲申審者，祭祀儀式而已。至禮部請編類州縣臣民禮儀，鏤板頒降，則兼有兩項，而其書未成。後狀只以前所欲申審者言之，庶編類成書之後，免致疑惑，復有更改。而冠昏喪祭之禮，則皆有所未及也。年譜本之兩狀，而所叙未明，故附論之。〇又按增修禮書狀在淳熙七年三月，則乞頒降禮書當在其前矣。洪本叙於三月修學之下，今依鄒本別立一條，而統叙其事，不更分析也。

夏四月，申減屬縣木炭錢。

按論木炭劄子云：「已申使司，未蒙行下，不免具申朝廷。今准省劄已送使司指定。」則是已嘗具狀申省，而其狀則闕，今據文集補入。朱子到任之初，即具申泉司，至庚子四月，方奉文蠲減。年譜此必有據，其云歲減二千緡，見與王漕劄子、與吕伯恭書。今從李、洪本。

應詔上封事。

本傳：「夏，大旱，詔監司郡守條具民間利病，遂上疏言云云。且曰：『莫大之禍，必至之憂，近在朝夕，而陛下獨未之知。』上讀之大怒，曰：『是以我爲亡也。』熹以疾請祠，不報。陳俊卿以舊相守金陵，過闕，薦熹甚力。宰相趙雄言於上曰：『士之好名，陛下疾之愈甚，則人之譽之愈衆，無乃適所以高之。不若因其長而用之，彼漸當事任，則能否自見矣。』上以爲然，乃除熹提舉江西常平茶鹽公事。」宋史趙雄傳：「朱熹累召不出，雄請出以外郡，命知南康軍。熹極論時事，上怒，諭雄令分析。雄奏熹狂生，詞窮理短，罪之適成其名，若天涵地育，置而不問可也。會周必大亦力言之，乃止。」李本年譜：「時詔監司郡守條具民間利病，遂上疏言云云。與行狀所載略同而小異。上讀之大怒，令其分析，趙雄詭詞救解乃已。」洪本首增「時大旱」三字，「大怒」下增「曰是以我爲亡也」。句末云「宰相趙雄」，又改「詭詞」爲「力爲」，餘同李本。續通鑑：「六年夏，大旱，詔求直言。知南康軍朱熹上疏，上讀之大怒，曰：『是以我爲亡也。』熹以疾請祠，不報。諭趙雄令分析，雄言於帝曰：『士之好名至能否自見矣。』帝以爲然，姑置不問，熹仍舊職候旨。」按行狀止載疏語，其云上讀之大怒，曰「是以我爲亡也」，則見於本傳。而令其分析，雄詭詞救解，則見趙雄傳中。年譜兼採兩傳語，似是後人竄入，未必果齋元本也。陳丞相判建康，入見在淳熙五年，其薦朱子見於陳行狀。行狀云「某人」，疑即朱子，蓋嫌於自贊而隱之也。至八年，罷判建康，薦本道守令五人，其薦朱子見於與陳師中書，相距已三年，而本傳以過闕之薦，屬之除江西常平之上，誤也。趙雄「士之好名」等語，亦在知南康時，雄傳「請出以外郡」，正指此。而本傳並以屬之除江西常平之上，皆誤也。朱子此疏，降付後省，中書門下外省謂之後省，宋改參知政事。是時趙雄爲丞相，周必大爲參知政事，故皆言之，而雄詞過甚，似非其實。雄與南軒不合，其爲此言，亦以迎合上意，而朱子聲望已高，上意亦頗向之，雄不應詆誣如此，或出家傳增改，未可知也。李本所云「趙雄詭詞救解」，本於雄傳，而不載其語。洪本改「詭詞」爲「力爲」，蓋不識其意也。其令監司條具民間利病，乃可議臣之奏，封事所載甚明。而本傳誤增「大旱」二字。續通鑑並以移之六年，且云「詔求直言」，又以雄「好名」等語爲救解之詞，愈不相合。又云：「姑置不問，某仍舊職候旨。」絶不成語，訛以益訛，可爲一笑。大抵宋史本傳、趙雄傳已爲淆雜，而年譜本之，至續通鑑舛誤益甚，今定從行狀，而其他一切削去。○東萊集與朱子書云：「降付後省之説，必是虚傳，此間却不聞也。尋常條陳利害文字，乃送後省看詳。若深於此者，有時或宣付宰執略看却，復進入，少有外付者。似聞揆及新參，皆常於榻前調護。以近例觀之，縱使無人調護，亦不至有他甚不相諒者，不過以爲好名耳。」庚子六月。朱子書云：「既有調護者，即是嘗有譴怒之意，幸密以見告也。」東萊後書云：「奏疏出於忠憤懇切，固不可遏。上容納讜言，亦不以爲忤。」按降付後省，朱子以爲得之邸吏，其與江東陳帥書亦云爾，非虚傳也，東萊偶未聞耳。前書云「似聞揆及新參，皆常調護」。揆，趙雄，時爲丞相；新參，周必大，初參知政事；似聞者，傳聞不確之語。後書云「上容納讜言，不以爲忤」，此必得之周子充，乃審其實。朱子與周參政劄子亦云：「垂諭聖主，有假借納用之意。」則宋史兩傳所云當未必然，而行狀元非有所避而不言也。或云宋史所載，當因年譜。今考李本言「趙雄詭詞救解」而不著其語，雄傳則有之。洪本又增入本傳「以我爲亡」語，至周必大爲言，則兩本皆不之及。明是年譜之用宋史，而非宋史之襲年譜也。今附載朱子與吕伯恭、與江東陳帥、與周參政三書，以證年譜之誤。文集與陳師中書云：「試郡無狀，幸及終更。復叨除命，傳聞嘗汙丞相薦墨，是以有此意者，偶因臧否支郡及之。比歸見劉平父，乃知所以假借稱道者，過實殊甚，使人愧懼悚惕，不知所言。」按師中，福公子，南康於建康爲支郡，故云爾。南康之除，本傳以爲出於史浩，亦以陳相過闕力薦之，故江西提舉之除，行狀以爲上意不欲其遠去。以書言之，則亦以陳相之薦也。本傳叙次亦未爲誤，而以過闕之薦與罷判建康之薦混而不分，則非是。又朱子至南康，以疾請祠者五，諸書所云極明，而本傳以屬之上疏言事之下，尤非是，今並附論於此云。

請祠，不報。

李、洪本無。按南康最後乞宫觀狀，言禱雨備災，則當在六月後，而未詳其月。閩本載於上封事後，今從閩本。

大修荒政。

李本略，洪本詳，而大概則同。今據洪本而以文集補正，其已見行狀者則删去。推廣御筆指揮二事，則不專以南康言，今亦删去。修築沿江石堤，鄒本别立一條，今從鄒本。○按荒政，行狀亦舉其略，而節目則未之詳。今據行狀而以文集奏狀、申請具列其目於後，所謂「設施次第，人争傳録以爲法」者，必考於文集而可知也。

八年辛丑，五十二歲。二月，陸子静來訪。

按陸氏之學與朱子合下不同，故朱子於未相識時，即斷其爲禪學。與張、吕書可考。鵝湖之會，議論不合，然察其操持謹質，表裏不二，實有爲己之功。又精神氣魄，感動得人，可爲吾道之助。故雖不合，而常有招徠勸誘之意，蓋於陸氏兄弟惓惓有深望焉。其後子壽從朱子之説，而子静卒不變。見年譜。南康來訪，或子壽之意，而請書墓誌，疑亦子壽之遺命。子静白鹿洞講義，力言義利之辨，而終之以博學、審問、慎思、明辨、篤行，其於朱子之論，殆無以異，而平日所言，絶不之及。其前後叙詞，極爲謙下，故朱子跋語，亦亟稱之。壬寅子靜入爲國子正，癸卯遷敕令所删定官名，位略與朱子侔矣。至甲辰因曹立之表，遂與朱子忤。然輪對五劄，朱子與書明謂其自葱嶺帶來，子靜復書雖有不樂，而亦未肆其辨。迨丙午既歸，講學象山，聲名益甚，徒黨益衆，戊申遂有無極太極之辨，詆呰不遺餘力，判然與朱子爲敵矣。朱子誦言攻之，亦在乙巳、丙午之後，知其必不可以合也。子壽而在，子靜末年未必猖狂至此。然子靜自信甚篤，自待甚高，亦非子壽之所能挽回。假使子靜先卒，則其説不至盛行，後來可無異同之論矣。此天實爲之，亦吾道之不幸也。東萊亦以爲子壽之亡，於後學大有關係，蓋先見之矣。程氏閑闢録、陳氏學蔀通辨，皆辨朱、陸異同之説，爲有功於吾道者。程氏説得其大概，而間有誤處。陳氏説極爲詳盡，而始同終異。中年疑信相半之説，則亦有未然者，今不暇悉論也。吾友朱湘濤，辨陳説極詳，見所著正學考中。○又按子壽以己亥三月來訪朱子於鉛山，遂從朱子之説。庚子子靜約來遊廬阜，而子壽言子靜已轉步而未曾移身，見答吕伯恭書。則子靜所見亦非曩時矣。子壽既卒，朱子以文祭之，明言鵝湖所見之非，子靜於此亦無異論。明年自來乞書墓銘，其爲白鹿書堂講義，幾與朱子之説無以異。其年祭吕東萊文「追惟曩昔，粗心浮氣，徒致參原，豈足酬義」，蓋亦自言鵝湖之非矣。而朱子於南康日，謂其舊日規模，終在三頭兩緒，東出西没，無提撮處。蓋於來訪時，已逆料其不能盡捨舊習矣。而猶以望於子壽者望之，故亟稱其講義，而於其與符復仲者，亦有取焉。癸卯與項平父書，有「去短集長」之言，丁未與子靜書，又言「所幸邇來日用工夫，頗覺有力，無復向來支離之病」，其所以招徠勸誘之者至矣。而子静後來聲望益高，徒黨益盛，恣其舊説，日以横肆，朱子不得已而始誦言攻之。凡子静前後之異同，又有若此者，前之所論，尚未盡其曲折也。○答林擇之、吴茂實書，庚子。是時子壽尚在也。答符復仲書，庚子後。程注不詳何時，然壬寅後多稱其官，此只云陸丈，當是庚子、辛丑間也。癸卯與項平父書、乙巳答陳膚仲書，俱有「捨短集長」之言，一以戒厲學者，而於陸學亦未嘗不取其善，可以見聖賢公平正大之心，而惓惓引誘之意亦具見於此矣。故皆附載於篇。

三月，除提舉江南西路常平茶鹽公事，待次。

此條從洪本，而第三事以李本删數語。末云「多見施行」，兩本皆同。按延和奏劄，則星子税錢未減，納粟人尚未推賞，乞賜白鹿書院敕額及書，亦未施行，則所云「多見施行」乃虚語耳，今亦删去。至洪本所載「執政諭且勿言」諸語，則在延和奏對時。行狀述此至明。洪本最爲舛誤，今亦删去。

夏四月，過江州拜濂溪先生書堂遺像。

李本附注於「去郡」下。洪本另立一條，今從洪本。按文集山北紀行詩叙次最爲詳悉，年譜「劉子澄來謁，請爲諸生説太極圖義，爲濂溪曾孫、元孫等設食於光風霽月之亭」，語俱舛誤，今改正。○洪本附太極説。按太極説非朱子作也。説中止言陰陽動静，無一語及太極，又與太極圖説解絶不相應。朱子文集、語類無及此者。南軒有太極説，嘗刊於高安，朱子與書，謂其未安，須且收藏，以俟考訂，豈此南軒作而誤入朱子集耶？浙本以南軒仁説爲朱子仁説，見文集仁説元注。此或其類，今從李本删去。

八月，東萊呂公訃至，爲位哭之。

李本年譜云：「呂公定周易爲十二篇，朱子深喜而從之。」又謂：「大事記自成一家之言，有補學者。」以上與洪本同。又載「昨見奇卿，敬扣以比日講授次第」一書，末云：「其切磨之意如此。」按年譜李、洪兩本詳略不同，而無大異，獨此條乃大相反。李本於東萊若有譏焉，洪本改之，亦未知孰是果齋元本也。李序謂舊本之猥冗左謬不合法者，悉以法削之，存者十之七，而不言其有所改竄。據此，則非特以意删削也。洪本當有所自來，非妄改者，今定從洪本，而李本則附見於此。洪本載丙申與呂公帖，亦删去。○朱子文集三十三卷、三十四卷與東萊書皆以年叙，三十五卷則不以年叙，頗有淆亂。李本所載「昨見奇卿」一書，在三十五卷之末，當是東萊居明招山教授時，其年在戊子、己丑。三十三卷戊子、己丑有書，言「向見與諸生論説左氏之書，遣詞命意，亦頗傷巧」，蓋指博議而言，東萊年譜，博議成於戊子。無「但令諸生讀左氏及諸賢奏疏，而不讀諸經、論孟之説」。竊疑此書在三十五卷之末，明是後來續入，或有所增損改易未可知也。且此書在早年，而李本系於東萊卒之下，若欲以此蔽其生平者，不特誣東萊，並誣朱子矣，此不可不辨也。東萊祭文及與劉子澄書，其傷悼之情與南軒無以異，而李本頗失其旨。朱子與東萊書三卷，具於文集，此不復載。今掇取東萊與朱子三書，及朱子與南軒一書，以見其概，俟後之學者考焉。○朱子嘗自言氣質之偏，多有奮發直前之弊。故東萊每以此爲規，與南軒語相同也。東萊充養温厚，多所包含，朱子所以箴之者尤力。南軒書云：「近來伯恭講論詳細如此，朋友真不易得，但凡事似於果斷有所不足。」又云：「伯恭却有會容耐處。」又云：「氣禀與家學之説誠然不能矯革，亦是剛明不足耳。」此皆與朱子意相同。至如功利之説，自是後來浙學流傳之弊。然東萊之學，多於博雜處用功。見與張敬夫書。故追原其始，有拖泥帶水之歎。朱子嘗論湘中學子之弊，亦謂「欽夫説有太快處，遂啟流傳之弊」，與此略同，固非盡以爲東萊之過也。○又别集與劉子澄書言：「直卿來春同爲金華之行，今既聞伯恭訃，決當如約，某當與俱往哭伯恭，亦不爽前約也。」是歲六月間，朱子與東萊有約，而七月東萊已卒，十二月朱子之任浙東，明年正月往哭東萊墓，是所謂不爽前約者，生死交情如此。獨哭東萊墓，文集無祭文，豈偶軼之耶？抑以祭南軒墓乃遣奠，故有祭文，而東萊墓親往則無之耶？此不可考，姑記於此。○東萊以七月二十九日卒，聞訃當在八月。年譜系之七月，誤也。文集與東萊書在七月望後，東萊文集有答書，在卒前三四日。東萊日記「二十七日修定詩記公劉章」，而卒以二十九日，蓋久病而暴亡也。

是月，改除提舉兩浙東路常平茶鹽公事。

按朱子上宰相書云：「去歲諸路之饑，浙東爲甚，浙東之饑，紹興爲甚。熹於是時僨卧田間，而明公實推挽之，使得與使令趨走之末。」此壬寅年書。王淮以辛丑八月爲右丞相，此宰相則王淮也。文集編次者諱言之耳。浙東之除，王淮所薦，而本傳云「王淮改除熹提舉浙東常平茶鹽公事」，則非矣。洪本年譜承本傳之誤，續通鑑云「王淮薦熹」爲得之，今從續通鑑改正。李本無宰相王淮，改「先生」至「先生以」二十字。

冬十一月己亥，奏事延和殿。

洪本年譜云：「先生去國二十年，既得見上，極陳災異之由，與夫修德任人之説，凡兩劄。大略謂陛下臨御二十年間云云。同行狀。上爲動容竦聽。因條陳救荒之策，首劄畫爲七事，次陳二説，次言紹興和買均敷之重。」詳見延和奏劄。按李本最略，第一劄用本傳「極陳災異之由」兩語以該之。而第二劄則不之及，其意以「任人」一語即可該第二劄也。因條陳救荒之策，畫爲七事，則第三劄。而四劄以下則皆不及，此李本之疏也。本傳獨叙第二劄，蓋舉其重者，而末云「所奏凡七事」，意自分明。但改奏劄七爲七事，則非是。李本蓋用本傳，而又失之。洪本前兩劄另叙，其下乃及條陳救荒之策，首劄畫爲七事，此第三劄非首劄也。次陳二説，則第四劄，次言紹興和買則第五劄，而後兩劄亦不及。其所增入奏劄，多依行狀，而間有不同，不知所據何本也？今從李本存其略，其誤處略爲補正。載行狀於後，而洪本則刪去。

詔行社倉法于諸郡。

按詔行社倉法在八年十二月二十四日，文集所載敕命及跋語最明。年譜載之九年夏，此因勸立社倉榜在九年六月而誤也，今改正。台、婺有應時行之者，亦沿九年六月榜文，今削去。

朱子年譜考異卷三

淳熙九年壬寅，五十三歲。

李本有「正月條奏救荒事宜」一條，注云：「並乞借撥官會給降度牒，推賞獻助人等。又請將山陰等縣下户夏税秋苗丁錢，並行住催。」按此復回紹興官次所奏在二月，非正月也。救荒事宜條奏甚多，非止此奏，僅載其一，亦爲太略。洪本系於辛丑「視事西興」之下，今亦不取。

奏劾衢州守李嶧。

按奏狀言「其親戚方在政路」，此謝廓然也。廓然以辛丑八月同知樞密院事，壬寅六月罷，正月間正在政路。或疑指王淮。朱子上時宰書王淮。言：「按劾不行，反遭中傷，而明公意所左右，又自曉然。」詳其語意，則非王淮也。洪本後云：「先生在浙東，陳賈、謝廓然、趙彦仲首攻之。」此語必有所據，疑爲廓然所攻。而朱子去官，以俟朝命，自劾狀云：「謹已遵稟，復還紹興府界。」又狀云：「臣自衢、婺州復回紹興府界。」蓋婺、衢爲還閩之路，由此去官，以還家也。行狀、年譜皆不及劾李嶧事，故不可詳考，而輒以意擬之如此。○己亥在南康答吕伯恭書云：「李嶧之事，顏漕已燭其妄。」或與此同名，抑此誤也。文集目録作李嶧，當更考。○朱子初奏衢州守倅，皆已逼替，其後守沈寊一已於二月二十二日赴任，則李嶧自以任滿解罷，非別有處分也。按救荒事宜，全在得人，而號令州郡，又在按劾官吏畏懼，不爾則百方措置，皆爲具文矣。朱子於浙東，多所按劾，而於李嶧事，未蒙施行，屢以爲言。行狀叙救荒太略，而於按劾皆不之及。年譜「視事西興」注，大概本之行狀，增入賈祐之、朱熙績，而其他亦未及。今依文集悉載於譜，而並及留趙善堅、許令令佐自陳嶽廟兩條，以見救荒之所重。至於措置事宜，科條詳密，有不可以或遺者，乃備載其目於後云。

永康陳同甫來訪。

李、洪本皆系於壬子。今據兩家文集改正。○按朱子於壬寅二月十三日入婺州界，同父來見朱子則在巡婺州時也。壬寅通書即在其後，朱子與同父第一書可考，同父壬寅書亦言之。壬寅歸後，有見顧之約，丙午亦有「來春命駕」之語，其至否則無可考。若壬子之來訪，則兩家文集俱不之及。同父以癸丑第，朱子有書與之，亦不言壬子之來也。年譜蓋誤以壬寅爲壬子，而未詳考其實耳。○龍川集與朱子書凡八，自壬寅至丙午，歲月皆可考。其通書在壬寅相見後，以考朱子文集次第俱可見。但同父每歲遣使，丙午以後不應無答書，疑其皆通問語，故不載文集耳。朱子文集與同父凡十三書，其丙午以後，丁未、癸丑兩書，皆答同父，不知龍川集何以缺之也。又有戊申兩書，見二十八卷，辛亥一書，見續集，較龍川集爲詳。而壬子來訪，則俱無所見。年譜之誤，蓋無疑也。

夏六月旱，上修德政以弭天變狀。

蝗災在七月，修德政狀在其前，故狀言旱而不言蝗。行狀蝗旱相仍，蓋概言之，文集編次小誤。年譜有「詔捕蝗，復上疏言事」，誤也，今改正。

條奏諸州利病。

年譜本之行狀，而删去差役一條，中亦間有不同，今從行狀。○行狀云：「奏免台州丁錢。」年譜「據奏，台州許納半丁錢半絹」，與奏免丁錢不合，故並存之。又考救荒狀有「許將台州等五縣第五等人户今年丁絹特與蠲放」。行狀亦或指此，然半丁錢半絹爲永久之利，而蠲放丁絹僅五等以下人户，又止一年，其利小。行狀所載未明，似當從年譜。年譜又云：「其奏免台州丁錢，至今台州小民言及先生，無不以手加額焉。」此必元本年譜所有，而所指亦未明也。○又按行狀總叙五狀所言之事，年譜因之。而李本「首言」、「及言」云云，則似是一狀，非其實矣。洪本更增「與帥守同上，首言」云云，「次言」云云。考紹興和買狀與本府同上，其他四狀皆自言之，其云「首言」「次言」尤非是，今並削去。

秋七月，奏蝗蟲傷稼。

會稽縣蝗蟲傷稼，其災爲小，而回奏御筆，則其事重矣。其打撲焚埋，亦皆可爲後法，故不可以不書。

奏劾前知台州唐仲友不法。

年譜「送紹興鞫實」，無「司理院」三字，據文集補入。「乞令浙西無礙官體究」，據文集、本傳，作「提刑司委清彊官體究」。○按年譜本之行狀，兼用本傳補之。行狀所載「章十上」，「十」字當作「六」，刻本誤也。行狀又云「事下紹興府鞫之」，與文集不合。本傳「都司陳庸，乞令浙西提刑司委清彊官體究」，文集劾唐仲友第六狀云：「九月，回准省劄，唐仲友罷新任，已蒙朝廷委别路監司體究」，即其事也。而十一月十日辭免進職狀云：「更不差官體究，其紹興府見勘已招官會人蔣輝等，已得明旨，盡行釋放」，是並未嘗下紹興府鞫之也。行狀蓋小誤，其云「紹興府已勘」云云，則提舉司送司理院根勘，非浙西提刑司下紹興府也。

毁秦檜祠。

秦檜祠在温州永嘉縣學，朱子巡歷未嘗至温州，此移文毁之，未詳其時。年譜載於直徽猷閣之前，亦無所據，今姑仍之。李本不載移文，今從洪本。

九月十二日，去任歸。

按本紀，淳熙八年十二月癸卯，出南庫錢三十萬緡，付新浙東提舉常平朱某備賑糶。九年七月辛巳，出南庫錢三十萬貫，付浙東提舉朱某備賑糶。此兩條各三十萬緡，俱見朱子奏狀。一云「臣備使浙東，又蒙聖慈賜緡錢三十萬貫，以給一路賑糶」。一云「臣昨奏請給降緡錢一百萬貫，已蒙開允應副三十萬貫」。續通鑑止載九年，而八年則缺，蓋疑其重出删之，此通鑑之誤也。又朱子巡歷至台州，奏奉行事件狀云：「七月十五日準尚書省劄子，恭奉聖旨，給降度牒三百道，官會十五萬貫。」此即九年七月所出南庫錢，而前狀所云「已蒙聖慈支降三十萬貫」者也。度牒一道價錢五百文，元價一千五百文，今減作五百文，亦見奏狀。三百道合之得十五萬貫，並官會十五萬貫合之，共三十萬貫，此非别有支降。而奏狀所云「湊成二百萬貫」者，朱子以劾唐仲友去任，不知後來應副如何，本紀無考。○鄒本年譜云：「正月四日，出巡所部，奏巡歷合奏聞陳乞事件。七日，至嵊縣，劾奏密克勤。十三日，入婺州界。十四日，劾朱熙績。十七日，哭吕東萊墓。由蘭溪入衢州，劾李嶧及張大聲、孫孜。奏巡歷婺、衢救荒事件。二月，復回紹興官次自劾。五月，劾沈宻一。六月，奏修德政疏。七月，奏蝗蟲回奏御筆，奏救荒畫一事件。十五日，出巡所部。十八日，至嵊縣。十九日，至新昌縣，劾唐仲友，奏巡歷沿路災傷事宜。二十一日，入台州天台縣界，劾王辟綱，奏救荒事宜畫一狀。二十三日，到台州，續劾唐仲友。八月十八日，離台州，入處州界，具奏台州奏行事件，奏處州差役利害。九月四日，準省劄，進職徽猷閣，辭。九月十二日，在衢州常山縣界，準省劄。八月十八日，除江西提點刑獄，即日解罷職事，仍具狀辭免新任，還家候命。十月九日，準省劄，令與江東梁總兩易其任，辭。十一月七日，準省劄，不許辭免，並免回避，辭。是日降到直徽猷閣告命，復辭。十二月十四日，準省劄，不許辭免，即日拜受職名，仍辭江東提刑新任。」按此依文集諸狀序次，日月最爲詳悉，然於體例不合，故附著於此。

十年癸卯，五十四歲。春正月，差主管台州崇道觀。

行狀、年譜略同而小異，故併載之。

冬十月，如泉州。

李、洪本無，今據鄒本補入。

十一年甲辰，五十五歲。是歲辨浙學。

李、洪本同。李本載答吕子約、劉子澄兩書，洪本增答潘恭叔一書。潘書今削去。〇按此條語雖本之答吕子約諸書，而意有所偏重，不知是果齋元本否也？浙學指子約、應時、德章輩，而推其由來，於東萊有不滿焉。年譜竟似以浙學爲東萊矣，今雜採諸論浙學語而附辨之。○洪本附大紀論，此不可曉，今削去。○辨浙學始於癸卯、甲辰，而乙巳、丙午以後，凡辨浙學者悉附焉。蓋以年分則散而不可以紀，故類聚於此。後辨陸學、陳學，皆倣此例。○朱子早年與東萊先生切劘甚至，見於兩家文集，蓋不後於南軒先生。其歿後深爲悼痛，而歎吾道之衰，蓋亦與南軒先生同也。勉齋行狀云：「南軒張公、東萊吕公同出其時，先生以其志同道合，樂與之友。至或識見少異，亦必講磨辨難以一其歸。至若求道而過者，病傳注誦習之煩，以爲不立文字可以識心見性，不假修爲可以達道入德，守虛靈之識而昧天理之真，借儒者之言以文老、佛之説。立論愈下者，則又崇獎漢、唐，比附三代，以便其計功謀利之思。二説並立，高者陷於空無，下者溺於卑陋，其害豈淺淺哉。先生力排之，俾不至亂吾道以惑天下。」是以南軒、東萊並稱，而陸、陳則斥言之，其大指分明可按也。至果齋，則謂：「士各以意爲學，其驚於該洽者既以聞見積累自矜，而流於泛濫博雜之歸；其溺於徑約也。又謂不立文字可以識心見性，而陷於曠蕩空虛之域，學者則知所傳矣。亦或悦乎持敬之約，而憚於觀理之煩。」「溺於徑約」，自指金谿，「驚於該洽」，則似指東萊，「學者知所傳」，則又不知何指？而同父則不一及。與勉齋所云，殊以別矣。魏鶴山作年譜序，言：「張宣公、吕成公同心協力，以閑先聖之道，而僅及中身，著述靡竟。」蓋同勉齋之説。而大全集編次問答，以汪、張、劉、吕爲一類，陸、陳爲一類，界畫判然，獨黄子洪語類以南軒入胡氏門人中，而東萊自爲卷，與陳、葉一卷，陳謂君舉，葉謂正則，而同父附焉。陸氏一卷同，則近於果齋之言矣。今李本年譜於甲辰特書力辨浙學之非，於鵝湖之會則載三詩，而云：「各持所見，不合而罷。」於太極通書解下略叙諸書往復，不加一辭。於同父來訪略載數語，並不言辨陸、陳之學，而於其末載朱子語：「江西頓悟，永康事功，若不極力辯論，此道無由得明。」則元本當有辨陸、陳之學等語，而爲李氏所删矣。李氏古沖爲陽明之學，自爲陸氏諱。其序中亦言之，不知同父何以不及。然果齋語不及同父，豈元本止有辨浙學、陸學，而不及同父歟？未可知也。朱子之辨浙學，專爲吕子約、潘叔昌、孫季和輩言之，而推其所始，不無遺議於東萊者。又云：「名爲伯恭，而實主同父。」故辨浙學與辨同父同，而非以東萊與同父同類而並譏之也。如湖湘學者胡季隨輩，後來盡從君舉之學，朱子亦言欽夫言自有弊，又豈可以上及於南軒耶！李本之謬，蓋大失朱子之意。洪本後出，其叙浙學陸、陳，大略皆同。其太極解下亦不載諸書。惟於「聞東萊訃」其下，則有大異。洪本於李本時有所增删改易，似見李氏未删改前之本，而於此不能推類悉正其誤，甚爲可惜。然洪氏所見之本，亦未必是果齋元本也。

十二年乙巳，五十六歲。辨陸學之非。

象山年譜：朱元晦書云：「立之墓表今作一通，顯道甚不以爲然，不知尊意以爲如何？」象山答書云：「立之墓表亦好，但叙履歷亦有未得實處。九淵往時與立之一書，叙述立之生平甚詳，自謂真實録，未知尊兄及見否？」按朱子此書不載於文集，於陸譜見之，其書疑甚長，譜記其略耳。所言「敕局輪對」，及王謙仲、袁機仲語頗悉，末始及立之墓表。象山答書雖不以墓表爲然，而於來書語一一酬答，未嘗有激怒之意也。其謂「因曹表而有所激」，或諸葛誠之揣度之辭耳，未必其盡然也。〇論象山輪對五劄，象山答書云：「奏劄獨蒙長者褒揚獎譽之厚，懼無以當之，深慚疏愚不能回互，藏匿肺肝，悉以書寫。而兄尚有向上一路，未曾撥轉之疑，豈待之太重，望之太過，未免以金注之昏耶？」按此書，象山文集亦不載，載於年譜亦其略也。洪譜亦載朱子與書而少略，其「自葱嶺帶來」句則削去，此固爲陸學者所深諱也。〇又按朱子乙巳七月與劉子澄書，言象山輪對奏劄及建昌傅子淵語甚詳，而不及誠之書，則誠之書自在乙巳七月後也。閑闢録、學蔀通辨皆以爲癸卯，非是。又續集答劉晦伯，有「爲陸學者以爲病己，頗不能平」，則指顯道。陸譜載朱子書，有「顯道甚不以爲然」之語。閑闢録以「頗不能平」爲指象山，亦非是。至誠之書所云「競辨之端」，則正指子静言。而學蔀通辨又以爲指門人，皆非是。答項平父第四書，以答誠之書寄之，項書在丁未，則誠之書自在丙午，大約乙巳七月後也。〇按曹表在癸卯五月，論輪對奏劄在乙巳七月，傅子淵之來見在乙巳冬，朱子與象山書力攻子淵在丙午，誠之見象山不知何時，必在乙巳七月後也。見陸集。象山之激怒，或因「葱嶺帶來」之云，或因力攻子淵之故，皆未可知。但以曹表爲辭，其實距此已四年矣。丙午攻子淵書，象山文集無答書，至丁未朱子再與書，始答論子淵事，辭氣頗慢，至有勢力不能相敵之語，此其激怒可知。至戊申遂有無極太極之辨焉。與象山書，朱子文集不盡載，今兼以陸譜、文集考之，而附其説如此，後之君子當有以考而正之也。〇語録云：象山卒，先生率門人往寺中哭之，既罷，良久曰：「可惜死了告子。」湯泳此説得之文卿。按象山卒於壬子十二月二十四日，其聞訃當在癸丑正二月間也。湯泳録乙卯固不值其時，竇文卿從周録在丙午以後，此事不見於從周録，恐傳聞之誤。閑闢録云：「哭之者故舊之私情，譏之者斯文之公議。」此語固然，然謂其學同於告子而辨之則可，謂「可惜死了告子」，則語太輕，必非朱子語矣。年譜不載，今録於此而附論之。

辨陳學之非。

按李、洪兩本，同父以壬子來訪，而年譜云云系於其下。今考兩家文集，同父以壬寅見朱子於婺州，而壬子則無其事。故於壬寅補同父來見，而壬子來訪則削之，其年譜云云則移於此。年譜有「往歲」二字，末又有「至是來訪」四字，今削去。洪本「以風切之」下，略載與同父第六書，今亦删去。○按年譜，先生嘗曰「海内學術之弊」一條，不見於文集、語類，此自公晦先生所記載於年譜者，以此推之，則年譜當有辨陸學、辨陳學兩條，而辨陸學則爲李古沖所删耳。古沖序亦自言之。其辨陳學，不知何以亦竟删去，豈若劉元城所謂「子産立良止」之義耶？抑竟以浙學當之耶？永康事功自明指同父，浙學則爲吕子約，孫季和輩言之，雖云「名宗吕氏」，而實主同父」，亦略有不同，而或遂以歸之東萊，愈非其實。此洪本皆不能有所是正也。勉齋行狀叙此最明，正本朱子語。朱子文集以汪、張、吕、劉問答爲一類，陸、陳辨爲一類，亦自較然分明。獨黄子洪語類頗有異説，而果齋叙次朱子書實與行狀亦有不合，豈以浙學爲吕學，自果齋已失之乎？今其元本不可得見，姑記所疑於此。

十三年丙午，五十七歲。春三月，易學啓蒙成。

李、洪本同。而洪本有「易自文王以前」至「未行於世」四十字，李本删去爲當，今從李本。○易五贊元附啓蒙後，見與吕子約書。而編集者多遺之，今録以附於啓蒙序之後。○著卦考誤、辨郭子和之失，行狀、本傳皆以列於本義、啓蒙之後，而未詳何年所著。年譜皆缺。鄒本附注於「啓蒙成」之下，而曰「郭雍卒於丁未，其成書當在丁未後」，此亦未然，今存其目於此。

十四年丁未，五十八歲。三月，小學書成。

按癸卯與劉子澄書，小學蓋託子澄爲之編類，其中有云：「文章尤不可泛，如離騷一篇已自多了，叙古蒙求亦太多，兼奥澀難讀，非啓蒙之具。却是古樂府及杜子美詩意思好，可取者多，令其易諷詠易入心，最爲有益也。」至乙巳又與書云：「小學見此修改，凡定著六篇，則如今本所定，已删去文章一類矣。」凡此可見其次輯之意。又歷丙午、丁未而後成也。又按語類陳淳録云：「或問小學實明倫篇何以無『朋友』一條。曰：『當時是衆編類來，偶缺此爾。』」又黄義剛録云：「安卿問：『曲禮「外言不入於梱，内言不出於梱」一條甚切，何以不編入小學？』曰：『這樣處漏落也多。』又曰：『小學多説那恭敬處，少説那防禁。』」據此則編類或不止子澄一人，而於兩録又可見古人著書得其大者，而於小小處亦不屑屑尋究也。今並附載於此。

秋七月，除江南西路提點刑獄公事，待次，辭，不允。

按本傳，周必大相，除某提點江西刑獄，年譜云周必大相，議除轉運副使，皆以爲周相之功也。續集與黄直卿書云：「江西除命，緣上封事云云。上感其言，故有是命。諸公初欲與郡，上命與此。更有少曲折，甚可疑怪。大抵此番盡出上命，或者以爲不當力辭，其説亦是。」則與本傳、年譜皆不合。行狀叙再除江西，於周相頗有遺議，或本此也。據年表丁未二月，周必大爲右丞相，施師點知樞密院事，八月留正參知政事，戊申正月施師點罷，黄洽知樞密院事，蕭燧參知政事，五月王淮罷。是丁未七月王淮尚在相位，然淮已不主此除，而書所云似指周不指王也。其云「緣上封事」，則與洪本合。李本删「楊萬里封事薦」六字，只云「上諭宰執，朱某久閒，可與監司」，失其實矣。今從洪本，而附與直卿書以記疑焉。○行狀：除提點江西刑獄公事，待次，以疾辭，不許，遂拜命。十五年，又以疾辭，不許，遂行。本傳：十四年以疾辭，不許，遂行。此誤也。據辭免狀，以十五年三月十八日起行可證。年譜十四年十月遂行，蓋承本傳之誤，今削去。○按壬寅改官宫觀告命、丙申祕書郎告命、辛丑直祕閣告命、壬寅直徽猷閣告命，此皆見於文集辭免狀，而年譜皆不載其告辭，載之自此年始，以後多載，而亦有缺者。如知漳州准告，封婺源男，落職罷祠，皆無告命。今以其存者悉著於篇。

十五年戊申，五十九歲。春正月，有旨趣奏事之任，復以疾辭，不允。三月十八日啓行，在道再辭，并請祠。夏五月，復趣入對。

按此條洪本所書爲詳。正月趣奏事之任，則見於辭免提刑劄子一。三月十八日起行，在道凡兩請祠，一見於辭免劄子二，一見於辭免劄子三。至五月促入對，則辭免狀所云「行至信州，兩次遣人復申前請，凡歷四旬，幸而稍安，且有促行之命」，是其明證也。行狀王淮「罷相，遂力疾入奏」，而不及促行，似爲闕略。今定從年譜，而於在道請祠，則依文集增「再」字。

六月壬申，奏事延和殿。

年譜用李録，而少有不同。「後殿班引」下，有「力疾奏事上迎謂之曰久不見卿卿亦老矣」十七字，而删「上慰勞甚渥」五字。「與清要差遣」下，有「不復勞卿州縣奬諭甚渥」十字。「不可不理會」下，有「其二言獄官當擇其人其三言經總制錢」十六字。「第五劄讀至」，洪本作「其五乃言陛下即位二十有七年」凡三百二十字。盡用行狀補入。李本「其五乃言陛下即位二十有七年，因循荏苒，無尺寸之效，可以仰酬聖志，因反復以天理人欲爲言，規諷切至」，與洪本不同。其下又言「置將」云云，皆與李録同。末有「是行也」五十字，則又皆用行狀語。洪本又有「時曾覿已死」二十二字，則又用本傳。今録李録及行狀、本傳，而年譜異同則附載於此。

癸酉，除兵部郎官，以足疾在告，請祠。乙亥，詔依舊職名，江西提刑。

按郎官之除，以疾在告，未供職。次日聞有林栗章疏，乃以足疾請祠。辭免狀二所叙甚明。行狀但言以足疾請祠，似少曲折。洪譜云：「故事，無以侍郎劾本部郎官者，滿朝皆駭笑之。先生初以足疾移告，繼聞有劾章，遂請祠併進呈。」年譜所叙與辭免狀合，其云「併進呈」者，蓋以申省給假、申省請祠併進呈，非指林栗章疏也。上曰：「林栗言似過。」則孝宗自以林疏與宰相言之耳。今依奏狀、洪譜略爲改正。已載奏狀，故洪譜亦不重載也。〇按延和奏對，孝宗褒予甚至，而實未能用其言。兵部郎官之除，亦非所以盡其用者。即如封事所云，豈一兵部郎官所得言哉？朱子之移疾，當亦以此。而遽有林栗之劾，孝宗雖云「栗言似過」，而亦不以爲非也。周相蓋微窺上意，而又度朱子之未必就職，故依舊提刑江西，爲兩全之策。迨後葉適之辨，胡晉臣之劾，於是孝宗知公議之所在，而以前出之太遽也，乃復召。封事之上，遂有經帷之命。然一辭即許，而不必其來也。詳觀前後，可謂受盡言而不以爲忤，而實未有嚮用之意。朱子所以徘徊而不敢遂進，行狀專以歸咎於周相，似未盡然。至於指道學爲邪氣，則自施、蕭輩所言，而周、留必無是語矣。廟堂之上，賢姦雜用如此，又豈得君行道大有爲之時哉！於此見朱子之辭疾，亦有所不得已也。

在道辭免新任，有旨趣之任。秋七月，復以足疾辭，并請祠，磨勘轉朝奉郎，除直寶文閣，主管西京嵩山崇福宮。八月，辭轉官，辭職名，皆不允，遂拜命。

李本止載七月除直寶文閣，主管西京崇福宮，而其餘皆略之。其云「七月」，是也。洪本「七月在道辭免新任，八月以足疾請祠，除直寶文閣，主管西京崇福宮，辭磨勘轉官及職名，皆不許，轉朝奉郎。十月受職名」，較李本爲詳，而多舛誤。其在道辭新任非七月，再以足疾請祠亦非八月，磨勘轉官在直寶文閣之前，轉朝奉郎即轉官，非兩事，洪本蓋用行狀而失之，今辨正於後。○按朱子以六月八日除兵部郎官，十日依舊江西提刑，其啓行之日無考，大約一兩日間耳。在道辭免新任，此六月，非七月也。又辭免提刑狀三在七月，而云「歸途踏熱度嶺，足疾又頗發動」，當是七月還家之後。其辭免轉官狀云：「今月二日，準降到告命。」今月乃八月，則轉官自在七月，而除直寶文閣，主管西京崇福宮亦在七月。與周丞相書言崇福請已拜命，其書在八月十四日可據。宋史林栗以七月出知泉州，行狀所謂兩罷之策是也。辭轉官職名皆不許，其拜受當在九月，召赴行在，以九月二十六日，而辭免狀言「還官進職，曲賜光寵」，則固已受職名矣。又己酉正月辭免祕閣修撰狀云：「去秋方蒙聖恩，直寶文閣，懇辭不獲，祇受無名。自頃至今，曾未五月。」以是逆計之，則拜受職名當在九月召命之前，必不在十月也。今俱依文集改正。○按奏事延和殿，年譜所叙較行狀、本傳爲詳，皆本之李閎祖録。此條注上與周相語，則行狀、本傳、語録皆無之，未詳所據，疑出元本。而葉適上疏以下，則具於本傳，胡疏又增數語，晉臣本傳亦無之。而叙次亦不合。其詔某入對等語，在六月二十六日，而胡晉臣之疏，林栗之出知泉州在七月，朱子之除直寶文閣亦七月，故云爲兩罷之策。本傳叙次極明，行狀除直寶文閣，主管西京嵩山崇福宫，栗亦罷，蓋略相前後也。而年譜倒其次，今依本傳改正。葉適以下，定從洪本。李本僅云：「葉適疏極言栗以私意劾某，所言不實。胡晉臣論栗狠愎自用，無事而指學者爲黨，最人之所惡聞。」餘俱同。

冬十月，趣入對。十一月，復辭，遂上封事。除主管西太乙宫，兼崇政殿説書，辭。

李、洪本趣入對在十一月之下。文集封事十一月一日，則趣入對當在十月，非十一月也。朱子準省劄，九月二十六日召赴行在，辭免當在十月，不允再辭，即與封事並上。據續集與黄直卿書，乃十一月初七日也。今改十一月趣入對爲十月，而封事之上增「十一月」字。至説書之除，以十一月三十日準省劄，則具狀辭免在十二月，至己酉正月十一日，又準省劄可依所乞除祕閣修撰，仍舊宫祠，前後亦自分明。宋史「十二月壬午，除朱某主管西太乙宫兼崇政殿説書」，與文集不合。又行狀明云：「疏入之明日除説書」，宋史之誤蓋無疑也。○孝宗天資英毅，聰明特出，於天下事無不諳悉，聲色貨利，無所汙染，但以惑溺近習，不能信用正人，卒不能成其大有爲之志，此爲根本之蠹。故陳俊卿作相僅二年，而一去不復入，於汪應辰、張栻、劉珙、陳良翰、王十朋諸正人，皆不能盡其用，龔茂良以首參迄不得相，而一與曾覿忤，遂至貶死。朱子屢辭召命，蓋亦以此故。封事之末有云：「臣之得事陛下，於今二十有七年。而於其間得見陛下，數不過三。自始見於隆興之初，固嘗輒以近習爲言矣。辛丑再見，又嘗論之，今歲三見，而所言又不過此。臣遐方下士，田野之人，豈有積怨深怒於此曹，而固欲攻之以快己私也哉！其所以至於屢進不合而不敢悔者，區區之意獨爲國家之計，而不敢自爲身謀，其愚亦可見矣。然自頃以來，歲月逾邁，如川之流，一往而不復反，不惟臣之蒼顔白髮，已迫遲暮，而竊仰天顔，亦覺非昔時矣。臣之鄙滯，固不能別有忠言奇謀以裨聖聽，而陛下日新之盛德，亦未能有以使臣釋然而忘其夙昔之憂也，則臣於此安得不深有感而重自悲乎！」蓋通篇陳説雖多，而其大指歸結在此。所謂「忠誠懇惻，至今讀者猶爲之涕下」者，行狀之所發明詳矣，而於此全不之及，至所舉日月逾邁數語，則不過年往歲徂之歎，而於忠誠懇惻何有哉！勉齋，朱子高弟，豈有不得朱子之意者？而後學愚昧，於此有所不能深曉，故姑誌於此，以俟質焉。○李本延和奏事大概用李録，與洪本同，「除兵部郎官」以下，則比洪本有所删削，而大指則不異。至戊申封事則朱子所云雖爲一時而發，實可以傳之久遠而無窮，以堯、舜、禹、湯、文、武、周、孔之聖，顔、曾、伋、軻之賢，而有所不能違，其重也如是。李本删削僅存數語，其庸謬無識，蓋不足論。洪本依行狀爲得之，今定依文集全録封事，故不更及。所附楊復語頗有發明，李本删去，今仍附入。除説書注，自「先生當孝宗朝」至「孝宗内禪矣」，洪本悉載行狀語，李本亦删去，今載行狀。

是歲二月，始出太極圖説、西銘解義，以授學者。

此在二月後，題甚明。年譜置於後者，以正月三月皆叙趣奏事，事各以類叙，故系之於後耳。增「是歲二月」四字，其義方明。○通書以丁未作後記，非必成於丁未，而學者傳習亦未必定在丁未以後也。戊申二月始出兩解，則見於後題，然重在使廣其傳，且其意亦有爲而發，非學者前此皆未之見也。年譜因之增「通書」二字，未有所據，今從鄒本删去。○兩解題後，蓋爲陸子美、林黄中發。黄中辨論在戊申六月，而其論易、西銘寄朱子已在戊申前矣。至象山辨論，則在戊申冬也。

朱子從學延平，受求中未發之旨。延平既殁，求其説而不得，乃自悟夫未發已發渾然一致，而於求中之説未有所擬議也。後至潭州從南軒，胡氏之學先察識後涵養，則與延平之説不同。己丑，悟已發未發之分，則又以先察識後涵養爲非，而仍守延平之説。逮庚寅拈出程子「涵養須用敬」兩語，已不主延平。甲辰與吕士瞻書乃明言延平之説爲有偏，戊申答方賓王書亦再言之，而楊、葉、陳、沈、廖諸録皆確然可考。自永樂性理大全略載數語，混而不明，而後來之論無及此者。學蔀通辨云：「朱子初年答何叔京書：李先生教人，大抵令於静中體認，大本未發時，氣象分明，即處事應物，自然中節。此乃龜山門下相傳指訣。朱子作延平行狀亦深取此説，後來乃以爲不然。」又云：「朱子早年亦主此説，以爲入道指訣。晚年見道分明，始以爲不然。」其説頗詳，雖有未盡其曲折者，而其所發明，則固昔人之所未及也。當表而出之。○答吕士瞻書不詳其年，其及南軒集後本，自在甲辰後，與答方賓王書，其先後則未可知也。方書在戊申，今以方書爲據，載於戊申，而語録楊、葉、陳、沈、廖諸録，皆以類附焉。

十六年己酉，六十歲。春正月，除祕閣修撰，依舊主管西京嵩山崇福宫，辭職名。

按辭免祕閣修撰狀云：「除祕閣修撰，仍舊宫觀。」辭免江東運使狀云：「臣今見任主管西京嵩山崇福宫。」李本止云除祕閣修撰，蓋失其實。洪本依行狀，仍奉外祠，今據文集補正。

二月甲子，序大學章句。三月戊申，序中庸章句。

按與張、吕書，則甲午、乙未大學、中庸已有本矣。與詹帥書在乙巳，尚云所改極多，距甲午、乙未十餘年矣。詹帥書已及中庸序，則兩序作於乙巳前，至己酉而後定耳。詹帥刻語孟集注於廣西，而大學、中庸章句則未之及，不知兩書刻於何時？度必不至己酉而後刊行也。是時門徒各有傳録，書坊中必有不告而刊者，但於文集無所考耳。

夏四月，復辭職名，許之，依舊直寶文閣，降詔奬諭。

按奏狀四月二十一日，吏部降到祕閣修撰告命。年譜不載，以其力辭不受，故删。然至辛亥始受祕閣修撰職名，亦不云更有告命也。

秋八月，除江南東路轉運副使，辭。

李本删「先生以江東漕」至「不敢受」三十一字，今從洪本。○按朱子自被召以及歷任，本傳皆言其由，而此除獨無之。是時留正爲右丞相，王藺爲樞密使，胡晉臣簽書樞密院事，必留、王兩公薦引之力也。傳蓋失載，考其時則可知矣。

朱子年譜考異卷四

光宗紹熙元年庚戌，六十一歲。奏除屬縣上供，罷科茶錢，及蠲減本州無額經總制錢，凡萬餘緡。

按行狀云「錢一千一百萬」，奏狀云「錢十一千八百一十八貫」，行狀以錢言之，奏狀以貫言之，其實一也。故年譜云凡萬餘緡。又按後奏狀：「上供錢七千六十四貫，本州通融支遣，不須更令州縣收簇解發，亦不當上煩朝廷別行應副，其所乞除豁者，止經總制錢四千七百餘貫而已。」據此，則上供錢元不曾除，而本州自行解發，不更派諸縣，是在民已除此賦矣。行狀、年譜皆兩言之。

條畫經界事宜申諸司。

李、洪本俱作奏行經界法，今依文集改正。○按此條洪本最詳，而亦有小誤，其云「行於閩中」，當作「行於泉、漳、汀三州」，「奏言」當作「申諸司言」，末「疏於朝久之未報」七字亦當删去，今俱改正。○按紹興中推行經界，獨閩之泉、漳、汀三州未行。見經界諸狀。故臣僚奏請專以三州爲言，朝廷行下諸司，諸司行下諸郡，在是年二三月間，朱子未至任也。比四月朱子至任，三郡各上議，泉、汀之言，略有異同。泉州以爲可行，汀州以爲不可行，故但云「得泉州回報」。而朱子建議最力，其申諸司當在五六月間，後奉旨令朱子相度漳州，先行經界。計其期，當在六七月間。八月朱子具奏經界狀，至十一月二十六日奉旨漳州經界先行措置，次年正月九日方被轉運司所下省劄，時已正月中旬，故回申轉運司，乞候冬初打量，此其前後次第確然可考者也。李本統叙於奏行經界法之下，其語略而不明。又謂「幸其有是奏，亟啓從之」，則不知其所指，又前無所承，於文義亦有所不通矣。此蓋因陳安卿録而誤。今俱削去。洪本後别立「冬，詔先行漳州經界」一條，爲得之，而注語則複疊不可解，至「幸其有是奏」，則又仍李本之誤。此皆後人竄改，必非果齋元本也。

九月，奏劾黄岌罪狀。

按劾黄岌狀不言其官，狀内止稱「縣官從事郎」。縣令、丞、簿、尉，皆一縣之官，然劾狀不應不指其官，此不可曉。又與陳憲書則明言漳浦縣尉，此可據以補此狀之闕。而狀内言「已將黄岌與龍巖縣主簿陸槐對移」，以尉而對移主簿，乃陞遷，非罷黜也。其狀及書内所云「官吏弛慢不虔」及「州郡差使不行」等語，似非僅爲一尉而發，凡此皆有不可曉者。李、洪本皆無此條，鄒本依文集補入，今姑仍之，而略記所疑於此。

刻四經、四子書于郡。

李本作五經，誤，今從洪本。李本無「先生教人」以下一條。○按語録所云：「六十一歲方理會得恁地。」又云：「覺得今年方無疑。」此與孔子言「五十而知天命，六十而耳順」相似。聖賢進學之序，蓋有獨覺其進而非人之所能窺測者，非是六十歲前錯用工夫，到此方悔悟也。李本只載語録三條，而行狀「先生教人」以下則不載，蓋以發明晚年定論之旨，而行狀所云則以爲非是而削之矣。李爲陽明後人，其删削年譜，即道一編晚年定論之計，而更詭出之。此本既行，而元本遂不可見。洪刻似見舊本，略有異同，而亦不能致辨。近閩新刻，尤爲無識，無所發明，讀者不可以不詳考也。

列上釋奠禮儀。

李本無此條，今從洪本。○按南康所申乞頒賜禮書，原有州縣、臣民兩項，因臣民禮儀鄂州見有印本，故禮部符下只祭禮儀式，其朝廷以州縣祭儀、臣民禮儀並行鏤版，則禮部之請。而朱子所欲增修者，釋奠數事而已，當時想以已鏤版頒賜，故莫之省。李本删此條，而洪本所叙亦未明了，且以同安臣民禮儀雜其中，非其實也。今以文集參考改正。○按南康有請頒賜禮書狀，又有乞增修禮書狀，見文集。漳州有釋奠申禮部檢狀，見别集。考兩狀略有不同，此所考正，則漳州所上也。文集書釋奠申明指揮後但言列上數事，而不條析言之，以有指揮在前也。申明指揮，今無所考，故年譜止云數事，姑仍之，而以漳州一狀系於後。

十一月，詔先將漳州經界措置施行。

李本無，洪本另立此條爲得之，但注語雜採本傳及李譜，語複疊不可解，其叙經界後事爲詳，今亦删取數語，而别系於辛亥回申轉運司之後。○按經界一事，行狀所叙爲詳，其以申諸司語入於奏疏之下，蓋統言之，後云「經界竟報罷」，而不叙吴禹圭，蓋略之也。本傳最爲謬誤，吴禹圭上書在辛亥十月，而敘於庚戌冬先行漳州經界之前，又云「詔且需後」，則無其實。今載行狀，而刪其「申諸司」二語，至本傳則削去。○按尚書省劄子，福建轉運、提刑、提舉司奏：「相度到漳、泉、汀經界，奉指揮令福建轉運司，照相度到事理，先將漳州措置施行，仍每縣各選材力能幹官一員，同知縣公共措置，及委陳某專一提督，候打量開具已行事件，及打量圖本，申尚書省。」據此，則轉運、提刑、提舉同相度，而先行漳州經界，則專委轉運司，其陳某疑即轉運使。故朱子回申只轉運司，而不及諸司也。光宗本紀：「紹熙二年三月丙寅，詔福建提刑司陳公亮，同知漳州朱某，措置泉、漳、汀三州經界。」按朱子以三月二十七日準省劄，除祕閣修撰，主管南京鴻慶宮，以期計之，奉旨當在二月末、三月初，則三月不得有此旨也。且朱子知漳州，泉、汀非其所屬，而先行漳州經界，省劄明言委轉運司，非提刑。宋史之誤，類多如此，不足據也。○又按辛亥七月十日與留丞相書言：「數日前，陳憲按部經由，亦有所聞，深不自安，改送之請，殆必爲此，然周漕相見，首問及此，云恐朝廷或從陳憲之請，即欲略知曲折。」則是陳憲請改送轉運司，而前指揮專委陳某監督，是陳憲非漕司也。朱子之回申轉運司，則以被受轉運司所下省劄，而提刑則無故不及耳。宋史之誤亦有自來，然亦以意擬之，不可詳考，姑闕疑以俟知者。

二年辛亥，六十二歲。春正月，申轉運司經界，乞候冬季打量。

李、洪本無，今依鄒本補入。李本總敘於奏行經界法之下，略而不明。洪本另立「冬先行漳州經界」一條，而以「明年春早無及」語附焉，亦復不明。故録申司狀及與留丞相劄子，以詳正之。

奏請褒東溪高公登直節。

李本無此條，洪本有之，而載於庚戌到任之後。按狀言「今幸踰年」，則在辛亥二三月間，非庚戌也。今從洪本而改置於此。

奏薦知龍溪縣翁德廣。

李、洪本無，今補入。○李本有「二月，與趙帥書，論招州軍募江戍」一條，洪本附注於「與陳君舉論學」之下。今按趙書乃極論招州軍募江戍之不可行，其行否不可詳，李、洪本所載未明，今删去。

三月，復除祕閣修撰，主管南京鴻慶宫。

陳録最明，李、洪兩年譜俱誤。今載陳録，末「即爲允之」，依李、洪本作「亟啓從之」。

夏四月二十九日，去郡，再辭職名。

李本去「嘗申孝宗是命」句，今從洪本。

五月，歸次建陽，寓同繇橋。

與留丞相書云五月二十四日抵建陽。語録「五月二日」，脱「十四」二字。刻本之脱誤多如此，讀者當參考而互證之，不可執一説以爲據也。

秋七月，復辭職名，不允，乃拜命。

按朱子在光宗朝與孝宗時不同。孝宗之知朱子甚深，而朱子之望於孝宗者亦至，故往往堅辭以卜上意。至光宗元未有召用之意，其除命皆由留丞相所薦，而朱子亦止於再辭，蓋以爲之兆耳。年譜云：

「詔論撰之職，以寵名儒，乃不敢辭。」後湖南之除，又云：「長沙巨屏，得賢爲重。」似皆以得褒語而後受之。雖皆本之行狀，然揆之朱子之意，疑未爲合，今亦刪去。○李、洪兩本，皆於「四月去郡」下載與留丞相書論黨禍，且以黨正黜邪爲諷，而不録其書。按與留書反復言陰陽消長、否泰相乘之幾，其言甚切，不能盡録，録四月、七月、十月三書，以見其大指云。

是歲，與永嘉陳君舉論學。

與君舉書，年譜在辛亥春。按書云：「老病幽憂，死亡無日。」不似在郡時語，葉録在辛亥，疑是在建陽，非在漳也。今作是歲。○按後書所云，則前書君舉蓋未之答，後書想亦不答也。年譜只載前書，而曰「後無聞焉」，蓋未之考。今並載後書而刪此四字。○文集又與黄直卿書云：「君舉門人曹器之來，不免極力爲言其學之誤，又生一秦矣。」後書所云「曹器之來訪」指此。君舉蓋深不以爲然，故置不答，亦前書「更相切磋，未見其益」之意也。語録門人問永嘉貌敬甚至，及與宫祠，乃繳之云：「朱某素來迂闊，臣所不取，但陛下進退人材，不當如此。」而行狀亦云：「一時異議之臣，忌其軋己，權姦遂從而乘之。」蓋指君舉而言，則君舉與朱子固始終不合也。○按黄子洪語類以陳、葉爲一卷，陳謂君舉、同父，葉謂正則也。今語類則書陳君舉，而以同父、正則附焉。年譜載與陳君舉論學，而正則則不及，同父於壬子書其來訪，略載辨論之語，今據文集、語録，陸、陳各立一條，而正則則附於君舉之後。

三年壬子，六十三歲。始築室于建陽之考亭。

按文集與吴伯豐書、續集與陳同父書，辛亥五月已定卜居之計，至是年六月始落成而居之耳。李本删「六月落成」句，非是，今從洪本。

冬十二月，除知靜江府、廣南西路經略安撫使，辭。

與留丞相書，李、洪本皆不載。此亦留丞相薦也，故附著之。

是歲，孟子要略成。

李本無，洪本附注「除知靜江府」之下，今立一條。○要略又名指要，一名要指，蓋一書也。其書今不傳，故附載語録以見其概。

四年癸丑，六十四歲。春正月，有旨趣之任，復辭。

按正月六日奉聖旨，七日尚書省劄子下，二十三日到建寧，辭免狀叙次最詳，他狀有不詳叙者，可以類推矣，故詳録之。

冬十二月，除知潭州、荆湖南路安撫使，辭。

年譜云「或傳是冬使人自虜中回」，本之語録，行狀、本傳俱不載，語録亦云「聞朋輩説」，非有所據，「或傳」二字，蓋疑之也。閩本删「或傳」二字，非是。今從李、洪本而並載王過録於後。○據與留丞相書，則此條留丞相所薦，而語録所云未盡確也。

五年甲寅，六十五歲。春正月，復辭。二月，有旨趣之任。

李本無「二月」字，注自「詔長沙巨屏」至「遂拜命」，餘俱删。今從洪本，其平列詔語則可仍之。

奏劾將官陸景任。

李、洪本無，鄒本有之而不詳，今據文集補。

修復嶽麓書院。

李本云「改建」，洪本云「更建」，今俱不從。○按嶽麓書院創於開寶九年，祥符八年賜額，南渡後廢。乾道乙酉建安劉共甫知潭州重建，悉還舊規，南軒爲之記。朱子至潭，牒委教授與黎、鄭二君，同行措置，别立員額，增廩給，而絶未有改建之議也。又牒言「到官兩月，未及一往」，而七月已有召命，八月去郡，亦不及有所改建矣。語録有「至嶽麓講書」之云，是亦曾一往，而亦不言改建。年譜李、洪兩本俱言改建於爽塏之地，未詳所據。今載委教授牒，而兩年譜語則皆删去。○又按與蔡季通書言嶽麓事，「合在風雩右手，背負亭脚，面對筆架山」，乃彦忠所説未定之議。而末言「代者乃毁道學之人」。與王樞使書：「去郡二日，即聞移鎮。」王謙仲非毁道學者，是又參錯不合。又與樞使書：「湘西精舍，得賜一言。」又云：「湘西匾榜，饒宰寄示。」别集與劉智夫書云：「饒宰爲作湘西精舍已成。」嶽麓乃朝廷敕額，即改建不容别爲之名，又不容别有匾榜，豈嶽麓未改建，而饒宰别爲作湘西精舍乎？凡此皆不可詳考，今附載蔡、王、劉諸書於後，以存疑云。文集答蔡季通云：「嶽麓事前書奉報，乃廷老所定。後兩日彦忠到，却説合在風雩右手，僧寺菜畦之中，背負亭脚，面對筆架山，面前便有右邊横按掩抱，左邊坂亦拱揖，勢似差勝。但地盤直淺而横闊，恐須作排廳堂，乃可容耳。已屬廷老更畫圖來納去求正而未至，俟其來當别遣人。但代者乃毁道學之人，未知其能不敗此否耳。」與王謙仲云：「熹以收召去郡，曾未兩日，即聞大纛移鎮是邦。」又云：「湘西精舍，漕臺想已禀聞，得賜一言，俾遂其役，千萬之幸。」續集書云：「湘西匾榜，饒宰寄示，得以仰觀。」别集與劉智夫云：「廷老爲作湘西精舍已成，恐有合求助處，幸留念也。」

申請飛虎軍隸本州節制，從之。

李、洪本俱作「奏請」，誤，今改正。〇洪本「申教令，嚴武備，以飛虎軍人爲百姓害，郡不能禁」，此必元本所有，李本删去此三句，今從洪本。

六月，申乞放歸田里。

李、洪本同，而李本末句改作「遂有此陳」，殊不成語。洪本「乞歸田里」下，有「言天下國家所以長久」，以下闕文。按「天下國家所以長久」以下，乃乞歸田里狀中語，載在文集。而洪亦不能補也。洪本較李本爲詳，而於訛誤缺漏處亦不能是正，李本則率以意删改。故今多從洪本，而李本異同亦不能盡著也。

秋七月，光宗内禪，寧宗即位，召赴行在奏事，辭。

李本無「寧宗即位」至「先生行且辭」二十七字，今從洪本。

立忠節廟。

從洪本，李本删。又「考譙王本傳」以下二十九字，非是。

考正釋奠禮儀，行于郡。

李本略，今從洪本。據申明釋奠指揮「僅畢而行」下，僅有「則」字，無闕文也，洪本誤。

八月，赴行在。

李本無「必有惡衣服」至「非吾之敢當」七十五字，又無「以天子之命」十四字。此皆李氏以意删削，故語意不完，今從洪本。

除焕章閣待制兼侍講，再辭，不允，仍趣前來供職。

年譜「超躐不次之除，恐有冒昧之譏」句，不分明。今據奏狀改正，作「難以祗受」。

九月，奏乞帶元官職奏事。

按此奏乃離長沙在道所上。李、洪本無，鄒本有之而不詳，今據文集補。

晦丁亥，至自潭州，次于郊外。

按上饒語見語録，六和塔語則無所見，必年譜元本所有也。前條用行狀云：「聞南内朝禮尚闕，近習已有用事者，故預有是言。」此又云：「時近習用事，御筆指揮，皆已有端，故先生憂之。」語稍涉重複，不知果齋元本何如也。

冬十月己丑，入國門，申省乞帶元官職奏事。

申省狀在己丑入國門後。年譜系於十月朔，誤，今改正。

辛卯，奏事行宫便殿。

李本太略，洪本爲詳。而湖南三劄全不載，亦非是。今據洪本，而以文集便殿奏劄補之。其兩本異同，亦不悉著也。

壬辰，申省辭待制職名，乞改作説書差遣。丁酉，奉御筆不允，乃拜命，係銜供職。

按此申省狀，行狀改作「臣」字，則以爲奏狀矣。蓋以從便，兩年譜既云「申省」，又仍作「臣」字，誤也。今載申省狀並行狀，李、洪兩本略同，俱不載。○文集係銜供職狀，其叙御筆，於「經術淵源」、「崇儒重道」等語皆略之，可知朱子之意矣。年譜所云「論撰之職，以寵名儒，乃拜命」，「長沙巨屏，得賢爲重，乃拜命」，「及此手札云云，乃拜命」，雖皆本之行狀，然恐與朱子之意不合，姑誌所疑於此。洪本於手札下增「皇恐拜命」句，尤非是。

上孝宗山陵議狀。

李本從行狀，其意已明。洪本據山陵議狀增補，然當以行狀爲得，今載行狀。

更化覃恩，轉朝請郎。甲辰，賜紫金魚袋。

「轉朝請郎」從洪本，李本作「朝講郎」，誤。「賜紫金魚袋」從李本，洪本作「紫章服」。

奏乞令後省看詳封事。

按李、洪兩本皆系於乙巳晚講之下。文集元注：「十七日著沈有開、劉光祖看詳。」十七日甲辰，則此奏在甲辰前，非乙巳也。宋史亦云「甲辰」，與文集元注合，今改正。○又按此事元係面奏後兩日，入劄子面奏，當即在辛丑也。

請討論嫡孫承重之服。

宋史胡紘傳：「寧宗以孝宗嫡孫行三年喪，紘言止當服期。詔侍從、臺諫、給舍集議釋服，徙紘爲太常少卿，草定其禮，既而親饗太廟。」禮志：「慶元二年六月九日大祥，八月十六日禫祭。時光宗不能執喪，寧宗嗣服，欲大祥畢更服兩月，曰：『但欲禮制全盡，不較此兩月。』於是監察御史胡紘言：『孫爲祖服已過期矣。議者欲更持禫兩月，不知用何典禮？若曰適孫承重，則太上聖躬，亦已康復於宫中，自行二十七月之重服，而陛下又行之，是喪有二孤也。自古孫爲祖服，何嘗有此禮？』詔侍從、臺諫、給舍集議。吏部尚書葉翥等言：『孝宗升遐之初，太上聖體違豫，就宫中行三年之喪。皇帝受禪，正宜倣古方喪之服以爲服，昨來有司失於討論。今胡紘所奏，引古據經，别嫌明微，委爲允當。欲從所請，參以典故。六月九日，元本作「六日」，誤。大祥禮畢，皇帝及百官並純吉服。七月一日，皇帝御正殿，饗祖廟。將來禫祭，令禮官檢照累朝禮例施行。』四月庚戌，詔：『羣臣所議雖合禮經，然於朕追慕之意，有所未安。早來奏知太皇太后，面奉聖旨，以太上皇帝雖未康愈，宫中亦行三年之制，宜從所議。朕躬奉慈訓，敢不遵依。』」按宋史本紀：十一月辛亥，「詔行孝宗三年喪制，命禮官條具典禮以聞」；「乙卯，攢孝宗於永阜陵」。朱子以閏十月去國，而趙汝愚猶在位，永阜之攢，蓋追用朱子之議。禮志所云「詔中外百官皆以涼衫視事」，當在此時也。禮官條具必有定議，不知葬後用孝宗布衣冠視朝之制否？次年三月，汝愚罷相，又不知若何？此皆無明文可考。胡紘傳言「止當服期」，「集議釋服」，其語略而不明。禮志所載爲詳。葉翥等議從紘所請，參以典故，於六月九日大祥後，皇帝百官皆純吉服，則是大祥以前，但不純用吉服，而未嘗用孝宗白衣冠之制也。其禫祭，令禮官檢累朝禮制施行，則明言不用孝宗之制，似小祥大祥，仍用孝宗成法，然亦皆無灼然可據之文也。竊意追用朱子之議，必始於汝愚，汝愚去位，韓侂胄用事，羣小洶洶以攻僞學爲急，如此等處，所不暇及，因而不改。而寧宗亦未必如孝宗實行三年喪，特存其名，如詔言只「欲禮制全盡，不較此兩月」，又言「羣臣所議雖合禮經，然於追慕之心，有所未安」，皆欲存其名也。至胡紘、葉翥等議而釋服耳。宋史本紀僅一語，而不詳其典禮，禮志止言百官以涼衫視事，而不云寧宗何服，皆爲闕略。今姑録奏狀、本紀、禮志以備考。而年譜所云「與本紀、禮志皆不合」，或元本所有，亦録以傳疑。若胡紘之請，葉翥之議，則依胡傳、禮志所載，以具事之始末云。○年譜云「詔禮官討論」，行狀初無其事，而朱子書奏稿後及文集、語録皆未嘗言之，當以本紀爲正。其云「後不果行」，以禮志考之，亦未嘗不存其名也，今姑録以傳疑。若閩本云「詔用三年之制，中外百官皆以涼衫視事，蓋用文公言也」，此後人以續通鑑改入者，今削去。

瑞慶節奏乞却賀表，並乞三年内賀表並免。

李、洪本俱作「奏乞三年内賀禮並免」，今改正。○按宋史：丙午，以朱某奏請，却瑞慶節賀表。文集劄子：「使令權免，其表亦不收接，三年之内，凡有合稱賀事，並依此例。」又留身奏四事劄子貼黄：「前日賀表，雖蒙退出，而未降指揮。今後合稱賀事，三年之内並與權免，其節序變遷，並合進名奉慰。」是日所請，專爲却賀表，而三年之内，以例推言之，至四事劄子方專以三年之内言。年譜合兩劄子爲一，非其實也，今改正。○按劄子云：「瑞慶節前一日，百官拜表稱賀，臣已前來，祗赴立班。」則上劄子在乙巳。李、洪本皆誤。宋史丙午却賀表，以瑞慶節概言之耳。今據劄子改正。

庚戌，講筵留身面奏四事。

四事奏劄，行狀所載最略。李本依行狀略有增入，惟洪本爲詳，今定從文集補入，而前後則依洪本。

閏十月戊午朔，晚講。次日，編次講章以進。

李、洪本俱無「晚講次日」四字，今從閩本，其注語則從洪本，而以進德疏補入。末後數語，李本删「是日講至盤銘」以下二十八字。

庚申，早講。辛酉，晚講。

洪本附注於「戊午朔晚講」下，今立一條，閩本無早講，李本俱闕。

上論災異劄子。

李、洪本無，據鄒本增入，注語則以文集補。此在閏月五日後，不詳何日，當叙於「上廟祧議」之前。

甲子，上廟祧議。是日，在告。乙丑，直日，准告。封婺源開國男，食邑三百户。丁卯，宣引入對。

年譜廟祧集議在六日癸亥。按議狀云「昨日不及預議」，則上議當在次日甲子也，今補正。○行狀云：「廟堂持之不以聞。」又曰：「先生所議，頗達上聽。」年譜云：「宰相不聽，復奏疏論之。及入對，上於榻後取文書一卷曰：『此卿所奏廟議也，可細陳其説。』」與行狀不合。今考面奏劄子云：「已申尚書省，不知已未達聖聽否？乞宣問詳賜覽觀，並下此奏付外詳議。」又議祧廟劄子云：「未將臣元奏劄子付外施行。」進擬詔意云：「廟議劄、狀並圖。」皆以議狀與劄子並言。至辭免待制奏狀云：「蒙恩特賜宣問，即以臣所進議狀並劄子，並行降出。」則尤爲明白矣。蓋議狀之上，廟堂初不以聞，及上有所聞，則亦以議狀進呈矣。面奏劄子「已未達聖聽」，蓋初被宣召未見上之語也。年譜「榻後取文書一卷」，與李閎祖録「文字既上」，與「出所進文字」，皆指議狀，非别有奏疏。行狀語略而不詳，遂啓年譜之疑。又因李録「文字既上」之云，因謂更有奏疏。奏疏既不見於文集，而面奏劄子、議祧廟劄子皆無及此者，則年譜之誤增無疑也。閩本删「復奏疏論之」五字爲是，今從閩本删去。今並載年譜、行狀而附論於此，李閎祖録亦附於後。語録：先生獨建不可祧僖祖之議，陳君舉力以爲不然，趙揆亦右陳説。文字既上，有旨次日引對，上出所進文字曰：「高宗不敢祧，壽皇不敢祧，朕安敢祧？」再三以爲不可。既退，而政府持之益堅，竟不行。惟謝中丞入文字，右先生説，乞且從禮官初議，爲樓大防所激，卒祧僖祖云。李閎祖。

戊辰，入史院。

洪本有「按語録云」，李本删此四字。據洪本，則年譜以語録增，非本文也，今載語録。

庚午，面對。乙亥，直日。

李本無，洪本注於「除寶文閣」下，今立一條。

丙子，晚講，是日御批除宫觀。戊寅，付下，附奏謝申省，乞放謝辭，遂行。

李、洪本皆不載，而注於「丙戌除寶文閣」之下，今依文集改正，注從洪本，而以閩本參補。〇「汝愚因求罷政，不許」，閩本，李、洪年譜無。「越二日韓侂胄徑遣内侍」，亦閩本，李、洪年譜無。「申省乞放謝辭，得與放謝辭」，李、洪年譜無，閩本作「申省照會」，今依文集改正。〇「中書舍人」以下皆用閩本，李、洪年譜止云「樓鑰、鄧驛、劉光祖、陳傅良皆爭留之」。

壬午，除寶文閣待制，與州郡差遣，辭。尋除知江陵府、荆湖北路安撫使，辭，並乞追還待制職名。

年譜云：「丙戌除寶文閣待制，知江陵府、湖北安撫使，辭。」李、洪本同。按此條合兩辭免爲一，而因以復辭前命，仍乞追還新舊職名，綴於「丁未還考亭」之下，最爲謬誤，閩本已正之，今悉依文集改。〇年譜注亦分爲二條：有旨除寶文閣待制，與州郡差遣，遂行；道除知江陵府，辭。朱子以戊寅奉御批，己卯、庚寅間已行，至壬午乃除寶文閣待制，是亦道塗也。「遂行」二字誤，今删去。〇按文集朱子以二十一日戊寅奉御批，具狀奏謝，即申省乞放謝辭。奉旨與放謝辭，即已起發前路，聽候指揮，是啓行當在二十三四間也。二十五日壬午，除寶文閣待制，與州郡差遣，又申省辭免，奉旨不允，仍除知江陵府。奏狀云：「旬日之間，除書繼下。」則去壬午之除，不及十日。年譜丙戌當是除知江陵府之日，二十九日也。李本是日晚講，洪本丙戌晚講，皆誤。今考文集，定從閩本。

十一月戊戌，至玉山，講學于縣庠。

洪本附於「除寳文閣」下，李本附於「還考亭」下，今另立一條。○李本無「此乃先生晚年親切之訓，讀者宜深味之」二句，而别云「抵家遂力辭新命」。按末二句，未知即果齋元本否？果齋有「晚年頗指示本體」之語，與此意合，意必果齋元本也。按果齋李氏所云：「晚年指示本體，令人深思而自得之。」蓋指玉山講義，答陳器之、林德久諸書而言。以今考之，皆發明性善之指，説出地頭名目，如韓子原性，人之所以爲性者五，人之所以爲情者七之例，非有指示本體，令人深思而自得之之意。陽明晚年定論之作，朱門久自開之矣。朱子所云「不待七十子喪，而大義已乖者」，豈不信哉。○力辭新命，亦不在抵家後，李本亦誤。

十二月，詔依舊焕章閣待制，提舉南京鴻慶宫。

辭免焕章閣待制奏狀二云「今月十一日」，考其詞意，非隔歲也，當是十二月十一日。

寧宗慶元元年乙卯，六十六歲。

年譜有「春正月，復乞追還舊職名，不允」一條，李、洪本同。辭免奏狀二言「今月十一日」，蓋以爲正月也。考奏狀六言，照去年申省，及後來第一次、第二次辭免奏狀，早賜施行。則第一狀、第二狀，同在去年明矣。今依文集删去。

夏五月，復辭職名，並乞致仕。

年譜「遇『遯』之『同人』」，行狀同。按别集答劉德修書云：「得『遯』之『家人』，爲『遯尾』、『好遯』之占。」若「遯」之「同人」，則止占「遯尾」矣。行狀、年譜蓋傳聞之誤，今改正。○閩本「蔡元定入諫」下有「亦不從門人朝奉郎劉炳」十字，不知何據，「朝奉郎」三字尤爲無義，今删去。

秋七月，復以議永阜殯陵自劾。

按此奏狀專以議殯陵自劾，乞賜處分，其待制職名，亦云未敢祗受。文集題乞追還待制職名，以六狀例言之耳。李本删「七月復辭」，非是。洪本注：「詔辭職謝事非朕優賢之意，不許。乃批答五月奏狀，非七月也。」亦誤，今俱依文集改正。○洪本又云「九月乞鐫職名」，考文集無之，今删去。李本無九月一條。而注則兩本同。其云「先是辭職名不允」，則五月之奏也。又「以嘗妄議山陵自劾」，則七月之奏也。「乞鐫職」，則文集無此語。又言「已罷講官，不當復帶侍從職名」，則十一月之奏也。李本統叙於「十二月，以屢辭職名，詔依舊充祕閣修撰，宫祠如故」之下。洪本「九月乞鐫職名」，蓋爲李注所誤，其云「十一月再辭職名」，則可正李本之失。李本删「七月十一日再辭」，而以「屢辭職名」包之，凡李本之以意删改類如此。

十二月，詔依舊祕閣修撰，提舉南京鴻慶宫。

傅伯壽行詞：「依舊祕閣修撰，宫觀差遣，慶元元年十二月。」歲月甚明，而年譜俱誤載於「甲寅十二月，詔依舊焕章閣待制」條下，閩本已改正，今從之。

二年丙辰，六十七歲。冬十二月，落職罷祠。

李、洪本俱作「褫職」，此本沈繼祖疏語，行狀、本傳俱云「落職罷祠」，今改正。○年譜「省闈聞之」，

「聞」字或是衍文，「之」當作「知」，或「之」字下另有「知」字。葉翥、劉德秀，倪未詳何人。李本亦作「聞之」，而無「葉倪劉」以下至「並行除毁」四十四字，又無「臺諫」以下十一字，「蔡元定」以下九字系於「從之」之下。○按洪本疑是年譜元本，李本略删削耳。蔡季通之貶，以沈繼祖疏與朱子落職罷祠之命同下，語録可考。李本未甚分明。宋史蔡傳：「沈繼祖、劉三傑爲言官，連疏詆某，並及元定，未幾謫道州。」亦與語録小異。洪本系於丁巳別元定寒泉精舍之下，非是，今從李本。○按行狀云：「沈繼祖爲監察御史，上章誣詆，落職罷祠。」本傳云：「沈繼祖爲監察御史，誣某十罪，詔落職罷祠。」年譜以沈繼祖稿爲胡紘所授，所載爲詳。宋史胡紘傳亦明言繼祖疏乃紘筆，較年譜又加詳焉。選人余嚞上疏乞斬，見於宋史，而語録亦有「某如今頭似粘在頸上」之語。至沈繼祖疏，宋史所不載，今所傳者，不知何據？疏語大罪有六，與宋史十罪不合，而續通鑑漫採入之，閩本年譜乃據續通鑑以改李本，甚爲疑誤後人，今並削去。沈繼祖、余嚞兩疏，皆不知所據，竊疑爲陽明後人依倣撰造以詆朱子者。近人無識，輒以附之年譜中，愚陋至此，亦可憐也。○閩本「先是臺臣」至「文氣日卑」同李本，以下則同續通鑑，並載沈繼祖疏，而改續通鑑大罪有六爲論大罪十，此皆後人妄有增改，非元本之舊，今悉删去。○李本止一條，洪本增多三條，其第二條全用宋史本傳，今録行狀，本傳此削去，第四條載董銖語亦可删，惟第三條或元本所有，但語多錯雜，不知所據，今存其大略，而附辨之。洪譜云：「先生在浙東時，謝廓然、陳賈、趙彦仲首攻之，後以提刑召入，人恐其涉清要，唆林栗極論之。其後韓侂胄秉政，則林采、施康年詆爲僞學，胡紘與沈繼祖共詆先生之罪。汪義端、余嚞又特請斬，以絶僞學，京鏜、何澹皆附和之。」按朱子在浙東時，詆僞學者鄭丙、陳賈、謝廓然，乞無以程頤、王安石之説取士，其攻朱子則未有考。趙彦仲有疏攻洛學，亦非直攻朱子也。林栗自以與朱子論易、西銘不合劾朱子，非爲人所唆者，其叙林釆、施康年、京鏜、何澹，俱與史不合，又載林栗友人稱朱待制，朱子此時未爲待制，此皆傳聞之誤，今悉不取。

是歲始修禮書。

文獻通考載中興藝文志：「熹書爲家禮五卷、鄉禮三卷、學禮十一卷、邦國禮四卷、王朝禮十四卷。其曰經傳通解者凡二十三卷，熹晚歲所親定，唯書數一篇缺而未補。其曰儀禮集傳集注者，即此書舊名，凡十四卷，爲王朝禮，而卜筮一篇亦缺，熹後來未及删改。」陳氏曰：「其子在刻於南康，一切皆仍其舊。」按通解刻於南康，則敬之自有跋語，藝文志所云亦本之跋語也。但今刻通解本不載跋語，不知鄒本從何得之，豈猶及見舊本耶？或余家所有今刻偶脱漏耶？今依鄒本録入，而並載通考於此。○乞修三禮劄子以去國不及上，行狀、本傳皆不及。按文集與應仁仲書云：「向在長沙、臨安，皆嘗有意欲藉官司之力爲之，亦未及開口而罷。」據此，則年譜所載爲是。凡年譜所增入有在於行狀、本傳之外者，未可以爲無據而略之也。

三年丁巳，六十八歲。春正月，拜命謝表。

按謝表以正月二十七日准省劄，則謝表即在正月也。李本不載，而附注於别蔡元定下，今從洪本。洪本又云：「後竟無告命，蓋掖垣不敢秉筆，公論焉可誣也。」李本無據。落祕閣修撰依前官謝表云「遞到月日告命一道」，則未嘗無告命也，今從李本删去。表云：「閲時既久，祇命惟新。」又云：「愬霆書之來下，恍歲律之還周。」則告命之下當在戊午正二月間。〇閩本於戊午冬别立一條云「落祕閣修撰依前官」，按此即落職罷祠。丁巳正月奉省劄，至戊午春方有告命。省劄落職罷祠，告命則兼及依前官，故兩謝表語有不同，非兩事也，且又不在戊午冬，今削去。

餞别蔡季通于淨安寺。

李、洪、閩本皆作「别西山蔡元定於寒泉精舍」，今改正。〇按語録朱子别季通於淨安寺，不言會宿寒泉，其時問參同契即在淨安寺中。宋史蔡本傳亦只言餞别蕭寺，而無會宿寒泉之語。寒泉精舍在後山天湖之陽，地非孔道。季通之行，州縣防衛甚嚴，未必與朱子共宿寒泉也。今據蔡本傳、語録改正。〇年譜「自州縣逮捕」至「兩得之矣」，皆用蔡本傳，而以語録「會别淨安寺」增入之。今録蔡本傳、語録，而年譜則删去。「明日獨與季通會宿寒泉」，仍載之以存疑。其「次年季通卒於舂陵」以下，皆從洪本。

按拜命、餞别兩條，李本與洪本大異。李本删「拜命謝表」，而以「前數日之夕」等語，繫之於「别西山蔡元定於寒泉精舍」之下，李本誤也。至「其後竟無告命」，則以李本删去爲是。自「時州縣逮捕甚急」至「爲之哀慟」，李、洪本同。自「季通從先生遊」以下，李本止載數語，而「義理大原」以下俱删。又一條「按與季通書曰素患難行乎患難」，又一條「按季通以沈繼祖疏」，李本悉删去，又末一條「時黨禁益譁」，則李本與洪本同。疑洪本乃元本，而李本過有删削。然洪本亦係後人增入，未必果齋本也。其載謝深甫語亦與本傳不同。今大概從洪本，而其繁冗處則一切俱削去。○續通鑑載此，皆雜採諸書而不無舛誤，閩本以補年譜，非也。今略不載，而附辨之。按續通鑑本之宋史胡紘傳，而沈繼祖之疏則不知出於何本？宋史無有也。信州，明改爲廣信府，宋時止名信州，今疏云廣信鵝湖之寺，此甚可疑。宋史本傳論某大罪十，此云大罪有六，亦與宋史不合。又選人余嚞上書，見於本傳，自在沈繼祖疏後。宋史謝深甫傳：「有余嚞者上疏，乞斬朱某，以絶僞學，且指蔡元定爲僞黨。深甫擲其書，語同列曰：『朱元晦、蔡季通不過自相與講明其學耳，果有何罪乎？余嚞蟣蝨小臣，乃敢狂妄如此，當相與奏之行遣，以厲其餘。』」續通鑑本此，而稍改其文，且移之逮捕季通之前。以語録考之，落職罷祠與竄季通，皆以沈繼祖疏，文集亦可考，續通鑑所云多不合。閩本大概與李、洪本同，而採續通鑑語以補之，是皆後人改竄，並非李、洪元本矣，今皆削去。

四年戊午，六十九歲。集書傳。

李本有「按大全集」四字，洪本删去，今從李本。○按蔡氏書傳序云：「慶元己未冬，先生命沈作書傳。」年譜載集書傳於戊午，意朱子先自爲書傳未成，而後命蔡足成之。其二典、禹謨，據文集乃改訂蔡傳。至金縢、召誥、洛誥、武成諸説，皆早年作，親稿百餘段，則文集無之，蔡序言引用師説不復識别，亦不言别有親稿百餘段也。凡此皆所未詳。○按文集答潘子善書論書解甚詳，而李時可亦有書説，亦朱子所命，其書不傳。當是戊午已命門人分爲之，至己未冬，乃專屬之仲默耳。

五年己未，七十歲。春三月，楚辭集註、後語、辨證成。

李、洪兩年譜，皆以楚辭集註成於乙卯，今改正。○洪本云：「楊楫跋云：『慶元乙卯，楫侍先生於考亭精舍，時朝廷治黨人方急，丞相趙公謫死於永，先生憂時之意，屢形於色。忽一日，出示學者以所釋楚辭一篇。楫退而思之，先生平居教學者，首以大學、語、孟、中庸四書，次而六經，又次而史傳，至於秦漢以後詞章，特餘論及之耳。乃獨爲楚辭解釋，其義何也？然先生終不言，楫輩亦不敢竊有請焉。』楫之言婉而深，故録之。」李本云：「時朝廷治黨人方急，丞相趙公謫死於永，先生憂時之意，屢形於色，因注楚辭以見志。」而删楊跋，蓋節取楊跋也。按年譜皆以楚辭集註成於乙卯，在韓文考異之前。考文集與方伯謨書云：「令子聞已歸，韓文外集考異曾帶得歸否？便中幸早寄示。正集者已寫了，更得此補足，須更送去詳定。莊仲爲點勘，已頗詳細矣。又有楚辭抄得數卷，大抵世間文字無不錯誤，可歎也。」據此，則楚辭集註之成在韓文考異之後，與年譜不合。及考文集韓文考異凡例、書韓文考異前、楚辭後語序、楚辭集註序，皆無歲月，而文集編次則以韓文居楚辭之前。又楚辭辨證前題署云「慶元己未三月」，集註、辨證皆一時之作，決非乙卯成集註，而己未始作辨證也。以此考之，則年譜之誤無疑矣。楫爲門人不見於文集、語録，其言要未可據。年譜爲楫跋所誤耳。沈莊仲録在戊午，或考異之成在戊午。今姑從年譜系於丁巳，而楚辭集註則據方書及辨證前題移之己未，而年譜所載並皆删去。○楚辭辨證前題署「慶元己未三月」，此其確然可據者。楚辭集註序無歲月，疑後人以與年譜不合而删之。集註或成於戊午，而後語、辨證當在其後，今無所據，仍依辨證前題而統繫之於此。○李微之語録序謂楚辭集註、韓文考異皆成於慶元乙卯，以方書考之，亦未然也。

六年庚申，七十一歲。三月辛酉，改大學「誠意」章。

洪本大書三月己未説太極圖，庚申説西銘。李本無，今從李本削去。〇洪本説太極、西銘注云：「己未之夜，爲諸生説太極圖。庚申之夜，復説西銘甚詳。二書蓋先生奉以終身，而至是尤諄諄爲學者言之，其示人以原始反終之意，甚深切著明矣。」李本無此條，而注於改「誠意」章下云：「戊午歲與廖德明書云：『大學又修得一番，簡易平實，次第可以絶筆。』是日改『誠意』章。先是己未夜爲諸生説太極圖，庚申夜復説西銘甚詳，且言爲學之要云云。」洪本改「誠意」章注同，而去「先是爲諸生」二句。閩本皆同洪本，大抵皆後所增修，未必果齋元本也。按蔡仲默夢奠記：「丁巳看書集傳説數十條，及時事甚悉。戊午改集傳兩章，又貼修稽古録一段，是夜説書數十條。己未夜説書至太極圖。庚申夜説西銘，又言爲學之要云云。辛酉改大學「誠意」章，寫畢又改數字，又修楚辭一段。午後大瀉，還至樓下，自此不復出矣。」是朱子辛酉之前，每夜爲諸生論説，其縱言及於太極、西銘，蓋亦論説之常。今洪本乃大書己未説太極圖，庚申説西銘，似朱子前知其將終，而以此書爲末後傳付之祕者，又截爲學之要數語於改「誠意」章後，明與記文不合。勉齋行狀止載改大學「誠意」章爲朱子絶筆，而於太極、西銘等語，皆不之及，足訂年譜之誤，而世皆未之辨也。

甲子，先生卒。

按治喪大事朱子無遺命，而門人於病革時方入請，則朱子已不能言矣。行狀與夢奠記所載不同。洪本從行狀，李本從夢奠記，未知孰爲元本。祝穆父所辨年譜兩事：其一，作書先後以行狀爲據，今兩本皆同，行狀疑後人所改。其一，「是日大風拔木、洪流崩山」，則洪本有之，而李本無。又李本從夢奠記，明與行狀不合，而穆父之辨，略不及此，豈洪本乃元本，而李本則後來所改與？今録洪本而附李本於後，並存之，以俟考焉。○李本無「先生起坐」四字，有「告之」二字。「一與黄榦」下有「令更加勉力且曰吾道之託在此吾無憾矣及」十七字。「補緝」二字作「踵」字。「當用書儀乎」下云「朱子揺首」，無「曰疏略」三字。「當用儀禮乎」下有「亦揺首然則以儀禮書儀參用之乎」十四字，下接「乃頷之」，又有「就枕誤觸巾目門人使正之揮婦人無得近諸生揖而退」二十二字。洪本較李本多增入而無删削，此條删削爲多，亦不可曉。○又按周氏復家禮附録曰：「復按李方子述先生年譜云：『諸生入問疾，葉味道請曰：「先生之疾革矣，萬一不諱，當用書儀乎？」曰：「疏略。」范元裕請曰：「用儀禮乎？」先生揺首。蔡沈復請曰：「儀禮、書儀參用如何？」乃頷之。』」據此，則年譜元本用夢奠記，而「疏略」二字，則用行狀。今李本大概與元本合，而詞語則異。洪本則從行狀。以周氏所述考之，則兩本皆後人所改，而非其真矣。然李本爲近之。而考之祝穆父所辨，則又不合。凡此異同，當悉著之，而不敢以質也。

○按朱子卒前一日，與子在、門人范念德、黄榦書，敬之與伯崇書不載文集，惟勉齋書載二十九卷論事書中，此編次之誤也。行狀云：「先生疾且革，手書屬其子在與門人范念德、黄榦，尤惓惓以勉學及修正遺書爲言。」以此書較之相合。夢奠記所記最詳，而於此書則略。李、洪兩年譜本略同。其云「令收禮書底本補緝成之，其書界行，開具逐項合修條目，且封一卷，往爲之式」，則又較書爲詳也。宋史黄榦傳云：「病革，以深衣並所著書授榦，手書與訣曰：『吾道之託在此，吾無憾矣。』」此本之書，而寄深衣則書所無有也。李本有「吾道之託」兩語，與宋史同，而洪本無之，抑未知孰爲元本。今録文集書語而附論之如此。○又按朱子臨卒，與勉齋書有「吾道之託在此者，吾無憾」之語，然止以授學次第而言，其於孔門之顔、曾，未知何如也。朱子晚年與人書，每言斯道之傳，不絶如綫。而論程門諸公，未有可當衣鉢之傳，其微意亦可見矣。勉齋最後祭文言：「末年之付囑，將殁之丁寧，則戚戚然於微言之絶，大義之乖也。幹獨何人，而當此期望之厚耶！」今考此書，却無此意。續集有與直卿書言：「古之禪家，有慮其學之無傳，而至於感泣流涕者，不意今日乃親見此境界也。」其書在戊午、己未間，祭文蓋兼用此意，亦只云期望之厚，而不敢謂已得其傳也，蓋古人之審慎如此。至宋史言以深衣爲寄，考之一無所據。蓋暗用禪家衣鉢之説，其爲附會無疑。年譜雖未之及，而後人必有舉是以爲證者，不可以不辨也。

冬十一月壬申，葬于建陽縣唐石里之大林谷。

洪本年譜本之宋史本傳，而正言施康年則又用續通鑑補。本傳止云「言者」，未嘗指其人也。李本止云「會葬者幾千人」。○按續通鑑載右正言施康年疏凡數百言，宋史止舉其略，不知續通鑑所載出於何書也。康年疏前後皆云會於信上。信州今之廣信府，鵝湖寺在焉，蓋浙江入閩必由之路也。又續通鑑云：「以是門生故舊不敢送葬，惟李燔率一二同志往會葬，視封窆，不少怵。」與年譜會葬幾千人又不合。宋史李燔傳：「某既殁，學禁嚴，燔率同門往會葬，視封窆，不少怵。」續通鑑所載似本之此，而又有增改，不知何據也。考之行狀，言：「訃告所至，從遊之士與夫聞風慕義者，莫不相與爲位而聚哭焉。禁錮雖嚴，有所不避也。」而公季子敬之謂「家禮久亡，葬之日，有士子攜來，因得之」，亦可知會葬者固多人矣。續通鑑雖本之李燔傳，然恐非其實，當以年譜爲正。

果齋李氏語見性理大全，洪本作年譜原序，李本不載。其首言居敬、窮理、反躬三條，後止言居敬、窮理而缺反躬一條，向每疑之。考新閩本，乃知纂大全者所删，而洪亦不能補也。後兩段亦不當删，今並據閩本補入。

傳記資料

宋史朱熹傳

〔元〕脱脱等

朱熹，字元晦，一字仲晦，徽州婺源人。父松，字喬年，中進士第。胡世將、謝克家薦之，除祕書省正字。趙鼎都督川、陝、荆、襄軍馬，招松爲屬，辭。鼎再相，除校書郎，遷著作郎。以御史中丞常同薦，除度支員外郎，兼史館校勘，歷司勳、吏部郎。秦檜決策議和，松與同列上章，極言其不可。檜怒，風御史論松懷異自賢，出知饒州，未上，卒。

熹幼穎悟，甫能言，父指天示之曰：「天也。」熹問曰：「天之上何物？」松異之。就傅，授以孝經，一閲，題其上曰：「不若是，非人也。」嘗從羣兒戲沙上，獨端坐以指畫沙，視之，八卦也。年十八，貢于鄉，中紹興十八年進士第。主泉州同安簿，選邑秀民充弟子員，日與講説聖賢修己治人之道，禁女婦之爲僧道者。罷歸請祠，監潭州南嶽廟。明年，以輔臣薦，與徐度、吕廣問、韓元吉同召，以疾辭。

孝宗即位，詔求直言，熹上封事言：「聖躬雖未有過失，而帝王之學不可以不熟講；朝政雖未有闕遺，而修攘之計不可以不早定；利害休戚雖不可偏舉，而本原之地不可以不加意。陛下毓德之初，親御簡策，不過風誦文辭，吟詠情性，又頗留意於老子、釋氏之書。夫記誦詞藻，非所以探淵源而出治道；虚無寂滅，非所以貫本末而立大中。帝王之學，必先格物致知，以極夫事物之變，使義理所存，纖悉畢照，則自然意誠心正，而可以應天下之務。」次言：「修攘之計不時定者，講和之説誤之也。夫金人於我有不共戴天之讎，則不可和也明矣。願斷以義理之公，閉關絶約，任賢使能，立紀綱，厲風俗。數年之後，國富兵强，視吾力之强弱，觀彼釁之淺深，徐起而圖之。」次言：「四海利病，係斯民之休戚；斯民休戚，係守令之賢否。監司者守令之綱，朝廷者監司之本也。欲斯民之得其所，本原之地亦在朝廷而已。今之監司，姦贜狼藉、肆虐以病民者，莫非宰執、臺諫之親舊賓客。其已失勢者，既按見其交私之狀而斥去之；尚在勢者，豈無其人，顧陛下無自而知之耳。」

隆興元年，復召。入對，其一言：「大學之道在乎格物以致其知。陛下雖有生知之性，高世之行，而未嘗隨事以觀理，即理以應事，是以舉措之間動涉疑貳，聽納之際未免蔽欺，平治之效所以未著。」其二言：「君父之讎不與共戴天。今日所當爲者，非戰無以復讎，非守無以制勝。」且陳古先聖王所以强本折衝、威制遠人之道。時相湯思退方倡和議，除熹武學博士，待次。乾道元年，促就職，既至而洪适爲相，復主和，論不合，歸。

三年，陳俊卿、劉珙薦爲樞密院編修官，待次。五年，丁内艱。六年，工部侍郎胡銓以詩人薦，與王庭珪同召，以未終喪辭。七年，既免喪，復召，以禄不及養辭。九年，梁克家相，申前命，又辭。克家奏熹屢召不起，宜蒙褒録，執政俱稱之，上曰：「熹安貧守道，廉退可嘉。」特改合入官，主管台州崇道觀。熹以求退得進，於義未安，再辭。淳熙元年，始拜命。二年，上欲獎用廉退，以勵風俗，龔茂良行丞相事，以熹名進，除祕書郎，力辭，且以手書遺茂良，言一時權倖。羣小乘間讒毁，乃因熹再辭，即從其請，主管武夷山冲佑觀。

五年，史浩再相，除知南康軍，降旨便道之官，熹再辭，不許。至郡，興利除害，值歲不雨，講求荒政，多所全活。訖事，奏乞依格推賞納粟人。間詣郡學，引進士子與之講論。訪白鹿洞書院遺址，奏復其舊，爲學規俾守之。明年夏，大旱，詔監司、郡守條其民間利病，遂上疏言：

天下之務莫大於恤民，而恤民之本，在人君正心術以立紀綱。蓋天下之紀綱不能以自立，必人主之心術公平正大，無偏黨反側之私，然後有所繫而立。君心不能以自正，必親賢臣，遠小人，講明義理之歸，閉塞私邪之路，然後乃可得而正。

今宰相、臺省、師傅、賓友、諫諍之臣皆失其職，而陛下所與親密謀議者，不過一二近習之臣。上以蠱惑陛下之心志，使陛下不信先王之大道，而説於功利之卑説，不樂莊士之讜言，而安於私暬之鄙態；下則招集天下士大夫之嗜利無耻者，文武彙分，各入其門。所喜則陰爲引援，擢置清顯；所惡則密行訾毁，公肆擠排。交通貨賂，所盜者皆陛下之財；命卿置將，所竊者皆陛下之柄。陛下所謂宰相、師傅、賓友、諫諍之臣，或反出入其門牆，承望其風旨；其幸能自立者，亦不過齱齱自守，而未嘗敢一言以斥之；其甚畏公論者，乃能略警逐其徒黨之一二，既不能深有所傷，而終亦不敢正言以擣其囊橐窟穴之所在。勢成威立，中外靡然向之，使陛下之號令黜陟不復出於朝廷，而出於一二人之門，名爲陛下獨斷，而實此一二人者陰執其柄。

且云：「莫大之禍，必至之憂，近在朝夕，而陛下獨未之知。」上讀之，大怒曰：「是以我爲亡也。」熹以疾請祠，不報。

陳俊卿以舊相守金陵，過闕入見，薦熹甚力。宰相趙雄言於上曰：「士之好名，陛下疾之愈甚，則人之譽之愈衆，無乃適所以高之。不若因其長而用之，彼漸當事任，能否自見矣。」上以爲然，乃除熹提舉江西常平茶鹽公事。旋録救荒之勞，除直祕閣，以前所奏納粟人未推賞，辭。

會浙東大饑，宰相王淮奏改熹提舉浙東常平茶鹽公事，即日單車就道，復以納粟人未推賞，辭職名。納粟賞行，遂受職名。入對，首陳災異之由與修德任人之説，次言：「陛下即政之初，蓋嘗選建英豪，任以政事，不幸其間不能盡得其人，是以不復廣求賢哲，而姑取軟熟易制之人以充其位。於是左右私褻使令之賤，始得以奉燕閒、備驅使，而宰相之權日輕。又慮其勢有所偏，而因重以壅己也，則時聽外廷之論，將以陰察此輩之負犯而操切之。陛下既未能循天理、公聖心，以正朝廷之大體，則固已失其本矣，而又欲兼聽士大夫之言，以爲駕馭之術，則士大夫之進見有時，而近習之從容無間。士大夫之禮貌既莊而難親，其議論又苦而難入，近習便辟側媚之態既足以蠱心志，其胥史狡獪之術又足以眩聰明。是以雖欲微抑此輩，而此輩之勢日重；雖欲兼采公論，而士大夫之勢日輕。重者既挾其重，以竊陛下之權；輕者又借力於所重，以爲竊位固寵之計。日往月來，浸淫耗蝕，使陛下之德業日隳，綱紀日壞，邪佞充塞，貨賂公行，兵愁民怨，盜賊間作，災異數見，饑饉荐臻。羣小相挻，人人皆得滿其所欲，惟有陛下了無所得，而顧乃獨受其弊。」上爲動容。所奏凡七事，其一二事手書以防宣洩。

熹始拜命，即移書他郡，募米商，蠲其征，及至，則客舟之米已輻湊。熹日鈎訪民隱，按行境内，單車屏徒從，所至人不及知。郡縣官吏憚其風采，至自引去，所部肅然。凡丁錢、和買、役法、榷酤之政，有不便於民者，悉釐而革之。於救荒之餘，隨事處畫，必爲經久之計。有短熹者，謂其疏於爲政，上謂王淮曰：「朱熹政事却有可觀。」

熹以前後奏請多所見抑，幸而從者，率稽緩後時，蝗旱相仍，不勝憂憤，復奏言：「爲今之計，獨有斷自聖心，沛然發號，責躬求言，然後君臣相戒，痛自省改。其次惟有盡出内庫之錢，以供大禮之費爲收糴之本，詔户部免徵舊負，詔漕臣依條檢放租税，詔宰臣沙汰被災路分州軍監司、守臣之無狀者，遴選賢能，責以荒政，庶幾猶足下結人心，消其乘時作亂之意。不然，臣恐所憂者不止於飢殍，而將在於盜賊；蒙其害者不止於官吏，而上及於國家也。」

知台州唐仲友與王淮同里爲姻家，吏部尚書鄭丙、侍御史張大經交薦之，遷江西提刑，未行。熹行部至台，訟仲友者紛然，按得其實，章三上，淮匿不以聞。熹論愈力，仲友亦自辯，淮乃以熹章進呈，上令宰屬看詳，都司陳庸等乞令浙西提刑委清强官究實，仍令熹速往旱傷州郡相視。熹時留台未行，既奉詔，益上章論，前後六上，淮不得已，奪仲友江西新命以授熹，辭不拜，遂歸，且乞奉祠。

時鄭丙上疏詆程氏之學以沮熹，淮又擢太府寺丞陳賈爲監察御史。賈面對，首論近日搢紳有所謂「道學」者，大率假名以濟僞，願考察其人，擯棄勿用。蓋指熹也。十年，詔以熹累乞奉祠，可差主管台州崇道觀，既而連奉雲臺、鴻慶之祠者五年。十四年，周必大相，除熹提點江西刑獄公事，以疾辭，不許，遂行。

十五年，淮罷相，遂入奏，首言近年刑獄失當，獄官當擇其人。次言經總制錢之病民，及江西諸州科罰之弊。而其末言：「陛下即位二十七年，因循荏苒，無尺寸之效可以仰酬聖志。嘗反覆思之，無乃燕閒蠖濩之中、虛明應物之地，天理有所未純，人欲有所未盡，是以爲善不能充其量，除惡不能去其根，一念之頃，公私邪正、是非得失之機，交戰於其中。故體貌大臣非不厚，而便嬖側媚得以深被腹心之寄；寤寐英豪非不切，而柔邪庸繆得以久竊廊廟之權。非不樂聞公議正論，而有時不容；非不堲讒説殄行，而未免誤聽；非不欲報復陵廟讎耻，而未免畏怯苟安；非不愛養生靈財力，而未免歎息愁怨。願陛下自今以往，一念之頃必謹而察之：此爲天理耶，人欲耶？果天理也，則敬以充之，而不使其少有壅閼；果人欲也，則敬以克之，而不使其少有凝滯。推而至於言語動作之間、用人處事之際，無不以是裁之，則聖心洞然，中外融澈，無一毫之私欲得以介乎其間，而天下之事將惟陛下所欲爲，無不如志矣。」是行也，有要之於路，以爲「正心誠意」之論上所厭聞，戒勿以爲言。熹曰：「吾平生所學，惟此四字，豈可隱默以欺吾君乎？」及奏，上曰：「久不見卿，浙東之事，朕自知之，今當處卿清要，不復以州縣爲煩也。」

時曾覿已死，王抃亦逐，獨内侍甘昇尚在，熹力以爲言。上曰：「昇乃德壽所薦，謂其有才耳。」熹曰：「小人無才，安能動人主？」翌日，除兵部郎官，以足疾丐祠。本部侍郎林栗嘗與熹論易、西銘不合，劾熹：「本無學術，徒竊張載、程頤緒餘，謂之『道學』。所至輒攜門生數十人，妄希孔孟歷聘之風，邀索高價，不肯供職，其僞不可掩。」上曰：「林栗言似過。」周必大言熹上殿之日，足疾未瘳，勉强登對。上曰：「朕亦見其跛曳。」左補闕薛叔似亦奏援熹，乃令依舊職江西提刑。太常博士葉適上疏與栗辨，謂其言無一實者，「謂之道學」一語，無實尤甚，往日王淮表裏臺諫，陰廢正人，蓋用此術。詔：「熹昨入對，所論皆新任職事，朕諒其誠，復從所請，可疾速之任。」會胡晉臣除侍御史，首論栗執拗不通、喜同惡異，無事而指學者爲黨，乃黜栗知泉州。熹再辭免，除直寶文閣，主管西京嵩山崇福宮。未踰月再召，熹又辭。

始熹嘗以爲口陳之説有所未盡，乞具封事以聞，至是投匭進封事曰：

今天下大勢，如人有重病，内自心腹，外達四支，無一毛一髮不受病者。且以天下之大本與今日之急務爲陛下言之：大本者，陛下之心；急務則輔翼太子、選任大臣、振舉綱紀、變化風俗、愛養民力、修明軍政六者是也。

古先聖王兢兢業業，持守此心，是以建師保之官、列諫諍之職，凡飲食、酒漿、衣服、次舍、器用、財賄與夫宦官宮妾之政，無一不領於冢宰。使其左右前後，一動一靜，無不制以有司之法，而無纖芥之隙、瞬息之頃，得以隱其毫髮之私。陛下所以精一克復而持守其心，果有如此之功乎？所以修身齊家而正其左右，果有如此之效乎？宮省事禁，臣固不得而知，然爵賞之濫、貨賂之流，閭巷竊言，久已不勝其籍籍，則陛下所以修之家者，恐其未有以及古之聖王也。

至於左右便嬖之私，恩遇過當，往者淵、覿、説、抃之徒勢焰熏灼，傾動一時，今已無可言矣。獨有前日臣所面陳者，雖蒙聖慈委曲開譬，然臣之愚，竊以爲此輩但當使之守門傳命，供掃除之役，不當假借崇長，使得逞邪媚、作淫巧於内，以蕩上心，立門庭、招權勢於外，以累聖政。臣聞之道路，自王抃既逐之後，諸將差除，多出此人之手。陛下竭生靈膏血以奉軍旅，顧乃未嘗得一温飽，是皆將帥巧爲名色，奪取其糧，肆行貨賂於近習，以圖進用，出入禁闥腹心之臣，外交將帥，共爲欺蔽，以至於此。而陛下不悟，反寵暱之，以是爲我之私人，至使宰相不得議其制置之得失、給諫不得論其除授之是非，則陛下所以正其左右者，未能及古之聖王又明矣。

至於輔翼太子，則自王十朋、陳良翰之後，宫僚之選號爲得人，而能稱其職者，蓋已鮮矣。而又時使邪佞儇薄、闒冗庸妄之輩，或得參錯於其間，所謂講讀，亦姑以應文備數，而未聞其有箴規之效。至於從容朝夕、陪侍遊燕者，又不過使臣宦者數輩而已。師傅、賓客既不復置，而詹事、庶子有名無實，其左右春坊遂直以使臣掌之，既無以發其隆師親友、尊德樂義之心，又無以防其戲慢媟狎、奇衺雜進之害。宜討論前典，置師傅、賓客之官，罷去春坊使臣，而使詹事、庶子各復其職。

至於選任大臣，則以陛下之聰明，豈不知天下之事，必得剛明公正之人而後可任哉？其所以常不得如此之人，而反容鄙夫之竊位者，直以一念之間，未能徹其私邪之蔽，而燕私之好、便嬖之流，不能盡由於法度，若用剛明公正之人以爲輔相，則恐其有以妨吾之事、害吾之人，而不得肆。是以選擇之際，常先排擯此等，而後取凡疲懦軟熟、平日不敢直言正色之人而揣摩之，又於其中得其至庸極陋、決可保其不至於有所妨者，然後舉而加之於位。是以除書未出，而物色先定；姓名未顯，而中外已逆知其決非天下第一流矣。

至於振肅紀綱，變化風俗，則今日宮省之間，禁密之地，而天下不公之道、不正之人，顧乃得以窟穴盤據於其間。而陛下目見耳聞，無非不公不正之事，則其所以熏烝銷鑠，使陛下好善之心不著、疾惡之意不深，其害已有不可勝言者矣。及其作姦犯法，則陛下又未能深割私愛，而付諸外廷之議，論以有司之法，是以紀綱不正於上，風俗頹弊於下，其爲患之日久矣。而浙中爲尤甚。大率習爲軟美之態、依阿之言，以不分是非、不辨曲直爲得計。甚者以金珠爲脯醢，以契券爲詩文，宰相可啗則啗宰相，近習可通則通近習，惟得之求，無復廉耻。一有剛毅正直、守道循理之士出乎其間，則羣譏衆排，指爲「道學」，而加以矯激之罪。十數年來，以此二字禁錮天下之賢人君子，復如昔時所謂元祐學術者，排擯詆辱，必使無所容其身而後已，此豈治世之事哉？

至於愛養民力、修明軍政，則自虞允文之爲相也，盡取版曹歲入窠名之必可指擬者，號爲歲終羨餘之數，而輸之内帑。顧以其有名無實、積累掛欠、空載簿籍、不可催理者，撥還版曹，以爲内帑之積，將以備他日用兵進取不時之須。然自是以來二十餘年，内帑歲入不知幾何，而認爲私貯，典以私人，宰相不得以式貢均節其出入；版曹不得以簿書勾考其在亡，日銷月耗，以奉燕私之費者，蓋不知其幾何矣，而曷嘗聞其能用此錢以易敵人之首，如太祖之言哉？徒使版曹經費闕乏日甚，督促日峻，以至廢去祖宗以來破分良法，而必以十分登足爲限；以爲未足，則又造爲比較監司、郡守殿最之法，以誘脅之。於是中外承風，競爲苛急，此民力之所以重困也。

諸將之求進也，必先掊尅士卒，以殖私利，然後以此自結於陛下之私人，而蕲以姓名達於陛下之貴將。貴將得其姓名，即以付之軍中，使自什伍以上節次保明，稱其材武堪任將帥，然後具奏牘而言之陛下之前。陛下但見等級推先，案牘具備，則誠以爲公薦而可以得人矣，而豈知其諧價輸錢，已若晚唐之債帥哉？夫將者，三軍之司命，而其選置之方乖剌如此，則彼智勇材略之人，孰肯抑心下首於宦官、宫妾之門，而陛下之所得以爲將帥者，皆庸夫走卒，而猶望其修明軍政、激勸士卒，以彊國勢，豈不誤哉！

凡此六事，皆不可緩，而本在於陛下之一心。一心正則六事無不正，一有人心私欲以介乎其間，則雖欲憊精勞力，以求正夫六事者，亦將徒爲文具，而天下之事愈至於不可爲矣。

疏入，夜漏下七刻，上已就寢，亟起秉燭，讀之終篇。明日，除主管太一宫，兼崇政殿説書。熹力辭，除祕閣修撰，奉外祠。

光宗即位，再辭職名，仍舊直寶文閣，降詔獎諭。居數月，除江東轉運副使，以疾辭，改知漳州。奏除屬縣無名之賦七百萬，減經總制錢四百萬。以習俗未知禮，采古喪葬嫁娶之儀，揭以示之，命父老解説，以教子弟。土俗崇信釋氏，男女聚僧廬爲傳經會，女不嫁者爲庵舍以居，熹悉禁之。常病經界不行之害，會朝論欲行泉、汀、漳三州經界，熹乃訪事宜、擇人物及方量之法上之。而土居豪右侵漁貧弱者以爲不便，沮之。宰相留正，泉人也，其里黨亦多以爲不可行。布衣吴禹圭上書訟其擾人，詔且需後，有旨先行漳州經界。明年，以子喪請祠。

時史浩入見，請收天下人望，乃除熹祕閣修撰，主管南京鴻慶宫。熹再辭，詔：「論撰之職，以寵名儒。」乃拜命。除荆湖南路轉運副使，辭。漳州經界竟報罷，以言不用自劾。

除知靜江府，辭，主管南京鴻慶宫。未幾，差知潭州，力辭。黄裳爲嘉王府翊善，自以學不及熹，乞召爲宫僚，王府直講彭龜年亦爲大臣言之。留正曰：「正非不知熹，但其性剛，恐到此不合，反爲累耳。」熹方再辭，有旨：「長沙巨屏，得賢爲重。」遂拜命。會洞獠擾屬郡，熹遣人諭以禍福，皆降之。申敕令，嚴武備，戢姦吏，抑豪民。所至興學校，明教化，四方學者畢至。

寧宗即位，趙汝愚首薦熹及陳傅良，有旨赴行在奏事。熹行且辭，除焕章閣待制、侍講，辭，不許。入對，首言：「乃者太皇太后躬定大策，陛下寅紹丕圖，可謂處之以權，而庶幾不失其正。自頃至今三月矣，或反不能無疑於逆順名實之際，竊爲陛下憂之。猶有可諉者，亦曰陛下之心，前日未嘗有求位之計，今日未嘗忘思親之懷，此則所以行權而不失其正之根本也。充未嘗求位之心，以盡負罪引慝之誠；充未嘗忘親之心，以致温凊定省之禮，而大倫正、大本立矣。」復面辭待制、侍講，上手劄：「卿經術淵源，正資勸講，次對之職，勿復勞辭，以副朕崇儒重道之意。」遂拜命。

會趙彦逾按視孝宗山陵，以爲土肉淺薄，下有水石。孫逢吉覆按，乞别求吉兆。有旨集議，臺史憚之，議中輟。熹竟上議狀言：「壽皇聖德，衣冠之藏，當博訪名山，不宜偏信臺史，委之水泉沙礫之中。」不報。時論者以爲上未還大内，則名體不正而疑議生；金使且來，或有窺伺。有旨修葺舊東宫，爲屋三數百間，欲徙居之。熹奏疏言：

此必左右近習倡爲此説以誤陛下，而欲因以遂其姦心。臣恐不惟上帝震怒，災異數出，正當恐懼修省之時，不當興此大役，以咈譴告警動之意；亦恐畿甸百姓饑餓流離、阽於死亡之際，或能怨望忿切，以生他變。不惟無以感格太上皇帝之心，以致未有進見之期，亦恐壽皇在殯，因山未卜，几筵之奉不容少弛，太皇太后、皇太后皆以尊老之年，煢然在憂苦之中，晨昏之養尤不可闕。而四方之人，但見陛下亟欲大治宫室，速得成就，一旦翩然委而去之，以就安便，六軍萬民之心將有扼腕不平者矣。前鑑未遠，甚可懼也。

又聞太上皇后懼忤太上皇帝聖意，不欲其聞太上之稱，又不欲其聞内禪之説，此又慮之過者。殊不知若但如此，而不爲宛轉方便，則父子之間，上怨怒而下憂恐，將何時而已？父子大倫，三綱所繫，久而不圖，亦將有借其名以造謗生事者，此又臣之所大懼也。願陛下明詔大臣，首罷修葺東宫之役，而以其工料回就慈福、重華之間，草創寢殿一二十間，使粗可居。若夫過宫之計，則臣又願陛下下詔自責，減省輿衛，入宫之後，暫變服色，如唐肅宗之改服紫袍、執控馬前者，以伸負罪引慝之誠，則太上皇帝雖有忿怒之情，亦且霍然消散，而歡意浹洽矣。

至若朝廷之紀綱，則臣又願陛下深詔左右，勿預朝政。其實有勳庸而所得褒賞未愜衆論者，亦詔大臣公議其事，稽考令典，厚報其勞。而凡號令之弛張、人才之進退，則一委之二三大臣，使之反覆較量，勿循己見，酌取公論，奏而行之。有不當者，繳駁論難，擇其善者稱制臨決，則不惟近習不得干預朝權、大臣不得專任己私，而陛下亦得以益明習天下之事，而無所疑於得失之算矣。

若夫山陵之卜，則願黜臺史之説，别求草澤，以營新宫，使壽皇之遺體得安於內，而宗社生靈皆蒙福於外矣。

疏入，不報，然上亦未有怒熹意也。每以所講編次成帙以進，上亦開懷容納。熹又奏勉上進德云：「願陛下日用之間，以求放心爲之本，而於玩經觀史、親近儒學益用力焉。數召大臣，切劘治道，羣臣進對，亦賜温顔，反覆詢訪，以求政事之得失，民情之休戚，而又因以察其人才之邪正短長，庶於天下之事各得其理。」熹奏：「禮經敕令，子爲父，嫡孫承重爲祖父，皆斬衰三年；嫡子當爲其父後，不能襲位執喪，則嫡孫繼統而代之執喪。自漢文短喪，歷代因之，天子遂無三年之喪。爲父且然，則嫡孫承重可知。人紀廢壞，三綱不明，千有餘年，莫能釐正。壽皇聖帝至性自天，易月之外，猶執通喪，朝衣朝冠皆用大布，所宜著在方册，爲萬世法程。間者遺誥初頒，太上皇帝偶違康豫，不能躬就喪次。陛下以世嫡承大統，則承重之服著在禮律，所宜遵壽皇已行之法。一時倉卒，不及詳議，遂用漆紗淺黄之服，不惟上違禮律，且使壽皇已行之禮舉而復墜，臣竊痛之。然既往之失不及追改，唯有將來啓殯發引，禮當復用初喪之服。」

會孝宗祔廟，議宗廟迭毁之制，孫逢吉、曾三復首請併祧僖、宣二祖，奉太祖居第一室，祫祭則正東向之位。有旨集議：僖、順、翼、宣四祖祧主，宜有所歸。自太祖皇帝首尊四祖之廟，治平間，議者以世數寖遠，請遷僖祖於夾室。後王安石等奏，僖祖有廟，與稷、契無異，請復其舊。時相趙汝愚雅不以復祀僖祖爲然，侍從多從其説。吏部尚書鄭僑欲且祧宣祖而祔孝宗。熹以爲藏之夾室，則是以祖宗之主下藏於子孫之夾室，神宗復奉以爲始祖，已爲得禮之正，而合於人心，所謂有舉之而莫敢廢者乎。又擬爲廟制以辨，以爲物豈有無本而生者。廟堂不以聞，即毁撤僖、宣廟室，更創别廟以奉四祖。

始，寧宗之立，韓侂胄自謂有定策功，居中用事。熹憂其害政，數以爲言，且約吏部侍郎彭龜年共論之。會龜年出護使客，熹乃上疏斥言左右竊柄之失，在講筵復申言之。御批云：「憫卿耆艾，恐難立講，已除卿宫觀。」汝愚袖御筆還上，且諫且拜。内侍王德謙徑以御筆付熹，臺諫爭留，不可。樓鑰、陳傅良旋封還録黄，修注官劉光祖、鄧馹封章交上。熹行，被命除寶文閣待制，與州郡差遣，辭。尋除知江陵府，辭，仍乞追還新舊職名，詔依舊煥章閣待制，提舉南京鴻慶宮。慶元元年初，趙汝愚既相，收召四方知名之士，中外引領望治，熹獨惕然以侂胄用事爲慮。既屢爲上言，又數以手書啓汝愚，當用厚賞酬其勞，勿使得預朝政，有「防微杜漸，謹不可忽」之語。汝愚方謂其易制，不以爲意。及是，汝愚亦以誣逐，而朝廷大權悉歸侂胄矣。

熹始以廟議自劾，不許，以疾再乞休致，詔：「辭職謝事，非朕優賢之意，依舊祕閣修撰。」二年，沈繼祖爲監察御史，誣熹十罪，詔落職罷祠，門人蔡元定亦送道州編管。四年，熹以年近七十，申乞致仕，五年，依所請。明年卒，年七十一。疾且革，手書屬其子在及門人范念德、黄榦，拳拳以勉學及修正遺書爲言。翌日，正坐整衣冠，就枕而逝。

熹登第五十年，仕於外者僅九考，立朝纔四十日。家故貧，少依父友劉子羽，寓建之崇安，後徙建陽之考亭，簞瓢屢空，晏如也。諸生之自遠而至者，豆飯藜羹，率與之共。往往稱貸於人以給用，而非其道義，則一介不取也。

自熹去國，侂胄勢益張。何澹爲中司，首論專門之學，文詐沽名，乞辨真僞。劉德秀仕長沙，不爲張栻之徒所禮，及爲諫官，首論留正引僞學之罪。「僞學」之稱，蓋自此始。太常少卿胡紘言：「比年僞學猖獗，圖爲不軌，望宣諭大臣，權住進擬。」遂召陳賈爲兵部侍郎。未幾，熹有奪職之命。劉三傑以前御史論熹、汝愚、劉光祖、徐誼之徒，前日之僞黨，至此又變而爲逆黨。即日除三傑右正言。右諫議大夫姚愈論道學權臣結爲死黨，窺伺神器。乃命直學士院高文虎草詔諭天下，於是攻僞日急，選人余嚞至上書乞斬熹。

方是時，士之繩趨尺步、稍以儒名者，無所容其身；從游之士，特立不顧者，屏伏丘壑；依阿巽懦者，更名他師，過門不入，甚至變易衣冠，狎遊市肆，以自別其非黨。而熹日與諸生講學不休，或勸以謝遣生徒者，笑而不答。有籍田令陳景思者，故相康伯之孫也，與侂胄有姻連，勸侂胄勿爲已甚，侂胄意亦漸悔。熹既没，將葬，言者謂四方僞徒期會，送僞師之葬，會聚之間，非妄談時人短長，則繆議時政得失，望令守臣約束。從之。

嘉泰初，學禁稍弛。二年，詔：「朱熹已致仕，除華文閣待制，與致仕恩澤。」後侂胄死，詔賜熹遺表恩澤，謚曰文。尋贈中大夫，特贈寶謨閣直學士。理宗寶慶三年，贈太師，追封信國公，改徽國。

始熹少時，慨然有求道之志。父松病亟，嘗屬熹曰：「籍溪胡原仲、白水劉致中、屏山劉彦冲三人，學有淵源，吾所敬畏，吾即死，汝往事之，而惟其言之聽。」三人，謂胡憲、劉勉之、劉子翬也。故熹之學既博求之經傳，復徧交當世有識之士。延平李侗老矣，嘗學於羅從彦，熹歸自同安，不遠數百里，徒步往從之。

其爲學，大抵窮理以致其知，反躬以踐其實，而以居敬爲主。嘗謂聖賢道統之傳散在方册，圣经之旨不明，而道统之传始晦。於是竭其精力，以研穷圣贤之经训。所著书有：易本义、啓蒙、蓍卦考误，诗集传，大学中庸章句、或问，论语、孟子集注，太极图、通书、西铭解，楚辞集注、辨证，韩文考异；所编次有：论孟集议，孟子指要，中庸辑略，孝经刊误，小学书，通鉴纲目，宋名臣言行録，家礼，近思録，河南程氏遗书，伊洛渊源録，皆行於世。熹没，朝廷以其大学、语、孟、中庸训説立於学官。又有仪礼经传通解，未脱稿，亦在学官。平生为文凡一百卷，生徒问答凡八十卷，别録十卷。

理宗绍定末，祕书郎李心传乞以司马光、周敦颐、邵雍、张载、程颢、程颐、朱熹七人列于从祀，不报。淳祐元年正月，上视学，手詔以周、张、二程及熹从祀孔子庙。

黄榦曰：「道之正统待人而後传，自周以来，任传道之责者不过数人，而能使斯道章章较著者，一二人而止耳。由孔子而後，曾子、子思继其微，至孟子而始著；由孟子而後，周、程、张子继其绝，至熹而始著。」识者以为知言。

熹子在，绍定中为吏部侍郎。

勉齋集朝奉大夫華文閣待制贈寶謨閣直學士通議大夫謚文朱先生行狀

〔宋〕黄　榦

曾祖絢，故不仕。妣汪氏。祖森，故贈承事郎。妣程氏，贈孺人。父松，故任左承議郎、守尚書吏部員外郎兼史館校勘，累贈通議大夫。妣孺人祝氏，贈碩人。

本貫徽州婺源縣萬年鄉松巖里。

先生姓朱氏，諱熹，字仲晦甫。朱氏爲婺源著姓，以儒名家，世有偉人。吏部公甫冠，擢進士第，入館爲尚書郎，兼史事，以不附和議去國。文章行義爲學者師，號韋齋先生，有文集行於世。吏部公因仕入閩，至先生始寓建之崇安五夫里，今居建陽之考亭。先生以建炎四年九月十五日午時生南劍尤溪之寓舍。幼穎悟莊重，能言，韋齋指示曰：「此天也。」問曰：「天之上何物？」韋齋異之。就傅，授以孝經，一閱通之，題其上曰：「不若是，非人也。」嘗從羣兒戲沙上，獨端坐，以指畫沙。視之，八卦也。少長，厲志聖賢之學，於舉子業初不經意。年十八，貢于鄉。登紹興十八年進士第，以左迪功郎主泉州同安簿。涖職勤

敏，纖悉必親。郡縣長吏，事倚以決。苟利於民，雖勞無憚。職兼學事，選邑之秀民充弟子

員，訪求名士以爲表率，日與講説聖賢脩己治人之道。年方踰冠，聞其風者，已知學之有師

而尊慕之。歷四考，罷歸，以奉親講學爲急。二十八年，請奉祠，監潭州南嶽廟。明年，召

赴行在。言路有託抑奔競以沮之者，遂以疾辭。三十二年，祠秩滿，再請。孝宗即位，復因

其任。

會有詔求直言，因上封事。其略言：「聖躬雖未有闕失，而帝王之學不可以不熟講；

朝政雖未有闕遺，而脩攘之計不可以不早定；利害休戚雖不可徧以疏舉，然本原之地不可

以不加意。陛下毓德之初，親御簡策，不過諷誦文辭、吟詠情性。比年以來，欲求大道之

要，又頗留意於老子、釋氏之書。記誦詞藻，非所以探淵源而出治道；虛無寂滅，非所以貫

本末而立大中。帝王之學，必先格物致知，以極夫事物之變，使義理所存，纖悉畢照，則自

然意誠心正，而可以應天下之務。」次言：「今日之計，不過脩政事、攘夷狄。然計不時定

者，講和之説疑之也。金虜於我有不共戴天之讎，則不可和也，義理明矣。知義理之不可

爲而猶爲之，以有利而無害也。以臣策之，所謂和者，有百害而無一利，何苦而必爲之？

願疇咨大臣，總攬羣策，鑒失之之由，求應之之術，斷以義理之公，參以利害之實，閉關絶

約，任賢使能，立紀綱，厲風俗，使吾脩政攘夷之外，了然無一毫可恃爲遷延中已之資，而不

敢懷頃刻自安之意，然後將相軍民無不曉然知陛下之志，更相激厲，以圖事功。數年之外，志定氣飽，國富兵强，視吾力之强弱，觀彼釁之淺深，徐起而圖之。中原故地，不爲吾有而將焉往？」次言：「四海利病，係斯民之休戚；斯民休戚，係守令之賢否。監司者，守令之綱；朝廷者，監司之本。欲斯民之得其所，本原之地亦在朝廷而已。今之監司，姦贓狼藉，肆虐以病民者，莫非宰執、臺諫之親舊賓客。其已失勢者，既按見其交私之狀而斥去之，尚在勢者，豈無其人？顧陛下無自而知之耳。」

明年，改元隆興。復召，辭，不許，即入對。其一言：「大學之道，在乎格物以致其知。蓋有是物，必有是理，然理無形而難知，物有迹而易覩。故因是物以求之，使是理瞭然於心目之間，而無毫髮之差，則應乎事者，自無毫髮之繆。陛下雖有生知之性、高世之行，而未嘗隨事以觀理，故天下之理多所未察；未嘗即理以應事，故天下之事多所未明。是以舉措之間，動涉疑貳；聽納之際，未免蔽欺。平治之效所以未著，由不講乎大學之道，而溺心於淺近虛無之過。」其二言：「君父之讎，不與共戴天，乃天之所覆、地之所載，凡有君臣父子之性者，發於至痛不能自已之同情，而非專出於一己之私。然則今日所當爲者，非戰無以復讎，非守無以制勝。是皆天理之同然，非人欲之私忿也。」末言：「古先聖王制御夷狄之道，其本不在乎威强，而在乎德業；其任不在乎邊境，而在乎朝廷；其具不在乎兵食，而在乎紀綱。今日諫諍之塗尚壅，佞幸之勢方張，爵賞易致而威罰不行，民力已殫而國用未節，則德業未可謂脩，朝廷未可謂正，紀綱未可謂立。凡古聖先王所以强本折衝、威制夷狄之道，皆未可謂備。」三劄所陳，不出封事之意，而加剴切焉。先生以爲制治之原，莫急於講學；經世之務，莫大於復讎。至於德業成敗，則決於君子小人之用舍，故於奏對復申言之。蓋學有定見，事有定理，而措之於言者如此。除武學博士，待次。乾道改元，促就職。既至，以時相方主和議，請監南嶽廟以歸。

三年，差充樞密院編脩官，待次。五年，三促就職。會魏掞之以布衣召爲國子録，因論曾覿而去，遂力辭。先生嘗兩進絶和議、抑佞幸之戒，言既不行，雖擢用狎至，不敢就。出處之義，凜然有不可易者。尋丁内艱。六年，復召，以未終喪辭。七年，既免喪，復召，以禄不及養辭。四年之間，辭者六。九年，有旨：「安貧守道，廉退可嘉。」特改合入官，主管台州崇道觀。先生以改秩畀祠，皆進賢賞功、優老報勤之典，今無故驟得之，求退得進，於義未安，再辭。淳熙元年，又再辭。上意愈堅，始拜命。改宣教郎，奉祠。二年，除祕書郎。先生以改官之命，正以嘉其廉退，今乃冒進擢之寵，是左右望而罔市利，力辭。時上諭大臣欲奬用廉退，執政以先生爲言，故有是命。會有言虚名之士不可用者，以故再辭，即從其請，主管武夷山冲佑觀。五年，差權發遣南康軍事，辭者四，始之任。

先生自同安歸，奉祠家居幾二十年，間關貧困，不以屬心。涵養充積，理明義精，見之行事者益霈然矣。至郡，懇惻愛民，如己隱憂；興利除害，惟恐不及。屬邑星子，土瘠税重，乞從蠲減，章凡五六上。歲值不雨，講求荒政，凡請於朝，言無不盡。官物之檢放、倚閣、蠲減、除豁，帶納，如秋苗夏税、木炭月樁、經總制錢之屬，各視其色目爲之條奏，或至三四，不得請不已。并奏請截留綱運，乞轉運、常平兩司撥錢米充軍糧，備賑濟。申嚴鄰路斷港遏糴之禁，選官吏授以方略，俾視境内，具知荒歉分數、户口多寡、蓄積虚實、通商勸分，多所全活。其施設次第，人爭傳録以爲法。訖事，奏乞依格推賞納粟人者凡數四。郡濱大江，舟艤岸者遇大風輒淪溺。因募飢民築堤捍舟，民脱於飢，舟患亦息。先生視民如傷。至姦豪侵擾細民，撓法害政者，懲之不少貸。由是豪强斂戢，里閭安靖。數詣郡學，引進士子，與之講論。訪白鹿洞書院遺址，奏復其舊。又奏乞賜書院敕額及高宗御書石經板本九經注疏等書者至再。每休沐，輒一至，諸生質疑問難，誨誘不倦。退則相與徜徉泉石間，竟日乃反。又求栗里陶靖節之居、西澗劉屯田之墓、孝子熊仁贍之閭旌顯之，猶以不得悉行其志爲恨。明年，詔監司、郡守條具民間利病。遂上疏言：「天下之大務，莫大於恤民。恤民之本，又在人君正心術以立紀綱。今日民間特以税重爲苦，正緣二税之入，朝廷盡取以供軍。而州縣無復贏餘，則不免於二税之外别作名色，巧取於民。今民貧賦重，若不計理軍實，去其浮冗，則民力決不可寬。惟有選將吏、覈兵籍，可以節軍貲；開廣屯田，可以益軍儲；練習兵民，可以益邊備。今日將帥之選，率皆膏粱子弟、厮役凡流，所得差遣，爲費已是不貲。到軍之日，惟望掊斂刻剥以償債負。總餽餉之任者，亦皆倚附幽陰，交通貨賂。然則其所驅催東南數十州之脂膏骨髓，名爲供軍，而輦載以輸權倖之門者，不可以數計。然則欲討軍實以紓民力，必盡反前之所爲，然後乃可革也。授將印、委利權，一出於朝廷之公議，則可以絶苞苴請託之私，而刻剥之風可革。務求忠勇沉毅、實經行陣之人，則可以革輕授非才之弊，而軍士畏愛，蒐閲以時，竄名冗食者不得容於其間。又擇老成忠實、通曉兵農之務者，使領屯田之事，付以重權，責其久任，則可以漸省列屯坐食之兵，稍損州郡供軍之數。軍籍既覈，屯田既成，兵民既練，州縣事力既紓，然後可以禁其苛斂、責其寬恤，庶幾窮困之民得保生業，無復流移漂蕩之患矣。所謂端其本在於正心術以立紀綱者，蓋天下之紀綱不能以自立，必人主之心術公平正大、無偏黨反側之私，然後紀綱有所繫而立。君心不能以自正，必親賢臣、遠小人，講明義理之歸，閉塞私邪之路，然後乃可得而正。今宰相、臺省、師傅、賓友、諫諍之臣皆失其職，而陛下所與親密謀議者，不過一二近習之臣。此一二小人者，上則蠱惑陛下之心志，使陛下不信先王之大道，而説於功利之卑説；不樂莊士之讜言，而安於私暬之鄙態。下則招集士大夫之嗜利無耻者，文武彙分，各入其門。所喜則陰爲引援，擢置清顯；所惡則密行訾毁，公肆擠排。交通貨賂，則所盗者皆陛下之財；命卿置將，則所竊者皆陛下之柄。陛下所謂宰相、師傅、賓友、諫諍之臣，或反出入其門牆，承望其風旨。其幸能自立者，亦不過齪齪自守，而未嘗敢一言以斥之；其甚畏公論者，乃略能驚逐其徒黨之一二，既不能深有所傷，而終亦不敢明言以擣其囊橐窟穴之所在。勢成威立，中外靡然向之，使陛下之號令黜陟不復出於朝廷，而出於此一二人之門，名爲陛下之獨斷，而實此一二人者陰執其柄。蓋其所壞非獨壞陛下之紀綱，乃併與陛下所以立紀綱者而壞之，則民又安可得而恤？財又安可得而理？軍政何自而脩？土宇何自而復？宗廟之讎耻又何時而可雪耶？」

先生在任，嘗用劄子奏事，後因臺諫言用劄子非舊制，遂奏乞罷黜。又以致人户逃移自劾者再，以疾請奉祠者五。將滿，除江西提舉常平茶鹽事，待次。初，廟堂議遣先生使蜀，上意不欲其遠去，故有是命。詔以脩舉荒政，民無流殍，除直祕閣，凡三辭，皆以前所奏納粟人未推賞，難以先被恩命。會浙東大饑，易提舉浙東常平茶鹽事。時民已艱食，即日單車就道。復以南康納粟人未推賞辭職名，且乞奏事之任。納粟賞行，遂受職名。入對，其一言：「陛下臨御二十年間，水旱盗賊略無寧歲。意者德之崇未至於天與？業之廣未及於地與？政之大者有未舉而小者無所繫與？刑之遠者或不當而近者或幸免與？君子有未用而小人有未去與？大臣失其職而賤者竊其柄與？直諒之言罕聞而諂諛者衆與？德義之風未著而汙賤者騁與？貨賂或上流而恩澤不下究與？責人或已詳而反躬有未至與？夫必有是數者，然後足以召災而致異。」其二言：「陛下即政之初，蓋嘗選建英豪，任以政事。不幸其間不能盡得其人，是以不復廣求賢哲，而姑取軟熟易制之人以充其位。於是左右私褻使令之賤，始得以奉燕閑、備驅使，而宰相之權日輕。又慮其勢有所偏，而因重以壅己也，則時聽外廷之論，將以陰察此輩之負犯而操切之。陛下既未能循天理、公聖心，以正朝廷之大體，則固已失其本矣。而又欲兼聽士大夫之公言，以爲駕馭之術，則士大夫之進見有時，而近習之從容無間。士大夫之禮貌既莊而難親，其議論又苦而難入。近習便嬖側媚之態，既足以蠱心志，其胥吏狡獪之術又足以眩聰明。此其生熟甘苦既有所分，恐陛下未及施其駕馭之術，而先墮其數中矣。是以雖欲微抑此輩，而此輩之勢日重；雖欲兼采公論，而士大夫之勢日輕。重者既挾其重以竊陛下之權，輕者又借力於所重以爲竊位固寵之計。中外相應，更濟其私，日往月來，浸淫耗蝕。使陛下之德業日隳，綱紀日壞，邪佞充塞，貨賂公行，兵愁民怨，盜賊間作，災異數見，饑饉荐臻。羣小相挺，人人皆得滿其所欲，惟有陛下了無所得，而國家顧乃獨受其弊。」其三言救荒利害，如州縣旱傷早行檢放，從實蠲減。勸諭人户賑糶，務得其平。納粟之人，早行推賞，所納米數，仍減其半。

乞撥豐儲倉米三十餘萬石以備濟糶。州縣新舊官物並且住催，紹興丁身等錢預行蠲放，及免米商力勝税錢。量立賞格，官吏違慢者奏劾，昏病者别與差遣。仍差選得替、待闕、宫廟、持服官員，時暫管幹。其四言水旱三分以上，第五等户免檢並放；五分以上，第四等户依此施行，乞行著令。及請頒行社倉條約於諸路。其五言紹興和買，乞議革其弊。其六言南康嘗乞蠲減星子租税，有司拒以對補，各細鄙狹，不達大體。其七言白鹿書院請賜書額。先生所對奏劄凡七，其一二皆自書以防宣洩。又以南康所上封事繕寫成册，用袋重封，於閤門投進。後五劄亦有非一時救荒之急者，當倥傯不暇給之際，而憂深慮遠，從容整暇，蓋急於救民，罄竭忠悃，不敢有所隱也。

先生所居之鄉，每歲春夏之交，豪户閉糶牟利，細民發廪强奪，動相賊殺，幾至挺變。先生嘗帥鄉人置社倉以賑貸之，米價不登，人得安業。至是，乞推行之。白鹿書院事本不暇及，前期執政使人諭以「且宜勿言」。先生因念主上未必有鄙薄儒生之意，而大臣先爲此言，不可。及對，卒言之。上委曲訪問，悉從其請。

先生初拜命，即移書他郡，募米商，蠲其征。及至，客舟之米已輻輳。復以入奏荒政數事推廣條上，情詞懇惻，條目詳密。日與僚屬、寓公鈎訪民隱，至廢寢食。分畫既定，按行所部，窮山長谷，靡所不到，拊問存恤，所活不可勝計。每出皆乘單車、屏徒從，所歷雖廣而人不知。郡縣官吏憚其風采，蒼黄驚懼，常若使者壓其境，至有自引去者，由是所部肅然。而尤以戢盜、捕蝗、興水利爲急，大抵措畫悉如南康時，而用心尤苦。初，奏紹興和買之弊，至是乞先與痛減歲額，然後用貫頭科敷，惟恐真下户受其弊，則請參用高下等第均敷，及減免下户丁錢以優之。又乞免台州丁錢。至於差役利害，亦嘗條具數千言申省。義役之法，則乞令均出義田，罷去役首，免排役次，官差保正副長輪收義田，仍令上户兼充户長。又乞取會福建下四州見行産鹽法，行於本路沿海四州。又乞依處州見行之法，改諸郡酒坊爲萬户。於救荒之餘，猶悉及他事，以爲經久之計。

先生猶以徒費大農數十萬緡，無以全活一道饑民自劾。又以前後奏請多見抑却，幸而從者，又率稽緩後時，無益於事，蝗旱相仍，不勝憂憤。復奏言：「爲今之計，獨有斷自聖心，沛然發號，責躬求言，然後君臣相戒，痛自省改。其次，惟有盡出内庫之錢，以供大禮之費爲收糴之本。詔户部無得催理舊欠，詔諸路漕臣遵依條限檢放税租，詔宰臣沙汰被災路分州軍監司、守臣之無狀者，遴選賢能，責以荒政，庶幾猶足以下結人心，消其乘時作亂之意。不然，臣恐所憂者不止於餓殍，而在於盗賊。蒙其害者不止於官吏，而上及於國家也。」復上時宰書云：「朝廷愛民之心，不如惜費之甚，是以不肯爲極力救民之事；明公憂國之念，不如愛身之切，是以但務爲阿諛順旨之計。然民之與財，孰輕孰重？身之與國，孰大孰小？財散猶可復聚，民心一失，則不可復收。身危猶可復安，國勢一傾，則不可復正。至於民散國危，而措身無所，則其所聚，有不爲大盜積者耶？」

九年，以賑濟有勞，進直徽猷閣，辭。台守唐仲友與時相王淮同里，爲姻家，遷江西憲，未行。先生行部，訟者紛然，得其姦贓、僞造楮幣等事，劾之，時久旱而雨。奏上，淮匿不以聞，仲友亦自辯，且言弟婦王氏驚悸病篤，論愈力，章至十上。事下紹興府鞫之，獄具情得，乃奪其新命授先生。先生以爲是蹊田而奪之牛，辭不拜，遂歸。尋令兩易江東，辭，及辭職名。具言唐仲友雖寢新命，已具之獄，竟釋不治，則是所按不實，難以復沾恩賞。並不許。受職名，再辭新任，且乞奉祠。言：「所劾贓吏，黨與衆多，並當要路，大者宰制斡旋於上，小者馳騖經營於下。若其加害於臣，不遺餘力，則遠至師友淵源之所自，亦復無故横肆觝排。爲臣之計，惟有乞身就閑，或可少紓患害。」時從臣有奉時相意上疏毁程氏之學以陰詆先生者，故有是言。

十年，差主管台州崇道觀。先生守南康，使浙東，始得行其所學，已試之效卓然，而卒不果用。退而奉崇道、雲臺、鴻慶之祠者五年，自是海内學者尊信益衆。十四年，除提點江西刑獄公事，待次，以疾辭，不許，遂拜命。十五年，促奏事，又以疾辭，不許，遂行。又以疾請奉祠者再。淮罷相，遂力疾入奏。首言：「近年以來，刑獄不當，輕重失宜，甚至涉於人倫風化之重者。有司議刑，亦從流宥之法，則天理民彝，幾何不至於泯滅？」又言：「州郡獄官乞注，有舉主關陞，及任滿銓試第二等以上人，常調關陞，及省部胥吏，並不得注擬。若縣獄則專委之令，或不得人，則無所不至，亦望令縣丞或主簿同行推訊。」又言：「提刑司管催經總制錢，起於宣和末年，倉卒用兵，權宜措畫。其始亦但計其出納之實數而隨以取之，及紹興經界，民間投印違限，契約所入倍於常歲，自後遂以是年爲額，而立爲比較之說。甚至災傷檢放，倚閣錢米已無所入，而經總制錢獨不豁除。州縣之煎熬何日而少紓，斯民之愁嘆何時而少息。」又言江西諸州科罰之弊。至其末篇乃言：「陛下即位二十有七年，而因循荏苒，無尺寸之效可以仰酬聖志。嘗反覆而思之，無乃燕閑起居之中、虛明應物之地，天理有未純、人欲有未盡歟？天理未純，是以爲善不能充其量；人欲未盡，是以除惡不能去其根。一念之頃，公私邪正、是非得失之機，朋分角立，交戰於其中。故體貌大臣非不厚，而便嬖側媚得以深被腹心之寄；寤寐英豪非不切，而柔邪庸繆得以久竊廊廟之權；非不樂聞公議正論，而有時不容；非不堲讒説殄行，而未免誤聽；非不欲報復陵廟讎耻，而不免畏怯苟安；非不欲愛養生靈財力，而未免歎息愁怨。凡若此類，不一而足。顧陛下自今以往，一念之頃，則必謹而察之：此爲天理耶，爲人欲耶？果天理也，則敬以充之，而不使其少有壅閼；果人欲也，則敬以克之，而不使其少有凝滯。推而至於言語動作之間、用人處事之際，無不以是裁之，則聖心洞然，中外融澈，無一毫之私欲得以介乎其間。而天下之事，將惟陛下之所欲爲，無不如志矣。」是行也，有要之於路，以「正心誠意」爲上所厭聞，戒以勿言者。先生曰：「吾平生所學，只有此四字，豈可回互而欺吾君乎？」及奏，上未嘗不稱善，曰：「久不見卿，浙東之事，朕自知之。今當處卿清要，不復勞卿州縣。」除兵部郎，以足疾丐祠未供職。本部侍郎林栗，前數日與先生論易、西銘不合，至是遣部吏抱印，迫以供職。先生以疾在告，遂疏先生欺慢。時上意方嚮先生，欲易以他部郎，時相竟請授以前江西之命，仍舊職名，又令吏部給還改官以後不曾陳乞磨勘。蓋先生改秩，既出特恩，其後累任祠官，無績可考，以故不曾陳乞磨勘者十有四年。先生行且辭曰：「論者謂臣事君無禮。爲人臣子有此名，罪當誅戮，豈可復任外臺耳目之寄？」章再上，除直寶文閣，主管西京嵩山崇福宫。栗亦罷。辭磨勘及職名，不許，轉朝奉郎，未踰月，再召。時廟堂知上眷厚，憚先生復入，故爲兩罷之策。上悟，復召先生受職名。辭召命，以爲遷官進職，皆爲許其閑退，方竊難進易退之褒，復爲彈冠結綬之計，則其爲世觀笑，不但往來屑屑之譏。又況朝廷舉措之重，亦有不宜數爲天下有識所窺者。促召。初，先生入奏事，迫於疾作，嘗面奏，以爲口陳之説，有所未盡，乞具封事以聞。至是再辭，遂併具封事投匭以進，其略曰：「今天下大勢，如人有重病，内自心腹，外達四支，無一毫一髮不受病者，臣不暇言，且以天下之大本與今日之急務爲陛下言之。蓋大本者，陛下之心；急務則輔翼太子、選任大臣、振舉綱維、變化風俗、愛養民力、脩明軍政六者是也。古先聖王兢兢業業，持守此心，雖在紛華波動之中、幽獨得肆之地，而所以精之一之、克之復之，如對神明，如臨淵谷。猶恐隱微之間，或有差失而不自知。是以建師保之官，列諫諍之職。凡飲食、酒漿、衣服、次舍、器用、財賄，與夫宦官宮妾之政，無一不領於冢宰。使其左右前後，一動一靜，無不制以有司之法，而無纖芥之隙、瞬息之頃，得以隱其毫髮之私。陛下之所以精一克復而持守其心，果有如此之功乎？所以脩身齊家而正其左右，果有如此之效乎？宮省事禁，臣固不得而知，然爵賞之濫、貨賂之流，閭巷竊言，久已不勝其籍籍，則陛下所以脩之家者，恐其未有以及古之聖王也。至於左右便嬖之私，恩遇過當，往者淵、覿、説、抃之徒，勢焰熏灼，傾動一時，今已無可言矣。獨有前日臣所面陳者，雖蒙聖慈委曲開譬，然臣之愚，竊以爲此輩但當使之守門傳命，供掃除之役，不當假借崇長，使得逞邪媚，作淫巧於内，以蕩上心，立門庭，招權勢於外，以累聖政。臣竊聞之道路，自王抃既逐之後，諸將差除，多出此人之手。陛下竭生靈膏血以奉軍旅，而軍士顧乃未嘗得一温飽，是皆將帥巧爲名色，奪取其糧，肆行貨賂於近習以圖進用。出入禁闥腹心之臣，外交將帥，共爲欺蔽，以至於此。而陛下不悟，反寵暱之，以是爲我之私人，至使宰相不得議其制置之得失，給諫不得論其除授之是非。則陛下所以正其左右者，未能及古之聖王又明矣。至於輔翼太子，則自王十朋、陳良翰之後，宮寮之選，號爲得人，而能稱其職者，蓋已鮮矣。而又時使邪佞儇薄、闒冗庸妄之輩，或得參錯於其間，所謂講讀，亦姑以應文備數，而未聞其有箴規之效。至於從容朝夕、陪侍遊燕者，又不過使臣宦者數輩而已。唐之六典，東宮之官，師傅、賓客既職輔導，而詹事府、兩春坊實擬天子之三省，故以詹事、庶子領之。今則師傅、賓客既不復置，而詹事、庶子有名無實，其左右春坊遂直以使臣掌之，何其輕且褻之甚耶？夫立太子而不置師傅、賓客，則無以發其隆師親友、尊德樂義之心。獨使春坊使臣得侍左右，則無以防其戲慢媟狎、奇邪雜進之害。宜討論前典，置師傅、賓客之官，罷去春坊使臣，而使詹事、庶子各復其職。至於選任大臣，則以陛下之聰明，豈不知天下之事，必得剛明公正之人而後可任哉？其所以常不得如此之人，而反容鄙夫之竊位者，直以一念之間，未能撤其私邪之蔽，而燕私之好、便嬖之流，不能盡由於法度。若用剛明公正之人以爲輔相，則恐有以妨吾之事、害吾之人，而不得肆。是以選掄之際，常先排擯此等，置之度外，而後取凡疲懦軟熟，平日不敢直言正色之人而揣摩之。又於其中得其至庸極陋，決可保其不至於有所妨者，然後舉而加之於位。是以除書未出，而物色先定，姓名未顯，而中外已逆知其決非天下之第一流矣。至於振肅紀綱、變化風俗，則今日宮省之間、禁密之地，而天下不公之道、不正之人，顧乃得以窟穴盤據於其間。而陛下目見耳聞，無非不公不正之事，則其所以熏蒸銷鑠，使陛下好善之心不著、疾惡之意不深，其害已有不可勝言者矣。及其作姦犯法，則陛下又未能深割私愛而付諸外廷之議、論以有司之法，是以紀綱不能無所撓敗。紀綱不正於上，是以風俗頹弊於下，蓋其爲患之日久矣，而浙中爲尤甚。大率習爲軟美之態、依阿之言，以不分是非、不辨曲直爲得計。下之事上，固不敢少忤其意；上之御下，亦不敢稍拂其情。惟其私意之所在，則千塗萬轍，經營計較，必得而後已。甚者以金珠爲脯醢，以契券爲詩文，宰相可啗則啗宰相，近習可通則通近習，惟得之求，無復廉耻。一有剛毅正直、守道循理之士出乎其間，則羣譏衆排，指爲『道學』，而加以矯激之罪。十數年來，以此二字禁錮天下之賢人君子，復如崇、宣之間所謂元祐學術者，排擯詆辱，必使無所容其身而後已。嗚呼！此豈治世之事，而尚復忍言之哉？至於愛養民力、脩明軍政，則自虞允文之爲相也，盡取版曹歲入窠名之必可指擬者，號爲歲終羨餘之數，而輸之内帑。顧以其有名無實、積累掛欠，空載簿籍，不可催理者，撥還版曹，以爲内帑之積，將以備他日用兵進取不時之須。然自是以來二十餘年，内帑歲入不知幾何，而認爲私貯，典以私人。宰相不得以式貢均節其出入，版曹不得以簿書勾考其在亡，其日銷月耗以奉燕私之費者，蓋不知其幾何矣，而曷嘗聞其能用此錢以易胡人之首，如太祖皇帝之言哉？徒使版曹經費闕之日甚，督趣日峻，以至廢去祖宗以來破分良法，而必以十分登足爲限。以爲未足，則又造爲比較監司郡守殿最之法，以誘脅之。於是中外承風，競爲苛急，此民力之所以重困也。諸將之求進也，必先掊尅士卒以殖私財，然後以此自結於陛下之私人，而祈以姓名達於陛下之貴將。貴將得其姓名，即以付之軍中，使自什伍以上，節次保明，稱其材武堪任將帥，然後具奏爲牘，而言之陛下之前。陛下但見其等級推選、案牘具備，則誠以爲公薦而可以得人矣，而豈知其諧價輸錢，已若晚唐之『債帥』哉？夫將者，三軍之司命，而其選置之方乖剌如此，則彼智勇材略之人，孰肯抑心下首於宦官宮妾之門？而陛下之所得以爲將帥者，皆庸夫走卒，而猶望其脩明軍政，激勸士卒以强國勢，豈不誤哉！凡此六事，皆不可緩，而本在於陛下之一心。一心正則六事無不正，一有人心私欲以介乎其間，則雖欲憊精勞力，以求正夫六事者，亦將徒爲文具，而天下之事愈至於不可爲矣。」疏入，夜漏下七刻，上已就寢，亟起秉燭，讀之終篇。明日除主管太乙宫兼崇政殿説書。時上已有倦勤之意，蓋將以爲燕翼之謀。先生嘗草奏疏，言講學以正心，脩身以齊家，遠便嬖以近忠直，抑私恩以抗公道，明義理以絶神姦，擇師傅以輔皇儲，精選任以明體統，振綱紀以厲風俗，節財用以固邦本，脩政事以攘夷狄。凡十事，欲以爲新政之助。會執政有指道學爲邪氣者，力辭新命，除祕閣脩撰，仍奉外祠，遂不果上。先生當孝宗朝，陛對者三，上封事者三。其初固以講學窮理爲出治之大原，其後則直指天理人欲之分、精一克復之義。其初固以當世急務一二爲言，其後封事之上，則心術、宫禁、時政、風俗，披肝瀝膽，極其忠鯁。蓋所望於君父愈深，而其言愈切，故於封事之末有曰：「日月逾邁，如川之流，一往而不復。不唯臣之蒼顔白髮，已迫遲暮，而竊仰天顔，亦覺非昔時矣。」忠誠懇惻，至今讀者猶爲之涕下。先生進疏雖切，孝宗亦開懷容納，武博編摩、祕省郎曹之除，蓋將引以自近。守南康，持浙東、江西之節，又知其不可强留而授之。至是復有經帷之命。先生之盡忠，孝宗之受盡言，亦未爲不遇也。然先生進言，皆痛詆大臣近習，孝宗之眷愈厚，而嫉者愈深，是以不能一日安其身於朝廷之上，而孝宗内禪矣。光宗即位，再辭職名，仍舊直寶文閣，降詔奬諭，除江東轉運副使，以疾辭者再。覃恩轉朝散郎，賜緋衣銀魚，改知漳州。又再以疾辭，不許。時光宗初政，再被除命，遂以紹熙元年之任。奏除屬縣無名之賦七百萬，歲減經總制錢四百萬。加意學校，教誘諸生，如南康時。又以習俗未知禮，採古喪葬嫁娶之儀，揭以示之，命父老解説以教子弟。釋氏之教，南方爲盛，男女聚僧廬爲傳經會，女不嫁者，私爲庵舍以居，悉爲之禁，俗大變。郡有故迪功郎高登，忤秦檜，貶死，爲奏請昭雪，褒其直。會朝論欲行泉、漳、汀三州經界，先生初仕同安，已知經界不行之害，至是訪事宜，擇人物，以至方量之法，洞見本末，遂疏其事上之。且言必可行之説三，將必至於不能行之説一。蓋爲經界法行，息爭止訟，大爲民利，而占田隱税，侵漁貧弱者所不便。及具宣德意，榜之通衢，則邦民界，南方春早，事已無及。明年，屬有嗣子之喪，再請奉祠，除祕閣脩撰，主管南京鴻慶宫。先生以當上初政，嘗辭前件職名，已降褒詔從其請，難以復受，辭者再。詔：「論撰之職，以寵名儒。」乃拜命。除荆湖南路轉運副使，再辭。漳州經界竟報罷，遂以前言經界可行自劾。三年，再以病辭，乞補滿宫觀，從之。又數月，差知静江府、廣南西路經略安撫，辭。四年，又辭，主管南京鴻慶宫。未幾，差知潭州荆湖南路安撫，以辭遠就近，不爲無嫌，力辭。五年，再辭。有旨：「長沙巨屏，得賢爲重。」會洞獠擾屬郡，遂拜命赴鎮。至則遣人諭以禍福，皆降之。申教令，嚴武備，戢姦吏，抑豪民。先生所至必興學校、明教化，湖湘士子素知學，日伺公退，則請質所疑。先生爲之講説不倦，四方之學者畢至。又以南康、漳州所申改正釋奠儀式爲請，録故死節五人，爲之立廟。孝宗升遐，先生哀慟不能自勝。又聞上以疾不能執喪，中外洶洶，益憂懼。遂申省，乞歸田里，言：「天下國家所以長久安寧，惟賴朝廷三綱五常之教，建立脩明於上，然後守藩述職之臣有以禀承宣布於下。所以内外相維，小大順序，雖有强猾姦宄，無所逞志。不然，以一介書生，置諸數千里軍民之上，亦何所憑恃而能服其衆哉？」又草封事，極言父子天性，不應以小嫌廢彝倫，言頗切直。會今上即位，不果上。上在潛邸，聞先生名，每恨不得先生爲本宫講官，至是，首召奏事。先生行且辭，除煥章閣待制、侍講，辭，不許。又再辭，且言：「陛下嗣位之初，方將一新庶政，所宜愛惜名器，若使倖門一開，其弊豈可復塞。至於博延儒臣，專意講學，將求所以深得親懽者，爲建極導民之本；思所以大振朝綱者，爲防微慮遠之圖。顧問之臣，實資輔養，用人或繆，所繫非輕。」蓋先生在道聞南内朝禮尚闕，近習已有用事者，故預有是言。又不許，遂奏乞且依元降指揮帶元官職奏事者再。及入對，首言：「乃者天運艱難，國有大咎，所謂天下之大變而不可以常理處者。太皇太后躬定大策，陛下寅紹丕圖，可謂處之以權，而庶幾不失其正矣。然自頃至今，亦既三月，或反不能無疑於逆順名實之際，禍亂之本，又已伏於冥冥之中，竊爲陛下憂之。尚猶有可諉者，亦曰陛下之心，前日未嘗有求位之計，今日未嘗忘思親之懷。此則道心微妙之全體，天理發用之本然，所以行權而不失其正之根本也。誠即是心而充之，所謂『求仁得仁而無怨』，『終身訢然，樂而忘天下』者，臣有以知陛下之不難矣。借曰天命神器不可無傳，宗廟社稷不可無奉，則轉禍爲福，易危爲安，亦豈可舍此而他求哉？充吾未嘗求位之心，則可以盡吾負罪引慝之誠；充吾未嘗忘親之心，則可以致吾温清定省之禮。始終不越乎此，而大倫正，大本立矣。」次言：「爲學莫先於窮理，窮理必在於讀書。讀書之法，莫貴於循序而致精。致精之本，又在於居敬而持志。」又三劄言：「湖南歲計入少出多，不可支吾，乞裁減差到諸班換授歸正雜色補官員數。邵州邊防全無措畫，以致猺人侵犯，乞移置寨柵，增撥戍兵。潭州城壁，乞行計度脩築。」既對，面辭待制、侍講，不許。翌日，又辭待制職名，乞改作説書差遣，以爲「未得進説而先受厚恩，萬一異時未效涓埃而疾病不支，遂竊侍從職名而去，則臣死有餘罪」。上手札：「卿經術淵源，正資勸講，次對之職，勿復牢辭，以副朕崇儒重道之意。」遂拜命。會趙彦逾按視孝宗山陵，以爲土肉淺薄，掘深五尺，下有水石，旋改新穴，比舊僅高尺餘。孫逢吉覆按，亦乞少寬月日，别求吉兆。有旨集議，臺史憚之，議遂中寢。先生竟上議狀言：「壽皇聖德神功，宜得吉土以奉衣冠之藏。當廣求術士，博訪名山，不宜偏信臺史罔上誤國之言，固執紹興坐南向北之説，委之水泉砂礫之中、殘破浮淺之地。」不報。覃恩轉朝請郎，賜紫章服兼實録院同脩撰，再辭，不許。拜命受詔，進講大學。先生以平日論著敷陳開析，務積誠意以感上心。遂奏乞除朔望旬休及過宫日分，不以寒暑雙隻月日諸假故，並令早晚進講。又乞置局看詳四方封事，瑞慶節免稱賀。皆從之。復因有旨脩葺舊東宫，爲屋三數百間，遂具四事奏言：「當上帝震怒，災異數出，畿甸百姓，飢餓流離。太上皇帝未獲進見，壽皇山陵未卜，太皇太后、皇太后皆以尊老之年，煢然憂苦，不宜大興土木以就安便。壽康定省之禮，所宜下詔自責，頻日繼往，顧乃逶迤舒緩，無異尋常。太上皇帝必以爲此特備禮而來，其深閉固拒而不得見亦宜矣。朝廷綱紀尤所當嚴，上自人主，下至百執，各有職業，不可相侵。今進退宰執、移易臺諫，皆出陛下之獨斷。大臣不與謀，給舍不及議，正使其事悉當於理，亦非爲治之體。況中外傳聞，皆謂左右或竊其柄，而其所行又未能盡允於公議乎？此弊不革，臣恐名爲獨斷，而主威未免於下移，欲以求治而返不免於致亂。」末復申言：「殯宫之卜，不宜偏聽臺史膠固繆妄之言，墮其交結眩惑之計。」皆不報。先生進講，每及數次，復以前所講者編次成帙以進。上亦開懷容納。且面諭以「求放心之説甚善，所進册子宫中常讀之，今後更爲點來」。先生知上有意於學，遂以劄子勉上進德。其略言：「願陛下日用之間，語默動静必求放心以爲之本，而於玩經觀史、親近儒學已用力處益用力焉。數召大臣，切劘治道，俾陳今日要務，略如仁祖開天章閣故事。至於羣臣進對，亦賜温顔，反覆詢訪，以求政事之得失、民情之休戚，而又因以察其人才之邪正短長，庶於天下之事各得其理。」又奏：「禮經敕令：子爲父，嫡孫承重爲祖父，皆斬衰三年。嫡子當爲父後，不能襲位執喪，則嫡孫繼統而代之執喪。自漢文短喪，歷代因之，天子遂無三年之喪。爲父且然，則嫡孫承重可知。人紀廢壞，三綱不明，千有餘年，莫能釐正。壽皇聖帝至性自天，孝誠内發，易月之外，猶執通喪，朝衣朝冠，皆以大布，所宜著在方册，爲世法程。間者遺詔初頒，太上皇帝偶違康豫，不能躬就喪次，陛下以世嫡承大統，則承重之服，著在禮律，所宜遵壽皇已行之法。一時倉卒，不及詳議，遂用漆紗淺黄之服，不惟上違禮律，且使壽皇已行之禮舉而復墜，臣竊痛之。然既往之失不及追改，唯有將來啓殯發引，禮當復用初喪之服，則其變除之節，尚有可議。欲望明詔禮官，稽考禮律，預行指定。」會孝宗祔廟，議宗廟迭毁之次。有請併祧僖、宣二祖，奉太祖居第一室，祫祭則正東向之位者。有旨集議，僖、順、翼、宣四祖祧主，宜有所歸。自太祖皇帝首尊四祖之廟，以僖祖爲四廟之首。治平間，議者以世數寖遠，請遷僖祖於夾室。未及數年，王安石等奏，僖祖有廟，與稷契無異，請復其舊。詔從之。時相雅不以熙寧復祀僖祖爲是，先生度難以口舌爭，遂移疾，上議狀，條其不可者四。以爲：「藏之夾室，則是以祖宗之主下藏於子孫之夾室。至於祫祭，設幄於夾室之前，則亦不得謂之祫。欲别立一廟，則喪事即遠，有毁無立。欲藏之天興殿，則宗廟、原廟不可相雜。議者皆知其不安，特以其心急欲尊奉太祖，三年一祫時暫東向之故，不知其實無益於太祖之尊，而徒使僖祖、太祖兩廟威靈，相與爭校强弱於冥冥之中，并使四祖之神疑於受擯，徬徨躑躅，不知所歸，令人傷痛不能自已。今但以太祖當日追尊帝號之心而默推之，則知太祖今日在天之靈於此必有所不忍。又況僖祖祧主遷於治平，不過數年，神宗皇帝復奉以爲始祖，已爲得禮之正而合於人心，所謂有其舉之而莫敢廢者乎！」又擬爲廟制，以辯議者一旦併遷僖、宣二祖，析太祖、太宗爲二之失，復引元祐大儒程頤之説，以爲：「物豈有無本而生者？今日天下基本，蓋出僖祖，安得爲無功業？」議狀既上，廟堂持之不以聞，即毁撤僖、宣廟室，更創别廟以奉四祖。宰相既有所偏主，樓鑰、陳傅良又復牽合裝綴以附其說。先生所議，頗達上聽。忽有旨召赴内殿奏事，因節略狀文，及爲劄子，畫圖以進。上然之，且曰：「僖祖國家始祖，高宗、孝宗、太上皇帝不曾遷，今日豈敢輕議？」欲令先生於榻前撰數語，以御批直罷其事。先生方懲内批之弊，因言乞降出劄子，再令臣寮集議。既退，復以上意喻廟堂，而事竟不行。經生學士知禮者皆是先生，一時異議之徒，忌其軋己，權姦遂從而乘之。上之立也，丞相趙汝愚密與知閤門事韓侂胄謀之，侂胄於太皇太后爲親屬，因得通中外之言，侂胄自謂有定策功，居中用事。先生自長沙辭免待制、侍講，已微寓其意。及進對，復嘗再三面言，又約吏部侍郎彭龜年共攻之。龜年出護使客，侂胄益得志。先生又於所奏四事疏中，斥言左右竊柄之失，後因講筵留身，復申言前疏，乞賜施行。既退，即降御批云：「憫卿耆艾，方此隆冬，恐難立講，已除卿宫觀。」宰相執奏不行。明日，徑以御批付下，臺諫給舍亦爭留，不可。除寶文閣待制，與州郡差遣，力辭。尋除知江陵府，又力辭。仍乞追還新舊職名，詔依舊煥章閣待制、提舉南京鴻慶宫。慶元元年，又乞追還舊職，不許。趙丞相亦罷，誣以不軌，謫永州。丞相既當大任，收召四方知名之士，中外引領以觀新政，先生獨惕然以侂胄用事爲慮。既屢爲上言，又數以手書遺生徒密白丞相，當以厚賞酬其勞，勿使得預朝政。且有分界限、立紀綱、防微杜漸、謹不可忽之意。丞相方謂其易制，所倚以爲腹心謀事之人，又皆持禄苟安，無復遠慮。丞相既逐，而朝廷大權悉歸侂胄。先生自念身雖閑退，尚帶侍從職名，不敢自嘿，遂草書萬言，極言姦邪蔽主之禍，因以明其冤，詞旨痛切。諸生更諫，以筮決之，遇遯之同人，先生默然，退取諫稾焚之，自號遯翁。以廟議不合，乞收還職名，又以疾乞休致，不許。先是，吏部取會磨勘，至是轉朝奉大夫，又辭職名，乞休致。又以嘗妄議山陵自劾，又言已罷講官，不敢復帶侍從職名，詔依舊祕閣修撰。二年，又言：「昨來疏封錫服、封贈蔭補、磨勘轉官，皆爲已受從官恩數，乞改正。」沈繼祖爲監察御史，上章誣詆，落職罷祠。四年十二月，以來歲年及七十，申乞致仕。五年，依所請。六年三月甲子，終于正寢。十一月壬申，葬建陽縣唐石里之大林谷。嘉泰二年，除華文閣待制，與致仕恩澤。傅伯壽故家子，嘗執弟子禮，恨不薦己。先生辭次對、除脩撰也，伯壽行詞有「慢」、「僞」等語。及先生没，伯壽守建寧，又不以聞，故復職之命猶生存也。

自先生去國，侂胄勢益張。鄙夫憸人迎合其意，以學爲僞，謂貪黷放肆乃人真情，潔廉好禮者皆僞也。科舉取士稍涉經訓者，悉見排黜；文章議論根於理義者，並行除毀。六經、語、孟悉爲世之大禁。猾胥賤隸，頑鈍無恥之徒，往往引用以至卿相。繩趨尺步、稍以儒名者，無所容其身。從遊之士，特立不顧者，屏伏丘壑；依阿巽懦者，更名他師，過門不入，甚至變易衣冠，狎遊市肆，以自別其非黨。先生日與諸生講學竹林精舍。有勸以謝遣生徒者，笑而不答。先生既没，善類悉已排擯，羣小之勢已成。侂胄志氣驕溢，遂至擅開邊釁，幾危宗社，而生靈塗炭矣。開禧三年，侂胄伏誅，凶徒憸黨根株斥戳［戮］。嘉定元年，詔賜謚與遺表恩澤。明年，賜謚曰文。又明年，贈中大夫，特贈寶謨閣直學士。後以明堂恩，累贈通議大夫。

先生平居惓惓，無一念不在於國。聞時政之闕失，則戚然有不豫之色；語及國勢之未振，則感慨以至泣下。然謹難進之禮，則一官之拜，必抗章而力辭；厲易退之節，則一理不合，必奉身而亟去。其事君也，不貶道以求售；其愛民也，不徇俗以苟安。故其與世動輒齟齬，自筮仕以至屬纊，五十年間，歷事四朝，仕於外者，僅九考，立於朝者，四十日，道之難行也如此。然紹道統、立人極，爲萬世宗師，則不以用舍爲加損也。

自韋齋先生得中原文獻之傳，聞河洛之學，推明聖賢遺意，日誦大學、中庸，以用力於致知誠意之地，先生蚤歲已知其説，而心好之。韋齋病且亟，囑曰：「籍溪胡原仲、白水劉致中、屏山劉彦冲三人，吾友也，學有淵源，吾所敬畏。吾即死，汝往事之，而惟其言之聽，則吾死不恨矣。」先生既孤，則奉以告三君子而禀學焉。時年十有四，慨然有求道之志，博求之經傳，遍交當世有識之士，雖釋老之學，亦必究其歸趣、訂其是非。延平李先生學於豫章羅先生，羅先生學於龜山楊先生，延平於韋齋爲同門友。先生歸自同安，不遠數百里，徒步往從之。延平稱之曰：「樂善好義，鮮與倫比。」又曰：「穎悟絶人，力行可畏。」其所論難，體認切至。自是從遊累年，精思實體，而學之所造者益深矣。其爲學也，窮理以致其知，反躬以踐其實，居敬者，所以成始成終也。謂致知不以敬，則昏惑紛擾，無以察義理之歸；躬行不以敬，則怠惰放肆，無以致義理之實。持敬之方，莫先主一。既爲之箴以自警，又筆之書，以爲小學大學，皆本於此。終日儼然，端坐一室，討論典訓，未嘗少輟。自吾一心一身，以至萬事萬物，莫不有理，存此心於齊莊靜一之中，窮此理於學問思辨之際，皆有以見其所當然而不容已，與其所以然而不可易，然充其知而見於行者，未嘗不反之於身也。不睹不聞之前，所以戒懼者愈嚴愈敬；隱微幽獨之際，所以省察者愈精愈密。思慮未萌，而知覺不昧；事物既接，而品節不差。無所容乎人欲之私，而有以全乎天理之正。不安於偏見，不急於小成，而道之正統在是矣。其爲道也，有太極而陰陽分，有陰陽而五行具，稟陰陽五行之氣以生，則太極之理各具於其中。天所賦爲命，人所受爲性，感於物爲情，統性情爲心。根於性，則爲仁義禮智之德；發於情，則爲惻隱羞惡辭遜是非之端；形於身，則爲手足耳目口鼻之用；見於事，則爲君臣父子夫婦兄弟朋友之常；求諸人，則人之理不異於己；參諸物，則物之理不異於人。貫徹古今，充塞宇宙，無一息之間斷，無一毫之空闕，莫不析之極其精而不亂，然後合之盡其大而無餘。先生之於道，可謂建諸天地而不悖、質諸聖賢而無疑矣。故其得於己而爲德也，以一心而窮造化之原，盡情性之妙，達聖賢之蘊，以一身而體天地之運、備事物之理、任綱常之責。明足以察其微，剛足以任其重，弘足以致其廣，毅足以極其常。其存之也，虚而靜；其發之也，果而確；其用之也，應事接物而不窮；其守之也，歷變履險而不易。本末精粗，不見其或遺；表裏初終，不見其或異。至其養深積厚，矜持者純熟，嚴厲者和平，心不待操而存，義不待索而精，猶以爲義理無窮，歲月有限，常慊然有不足之意。蓋有日新又新不能自已者，而非後學之所可擬議也。其可見之行，則脩諸身者，其色莊，其言厲，其行舒而恭，其坐端而直。其閒居也，未明而起，深衣幅巾方履，拜於家廟以及先聖。退坐書室，几案必正，書籍器用必整。其飲食也，羹食行列有定位，匕箸舉措有定所。倦而休也，瞑目端坐；休而起也，整步徐行。中夜而寢，既寢而寤，則擁衾而坐，或至達旦。威儀容止之則，自少至老，祁寒盛暑，造次顛沛，未嘗有須臾之離也。行於家者，奉親極其孝，撫下極其慈，閨庭之間，内外斬斬，恩義之篤，怡怡如也。其祭祀也，事無纖鉅，必誠必敬，小不如儀，則終日不樂，已祭無違禮，則油然而喜。死喪之儀，哀戚備至，飲食衰絰，各稱其情。賓客往來，無不延遇，稱家有無，常盡其歡。於親故雖疏遠必致其愛，於鄉閭雖微賤必致其恭。吉凶慶弔，禮無所遺；賙卹問遺，恩無所闕。其自奉則衣取蔽體，食取充腹，居止取足以障風雨，人不能堪而處之裕如也。若其措諸事業，則州縣之設施，立朝之言論，經綸規畫，正大宏偉，亦可概見。雖達而行道，不能施之一時；然退而明道，足以傳之萬代。謂聖賢道統之傳，散在方册，聖經之旨不明，則道統之傳始晦。於是竭其精力，以研窮聖賢之經訓。於大學、中庸，則補其闕遺，别其次第，綱領條目，粲然復明。於論語、孟子，則深原當時答問之意，使讀而味之者，如親見聖賢而面命之。於易與詩，則求其本義，攻其末失，深得古人遺意於數千載之上。凡數經者，見之傳注，其關於天命之微、人心之奥、入德之門、造道之閫者，既已極深研幾、探賾索隱，發其旨趣而無所遺矣。至於一字未安、一詞未備，亦必沉潛反覆，或達旦不寐，或累日不倦，必求至當而後已。故章旨字義，至微至細，莫不理明詞順、易知易行。於書，則疑今文之艱澀，反不若古文之平易。於春秋，則疑聖心之正大，決不類傳注之穿鑿。於禮，則病王安石廢罷儀禮而傳記獨存。於樂，則憫後世律尺既亡，而清濁無據。是數經者，亦嘗討論本末，雖未能著爲成書，然其大旨固已獨得之矣。若歷代史記，則又考論西周以來至於五代，取司馬公編年之書，繩以春秋紀事之法，綱舉而不繁，目張而不紊。國家之理亂、君臣之得失，如指諸掌。周、程、張、邵之書，所以繼孔孟道統之傳，歷時未久，微言大義，鬱而不彰，先生爲之裒集發明，而後得以盛行於世。太極、先天二圖，精微廣博，不可涯涘，爲之解剥條畫，而後天地本原、聖賢藴奥不至於泯没。程、張門人，祖述其學，所得有深淺、所見有疏密，先生既爲之區別，以悉取其所長。至或識見小偏，流於異端者，亦必研窮剖析，而不没其所短。南軒張公、東萊吕公同出其時，先生以其志同道合，樂與之友。至或識見少異，亦必講磨辨難，以一其歸。至若求道而過者，病傳注誦習之煩，以爲不立文字，可以識心見性；不假脩爲，可以造道入德，守虚靈之識而昧天理之真，借儒者之言以文老佛之説。學者利其簡便，詆訾聖賢，捐棄經典，猖狂叫呶，側僻固陋，自以爲悟。立論愈下者，則又崇奬漢、唐，比附三代，以便其計功謀利之私。二説並立，高者陷於空無，下者溺於卑陋，其害豈淺淺哉！先生力排之，俾不至亂吾道以惑天下，於是學者靡然向之。先生教人以大學、語、孟、中庸爲入道之序，而後及諸經。以爲不先乎大學，則無以提綱挈領，而盡語、孟之精微。不參之以論、孟，則無以融會貫通而極中庸之旨趣。然不會其極於中庸，則又何以建立大本、經論大經，而讀天下之書、論天下之事哉？其於讀書也，又必使之辨其音釋，正其章句，玩其辭，求其義，研精覃思以究其所難知，平心易氣以聽其所自得。然爲己務實，辨别義利，毋自欺、謹其獨之戒，未嘗不三致意焉，蓋亦欲學者窮理反身而持之以敬也。從遊之士，迭誦所習，以質其疑。意有未諭，則委曲告之而未嘗倦；問有未切，則反復戒之而未嘗隱。務學篤則喜見於言，進道難則憂形于色。講論經典，商略古今，率至夜半。雖疾病支離，至諸生問辨，則脱然沉痾之去體。一日不講學，則惕然常以爲憂。摳衣而來，遠自川蜀；文詞之傳，流及海外。至於夷虜亦知慕其道，竊問其起居。窮鄉晚出，家蓄其書，私淑諸人者不可勝數。先生既没，學者傳其書，信其道者益衆，亦足以見義理之感於人者深也。繼往聖將微之緒，啓前賢未發之機，辨諸儒之得失，闢異端之訛謬，明天理，正人心，事業之大，又孰有加於此者？至若天文、地志、律曆、兵機，亦皆洞究淵微。文詞字畫，騷人才士，疲精竭神，常病其難，至先生未嘗用意而亦皆動中規繩，可爲世法。是非資禀之異、學行之篤，安能事事物物各當其理，各造其極哉！學脩而道立，德成而行尊，見之事業者又如此。秦漢以來，迂儒曲學，既皆不足以望其藩牆，而近代諸儒有志乎孔孟周程之學者，亦豈能以造其閫域哉？嗚呼！是殆天所以相斯文，篤生哲人，以大斯道之傳也。

先生疾且革，手爲書，囑其子在與門人范念德、黄榦，尤拳拳以勉學及脩正遺書爲言。翌日，門人侍疾者請教，先生曰：「堅苦。」問温公喪禮，曰：「疏略。」問儀禮，頷之。已而正坐整冠衣，就枕而逝。門人治喪者既一以儀禮從事，而訃告所至，從遊之士，與夫聞風慕義者，莫不相與爲位而聚哭焉，禁錮雖嚴，有所不避也。嗚呼！天又胡不憖遺，以永斯道之傳，而遽使後學失所依歸哉！先生所著書，有易本義、啓蒙、蓍卦考誤，詩集傳，大學中庸章句、或問，論語孟子集註，太極圖、通書、西銘解，楚詞集註、辨證，韓文考異；所編次，有語孟集義，孟子指要，中庸集略，孝經刊誤，小學書，通鑑綱目，本朝名臣言行録，古今家祭禮，近思録，河南程氏遺書，伊洛淵源録，皆行於世。先生著述雖多，於語、孟、中庸、大學尤所加意。若大學、論語，則更定數四，以至垂没。大學「誠意」一章，乃其絶筆也，其明道垂教，拳拳深切如此。楚詞集註亦晚年所作，其愛君憂國，雖老不忘。通鑑綱目僅能成編，每以未及脩補爲恨。又嘗編次禮書，用工尤苦，竟亦未能脱藁。所輯家禮，世多用之，然其後亦多損益，未暇更定。平生爲文，則季子在彙次之矣。生徒問答，則後學李道傳嘗裒輯鋟版，未備也。

娶劉氏，追封碩人，白水草堂先生之女。草堂，即韋齋所囑以從學者也。其卒也，以淳熙丙申，其葬以祔穴。子三人：長塾，先十年卒。次埜，迪功郎，監湖州德清縣户部新市犒賞酒庫，後十年亦卒。季在，承議郎，提舉兩浙西路常平茶鹽公事。女五人，婿儒林郎、静江府臨桂縣令劉學古，奉議郎、主管亳州明道宫黄榦，進士范元裕。仲、季二人亦早卒。孫男七人：鑑、鉅、銓、鐸、銍、鉉、鑄。鉅，從政郎、新差監行在雜買務雜賣場門。銓，從事郎、融州司法參軍。鑑，迪功郎、新辟差充廣西經略安撫司準備差遣。餘業進士。女九人，婿：承議郎、主管華州雲臺觀趙師夏，進士葉韶甫、周巽亨、鄭宗亮、黄輅，從政郎、紹興府會稽縣丞趙師若，黄慶臣，李公玉。曾孫男六人：淵、洽、濳、濟、濬、澄，女七人。

先生没有年矣，狀其行者，未有所屬筆。在以榦從學日久，俾任其責。先生既不假是而著，榦之識見淺陋，言語卑弱，又不足模倣萬一。追思平日步趍謦欬，則悲愴哽咽，不忍書，亦不忍忘也。竊聞道之正統，待人而後傳。自周以來，任傳道之責、得統之正者，不過數人，而能使斯道章章較著者，一二人而止耳。由孔子而後，曾子、子思繼其微，至孟子而始著。由孟子而後，周、程、張子繼其絶，至先生而始著。蓋千有餘年之間，孔孟之徒所以推明是道者，既已煨燼殘闕、離析穿鑿，而微言幾絶矣。周、程、張子崛起於斯文湮塞之餘、人心蠹壞之後，扶持植立，厥功偉然。未及百年，踳駁尤甚。先生出，而自周以來聖賢相傳之道一旦豁然，如大明中天，昭晰呈露，則摭其言行，又可略歟？輒採同志之議，敬述世系、爵里、出處、言論，與夫學問、道德、行業，人之所共知者，而又私竊以道統之著者終之，以俟知德者考焉。謹狀。嘉定十四年正月日門人奉議郎主管亳州明道宫黄榦狀。

行狀之作，非得已也，懼先生之道不明，而後世傳者之訛也。追思平日之聞見，參以敘述奠誄之文，定爲草稿，以諗同志。反復詰難，一言之善，不敢不從，然亦有參之鄙意而不敢盡從者，不可以無辨也。有謂言貴含蓄，不可太露；文貴簡古，不可太繁者。夫工於爲文者，固能使之隱而顯、簡而明，是非愚陋所能及也。顧恐名曰含蓄，而未免於晦昧；名曰簡古，而未免於艱澀，反不若詳書其事之爲明白也。又有謂年月不必盡記，辭受不必盡書者。先生之用舍去就，實關世道之隆替、後學之楷式。年月必記，所以著世變；辭受必書，所以明世教。狀先生之行，又豈可以常人比、常體論哉！又有謂告上之語，失之太直；記人之過，失之太訐者。責難陳善，事君之大義，人主能容於前，而臣子反欲隱於後，先生敢陳於當世，而學者反欲諱於將來乎？人之有過，或具之獄案，或見之章奏，天下後世所共知，而欲没之，可乎？又有謂奏疏之文，紀述太繁，申請之事，細微必録，似非行狀之體者。古人得君行道，有事實可紀，則奏疏可以不述。先生進不得用於世，其所可見者，特其言論之間，乃其規模之素，則言與行豈有異耶？事雖微細，處得其道，則人受其利，一失其道，則人受其害。先生理明義精，故雖細故，區處條畫，無不當於人心者，則鉅與細亦豈有異耶？其可辨者如此，則其尤淺陋者不必辨也。至於流俗之論，則又以爲前輩不必深抑，異學不必力排，稱述之辭似失之過者。孔門諸賢，至謂孔子賢於堯舜，豈以抑堯舜爲嫌乎？孟子闢楊、墨，而比之禽獸，衛道豈可以不嚴乎？夫子嘗曰：「莫我知也夫。」又曰：「知德者鮮矣。」甚矣聖賢之難知也。知不知，不足爲先生損益，然使聖賢之道不明，異端之説滋熾，是則愚之所懼，而不容於不辨也。故嘗太息而爲之言曰：「是未易以口舌爭，百年論定，然後知愚言之爲可信。」遂書其語，以俟後之君子。幹謹書。

嘉靖建陽縣志朱子世家

朱子諱熹，字元晦，一字仲晦，其先婺源人也。父松，字喬年。第進士，歷司勳吏部郎。秦檜決策議和，松與同列上章，極言其不可。檜怒，風御史論松懷異自賢，出知饒州，未至，卒。熹幼穎悟，甫能言，父指天示之曰：「天也。」熹問曰：「天之上何物？」松異之。就傅，授以孝經，一閱，題其上曰：「不若是，非人也。」嘗從羣兒戲沙上，獨端坐以指畫沙。視之，八卦也。初依劉子羽，居崇安，晚遷建陽之考亭。紹興中，第進士，待次同安簿。往見李侗，得聞所傳河洛之學。秩滿，丐祠奉母，不赴。孝宗立，應詔上封事。言：「帝王之學，不可不熟講；脩攘之計，不可不早定；本原之地，不可不加意。帝王之學，必先格物致知，以極乎事物之變，使義理所存，纖悉畢照，則自然意誠心正，而可以應天下之務。」又曰：「今日之計，不過脩政事、攘夷狄，然計不時定者，講和之説疑之也。」又曰：「四海利病，係斯民休戚；斯民休戚，係守令賢否。監司者守令之綱，朝廷者監司之本，本原之地亦在朝廷而已。」隆興初，復召入對。三劄申言封事之意而加剴切。時湯思退方倡和議，除武學博士，待次。已而大臣相繼論薦,皆不至。起知南康軍,至郡,興利除害。值歲不雨,講求荒政,多所全活。明年大旱,應詔上疏,極陳近習蒙蔽之狀。以疾請祠,不報。陳俊卿等力薦,除江西常平使者,改浙東。因召入對,首陳災異之由與脩德任人之説,所奏凡七事。至部,訪民隱,除弊政,所部肅然。台守唐仲友汙濫,首劾之,章凡十上。仲友與宰相王淮同里且姻家,頗忤淮意。尚書鄭丙、御史陳賈皆希淮意,詆譏僞學,因以沮熹,於是連奉宫祠者數年。除江西提刑,會淮罷相,熹遂入奏,拳拳以謹察天理人欲爲説。是行也,有要之於路,以爲「正心誠意」之論,上所厭聞,戒勿以爲言。熹曰:「吾平生所學,惟此四字。豈可隱默以欺吾君乎?」奏上,除兵部郎官,以足疾辭。本部侍郎林栗劾熹僞學,乃令熹依舊職疾速之任。後栗竟坐此罷黜,熹亦予祠。未踰月再召,熹乃進封事以聞。且以天下大本,與今日急務爲言:「大本者,陛下之心;急務則輔翼太子、選任大臣、振舉紀綱、變化風俗、愛養民力、修明軍政是也。」疏入,夜漏下七刻,上已就寢,亟起秉燭,讀之終篇。明日,除主管太乙宫,兼崇政殿説書。力辭。以閣撰奉外祠,又辭。光宗朝,除知漳州。奏除屬縣無名之賦七百萬,減經總制錢四百萬。又乞行經界,從之,後竟報罷。差知潭州,會洞獠擾屬郡,熹遣人諭降之。申勑令,嚴武備,戢姦吏,抑豪民。所至興學校,明教化,四方學者畢至。寧宗即位,趙汝愚首薦,召赴行在奏事。除煥章閣待制、侍講,熹入對,首勸寧宗盡負罪引又乞遵行孝宗通喪之禮及儀，僖祖不當祧。韓侂胄自謂有定策功，居中用事，熹上疏，斥言左右竊柄之失，在講筵復申言之。未幾，以寶文閣待制補郡，尋依舊職奉祠。初，趙汝愚既相，中外引領望治，熹獨惕然以侂胄用事爲慮。汝愚謂其易制，初不以爲意。至是，汝愚亦以誣逐，而朝廷大權悉歸侂胄矣。其後僞學禍起，熹遂落職罷祠。尋卒，年七十一。疾且革，手書屬其子在及門人范念德、黄榦，惟以勉學及修正遺書爲言。翌日，正坐整衣冠，就枕而逝。學禁解，追復元官，累贈寶謨閣直學士，謚曰文。理宗朝，贈太師、徽國公，從祀孔子廟庭。熹登第五十年，仕於外者竟九考，立朝纔四十日，山林之日長，講學之功深。其學大抵窮理以致其知，反躬以踐其實，而以居敬爲主。所著書有易本義、啓蒙、蓍卦考誤，詩集傳，大學中庸章句、或問，論語孟子集註，太極圖、通書、西銘解，楚辭集註、辯證，韓文考異。所編次有論孟集義，孟子指要，中庸輯略，孝經刊誤，小學，通鑑綱目，宋名臣言行録，家禮，近思録，程氏遺書，伊洛淵源録。又有儀禮經傳通解，未脱稿。平生爲文凡一百卷，生徒問答凡八十卷，别録十卷。黄榦曰：「道之正統，待人而後傳。自周以來，任傳道之責者不過數人，而能使斯道章章較著者，一二人而已耳。由孔子而後，曾子、子思繼其微，至孟子而始著；由孟子而後，周、程、張子繼其絶，至熹而始著。」識者以爲知言。

臨川吳澄贊曰：「義理玄微，蠶絲牛毛。心胸開豁，海闊天高。豪傑之才，聖賢之學。景星慶雲，泰山喬嶽。」

朱子自贊曰：「從容乎禮法之場，沉潛乎仁義之府。是予蓋將有意焉，而力莫能與也。佩先師之格言，奉前烈之餘矩。惟闇然而日修，或庶幾乎斯語。」

文公先生平居，惓惓無一念不在於國。聞時政之闕失，則戚然有不豫之色；語及國勢之未振，則感慨以至泣下。然謹難進之禮，則一官之拜必抗章而力辭；厲易退之節，則一語不合必奉身而亟去。其事君也，不貶道以求售；其愛民也，不狥俗以苟安，故其與世動輒齟齬。自筮仕以至屬纊，五十年間歷事四朝，仕於外者僅九考，立於朝者四十日，道之難行也如此。然紹道統、立人極，爲萬世宗師，則不以用舍爲加損也。自韋齋先生得中原文獻之傳，聞河洛之學，推明聖賢遺意，日誦大學、中庸，以用力於致知誠意之地，先生蚤歲已知其説而心好之。韋齋病且亟，屬曰：「籍溪胡原仲、白水劉致中、屏山劉彦冲三人，吾友也。學有淵源，吾所敬畏。吾即死，汝往事之，而惟其言之聽，則吾死不恨矣。」先生既孤，則奉以告三君子而稟學焉。時年十有四，慨然有求道之志，博求之經傳，徧交當世有識之士。雖釋老之學，亦必究其歸趣，訂其是非。延平李先生學於豫章羅先生，羅先生學於龜山楊先生，延平於韋齋爲同門友。先生歸自同安，不遠數百里徒步往從之。延平稱之曰：「樂善好義，鮮與倫比。」又曰：

「穎悟絶人，力行可畏。」其所論難，體認切至。」自是從遊累年，精思實體而學之，所造者益深矣，故其得於己而爲德也，以一心而窮造化之原，盡性情之妙，達聖賢之藴；以一身而體天地之運，備事物之理，任綱常之責。明足以察其微，剛足以任其重，弘足以致其廣，毅足以極其常。其存之也，虚而静；其發之也，果而確；其用之也，應事接物而不窮；其守之也，歷變履險而不易。本末精粗，不見其或遺；表裏初終，不見其或異。至其養深積厚，矜持者純熟，嚴厲者和平，心不待操而存，義不待索而精。猶以爲義理無窮、歲月有限，常慊然有不足之意。蓋有日新又新、不能自已者，而非後學之所可擬議也。若其措諸事業，則州縣之設施、立朝之言論，經綸規畫，正大宏偉，亦可概見。雖達而行道，不克施之一時；然退而明道，足以傳之萬代。先生既没，學者傳其書、信其道者益衆，亦足以見理義之感於人者深矣。繼往聖將微之緒，啓前賢未發之機，辨諸儒之得失，闢異端之訛謬，明天理，正人心，事業之大，又孰有加於此者。嗚呼！是殆天所以相斯文，篤生哲人，以大斯道之傳也。

先生以建炎四年庚戌九月甲寅午時，生于延平尤溪之寓舍。慶元六年三月甲子，以疾終于正寢。是日，大風拔木，洪水崩山。哲人之萎，豈小變哉！十一月壬申，葬于嘉禾里唐石之大林谷，地名龍歸，後塘九頓峯下。子三人，長塾，將仕郎，先卒。次埜，迪功郎。季在，承議郎。孫男七人：鑑、鉅、銓、鐸、鋌、鉉、鑄。曾孫男六人：淵、洽、潛、濟、浚、澄。

初，先生居崇安五夫，榜其讀書之室曰紫陽書堂，以新安有紫陽山，識鄉關常在目也。後得地於建陽蘆峰之巔，曰雲谷。因砌草堂，扁以晦庵，自稱雲谷老人，亦曰晦翁。既又得武夷五曲之地，結廬其間，曰武夷精舍。晚卜築于考亭，又曰滄洲精舍，時號滄洲病叟。最後揲蓍遇遯之同人，因更號遯翁。此先生生平自號始末如此。俱見行狀、年譜

淳祐元年辛丑正月，令學宫列之從祀。

御筆：「朕惟孔子之道，自孟軻後不得其傳。至我朝周敦頤、張載、程顥、程頤，真見力踐，深探聖域，千載絶學始有指歸。中興以來，又得朱熹，精思明辯，折衷會融，使中庸、大學、語、孟之書，本末洞徹，孔子之道益以大明于世。朕每觀五臣論著，啓沃良多。今視學有日，宜令學宫列諸從祀，以副朕崇奬儒先之意。」

元至正二十二年，追封爲齊國公。誥云：「朱熹挺生異質，蚤擢科名。試用於郡縣而善政孔多，迴翔於館閣而直言無隱。著書立言，嘉迺簡編之富；愛君憂國，負其經濟之長。緬想英風，載欽新命。」

埜，字文之，文公仲子。淳祐間監湖州德清縣户部贍軍酒庫。有二子：長曰鉅，任南康知縣；次曰銓，知登聞鼓院。

在，字叔敬，文公季子。以蔭補官，嘉定初除籍田令，亢旱上封事。歷將作、司農簿，遷

丞。十年，以大理正知南康軍，奉祠，起知信州。入對，以進學問、振綱紀、求放心爲言。除提舉浙西常平鹽茶公事，加右曹郎官兼知嘉興府。召爲司農少卿，充樞密副都承旨，出爲兩浙轉運副使。寶慶中，除工部侍郎，進對，奏人主學問之要。理宗曰：「卿先卿中庸序言之甚詳。」因奏閔損以下九人並封一字公爵，獨曾參封郕侯，乞與並封。楊雄、王雱，乞去其像。國家有程顥、程頤、張載，若使之從祀廟庭，斯文幸甚。除吏部侍郎，請外除寶謨閣待制、知平江府，遷煥章閣待制、知袁州，奉祠，卒。子鉉，通直郎、兩浙通運判官。浚，字深源，文公曾孫。授朝散大夫、右文殿脩撰，累官兩浙轉運使、兼吏部侍郎。元師至福安州，王剛中以城降。浚不屈，服藥而死。子林彬，長南溪、建安二書院。溥，文公四世孫。任浙西提舉。其弟三人：湜任丹徒縣知縣，淮任泉州路推官，沂任考亭書院山長。猶子唐任建寧路倉監納。

叙曰：余幼讀朱子書，頗知嚮慕。比長，習舉子業，益知誦法，竊以弗獲親炙爲憾。幸而竊禄兹土時，謁考亭，瞻遺像，所謂景星慶雲、泰山喬嶽者，其殆慰仰止之私耶？公三子，一居建安，世襲經博。一居考亭，家傳詩禮。徽之婺源亦一也。考亭之後，衣冠濟美。侍郎深源爲宋室忠臣，今僉憲原冲起家進士，蜚聲中外，尤克以世其家者。

萬曆建陽縣志朱子世家

熹字元晦，一字仲晦。父松，調政和、尤溪尉，秩滿寓尤溪之鄭氏館，生熹。熹幼而穎異，甫能言，問曰：「天之上何物？」從羣兒沙上，獨端坐畫卦，志意不羣。五歲，父授之孝經，曰：「不若此，非人也。」年十三，父病革，屬之曰：「胡原仲、劉致中、劉彦冲三人，學有淵源，吾即死，往受學焉。」遂築室於五夫里，奉母祝夫人以居。致中妻之女，原冲、彦冲皆猶子撫之。紹興戊辰，第進士，授泉州同安簿，往見延平李愿中，聞河洛之學。秩滿，丐祠奉母。孝宗立，應詔上封事。隆興癸未，復召入對，上三劄至剴切，請祠監南嶽廟。甲申，如長沙，訪張敬夫，講喜怒哀樂未發之旨，留兩月去。道昭武謁黄端明，偕敬夫登衡嶽山。除樞密院編修官，待次，歸崇安。乾道丙戌，崇安饑，請貸粟於府以賑。丁亥，丁内艱，廬墓讀書，輒喟然嘆曰：「先大夫有言，自兩程夫子歿，有能紹道緒、正易傳、述詩書禮樂之際，意在斯乎？」於是修舊起廢，據仲尼之素功，上自羲氏，下至於兹，靡不羅網，研鏡注疏而軌之正，以垂六藝之統紀。自是弟子日親，摳衣自遠方者益衆。淳熙戊戌，起知南康軍，具奏減星子縣稅錢，立周程祠，復白鹿洞書院。明年，大旱，應詔陳言近習蒙蔽之狀，以疾請祠，不報。用陳俊卿薦，除江西常平使，改浙東。因召入對，首陳災異之由與修德任人之説，又言紹興和買害民，台州丁錢當免，及劾前台守唐仲友不法事。仲友與宰相王淮同里，且聯姻，尚書鄭丙、御史陳賈希旨詆熹僞學。奉祠數年，除江西提刑，入奏，惓惓以謹察天理人欲爲言。有要於路曰：「正心誠意，上所厭聞。」熹曰：「平生所學，惟此四字。」除兵部郎。與侍郎林栗論易不合，以足疾辭，詔仍舊職，於是出太極通書、西銘解義授學者。後栗坐罷，熹亦予祠。踰月再召，上封事，言天下大本與今日急務。疏入，上已就寢，亟秉燭讀之。明日除主管太乙宫兼崇政殿説書，力辭。光宗朝，除知漳州。奏除屬縣無名之賦七百萬，減經總制錢四百萬。差知潭州，會峒獠擾屬郡，熹諭降之，申敕令，嚴武備，戢奸吏，抑豪民，所至興學校，明教化，四方學者雲集。寧宗即位，趙汝愚首薦，召赴行在，除煥章閣侍講。首勸寧宗盡引慝之誠，致定省之禮，求放心，親儒學，遵行孝宗通喪之禮，及議僖祖不當祧數事。韓侂胄以定策功居中用事，熹上疏斥言左右竊柄，在講筵復言之，未幾以寶文閣待制補郡，尋依舊職奉祠。初，趙汝愚相，中外望治，熹獨以侂胄爲慮，汝愚不聽。至是汝愚被逐，權歸侂胄。僞學禍起，熹遂落職罷祠，尋卒，年七十一。疾革，手書屬其子及門人，惟勉之學，以修正遺書爲言。翌日，整衣冠而逝，慶元庚申三月甲子日也。學禁解，追復原官，累贈寶謨閣直學士，謚曰文。理宗朝贈太師，追封徽國公，從祀孔子廟庭。熹登第五十年，仕於外者竟九考，立朝纔四十日。其學大抵窮理以致知、反躬以踐實，而主於居敬，天下翕然宗之，雖夷貊亦知崇尚，問起居焉。初，居五夫，榜其讀書所曰紫陽書堂，以新安有紫陽山，志桑梓也。後結草堂於蘆峰之雲谷，曰晦庵，號雲谷老人。既又居武夷精舍，晚始卜居考亭，時年六十三矣。乃創竹林精舍，更號滄洲病叟，最後因筮遇遯之同人，更號遯翁。所著有周易本義、啓蒙、蓍卦考誤，書傳，詩集傳、遺説續説，學庸章句、或問，論孟集註，楚辭集註、辯誤、後語，韓文考異，太極圖傳、通書、西銘解義，參同契解，論孟集義，中庸輯略，孝經刊誤，通鑑綱目，本朝名臣言行録，古今祭禮，近思録，程氏遺書、外書，伊洛淵源，禮書，家禮，小學書，所爲文，凡壹百卷。門人語録壹百貳拾卷，行於世。子三：塾、埜、在。

塾，字受之，熹長子也。蔭補將仕郎。自幼開爽不類常兒，熹恐墮於浮靡，不肯教以詩文。没後，許進之出其所與唱和詩卷，熹曰：「予初不知其能道此語。」爲之揮涕而跋其後。

埜，字文之，熹仲子也。淳祐間，蔭補迪功郎，差監湖州德清縣户部贍軍酒庫，後文公十一年卒。黄勉齋誄之曰：「在昔夫子，性嚴氣剛。規矩準繩，動止有常。君承其顔，唯恐或傷。在昔夫子，朝圖暮書。遑恤其家，孰有孰無。君服其勞，使若有餘。内睦姻親，外交朋友。歲時享祀，殺核清酒。囊篋瑣碎，俾無遺漏。非君之賢，孰左孰右？」讀此可想見其人矣。贈朝奉大夫。

在，字叔敬，熹季子也。以蔭補官。僞學禁開，始入仕。嘉定初，除籍田令，應詔上封事，除將作監主簿，累遷大理寺正、知南康軍，改知衡州、湖州，俱不赴，奉祠。既起，知信州，入對，以進學問、振紀綱爲言，除提舉浙西常平茶鹽公事，加右曹郎兼知嘉興府，召爲司農少卿，充樞密副都承旨，出爲兩浙運副。寶慶丙戌，權工部侍郎，進對論人主學問之要。理宗曰：「卿先卿中庸序言之甚詳。」在因奏閔損以下九人並封一字公，獨曾參封郕侯，乞與並封。楊雄劇秦美新，爲漢之賊，豈可列之從祀，乞去其像。國家有程顥與弟頤，受學於周敦頤，得孔孟以來不傳之緒，又有張載相與發明，亦既贈官賜謚，若使之從祀廟庭，斯文幸甚。上嘉納之，除工部右侍郎，丐外，除寶謨閣待制知平江府，秩滿，遷煥章閣待制知袁州，奉祠，没於家。

鑑，字子明，熹嫡長孫，塾之子也。蔭補迪功郎，累遷奉直大夫、湖廣總領。寶慶間，隨季父在遷居建安之紫霞洲，建熹祠於所居之左。子孫入建安，自鑑始。

浚，字深源。少負奇節，官右文殿修撰，兩浙轉運使，兼工部侍郎，尚宋理宗公主。元兵入建寧，王積翁棄城遁，浚與公主入福州，誓與知府王剛中死守。迨元阿剌罕侵福安，剛中以城降，公與公主仰天大哭，曰：「君帝室王姬，吾大儒世胄，受先皇厚恩，義不可辱於犬羊之手。」遂俱飲藥死，贈朝散大夫。

沂，字泳道，文公三世孫。賦性開敏，矢志任道。前後侍從、監司、守令以遺佚薦，皆不赴。謝枋得亟稱之曰：「明辨力行，真踐實履，文公之後，世濟其美者，泳道一人爾。」晚授考亭書院山長。子棠，任建寧路倉監納。

彬，字文質，熹四世孫。元至正間爲延平路知事。讀書史，克紹家風，譽聞諸郡，士類從遊者甚衆。

考訂朱子世家

〔清〕江　永

婺源有朱子，吳文正公所謂「景星慶雲，泰山喬嶽」者也。邑志倣史記例，儒林以下皆爲傳，特尊朱子於世家，宜矣。而昔之載筆者，詮次年譜事跡甚疏略，又復考核不精、紀載失實。且朱子以名稱，張、吕亦稱名，獨於陸氏兄弟稱字，此何爲者邪？其於延平授受之閒，則有獨得宗旨之説。其叙鵝湖之會曰：「未合并而去。」叙白鹿之會曰：「議論乃多有合者，特請子靜升講席以發明之。」蓋有明中葉後，學術漸漓，大率謂學有宗旨，重在體認，而詆程朱之格物，輕朱子之傳注爲支離、爲務外，又復和合朱、陸兩家而一之。故於稱名稱字之閒，微寓尊陸之意；於語意抑揚之閒，微寓朱陸始異終同之意。夫尊朱子於世家，而隱尊陸，不可爲訓也。聖朝尤重道崇儒，編纂諸書，周、程、張、邵、朱皆稱子，未有稱名者。而先達屬辭如此，蓋由學術之乖，舉世同流，雖紫陽故鄉，亦不免染其餘波，溺焉不返。後來吾邑雖有碩儒巨公，學醇言正，爲狂瀾砥柱者，於此篇猶憚改弦。休邑趙氏修府志，遂承用之，不知舊志之多疵也。今新志於此篇尤不敢草草，謹依年譜、行狀、宋史核實紀載，勿冗勿遺，所以還其星雲山嶽之舊。而白鹿之講，特指出所講者爲喻義喻利之章，俾後學毋惑於舊志之説云。

朱子名熹，小名沈郎，小字季延，行五二。字仲晦，冠時劉屏山先生字之曰「元晦」，其祝詞云：「木晦於根，春容曄敷。人晦於身，神明内腴。」後以元爲四德之首，不敢當，更曰仲晦，又曰晦庵，因以爲號。六十後稱晦翁，嘗書門符云「佩韋遵考訓，晦木謹師傳」，遵父、師之誨也。晚號遯翁，又號滄洲病叟。婺源松巖里人。永平鄉。唐末有朱古寮者，仕爲婺源鎮將，因家焉。按朱子世譜後序云：「問之先君子太史吏部府君，曰：『吾家先世居歙之黄墩。唐天祐中陶雅爲歙州刺史，初克婺源，乃命吾祖領兵三千戍之，是爲制置茶院府君。』」此即舊志沿革表中朱瓌是也。朱氏世譜：「茶院諱瓌，字舜臣。」皆不言古寮。歷傳至森，世譜：二世廷雋，三世昭元，四世惟甫，五世振，六世絢，七世森。以子贈承事郎。舊訛「承仕」。森生松，紹聖四年。字喬年，號韋齋。謂性卞急害道，取西門豹佩韋自緩之義。官吏部，舊志朱子稱名，非所以尊朱子也。今皆稱朱子。然獻靖公亦不可稱名，故加入此語，後皆以官稱之。年踰冠，以上舍登第。政和八年。授建州政和尉。迪功郎。父卒，貧不能歸，因葬承事於政和。按朱子撰先府君遷墓記云：「承事公卒，貧不能歸，因葬其邑，而遊宦往來閩中。」

所謂貧不能歸者，虞集文公廟復田記云「吏部之來閩，質其先業百畝以爲資，歸則無以食」是也。朱子年譜注云「因方臘亂睦，不能歸」，此舊譜追叙往事失之。方臘亂睦，宣和三年已平，而承事之卒在宣和七年，則非因方臘亂也。當時閩亂固有之，朱子書承事府君行狀後云「既以請銘於主簿盧君，未及礱石，而羣盜蜂起」是也。然吏部之不克歸，實因貧，非因亂。今以遷墓記爲信。舊志云「以父喪值亂，寓建之崇安」，此語又失之。吏部之遊宦於閩也，隨官以居。其後丁母憂，仍居政和。故承事孺人程氏亦葬於政和之將溪。吏部卒，在建州城南寓舍，則未嘗寓崇安也。紹興十三年，吏部疾革，手書以家事屬少傅劉子羽。既卒，少傅始爲築室崇安之五夫里，在少傅里第之旁，朱子因奉母居焉。不得因朱子後居崇安，遂謂吏部已嘗寓崇安也。今皆訂正。

服除，調建州尤溪尉，監泉州石井鎮。

按朱子撰吏部府君行狀云：「靖康之變，公時在制，方與客語，忽聞北狩之問，投袂而起，大慟幾絶。」又云：「公抱負絶奇，尤恥自售，是以困於塵埃卑辱鋒鏑擾攘之中，逃寄假攝以養其親，十有餘年。以至下從算商之役於嶺海魚蝦無人之境，則已無復有當世意。」周必大作神道碑，約之云「奔走卑冗，假禄養親，無仕進意」。蓋靖康、建炎時尉尤溪，紹興時監鎮税，皆以卑官之禄養親。其云「十有餘年」者，總計宣和時之尉政和也。紹興四年泉州守謝克家薦之，謂其不宜滯筦庫，是未嘗告歸也。舊志云「建炎閒告歸十餘年」，府志注云「以養親」，此語大誤。使告歸，則無禄矣。何以養親？且建炎距紹興四年才六七年耳，安得有十餘年？舊志不考實，誤書，今削。

紹興初，御史胡世將、泉州守謝克家並薦之。

按行狀與神道碑，御史胡世將入閩，公袖書告之曰：「謂不東嚮爭中原，則當幸金陵，固守荆淮，奈何局促一方？」世將奇其言，歸薦之。謝克家守泉，亦薦公學行，不宜滯筦庫。遂召試館職，宋史傳亦因之。舊志云：「紹興四年，內翰綦宗禮言於上，召試館職。」未知何據。召試館職，策問中興之事，公對以順人心、任賢才、正綱紀，累數千言，高宗嘉賞。除祕書正字。循左從政郎。尋丁母憂，服除。紹興七年。召對稱善，改左宣教郎，除祕書省校書郎。時高宗次建康，國勢小振。公因對欲堅上意。車駕自建康還臨安，紹興八年也。舊志不敘母憂服除，召對改官，而云「明年車駕還臨安」，似紹興四年之明年，誤矣。御史中丞常同薦公可任大事，復召對。舊缺此事。言切至，上亦不以爲忤。遷著作郎，舊缺。尚書度支員外郎兼史館校勘，歷司勳、吏部兩曹，兼領史職如故。轉奉議郎，又轉承議郎。舊缺二郎。秦檜當國，決意講和。公抗疏，出知饒州。紹興十年春也。未上請祠。舊云「請告老」，非也。得主管台州崇道觀。初，吏部公以詩文名，謂於道爲遠，取經子史傳，考其興衰治亂，應時合變，見之事業。又得浦城蕭顗、字子莊。劍浦羅從彥，字仲素。與之遊。則聞龜山楊氏所傳河洛之學，於是益自刻勵。此皆約行狀、神道碑語。舊云「交呂廣問驩」，此語無據。呂爲婺源主簿，在宣和時。公已仕閩矣。所著有韋齋集、十二卷。外集。十卷。建炎四年庚戌，九月十五日甲寅，午時。生夫子於尤溪寓舍。吏部公娶歙縣祝氏，是歲館於尤溪之鄭氏，而朱子生焉。先是，吏部公生時，邑城有白氣如虹，自井出。至是，復有紫氣如虹，自井騰上。因名之曰「虹井」。四歲，吏部公指天示之曰：「天也。」問：「天之上何物？」吏部異之。八歲，通孝經大義。書其上曰：「若不如此，便不成人。」從羣兒遊，獨以沙列八卦，端坐默視。幼時讀孟子，至「聖人與我同類者」，喜不可言，以爲聖人亦易爲。紹興十三年，癸亥，朱子十四歲。吏部公卒。年四十七。遷墓記云「卒於建城南之寓舍」。疾革，以家事屬少傅劉子羽，謂朱子曰：「胡原仲、籍溪胡憲。劉致中、白水劉勉之。劉彦沖屏山劉子翬，少傅之弟。三人，學有淵源，汝往事之。」於是少傅爲築室里第之旁，崇安五夫里。朱子奉母居焉。遵遺訓，受學三君。白水公以女妻之。二劉公相繼下世，獨事籍溪最久。十七年秋，舉建州鄉貢。考官蔡兹謂人曰：「吾取中一後生，三篇策皆欲爲朝廷措置大事，他日必非常人。」十八年春，登進士第。二十年春，始歸婺源省墓。以張敦頤所贖歸父質田，請族父老主之供祀事。贖田事見闕里及藝文復田記。二十一年，授左迪功郎、泉州同安主簿。二十三年，將赴同安，往受學於延平李先生，龜山先生楊時倡道東南，遊其門詣極者，惟羅從彦仲素一人。延平李愿中，名侗，受學羅公，實得其傳，與吏部公爲同門友。故朱子往從之。爲學始就平實。按朱子之學，初無常師，出入於經傳，或泛濫於釋老。自謂見李先生後，爲學始就平實，乃知向日從事釋老之説皆非。延平稱其進學甚力，樂善畏義，鮮與倫比。又稱其極穎悟，力行可畏，講學極造其微處。初時頗爲道理所縛，今漸能融釋，於日用處一意下工夫。若於此漸熟，則體用合矣。此道理全在日用處熟，若静處有，動處無，則非。朱子之得於延平先生者，大略如此。詳見延平答問。舊志謂「師事延平，獨得宗旨，爲學始就精實，而會理一分殊」，未的。朱子之講學，無所謂宗旨，亦非會理一分殊之謂。之同安任，涖職勤敏。取令甲簿所當爲者，大書揭之楣間。職兼學事，選邑秀民充弟子員，日與講學。柯翰行峻，請爲學職。學者翕然從之。二十七年冬，罷歸。二十六年七月，考滿，代者不至。冬，奉檄走旁郡。明年春，返同安。冬十月，代者卒不至，以四考滿罷歸。二十八年春，見李先生於延平。冬，以養親請祠。請奉祠之祿也。差監潭州南嶽廟。當時奉祠之制如此，實家居，不往潭州也。二十九年秋，以輔臣薦，陳俊卿。召赴行在，辭。省劄趣行，會言路有託抑奔競以沮之者，以故不就。三十年冬，復見李先生於延平。寓西林院，閱月而去。三十二年春，迎謁李先生於建安，遂與俱歸延平。復寓西林數月。玉山汪端明應辰嘗稱朱子師事延平，久益不懈。每一去而復來，則所聞必益超絕。六月，孝宗即位，詔求直言。八月，應詔上封事。不報。隆興元年，朱子三十四歲。春被召，辭。秋趣行。冬至行在，入對垂拱殿。第一奏論致知格物之道，第二奏論復讎之義，第三奏論言路壅塞、佞幸鴟張。除武學博士，拜命遂歸。有論語要義，又有論語訓蒙口義，蓋成於此兩年閒。二年春，之延平，哭李先生。有祭文。○朱子嘗以「困學」名其燕坐之室，因目其雜記之編曰困學恐聞，蓋成於此年閒。乾道元年夏，請祠，差監南嶽廟。省劄趣就職，既至，時相復主和議。請祠。三年秋，訪南軒張公於長沙，留兩月而行。偕登衡嶽，至衡州而別。朱子與曹進叔書云：「荷敬夫愛予甚篤，相與講明其所未聞，日有問學之益。敬夫學問愈高，所見卓然，議論出人意表。」又南軒贈行詩曰：「遺經得紬繹，心事兩綢繆。超然會太極，眼底無全牛。」朱子答詩曰：

「昔我抱冰炭，從君識乾坤。始知太極藴，要妙難名論。謂有寧有迹，謂無復何存。惟兹酬酢處，特見達本根。萬化從此流，千聖同兹源。」又中和舊説序云：「予蚤從延平李先生學，受中庸之書，求喜怒哀樂未發之旨，未達而先生没。聞張欽夫得衡山胡氏學，則往從而問焉。」是時范念德侍行，嘗言二先生論中和之義，三日夜不能合。其後朱子卒更定其説。除樞密院編修。用執政陳俊卿、劉珙薦也。拜命遂歸。四年夏，崇安饑，貸粟於府以賑之。朱子請於府，貸粟六百斛散給之。是冬有年，民願償粟。知府事王淮俾留里中，而上其籍於官。社倉之法始此。編次程氏遺書。初，二程子門人各有所録，雜出並行，頗爲後人竄易。至是序次有倫、去取精審，學者始有定從，而程子之道復明於世。屢被省劄趣就職，固辭。時國子學録魏掞之以論曾覿去國，故力辭。五年秋九月，丁母孺人祝氏憂。六年正月，葬祝孺人。朱子始葬考墓於崇安朱塔山。是年七月作遷墓記，云在白水鵝子峰下。至慶元時，則又遷於武夷鄉寂歷山。編家禮成。朱子居喪盡禮。既葬，日居墓側，旦望則歸奠几筵。因參酌古今，成喪祭禮，又推之於冠婚，命曰家禮。既成，爲一行童竊去。易簀後書始出，其閒有與晚歲之論不合者。七年冬，召赴行在，以喪制未終辭。侍郎胡銓以詩人薦也。明年春，省劄：候服闋，依已降指揮。七年秋，創立社倉。其法以前所貸米逐年斂散，每石量收息米二斗。小歉蠲息之半，大饑盡蠲之。積至淳熙八年，歷十有四年，將元米六百石還府。見管三千一百石，造倉三閒收貯。此後更不收息，每石只收耗米三升。皆朱子與鄉官及士人同掌管。以故一鄉四五十里閒，雖遇凶年，人不闕食。冬，復趣行。

八年春，以禄不及養辭。編次論孟精義成。初名要義，改今名，後更名集義。資治通鑑綱目成。因司馬公通鑑，别爲義例。表歲以首年，而因年以著統；大書以提要，而分注以備言。大略綱倣春秋，兼採羣史之長；目倣左氏，稽合諸儒之粹。後又再加更定而未畢。有凡例一卷，卒後乃出。夏，再趣行，辭。以遭其親服辭。冬，西銘解義成。自二程子皆推西銘爲擴前聖所未發，遊其門者必令看大學、西銘，朱子首爲之解。〇又八朝名臣言行録亦此時所編。再趣行，辭。九年春，又趣行，復辭。且乞差監嶽廟。夏，太極圖傳、通書解成。大略謂周子之學，其妙具於太極一圖。通書之言，皆發此圖之藴。而程子兄弟語及性命之際，亦未嘗不因其説云。又編次程氏外書成。遺書外取諸集，録得十二篇，名曰外書。又有伊洛淵源録。五月，有旨特與改秩宫觀，辭。朱子既累辭召命，宰相梁克家因奏朱某累召不起，宜蒙褒録。上曰：「朱某安貧守道，廉退可嘉。」特與改秩，主管台州崇道觀，任便居住。淳熙元年，又再辭。夏六月，拜命。朱子以爲改官賦禄，蓋朝廷進賢賞功、優老報勤之典，乃使小臣終年安坐，一日無故而驟得之，求退得進，義所不安，故三具辭免，遜避逾年。上意愈堅，始拜命。二年夏，東萊吕公來訪，留止寒泉精舍，編次近思録。吕公祖謙自東陽來會，留止旬日，相與掇周、程、張子書關大體而切日用者，彙次之，號近思録。嘗謂「四子，六經之階梯；近思録，又四子之階梯。」送之至鵝湖。信州鵝湖寺。金谿陸子壽、九齡。子静九淵。來會，相與講論，不合而罷。子壽詩云：「孩提知愛長知欽，古聖相傳只此心。大抵有基方築室，未聞無址忽成岑。留情傳注翻榛塞，著意精微轉陸沈。珍重友朋勤琢切，須知至樂在如今。」子静和云：「墟墓興哀宗廟欽，斯人千古不磨心。涓流積至滄溟水，卷石崇成泰華岑。易簡工夫終久大，支離事業竟浮沈。欲知自下升高處，真僞先須辨只今。」朱子和云：「德業風流夙所欽，别離三載更關心。偶扶藜杖出寒谷，又枉籃輿度遠岑。舊學商量加邃密，新知培養轉深沈。卻愁説到無言處，不信人間有古今。」後東萊與朱子書云：「子静留幾日，鵝湖氣象已全轉否？」朱子答書云：「子静舊日規模終在，其論爲學之病，多説如此，即只是意見如此，即只是議論如此，即只是定本。某因與説，既是思索，即不容無意見；既是講學，即不容無議論。統論爲學規模，亦豈容無定本？但隨人材質病痛而救藥之，即不可有定本耳。渠卻云正爲多是邪意見、閒議論，故爲學者之病。某云如此即是自家呵叱，亦過分了。須著邪字閒字方始分明，不教人作禪會耳。又教人須先立定本，卻就上面整頓，方始説得無定本底道理。今如此一概揮斥，其不爲禪學者幾希。」又云：「子壽雖已轉步，而未曾移身。然其勢久之，亦必自轉。子静之病，自是渠合下有些禪底意思。」又答趙子欽書云：「子静後來得書愈甚於前，大抵其學於心地功夫不爲無所見，但便欲恃此陵跨古今，更不下窮理細密功夫，卒並與其所得者而失之。人欲横流，不自知覺，而高談大論，以爲天理盡在是也，則其所謂心地功夫者又安在哉？」〇按陸氏議論與朱子不合者已如此。其後子壽頗悔其非，而子静則終身守其説不變者也。舊志云「講無極太極，未合并而去」，似謂此時未合，後來猶合并者，則朱陸始異終同之見耳。且無極太極之辨，因後來子静之兄九韶子美與朱子書云：「不當於太極上更加無極二字。」朱子答之，子美不以爲然。子静復與申辨，因有兩次答書。此淳熙十五年夏之事。舊志不考實，乃敍於鵝湖之會，亦誤。三年春二月，歸婺源省墓。祭墓文云：「一去鄉井，二十七年。喬木興懷，實勞夢想。玆焉展埽，悲悼增深。所願宗盟，共加嚴護。神靈安止，餘慶下流。凡在雲仍，畢沾玆蔭。酒殽之奠，惟告其哀。精爽如在，尚祈鑒饗。」時邑令張漢率諸生請講書於學，辭。復請撰藏書閣記，許之。而以程氏、司馬氏、高氏、呂氏等書留學中。日與鄉人子弟講學於汪氏之敬齋，隨其資禀，循誘不倦。至六月初旬乃去。朱子答東萊書云：「取道浦城以往，自常山、開化趨婺源。」又云：「季通旦夕或同過婺源，然後入浙。」又云：「某十二日早達婺源。乍到，一番人事冗擾，更一兩日，徧走山間墳墓，歸亦不能久留也。」又作茶院朱氏世譜後序。夏，除祕書省祕書郎，辭。答汪尚書書云：「熹狷介之性，矯揉萬方，而終不能回；迂疏之學，用力既深，而自信愈篤。以此自知，決不能與時俯仰以就功名。故二十年來，甘自退藏，以求己志。所願欲者，不過修身守道以終餘年。因其暇日，諷誦遺經，參考舊聞，以求聖賢立言本意之所在。既以自樂，閒亦筆之於書，以與學者共之，且以待後世之君子而已，此外實無毫髮餘念也。」不允，再辭，仍舊宫觀。朱子以改官之命，正以奬其廉退，今乃冒進擢之寵，是左右望而罔市利。乃差主管武夷山沖佑觀。冬，令人劉氏卒。四年夏，論孟集註、或問成。朱子既編論孟集義，又作詳說。既而約其精粹，妙得本旨者，爲集注。又疏其所以去取之意爲或問。然恐學者轉而趨薄，故或問之書，亦未嘗出以示人。其後集注删改日益精密，而或問則不復釐正，故其去取閒有不同者，然辯析毫釐亦互有所發明。冬，周易本義、詩集傳成。詩自毛、鄭以來皆以小序爲主，朱子獨以經文爲主，而訂其序之是非。謂易之卦、爻辭本爲卜筮者斷吉凶，而因以訓戒，至彖象文言始因其吉凶訓戒之意推説義理以明之。五年秋，差知南康軍，辭，不允。宰相史浩必欲起朱子，或言宜以外郡處之，故有是差。冬，丐祠，又趣之任。東萊累書勉行，南軒亦謂須一出爲善，苟一向固拒，則上之人謂賢者不肯爲用，於大體卻有害。朱子於是始有出意。六年春，啓行，至鉛山俟命。陸子壽來訪。再丐祠，不允。三月晦，到任，首下教三條，五日一詣學講説。首講説大學。立三先生祠於學宫。立濂溪先生祠，以二程先生配。又立五賢祠，以祀陶靖節、劉西澗父子、李公擇、陳了翁。冬，復建白鹿洞書院，爲學規以示學者。尋得故址，請於朝，得賜敕額及賜御書。又捐俸買書以益之，置田以贍來學者。約聖賢教人爲學之大端，條列以示學者。每休沐輒一至，諸生質疑問難，誨誘不倦。七年春，南軒張公訃至，哭之。有祭文，又答東萊書云：「欽夫謂某著經説，乃因閒中得就此業，殆天意云」。修學。夏，應詔上封事。其言切直，上讀之大怒。宰相趙雄詭辭救解，乃已。秋，旱甚，竭力爲荒政備。冬，以旱傷分數告於朝，乞蠲閣租税。○作卧龍菴，祀諸葛武侯。八年春，開場濟糶。二月，陸子靜來謁。子靜來，請書其兄教授墓誌銘，朱子率僚友諸生至白鹿洞書院，請升講席。子靜以「君子小人喻義利」章發論，大略謂科舉之士，日從事聖賢之書，而志之所向專在乎利，必於利欲之習，怛然爲之痛心疾首，專志乎義而日勉焉，博學審問、謹思明辨而篤行之，斯謂之君子。朱子以爲切中學者隱微深錮之病，請書於簡，以諗同志。○按當時子靜所講説，朱子有取焉者本如此。若其所謂禪者，終未嘗變也。故朱子答東萊書云：「子靜近日講論，比前亦不同。然終有未盡合處。幸其卻好商量，亦彼此有益也。」又與劉子澄書云：「子静一味是禪，卻無許多功利術數。目下收拾得學者身心，不爲無力。然其下梢無所據依，恐亦未免害事。」至後來答子静太極第二書末云：「如曰未然，則我日斯邁而月斯征，各尊所聞，各行所知，無復可望於必同。」此則朱子與陸氏終不能合者也。三月，除提舉江西常平茶鹽。猶待次。閏三月，解綬東歸。朱子治郡，視民如傷。至姦豪侵暴細民、撓法害政，擇其一二尤甚者，繩治不少貸。尤以厚人倫、美教化爲急務，風俗丕變，文學行義之士彬彬出焉。秋，除直祕閣。東萊公訃至，爲位哭之。朱子以東萊與南軒相繼下世，深痛斯文之不幸。改除提舉浙東常平茶鹽。時浙東薦饑，遂拜命，不敢辭。冬，奏事延和殿。極陳災異之由與夫修德任人之説。十二月，視事西興，以次按歷諸郡。乘輕車，屏徒御，深山長谷皆到，拊問存恤，有不伏賑糶、不恤荒政者皆按劾之。官吏憚其風采，至有自引去者。九年春，條奏救荒事宜。夏，詔捕蝗，復奏疏言事。以與時宰書，極陳朝廷惜費、宰臣愛身之弊。得旨頒行社倉之法。又條奏紹興和買之弊，奏免台州丁絹，條奏義役之法，奏立沿海四州鹽法，奏改諸郡酒坊。劾奏前知台州唐仲友不法。巡部至台，民訴太守新除江西提刑唐仲友不法事甚衆。因盡得其促限催税、違法擾民、貪汙淫虐、蓄養亡命、偷盗官錢、僞造官會等事，節次劾之。章至十上。時宰王淮與同里連姻，力爲隱庇，僅罷新任。台久旱，雨遂大注。是歲穀再熟。秋，除直徽猷閣，改除江西提刑，辭。新命至，即日解職還家。亟具辭免。大略以爲所除改乃填唐仲友闕，蹊田奪牛之誚，雖三尺童子知其不可，臣愚何敢自安。詔與江東提刑梁總兩易，再辭。

言臣祖鄉隸江東，墳墓田產合迴避。詔免迴避，復辭。冬，受職名，力辭新任。乞祠。極言所按贓吏黨與衆多，並當要路，所以蔽日月之明、損雷霆之威者，臣不敢論。若其加害於臣不遺餘力，遠至師友淵源所自，亦復横肆觝排。時有阿宰相意，上疏毁程氏之學以陰詆朱子，故奏之。十年春，詔與宫觀。及上覽奏，知不可强起，詔主管台州崇道觀，乃拜命。初，朱子起守南康，使浙東，始有以身徇國之意。至是，知道之難行，退而奉祠，杜門不出。學者尊信益衆，然憂世之意未嘗忘。有感春賦。夏，武夷精舍成。四方士友來者甚衆。十一年，力辯浙學之非。還自浙東，見其士習馳騖於外，舍六經、語、孟而尊史遷，舍窮理盡性而談世變，舍治心修身而喜事功，大爲學者心術之害，故力辯之。十二年春，秩滿，復丐祠。夏，拜華州雲臺觀之命。十三年春，易學啓蒙成。朱子既推羲文之意作本義，又懼學者言易不本象數，無所歸著，其言象數者又不知法象之自然，因作啓蒙四篇：本圖書、原卦畫、明著策、考變占。又有著卦考誤。秋，孝經刊誤成。十四年春，編次小學書成。既發揮大學，又懼學者失序無本，乃輯此書以訓蒙士。雖已進乎大學者，亦得兼補之於後也。差主管南京鴻慶宫。秋，除江西提刑，以疾辭，不允。十五年夏，復趣對。六月，奏事延和殿。上獎諭甚渥，再三辭謝，方出奏劄五。是行也，有要之於路，告以正心誠意，上所厭聞，戒以勿言者。朱子曰：「吾平生所得，惟此四字，豈可回互而欺君？」及奏，上未嘗不稱善。除兵部郎官，以足疾丐祠。詔依舊職名江西提刑。先是，兵部侍郎林栗與朱子論易、西銘不合，遂疏其欺慢，請行罷逐。於是朱子請祠。丞相周必大奏某上殿之日，足疾未瘳，勉强登對。上曰：「朕亦見其跛曳。」時上意方向朱子，欲易他部。丞相請授以前江西之命。秋，在道辭免新任，以足疾丐祠。除直寶文閣，主管西京崇福宫，轉朝奉郎。太常博士葉適上疏，極言林栗以私意劾朱某，所言不實。侍御史胡晉臣論栗很愎自用，黨同伐異。栗遂罷去。朱子固辭足疾，不任拜起，復丐祠，時廟堂知上眷厚，憚朱子復入，故爲兩罷之策焉。復召，辭。冬，受職名，趣入對，再辭。遂上封事。疏言：「天下之大本，在陛下之心。今日之急務，則輔翼太子、選任大臣、振舉綱維、變化風俗、愛養民力、修明軍政六者而已。」疏入，夜漏下七刻。上已就寢，亟起秉燭，讀之終篇。除主管西太一宫兼崇政殿説書，辭。朱子當孝宗朝陛對者三，上封事者三。其初固以講學窮理爲出治之大原，其後則指天理人欲之分、精一克復之義。其初固以當世急務一二爲言，其後則直指心術、宫禁、時政、風俗，披肝瀝膽，極言忠鯁，孝宗亦開懷容納。至是復有經帷之命。朱子之盡忠，孝宗之受盡言，亦未爲不遇。然朱子進言皆痛詆大臣近習，孝宗之眷愈厚，而疾者愈深。是以一日不能安其身於朝廷之上，而孝宗内禪矣。始出太極通書、西銘解義以授學者。是歲答陸子静論太極無極。十六年春，除祕閣修撰，仍舊宫祠。二月，光宗即位。拜祠命，辭職名，不允。序大學章句及中庸章句。二書之成久矣，修改不輟，至是以穩愜於心而序之。又各有或問、中庸輯略。夏，再辭職名。詔從所請，仍舊直寶文閣。降詔獎諭，以爲「寵卿以爵秩，不若全卿名節之爲尤美」。乃上表謝。覃恩轉朝散郎，賜緋魚。秋，除江東轉運副使，再辭。以祖鄉田產辭，詔免迴避。冬，改知漳州，再辭。以光宗初政，再被除命，乃不敢辭。光宗紹熙元年，朱子六十一歲。夏，到任。下教令數條。俗爲大變。奏蠲減本州諸色上供，及經總制無額等錢，奏經界利害。奏經界行否與詳略之利害各一，所必可行之術三，將不得行之慮一。○冬，以地震及足疾不能赴錫宴自劾，仍丐祠，不允。郡刊四經、四子成書。奉以告於先聖。○按語録云：「某如今方見得聖人一言一字不吾欺，只今六十一歲，方理會得恁地。」又曰：「某覺得今年方無疑。」又曰：「某當初講學也，豈意到這裏。幸而天假之年，許多道理在這裏。今年頗覺勝似去年，去年勝似前年。」列上釋奠禮儀數事。冬，有旨，本州先行經界。卒不果行。行經界法，貧民下户皆深喜，而寓公豪右兼併侵漁者所不便，爲異論以揺之，遂有言經界不便者，詔寢其事。二年春，復陳君舉書。謂某之愚，自信已篤。向來之辨，雖至於遭讒取辱，然至今日此心耿耿，猶恨其言之未盡，不足以暢彼此之懷、合同異之趣，而不敢以爲悔也。三月，復除祕閣修撰，宫觀。正月，長子塾卒於婺州，報至，即以繼體服斬衰，丐祠歸治喪葬。遂除祕撰，主管南京鴻慶宫，任便居住。夏，拜祠命、辭職名，解組而歸。朱子治漳，僅及一期，以崇教化、正風俗爲先務，半歲肅然以定。僚屬厲志節而不敢恣所欲，仕族奉繩檢而不敢干以私，胥徒易慮而不敢行奸，豪猾斂迹而不敢冒法。平時習浮屠爲傳經禮塔朝岳會者，在在爲之屏息。平時附鬼爲妖，迎遊於街衢、抄掠於閭巷者，亦皆斂戢不敢復舉。良家子女從空門者，各閉精廬，或復人道之常。四境狗偷之民，亦望風奔遁，改復生業。化成而去，漳民久思之。五月，歸次建陽，寓同由橋。秋，再辭職名。詔「論撰之職，以寵名儒」，乃不敢辭。除湖南轉運副使，辭，不允。再辭，仍以漳州經界不行自劾。三年，乞補滿宫觀，從之。始築室於建陽之考亭。先是，吏部公嘗過而愛之，書日記曰：「考亭溪山，清邃可居」，故遷焉。六月，落成而居之。歸自臨漳，學徒益盛，始議建精舍於所居之旁，以待來學者。考亭，又見佚事。陳同甫來訪。同甫名亮，永康人，以文雄浙中，自負王霸之略，而任俠豪舉。朱子往歲嘗以書箴其義利雙行、王霸並用，且謂漢唐行事非三綱五常之正，以風切之。同甫有書辯難，朱子略答書，極力開諭。同甫雖不能改，未嘗不心服。每遇朱子生朝，雖千里外，必遣人問遺，歲以爲常。至是來訪。朱子嘗曰：「海内學術之弊，不過兩説：江西頓悟，永康事功。若不極力争辯，此道無由得明。」冬，除知靜江府廣西經略，辭。四年春，有旨不許辭免，疾速之任。再辭，仍舊宫觀。冬，差知潭州、湖南安撫，辭。或傳是冬使人自金回，問南朝朱先生安在，對以見擢用，歸白廟堂，遂有是除。以辭遠就近，不爲無嫌，力辭。五年春，有旨不允，再辭。詔疾之任。會洞獠侵擾蜀郡，恐其滋熾，遂拜命。夏五月，至鎮。在途所次，老稚攜扶來觀，夾道填擁，幾不可行。長沙士子夙知向學。及鄰郡數百里閒，學子雲集。朱子誘誨不倦，坐席至不能容，溢於户外，士俗歡動。遣諭洞獠，降之。獠人蒲來矢出省地作擾，或薦軍校田昇可用，召問之，諭以某日不俘以來，將斬汝。昇率數十輩馳往，諭以禍福。來矢喜聽命，引赦不誅。更建嶽麓書院。朱子窮日之力，治郡事。夜則與諸生講論，隨問而答，略無倦色。每訓以切己務實，聞者感動。六月，申省乞歸田里，時孝宗升遐，朱子哀慟不能自勝。又聞光宗以疾不能執喪，中外洶洶，益切憂懼，遂申省乞歸田里。不允。七月，寧宗即位，召赴行在奏事，辭。上在藩邸，聞朱子名德，每恨不得爲本宫講官，至是首加召用。八月，除焕章閣待制兼侍講，辭，不允。九月，再辭，不允。是月晦，次闕外。先是，朱子行至上饒，聞以内批逐首相，有憂色。及至六和塔，是時近習用事，御筆指揮皆已有端，益憂之。十月朔，乞且帶舊職奏事。己丑，入國門。辛卯，奏事行宫便殿。辭待制、侍講，不允。復辭待制職名，乞改説書差遣，亦不允。上手劄：「卿經術淵源，正資勸講，次對之職，勿復牢辭，以副朕崇儒重道之意。」乃拜命。上孝宗山陵議狀。不報。辛丑，受詔進講大學。每講，務積誠意以感悟上心，以平日所論著者敷陳開析，坦然明白，可舉而行。講畢有可以開益聖德者，罄竭無隱，上亦虚心嘉納。差兼實録院同修撰，辭，不允。覃恩授朝散郎，例賜紫金魚袋。乙巳，晚講，乞令後省看詳封事。又乞三年内賀禮並免。庚戌，講筵留身，奏四事。其一罷東宫土木，其二過宫定省之禮，其三詔左右勿預朝政，其四上山陵當緩期日。卒無所施行。閏月戊午朔，晚講。是日講盤銘「日新」，因論成湯有盤銘，武王有丹書，皆人主憂勤警戒之意。庚申，早講。辛酉，晚講。奏禮律嫡宗承重斬衰三年。是時光宗病，不能執喪。寧宗以嫡孫繼統，當代父執喪。奏疏論廟祧。謂不當祧僖祖。封婺源縣開國男，食邑三百户。戊辰，入史院。庚午，面對。丙子，晚講。留身申言前疏，乞賜施行。既退，即除宫觀。尋除寶文閣待制，知江陵府、湖北安撫，辭。降御批云：「朕憫卿者艾，方此隆冬，恐難立講。已除卿宮觀，可知悉。」工部侍郎黄艾問所以逐朱某之驟。上曰：「始除經筵耳，今乃事事欲與聞。」初，知閤門事韓侂胄自詭於太上皇后親屬，上之立也，自謂有定策功，出入宮掖，居中用事。朱子離長沙已聞之，即惕然以爲憂。及進對，再三面陳，又約吏部侍郎彭龜年請對，白發其奸。龜年出護使客，侂胄益得志。丞相方謂其易制，朱子獨懷忠憤，因講畢，奏疏極言之。侂胄大怒，乃於禁中爲優戲以熒惑上聽。朱子急於致君，言無不切，頗見嚴憚；一時爭名之流，亦潛有惎間之意。由是侂胄之計遂行。朱子既去國，侂胄聲勢益張，羣憸附和，衣冠之禍蓋始此云。還家，復辭前命，仍乞追還新舊職名。詔依舊焕章閣待制，提舉南京鴻慶宫。竹林精舍成。後更名滄洲。寧宗慶元元年春，復乞追還舊職名，不允。又以議僖祖祧不合自劾，再辭，不允。夏，乞致仕，不允。侂胄誣趙丞相以不軌，竄永州，大權一歸侂胄。士大夫嗜利無恥者，教以除去異己，或更道學之名曰「僞學」，於是羣小附和以攻僞，干進者蜂起。朱子自以蒙累朝知遇之恩，且尚帶從臣職名，義不容默。乃草封事數萬言，極陳姦邪蔽主之禍，因以明丞相之冤。子弟諸生迭諫，以爲必賈禍，不聽。蔡元定請以蓍決之，遇遯之同人，朱子默然，取奏藁焚之。更號遯翁，遂以疾丐休致。秋，復辭職名，并乞休致，不允。又以妄議山陵自劾，乞鐫職名，不允。冬，再辭職名，已罷講官，不敢復帶侍從。從之，詔依舊充祕閣修撰、宫觀。制詞有「大遯如慢，小遯如僞」等語，中書舍人傅伯壽所行也。伯壽嘗執弟子禮，以不薦己，因行詞寓刺譏以逢迎侂胄。是後小人始敢誹詆朱子。是歲楚詞集註成。寓憂時感憤之意。二年春，乞改正已受恩數，不許。十二月，褫職罷祠。先是臺臣擊僞學，榜之朝堂。未幾，省闈知貢舉者復言僞學之魁以匹夫竊人主之柄，鼓動天下。是科取士，稍涉義理者悉見黜落。學、庸、語、孟、六經爲世大禁。臺諫洶洶，爭欲以朱子爲奇貨，猶相顧不敢發，獨胡紘草疏將上，會遷去，不果。沈繼祖以追論伊川得爲察官，紘以稾授之，繼祖遂奏，乞褫職罷祠，從之。蔡元定亦特編置道州。是歲始編禮書。名曰儀禮經傳通解，大要以儀禮爲本，分章附疏，而以小戴諸義各綴其後，其見於他篇及他書可相發明者，或附於經，或附於義。朱子自修家禮、鄉禮、學禮、邦國禮、王朝禮，而以喪、祭二禮屬之黄榦。三年正月，是月朔旦，朱子書於藏書閣下東楹曰：「周敬王四十一年壬戌，孔子卒，至宋慶元三年丁巳，一千六百七十六年。」此其憂傷微意可見矣。拜命辭謝。略云：雖補過以修身，無及桑榆之暮景。然在家而憂國，未忘葵藿之初心。前數日夕，朱子方與諸生講論，有以小報來者，略起視之，復坐講論如初。翼旦，諸生乃知有指揮。後竟無告命，蓋掖垣不敢秉筆也。別蔡元定於寒泉精舍。周易參同契考異成。郡縣逮捕元定甚急，元定色不爲動。既行，朱子與嘗所遊百餘人會別淨安寺，寒暄外無歎勞語。坐客感歎，有泣下者。朱子微視元定，不異平時，因曰：「朋友相愛之情、季通不挫之志，兩得之矣。」明日獨與元定會宿寒泉，相與訂正參同契，終夕不寐。次年，元定卒於春陵。朱子爲之哀慟。時黨禁益譁，朱子方與同志講道於竹林精舍，不爲輟。或勸以謝絶生徒、儉德避難者。朱子曰：「禍福之來，命也。」或又微諷先生有「天生德於予」之意，卻無「微服過宋」之意，曰：「某不曾上書自辨，又不曾作詩謗訕，只與朋友講習古書説道理。更不教做，卻做何事？」是歲韓文考異成。四年，又奉告命，落祕閣修撰，依前官。冬，乞致仕。是歲答李季章書云：「親舊凋零，如蔡季通、呂子約皆死貶所，令人痛心，益無生意。所以惜此餘日，正爲所編禮傳已略見端緒而未能就。若更得年餘間未死，且與了卻，亦可瞑目矣。」五年夏，詔從所請。有旨依所乞守朝奉大夫致仕。始用野服見客。閒居野服，即深衣之服也。冬，命蔡沈作書集傳。二典、禹謨，朱子嘗是正。六年，朱子七十一歲。正月，作聚星亭贊。三月辛酉，改大學「誠意」章。戊午歲，嘗與廖德明帖云：「大學又修得一番，簡易平實，次第可以絶筆。」是日改「誠意」章。午刻疾甚，不能興。○按儀禮經傳通解、大學篇「誠意」章注與今本同，惟經一章注原本「一於善」，今本作「必自慊」，是所改者此三字耳。○先是己未夜，爲諸生説太極圖。庚申夜，復説西銘，甚詳。且言「爲學之要，惟事事審求其是，決去其非。積集久之，心與理一，自然所發皆無私曲。聖人應萬事，天地生萬物，直而已矣」。甲子，以疾終於正寢。前夕癸亥，精舍諸生入問疾，告之曰：「誤諸君遠來，然道理亦只是如此。但相倡率下堅苦工夫，牢固著足，方有進步處。」諸生退，乃作三書。一與子在，令早歸收拾遺文。一與黄榦，令更加勉力，且云「吾道之託在此，吾無憾矣」及令收禮書底本，踵而成之，其書界行開具逐項合修條目，且封一卷爲式。一與范念德，託寫禮書。甲子，即命移寢中堂。黎明，諸生復入問疾，因請曰：「先生之疾革矣，萬一不諱，當用書儀乎？」朱子搖首。「然則當用儀禮乎？」亦摇首。「然則以儀禮、書儀參用之乎？」乃頷之。就枕，誤觸巾，目人使正之，揮婦人無得近。諸生揖而退，良久，恬然而逝，午初刻也。送終諸事，皆用遺訓焉。是歲大風拔木，洪流崩岸。○是歲，舊年譜作「是日」者誤。祝穆和父辨之，今從之。十一月壬申，葬建陽石塘里之大林谷。黄榦作行狀，略云：先生平居惓惓，無一念不在於國。聞時政闕失，則感然有不豫之色。語及國勢未振，則感慨以至泣下。然謹難進之禮，則一官之拜，必抗章力辭；厲易退之節，則一語不合，必奉身亟去。其事君也，不貶道求仕；其愛民也，不徇俗苟安。故與世動輒齟齬，歷事四朝，仕於外者僅九考，立於朝者四十日。道之難行也如此。然紹道統、立人極、爲萬世宗師，則不以用舍爲加損也。嘉定二年，謚曰文。嘉泰初，學禁稍弛。二年，除華文閣待制，與致仕恩澤。時郡不申没，猶以生存出命也。開禧三年，侂胄伏誅。嘉定元年，詔賜謚與遺表恩澤，明年，謚曰「文」。三年，贈中大夫、寶謨閣直學士。寶慶三年，贈太師，封信國公。紹定三年，改封徽國公。淳祐元年，詔從祀孔子廟。咸淳五年，詔賜文公闕里於婺源。元至正間，加封齊國公。元至正間，追謚朱子之父曰獻靖。朱子長子塾，字受之。將仕郎，先十年卒。後贈朝散大夫。次埜，字文之。迪功郎，監德清縣酒庫，後十一年卒。贈朝奉大夫。次在，字敬之。承務郎，官至吏部右侍郎、煥章閣待制，封建安郡侯。贈銀青光禄大夫。○朱子從孫曰洪範，家貧，苦學自忍。嘗館於胡舜卿，授以易學。舜卿卒，洪範以易授舜卿子斗元。寶祐元年登第，授武夷書院山長，一軌於道，時人高之。十世孫曰櫄。明天順丁丑進士，歷福建都轉運鹽使司運使，以廉能稱。櫄弟樾，以宣聖子孫例，入太學，授永年縣丞。樾弟楨，由縣學生貢入太學，以先賢後乞奉祠，授本縣訓導。楨從姪焰，例入太學，授瑞州府知事。朱子十一世孫曰城，爲太醫；曰墅，爲博士。先是，正德年間，科臣戴銑、汪玄錫，御史王完，後先奏請。完疏以爲朱子繼孔子者也，重朱子所以重孔子。孔氏嫡長之裔，隨宋南遷，居浙之衢州，後徙居曲阜者皆其支庶，累朝録蔭。惟曲阜子孫世襲公爵，而衢不與，蓋闕里爲重故也。今朱子婺源與孔氏曲阜，閩之建安與浙之衢州，事體同符。朱氏在建安者恩典已隆，婺源子孫顧不得録蔭主祀，尤爲缺典。乞照孔氏闕里義例，録蔭婺源子孫賢而嫡長一人，量授博士等官，以掌祠事。於是知府張芹奏保朱墅爲文公十一代嫡派孫，次子埜之後居婺源者，量授蔭録，主奉婺源祀事。詳見藝文。嘉靖二年，詔以朱墅爲翰林院五經博士。三十七年，又用本學訓導席端言，俾世蔭録勿絶，於是世世以嫡長承襲。詳婺源志。

近思録集注卷末

附天寧寺會講辯

〔清〕江　永

學術既漓，人心亦流於僻，公然撰出僞書，誣朱子而誑後人。如學會録鑿空撰出慶元丙辰朱子至郡城天寧寺會講一事，意在語録十四條，又謂出於朱子紀實與南溪書院志，何作僞者之多邪？休邑施璜講學於紫陽書院，及修書院志，已知十四條之僞矣。猶不能燭僞書之無根，以丙辰會講天寧事載之會紀與朱子年譜，此事極有關係，特辯之。

朱子既寓居於閩，如婺源省墓者再，一爲紹興庚午，一爲淳熙丙申，載之年譜甚明。若慶元丙辰，朱子年六十七，本無如婺源之事，而汪六符新安學會録載是年九月會於郡城天寧山房，鄉先正受學者幾三十人，答問語録十四條，事屬子虛。假令有是事，門人李果齋作譜，豈獨遺之？且婺源志不載，府志不載，天寧寺本注亦無會講之事。汪氏謂出朱子實紀及南溪書院志，亦皆妄作。又列會講名氏，婺有程克菴洵，歙有程士華實之，尤可見其附會。程莪山曈撰克菴傳，由衡陽主簿再調廬陵參録，時僞學雖作，臺章有「吉州知録程洵亦是僞學」之語，迄將代，遽以疾卒。考沈繼祖上章攻僞學，朱子褫職罷祠，乃丙辰十二月之事。使是年九月朱子果至徽，克菴正官廬陵，豈能預天寧之講乎？程實之者，雖新安忠壯裔，其先世遷鄱陽，今爲德興之新建，久已不隸歙籍矣。考新建程氏譜，朱子嘗書「尊己」二字贈實之，學者稱尊己先生，具載生平言行，并朱子生卒出處亦及之。使與天寧之會，豈不爲尊己一大事，何以獨略不書乎？朱子兩至婺源爲實事，故淳祐間諸葛泰撰紫陽書院記，但言庚午、丙申，不及丙辰，無者不可增也。明世講學之徒，忽鑿空撰出天寧之事；蓋其時良知學熾，宗其教者援儒入墨，意在語録十四條，謂朱子晚年亦同象山之説，遂飾無爲有，以惑後人。汪星溪已明言學會録裝點成書，爲學系作僞矣。其作書院建遷源流記猶叙入慶元丙辰主教天寧事，蓋謂朱子亦嘗講學新安，未暇究其實也。朱子何時無生徒，何日非講學，豈必若釋氏之升堂説法？即令戾止故鄉，人人固請主教，當時在官豈無學宮公廨，在民豈無祠堂塾舍，乃講儒者之學於佛氏之廬，豈不爲傳者非笑乎？施誠齋璜修紫陽書院志，雖削去十四條答問語，猶取此事，載之會紀卷端，且於年譜增入「丙辰九月，如婺源省墓，會講天寧」一條。恐學者遂傳爲實録，將來刻年譜、修郡縣志書，亦據此入之。其以三至婺源誣朱子者，失猶小；或復有主張十四條之説，緣飾爲真，以厚誣朱子，則其害大，故辯之。

近思録集注卷末

聽彝堂刊朱氏宗譜朱子世家

斯道之有統尚矣，承承相繼，可繫而綴與比者，百世而一人猶接踵也，難言哉！孟之後，得其傳者，濂洛關閩。朱子世家婺源，乃孔子集聖大成，太史公作世家；朱子集諸儒大成，倣孔子作世家云。

朱子名熹，字仲晦，婺源松巖里人。五代有朱古僚者，仕爲婺源鎮將，因家婺源。歷傳至森，仕宋爲承事郎。森生松。松年踰髫齔，以上舍登第，授建州政和尉。以父喪值亂，寓建之崇安。服除，調劍州尤溪尉，監泉州石井鎮。建炎間，告歸十餘年。紹興四年，内翰綦崈禮言於上，召試館職，除秘書省正字。明年，車駕還臨安，上言甚切至，遷尚書度支員外郎，兼史館校勘。歷司勳、吏部兩曹，兼領史職如故。後以抗疏沮和議，出知饒州。請告老，得主管台州崇道觀。初，松交吕廣問、雍遊於蕭覬、羅從彦之間，大明六籍要旨，而徽之理學，實松有開其先云。松力行砥礪，嘗自謂性卞急害道，因取古人佩韋之義名齋。所著有韋齋文集、外集。建炎四年庚戌九月十五日甲寅，生熹於尤溪寓舍。先是，松生時，邑城有白氣如虹自井出。至是熹生，復有紫氣如虹自井出，騰上光星日，因名之曰「虹井」。紹興四年，熹入小學，通孝經大義。從羣兒遊，獨以沙列八卦，端坐視若悱心者。初，松疾革時，以後事屬少傅劉子羽，語熹曰：「胡原仲、劉致中、劉彦冲，此三人學有淵源。吾即死，往受學焉，汝其念哉！」松卒，熹乃往依劉子羽。居崇安，從學於三君子，遂築室於西塔山。十七年，其秋，通籍建陽，舉於鄉。十八年，舉進士。二十年春，歸婺源展墓，以張敦頤所贖歸父質田請族父老主之，供祭祀事。二十一年，授同安主簿。將赴同安，愍學者之不達其指而道悖，乃師事延平李愿中，獨得宗旨，爲學始就精實而會理一分殊矣。治同安，取令甲邑簿所當爲者，大書揭之楣間。其後六年，爲隆興元年，孝宗即位，數召入對，言時事，請祠監南嶽廟。三年，如長沙，訪張栻，講喜怒哀樂未發之旨，留兩月去。道昭武，謁黄端明，偕栻登衡嶽之山。除樞密院編修官。歸崇安。四年，崇安饑，請貸粟於府以賑。其冬，民願歸償貸粟。太守王淮令留之里中，而上其籍於官。社倉之議始於此。五年，遭母祝氏喪，乃述往事，思來者，喟然興嘆曰：「先大夫有言：自兩程夫子殁，有能紹道緒、正易傳、述詩書禮樂之際，意在斯乎？予其何敢忽諸？」於是修舊起廢，據仲尼之素功，上自羲氏，下至於兹，靡不羅網研鏡，注疏而軌之正，以垂六藝之統紀。自是弟子日親，摳衣至自遠方，莫不受業焉。九月，有旨特與秩改宫觀，辭。淳熙元年，夏，拜命。明年夏，吕祖謙造請，講學於寒泉精舍。祖謙别去，餞之，至鵝湖。陸子壽、子靜來會，講無極、太極，弗合而去。五年，遣知南康軍，置奏減星子縣税錢，立周、程祠，復白鹿洞書院。身爲勸駕，諸生自以爲得師。八年二月，熹與子壽、子靜復會於南康，議論乃多有合者。特請子靜升講席以發明之。是年秋，除直祕閣，改除提舉浙東常平茶鹽。九年夏，詔捕蝗。熹言於宰相，行社倉之法。又言紹興和買害民，台州丁錢當免，及前知台州唐仲友不法事。其年秋，除直徽猷閣，改除江西提刑。十五年夏，除兵部郎官。與兵侍林栗講易，不合，以足疾乞祠。明年春，詔與宫觀。是時始出太極圖、通書、西銘解義授學者。十六年春，除祕閣修撰，屢辭不許。光宗即位，詔許之。仍直寶文閣，令學士院降詔奬諭，轉朝散郎，賜緋魚。其年秋，除江東運副，又辭。冬，改知漳州。二年春，乞補宫觀。四年春，差主管南京鴻慶。冬，除湖南安撫。先是使人自虜中回，問朱先生安在，以故有是命。寧宗初，除焕章閣待制、侍講。冬，奏事便殿，辭，改説書差遣。上孝宗山陵議狀，詔進講太學、實録院同修撰。辭，不許。封婺源開國男，食邑三百户。入史院，除宫觀。頃之，除寶文閣待制，知江陵府、湖北安撫。慶元元年，三乞致位。其年冬，詔充祕閣修撰如故，祠宫觀。比冬，值韓侂胄禁僞學，罷祠。四年，乞致仕。明年夏，許之。六年春三月辛酉，定大學「誠意」章。其後三日甲子，以疾終於正寢。是日大風拔木，洪水潰，崩山。年七十有一，葬建陽唐石里之大林谷。初，熹展墓婺源，有終焉之志。其徒蔡氏力挽歸閩云。嘉定元年，謚曰文。封信國公。紹定間，改封徽國公，從祠孔子廟，後賜所居闕里曰文公闕里。元至正間，追謚熹父松曰獻靖。熹長子塾先熹十年卒。次埜，迪功郎、監湖州德清縣户部新市犒賞酒庫，後十一年卒。次在，字敬之，承議郎、提舉兩浙西路常平茶鹽公事，歷官至工部侍郎，封建安侯，卒贈銀青光禄大夫。熹從孫曰洪範，家貧，苦學自忍，常館於胡舜卿，授以易學。舜卿卒，洪範以易授舜卿子。元寶祐元年登第，授武夷書院山長，一軌於古道，時人高之。熹九世孫曰櫄，明天順丁丑進士，歷福建都轉運鹽使司運使，以廉能稱。櫄弟樾，以宣聖子孫例入太學，授永年縣丞。樾弟楨，由縣學生員入太學，以先賢後乞奉祠，授本縣學訓導。楨從姪焰例入太學，授瑞州府知事。熹十一世孫曰城，爲太醫；曰墅，爲今上博士。告老，子鎬嗣。先是，武宗末年，御史王完奏曰：「臣思朱子，繼孔子者也。重朱子所以重孔子，重孔子所以重道也。崇報之典，不可不同。臣見孔氏嫡長之裔，居浙衢州。其支庶亦嘗他徙，而後居魯之曲阜，累朝録蔭，惟曲阜子孫以闕里爲重故也。比年郡守臣爲請於朝，始得録蔭一人爲五經博士，以主祀事。今朱之婺源，即孔闕里；閩之建安，即浙衢州。朱氏子孫在建安者已恩典渥隆矣，而婺源子孫固未得録蔭一人。其輕重緩急之序，甚有遺憾，甚非所以處朱氏於孔子之門也。」今上即位之元年，乃下詔曰：「以文公次子埜之後嫡孫一人爲博士官，奉祀事。」

論曰：余嘗謁武夷精舍，覽寒泉、考亭諸勝。之南康，尋白鹿洞遺跡。之湖南，瞰嶽麓書院。以上馳神於恒、岱、太華、鄒魯間，未嘗不低回留之，登降趨詳，仰窺道德氣象。自伏羲以來，如作家者，蓋有三大開闢焉。堯舜之精一，開闢一候也；夫子之求仁，開闢一候也；朱子之存心致知，開闢又一候也。堯舜之時，如元之元；孔子之時，如元之會；朱子之時，如元之運。其將以漸而華實矣。是三世家者，固元氣之流行於宇宙間，其立極固同也，矧我徽爲先世桑梓之鄉，得從游於闕里，其景仰至此，又當何既哉！

弘治徽州府志朱熹傳

朱熹字元晦，一字仲晦，號晦庵，婺源人。吏部松之子。松仕于閩，寓建、劍二州。建炎四年庚戌九月十五日甲寅午時，生熹於南劍尤溪之寓舍。幼穎悟，容止端肅。紹興四年，始入小學，八歲通孝經大義。間從羣兒嬉遊，獨以沙列八卦，端坐默視。十歲，知力學，聞長者言，輒不忘。紹興十三年，丁松憂，依劉子羽居崇安。遵松治命，學于胡籍溪、劉草堂、劉屏山三君子之門，遂築室於西塔山，奉母夫人祝氏。十四年，葬松于白塔山。十七年秋，貫建陽籍，請建州鄉舉。十八年春，登進士第。二十年春，始歸婺源，拜省丘墓宗族。二十一年春，授左迪功郎、泉州同安主簿。二十三年，將赴同安，往拜延平李先生而師事之，爲學始就平實，乃知向日從事於釋老之説皆非。既至同安，涖職勤敏，纖悉必親；苟利於民，雖勞無憚。廨有燕坐之室，更其名曰「高士軒」，而以令甲邑簿所當爲者，大書揭之楣間。二十六年秋，考滿，代者不至。二十七年冬，以四考滿，歸自同安。二十八年春，見李先生于延平。冬，以養親丐祠，差監南嶽廟。二十九年秋，被召，辭。冬，堂帖趣行，辭。三十年，見李先生于延平，寓西林院，閲月而去。三十二年春，迎謁李先生于建安，遂與俱歸延平。復寓西林數月。夏，祠滿，復請。孝宗即位，詔求直言。秋月，應詔上封事，不報，得祠。隆興元年春，被召，辭。秋，趣行。冬，至行在所，入對垂拱殿，除武學博士，替李成資闕，拜命遂歸。二年春，之延平哭李先生。乾道元年夏，堂帖趣就職，以時相方主和議，請祠，差監南嶽廟。三年秋，如長沙，訪南軒張栻，論中庸喜怒哀樂未發之旨，留兩月而别。道經昭武，謁黄端明。冬，偕南軒登衡嶽，除樞密院編修官，歸崇安。四年夏，建大饑，盜發浦城。崇安饑，請貸粟于府以賑之，民用稍安。編次程氏遺書成。兩被堂帖趣就職，辭。秋，大水，奉府檄行視水災，被堂帖，又辭。冬，有年，建民願歸貸粟。知府事王淮俾留里中，而上其籍於官。社倉之法始此。五年秋，丁母碩人祝氏憂。六年春，葬祝夫人於建陽後山天湖之陽，命其谷曰「寒泉」。居喪，因成喪葬禮及冠婚禮，總曰家禮。冬，被召，以喪制未終辭。七年春，堂帖「候服闋，依已降指揮」。秋，五夫三里創立社倉。冬，趣行，以禄不及養辭。八年春，編次論孟精義成。夏，資治通鑑綱目成。冬，西銘解義成。九年夏，太極圖傳、通書解成。有旨特與改秩宫觀，辭。編次程氏外書成。又有伊洛淵源録。淳熙元年夏，拜命。二年夏，東萊吕祖謙來訪，講學于寒泉精舍，編次近思録成。餞東萊，至鵝湖。陸子壽、子靜來會，相與講其所聞，不合而罷。秋，作晦庵於蘆峰之雲谷。三年春，歸婺源省先塋。夏，除祕書省祕書郎，辭，不允。再辭，仍舊宫觀。冬，令人劉氏卒。四年夏，論孟集註、或問成。冬，周易本義、詩集傳成。又有蓍卦考誤。五年八月，差知南康軍，辭，不允。冬，丐祠，又趣之任。六年春，復丐祠，不允。尋到任，首下教三條，每五日一詣學，立濂溪周先生祠于學宫。以二程先生配，别立五賢堂，以祠陶靖節、劉西澗父子、李公擇、陳了齋。夏，奏乞蠲減星子縣税錢，禁别籍異財。冬月，復建白鹿洞書院。七年春，丐祠，未報，復上，不允。三月，修學。夏，申泉司爲三縣減科紐木炭錢，應詔上疏言事。秋，旱甚，竭力爲荒政備。冬，以旱傷分數告于朝，乞蠲閣税租。又作卧龍庵，祠諸葛武侯。八年春，開場濟糶。陸子静來謁。除提舉江西常平茶鹽。合符，解紱東歸。夏，過九江，拜濂溪先生書堂遺像。秋，除直祕閣，改除提舉浙東常平茶鹽。冬，奏事延和殿。視事于西興。九年夏，詔捕蝗。復奏疏言事，復上時宰書，得旨頒行社倉之法。條奏紹興和買之弊。奏免台州丁錢。條奏義役之法。奏本路沿海四州産鹽法。奏改諸郡酒坊。劾奏前知台州唐仲友不法。秋，除直徽猷閣，改除江西提刑。冬，受職名，力辭新任，乞祠。十年春，詔與宫觀，拜命。四月，作武夷精舍。十一年，力辨浙學之非。十二年春，崇道秩滿，復丐祠。夏，拜華州雲臺之命。十三年春，易學啓蒙成。秋，孝經刊誤成。十四年春，差主管南京鴻慶宫。秋，除江西提刑，辭，不允。冬，拜命。是歲編次小學書成。十五年夏，奏事延和殿，除兵部郎官，以足疾丐祠，依舊職名江西提刑。秋，以足疾丐祠，除直寶文閣，主管西京崇福宫。辭磨勘及職名，皆不許，轉朝奉郎。復召，辭。冬，趣入對，遂上封事。翌日，除主管太乙宮兼崇政殿説書。始出太極通書、西銘二書解義，以授學者。十六年春，除祕閣修撰，仍奉外祠。光宗即位，拜祠命，辭職名。序大學章句及序中庸章句，又有中庸輯略。夏，再辭職名。從所請，仍舊直寶文閣。令學士院降詔獎諭，覃恩轉朝散郎，賜緋魚。秋，除江東運副，再辭。冬，改知漳州。再辭，不允。紹熙元年夏，到任，首下教令數條，奏除屬邑上供罷科茶錢，及蠲減本州無額經總制錢，奏經界利害。冬，以地震及足疾不能赴錫宴自劾，仍丐祠，不允。郡刊四經、四子成書，列上釋奠禮儀數事，有旨「本州先行經界」。二年春，復除祕閣修撰、宮觀。夏，拜祠命，辭職名，解組而歸。秋，除湖南運副，辭。三年春，乞補滿宮觀，從之，始築室于建陽之考亭。冬，除知靖江府、廣西經略，辭。是歲，孟子要略成。四年春，差主管南京鴻慶宮。冬，除湖南安撫，辭。初，使人自虜中回，虜問朱先生安在，故有是除。五年春，詔疾之任。夏，至鎮，遣諭洞獠，降之。更建嶽麓書院。奏飛虎軍隸本州節制，從之。申省乞歸田里，不允。秋，寧宗即位，召赴行在奏事，辭。考正太常所下釋奠，申明指揮，付學官遵行。録故死節五人，立廟。除焕章閣待制、侍講。冬，奏事行宫便殿，辭待制職名，乞改説書差遣。上孝宗山陵議狀，受詔進講大學，實録院同修撰，辭，不允。乞令後省看詳封事，講筵留身，奏四事，奏禮律嫡孫承重斬衰三年，奏論廟祧，准告。封婺源開國男，食邑三百户。入史院，除宮觀。尋除寶文閣待制，知江陵府、湖北安撫。及還家，復辭前命，仍乞追還新舊職名。冬，詔依舊煥章閣待制，提舉南京鴻慶宫。竹林精舍成，後更名滄洲。慶元元年春，復乞追還舊職，不允。夏，乞致仕，不允。秋，復辭職名，併乞休致。冬，詔依舊充祕閣修撰、宫觀。是歲，楚辭集註成。二年冬，韓侂胄禁僞學，褫職罷祠。是歲始修禮書。三年春，拜命，表謝。是歲韓文考異書成。又有八朝名臣言行録。四年春，集書傳。冬，乞致仕。五年夏，詔從所請，始用野服見客。六年春二月辛酉，改大學「誠意」章。甲子，以疾終于正寢。是日大風拔木，洪水崩山，享年七十有一。十一月，葬于建陽縣唐石里之大林谷。嘉泰二年十月，除華文閣待制與致仕恩澤。時郡不申没，以生存出命。嘉定元年十月，詔賜謚與遺表恩澤。謚曰文。三年五月，贈中大夫、寶謨閣直學士。寶慶三年正月，贈太師，追封信國公。紹定三年九月，改追封徽國公。淳祐元年正月，理宗幸太學，以五臣從祀。元至正二十年追改封齊國公。熹之學，主敬以立其本，窮理以致其知，反躬以踐其實，得聖道之傳，後世學者宗師之。蓋自絶學以來，集諸儒之大成，發先聖之祕藴，一人而已。子塾，先熹十年卒。埜，迪功郎，監湖州德清縣户部新市犒賞酒庫。後十一年亦卒。在，字敬之，承議郎、提舉兩浙西路常平茶鹽公事，歷官至工部侍郎，封建安郡侯，侍經筵。卒贈銀青光禄大夫。

正德南康府志朱熹傳

朱熹，字元晦，新安人。淳熙間，知南康軍，勸學恤民，興利除害。值歲旱，講求荒政，多所全活。每詣學宫，與士子講論，亹亹不倦。奏復白鹿洞書院以養士。每以俸餘脩葺之。蠲屬邑之租税，立先賢之祠宇，造石隄以捍水，立社倉以賑民，遺愛不可殫述。與周濂溪同祠，名曰「二賢」，春秋祀之。

嘉靖建寧府志朱熹傳

朱熹，字元晦，一字仲晦，世爲徽人，居紫陽山下。父韋齋，宦遊建之政和，遂居焉。熹幼穎悟，甫能言，父指天示之曰：「天也。」熹問曰：「天之上何物？」松異之。就傅，授以孝經，一閲，題其上曰：「不若是，非人也。」嘗從羣兒戲沙上，獨端坐以指畫沙，視之，八卦也。松卒，稟學於胡憲、劉勉之、劉子翬三君子之門。紹興中，第進士，待次同安簿。往見李侗，得聞所傳河洛之學。秩滿丐祠，奉母不赴。孝宗立，應詔上封事。隆興初，復召入對，三劄申言封事之意而加剴切。時湯思退方倡和議，除武學博士，待次。已而大臣相繼論薦，皆不至。起知南康軍。至郡，興利除害，值歲不雨，講求荒政，多所全活。條三事以教民，每五日詣學宮講説，復建白鹿洞書院。明年大旱，應詔上疏，極陳近習蒙蔽之狀。以疾請祠，不報。陳俊卿等力薦，除江西常平使者，改浙東。因召入對，首陳災異之由，與脩德任人之説。所奏凡七事。至部，訪民隱，除弊政，所部肅然。台守唐仲友汚濫，首劾之，章凡十上。仲友與宰相王淮同里，且姻家，頗忤淮意。尚書鄭丙、御史陳賈皆希淮意，詆譏僞學，因以沮熹，於是連奉宮祠者數年。除江西提刑。會淮罷相，熹遂入奏，拳拳以謹察天理人欲爲説。是行也，有要之於路，以爲「正心誠意」之論，上所厭聞，戒勿以爲言。熹曰：「吾平生所學，惟此四字，豈可隱默以欺吾君乎？」奏上，除兵部郎官，以足疾辭。本部侍郎林栗劾熹僞學，乃令熹依舊職，疾速之任。後栗竟坐此罷黜，熹亦予祠。未踰月，再召。熹乃進封事以聞，大意以天下大本與今日急務爲言。疏入，夜漏下七刻，上已就寢，亟起秉燭，讀之終篇。明日，除主管太一宮，兼崇政殿説書，力辭。以閣撰奉外祠，又辭。光宗朝，除知漳州，奏除屬縣無名之賦七百萬，減經總制錢四百萬。又乞行經界，從之，後竟報罷。差之潭州。會洞獠擾屬郡，熹遣人諭降之。申勑令，嚴武備，戢姦吏，抑豪民。所至興學校，明教化，四方學者畢至。寧宗即位，趙汝愚首薦，召赴行在奏事。除煥章閣待制、侍講。熹入對，首勸寧宗盡負罪引慝之誠、致溫清定省之禮。又勸帝求放心、親儒學、咨訪臣僚數事。又乞遵行孝宗通喪之禮。又議僖祖不當祧。韓侂冑自謂有定策功，居中用事。熹上疏斥言左右竊柄之失，在講筵復申言之。未幾，以寶文閣待制補郡，尋依舊職奉祠。初，趙汝愚既相，中外引領望治，熹獨惕然以侂冑用事爲慮。汝愚謂其易制，初不以爲意，至是，汝愚亦以誣逐。而朝廷大權悉歸侂冑矣。其後僞學禍起，熹遂落職罷祠，尋卒，年七十一。疾且革，手書屬其子在及門人范念德、黄榦，惟以勉學及脩正遺書爲言。翌日，正坐整衣冠，就枕而逝。學禁解，追復元官，累贈寶謨閣直學士，謚曰文。理宗朝，贈太師，追封徽國公，從祀孔子廟庭。熹登第五十年，仕于外者竟九考，立朝纔四十日。山林之日長，講學之功深。其學大抵窮理以致其知，反躬以踐其實，而以居敬爲主。所著書有易本義、啓蒙、蓍卦考誤，詩集傳，大學中庸章句、或問，論語孟子集註，太極圖、通書、西銘解，楚辭集註、辯證，韓文考異。所編次有論孟集義，孟子指要，中庸輯略，孝經刊誤，小學，通鑑綱目，宋名臣言行録，家禮，近思録，程氏遺書，伊洛淵源録。又有儀禮經傳通解，未脱藁。平生爲文凡一百卷，生徒問答凡八十卷，別録十卷。家故貧，少依父友劉子羽寓建之崇安，後徙建陽之考亭。簞瓢屢空，晏如也。諸生之自遠而至者，豆飯藜羹與之共。往往稱貸於人以給用，而非其道義，則一介不取也。自熹去國，侂胄勢益張，僞學禁嚴，而熹日與生徒講學不休。或勸其謝遣生徒者，笑而不答。後結草堂於廬峰之雲谷，扁以「晦庵」，亦號雲谷老人。既又創竹林精舍，更號滄洲病叟，最後因筮，遇遯之同人，更名遯翁。子塾、埜、在。塾，將仕郎；埜，監德清酒庫。曾孫浚。○見宋史及言行録。

嘉靖延平府志朱熹傳

朱熹，字元晦，一字仲晦，徽州婺源人。父松，任尤溪尉，寓溪南鄭氏，而熹生。初依劉子羽居崇安，晚遷建陽之考亭。紹興中，第進士，待次同安簿。來延平，從李侗游累年，得聞所傳河洛之學。秩滿，丐祠奉母。被召不赴。孝宗立，應召上封事。言：「帝王之學，不可以不熟講；脩攘之計，不可以不早定；本源之地，不可以不加重。帝王之學，必先格物致知，以極事物之變，使義理所存，纖悉畢照，則自然意誠心正，而可以應天下之務。」又曰：「今日之計，不過修政事、攘夷狄，然計不時定者，講和之説誤之也。」又曰：「四海利病，係斯民休戚；斯民休戚，係守令賢否。監司者，守令之綱；朝廷者，監司之本。本原之地，亦在朝廷而已。」隆興初，復召入對，三劄申言封事之意而加剴切。時湯思退方倡和議，除武學博士，待次。已而大臣相繼論薦，皆不至。起知南康軍，疏言：「天下之務，莫大於恤民。而恤民之本，在人君正心術以立綱紀。」反復千百言，極陳近習蒙蔽之狀。以疾請祠，不報。陳俊卿等力薦，除江西常平使者，改浙東。入對，首陳災異之由，與脩德任人之説。所奏凡七事。至部，訪民隱，舉荒政。劾台守唐仲友，章凡十上。仲友與宰相王淮同里，且姻家，頗忤淮意。鄭丙上疏詆程氏之學，且以沮熹。淮又擢陳賈入臺，陰有所指斥。淮既罷，熹入奏，終篇有曰：「願陛下自今以往，一念之頃，必謹而察之。果天理耶，則敬以克之，而不使少有壅閼；果人欲耶，則敬以克之，而不使少有疑滯。推而至於言語動作之間，用人處事之際，無不以是裁之，則聖心洞然，中外融徹，而天下事將惟陛下所欲爲，無不如志矣。」除兵部郎官，以足疾辭。本部侍郎林栗劾奏之，栗竟坐此罷黜，熹亦除職予祠。未踰月，投匭進封事，以天下大本與今日急務爲言：「大本者，陛下之心志；急務則輔翼太子、選任大臣、振舉綱紀、變化風俗、愛養民力、脩明軍政是已。斯六者，皆不可緩，而本在陛下一心。」翼日，除崇政殿説書，力辭。以論撰奉祠，又辭。光宗朝，除知漳州，乞行經界，從之。其後除命屢及門，皆不拜。寧宗即位，趙汝愚首薦，召赴行在奏事，除煥章閣待制、侍講，辭，不許。入對，首勸寧宗盡負罪引慝之誠、致温清定省之禮。又願陛下日用之間，以求放心爲之本，而於玩經觀史，親近儒學，益用力焉。數召大臣，切劘治道。羣臣進對，亦賜温顔。反覆詢訪，以求政事之得失、民情之休戚。而又因以察人才之邪正短長，庶於天下之事各得其理。又乞遵行孝宗通喪之禮，及議僖祖不當祧。韓侂胄自謂有定策功，居中用事。熹上疏斥言左右竊柄之失，在講筵復申言之。未幾，以寶文閣待制補郡。已而籍僞學，詔落職罷祠，尋卒。學禁解，追復元官，累贈寶謨閣直學士，謚曰文。熹登第五十年，仕於外者竟九考，立朝纔四十日。山林之日長，講學之功深。其學大抵窮理以致其知，反躬以踐其實，而以居敬爲主。所著書有易本義、啓蒙、蓍卦考誤，詩集傳，大學中庸章句、或問，論語孟子集註，太極圖、通書、西銘解，楚辭集註、辯證，韓文考異。所編次有論孟集義，孟子指要，中庸輯略，孝經刊誤，小學，通鑑綱目，宋名臣言行録，家禮，近思録，程氏遺書，伊洛淵源録。又有儀禮經傳通解，未脱稾，没。理宗朝，贈太師、徽國公，從祀孔子廟庭。

嘉靖尤溪縣志朱熹傳

朱熹，字元晦。父松，尉尤溪，寓南溪鄭氏館，建炎庚戌九月十有五日而熹生。既長，遷考亭居焉。乾道中，其友石子重知縣事，以事復抵邑。次石子重留別詩：「此道知君着意深，不嫌枯淡苦難禁。更須涵養鑽研力，彊矯無忘此日心。」「克己工夫日用間，知君此意久希顔。摛文妄意輸朋益，何以書紳有訂頑？」「喜見薰成百里春，更慚謙誨極諄諄。願言勉盡精微藴，風俗期君使再淳。」題宗室二妃圖：「瀟湘木落時，玉佩秋風起。日暮悵何之？寂寞寒江水。夫君行不歸，日夕空凝佇。目斷九疑岑，回頭涙如雨。」

論曰：彼諺有之：「入田觀稼，從小看大。」言有兆必先也。文公先生當其童稚畫沙之時，其志固已遠矣。卒紹濂洛之統，不偶哉！

萬曆新昌縣志朱熹傳

朱熹，字仲晦，婺源人，生於尤溪。紹興中，提舉浙東常平茶鹽公事，往來新昌。見新剡民饑，賑之。與石宗昭、石嶅爲師友，講明性理之學。嶅有中庸輯略，熹嘗采其説註中庸，名爲石氏輯略。又嘗遊南明山，建濯纓亭，遊水簾洞，留題任氏壁，皆載山川志。與梁氏寫大學，吕氏書坡翁竹石卷，至今寶藏弗失。既而退居武夷，有詩寄石斗文，斗文亦有詩答之。其詩曰：「病枕經年卧沃洲，滿庭楓葉又吟秋。書來如見舊人面，讀了還添塵世愁。憂國至今遺白髮，窮經空自愧前修。武夷休作相思夢，我已甘心老此丘。」卷九

崇禎尤溪縣志朱熹傳

朱熹，字元晦，一字仲晦。父松，任尤溪尉，寓溪南鄭氏舘。建炎四年庚戌九月十五日

甲寅午時而熹生，命名沈郎，旋改名十二郎。紹興三年，先生甫四歲，指日問父曰：「日何所附？」曰：「附於天。」又問：「天何所附？」松奇之。六歲，從羣兒游，以指畫八卦於洲沙上，蓋自其初生已不凡矣。七歲，隨父徙寓建州。十四歲，丁韋齋憂，依父友劉子羽居崇安，晚遷建陽之考亭。紹興中，第進士，待次同安簿。來延平從李侗遊累年，得聞所傳河洛之學。孝宗立，應召上封事，言「帝王之學不可以不熟講，修攘之計不可以不早定，本原之地不可以不加重。帝王之學，必先格物致知，以極事物之變。使義理所存纖悉畢照，則自然意誠心正而可以應天下之務。」又曰：「今日之計不過脩政事、攘夷狄，然計不時定者，講和之説誤之也。」又曰：「四海利病係斯民休戚，斯民休戚係守令賢否。監司者守令之綱，朝廷者監司之本，本原之地亦在朝廷而已。」隆興初，復召入對，三劄申言封事之意而加剴切。時湯思退方倡和議，除武學博士，辭請奉祠。乾道九年，歸尤溪，訪其友知縣事石墪，爲撰重修廟學記。淳熙五年戊戌，起知南康軍。疏言天下之務莫大於恤民，而恤民之本在人君正心術以立紀綱，反復千百言，極陳近習蒙蔽之狀。以疾請祠，不報。陳俊卿等力薦，除江西提舉，尋改浙東。入對，首陳災異之繇與脩德任人之説，所奏凡七事，俱允行。九年，除直徽猷閣，改江西提刑，未拜命。十五年，奏事延和殿，除兵部郎，仍以足疾辭。又投匭進封事，以天下大本與今日急務爲言。光宗朝，復起知漳州，乞行經界，從之。其後除命屢及門，皆不拜。寧宗即位，趙汝愚首薦，召赴行在，奏事，除焕章閣待制、侍講。辭，不許。入對，首勸寧宗盡負罪引慝之誠，致温凊定省之禮，及議僖祖不當祧。韓侂胄自謂有定策功，居中用事。上疏斥言左右竊柄之失，在講筵復申言之，未幾，以寶文閣待制補郡。已而籍僞學，詔落職罷祠，尋卒。學禁解，追復原官，累贈寶謨閣直學士，謚曰文。熹登第五十年，仕於外者竟九考，立朝纔四十日。山林之日長，講學之功深。其學大抵窮理以致其知，反躬以踐其實，而以居敬爲主。所著書有易本義、啓蒙、蓍卦考誤，詩集傳，大學中庸章句、或問，論語孟子集註，太極圖、通書、西銘解，楚辭集註、辨證，韓文考異；所編次有論孟集義，孟子指要，中庸輯略，孝經刊誤，小學，通鑑綱目，宋名臣言行録，家禮，近思録，程氏遺書，伊洛淵源録。又有儀禮經傳通解，未脱稾，没。理宗紹定間，贈太師、徽國公，從祀孔子廟廷。嘉熙元年，邑令李修建祠於南溪，特祀之。

柜山論曰：「彼諺有之：『入田覩稼，從小看大。』言有兆必先也。文公先生當穉年畫沙之時，其志固已遠矣。卒紹濂洛之統，不偶哉！」

按公之生於沈也，有野燒開山之祥；其歿於潭也，有風雷拔木之兆。是其精靈固與天地相終始，然而四十日之輔弼，其能延三百廿年之祚乎？子瞻潮州碑曰：「能開雲而不能回主惑，能馴魚而不能弭奸謗。」吾於朱公亦然。

乾隆福建通志朱熹傳

朱熹，字元晦，一字仲晦。其先婺源人。父松爲尤溪尉，寓溪南，生熹。初依劉子羽居崇安，晚遷建陽之考亭。紹興十八年進士，主同安簿。用輔臣薦，召赴行在，有沮之者，遂以疾辭。孝宗即位，求直言，熹上封事。隆興元年召入對，言：「君父之讎不共戴天，非戰無以復讎，非守無以制勝。」時湯思退方倡和議，洪适爲相，復主之。不合，歸。大臣陳俊卿、劉珙、魏掞之、胡銓相繼論薦，辭。梁克家相，申前命，又辭。孝宗曰：「熹安貧守道，廉退可嘉。改主管台州崇道觀。」熹以求退得進，於義未安，再辭，淳熙元年始拜命。五年，知南康軍。至郡，值歲旱，講求荒政，多所全活。訖事，奏乞依格推賞納粟人。間詣郡學，進士子與講論。復白鹿洞書院遺址，爲學規，俾守之。明年夏，大旱，上疏極言時政闕失。以陳俊卿力薦，除提舉江西常平茶鹽公事。旋録救荒之勞，除直祕閣，改浙東。入對，陳修德任人之説，孝宗爲之動容。熹以奏請多沮抑不行，行亦稽緩，值旱蝗相仍，不勝憂憤，復奏言：「爲今之計，獨有斷自聖心，沛然發號。出内庫之錢，以供大禮之費，爲收糴之本。詔戶部免徵舊負，漕臣依條驗放租稅，宰臣沙汰被災路，罷州軍監司守臣之無狀者。遴選賢能，責以荒政，庶幾下結人心，消其亂萌。」九年，知台州，論唐仲友狎邪溺職。孝宗奪仲友官。尋乞奉祠，言：「所劾贓吏黨與衆多，並當要路。若其加害於臣不遺餘力，則遠溯師友淵源，亦復橫肆觝排。惟有乞身就閒，少紓患害。」時吏部尚書鄭丙上疏毁程氏學以陰詆熹，而監察御史陳賈面對，乞擯棄道學勿用，故熹有是言。十年，主管台州崇道觀。十四年，除提點江西刑獄。十五年，入奏，首言近年刑獄失當，次言經總制錢之病，末請謹察天理人欲之分。内侍甘昪用事，熹復力以爲言。除兵部郎官，以疾乞祠。侍郎林栗與熹論易、西銘不合，至是遣部吏抱印逼以供職。熹以疾告，遂劾熹欺慢。孝宗謂栗言太過。除直寶文閣，主管西京嵩山崇福宫。又投匭進封事，疏入，夜漏下七刻，孝宗已就寢，亟起秉燭，讀之終篇。明日，除主管太乙宫，兼崇政殿説書。光宗即位，除江東轉運副使，未赴。會使者自金還，金人問朱先生安在，遂改知漳州。奏除屬縣無名賦七百萬，減經總制錢四百萬。采古喪葬嫁娶之禮，揭示以變民俗。寧宗即位，用趙汝愚薦，除煥章閣待制兼侍講。韓侂胄自謂有定策功，居中用事。熹上疏斥言竊柄之失，因講筵每申言之。御批云：「憫卿耆艾，恐難立講。已除卿宫觀。」汝愚袖御筆還上，且諫且拜，内侍王德謙徑以御筆付熹，臺諫爭留，不可。熹行，被命除寶文閣待制，與州郡差遣。辭，詔依舊煥章閣待制，提舉南京鴻慶宫。沈繼祖爲監察御史，誣熹十罪，詔落職罷祠。慶元四年，熹以年近七十，乞致仕。五年，依所請。明年，卒，年七十一。嘉定元年，賜謚曰文。尋贈中大夫，特贈寶謨閣直學士。寶慶三年，贈太師，追封信國公，改徽國公，從祀孔子廟廷。

本朝康熙五十一年，奉旨升配大成殿十哲之次。著有文集一百卷、生徒問答八十卷、别録十卷。子塾，字受之，廕補將仕郎。埜，字文之，廕補廸功郎，贈朝奉大夫。在，有傳。

卷四七

道光建陽縣志朱熹傳

朱熹，字元晦，一字仲晦。其先婺源人，晚居建陽，遂爲建陽人。父韋齋松，調政和、尤溪尉。秩滿，寓尤溪之鄭氏舘，生熹。熹甫能言，父指天示之，曰：「天也。」熹問曰：「天之上何物？」父異之。授以孝經，曰：「不若此，非人也。」熹嘗從羣兒戲沙上，獨端坐，以指畫沙。視之，八卦也。年十三，父病，亟屬之曰：「胡原仲、劉致中、劉彦冲三人，學有淵源。吾死後，汝往受學。」他日，熹遂奉母祝夫人赴崇安五夫里。勉之妻以女，憲、子翬皆撫之如子。紹興戊辰，第進士，授泉州同安簿。往見延平李侗，聞河洛之學。秩滿，乞祠奉母。孝宗立，應詔上封事。隆興元年，復召對。乃連上三札，極剴切。時湯思退方倡和議，熹因請祠，得旨監南嶽廟。明年，乃如長沙，訪張栻，留兩月。除樞密院編修官，歸崇安待次。乾道四年，崇安饑，請貸粟於府以賑之。五年，丁内艱，廬墓。輒喟然曰：「先大夫有言，自兩程夫子殁，有能紹道緒，正易傳，述詩、書、禮、樂者，皆非異人任也。」於是修舊起廢，上自羲皇，以迄於今，靡不網羅研鏡，註疏而軌之正，以垂六藝之統。自是弟子日親，自遠方至者益衆。淳熙五年，起知南康軍。奏減星子縣税錢，建周、程祠，復白鹿洞書院，立學規。明年夏，大旱。應詔陳言近習蒙蔽之狀，帝讀之大怒。舊相陳俊卿薦之甚力，而宰相趙雄亦以爲「疾之愈甚，則譽之者日衆，不如因其長而用之，能否當自見矣」。帝以爲然。除提舉浙東常平茶鹽事。時浙東大饑，熹聞命，即單車就道，移書他郡，募米商，蠲其征。比至，部米已輻輳。與僚屬鈎訪民隱，至廢寢食，雖深山窮谷，拊存不遺。事竣，宰相王淮贊於上曰：「熹荒政乃行其實學，民被實惠。」帝曰：「朱熹政事，却有可觀。」除知台州。舊守唐仲友爲王淮姻家，遷江西提刑，未行。熹至台，得其奸贓事，劾之，淮匿不以聞。熹論愈力，淮不得已，奪仲友新命以授熹。熹以爲是蹊田而奪之牛，固辭，乞祠，主管台州崇道觀。自是學者尊信益衆。淮既怨熹，於是尚書鄭丙、御史陳賈希旨詆爲僞學。十四年，除提點江西刑獄。十五年，入見，惓惓以謹察天理人欲爲言。有要之於路者，以爲「正心誠意」之言，上所厭聞，熹曰：「平生所學，惟此四字。」帝曰：「久不見卿，今當處卿清要。」時曾覿已死，王抃亦逐，獨内侍甘昪尚在，熹力爲言。帝曰：「爲其有才耳。」熹曰：「小人無才，安能動人主？」除兵部郎，以疾乞祠。侍郎林栗與熹論易、西銘不合，至是遣部吏抱印迫之供職。熹以疾告，遂劾熹欺慢。帝謂其言過當，黜栗知泉州，仍授熹江西提刑。再辭，除直寶文閣，主管西京嵩山崇福宫。於是出太極通書、西銘解義授學者。未踰月，再召。熹具封事，投匭以進。疏入，夜漏下七刻，上已就寢，亟起，秉燭讀之。明日，除主管太乙宫，兼崇政殿説書。力辭，除祕閣修撰，奉外祠。光宗朝，除江東轉運副使，未赴。會使者自金還，言金人問朱老先生安在，遂改知漳州。奏除屬縣無名賦七百萬，減經總制錢四百萬，採古喪葬嫁娶之禮，揭示以變民俗。會朝論欲行泉、汀、漳三州經界，熹乃訪事宜，擇人物及丈量之法上之，而豪右以爲不便，沮之。除荆湖南路轉運副使，漳州經界竟報罷。除知潭州。會峒獠擾屬郡，熹諭降之。申飭令，嚴武備，戢奸吏，抑豪民。大率所至興學校，明教化，四方學者雲集。黄文叔爲嘉王翊善，自以學不及熹，乞召爲宫僚直講。彭龜年亦言之大臣。宰相留正謂其性剛，恐不合，反爲累耳。寧宗朝，趙汝愚首薦，召赴行在。初，晉邸聞其名，每恨不得熹爲諫官，至是，除焕章閣待制兼侍講。熹入對，勸其盡引慝之誠，致定省之儀，求放心，親儒學，遵行孝宗通喪之禮，及議僖祖不當祧數事。韓侂胄自謂有定策功，居中用事。熹數以爲言，約吏部侍郎彭龜年共論之。會龜年出護使客，熹疏論左右竊柄之失，在講筵復申言之。未幾，除提舉南京鴻慶宫。初，汝愚爲相，收召四方知名之士，中外引領望治。熹獨以侂胄爲慮，屢爲上言。又以書上汝愚，當以厚賞酬其勞，勿使預朝政。汝愚不聽。至是汝愚亦被逐，而大權悉歸侂胄矣。慶元元年，侂胄誣以不軌，謫永州。二年，監察御史沈繼祖復劾之，詔落職；門人蔡元定送道州編管。四年，乞致仕，依所請。六年三月辛酉，改大學「誠意」章章句，日中暴下，不能興。甲子，移寢中堂而逝。時年七十一，葬唐石里之大林谷。疾革時，猶手書屬其子及門人，惟勉之學，以修正遺書爲言。學禁解，追復原官。熹登第五十年，仕於外者九考，立朝僅四十日。家故貧，簞瓢屢空，晏如也。諸生自遠而至者，豆飯藜羹，率與之共。何澹阿附侂胄，論專門之學，乞辨真僞。劉德秀仕長沙，不爲張栻所禮，及爲諫官，論留正引僞學之罪，僞學之稱自此始。太常少卿胡紘言：「比年僞學猖獗，圖爲不軌。」前御史劉三傑謂僞黨又變而爲逆黨，選人余嘉（一作嚞）上書乞斬之。是時以儒名者無所容其身，而熹與諸生講學不休。或勸其謝遣生徒，笑而不答。籍田令陳景思，康伯之孫也，與侂胄有姻好，勸其勿爲已甚。侂胄意慚悔，及將葬熹，言者謂四方僞徒期會，送僞師之葬，非妄談人短長，即謬議時政得失，乞令守臣約束，從之。熹爲學，大抵窮理以致知。反躬以踐實，而主於居敬。天下翕然宗之，雖夷貊亦知崇尚，問起居焉。初寓崇安五夫里，榜其讀書所曰紫陽書堂，以新安有紫陽山，志桑梓也。後結草堂於蘆峰之雲谷，曰晦庵。既又居武夷精舍。晚始卜居考亭，時年六十三矣。乃築竹林精舍，更號曰滄洲病叟。最后因筮遇遯之同人，復號遯翁。所著有周易本義、啓蒙、蓍卦考誤，詩集傳，大學中庸章句、或問，論語孟子集註、或問，太極圖、通書、西銘解，楚辭集註，楚辭辨證，韓文考異；所編次有論孟集義，孟子指要，中庸集略，孝經刊誤，小學書，資治通鑒綱目，八朝名臣言行録，古今家祭禮，近思録，河南程氏遺書、外書，伊洛淵源録。所爲文一百卷，門人語録一百二卷行於世。子三：塾、埜、在。門人黄榦曰：「道之正統，待人而後傳。由孔子而後，曾子、子思繼其微，至孟子而始著；由孟子而後，周、張、二程繼其絶，至朱子而始著。」識者以爲知言。嘉定元年，賜謚文。尋贈中大夫，特贈寶謨閣直學士。寶慶三年，贈太師，追封信國公，旋改徽國。詔以其大學、語、孟、中庸訓説立於學宫。從祀孔子廟庭。國朝康熙五十一年，奉旨升祀大成殿十哲之次。（舊志略，今從宋史、黄文肅集、福建通志參補。）

白鹿書院志朱熹傳

〔清〕毛德琦

朱熹，字元晦，一字仲晦，韋齋公之子。朱姓爲新安婺源最著，世有偉人。韋齋公甫冠，擢進士，歷司勳、吏部郎，以不附和議去國。文章行義爲學者師，因尉尤溪報罷。高宗建炎四年，生先生于尤邑之溪南鄭氏宅。後寓崇安縣，又徙居建陽之考亭。先生自幼穎悟莊重，甫能言，韋齋公指天示之曰：「天也。」先生問曰：「天之上何物？」韋齋公異之。五歲，示以孝經，一閱，會其意，即題曰：「不若此，非人也。」與羣兒嬉，獨至沙上畫八卦，默坐端視。韋齋公向得中原文獻之傳，聞河洛之學，先生早歲已知其説而心好之。韋齋知饒州，病亟，屬先生曰：「籍溪胡原仲憲、白水劉致中勉之、屏山劉彦冲子翬三人，吾友也，學有淵源，吾所敬畏。吾即死，汝往從之，而惟其言之聽，吾死不恨矣。」先生既孤，則奉以告三君子，而禀學焉。劉彦中教以「不遠復」，先生終身佩服。劉致中妻之以女。繼事胡先生獨久。先生年十四，即厲志聖賢之學，既博之經史，又遍交當世有識之士，雖釋老之書亦必究其旨趣，訂其是非。紹興十七年，貢于鄉。十八年，舉進士。二十年，歸婺源省丘墓，拜宗族。二十一年，授泉州府同安縣主簿。蒞政勤敏，纖悉必親。苟利于民，不憚其勞。職兼學政，乃選邑之秀民充子弟員，訪求名士以爲表率，日與講説修己治人之道。二十三年夏，聞李延平先生學于羅豫章，得伊洛之正傳，父韋齋公同門友也，遂徒步往從之。延平稱之曰：「此子别無他事，一味潛心于此。」又曰：「好古樂義，無與爲比。」又曰：「穎悟絶人，力行可畏。其所論難，體認真切。」從游數年，學之所造益深。二十七年，秩滿，歸同安，人思之，立廟祀于學宫。先生自同安四考罷，歸以奉親講學爲事。二十八年，請奉祠，監潭州南岳廟。明年，詔赴行在。有托抑奔競以沮之者，先生遂以疾辭。三十二年，詔求直言，先生上封事，其略曰：「聖躬雖未有缺失，而帝王之學不可以不熟講；朝政雖未有缺遺，而修攘之計不可以不早定。利害休戚雖不可以偏舉，然本原之地不可以不加之意。帝王之學，必先格物致知，以極夫事物之變，使義理所存，纖悉畢照，則自然意誠心正，而可以應天下之務。」次言「今日之計所不時定者，由講和之説疑之也。願罷和議爲修攘之計」。次言「四海利病係斯民之休戚，斯民休戚係守令之賢否。監司者，守令之綱；朝廷者，監司之本。欲斯民之得所本原之地，亦在朝廷而已」。明年六月，改元隆興。復召，辭，不許。即入對。其一言「陛下雖有生知之性，而未嘗隨事以觀理，即理以應事。故舉措之間，動涉疑貳；聽納之際，未免蔽欺。平治之效所以未著，由不講乎大學之道，而溺心于淺近虚無之過」。二言「君父之讎不共戴天，是皆天理之同然，非人欲之私忿也」。末言「古聖人制馭之道，其本不在威强，而在德業；其任不在邊疆，而在朝廷；其具不在兵食，而在紀綱」。又上三劄，以爲制治之原，莫急于講學；經世之務，莫大于復讎。至于德業之成敗，則決于君子小人之用舍。故于奏對復申言之。時湯思退立主和議，不悦其言，除武學博士，待次不就。二年，往延平哭李先生。乾道元年，請監南嶽廟，作黨議序。三年，往長沙訪張南軒，遂偕登衡岳。先生兩進絶和議、抑倖倖之疏，言既不行，累召不出。以聖賢道統散在方策，聖經之旨不明，而道統之傳始晦。于是極其精力，所窮聖賢經傳，而註釋之。四年，崇安饑，貸粟于府以賑之。編次程氏書成。五年，丁母夫人憂。六年，復召，以終喪辭。家禮成。七年，創立社倉于五夫里。八年正月，論孟精義成。二月，趣行，又以禄不及養親辭。資治通鑑綱目成，西銘解義成，名臣言行録成。九年，太極圖説、通書解、程氏外書成。先生屢辭不出，梁克家爲相，奏乞褒録。有旨言先生安貧守道，廉退可嘉。特改主管台州崇道觀。先生太息曰：「是以退爲進也。」又力辭。淳熙二年，吕東萊訪學，共編次近思録。送東萊至廣信鵝湖，與江西陸子壽九齡、陸子静九淵、劉子澄清之會于鵝湖。先生與之反覆議論，不合，各罷。子静更欲與先生辨，以爲堯舜之前，何書可讀？子壽止之，各歸。先生作晦庵于蘆峰之雲谷。孝宗淳熙三年，龔茂良行丞相事，薦先生除祕書郎，先生力辭。會有言虚名之士不可用者，故再辭益力，即從其請，改注主武夷山沖佑觀。四年，語孟集註、或問成，詩集傳成，周易本義成。五年，史浩相，除知南康軍事，辭者四，始受命。先生自同安歸，奉祠家居幾二十年。間闗貧困，不以累心。始受命至南康，懇惻愛民如子，隱憂興利除害。築紫陽堤以泊舟楫，避風波之險，至今賴之，惟恐不及。尤以厚人倫、美教化爲首務。屬邑星子，土瘠税重。乞從蠲減，章凡五六上。值歲不雨，講求荒政，凡請于朝，言無不盡。申嚴隣封遏糴之禁，選擇官吏，通商勸分，多所濟活。數詣郡學，引進士子，與之講論。訪白鹿書院遺趾，奏復其舊。奏乞賜勅額及高宗御書石經、版本九經註疏等書。條列教規，以示學者。立濂溪先生祠，以二程配。别立五賢堂，每休沐，輒一至。諸生質疑問難，誘誨不倦，風教大行。又表陶靖節之居、劉屯田之墓，旌孝子熊仁贍之閭。陸子壽來訪。明年大旱，詔監司郡守條陳民間利病。先生遂上疏，言「天下之大務，莫大于卹民；卹民之本，又在人君正心術以立紀綱。今民病賦重，民間特以爲苦。惟有選將吏、覈兵籍，可以節軍實；開廣屯田，可以益軍儲。練習民兵，可以益邊備。庶幾窮困之民得保生業，無復流離漂蕩之患。所謂其本在于正心術以立紀綱者，蓋天下之紀綱不能以自立，必人主之心術公平正大，無偏黨反側之私，然後紀綱有所統而立。君心不能以自正，必親君子、遠小人，講明理義之歸，閉絶私邪之路，然後可得而正」。又以疾請奉祠，不報。南軒張公訃至，罷宴哭之。

冬，以旱傷分數告于朝，乞蠲閣租税。作卧龍庵，祠諸葛武侯。八年，陸子靜來訪先生，請書其兄子壽墓志。先生請子靜同升講席，講「君子小人喻義利」章，子靜講畢，先生乃離席言曰：「熹當與諸生共守，以無忘陸先生之訓。」乃復請子靜先生書之。尋以講義刻于石，又謂切中學者深錮之病。夏四月，過江州，拜濂溪先生書堂遺像。七月，吕東萊卒，先生爲位哭之。南康秩將滿，除江西提舉常平茶鹽事。待次，旋詔以修舉荒政，民無流殍之勞，除直祕閣，凡三辭。會浙東大饑，宰相王淮奏改提舉浙江茶鹽公事。時民以艱食，即單車就道。召入對，首陳：「陛下臨御二十年間，水旱盜賊，略無寧歲。意者德之未崇，業之未廣與？政之大者有未舉，而小者無所繫與？刑之遠者或未當，而近者或倖免？與君子有未用而小人有未去與？大臣失其職而賤者竊其柄與？直諫之言或未聞，而諂諛者衆與？貨賂或上流，而恩澤不下究與？或責人詳而反躬有未至與？有是數者，足以召災而致異。」先生初拜，即移書他郡，募米商，蠲其征。及至浙，米已輻輳。復以荒政數事，推廣條陳，懇切詳密，按行所部，窮山深谷，附問存卹，所活不可勝紀。而于戢盜捕蝗，興濬水利爲急，視南康用心尤苦。復上書時宰，宜散財以收民心。九年，上謂王淮曰：「朱熹政事却有可觀。」以賑濟有勞，進直徽猷閣。又下先生社倉法于諸路。又條奏諸州利病，毁秦檜祠。時台州守唐仲友與王淮爲姻家，得遷江西提刑，未行。先生行部至台，民訟之者紛然。

先生得其奸狀，劾之。王淮匿不以聞。章十上，乃下紹興府鞫之，得其情，奪其新命，授先生。先生謂是蹊田而奪之牛，辭不拜。詔與江東提刑梁總兩易其任。再辭，遂乞奉祠。御史陳賈又奉時相王淮意，疏毁道學，以陰詆先生。十年，差主台州崇道觀。時武夷精舍成，先生還自浙東，見其士習馳騖于外，每語學者且觀孟子「道性善」及「求放心」兩章，務收斂凝定，以致克治求仁之功，而深斥其所學之誤。以爲舍六經、語、孟而尊史遷，舍窮理盡性而談世變，舍治心修身而喜事功，大爲學者心術之害，極力爲吕祖儉、潘景愈、孫應時輩言之。十三年，易學啓蒙成，孝經刊誤成。十四年，小學書成。復差管南京崇慶宫奉祀。六月，周必大薦爲江西提刑，乃以疾辭，不許，遂拜命。先生入奏，首言州縣刑獄不當輕重失宜，次言經制錢起于宣和用兵，今宜豁除。末言「陛下即位二十七年，因循荏苒，無尺寸之效可以仰酬聖志，無乃燕閑螻濩之中、虚明應物之地，天理有未純，人欲有未盡與？願陛下自今以往，一念之頃，必謹而察之：此爲天理耶，則敬以克之，不使其少有壅閼；此爲人欲耶，則敬以克之，不使其少有凝滯。推而至于言語動作之際、用人處事之間，無不以是裁之，則聖心洞然，無一毫之私欲，而天下之事將惟陛下所欲爲，無不如志矣」。是行也，有要于路者，爲「正心誠意」爲上所不欲聞，戒以勿言。先生曰：「平生所學，只有此四字，豈可回互而欺君乎？」及奏，上未嘗不稱善，曰：「久不見卿，浙東之事，朕自知之。今當處卿清要，不復勞卿州縣矣。」時曾覿已死，王抃已逐，獨内侍甘昇尚在，力論之。上曰：「昇有才。」對曰：「小人無才，安能動人主？」除兵部郎，以足疾乞祠，未供職。本部侍郎林栗先與先生論易、西銘不合，至是，遣吏抱印迫以供職。先生以疾告，遂疏先生本無學術，徒竊張載、程頤緒餘，謂之道學，所至輒攜門生數十人，妄希孔孟歷聘之風，邀索高價，不肯供職，其僞不可掩。上曰：「林栗言似過。」欲易以他部，時相竟授以前江西提刑之命。先生行，且辭曰：「論者謂臣事君無禮，豈可復任外臺耳目之寄。」章再上，除寶文閣，主管西京嵩山崇福宮。林栗亦坐貶。上悟，復召先生受職名。先生再辭，并封事投匭以進，言「今天下大勢如人重病，内而心腹，外達四肢，無毫髮不受病者。且以天下之大本，與今日之急務言之。大本者陛下之心，急務則輔翼太子、選任大臣、振舉綱維、變化風俗、愛養民力、修明軍政六者是也。而皆本于陛下之一心。一心正，則六事無不正。一有私欲介乎其間，則天下事愈不可爲矣」。疏上，夜漏下七刻。上已就寢，亟起秉燭，讀之終篇。明日除主管太乙宮，兼崇政殿説書。先生始出太極通書、西銘二解義以授學者。時上已有倦勤之意，將爲燕翼之謀，先生嘗草書講學、修身、遠佞、抑私恩、絶神奸、輔皇儲、精選任、振紀綱、節財用、攘夷狄十事以爲新政之助。會有指道學爲邪氣者，先生力辭新命，除祕閣修撰，主管崇福宮，遂不果仕。先生當孝宗朝陛對者三，上封事者一。孝宗亦開懷容納。是時先生已年五十有九，故于封事之末，有曰：「日月逾邁，如川之流，一往而不復。不惟臣之蒼顔白髮，已迫遲暮，而竊仰天顔，亦覺非昔時矣。」忠誠懇惻，讀者爲之涕下。然先生之言，皆痛詆大臣近習，故孝宗之眷雖厚，而嫉者愈深。光宗即位，先生再辭職名，仍舊直寶文閣，降詔獎諭，先生再以疾辭，不許。大學中庸章句成。時光宗初政，以覃恩轉朝散郎，賜緋衣金魚，除江東轉運使，以疾力辭。十一月，金人來，問朱先生安在。改知漳州府，再辭不允，始拜命。紹熙元年，之漳州任。漳俗薄陋，至有父母喪不服衰者，首述古今禮律開喻之，又採古喪葬嫁娶之儀，揭示父老，令解説訓其子弟。俗從尚釋氏，男女聚會佛廬爲傳經，女不嫁者私創爲庵舍以居，先生嚴禁之，俗爲大變。時詣學訓迪諸生，一如南康時。其至郡齋請業問難者，接引之不倦。又擇士有行義、知廉耻者，列學職爲諸生倡。知學録趙師虙之爲人，首薦之。奏除屬縣無名之賦七百萬，減緫制錢四百萬。常謂經界不行，于民害日滋也，乃訪事宜，擇人物，分擘諸利病甚悉，且悉究界量諸法上之。而豪右翕翕稱不便，遂不果行。再請奉祠，除祕閣修撰，主管南京鴻慶宫，再辭職名，始築室于建陽之考亭。永康陳亮以文雄于時，先生與書箴其義利雙行、王霸並用，且謂漢、唐行事，非三綱五常之正。永康有書來辨難，先生數書往復，極力開論。又數月，差知靜江府、廣南西路經略使。孟子要略成。又辭廣西經略，復主管南京鴻慶宫。十月，差知潭州、荆湖南路安撫使，以疾辭。有旨：「長沙巨屏，得賢爲重。」會峒獠擾蜀郡，遂拜命赴鎮。至則遣人諭以禍福，皆降之。湖湘寧息，更建嶽麓書院，與諸生講論，多訓以切己務實，無厭卑近而慕高遠，懇惻至到，聞者感動。孝宗升遐，先生哀慟不能自勝。又聞上以疾不能執喪，中外憂懼，申省乞歸田里。寧宗即位。上在潛邸，聞黄裳言朱熹爲天下第一人，每恨不得先生爲本宫講官。至是，趙汝愚首薦先生及陳傅良，乃首用先生，除焕章閣待制、侍講，辭，不許。考正釋奠禮儀，行于郡，立忠節廟。又再辭。上手札：「卿經術淵源，正資勸講次對之職，勿復牢辭，以副朕崇儒重道之意。」遂拜命。奏事行宫便殿，其略曰：「天運艱難，國有大咎。所謂天下之大變而不可以常理處也。太皇太后躬定大策，皇帝陛下寅紹丕圖，所謂處之以權而庶幾不失其正者。亦曰陛下之心，前日未嘗有求位之計，今日未嘗忘思親之懷耳。充吾未嘗求位之心，則可以盡吾負罪引慝之誠；充吾未嘗忘親之心，則可以致吾温清定省之禮。始終不越乎此，而大倫可正、大本可立矣。陛下誠能動心忍性，深自抑損，所以自處嘗如前日未嘗有位之時。内自宫掖燕私之奉、服食器用之須，不敢一旦而全享乎萬乘之尊，專務積其誠意以格夫親心。然後濬發德音，痛自刻責，嚴飭羽衛，益勤問安視膳之行，俯伏寢門，怨慕號泣，雖勞且辱，有所不憚，然而親心猶未底豫、慈愛猶未復初，則臣不信也。」次言：「爲學之道，莫先于窮理；而窮理之要，必在于讀書；讀書之法，莫貴于循序而致精。而致精之本，則又在于居敬而持志，此不易之理也。夫自君臣、父子、夫婦、兄弟、朋友，以至于出入、起居、應事、接物之際，莫不各有理焉。有以窮之，則知其所以然，而無纖芥之疑；善則從之，惡則去之，而無毫髮之累。此爲學莫先于窮理也。至論天下之理，則其燦然之跡、必然之效，蓋莫不具于經訓史册之中。欲求天下之理，而不即是以求之，則是正牆面而立爾。此窮理所以必在于讀書也。若夫讀書，則其好之者，不免夫貪多而務廣。誠能心潛與一，久而不移，自然漸漬浹洽，心與理會，而善之爲勸者深、惡之爲戒者切矣。此循序致精所以爲讀書之法也。若夫致精之本，則在于心，而心之爲物，至虛至靈，神妙不測，常爲一身之主，以提萬事之綱，而不可有頃刻之不存者也。誠能嚴恭寅畏，不爲物欲之所侵亂，則以之讀書、以之觀理，將無所往而不通；以之應事、以之接物，將無所施而不當矣。此居敬持志所以又爲讀書之本也。此數語者，皆愚臣生平所學，艱難辛苦，已試之效。竊意聖賢復生，所以教人不過如此。」覃恩轉朝請郎，兼實録院修撰。進講大學。先生復以所講者編次成帙以進，上亦開懷容納，面諭以「求放心之説甚善，所進册子，宫中嘗讀之。今復更爲點來」。先生知上有意于學，遂以劄子勉上進德。又請立嫡孫承重之服，上廟祧議。始上之立，丞相趙汝愚與知閤門事韓侂冑謀之。侂冑于太皇太后爲親屬，居中用事，自謂有定策功。先生進對再三，言左右竊柄，意在侂冑。又約吏部侍郎彭龜年共攻之。侂冑怒，遂有御批云：「憫卿耆年，方此隆冬，恐難立講。出除卿宮觀。」宰相執奏不行，明日徑以御批付先生。臺諫執事亦爭留，不可。詔依舊煥章閣待制，提舉南京鴻慶宮。侂胄又誣丞相趙汝愚不軌，謫永州。丞相既逐，朝廷大權悉歸侂胄。先生自念身雖閑退，尚帶侍從職名，不敢自默，草書萬言，極言奸邪蔽主之惡，因以明趙汝愚之冤，詞旨痛切。門人以爲賈禍，極諫。蔡沈請以筮決，遇遯之同人，先生默然，取藁焚之，自號遯翁。又以疾乞休，不許。先生作竹林精舍，釋祭先聖先師，以周、程、邵、司馬、豫章、延平七先生從祀。寧宗慶元二年，轉先生朝奉郎。六月，侂胄申禁僞學。十二月，依舊充祕閣修撰，提舉鴻慶宮。時楚辭集註成。是時臺諫皆韓侂胄所引，爭欲以先生爲奇貨，然皆未敢先發。而胡紘未達時，嘗謁先生于建安。先生待學子惟脱粟飯，紘不悦，語人曰：「此非人情。隻雞尊酒，山中未貧乏也。」遂與沈繼祖共論先生十罪。葉翥、劉德秀復曰先生爲僞學之冠，乞將語録除毁。門人楊道夫以盡告，先生報曰：「死生禍福，久已置之度外矣。」蔡元定家於舂陵，卒。先生聞而哀之，甚慟。已而選人余嚞上書，乞斬熹以絶僞學。宰臣謝深甫抵其書于地，語同列曰：「朱元晦、蔡元定不過自相講明耳，果何罪乎？」事乃止。十二月，奪修撰官職，罷鴻慶宮祠。省劄至，先生方與諸生講論竹林精舍，有以小報書來者，先生略起視之，復坐講論如初。先生既去，侂胄勢大振，善類斥逐無遺，鄙夫憸人迎其意，峻僞學之禁，而正士困辱，稍以儒名者，無所容其身。從游之士，特立不懼者密相從問學，次者屏伏丘壑，依阿巽懦者更名他師，甚者變易衣冠，狎游市肆，以自别其未嘗學問知理義也。或勸先生謝絶生徒，先生笑而不答。是年，儀禮經傳通解成，韓文考異集註成。四年，集書傳，授蔡沈，俾足成之。十二月，先生以來歲年七十，申建康府申奏致仕。五年四月，詔以朝奉大夫致仕，先生始以野服見客。六年三月，先生寢疾。己未，尚爲諸生講太極圖。庚申夜，復説西銘，門人蔡沈、葉賀孫等九人在側。辛酉，改大學「誠意章」。癸亥，諸生入問疾。先生起坐曰：「誤諸公遠來，道理只是如此。但相倡率下堅苦功夫，牢固着足，有進步處。」諸生退，手書范念德，托寫禮書。又書黄榦，令收禮書底本，補葺而成之。其書界行開具逐款條目。書示子在，令收拾遺文。次日，移寢中堂。門人入問曰：「先生之疾革矣，萬一不諱，用温公喪禮何如？」曰：「疏略。」問儀禮，乃頷之。正坐，整衣冠，揮婦女。諸生揖而退，良久而逝。是日大風拔木，洪水崩崖。哲人之萎豈小變哉？建寧守傅伯壽以弟子禮事先生，以先生不薦之，有舊憾，不以没聞朝廷。故仍以文華殿待制與致仕恩澤。門人治喪，一以儀禮從事。訃告所至，從游之士與聞風慕義者，莫不相與爲位以哭，禁錮雖嚴，不避也。自先生没，侂胄志氣驕溢，排擯善類，擅開邊釁，幾危社稷，生靈塗炭。開禧二年，侂胄伏誅。嘉定元年，賜謚先生曰文。又明年，特贈中大夫、寶謨閣學士。後以明堂恩，累贈通議大夫。門人黄榦爲行狀曰：「先生平居惓惓，無一念不在于國。聞時政之缺失，則戚然有不豫之色。語及國勢之未振，則感慨以至泣下。然謹難進之禮，則一官之拜，必抗章而力辭；厲易退之節，則一語不合，必奉身而亟去。其事君也，不貶道以求售；其愛民也，不狥欲以苟安。其得于己而爲德也，以一心而窮造化之原，盡性情之妙，達聖賢之藴；以一身而體天地之化，備事物之理，任綱常之責。明足以察其微，剛足以任其重，弘足以致其廣，毅足以極其遠。其存之也，虚而靜；其發之也，果而確；其用之也，應事接物而不窮；其守之也，歷變履險而不易。本末精粗，不見其或遺；表裏初終，不見其或異。至其養深積厚，矜持者純熟，嚴厲者和平，心不待操而存，義不待索而精。猶以爲義理無窮，歲月有限，常歉然有不足之意。所著書皆行于世。先生于語、孟、中庸、大學尤所加意，大學、論語更定數四，以至垂没，『誠意』一章，乃其絶筆也。楚辭集註亦晚年所作。周禮等書用功尤苦，竟未能脱藁。生徒問答，則後學所裒輯也。」又曰：「竊聞道之正統，待人而後傳。自周以來，任傳道之責，得統之正者不過數人，而能使斯道彰彰較著，一二人止耳。由孔子而後，曾子、子思繼其微，至孟子而始著。由孟子而後，周、程、張子繼其絶，至先生而始著。蓋千有餘年之間，孔孟之徒所以推明是道者，既煨燼殘闕，離析穿鑿，而微言幾絶矣。周、程、張子崛起于斯文湮塞之餘、人心蠱壞之後，扶持植立，厥功偉矣。未及百年，踳駁尤甚。先生出，而自周以來歷聖相傳之道，一旦豁然，如日中天，昭晰呈露。爰采同志之議，又私以道統之著者終之，以俟知德者考焉。」理宗寶慶二年，贈太師，封信國公。紹定二年，改封徽國公。淳祐元年，詔同周、二程、張四子從祀孔廟，稱先儒朱子。康熙五十一年升配十哲，白鹿書院崇祀紫陽祠。

卷四

宋詩鈔初集朱熹傳

〔清〕吴之振

朱子文公，諱熹，字元晦，一字仲晦，徽州婺源人。中紹興進士第，歷事高、孝、光、寧四朝，仕至轉運副使、崇政殿説書、焕章閣待制，致仕，年七十一卒。理宗贈太師，封信國公，改徽國。屢經薦召，爲小人所沮抑，旋仕旋已，道終不行。知南康時，建復白鹿洞書院。遊武夷，愛其山水奇宕，築精舍，論道其中。所至生徒雲聚，教學不倦。天下攻僞學日急，不顧也。孝宗時，侍郎胡銓以詩人薦，同王庭珪内召。故朱子自注詩云：「僕不能詩，平生僥倖多類此。」然雖不役志於詩，而中和條貫，渾涵萬有，無事模鐫，自然聲振，非淺學之所能窺。此和順之英華，天縱之餘事也。

文公集鈔卷首

宋十五家詩選朱熹傳

〔清〕陳訏

朱熹，字元晦，一字仲晦，徽州婺源人。中紹興進士第。歷事高、孝、光、寧四朝，仕至轉運副使、崇政殿説書、焕章待制，致仕，卒。登第五十年，仕於外者僅九考，立朝纔四十日。封事屢上，旋仕旋已。權臣韓侂胄輩先後柄政，攻僞學日急，日與諸生講學不休。知南康時，建復白鹿洞書院。遊武夷，築精舍，論道其中。所至生徒雲集，小人目之爲僞黨、爲逆黨。或勸其謝遣生徒，不顧也。嘉泰間，賜謚曰文。淳祐初，詔從祀廟廷。詩文有朱子全集。

吳壽昌云：「先生每觀一水一石一草一木，稍清陰處，竟日目不瞬。飲酒不過兩三行，又移一處。大醉則趺坐高拱，微醺則吟哦古文，氣調清壯。每愛讀屈原離騷、孔明出師表、陶淵明歸去來辭并杜子美數詩而已。」

朱子詩高秀絶倫，如峨眉天半，不可攀躋。至其英華發外，又覺光風霽月，粹然有道之言。千載下可想其胸次也。

紫陽年譜後論

〔宋〕李方子

李方子曰：先生之道之至，原其所以臻斯域者，無他焉，亦曰主敬以立其本，窮理以致其知，反躬以踐其實，而敬者又貫通乎三者之間，所以成始而成終也。故其主敬也，一其内以制乎外，齊其外以養其内。内則無二無適，寂然不動，以爲酬酢萬變之主；外則儼然肅然，終日若對神明，而有以保固其中心之所存。及其久也，静虚動直，中一外融，而人不見其持守之力，則篤敬之驗也。其窮理也，虚其心，平其氣，字求其訓，句索其旨。未得乎前，則不敢求乎後；未通乎此，則不敢志乎彼。使之意定理明，而無躁易淩躐之患；心專慮一，而無貪多欲速之蔽。始以熟讀，使其言皆若出於吾之口；繼以精思，使其意皆若出於吾之心。自表而究裏，自流而遡源，索其精微，若别黑白，辯其節目，若數一二。而又反復以涵泳之，切己以體察之。必若先儒所謂沛然若河海之浸、膏澤之潤，焕然冰釋，怡然理順，而後爲有得焉。若乃立論以驅率聖言，鑿説以妄求新意，或援引以相糾紛，或假借以相溷惑，麄心浮氣，意象匆匆，常若有所迫逐，而未嘗徘徊顧戀，如不忍去，以待其浹洽貫通之功，深以爲學者之大病。不痛絶乎此，則終無入德之期。蓋自孔孟以降，千五百年之間，讀書者衆矣，未有窮理若此其精者也。其反躬也，不覩不聞之前，所以戒懼者，愈嚴愈敬；隱微幽獨之際，所以省察者，愈精愈密。思慮未萌而知覺不昧，事物既接而品節不差。視聽言動，非禮不爲，意必固我，與迹俱泯，無所容乎人欲之私，而有以全乎天理之正。蓋語默云爲之際，周旋出入之頃，無往而非斯道之流行矣。合是三者而一以貫之，其惟敬乎？先生天姿英邁，視世之所屑者，不啻如草芥。翛然獨與道俱，卓然獨與道立，固已迥出庶物之表。及夫理明義精，養深積盛，充而爲德行，發而爲事業。人之視之，但見其渾灝磅礴不可涯涘而莫知爲之者，雖門人弟子，親炙之久，固亦莫得而形容也。姑以蠡測管窺者言之，則修諸身者，其色莊，其言厲，其行舒而恭，其坐端而直。其閒居也，未明而起，幅巾深衣，大帶方履，拜於家廟，以及先聖。退而書室，几席必正，書籍器用必整。其飲食也，羹食行列有定位，匕箸舉措有定所。倦而休也，瞑目端坐；休而起也，整步徐行。中夜而寢，既寢而寤，則擁衾而坐，或至達旦。威儀容止之則，自少至老，祁寒盛暑，造次顛沛，未嘗有須臾之離也。行於家者，奉親極其孝，撫下極其慈，閨庭之間，内外斬斬，恩義之篤，怡怡如也。其祭祀也，事無纖鉅，必誠必敬，小不如儀，則終日不樂，已祭無違禮，則油然而安。死喪之祭，哀戚備至，飲食縗絰，各稱其情。賓客往來，無不延遇，稱家有無，常盡其歡。於親故，雖疎遠必致其愛；於鄉閭，雖微賤必致其恭。吉凶慶吊，禮無所遺；賙恤問遺，恩無所闕。其自奉則衣取蔽體，食取充腹，居止取足以障風雨，人不能堪，而處之裕如也。至於入以事君，則必思堯舜其君；出以治民，則必欲堯舜其民。言論風旨之所傳，政教條令之所布，固皆可爲世法。而其考諸先聖而不繆，建諸天地而不悖，百世以俟聖人而不惑者，則以訂正羣書，立爲準則。使學者有所據依循守，以入於堯舜之道。此其勳烈之尤彰明盛大者。語、孟二書，世所誦習，爲之説者亦多，而析理未精、釋言未備。大學、中庸，至程子始表章之。然大學次序不倫、闕遺未補，中庸雖爲完篇，而章句渾淪，讀者亦莫知其條理之粲然也。先生蒐輯先儒之説而斷以己意，彙别區分，文從字順，妙得聖人之本旨，昭示斯道之標的。又使學者先讀大學以立其規模，次及語、孟以盡其藴奥，而後會其歸於中庸。尺度權衡之既定，由是以窮諸經、訂羣史以及百氏之書，則無理之不可精、無事之不可處矣。又嘗集小學書，使學者得以先正其操履。集近思録，使學者得以先識其門庭，羽翼四子，以相左右。蓋此六書者，學者之飲食裘葛、準繩規矩，不可以須臾離也。聖人復起，不易斯言矣。其於易也，推卦畫之本體，辨三聖之旨歸，專主筮占，而實該萬變，以還潔静精微之舊。其於詩也，深玩辭氣，而得詩人之本意；盡削小序，以破後儒之臆説；妄言美刺，悉就芟夷，以復温柔敦厚之教。其於禮也，則以儀禮爲經，而取禮記及諸經史書所載有及於禮者，皆以附於本經之下，具列注疏諸儒之説，補其闕遺，而析其疑晦，雖不克就，而宏綱大要固已舉矣。謂書之出於口授者多艱澀，得於壁藏者反平易，學者當沉潛反復於其易，而不必穿鑿附會於其難。謂春秋正義明道，尊王賤霸，尊君抑臣，内夏外夷，乃其大義。而以爵氏名字、日月土地爲褒貶之例，若法家之深刻，乃傳者之鑿説。謂周官徧布周密，周公運用天理熟爛之書。學者既通四子，又讀一經而遂學焉，則所以治國平天下者，思過半矣。謂通鑑編年之體近古，因就繩以策牘之法，以綱提其要，以目紀其詳。綱倣春秋，而兼採羣史之長；目倣左氏，而稽合諸儒之粹。褒貶大義，凛乎烈日秋霜，而繁簡相發，又足爲史家之矩範。謂諸子百家，其言多詭於聖人，獨韓子論性，專指五常，最爲得之，因爲之考訂其集之同異，以傳于世。而屈原忠憤，千古莫白，亦頗爲發明其旨。樂律久亡，清濁無據，亦嘗討論本末，探測幽眇，雖未及著爲成書，而其大旨固已獨得之矣。若夫析世學之繆，辯異教之非，擣其巢穴，砭其隱微，使學者由於大中至正之則，而不躓於荆棘擭穽之塗，摧陷廓清之功，固非近世諸儒所能髣髴其萬一也。自夫子設教洙泗，以博文約禮授學者，顔子、曾子、子思、孟子相與守之，未嘗失墜。其後正學失傳，士各以意爲學。其騖於該洽者，既以聞見積累自矜，而流於泛濫駁雜之歸；其溺於徑約也，又謂不立文字，可以識心見性，而陷於曠蕩空虚之域。學者則知所傳矣，亦或悦於持敬之約，而憚於觀理之煩。先生身任道統，而廣覽載籍，先秦古書，既加考索，歷代史記、國朝典章，以及古今儒生學士之作，靡不徧觀。取其所同，而削其不合；稽其實用，而翦其煩蕪。參伍辨證，以扶經訓，而詰其舛差，秋毫不得遁焉。數千年間，世道學術、議論文詞之變，皆若身親歷於其間而耳接目覩焉者。大本大根固已上達直遂，柯葉散殊亦皆隨其所至。究其所窮，條分派別，經緯萬端，本末巨細，包羅囊括，無所遺漏。故所釋諸書，悉有依據，不爲臆度料想之説。外至天文地志、律曆兵機、邊鄙屯防、戰守經畫，至纖至悉，靡不洞究。下至文章字畫，亦皆高絶一世。蓋其包涵停蓄，溥博淵泉，故其出之者，自若是其無窮也。學者據經辨疑，隨問隨析，固皆極其精要。暇而辨難古今，其應如響，愈扣愈深，亹亹不絶。及詳味而細察之，則亦融貫於一理而已矣。嘗有言曰：「學者聖道未見，固必即書以窮理。苟有見焉，亦當考諸書，有所證驗而後實，有所裨助而後安。不然，則德孤而與枯槁寂滅者無以異矣，潛心大業何有哉？矧自周衰教失，禮樂養德之具，一切盡廢，而所以維持此心者，惟有書耳。詎可轥轢經傳，遽指爲糟粕而不觀乎？要在以心體之，以身踐之，而勿以空言視之而已矣。以是存心，以是克己，仁豈遠乎哉？」至於晚歲，德尊言立，猶以義理無窮、歲月有限，慊然有不足之意。洙泗以還，博文約禮，兩極其至者，先生一人而已。先生教人，規模廣大，而科級甚嚴，循循有序，不容躐等凌節而進。至於切己務實、辨别義利、毋自欺、謹其獨之戒，未嘗不丁寧懇到，提耳而極言之。每誦南軒張公「無所爲而然」之語，必三歎焉。學者即其所誦而質其疑，意有未喻，則委曲告之，而未嘗倦；問有未切，則反覆戒之，而未嘗隱。務學篤，則喜見于言；進道難，則憂形于色。講論商略，率至夜半，雖疾病支離，至諸生問辨，則脱然沉痾之去體，一日不講學，則惕然常以爲憂。晚見諸生繳繞於文義之間，深慮斯道之無傳，始頗指示本體，使深思而自得之，其望於學者益切矣。嗚呼！道之在天下未嘗亡也，而統之相傳，苟非其人，則不得而與。自孟子没千有餘年，而後周、程、張子出焉。歷時未久，浸失其真。及先生出，而後合濂溪之正傳，紹鄒魯之墜緒，前聖後賢之道，該徧全備，其亦可謂盛矣。蓋昔者易更三古，而溷於八索，詩書煩亂，禮樂散亡，而莫克正也。夫子從而贊之定之，删之正之，又作春秋，六經始備，以爲萬世道德之宗主。秦火之餘，六經既已爛脱，諸儒各以己見妄穿鑿爲説，未嘗有知道者也。周、程、張子，其道明矣，然於經言未暇釐正。一時從遊之士，或昧其旨，遁而入於異端者有矣。先生於是考訂訛謬，探索深微，總裁大典，勒成一家之言，仰包粹古之載籍，下採近世之文獻，集其大成，以定萬古之法。然後斯道大明，如日中天，有目者皆可睹也。夫子之經，得先生而正；夫子之道，得先生而明。起斯文於將墜，覺來裔於無窮，雖與天壤俱弊可也。

録自宋真德秀西山讀書記卷三一

勉齋集祭晦庵朱先生文

〔宋〕黄 榦

吁嗟斯文，有廢有興。其廢也，三綱淪而九法斁；其興也，大經正而大誼明。是其所關，豈不甚重，而夫子胡乃一疾而隕其生？若昔孔孟，迄於周程，異世相望，各以道鳴。迨去古之益遠，當異説之縱横，其精微之藴，既不可得而見，幸而託諸文字之間者，亦且踵訛承舛，而莫見其全經。自夫子之繼作，集累聖之大成。其知生知，其行安行。其襟懷灑然，光風而霽月；其言動肅然，左矩而右繩。望之者雖憚其貌莊而言厲，即之者常樂其心和而氣平。資本高明，而志道益遠；性實通敏，而索理益精。主敬以立本，而動静無間；格物以致知，而毫釐畢呈。大而察諸天地陰陽之變，遠而驗諸古今事物之情。仁義禮智，不離五性之所賦；灑掃應對，洞見一理之所形。其精義入神，既有自然之權度；則窮經考古，莫不炳然如日星。謂中庸爲造道之閫奥，謂大學爲入道之門庭。究本義以言易，而深得卜筮之旨；黜小序以正詩，而力辨雅鄭之聲。探語孟之編，而如對鄒魯之問答；述周程之書，而一新濂洛之典型。至於星曆地志、曲藝小數，不可以悉究；騷人墨客，窮年卒歲，僅見其可稱。莫不折之以理，而各造其極。蓋亦得之於天命，而非學可能。信本深而形鉅，故末茂而聲宏。其立朝也，危言正色，屢形於感慨；其臨政也，仁民利物，一本於哀矜。立綱陳紀，而不爲苟簡之計；摧奸摘伏，而不求姑息之名。當就而就，不事乎矯激；可止而止，力辭夫寵榮。積者厚而施自遐，身雖否而道則亨。婆娑丘園，湛若無營。上以尋墮緒之茫茫，下以警瞶俗之冥冥。諸老先生，咸資於質正；後學小子，幸得於師承。肆逃禪之論者，莫能以惑世；騁雜伯之説者，不容於抗衡。傳聖統以繼絶學，正人心而息邪説，夫子之功大矣！則一存一亡，豈不有繫於斯世之重輕？嗚呼蒼天，曾是莫聽！曷不百年，大命以傾？榦丙申之春，師門始登。誨語諄諄，情猶父兄。春山朝榮，秋堂夜清。或執經於坐隅，或散策於林坰。或談笑而春容，或切至而叮嚀。始受室於潭溪，復問舍於星亭。庶依歸以終老，指河山以爲盟。胡睽離之未幾，忽夢奠乎兩楹？奉疾革之貽書，對使者而涕零。亟奔走以來歸，乃獨睹乎丹旌。悵此生之疇依，魂欲絶而復醒。念屬託之至重，豈綿力之能勝？想音容而奉遺書，敢不蚤夜以服膺！惟力策乎駑鈍，庶無愧於英靈。奠卮酒以陳辭，尚有鑒於微誠。

勉齋集又祭晦庵朱先生文

〔宋〕黄　榦

嗚呼先生，百世之師。天啓我人，篤生於兹。海内之士，聞風以馳，垂橐而來，稛載而歸。榦於朋儕，質劣志卑。憫其鈍頑，誨誘孜孜。既養其端，復發其知。既揉其偏，復克其私。燕申則侍，步趨則隨。適來則喜，已去則悲。别不踰年，書不越時。父生師教，天覆地持。二十五年，恩絶等夷。嗚呼曷幸，而不慭遺？日月推遷，窀穸有期。夜臺冥冥，藏棺蔽帷。海内之士，齎咨涕洟。使榦之愚，倀倀何之？孰策其慵，孰指其迷？孰顧孰瞻，孰叩孰咨？維今之春，升堂摳衣。笑語温温，神完氣微。鄉人見招，意不忍違。命曰汝行，我志未衰。閩山荔枝，其實離離。我以扁舟，訪汝以嬉。自春徂冬，如慕如疑。誰知此言，終天永辭！前有書堂，燕居怡怡。後有精廬，諸生焉依。有園有池，清溪之湄。履迹雖存，音容莫追。獨有遺書，千古具垂。句索字尋，口誦心維。亦有良朋，攝以威儀。有善相聞，有過相規。毋誘於利，毋蹈於非。毋溺於安，毋憚於危。庶幾師門，涓埃是裨。靈輀啓行，清酒一卮。撫棺長號，天乎痛哉！

勉齋集晦庵朱先生行狀成告家廟文

〔宋〕黄　榦

榦竊惟先生之道高明廣大，非後學所可摹寫；榦之鄙陋愚暗，尤不足以仰窺萬一。固不當冒昧執筆，以爲先生之玷。伏念先生資稟學問、道德行業，學焉而知之者蓋少，知而能盡其藴者又加少。老成前輩凋零殆盡，既無所考訂，而歲月浸久，傳訛襲舛，則上無以明先生之道，下反以啓後學之疑，此其獲罪，又豈但不揣分量而已哉！於是追思平日聞見，定爲草稿，以求正於四方之朋友，如是者十有餘年。一言之善則必從，一字之非則必改。遷就曲從者閒或有之，褊愎自任者則不敢也。蓋合朋友之見止於如此，則亦稍足以自信。至其甚不可從者，隱之於心而不安，質之於理而或悖，則尤足以見知德者鮮，而行狀之作不容以自已也。行狀成於丁丑之夏，然猶藏之篋笥，以爲未死之前，或有可以更定者，如是者又四年。今氣血愈衰，疾病愈甚，度不能有所增損矣。謹繕寫一通，遣男輅白之家廟，而併布其僭妄不得已之愚。撫卷興悲，涕淚如雨。

勉齋集辭晦庵先生墓文

〔宋〕黄　榦

榦至愚極陋之人，先生不鄙而收教之，涵淹卵育於困窮惸獨之餘，父兄之於子弟不是過也。先生不以是爲有德於榦，榦亦不敢以是而歸德焉。理義之淵微，問學之精密，顔曾之於洙泗，尹謝之於伊洛，皆一世大賢也，而後有聞焉，榦獨何人，而在摳趨之列耶！公平正大者先生之心，剛毅勇決者先生之氣，嚴威儼恪者先生之容，精深廣博者先生之學，耳濡目染，朝薫夕炙者三十年，榦獨何人，而獲親道德之粹耶！既示之以精微，復開之以博大；既廣之以聞見，復約之以踐行。扶而掖之，惟恐不進；培而植之，惟恐不立，榦獨何人，而受此生成之賜耶！空谷春遊，虚堂夜坐，一行之乎，一言之契，未嘗不欣然以喜。至於末年之咐囑，將殁之叮嚀，則戚戚然大義之乖、微言之絶也，榦獨何人，而當此期望之厚耶！先生棄諸生二十有一年，榦也不能安貧自守，而仰禄於州縣，黽勉王事，固不敢違先生之訓，然講習之功廢於朱墨，持守之志奪於應酬，歲月蹉跎，而老及之矣。朝廷憫其衰病，畀之祠廩而予之歸。杜門省過，翻閱舊學，而神識昏眊，疾病支離，追念初心，涕零如雨。何先生愛遇之厚，而榦之負先生乃至此耶！師儒難於並世，歲月不可再得，惟有抱終身心恨而已矣。自今未死之日，尚當勉策疲駑，不敢自怠，居敬集義，致知力行，體之於身，以勉同志，庶幾收桑榆涓埃之益，尚可見先生於九泉之下耳。榦深願一拜先生之墓，然後退而待盡。數月以來，痰作於上，氣痞於下，恐一旦遂溘先朝露，謹遣男輅告於墓下，惟先生其鑒之。

九峯公集朱文公夢奠記

〔宋〕蔡　沈

慶元庚申三月初二日，先生簡附葉味道來約沈下考亭，當晚，即與味道至先生侍下。是夜，先生看沈書集傳，説書數十條及時事甚悉。精舍諸生皆在，四更方退，只沈宿樓下書院。且三日，先生在樓下改書傳兩章，又貼脩稽古録一段，是夜説書數十條。四日，先生在樓下商量起小亭於門前洲上。先生自至溪岸相視，陳履道載酒食於新築亭基。時溪東山間有獸聲甚異，里人在坐者云：「前後如此，鄉里輒有喪禍，然聲未常有此雄也。」是夜說書至太極圖。五日，先生在樓下，臟腑微利。邑宰張揆來見，有餽，先生却之，謂：「知縣若寬一分，百姓得一分之惠。」揆籍時相之勢，兇焰可畏，百姓甚苦之。是夜說西銘。又言：「爲學之要，惟事事審求其是，決去其非，積累日久，心與理一。」初六日，改大學「誠意」一章，令詹淳謄寫，又改數字，又修楚辭一段。午後大下，隨入宅堂，自是不能復出樓下書院矣。七日，先生臟腑甚脫，文之自五夫歸。八日，精舍諸生來問病，先生起坐，曰：「誤諸生遠來，然道理只是恁地。但大家倡率做些堅苦工夫，須牢固著脚力，方有進步處。」時在坐者，林子武、陳器之、葉味道、徐居甫、方伯起、劉成道、趙唯夫及沈與范益之，先生顧沈曰：「某與先丈病勢一般，決不能起。」沈答曰：「先人病兩月餘，先生方苦臟腑，然老人體氣易虛，不可不急治之。」蓋先生之病實與先人相似，上極熱，揮扇不輟；下極冷，泄瀉不止。先人初亦因痞結服神功丸，致動臟腑，春陵病革時常作先生書及此故也。諸生退，先生作范丈伯崇書，托寫禮書，且爲家孫擇配。又作直卿丈書，命收禮書底本，補葺成之。又作敬之書，又批與敬之早歸，收拾文字，且嘆息言：「許多年父子乃不及相見也。」夜分，命沈檢巢氏病源。劉擇之云：「待制脈絕已三日矣，只是精神定，把得如此分曉。」九日五更，命沈至卧內，先生坐床上，沈侍立，先生以手挽沈衣命坐，若有所欲言而不言者久之。醫士諸葛德裕來，命無語，所用治命移寢中堂。平明，精舍諸生復來問病。味道云：「先生萬一不諱，禮數用書儀如何？」先生摇首。益之云：「用儀禮如何？」先生復摇首。沈曰：「儀禮、禮書參用如何？」先生首肯之，然不能言，意欲筆寫，示左右以手板托紙進，先生執筆如平時，然力不復能運。少頃，置筆就枕，手誤觸巾，目沈正之。諸生退，沈坐首邊，益之坐足邊，先生上下其視，瞳猶炯然，徐徐開合，氣息漸微而逝，午初刻也。

是日大風破屋，左右梧桐等大木皆拔。未幾洪水，山皆崩陷，其所謂「山頹木壞」者歟？嗚呼痛哉！先生平年脚氣，自入春尤甚，以足溺氣痞，步履既艱，刺痛間作，服藥不效。先生謂沈曰：「脚氣發作，異於常年，精神頓衰，自覺不能長久。」閏二月，俞倅聞中自邵武赴延平，過考亭，薦醫士張修之，張至，云：「須略攻治，去其壅滯，方得氣脈流通。」先生初難之，以問劉擇之，擇之蓋素主不可攻治者。叩其用藥，擇之曰：「治粗人病爾，此豈所宜？」張執甚力，擇之不能屈。先生亦念此病，恐前後醫者止養得在，遂用其藥。初製黄芪、罌粟殼等，服之小效。繼用巴豆、三稜、莪术等藥，覺氣快足輕，向時遇食多不下膈之病皆去。而大腑又秘結，先生再服温白丸數粒，臟腑通而泄瀉不止矣。黄芽、歲丹作一劑投之，皆不效，遂至大故。嗚呼痛哉！先君殁春陵時謂沈曰：「先生老矣，汝歸終事之。」未逾年而先生亦殁。數奇命薄，學未有聞而父師俱往，抱無涯之悲，飲終天之恨，幾何不窘苦而遂死也。嗚呼痛哉！

新安文獻志朱文公易簀私識

〔宋〕祝　穆

穆觀近歲所編文公朱先生年譜，其書易簀時事頗有疑誤，恐不容無辨。蓋先生以建炎庚戌生，以慶元庚申三月薨於考亭所居之正寢。是歲春，先生故宅之前，其山絶頂有數百年合抱之木一株，勢干雲霄，一旦忽爲巨風所拔。夏六月，溪流大漲，素所未有，宅前之岸爲洪濤捲去數百尺。所謂「木稼山頹」，大賢之厄，其關於造化盛衰之運固如此。今年譜所書，則謂是日大風拔木，洪流崩岸，二異併見於易簀一日之間，則其事近怪，能無駭聽？竊謂不若改「是日」爲「是歲」，則可紀實矣。至於先生疾革，則惟仲子監酒公侍，而季子侍郎公時方調官中都。先生首索紙筆，作季子書與之訣別，次作勉齋黄公書（先生之婿），又其次欲作通守范公書（先生姪婿），則手弱不復能運筆，亟命仲子代書，尚力疾塗竄一二字，且拳拳皆以編輯禮書爲囑，纔扶就枕，奄然而逝。今年譜所書，乃謂先作黄、范二書，而後作季子書，則其事失倫，何以垂範？昔第五倫視兄子及己子且不能無别，曾謂先生治命而顛倒其親疏之序乎？竊謂行狀所紀先後已得其實，固不當復爲異同也。愚以幼孤，先生念其外家子，數育于家塾。方易簀時，實與童子執燭之列。追念當時所見，恍然如昨日事，謂宜刊正。而年譜摹板乃建安書院掌之，僭嘗以此二疑白之富沙知郡實齋王公，許以更定而未果，輒私識之，庶幾吾黨之士尚有考焉。

述朱質疑祝和甫易簀辨不可信説

〔清〕夏　炘

朱子易簀時事，以蔡九峯先生夢奠記爲最詳且核。蓋朱子卒於慶元庚申三月初九日，九峯以初二日晚即至考亭，時諸生在滄洲精舍，惟九峯宿樓下書院，朝夕密邇朱子，故所見最真。至於年譜、行狀之作，皆係追記之筆，不如九峯之一一得自目睹者爲有據也。乃祝和甫穆事文類聚有朱子易簀辨一篇，忽生異議，謂年譜紀載失實。於是後人添纂年譜者改從祝氏，與夢奠記不合。和甫雜博之學、文章之士，好爲異議，以新人耳目。學者信祝氏，何如其信九峯也。茲詳説之列於左。

夢奠記云：「初八日，癸亥，精舍諸生來問疾。諸生退，先生作范伯崇念德書，托寫禮書，且爲冢孫擇配。又作黄直卿榦書，令收拾禮書底本，補葺成之。又作敬之在書，令早歸收拾文字，且歎息言：『許多年父子，乃不及相見也。』夜分令沈檢巢氏病源。初九日午刻逝。」

易簀辨云：「先生疾革，惟仲子監酒公侍，季子侍郎公時方調官中都。先生首索紙筆，作季子書與之訣别，次作勉齋黄公書，又其次欲作通守范公書，則手弱不能運筆，亟命仲子代書，尚力疾塗竄一二字，皆拳拳以編輯禮書爲屬。纔扶就枕，奄然而逝。今年譜所書乃謂先作黄、范二書，而後作季子書，按祝所見年譜與夢奠記同。而稍異者，黄、范次弟。今所行年譜，皆先季子，而後黄、范，則從祝氏改矣。則其事失倫，何以垂範？昔第五倫視兄子及己子且不能無别，曾謂先生治命而顛倒其親疏之序乎？竊謂行狀所紀先後已得其實，固不當復爲異同也。」

炘按：祝氏此辨，其謬有三：朱子作書在初八日，易簀在初九日，事隔一日，夢奠記、年譜、行狀皆同。而祝氏謂作書畢，纔扶就枕而逝，此其謬一也。作書次第，朱子本無成心，意之所及，即便爲之，有何親疏之序？而妄引第五倫事以逞辨，擬不於倫，此其謬二也。謂范伯崇書非朱子自作，乃文之代書。九峯是時在旁，不容不見，而無一語及之，此其謬三也。至於勉齋行狀所云：「手爲書，屬其子在與門人范念德、黄榦，尤拳拳以勉學及脩正遺書爲言者。」朱子與勉齋書云：「人還，知已至三山，又知授學次第，人益信向，凡百更宜勉力。」此行狀所謂勉學也。又云：「禮書並望參考條例，以次修成。」此行狀所謂修正遺書也。二事皆勉齋自道，故以作己書居後。己與念德皆門人，故又先念德而以門人貫之。别出與敬之書，故曰屬其子在與門人云云，此則其行文之法當如是，非代朱子爲親疏之别也。若如易簀辨所云，則黄書在第二，范書在第三，行狀所述，仍不得其實，不亦自相矛盾乎？

夢奠記云：「先生午初刻逝，是日大風破屋，左右梧桐等大木皆拔，未幾洪水，山皆崩陷，其所謂山頽木壞者歟？」

年譜：「是日大風拔木，洪水崩山，哲人之萎，豈小變哉！」

易簀辨云：「是歲春，先生故宅之前，其山絶頂有數百年合抱之木一株，勢干雲霄，一旦忽爲巨風所拔。夏六月，溪流大漲，素所未有，宅前之岸爲洪濤捲去數百尺。今年譜所書，則謂是日大風拔木，洪流崩岸，二異併見於易簀一日之間，則其事近怪，能無駭聽？竊謂不若改『是日』爲『是歲』，則可紀實矣。」

炘按：祝氏此言，可謂似是而非矣。夢奠記所云破屋拔木崩山諸事，即就朱子所遷居之考亭言之。九峯先生非妄語者，豈有不得之目睹，而爲是誇大之語，且朱子亦何必藉此爲重輕也？祝氏所云故宅，自指五夫里而言。五夫里爲劉氏之宅，朱子既已遷居，即與朱子無涉。非婺源韋齋先生之故宅可比，天亦何必示異於五夫乎？昔韓忠獻公之薨，前一夕，大星殞於治所。陳正獻公之薨，是日地震。明薛文清公之薨，是日雷雨震屋。哲人之萎，彼蒼往往示異，何近怪駭聽之有？婺源江慎齋永修縣志，遂依祝氏改「是日」爲「是歲」，亦可謂惑於其説矣。

又按：以上二條，年譜皆本之夢奠記，祝氏非不見夢奠記者，乃不駁蔡氏而駁年譜，豈以蔡氏之言得之目睹，實不可駁，故但駁年譜，使後人不見夢奠記者，相傳以爲紀實之言歟？

述朱質疑附辨行狀年譜

〔清〕夏　炘

夢奠記云：「初九日五更，令沈至卧内，先生坐床上，沈侍立，先生以手挽沈衣令坐，若有所欲言而不言者。平明，精舍諸生來問疾，味道云：『先生萬一不諱，禮數用書儀何如？』先生摇首。益之云：『用儀禮何如？』先生復摇首。沈曰：『儀禮、書儀參用何如？』先生首肯之，然不能言，意欲筆寫，示左右以手版托紙進，先生執筆如平時，然力不能運。少頃，置筆就枕，手誤觸巾，目沈正之。諸生退，沈坐枕邊，益之坐足邊，先生上下其視，瞳猶烱然，徐徐開合，氣息漸微而逝。」

行狀云：「翼旦，門人侍疾者請教，先生曰『堅苦』。按夢奠記云：「初八日，精舍諸生來問病，先生起坐，曰：『誤諸君遠來，然道理只是恁地，但大家相率下堅苦功夫。』」行狀屬之初九，似誤。問温公喪禮，曰『疏略』。問儀禮，頷之。」康熙戊午吴良樞所刻年譜同。紫陽書院中施虹玉所輯年譜、閩中所刻年譜皆同夢奠記。

炘按：勉齋之行狀，非得之目睹，似不如仲默親身侍疾之確。仲默明云初九日先生即不能言，可見「疏略」二字，未必出於朱子之口。且純用儀禮，亦非後世所能行，則參用之首肯，必不誤也。

紫陽朱氏建安譜朱子世系

九世

熹　建安始祖

松公子。公諱熹，小名沈郎，字仲晦，號晦庵。既年六十，遂曰晦翁。生宋高宗建炎四年庚戌九月十五日午時，行五十二。登紹興十八年王佐榜進士，授左迪功郎泉州同安縣主簿，官至寶文閣待制。慶元庚申三月初九日午時卒於考亭滄洲精舍，壽七十一。娶白水劉先生女，諱清四，生年月無考，卒于淳熙三年丙申十一月十三日戌時。淳熙四年二月葬建陽嘉禾里唐石，慶元十一月壬申日公合葬。嘉定二年詔賜謚曰文，累贈太師，追封信國公，後改徽國公。生三子，塾、埜、在。至元己卯五世孫勳回婺源守家廟，係埜公派。在公四世孫烇官邵武同知，因家焉。今爲建安考亭、婺源、邵武分三派云。

新安月潭朱氏族譜朱子世系

蘆村府君二房絢公支圖。

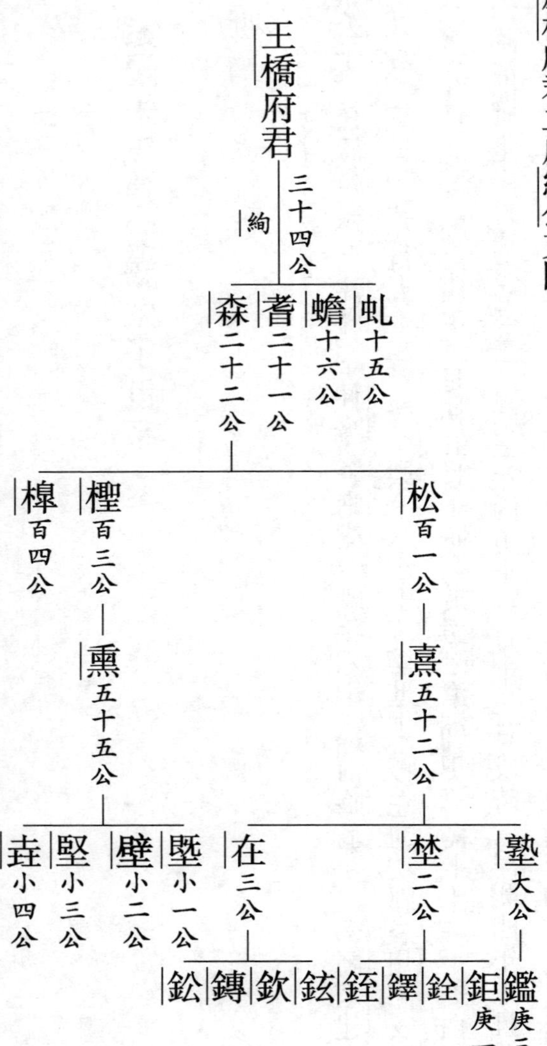

六世

王橋府君諱絢，字義之，年譜作義夫。振公二子，夫人汪氏，合葬大王橋塢。生四子，虬、蟾、耆、森。

七世

虬公，行十五。絢公長子。

蟾公，行十六。絢公次子。

耆公，行二十一。絢公三子。

森公，字良材，行二十二。絢公四子。少務學，不事進取。每舉先訓戒飭諸子，諄諄以忠孝和友爲本。且曰：「吾家業儒，積德五世矣，後必有顯者，當勉勵謹飭以無墜先世之業。」卒贈承事郎，葬建寧政和縣護國寺西偏。夫人程氏五娘，葬政和縣將溪。事實詳載韋齋行狀。生三子：松、檉、槔。

八世

松公，字喬年，號韋齋，行百一。森公長子。生有俊才，自爲兒童，出語已驚人。未冠，繇郡學貢京師。政和八年同上舍出身，授迪功郎、建州政和縣尉。丁承事憂，服除，更調南劍州尤溪縣尉，監泉州石井鎮。紹興四年，召試館職，除祕書省正字，循左從政郎。

丁母程氏憂，服除，召對，改左宣教郎，除祕書省校書郎，遷著作佐郎、尚書度支員外郎兼史舘校勘，歷司勳吏部員外郎兼領史職如故。與修哲宗實録，書成，轉奉議郎。年勞，轉承議郎，出知饒州。未上，請祠，主管台州崇道觀。秩滿再請，命下而卒。吏部之少也，以詩文名。初不事雕飾而天然秀發，格力閒暇，超然有出塵之趣。其爲文汪洋放肆，不見涯涘，遠近傳誦，至聞京師。一日喟然嘆曰：「文則昌矣，如去道遠何？」則又發憤折節，益取六經、百氏之書，伏而讀之，以求天下國家興亡理亂之變，與夫一時君子所以應時合變、先後本末之序，期於有用，若賈長沙、陸宣公之爲者。既又得浦城蕭顗子莊、劍浦羅從彦仲素而與之遊，則又聞龜山楊氏所傳河洛之學，獨得古先聖賢不傳之遺意。於是益自刻勵，痛刮浮華以趍本實，日誦大學、中庸之書，以用力於致知誠意之地。自謂卞急害道，因取古人佩韋之義名其齋以自警飭焉。所爲文有韋齋集十二卷行于世，外集十卷藏于家，歿紹興十三年癸亥三月辛亥日，卒于建安之水南，紹興十四年甲子，葬白塔山五夫里，後改葬上梅里。生子熹。

槱公，字大年，行百三。森公次子，爲承信郎，生子熏。

槔公，字逢年，行百四。森公三子，負軼才，不肯俯仰于世。有詩數十篇，高遠近道，號玉瀾集。爲建州貢元。

九世

熹公，字元晦，號晦菴，行五十二。松公子。生高宗建炎四年庚戌九月十五甲寅，生于南劍州尤溪縣之寓舍。登紹興戊辰第，賜同進士出身。歷仕累官至朝奉大夫、華文閣待制。卒寧宗慶元六年庚申三月乙丑，壽七十一，葬建陽唐石里大林谷。理宗寶慶丁亥，贈太師、信國公，紹定改封徽國公。娶白水劉致中女，生三子：塾、埜、在。事實詳具李心傳傳、黄榦行狀并年譜。

熏公，字仲修，行五十五。樫公子。生四子：塈、壁、堅、垚。

十世

塾公，字受之，行大。熹公長子。從東萊呂先生學。生紹興癸酉七月，歿紹熙辛亥正月二十四日。夫人潘氏。生子鑑，官知巢縣，知漳州、無爲軍，監進奏院，知興國軍、淮西運使、湖南總領。生子浚，字深源，官至運使。生二子：林、彬。

埜公，字文之，行二。熹公次子。生紹興甲戌七月，奏補將仕郎，贈朝奉大夫。夫人劉氏。生四子：鉅、銓、鐸、鋌。鉅任知縣，生四子：長淵，授將仕；次洽，授通奉；三潛，授登仕；四濟，授迪功。

在公，字敬之，行三。熹公三子。生乾道己丑正月初一日寅時。娶呂氏、趙氏，歷仕承務郎，舒州山口鎮二令，監作簿，司農丞，泉州倅，大理司丞、知南康軍，改衡州，宫觀，信州，不赴。浙西提舉，嘉興守，司農卿，煥章、樞密院承旨，兩浙漕，司農大卿，工部侍郎，寶謨閣、知平江，改袁州，不赴。知隆興玉霄宫、洞霄宫。生四子：鉉、欽、鏄、鈆。鉉字子玉，生嘉泰壬戌，任總領司幹，光澤丞，鎮江大軍倉使。夫人王氏。生子涇，授縣丞。欽，生子沅，授將仕。鏄，仕承務郎、福州海口鎮，生三子：長溱，授將仕；次沅，授將仕；三洛，授將仕。鈆，生子潭，授司法。

宋元學案晦翁學案表　卷一

〔明〕黄宗羲等

韋齋子，延平、白水、籍溪、屏山門人，元城、龜山、譙

朱熹　子塾　孫鑑

子埜

子在　曾孫浚

氏、武夷、豫章再傳，涑水、明道、伊川三傳，安定、泰山、濂溪四傳。

從孫洪範別見介軒學案。

蔡元定別爲西山蔡氏學案。

黄榦別爲勉齋學案。

李燔

張洽並爲滄洲諸儒學案。

輔廣別爲潛庵學案。

輔萬別見潛庵學案。

陳埴別爲木鐘學案。

葉味道別見木鐘學案。

杜煜

杜知仁並爲南湖學案。

蔡淵

蔡沆並見西山蔡氏學案。

蔡沈别爲九峯學案。

陳淳别爲北溪學案。

陳易别見北溪學案。

廖德明

李方子並見滄洲諸儒學案。

余元一

趙師恕並見勉齋學案。

趙崇憲

趙崇度並見玉山學案。

趙蕃

宋之源

劉黼

許子春並見清江學案。

彭龜年

趙善佐
張巽
潘友端
胡大時並見嶽麓諸儒學案。
王瀚
王洽
詹儀之
李大同
周介
鄒補之
黄謙
王介並見麗澤諸儒學案。
吕喬年別見東萊學案。
高松別見止齋學案。
傅定別見説齋學案。

舒璘別爲廣平定川學案。

傅夢泉

孫應時

諸葛千能

周良

包揚

包約

包遜

石斗文

石宗昭

喻仲可

趙師蒧

趙師雍並見槐堂諸儒學案。

又一百五十五人並見滄洲諸儒學案。

私淑

樓鑰別見邱劉諸儒學案。

吳柔勝——子淵

父□——子潛並見槐堂諸儒學案。

陳縝——子□——孫□

柴中行別見邱劉諸儒學案。

魏了翁別爲鶴山學案。

詹初別見勉齋學案。

蔡和別見北溪學案。

李道傳別見劉李諸儒學案。

李大有別見東萊學案。

謝夢先別見木鐘學案。

陳均

趙汝騰——孫必曎　陳仁伯

陳旅別見草盧學案。

方鎔別見北山四先生學案。

趙復別見魯齋學案。

余季芳別見介軒學案。

俞浙——黃奇孫別見潛庵學案。

熊朋來——子太古

俞琰——王都中別見魯齋學案。並末學續傳。

張栻別爲南軒學案。

呂祖謙別爲東萊學案。

趙汝愚別見玉山學案。

趙汝靚

韓元言別見和靖學案。

潘時別見元城學案。

方耒別見劉胡諸儒學案。

張杰別見玉山學案。

石憝　杜煜

杜知仁並爲南湖學案。

何鎬

並晦翁講友

項安世

黄樵仲

陳景思

並晦翁學侶

趙不息

孫汝談別見滄洲諸儒學案。

孫汝譡別見水心學案。

劉靖之

劉清之並爲清江學案。

劉光祖別爲邱劉諸儒學案。

並晦翁同調

晦翁學案

祖望謹案：楊文靖公四傳而得朱子，致廣大、盡精微，綜羅百代矣。江西之學、浙東永嘉之學，非不岸然，而終不能諱其偏。然善讀朱子之書者，正當徧求諸家，以收去短集長之益。若墨守而屏棄一切焉，則非朱子之學也。述晦翁學案。梓材案：朱子學案本稱紫陽，謝山序録定爲晦翁學案。又案：諸儒學派自龜山而豫章爲一傳，自豫章而延平爲再傳，自延平而朱子爲三傳。序録謂文靖四傳而得朱子，蓋統四先生言之，其實朱子本師劉白水爲龜山門人，亦祇再傳耳。

序跋

周易本義通釋序

〔元〕胡炳文

宇宙皆自然之易，易皆自然之天。天不能畫，假伏羲以畫；天不能言，假文王、周、孔以言。然則羲、文、周、孔之畫之言，皆天也。易言於象數，而天具焉。易作於卜筮，而天者寓焉。善乎子朱子之言曰：「伏羲易自是伏羲易，文王、周公易自是文王、周公易，孔子易自是孔子易。」嗚乎！此其所以爲羲、文、周、孔之天也。必欲比而同之，非天矣。易解凡幾百家，支離文義者無足道，附會取象者尤失之。蓋凡可見者皆謂之象，其或巧或拙、或密或疏，皆天也。易之取象，壹是巧且密焉，非天矣。惟邵子於先天而明其畫，程子於後天而演其辭，朱子本義又合邵、程而一之，是於羲、文、周、孔之易而會其天也。學必有統，道必有傳。遡其傳，羲、文、周、孔之易，非朱子不能明。要其統，凡諸家解易，非本義不能一。然其統其傳，非人之所能爲也，亦天也。予此書融諸家之格言、釋本義之奥旨，後之學易者或由是而有得於本義，則亦將有得於羲、文、周、孔之天矣。延祐丙辰春新安後學胡炳文仲虎父序。

周易本義闡旨序

〔清〕盧觀恒

朱子易經本義一書，言近指遠，潔靜精微，學者每難驟窺其奧。吾鄉金竹胡先生爲之闡旨，發凡起例，提要鈎玄，於本義隻字單詞，無不有以究極其理，而深得立言之藴。間自抒所見，引伸觸類，多發前人所未發。其羽翼經傳、啓迪後人，功甚巨也。壬申秋，先生玄孫捷登奉其家藏鈔本示，余嘉其不忘手澤，因爲編校，并録本義於經文之後，以便參閲。謀付梓以行於世，庶聖經賢傳，微言奥義，昭若日星。而金竹之苦心用以不没。讀是書者亦得有所感發云。嘉慶十七年歲在壬申冬十月後學盧觀恒謹識。

朱子詩義補正序

〔清〕吳大廷

往者陳荔秋比部以詩解就商，援據該博，頗多發明，獨信竹書紀年太過，而不用小序，亦不甚主朱子之説。余嘗爲之折衷序、傳，反覆是正。蓋以序説出自國史，遠有承傳，而析理之精，無過朱子，二者可互參而不可偏廢也。日者桐城蕭君敬孚自皖來，出示手抄方望溪先生朱子詩義補正八卷，爲其門人高密單作哲編次。其中國風一篇、邶鄘至曹檜十二變風一篇、王風一篇，皆是書宏綱大旨，餘則章解句釋，亦閒及名物訓詁大意。承用朱子之説，而不甚取小序。蓋自宋鄭樵迄於元明，説詩者之流派大抵然也。然於集傳義有未安，亦不曲從。如關雎謂爲后妃自作，狡童不主淫女之辭，揚之水不以兄弟爲昏媾之稱，白華之什於南陔、白華、華黍、由庚、崇丘、由儀不主有聲無辭之説，天作謂當爲追王時告廟之樂歌。而小序有必不可易者，遵大路、風雨、采薇諸篇亦閒取之。先生詩義雖云尊朱，然義理者，天下古今人心所同具之義理，而非一人之義理。集傳義誠得矣，而小序亦未必盡失也。此先生所作補正之微意也歟？大廷經術疏譾，然麤解文義，實自方先生啓之。其治詩義所見，亦幸與先生合，不可使此書無傳也。亟商之南海馮竹儒觀察，栞版以行。使學者得是書而沈潛反覆，又於空曲交會中推尋詩人言外之意，則其有補於詩教豈淺鮮哉！

光緒二年歲次丙子孟夏月沅陵吴大廷謹序。

重刊朱子詩義補正跋

〔清〕馮焌光

桐城方侍郎經術文章久著宇内，其所撰抗希堂十六種，焌光時喜讀之。然嘗考其説經之作，春秋、三禮之外，尚有讀易偶筆、讀尚書偶筆、朱子詩義補正三書。閒嘗詢之皖中人士，且有未聞其名目者。丙子夏，偶與桐城蕭敬孚談及諸先達説經諸編，敬孚因出示手抄侍郎朱子詩義補正八卷。案牘之餘，數加玩讀，其取義至精，高出近世説詩諸家之上，子朱子可作，亦必爲之心折也。敬孚云：「此書侍郎脱藁後，爲其門人高密單君作哲所刊。當日印本無多，流傳未廣。咸豐初，桐城戴孝廉鈞衡搜葺侍郎内外集文，合刊全集。而合肥徐孝廉子苓聞之，曾以單氏所刊此書囑爲重刊。戴君以貸金不足，未獲從事。旋遭寇難，書亦散佚。而同縣徐氏藏有此書，嘗假手抄以示同人。十餘年來，迄未有能繼戴、徐二君之事者。」焌光深幸得覩是編，又嘉敬孚留心文獻，不憚雪抄露纂。爰捐俸重刊，與侍郎所行十六種並傳。惜其所撰讀易及尚書偶筆今不盡見，俾得與此書同刊，不能無憾也。今將西邁，適此書刊成，桐雲方伯既爲序其大恉，焌光因略記所由來，以諗同志之君子。光緒三年歲次丁丑春三月南海馮焌光謹識。

趙柏巖集讀朱子儀禮經傳通解學禮書後

〔清〕趙炳麟

禮古經有學禮篇，見大戴及賈誼新書，惜目存而文闕。三代上國無異政，人無異學，自鄉黨以至王朝，皆有常典，所謂「禮儀三百、威儀三千」是也。大史執之以涖事，小史讀之以喻衆，鄉大夫受之以教萬民，保氏掌之以教國子，國舍此無以爲政，人舍此無以爲學。體乎人情，順乎物理，家塾黨庠術序國學，制有廣狹，而其成德行道藝則一也。古之人六歲知數與方名，七歲使男女異席。八歲入小學，講習少儀，養其德性，俾知倫常威儀之則。十五入大學，舉少時所知倫常威儀之事而躬行之，故曰「見大節焉，踐大義焉」。大司徒首以知仁聖義中和教其德，次以孝友睦婣任恤教其行，次以禮樂射御書數教其藝。有德行者曰賢，有道藝者曰能，賢與能皆學成者也。學成然後獻之王，王策命授之政，賢能無非取己所學者加諸民而已，此士大夫之學也。古之王者，太子迺生，固舉以禮，使士負之，有司齊肅端冕，見之南郊，過闕則下，過廟則趨，是赤子時即以忠孝教之矣。稍長，師氏教以三德三行，用成國子之德行。保氏教以六藝六儀，用成國子之道藝。又復齒於四學，育於大司樂，往來供奉皆擇正人。迨學成而後爲政，别賢佞，明利害，決是非，家國天下，處之各當，皆其學正而禮純也。記云：「師也者，所以學爲君也。」三王四代惟其師，此國子之學也。學無貴賤，無上下，自綱常之大至名物之微，總宜體諸躬行，不僅求之記問。故曰「大學之道，在明明德，在親民，在止於至善」。又曰「自天子以至於庶人，壹是皆以修身爲本」。古者君臣一德，政學同源，恃此爾。暴秦焚書，學禮殽渾，家爲異説，人有卮言。在上者喜刑名法術之談，目王道爲迂闊；在下者務功利智巧之事，詆正學爲空疏。學日非，政日雜，世風所以不古若也。朱子憫微言之將絶，集儀禮經傳通解，創爲「學禮」一門，補禮制之闕遺，折羣言之囂亂，自鄉學以至國學，無不詳其叙次、辨其節文。近而君臣父子之經，遠而天地陰陽之氣，尋原探本，釋結解疑。而於保傅之法，尤深切著明，斟酌盡善，欲正君心以正萬民也。真氏大學衍義即發揮學禮第十一之旨，用納乎聖德，烈炳乎後人，夫豈垂空文以自見者哉！自宋以來，學禮多存而未用。程子云：「師學廢而道德不一，鄉射亡而禮義不興。」賢士不本於鄉里，而行實不修；秀民不養於學校，而人才多廢。儻有聖君賢相，取學禮而見諸施行，又損益變通，合乎時勢，善身以善世，正己以正人，學政固一以貫之也。炳麟讀朱子之書，慕朱子之志，尤深望有朱子其人者以講明之，天下幸甚，吾道幸甚！

此跋於庚子二月撰，以上東海徐師者也。時東海授大阿哥溥儁讀，欲諷東海教以忠孝，俾阿哥調和兩宮之間，而因求修身治世之實學，則宮廷無猜忌，而禍亂庶幾少弭。東海素宗程朱，故以朱子書諷之。

朱子經筵講義跋

〔明〕宋　佛

余於戊午春出守完山。其年秋，元監司混巡到，謂余曰：「金校理麟厚尊信大學，至於手書朱文公經筵講義而與其友，吾偶得而嘉重之，遂刊於茲府。往者入燕都，購得真西山文集來，見其中亦有此講義，平居未嘗釋手。」余迺起答曰：「西山以倡明道學爲己任，而在大學一書尤致拳拳焉。若得與此書編爲一帙以惠學者，不亦令美乎？」監司唯唯。及還京師，付厥本於李都事遴，使之傳余。余即倩補字官李成慶移出他紙以入梓，附益於文公講義之尾，作爲上下篇。仍斂衽三復曰：人臣導君爲善之言，固當如此，平易從容，明白深切，雖至數百世之下，丁寧告戒，炳若耳提而面諭，使讀之者不過一再即曉然無疑，宜各表而出之，以爲百王之要典也。後之君子須以文公之或問、西山之衍義，參此兩篇之旨，朝思暮繹，積以歲月，痛自策勵，期至講明而後已，則何慮乎己學之不達、而君心之未格耶？但自「正心」以下文公之講闕如，是則後學之不幸耳。嘉靖三十八年秋八月上澣嘉善大夫全州府尹宋佛謹識。

朱子論語集注訓詁考敘

〔清〕潘衍桐

朱子論語訓蒙口義敘云：「本之注疏，以通其訓詁。」語類云：「某尋常解經，只要依訓詁説字。」又與吕伯恭書云：「不讀説文，訓詁易謬。」答黄直卿書云：「近日看得後生，且是教他依本子認得訓詁，文義分明爲急。」朱子解經，教人厥初如此。世儒謂朱子不明訓詁，謬加詆訶，與夫空疏淺率之流空談性理，未知爲學之倫，類皆失之也。竊謂朱子生平著書致多，而論語集注尤爲精粹。因命詁經精舍諸生尋繹此書，詳考義所從出，徧采舊注及羣經子史注，以著來歷，明非朱子所自造。課卷甚繁，細加搴采，撮爲二卷，取其易曉。義或簡奥，則援某生説以申明之。研經之士，由是以考制度、辨名物，窺先聖之微言，窮義理之所歸，余固日夕望之也。光緒十有六年十二月南海潘衍桐叙於浙江學署之敬樂齋。

四書朱子大全序

〔清〕程逢儀

朱子之書，廣大悉備，其學無所不通，而一生精力尤在四書。自大學中庸章句、論孟集注而外，凡其所著作與夫友朋師弟子問往復問答之言，爲書不下數百卷，其所以發明聖賢之旨者無餘藴矣。朱子既没，歷代皆表章其書，學者莫不奉以爲宗師，然能沈潛反復其旨趣者，百不得一。雖章句、集注猶或誦之而不能深思其意，至於他書，則孰有購而爲之講習貫通者？自朱子没後，諸儒多有講説，其於朱子或離或合，卒未能折衷而歸於一。南山戴先生盡取朱子之書整齊排纘，輯其尤切要者，逐章逐節而附録於章句、集注之後，於是朱子之發揮四書者粲然大備，而學者之誦法朱子也，不苦於卷帙之浩繁，不眩於異説之汗漫，有觀覽誦習之便，而無歧途雜徑之憂。先生不以儀爲無似，而屬儀襄其役。儀坐蕭寺中歷一年，斟酌詳審，其中頗復有所損益，乃定爲若干卷，刊而布之。竊惟朱子之書，後儒莫不尊奉，雖有不盡合者，而未敢訟言背叛也。乃自有明正德以後，異説横行，多能詆訾朱子，而厭惡其窮理格物之學。譬之丘垤之高、行潦之水，而欲以跨越泰岱、嘲笑滄海也，於朱子何傷？亦見其不自量而已矣。余嘗博考朱子之書，見近世所詆朱子者，朱子早已解之；疑朱子者，朱子早已定之；辨駁朱子，自以爲獨得之解者，朱子早已窮其弊而唾棄之。未嘗見朱子之全書，而肆其胸臆，攘臂叫囂，以狎侮程、朱。如是而曰吾以明聖人之道，吾不信也。是書也，蒐輯條疏，頗無遺漏，學者一開卷而已覽朱子之大全，則異說不得以相溷，而正學於以日興矣。儀不敏，敬承先生之意，既審定其書，而後爲之序其端如此。錢塘程逢儀書。

四書朱子大全序

〔清〕程　崟

四書朱子大全乃吾師南山先生原輯，而吾族兄鳳來實襄其成，崟與參訂讎校之役。蓋嘗聞先生之言矣，先生曰：「舉業興而文章亡，講章興而理學亡。夫文章者，所以明乎道也。道之不明，而安得謂之文？今舉業家爲俗說之所浸灌，以苟且僥幸爲務，其爲雜淫日日已甚。往往舉百里之大、人士之衆、舉業之文之多，求一言之幾乎道而不可得也。故曰舉業興而文章亡也。理學經宋氏諸儒而大明，朱子集諸儒之大成，其注四書者，實得孔孟之遺旨。其書班班具在，而奈何爲講章者不能徧觀而盡識，往往失其本真，或至攘臂裂眥而與之抗？夫朱子於聖人之道，身體而力行之，慎思明辨，以著爲書，與四書、五經並垂於天壤。而講章家以其管窺蠡測之智，侮前賢而誤後生，致使舉世瞀惑，往往邪正之不能辨，故曰講章興而理學亡也。以故余爲此書也，取朱子一家之言，次而輯之，類而編之，而鳳來復爲之芟定，使讀者開卷了然，而盡見朱子之全旨，庶不至爲講章家異説所亂，則所以維理學之衰，使舉業家不至誤於所從，而文章於是乎興，在是書或亦不無小補乎？」蓋先生之定爲此書，其大旨如此。竊以爲朱子集注、章句而外，其發明四書者甚多，學者窮年而莫究。在東南士人家，有其書者不過百之一二，又未必能細加探索；而西北則學者恐不能舉其名目矣。夫朱子諸書與章句、集注相爲發明也。讀章句、集注而不觀於諸書，則其義猶有隱而不盡出者。今先生於諸書撮其精華，鉤其切要，附於章句、集注之下，使學者便於觀覽，其有功於朱子而爲惠於後學甚大。刻既成，崟因識之，以告世之學者，使知先生所以爲此書之意也。歙縣程崟書。

四書朱子大全序

〔清〕戴名世

四書義獨取朱子一家之言，爲之采掇薈萃，以類相從，而附於章句、集注之下。蓋發端於程君鳳來，而余之屬筆則在於乙酉、丙戌間。因簡帙重繁，又屬程君去其重複、正其譌舛。丁亥秋，程君舉以歸余，余更略爲出入，而後其書乃爲定本。程君於是鋟之於板，以廣其傳。明年春二月，刻且成，而余爲之序曰：四書歷漢及唐，至宋氏諸儒出而其義乃大明。蓋自二程子始發孔孟之祕於千載廢墜之餘，至朱子出，而其學尤純粹以精，其闡明四書之義者尤爲詳密而完備。雖其精義微言時時見於他書，而集注則朱子以爲稱量而出，增損一字不得者。於章句則引温公之言，以爲平生精力盡在此書。故條是書，一以集注、章句爲主。其於朱子他書采掇薈稡，凡有合於集注、章句等别而存之。其稍有不合者，爲朱子早年未定之論，則弗之録也。兢兢擇别，不敢有失。董勉齋之序朱子語類，今也所謂「其辨愈詳，其義愈精」，讀之歷千載而如會一堂，合衆聞而悉歸一己，此則余與程君區區爲是書之意也。嗚乎！自朱子殁而諸儒競起，人各爲書，或不能盡得朱子之本旨，其陽奉而陰違者亦往往有之。明永樂中，詔諸臣編纂四書大全。一時諸臣皆不知聖人之道，竊取倪氏、吳氏兩家龐雜割裂之書以應詔，是非互陳，邪正並列。自是學者眩瞀莫辨，而雖顯背於朱子之指者，亦與朱子並奉以爲不刊。蓋四書之義既大顯明於朱子之手，而復混淆於諸儒者，歷二三百年矣。近日平湖陸氏、長洲汪氏爲之抉摘其疵謬，以告於世，於是大全之雲霧漸掃。而余以謂古人罷黜百家，獨尊孔氏，今之尊朱氏，即所以尊孔氏也。故余是書一以朱子爲主；其於朱子之書，一以集注、章句爲主。至於朱子他書與集注、章句互相發明者，采其精要，集而次之，而務一其旨歸。其於諸儒之説，概弗之參載焉。夫諸儒之説，其龐雜割裂而疵謬者，使學者眩瞀莫辨而誤其所從，汰而去之，固其宜也。然其中不無可采之論，至當之言，而亦莫之入者，何也？夫其可采之論、至當之言，原不能出乎朱子涵蓋之内，而余之爲是書也，所以類聚朱子之語，欲得其餘而觀之也。既得其餘，而觀於諸儒之説，雖其至當而可采者，固亦有弗暇及也。比如一堂之上，衆論喧呶，紛紜攻訐，苟非窮理之深、析義之精，聽之焉能無誤哉？惟得一明允之吏，片言之剖，而紛紜之辨皆息。是故學者但明於朱子一家之言，而諸儒之説，是非邪正，自了然於胸中，而不爲其所亂。此則余與程君區區爲是書之意也。昔張宣公以程子之意，將孔孟之言仁者類聚觀之，而朱子深恐長學者欲速好徑之心，滋入耳出口之弊。則是書也，得毋犯朱子之所恐乎？然在程子之意，則以其比並校勘，便於觀覽而玩索也；在朱子之意，則預憂夫學者之或因是以失於鹵莽也。蓋朱子亦嘗輯周、張、二程之言以爲近思録矣。其言曰：「窮鄉晚進有志於學，而無明師良友以先後之者，誠得此而玩心焉，亦足以得其門而入矣。如此，然後求諸四君子之全書，沈潛反覆，優柔厭飫，以致其博而反諸約焉，庶乎其有以盡得之。若憚煩勞、安簡便，以爲取足於此而可，則非今日所以纂集此書之意也。」余不自揣固陋，竊本朱子此意，而惓惓於序之篇終云。康熙戊子春二月桐城戴名世序。

四書朱子大全經傳蘊萃叙

〔清〕朱良玉

天地之精蘊悉畀於聖賢之心，而萃之簡册以盡其蘊奥者，其四書乎！蓋自義皇畫卦，文、周繫以彖、爻，尼山贊以十翼，三才之蘊，莫詳於易矣。典、謨、訓、誥，載二帝三王之法，義蘊所涵，洵萬世心傳也。三百篇之風、雅、頌，始於閨門，達乎朝廟，則又發之聲歌，而抒其妙蘊者也。子曰：「吾志在春秋，行在孝經。」之二書者，明千秋之褒貶是非，闡先王之至德要道，察其蘊蓄，包羅萬象，至深遠矣。若夫三禮之表章制度、陳列經典，雖云纂自漢儒，未必皆當，然其事詳而核，其言文而旨，亦豈淺學之士所能窺測其藴耶？至於四書，聖人之微言至論，固竭兩端而無遺；諸賢語或有偏，要莫不以聖言爲依歸。明新至善，傳於大學；中和位育，揭於中庸。崇仁尚義，黜霸尊王，至孟子而道彌彰。此則玩其言，如布帛菽粟而極其精，則已包天地之奇，洩鬼神之祕，而伏羲、堯、舜、禹、湯、文、武、伊、周之藴，莫不萃於是矣。世之學者，家誦童習，而罕能窮其藴。非藴之難窮也，其故有二：一則塾師固陋，珍奉俗解，略知分章晰句，便負明通，流衍沿布，不可救藥，此以鄙俚而忘其藴也；一則妄恃聰明，標樹新異，巧飾辯舌，以炫人耳目，此以穿鑿而晦其藴也。玉竊思程朱注釋，燦若日星。更有勉齋、西山、新安、雲峯、慶源、雙峯諸儒，搜闡幾盡，而已貽駁而不醇之憂。蒙、存、翼、淺後，羣言踵出，離合相參，然折衷於集注、或問、語類，是非自灼於心胸，又何有臆見之紛紜，訟説不休乎？縱或好爲高談，正恐拾前人已棄之餘唾耳。況奉朝廷功令，以制藝取士，首命四書題，聖天子釐正文體，必曰清真雅正。夫亦多方策勵，俾其明義理之精藴。而今日敷奏以言者，他日即明試以功也。有明三百年，初若王、唐、歸、胡，無不秉理守法，成一代之宗工。隆萬時，風骨漸弱，猶不失先民軌範。唯天崇末，怪思詭論，離經叛注，雖不無奇才偉士，而亦染於習尚，識者悼之。蓋文非載道，於聖賢之藴無與，君子弗貴也。玉向有釋注一編，近復删其繁冗，增以前此未及聞見者，顔之曰藴萃，亦私冀萃先儒之言、闡四書之藴，願操觚者共矢此志爾。玉僻壤賤士，兼成羸老，妄爲纂輯，極知冒昧貽譏。然頗費攻苦，不敢自匿。伏望高明哲匠匡其未逮，不棄迂拙而辱教之，則幸甚。乾隆十四年己巳歲七月望日朱良玉西田氏題於畹香書屋。

四書朱子異同條辨序

〔清〕李沛霖

天下之患，莫大乎名從而實違，習其所固然而不知其所以然，則其患將不可止，而況聖人之道乎？今之讀四子書者，初未嘗深思力索聖人之道，第以爲吾從朱而已。而世之學者，聞其從朱，則僉曰：「此不畔于道者。」嗚呼！豈非名從而實違、習其所固然而不知其所以然者與？四子之書，一火於秦。漢之儒者，率以注疏發明之，其時無有得於聖人之道者，故其説多離而少合。唐無人焉，惟昌黎能見其大意，而第肆力於文字之間，則其於四子之言，亦未涵泳而深旨其趣矣。有宋以來，程子得不傳之緒，而闡四子之微，故其言深厚而有餘味、精明而無游移，然間亦有以己意解經，雖無背於聖道之大本，而未晰其文辭之支流者，則亦有所未密也。楊、謝之徒，雖從學程子，多未得程子之意，而歧出其旨，則已疏矣。

惟子朱子起於周、程、張子之後，其於前人之發明聖道者，既觀其備，而又以其明睿誠篤之資，致其博辨精耑之力，豁然貫通，然後融會而爲章句、集註。其有前人之已是者，不敢以或更也；其有前人之未是者，不敢以不正也。而猶恐人之以自信己説爲疑，則有或問之假借以明焉；而猶恐章句、集注之簡括難見，則又有語類之反覆以詳焉；而猶恐前人之精思要論，或以己之兼該而隱，而又疑于説之未能盡取也，則又有精義、輯略之並存以備參焉。嗚呼！向使朱子之心少有私意之蔽，而其所言者非其身體力行之所得，亦安能與四子之書之意渾合而無間者與？夫朱子之心，亦既殫且竭矣；朱子之説，亦既大且精矣。而後之學者，或執其辭而晦其意者有之，或得其意而誤其辭者亦有之。不然，則見其粗而忘其精也；不然，則明于此而昧於彼也；不然，則知其一説而不知其又有一説，而莫或貫之也。此非但數百年之後深體其説者蓋寡，即勉齋之徒親炙於朱子之門者，殆已不無相沿而繆戾者也。是豈聖人之道之果難明與？抑身體力行者少，而深思力索者竟亦不多覯與？嗚呼！此予深惜其名從而實違、習其所固然而不知其所以然者也。予則何人，其于聖人之道，其亦未能身體而力行之矣。而竊思天下之理，吾心所自具之理也，吾心之理，即古聖人之心之理，所著之爲經而衍之爲傳者也。吾嘗于四子之書之理，玩索而未有明也，證之章句、集注而合焉；於章句、集注之理，玩索而未有明也，證之或問、語類而又合焉；乃於或問、語類之説之理，玩索而未有明者，證之前之游、楊、謝、吕而有合有不合矣，證之後之勉齋、雙峯之徒而亦有合有不合矣，即證之有明三百年之中，虚齋、次崖之徒，有合有不合，而幽繆而顯畔者，更不知其幾矣。而況今人之有合，不過踵前人之已合而合者也；今人之不合，亦不過踵前人之不合而不合者也。而一二傑出之士，如晚村、稼書之徒，其不踵前人之已合而有合者，吾安敢以爲非也；其不踵前人之不合而猶不合者，吾安敢以爲是也。此予自宋、元、明以迄於今，諸儒之説雖爲世所尊崇效法，而予斷然有異同之辨者也。或曰：「子不踵前人之已合而以爲有合，并不踵前人之不合而亦以爲有合，烏在合者之非不合，而不合者之不有合與？」曰：「吾烏敢謂吾之無不合乎哉！不執其辭以晦其意，不得其意以誤其辭。見其粗，不敢忘其精；明于此，不敢昧于彼。知其一説，而必更通其又有一説。如是而已矣。」且予之所辨，非敢掩前人以自逞其論也，爲並列而詳載之。其朱子之言，實有得于聖人之道，渾合而無間者，可探而取也；其宋、元、明以迄於今，諸儒之或同或異，未能實有得于聖人之道者，可班而考也。即予之所辨，或有偏畸差謬於聖人之道，而以同爲異、以異爲同者，亦可指而摘也。則予雖狂悖，其不敢以吾心之私淆天下之理，并不敢妄據吾心之理，以淆天下人心同具之理者，正以古聖人之心之理，所著之爲經，衍之爲傳，即此天下人心同具之理，自天命以來，無有易焉者也，而何所容其矯飾以欺世而自是乎哉！嗚呼，後之讀四子書者，欲從朱以明聖人之道，慎毋名從而實違、習其所固然而不知其所以然也與！康熙壬午春王月望日都梁後學李沛霖序。

四書朱子異同條辨序

〔清〕李振裕

今天下漸摩陶冶於禮樂文章之盛，孔子、孟氏之道，揭日月而麗中天。聖天子右文稽古，固非淺陋膚末所能窺其萬一，而懸爲功令，則一以子朱子爲宗。近又命儒臣纂輯朱子全書，其嘉與海内之士，同臻於一軌，蓋欲由朱子以遡乎孔孟，無歧旨也。盱眙李生適有朱子異同條辨一書，予覽其説，不但異乎朱子、顯然離叛者不復收採，即同一朱子之言，尤必析其毫芒、别其疑似，其用心於朱子可謂勤矣。蓋自周子以太極一圖、易通數十篇揭斯道於既衰之日，而二程子繼之，有以發明其不傳之旨。其高第弟子，如游、楊、謝、吕諸家，亦間出其所見而爲之説。惟朱子出而集其成，往往採擇二程先生之言，其於諸家之説，有合者亦間及之，有不合者，則又雜見於語類、或問、精義、輯略諸書，以證己之所然與其所不然，擇焉精而語焉詳，求於聖人之道，無毫髮之憾而後已。然朱子亦有言，謂外託乎程氏而竊其近似之言，以文異端之說者，此誠不可以入乎學者之心，其慮夫世之隱附吾道而實叛之者如此其慎也。不能力求其微，反借其一二近似之説，而援之以亂其正，如有明中葉，沸羹蜩螗，至今未已。此李生之所以辨者，不容已也，則其致辨而爲此書者，於聖天子尊崇朱子之意，不深有當歟？予不敏，承乏秩宗，喜其言之詳而見之確，於國家久道化成之方不無補也，因其請而樂爲之序。康熙四十有四年歲在乙酉春二月經筵講官禮部尚書加三級吉水李振裕撰。

四書朱子異同條辨序

〔清〕李　禎

今夫聖人之道，聖人之言傳之也。而後世欲明聖人之言者，咀之而愈旨，推之而愈深，擴充之而愈不可窮且詰，即紛揉淆雜之而愈不可誣且亂。豈非以事物之所當然，而人心之不可易者乎？然咀之而旨，而或別見其味矣；推之而深，而或幽繆其趣矣；擴充之不可窮且詰，而或浩博而無歸矣；紛揉淆雜之不可誣且亂，而或拘滯而不通其變矣。則聖人之道本無不在，而聖人之言本無不明者，以不言而失，非以言之而益失耶？夫言之而失，而愈不可以不言，則其言之也必詳；言之而失，而愈不可以易言，則其言之也必慎。欲詳且慎，則其考之也不可以不博，審之也不可以不精，先疑也而後得所信，先似也而後得其真。此固窮年累月之所難幾，而終身玩索之不可以必盡者也。古者十五而學聖人之道，余計其時，所從事者纔十數年于兹耳，考之也未博，審之也未精。疑之不深，何自而得所信？似之未别，何自而得其真？特以幼服習於吾兄之教，已考者舉之以端緒，已審者曉之以是非。既疑而後信，則予之以信而令勿界于疑；由似而得真，則予之以真而令勿守夫似。此譬之適邦畿者，千里之遥，不可以臆而度也，有已經者同引而共趨焉，則其山川之險易、關津之通塞，與夫都邑鄉陬之曲折，不待考問疑慮而坦然由之，有蕩蕩安驅之樂者，非以先導者之熟且易耶？雖然，爲之亦有道焉。凡事取之易，則得之不覺其難；言之諄詳，則聽之不覺其善而易忽。此行矣不著、習矣不察，雖先導之有人，而能明夫聖道者之亦寡也。此又如邊邦畿者，既引其途，既趨其徑，而不留心於高下原委左右廻轉之所由，欲使之獨行而有得焉，亦不能也。且余尤因之自懼矣。天下之視邦畿，如此其廣延也；東西朔南，其望邦畿而思立者，如此之參差不一也。苟由一途而遽至，而於秦、楚、吴、越、齊、梁之區，所以各邊夫邦畿者，終未知山川之爲險易、關津之爲通塞，與夫都邑鄉陬之爲曲折者究何如也。一旦易置其身於或秦或楚，或吴越齊梁之區，方將茫然惘然不知所爲邦畿者于何而至止也，則余其由邦畿而更窮極夫東西朔南之所以得至于是者，而從事焉，而烏敢以自足乎哉？後之讀是書者，亦可以見余之有志於聖道，而言之偶合，不過因先導之有人，以幸致夫早獲其必當深思而實體之也夫！後學李禎壬午正月二十一日謹序。

四書朱注發明序

〔清〕王掞

四子一書，家弦户誦，學者童而習之以至髦老，父兄之所訓，師友之所講解，未有不詳且盡者。然而故説舊聞相沿已久，訛謬錯雜不可殫述，學者生聖賢之後，欲明聖賢之心於千百歲之上，别其是非以定取舍，其可不悉心體究，以使斯理之晦而復明哉？朱子刻章句、集注在淳熙三年，自謂一字不穩洽，不以入注。故其爲書極簡嚴，亦極明盡，蓋其心思力行，實從聖賢分上探討出神味來，然後注解於本章本句之下，於聖賢當日之旨無不吻合。其他書所論四子書大指，或因學者辯難往復，意固有在，及質之注中，有合有否。則其既經手訂，與他書之傳述纂集者，其精粗詳略，有不可同日而語者矣。且其論大學則云：「我平生精力盡在此書。」論論語集注：「如秤上稱來無異，不高不低。自是學者不肯用功看，如看得透，存養熟，可謂甚生氣質。」又人問：「趙書記欲以先生中庸解鋟木如何？」先生曰：「公歸時煩説與切不可。某爲人遲鈍，旋見得旋改，一年之内改了數遍不可知。又自笑那得個人如此著述。」又云：「讀書而不能盡知其理，只是心粗意廣。凡解説文意，須是虚心玩索，聖人言語義理，該貫如絲髮相通，若只恁大綱看過，何緣見得精微出來？」朱子教人讀書，千言萬語，不啻耳提面命。即此數條亦可見其用心之至，而嘉惠後學之深。後人略不經意，肆口評論，妄相傳達，往往而有。嗚乎，亦多見其不自量也已！錢子我持沈潛於朱子之書，説心研慮，博學詳説，反覆以推求集注之意，爲發明一十九卷。體驗切實，剖析精微，真朱氏之功臣而聖經之梯梁也。刻既成，屬余序作書之意。後之學者讀是書，而虚心以逆先儒志意之所在，庶幾不溺於俗説舊聞，以至浸失朱子之意，是則錢子之志也夫！

康熙五十八年二月上浣婁水王掞序。

四書朱子本義匯參序

〔清〕王步青

六經易最難言，邵子以數，程子以理。而朱子之注易也，本聖人作易之初，原其義所由起，曰周易本義。明乎易本爲卜筮作，俾學者象占分曉，而理與數自引伸類長於其中。由是觀之，讀聖賢書，不可不通乎本義審矣。步青嘗稟此以讀四子之書。四子書之本義，固以朱子爲宗；而朱子書之本義，則必折衷於章句、集注以爲斷。蓋朱子於章句，嘗引温公之言，謂平生精力盡在此書；於集注則謂某曾等稱過來，增減一字不得。此其於孔、曾、思、孟之微言大義，提要鈎元，精審慤實，蓋不復稍留毫髮憾矣。自餘亡論漢唐注疏，及宋元明諸儒賡續發明，後先錯出，即以朱子之書亦夥矣。或問則設爲問答，以暢其旨；語類則生徒辨論，以析其疑；文集則敷陳往復，以抒其蘊。以視章句、集注，非不更詳且悉矣，而言各有當，其義指要亦不能無所異同，可覆而按也。明永樂時，詔儒臣編纂四書大全，頒之學宫，著爲功令，文學之士，家奉一編矣。然考其書，擇焉不精，語焉不詳。論者皆以謂當年奉敕諸臣迫於成命，襲取吴氏集成、倪氏輯釋，倉卒應詔，而不知由未嘗稟章句、集注爲權衡，故雖以或問、語類諸書點竄塗改，多所齟齬，且習焉不察，又何有於本義之有異有同，必較其分寸豪釐，疏通證明，以衷於一是也。自時厥後，蒙、存繼作，不少發揮，終鮮駁正，以至講章盛行。兔園學究既没溺於高頭俗説，而不知其陋；而嗜奇衒博之徒，則又考索愈煩，瞀惑滋甚。朱子有言：學者談經之大病，本卑也，而抗之使高；本淺也，而鑿之使深；本近也，而推之使遠；本明也，而必使至於晦。夫章句、集注，不可謂卑且近也，學者童而習之，口相沿以熟，遂忘乎其爲布帛之文、菽粟之味，探賾索隱，以務名家。而本義模糊，浸尋畔道，陽朱陰陸，異説蠭起，隆萬以下，蓋多有之，職思其故，有自來矣。我國家列聖相承，昌明正學，廣厲師儒，興賢育德。皇上性學崇深，纘承統緒，誕敷文教，道一風同。步青生逢盛世，自爲諸生，二十六年登賢書，又九年成進士。入史館凡五年，嬰疾告歸，仍理故業，於今復十有八年矣。追憶曩時從事帖括，習復四子之書，與生徒口講指畫，間有心得，劄記簡端，輒復塗乙，不知幾更矣。三數年來，屏當一切，翻繹舊聞，研尋本注。仰見朱子竭一生之精神，發明四子之義藴，精微洞徹，銖兩悉稱，確然信以爲此朱子之本義，即孔、曾、思、孟之本義。學者第虛心涵泳，切己體察，惟默會其意言指趣，而或問、語類、文集，皆所以疏通證明。其間有異有同，可以章句、集注斷之，而曉然於其孰爲已定、孰爲未定。夫然後旁參衆説，自漢唐以至今日，凡前後乎朱子者，胥有以博稽其義類，而辨别其指歸，單詞隻義，苟有當焉，無不可以互相發，而其非者則固所必汰也。爰輯此書，竊取朱子所以注易之指，而惴惴乎懼弗當也。題曰本義匯參，藏之家塾，俾兒孫輩知所取裁，庶由是心解力行，以適於聖賢之路，毋徒以資帖括而已。書既成，客有見之者，遂請授諸梓。夫步青則何敢遽爾，惟念平生鄉道之私，所願以質諸當代宗工而未果者，令其藉手正焉，儻幸鑒其愚而糾其繆。步青老矣，蓋尤跂予望之。乾隆十年歲在乙丑秋七月穀旦賜同進士出身翰林院檢討加一級金壇後學王步青書於竹里草堂，時年七十有四。

四書朱子本義匯參序

〔清〕崔紀

國家以四子書取士，士之游於庠序者，自齠齡受書，即誦習朱子章句、集注，比長而試於有司，作爲制義，稍差累黍，則不合程式。蓋朱子竭一生之心力，闡發聖賢之精藴，毋論漢唐以來疏解者不離訓詁、講説者未得真詮，即朱子文集、或問、語類諸書，其間言以人殊，識隨年進，不無淺深離合之異，未有如章句、集注之印合心源、純粹至善者也。余幼習舉業，頗不慊於坊刻講章，因取三魚堂、遄喜齋所纂大全參互考訂，間未有合於章句、集注之處，心竊病之。通籍後，迭掌成均，出撫秦楚，與六館諸生及書院肄業之士講習討論，必以章句、集注爲宗，而參以或問、語類諸説，往往悠然有會於心。顧慚魯鈍，又不獲殫智畢力於其中，究未能觸處洞然，涣若冰釋也。今歲奉命視學江左，爲人才淵藪，羣儒輩出。校閲之下，即其文以覘其學，才華馳騁者率有餘，根極理要者或不足，大都傳習於父兄師友之結論，而沉潛於章句、集注，確乎心有所得者，蓋亦鮮矣。金壇王罕皆先生所輯朱子本義匯參一書，融會貫通，發微詣極。薈萃羣言，而必折衷至當；標舉新藴，而非索隱鉤深。其澄心凝思，直從數百載下，恍然如睹朱子之几席丹鉛，默契孔、曾、思、孟之微言大義而毫髮無間者。是朱子之章句、集注爲四子之功臣，而先生之本義匯參實有功於朱子，夫豈尋常講義可同日語哉！蓋先生之講求於是書也，溯諸生以及入史館之歲凡三十餘年，家居後又十有八年，然後出此編以問世。其用力之勤且久，幾與朱子之輯章句、集注等，所謂立言期於不朽者。與夫朱子覃精覈微，著爲章句、集注，非徒爲後世科舉之學藉以弋獲功名，即自制科取士歷久不變者，固將期多士以藴之爲德行，行之爲事業，庶幾見於文詞者，身有之而言之親切有味云爾。董子曰：「尊其所聞則高明矣，行其所知則光大矣。」士之讀是編者，奉爲賢關聖域之階梯，涵泳從容，躬行心得，務臻於光大高明，而勿墮於拘墟闇汶，出爲良佐，處爲醇儒。是則先生之所以嘉惠後學，而學使者之所厚望於多士者也。乾隆十年乙丑十二月賜進士出身國子監祭酒提督江蘇等處學政紀録二次年家眷弟崔紀頓首拜撰。

重刻朱子四書語類序

〔清〕周在延

朱夫子生平於書無所不讀，而所恃以修己治人、化民成俗者，無過四聖之書，故其用力爲尤精，而所注爲尤備。集注外，有或問、精義、輯略。而語類一書，則與門人問答，門人退而紀録者。永樂時纂修四書大全，採擇語類，僅十分之一，且於各條内删削割裂，文義既多不屬，而或問則取學、庸而去語、孟，登載尤爲未詳。自大全行，而或問等全本湮没無聞。夫不讀其全，豈能盡其藴哉？自是以後，講章盛行，轉相傳習，迄於今坊間本子愈出愈謬，學者不知方，且家占户畢，至問以朱子之書，則識其名者或鮮矣，是亦可慨也已！近吕晚村先生刊論孟或問、論孟精義、中庸輯略、近思録，名曰朱子遺書，學者亦既誦習之，獨語類尚爾湮没。在延因取家藏舊本，重加校梓，先成四書五十二卷。其餘雜録，與四書相發明者，亦多有可採。而朱子文集所載四書説，其發揮四聖之微言反復詳盡，更有或問、語類所未備者，暇日復合二書，分章輯略，共爲一編，名曰朱子四書集解，行將公之海内，庶天下得讀紫陽之全書，不特一切謬種講章，支離陋劣，不足參觀，即取大全而反復玩味，盡爲糟粕矣。然近日學者寧一不全之説約奉爲金科玉律，求其能細閱大全亦不可得，又安望盡取朱子之書，熟讀而精思之？使非有好學深思，特出於流俗之外者，其孰勉焉？尤願好爲講章者，亦取或問、語類諸全本，降心卒業，識力自當精進，不必徒費筆墨，摭掇蒙、存、淺、達之唾餘，餖飣成書，遂謂有合乎千載不傳之祕也。康熙戊午六月朔大梁後學周在延謹識於師經堂。

朱子文集纂四書序

〔清〕陳　鏦

朱子大學中庸章句、語孟集注，發明四子之理無餘蘊矣，他如文集、語類二書，廣大悉備，其中論辨問答深切著明，與章句、集注相爲表裏。第語類之爲書，以類相從，易以簡閲，而文集議論錯見，故讀者往往弗深考。如四書大全，所載語類略備，而取之文集者十不及一二。更有誤者，論語首章集注引程子「時復思繹」之説，南軒説中所引，改「思繹」爲「紬繹」，文集中與南軒論此甚詳，而大全反取南軒「紬繹」之解附於程子本文之下，其謬亦可略睹矣。夫學者觀書，日泛濫於衆説，而於朱子之書，反有所未盡，此書義之所以不明也。鏦竊有病於此，因與同學諸子倣語類之作，蒐輯條分，次爲是編。俾觀書者玩心於章句、集注而有所未解，合此而觀之，以其説之詳明，而究夫章句、集注之精藴，優柔厭飫，久之而文集之説與章句、集注之説融洽而無間，則四子之理涣然不逆於心矣。抑鐩之爲是編也，特以爲學者窮理莫先於四子之書，當知所先而急從事焉耳。從事於此而有所見，然後求之於全書，致博學詳説之功，而後豁然貫通者可得而言也。若夫憚煩勞、安簡便，朱子固嘗以是爲學者痛矣，而可乎？抑古人之學在於反求諸己，躬行實踐，而非徒以爲談説之資、文學之用也。倘曰由是而辭可善，由是而文可工，而於身心之實初未嘗有用力處，雖曰取朱子之書而讀之究之，與不讀等耳。此爲學之大弊，鐩尤願與四方同志之士共戒之。清溪陳鐩謹識，時康熙己巳四月既望。

朱子晚年定論序

〔明〕王守仁

定論首刻於南贛。朱子病目，静久，忽悟聖學之淵微，乃大悔中年注述誤己誤人，遍告同志。師閲之，喜己學與晦翁同，手録一卷，門人刻行之，自是爲朱子論異同者寡矣。師曰：「無意中得此一助。」隆慶壬申，虬峰謝君廷傑刻師全書，命刻定論，附語録後，見師之學與朱子無相繆戾，則千古正學同一源矣。并師首序，與袁慶麟跋，凡若干條，洪僭引其説。

陽明子序曰：洙泗之傳，至孟氏而息。千五百餘年，濂溪、明道始復追尋其緒。自後辨析日詳，然亦日就支離決裂，旋復湮晦。吾嘗深求其故，大抵皆世儒之多言有以亂之。守仁早歲業舉，溺志詞章之習，既乃稍知從事正學，而苦於衆説之紛撓疲苶，茫無可入。因求諸老釋，欣然有會於心，以爲聖人之學在此矣。然於孔子之教閒相出入，而措之日用，往往缺漏無歸，依違往返，且信且疑。其後謫官龍場，居夷處困，動心忍性之餘，恍若有悟。體念探求，再更寒暑，證諸五經、四子，沛然若決江河而放諸海也。然後歎聖人之道，坦如大路，而世之儒者，妄開竇逕，蹈荆棘，墮坑塹，究其爲説，反出二氏之下，宜乎世之高明之士，厭此而趨彼也。此豈二氏之罪哉？閒嘗以語同志，而聞者競相非議，目以爲立異好奇。雖每痛反深仰，務自搜剔斑瑕而愈益精明，的確洞然，無復可疑。獨於朱子之説有相牴牾，恒疚於心。切疑朱子之賢，而豈其於此尚有未察？及官留都，復取朱子之書而檢求之，然後知其晚歲固已大悟舊説之非，痛悔極艾，至以爲自誑誑人之罪不可勝贖。世之所傳集注、或問之類，乃其中年未定之説，自咎以爲舊本之誤，思改正而未及。而其諸語類之屬，又其門人挾勝心以附己見，固於朱子平日之説，猶有大相繆戾者。而世之學者，局於見聞，不過持循講習於此，其於悟後之論，概乎其未有聞，則亦何怪乎？予言之不信，而朱子之心，無以自暴於後世也乎？予既自幸其説之不繆於朱子，又喜朱子之先得我心之同然，且慨夫世之學者，徒守朱子中年未定之説，而不復知求其晚歲既悟之論，競相呶呶，以亂正學，不自知其已入於異端。輒採録而裒集之，私以示夫同志，庶幾無疑於吾説，而聖學之明可冀矣。正德乙亥冬十一月朔後學餘姚王守仁序。

重刻朱子晚年定論跋

〔清〕雷以諴

竊以諴質性愚鈍，時懼言動多疚，入德無幾。於五經、四書外，愛讀五子性理，乃歎聖人之道至宋始大昌明。及讀陽明先生集，覺其爲學洞徹本原，近裏著己，若與朱子或問、語類等書頗有同異。咸豐三年癸丑，奉命赴廣陵襄理軍務。宥函孔繼鑅適在幕，持陽明先生集，内有朱子晚年定論一册。捧讀三復，其悔悟之切、見道之真，蓋與陽明先生儼然同堂晤對，若合符節，前賢後賢，其揆一也。以諴口誦心維，手不能釋，乘暇録之幕中。秉初陳錫麟、平齋吴雲、俊甫沈方煦、少卿梁承皓、冰署李肇增皆嗜學，請付諸梓以公同好云。甲寅上元楚北溣川春霆氏雷以誠謹跋并書。

朱文公先生年譜序

〔宋〕魏了翁

天生斯民，必有出乎其類者爲之君師，以任先覺之責，然而非一人所能自爲也，必並生錯出，交脩互發，然後道章而化成。是故有堯、舜，則有禹、皋陶；有湯、文，則有伊尹、萊朱、太公望、散宜生，各當其世，觀其會通，以盡其所當爲之分。然後天衷以位，人極以立，萬世之標準以定，雖氣數詘信之不齊，而天之愛人，閱千古如一日也。自比閭節授之法壞，射飲讀法之禮無所於行，君師之柄，移於孔子，則又有冉、閔、顔、曾羣弟子左右羽翼之，微言大義，天開日揭，萬物咸覩。自孔子没，則諸子已有不能盡得其傳者，於是子思、孟子又爲之闡幽明微，著嫌辨似，而後孔氏之道歷萬世而亡敝。嗚呼，是不曰天之所命而誰實爲之？秦漢以來，諸儒生於籍去書焚、師異指殊之後，不惟孔道晦蝕，孟氏之説亦鮮知之。千數百年間，何可謂無人，則往往孤立寡儔，倡焉莫之和也，絶焉弗之續也。乃至國朝之盛，南自湖湘，北至河洛，西極關輔，地之相去何翅千有餘里，而大儒輩出，聲應氣求，若合符節。曰極、曰誠、曰仁、曰道、曰中、曰恕、曰性命、曰氣質、曰天理人欲、曰陰陽鬼神，若此等類，凡皆聖門講學之樞要，而千數百年習浮踵陋，莫知其説者，至是脱然如沈痾之間、大寐之醒。至于呂、謝、游、楊、尹、張、侯、胡諸儒，切磋究之，分别白之，亦幾無餘藴矣。然而絶之久而復之難，傳者寡而咻者衆也。朱文公先生始以彊志博見，凌高厲空，自受學延平李子，退然如將弗勝，於是斂華就實，反博歸約，迨其蓄久而思渾、資深而行熟，則貫精粗、合外内，羣獻之精藴、百家之異指，毫分縷析，如視諸掌。張宣公、呂成公同心協力，以閑先聖之道，而僅及中身，論述靡竟；惟先生巍然獨存，中更學禁，自信益篤。蓋自易、詩、中庸、大學、論語、孟子，悉爲之推明演繹，以至三禮、孝經，下迨屈、韓之文，周、程、邵、張之書，司馬氏之史，先正之言行，亦各爲之論著。然後帝王經世之規、聖賢新民之學，粲然中興。學者習其讀，惟其義，則知三才一本，道器一致，幽探乎無極太極之妙，而實不離乎匹夫匹婦之所知；大至於位天地、育萬物，而實不外乎暗室屋漏之無愧。蓋至近而遠、至顯而微，非若棄倫絶學者之慕乎高，而譁世取寵者之安於卑也，猗其盛歟！吾友李公晦方子嘗輯先生之言行，今高安洪史君友成爲之鋟木，以壽其傳。高安之弟天成，屬予識其卷首。嗚呼，帝王不作，而洙泗之教興，微孟子，吾不知大道之與異端果孰爲勝負也；聖賢既熄，而關洛之學興，微朱子，亦未知聖傳之與俗學果孰爲顯晦也。韓子謂孟子之功不在禹下，予謂朱子之功不在孟子下。予生也後，雖不及事先生，而與公晦及輔漢卿廣昔者嘗共學焉，故不敢以固陋辭。年月日臨邛魏了翁序。

書朱文公年譜大略

〔宋〕蔡模

先生諱熹，字仲晦，姓朱氏，世居歙之黄墩。公九世祖茶院，唐天祐中，以歙州刺史陶雅之命，領卒三千戍婺源，邑民以安，因家焉。四世祖惟甫生振，振生絢，皆不仕。絢生森，少務學，不事進取，戒飭諸子淳淳以忠孝和友爲本。且曰：「吾家業儒，積德五世矣，後必有顯者。當勉勵謹飭，無墮先業。」卒贈承事郎。承事生三子，長曰松，字喬年，甫冠擢進士第，入館爲尚書郎兼史事，以不附和議去國。少以詩聞名，從豫章羅公從彦仲素遊，則聞龜山楊氏所傳河洛之學，得古先賢不傳之遺意，於是益自刻勵，痛刮浮華，以趨本實。日誦大學、中庸之書，以用力於致知誠意之地。自謂卞急害道，因取古人佩韋之義名其齋以自警，世號韋齋先生。次檉。季槔，負軼不肯俯仰於世，有詩高遠近道，號玉瀾集。韋齋娶同郡祝氏，封孺人，贈碩人，慈順孝謹。生三子，伯仲皆夭，季則先生。其淵源有自來矣。謹以家世本末具著右方，而表年系事序次如左。

覺軒公集

朱文公年譜序

〔明〕汪仲魯

洪武二十七年甲戌秋，我文公闕里掌祠事朱境，以書告曰：文公年譜謀鋟諸梓，邑賢令佐，斯文朋友，願就徽猷，敢以序文爲請。嗚呼，大賢君子，一動一静，一語一默，無非教也，况吾文公之年譜乎哉！刊以傳示於人，固其宜也。然在當時，年譜與行狀二文並傳，故年譜所載求師取友、注述本末、出處進退、居官莅政前後次第，悉詳年月書之。而行狀則惟以發明求端用力之精義微旨、造道成德之淵奥要歸，所以承先聖道統之傳，信有在也。昔伊川撰明道行狀，而伊川之年譜、行述，則有待於文公。嗚呼，大賢君子，盛德形容，良不易易也。此康節墓誌所以惟屬之明道，而濂溪之行述亦待吾文公而後方爲撰述，蓋惟聖賢能知聖賢故也。中庸稱仲尼祖述堯舜、憲章文武，均之爲聖人也。達而在上，則立君道以正萬方；窮而在下，則立師道以教萬世。堯、舜、禹、湯、文、武、周公，達而在上之聖人也，立君道以正萬方者也；仲尼，窮而在下之聖人也，立師道以教萬世者也。師道之立，君道所由以立也。先儒有言，孔子集羣聖之大成，而朱子則集諸儒之大成，是亦所謂立師道以教萬世者與！今文公之學，薄海内外，凡有血氣者，莫不尊親，家有其書，人誦其言。然經燹之餘，此文或不能盡見也。以平日仰慕之心，誠得此而寓目焉，則其感發興起，若時雨之霑溉，自有不能已者。詩曰：「高山仰止，景行行止。」其是之謂與！若邑令佐倡率刊行，而前廣西護衛知事李文徵辭疾家居，集議督工，力就厥緒，均知崇尚斯文，以隆治化，咸可尚也，故不敢辭，以復命於掌祠云。是歲之九月三日汪仲魯序。

録自清乾隆刻本王懋竑朱子年譜卷首

朱子實紀序

〔明〕戴銑

朱子實紀，紀朱子之始末，與夫今昔尊崇之實也。舊名年譜，今更曰實紀，何也？謂之年譜，則紹乎前、彰乎後者不足以該，必曰實紀，然後並包而無遺，亦猶史家有世表、年表，總謂之實録也。或曰：「堯、舜始末，孔子紀於典；孔子始末，馬遷紀於世家。濂溪、伊川始末，朱子紀於事狀、年譜。是編亦擬孔、朱而作歟？」銑避席而對曰：「不然。此果齋李氏之書，屢經鋟補，頗涉淆舛。加以事或逸於時，文寖增於後，未有稡其全者。銑於朱子受罔極之恩，且爲鄉後輩，與有曠墜之責。不自揆，因其舊而修之，釐爲十有二卷，以致景行之私，非敢妄作也。夫堯、舜、周、程之事，固賴孔、朱以傳。乃若孔子雖無世家，而六經之昭於萬世者自若；朱子雖無實紀，亦奚病於其書之昭於萬世哉？書昭於萬世，即道之昭於萬世，何賴乎此編也？抑朱子嘗言，伊川年譜不能保無謬誤。此固夫子自道，亦足以見紀述之難。大賢且然，矧區區小子乎？同志君子，幸原其僭而加訂之，使讀之者有以覩夫德業之全而興起焉，得有所據，以爲希賢希聖之階，則其爲助似當不小爾。正德丙寅歲十月朔旦後學婺源戴銑謹書。

重刊紫陽文公先生年譜序

〔明〕李　默

世傳李果齋公晦嘗著紫陽年譜三卷，魏了翁爲之序。今其序固在，但云果齋輯先生言行，即不稱有年譜。及考朱氏今所存譜，蓋多出於洪武、宣、景間諸人之筆，與朱氏增益所成，斷非果齋之舊。其最謬者，先生殁後數十年間所得褒典，猶用編年之法。甚者尊朱詆陸，爲私家言，非述作體也。比侍御元山曾君佩，按閩至建陽，得其書讀之，頗疑冗脱，將重加刊正，而以其事謀於默。默惟尚友古人，必論其世，矧先生立言垂訓，在禮，學者所宜立爲先師，乃其行年素履，桑梓後人顧可諉之弗知？即雖不文，誼何敢辭？竊聞之，古昔聖賢，道術精純，要以踐形盡性爲至。學也者，學此者也。論性莫如孔子，曰：「性相近也，習相遠也。」「唯上智與下愚不移。」論學莫如孟子，曰：「學問之道無他，求其放心而已。」大賢而下，靡不須學。其爲道也，本除習氣，以還真性。所不能者，學與習相爲進退，量盡而止耳。故爲果、爲達、爲藝、爲孝、爲簡、爲魯、爲愚，所至不同，其所以學則一也。易稱「學以聚之」，所聚何事？中庸語「博學」、「弗能弗措」，所博何物？蓋學與全功，行要實德，非徒讀書窮理空談爲也。如此，斯可謂之學也已。宋自周、程以還，談道術者蓋多歧矣。先生崛起於時，早聞父師之訓，既舍二氏、黜百家，遂自力於學問思辨之間，以求聖賢不傳之緒，卒於遺編得之，折衷羣儒，直泝伊洛。故其析義最精、著書最富，與陸氏之學頗相違異，此其途轍所從入不同明矣。然觀先生微言細行，具皆篤守聖謨。至進退取舍之際，與立朝大節，尤皭然著明于世。惟其以疏遠犯人主、觸權路，見嫉羣邪，蒙譏僞學，非先生之過。流風餘韻，蓋有起千載斯人之慕者，豈獨傳注爲世所遵用哉！默也後先生數百年，翔泳高深，欲起九京質疑義而不可得。而於今譜所述，又素乏討論，輒以元山君之意，咨於先生裔孫河。

河指摘譜中舛誤者數事，與予意合。因屬之考訂，一準行狀、文集、語録所載。默不自揆，稍爲删潤，其猥冗左謬不合載者，悉以法削之。視舊本存者十七，不以鄙誣累先哲也。譜成，復取勉齋行狀并國史本傳爲附録，以示傳信。其自宋以來褒典，亦彙附于末，與是譜合爲五卷云。元山君每按部，所至問俗，察舉之暇，必訪求儒先故蹟，如文公先生祠、墓、遺書，尤所注意。慕嚮如此，風猷可想見矣。默猥本論次，妄原道術問學之實，欲使後世尊先生者就而考之，然知不免於世譏。元山君學古人者也，寧無諒於予心乎！嘉靖壬子夏六月既望同邑後學李默謹撰。

紫陽文公先生年譜序

〔明〕朱家棅

天運流行之迹皆天也，人之應迹亦然。年譜者，其生人之應迹乎！天行躔度次舍，曆爲載；人之生平履歷，譜爲載。外躔度次舍以求天行不可得，執人之生平履歷而曰此論世者所不載，則所以迹果在迹之外乎？新安之得統於鄒魯，神者受之矣。其書在天下，年譜所載，千不得一，然而不可謂非先生之應迹也。顧其書，獨其後之居閫者藏之，不概見。新安先生闕里所在猶然未具，蓋其闕也。先生十三世孫諸生崇沐，雅有志焉，喟然嘆曰：「周禮不在魯乎？既不有仲尼筆削，不敢知，然姑以魯之春秋，則亦爲新安後者所當寶也。」於是即閩本梓之，文獻足矣。時小子楙，臨川朱源出也，於先生先世有宗盟。讀先生之書，叨教兹土，闕里在望，賢者賢而親其親，得所歸矣。年譜適成，幸得受讀。即無能贊一辭，而於先生生平終始之故，君臣師友之交，出處去就之節，明道講學之意，恍若神交。廼知所謂迹焉已者，亦自知天咫者言耳，天命流行豈有迹哉！不知者見爲滯迹，其知者見爲傳神。金川後學朱家楙譔。

録自明萬曆刻本李默紫陽文公先生年譜卷首

紫陽文公年譜後序

〔明〕朱　凌

徽國文公年譜，宋李果齋氏所著也。益以勉齋黄氏行狀，先祖生平履歷、道學事功始終，大致盡矣。婺源戴氏因舊本釐正，附謚議、詩文，而總曰實紀，重於徽也。考亭仍婺葉侯重修本，併附書院題記，總曰年譜、行狀，重於建也。蓋子孫世守以爲家乘。凌不敏無聞，承先訓如恐墜之。頃病謝山居，嘉靖壬子春仲，大巡侍御元山翁曾老先生按閩之暇，凌以年末胥見于建溪行臺。時元翁紀肅度貞，右文崇教。比詢家世，間出年譜求正。公披覽一盡，嘆字跡多漫滅，亟欲修訂，且慨舊本之未盡善也。遂檄郡貳楊侯、節推操侯、介守謝侯，敦請于大冢宰古沖翁李老先生，重加參定校閲，纂輯之勤，歷三時焉，備載翁所序集矣。録既成，以呈侍御公。乃命付諸木，嘉惠四方學者。凌私心感激，其何可喻？復移檄郡判潘侯，諭凌撰序諸後。凌叨末裔，奚敢厠以文辭？顧仰荷元翁隆重盛心、沖翁裁成雅教，義不容緘也。爰俾朱氏之派，世世護持，襲如瑶珙，服如韋弦，庸副作新盛典，所以報德哉！抑凌竊聞晦祖受業延平，推衍閎大，尊信表章，實程氏之學也，河洛淵源，即孔孟正脈也。夫子之道，萬世一日，獨吾祖之學，近稍廢而不講，固凌不肖者之罪，于今何幸，逢乎侍御公之鄉多文獻，景行得師，超軼聞見，已神會孔門於千百世之上，而獨崇尚晦祖，惓惓思興起其學。沖翁桑梓在念，悉力訂讎，即其用心俱可想也。將使晦祖之學行，而後孔孟之道可明；孔孟之道明，而後聖王之治可復。兹或二公意也。要皆能以斯文鳴國家之盛者，凌故闡而揚之。大雅君子，冀原僭妄，惟以可告于宗云。嘉靖壬子仲冬既望十一世孫凌頓首謹撰。

録自明嘉靖刻本李默紫陽文公先生年譜卷末

重刻朱子年譜序

〔清〕洪　璟

古今著述之富，無有過於朱文公者。蓋朱子之學，集諸儒之大成。所著有小學、近思録、四書章句集注、詩集傳、儀禮經傳通解、周易本義、啓蒙、太極圖説、通書西銘解義、楚辭集注、通鑑綱目、名臣言行録諸書，而又有文集百餘卷、門人記録問答之語百四十餘卷。今家有其書，學者無不誦法，可謂盛矣。然讀其書而不考其生平師友淵源、出處進退之所經歷，與夫文章事業、艱危患難之所履蹈，將微言大義湮鬱而不章。孟子所云：「誦其詩，讀其書，不知其人，可乎？」則是年譜之作，惡可以已也！考朱子門人李果齋氏，嘗叙次朱子之言行，雖未以年譜稱，而大端歲月之終始可與稽也。明世宗時，李古沖從而修之，以舊譜爲多出於洪、宣、景間諸人之所改竄，是豈果齋之譜不復見於世歟？當古沖同修年譜諸公在嘉靖之朝，姚江之學方盛，其以果齋之譜爲多所改竄，非舊本者，不過如序中所稱果齋嘗辨朱、陸異同，從而疑其書之未能盡善，而不知果齋親見朱子辨正象山，豈嘗有晚年定論之説，其亦據實而直書之，以俟夫後人之折衷定論，不可謂著書立説者之不當出於此也。然而古沖之所修，其亦有出於果齋之所未逮，如大修荒政、條奏諸州利病諸書法，與陳同甫來往，當在其大書之下，及毁秦檜祠事，皆絶有關係，不可以略者。家兄去蕪嘗輯兩家之譜，而參以朱子從學延平及與張敬夫氏中和三變之書，而合爲一編，附以黄氏行狀、宋史本傳與歷代褒典、廟記諸文，以俟後之君子。其書舊刻於金陵，因不揣固陋，用序述而傳之。世有能讀朱子之全書者，得見兹譜，亦足以想見朱子之爲人爲學，而誦法步趨如親炙之焉，豈謂無所助益也哉！題曰「重刻」，仍其舊也。康熙三十九年歲在庚辰秋八月既望紫陽後學洪璟識。

録自清乾隆刻本王懋竑朱子年譜卷首

朱子年譜序

〔清〕王安國

自洙泗徂而羣言亂，有宋朱子集濂洛之大成，以上溯孔孟，於是道之晦者復明，如日再中矣。明中葉以降，異論復起，或踵宋僧宗杲故智，取朱子門人所記早歲未定之言與己意近似者，易置先後，以愚誑後人。其説之是非，有目共見，摘瑕而攻者，亦不乏人。顧晚近學者，深造之力既百不逮古人，又急人知而名，喜其説之便於放言高論，每明知其痂而嗜之，以致真僞之辯垂五百餘年未定。甚有平日服習於朱子之道者，激於草廬吴氏調停之說，乃亦截取語録所述早歲未定之言，附會於離問學而尊德性者，汲汲辯言，謂吾朱子何嘗不足於是，以爲庶幾可以競勝於非朱子之徒，而不知適爲惑世誣民者助之薪而張其燄，使存心致知力行朱子尊道之全功由此益晦。是矛盾起於門牆，而朱紫之淆將與爲終古，則識者所深憂也。白田先生讀朱子書數十年，於朱子之學既講明而私淑之，其所得之精微，見於文集中與友人辯論諸書。又以明李默古沖所定朱子年譜，多删改原編，與晚年定論、道一編暗合，陽爲表章，而陰移其宗旨。後之人不辯其僞而尊信之，其爲害滋甚。乃取朱子文集、語類，條析而精研之，更博求所述諸儒之緒論、師友之淵源，與夫同志諸子爭鳴各家之撰著，曲暢旁通，折衷於勉齋黄氏所作朱子行狀，以正年月之後先、旨歸之同異，訂爲年譜四卷。其閒辯論之迹、考據所由，别爲考異四卷。又以朱子自序中和舊説，謂讀程子書，涣然冰釋，自乾道己丑之春，復取己丑以後論學切要之語，分年編次爲附録二卷。然後朱子生平，自早歲從師講學，中間博訪友朋，歸而反復遺編，卒得大學、中庸聖賢授受心法，晚與門弟子究悉精藴，辯超悟之詣、功利之習之非，以垂一脈真傳，其爲學誨人，本末次第，瞭如指掌。俾有志於朱子之學者，如就山川道里圖考而數計歸程，不致臨歧望洋，爲異説所迷眩。其有裨於聖道，良非淺鮮，豈特於朱子有功已哉。先生之爲是書也，未嘗輕以示人。

殁後十年，先生子箴傳乃出以授梓，而屬安國爲之序。國惟古人之書，蓋皆不得已而後作，其憂在百世，其成之也，必本諸闇然爲己、毋自欺之一心。故其序述聖賢，悉如其本旨，不敢以私意穿鑿，驅前言而就我。其有所論撰，又必體驗之後，得之真知，不敢據怳惚之見，妄託高深，奪學者之心志，而迷所向往。下此則微特炫其詭異、盜名一時者，不足語於聖人之道，即閉門獨造，窮極幽險，以冀後世之有述，顧立心之始，已不能豪釐無差，及其流失，豈獲免千里之謬？先生學朱子之學，自處闔門里巷，一言一行，以至平生出處大節，舉無愧于典型。其成是書，固深懼朱子之學不明，即孔孟之道不著。求年譜原本不可得，不得已筆削僞本以反其朔，而窮年考訂，殁而後出，其斤斤致慎又如此。末學淺薄，望先哲之門牆而不知所從入，愧無以發明是書，啓斯人之信從。故原古人著述之成法，告天下學者，讀先生是書，庶幾知所别擇云爾。時乾隆壬申秋季中浣，高郵宗後學安國謹序。

録自清乾隆刻本王懋竑朱子年譜卷首

朱子年譜識語

〔清〕王箴傳　孫仝轍　孫仝敞

先君子纂訂朱子年譜歷二十餘年，凡四易稿而後定，别爲考異附於後，又續輯論學切要語並附焉。歲辛酉秋書成，先君子棄世，不肖等謹藏篋中。今年春，孫氏甥仝轍、仝敞亟請付梓。竊惟先君子此書非一人一家之言，事體重大，而廣其流傳以質當世，誠子孫之責宜祗承者。兩甥惓惓行遠之意，甚可嘉尚。因出其書，與共校寫，鋟於版。刻既竣，追溯先君子殁相去十載，伏讀之下，不勝泣然。乾隆十六年辛未秋九月甲子朔男箴傳謹識。

外大父編修公白田先生，篤守朱子之學，於文集、語録别擇精嚴，晚年定著是書，蓋易簣前數日猶加釐正，不忍釋手。昔司馬温公資治通鑑、朱子大學章句，所謂生平精力盡在是書者，庶幾近之。仝轍兄弟，少小嘗侍先生左右，竊聞教誨，略窺纂訂之意，輒不揣譾陋，强綴例義十有二條，列諸篇端，覽者可以知其大概云。外孫高郵孫仝轍、仝敞謹識。

録自清乾隆刻本王懋竑朱子年譜卷首

朱子年譜綱目序

〔清〕李元禄

歷聖相承之統，自孟子後不得其傳已一千五百餘年，及朱夫子出，然後集諸儒之大成，而斯道得以大明。凡其生平所言所行，進以入告我后，退而傳道吾徒，與夫見於注釋經書、論列史傳、考察諸子百家，蓋莫非身心自得之餘、義理精微之極，爲後學之規矩準繩而不可易。而天下後世之學者，亦既無一日而不讀其書矣。然元竊以爲，讀其書而不知其人，不可也，欲按其年歲次其先後，以考其終身議論行事之本末。彼載諸年譜及本傳者，亦略而不能得其詳，及反覆他書，又以卷帙繁多，散見錯出，苦資性不敏，艱於記憶，往往忘前失後，私竊病之。因本言行録，更取之文集、語類諸書，而約舉爲學之道、用世之方，倣編年紀載體，提其大綱，詳其節目，繫於各年之下，名曰年譜綱目，以便按年檢閲，得以知其始終出處之大略。至於發明全體大用之極致，見於門弟子所撰之行狀及雜記者，則總録於終篇，亦曰置諸几案，朝夕讀之，以備遺忘而已。若夫讀其書而求其人，得其人而責諸己，亦何能希望於萬一焉。雖然，朱夫子之道，教人主敬致知，復其本然之性以爲學者也。蓋性即理也，原於天，具於心，見於人倫日用事物之間，推之天下國家之大。嚴其心以漸窮之，而必會其全；體諸身則擴充之，而必極其量。察氣禀之偏，祛物欲之蔽，不惑於空寂，不雜於功利，不炫於詞章。內外一致，己物無殊。此歷聖所相授受，諸儒所由繼起。而朱子上接心傳，息異學爭鳴之喙，定羣言淆亂之宗。縷析毫分，精入於無間；融會貫通，大極於無餘。啓前賢未發之祕，探後人無盡之求。其心即天地之心也，其功爲萬世之功也。後之學者，賢智之資，外此無由作聖；愚柔之質，舍是則無以別乎人禽矣。豈僅出口入耳，以資舉業云爾哉！元自愧資材庸下，志力弗强，悵望前修，邈然莫逮，用成此譜，以誌高山景行。雖不能至，私心向往之意，特以學無所得，妄意推求，不免叙次無倫、煩簡失當。稿雖三四易，尚多有未安者。惟願有道之君子，教其所不及而爲之指示焉，是則元之所厚幸也。抑念元三歲而孤，庭訓無聞，幸獲侍於從伯父作霖先生，語以理道之途，而又時舉與先君子立菴先生，當日兄弟相師，所爲講求聖賢之遺旨，歎息爲元言之。然則今之所以猶知有朱子之學，不敢忘其自。而此譜之成，其於國家尊崇正學以端士習之意，庶得與同志共勉云。時嘉慶二年丁巳夏四月，楚南後學李元禄涵萬甫敬書於泮泉書房。

朱子年譜序

〔清〕賀瑞麟

朱子之道，孔子之道也；朱子之學，孔子之學也。欲知孔子之道與學，當明朱子之道與學；欲明朱子之道與學，當考朱子之人與世，則行狀、年譜二者其要也。行狀爲門人黄勉齋榦所著，年譜爲門人李果齋方子所著。而行狀余已屬門下劉昇之與明道行狀合刻。吾邑果齋初止輯朱子言行，未名「年譜」，魏文靖序言之。然其名傳之已久，其書終不可得，於是後之爲朱子年譜者紛然各出，人自爲説。雖朱子之道學昭如日星，而其生平之詳，卒未大著明於天下後世。惟乾隆中寶應白田王氏所撰朱子年譜，又爲之考異，世稱善本。吴清卿先生視學吾秦，曾以是書見贈，讀之誠歎其精嚴詳核，高出諸家，而北方之學者，實未易數數覯也。光緒己卯，余遊鳳翔，謁張子祠，遂至府學司訓吾友長安寇允臣所，晤郡人鄭冶亭先生後嗣。余聞先生爲朱子之學也久，因求著述，乃得朱子年譜及許魯齋年譜鈔本歸。而心惓惓，謂何無人鋟以公世，已乃屬寇君轉語郡士周宗釗士甫，士甫慨諾，樂善重道，其志洵可尚已。余與諸生讎校之餘，竊見先生所見徽譜即白田本，建譜即福建祠堂本。祠堂本自有誤，而先生此本與白田本亦多有異同。白田獨不信家禮爲朱子作，年譜削而不載，先生亦沿其説，不能傳疑。朱子年二十四師事延平，白田則載於三十一歲爲受學之始，先生改從二十九歲。雖據趙師夏跋延平答問「領簿同安，始棄所學而師事之」語，而不知朱子三十四歲而延平卒，祭延平文有曰「從遊十年，誘掖諄至」，則白田失之，而先生亦未見其爲必然也。至於五十五歲辨浙學、五十六歲辨陸學之非、辨陳學之非，先生一皆去之，獨未提綱，或恐開後人攻擊之端歟？此皆朱譜大關鍵，雖非舊譜所有，亦當大書特書，況白田固已引證明確，乃猶有議其爲妄加者。夫朱子一生極力所明辨，而今反爲之回護，不惟聖賢衛道苦心指示親切之處黮闇不明，且使有志於學者亦將混淆兩可，道術因以蔽晦，甚或誣吾朱子，可不爲之大懼耶？然亦不敢輒爲增補，以俟讀者得見其真而審察焉。又如歸劉氏田之在三十四歲，通書解亦成於四十四歲，陳同甫來訪之在五十三歲，楚辭集注、後語，辨證成之在七十歲，白田本皆與此未能如一，此亦所當參考互訂者也。要之，先生此書於徽、建兩譜，各有折衷，間復補注，簡要切實，誠有益於學者。即此以求吾朱子之全，其於造道入德之方，進禮退義之節，忠君愛民之誠，著書立教之旨，本末體用，亦略可見。由是益進，而文集、語類諸書，熟讀精思，虚心切己，本果齋原譜總論所謂居敬窮理、反躬聖學功夫，與行狀如出一詞者，而實用力焉，則一切空虚功利、馳騖博雜，與夫陽儒陰釋、顛倒中晚、始異終同之説，舉不足惑其胸中。然後孔子以來，博文約禮，兩造其極者，可得而信。

而孔子集羣聖之大成，朱子集諸儒之大成，學術道統淵源有歸，即以此爲吾儒之指南。麟雖淺陋無聞，竊願與吾黨士共證焉。嗚呼，是刻豈小補哉！庚辰九月丙戌三原賀瑞麟復齋甫序。

白田草堂存稿記朱子年譜正譌後

〔清〕王懋竑

武進鄒君琢其，雍正己酉以御史謫居吾邑，與吾友湘濤遊，相好也。琢其以文名，而湘濤講於朱子之學，勸令讀朱子書，時與共講。逾年始與余相晤。余時方考訂朱子文集、語類，因亦共講之，每聚談輒移晷。余偶有所見，必以相商榷，所謂倒廩傾囷羅列而進者，琢其但唯唯而已，絶不辨其是否也。既而湘濤卒，琢其從余索文集注觀之，余辭以此未成書，考訂歲月尚多訛誤，所附議論亦有疏略，不可以示人。琢其再三索觀，余乃抄諸籤帖稾與之，而屬其爲余訂正。琢其廣爲援引，前後較勘，訂正其訛誤者十之三四，大抵皆在歲月先後，而於所附議論仍不置一語，次第校閱僅及八十餘卷，而琢其以期滿歸矣。余覆閱之，服其訂正之精審不可移易，而惜其尚多闕略；又於議論處自有改易，而琢其已歸，無與共語，未嘗不悵然也。戊午秋，琢其自金陵貽余朱子年譜正訛一册，副以手書。其書大概言舊譜多訛，所當是正。而所附論學諸語，亦以文集、語録類叙，可見古人爲學次第，不煩論釋。至所用兩先生語，皆向日所聞，歸輒記之，近不復憶其爲何人語，亦概叙入，非掠美也。其譜例因舊譜閒有改正，其所附論學諸書，次第規模用湘淘正學考，而其議論雜用余說。其大指以正學考收載太繁、語釋太冗，僅删取其什一，而所增入幾半之。其論朱子未嘗始同於陸，答江許書之不在庚寅，答薛書之不專指佛學，指示本體非止晚年，而晚年亦不專指本體，皆湘淘說也。其據江書，學禪止在早年，不可執己見，一悟爲定。潭州之會，南軒以延平默坐澄心爲非，據吕方書，朱子於延平前後略有異同，答劉季章書非另有不言不語工夫。答廖子晦書爲晚年定論，則余說也。至於小小考訂，如陳俊卿之爲陳康伯，和鵝湖詩之在鉛山，詩集傳序後來所不用，宋史以家禮易古今家祭禮之謬，亦皆從余說。而家禮非朱子書，乃余所獨創，與勉齋、北溪相違異，心竊不安。而琢其亦斷從之，削去「家禮成」一條。昔范淳夫唐鑑多用伊川議論，伊川語人曰：「不意淳夫乃能相信如此。」余萬萬不敢望伊川，而琢其之相信則類淳夫矣。顧其言僅據洪本與新閩本，而李本則未之見，李果齋元本不可見，今行世者有李、洪、閩三本。李爲陽明後人，多所删改。洪本略有增入，而無能是正。閩本尤爲疏略。故無以考其異同。又據文集、語録增入者多，而與舊譜混而不分。其所發明自得者亦多，而以他人之說雜之，不可識別。所增入者，閒不言其所據，詳略亦無定例，頗非著書之體。余竊考其書，採摭廣博，辨正精詳，而所附論學諸語亦簡要分明，可見古人爲學大略，皆舊譜之所不及，其傳於後無疑。但猶有未盡合者，故爲一一條疏之。俾後人知其用思之密、用力之深，而其所自得者，嶢然特出，而不爲衆説之所亂。至有一二可疑者，亦閒注於下，以俟他日與琢其相見共商之。而余别有年譜考異一書，琢其蓋未之見，亦俟他日與琢其共删訂，庶可成書。然自寄書後已二載，莫知音問，道里隔闊，而余又老且病矣，相見之期未可以定，姑記其説於此云。乾隆庚申十月白田王懋竑。

婺源茶院朱氏續譜序

〔明〕朱泰壇

朱氏之先，本高陽氏之後，有晏安者食邑於曹。至陝，佐周武王克商，始封於邾，子孫以國爲氏。後世有家吴郡而避地居歙之黄墩者諱瓌，唐天祐中以刺史陶雅之命，領兵戍婺源，制置茶院，子孫因家焉，遂爲茶院朱氏。閱三世，始有長田、瀲溪之分。蓋長田郎二公惟則，瀲溪耶三公惟甫也，子孫各自墳墓，爲土著爾。長田四世有奉使公并之子孫賜第於錢塘，歙溪四世有吏部公松宦閩而生文公，長田五世有五六公然之子孫世居長田。淳熙丙申，文公還自閩，展墳墓，叙世次。癸卯，始定爲婺源茶院朱氏世譜，於然實有與焉。而奉使公之孫曾道梗無聞，然又會族立之於祠，命其子祀之，其於宗族拳拳有如此者。譜自文公迄今五世矣，徽、建千里，新收名數，弗克時相告語，竊嘗憾之。近始蒙詔立婺源文廟檄，取其五世孫勳歸掌祠事，僅獲係續其枝，而旁猶弗能及也。泰壇方有志於譜，不幸偶罹兵燹，逃竄山林，亟於然之諸孫圖之，幸存其似本。掇拾遺文煨盡之末，卧起與俱，憫憫有待。今幸天朝平定，文廟欲新，將復徵祠嗣朱爲無所待也。歲月侵尋，大懼荒失，輒因似本而附益之，續爲婺源茶院朱氏世譜，謀梓以圖不朽。學疏才譾，言俚無章，極知僭逾無所逃罪，固不敢妄擬於文公之爲，第無愧於然足矣。梓成，不揆蕪陋，謾記歲月云。大明洪武二年己酉歲次秋八月既望茶院府君十五世孫泰壇右拜謹序。

成化壬辰重修朱氏會譜序

〔明〕夏時正

謹按考亭文公先生婺源茶院朱氏世譜序有曰：「吾家先世居歙之黄墩，相傳望出吳郡。唐天祐中，歙州刺史陶雅初克婺源，命吾祖領兵戍之，是爲制置茶院府君。卒葬連同，子孫因家焉。其後多散居他鄉者。連同别有朱氏，舊不通譜，近有自言爲茶院昆季之後，猶有南唐譜諜，其是非不可考矣。」洪武初，環溪子孫有真佑字彦常者，重修環溪譜。翰林學士宗人朱允升序之，謂吾宗自革、環二公，由蘇之洗馬橋同時避地，徙歙之黄墩，革則吾祖，環則彦常祖也。以今考之，環即文公先生所譜婺源始遷祖制置茶院是已。茶院以下五世，至蘆村府君振，生四子：中立、絢、發、舉。絢爲文公先生曾大父，而生森。森生韋齋先生，韋齋去尉尤溪，生文公先生，因家建陽，遂爲建陽朱氏。舉之長子瓚，亦徙休寧之臨溪，是爲臨溪朱氏。瓚之孫時，與時之從孫興同徙月潭，是爲月潭朱氏。時之子垍，又徙歙之杏城，去黄墩三里而近，即環溪也，是爲環溪朱氏。當文公序世譜時，在淳熙中，還婺源展連同之墓，已與二世祖妣方夫人等墓皆失之矣。亟訪且言於官，止得連同兆域，而絢已無他子，因感世次之易遠，骨肉之易疏，墳墓之不易保，乃爲序次，定爲婺源茶院朱氏世譜而序之，别録其副，以示族十一世以下來者。且屬徽、建二族，自今每歲當以新收名數更相告語而附益之，庶千里之外，兩書如一，傳之永遠，有以不忘宗族之義也。嗚呼！大賢尊祖敬宗不泄不忘固如是歟！臨溪之譜，瓚八世孫天錫修之；月潭之譜，則興之孫汝賢修之；環溪之譜，垍之七世孫真佑修，而子復德成之。復德子惠志欲會諸譜，未就也，逮屬纘，而命其子長宗。至是，長宗乃用禀於仲父良，即走月潭，轉相告之族弟雲宗、齊宗，咸如所志，各出所藏譜，更相考訂，重加編輯，而復收其未登名者。自茶院至今通二十一世，可謂盛矣。然特詳於瓚之一派，而瓚一弟天倪與凡居婺、建二族，自十一世以下皆未及附載之焉。雖親疏之勢等殊知，尚有俟於他日，而一本萬殊，萬殊一本，會而歸之，油然興思於水木本源者，豈直不以途人視之而已哉！夫譜諜之作，所以原本始，序昭穆，隆宗支，别親疏，屬涣散而厚人倫，其于風化之係重矣。然貴有以見之行焉，有其名而踐其實，庶無忝所生而善錫類，庶無忝後于文公先生也，尚其勉諸！譜既成集，復以朱氏先世遺文附之譜後，共爲卷十，圖繡梓以傳。長宗不遠來請爲序其首簡，予重朱氏後人之多賢也，故不辭而序之。時成化九年歲在癸巳春三月朔日，賜進士出身嘉議大夫南京大理寺卿致仕仁和夏時正序。

朱氏統宗譜勝會實録序

〔明〕朱　鏜

勝會引

此會在天地間爲至仁、至義、至榮、至貴、至美、至大、至嚴、至難，雖古昔齊桓公召陵之盟、晉文踐土之役，亦未足擬，故凡有人心者，宜無不願與兹會者。但智愚不一，事每牴牾，所以能輻輳而事底于成者，竟寥寥又矣。若夫朱氏曹挾得姓迄於今，年凡二千七百有奇，世世則九十有餘。中間反復起伏，蓋不知其詳，然存一星之火爲可觀者，幸有上祖源流，世世相承。自後各宗其宗，各地其地，分形析影，築一宫牆，爾界我疆；立一門户，率至於統緒紊、派履淆、碔玉之莫辨者，大抵皆由此也。視前人以天地心立天下事，餘波遺燼，至于今日尚可循襲者，其功效果何如哉？具儀屏所以用心於此久矣，故兹會倡謀于家君之誠心，而數年之間，猶不得以大償其願，而必有待者，豈無自而然耶？蓋由紫欲奪朱、莠欲亂苗、正道難行、邪道易入故爾。不然，此感彼應自然之理，矧帥以尊祖敬宗，而何阻格之若是哉？此所以有能成于今日者，誠不可以小小論也。故常觀同志之士，喜能矻然砥柱，分勞任責，百苦不辭者不一人也，庸可無一字以暴白其所用心耶？是故與兹會者，功有大小，勞有遠近，事有久暫，行有勤怠，悉皆隨事類序于首，俾後檢閲之際，爲之子若孫者，指其名，驗其實，庶得以知其某時某人曾有是勞，某地某祖曾有是力，今日一舉，顧非萬世之功耶？於戲！斯會千載奇逢，斯書萬世盛典，直與天地同悠久者也。萬曆甲申歲在春五月穀旦裔孫鏜謹書。

月潭朱氏譜序

〔清〕朱汝賢

按古邾國，密邇洙泗之鄉，漸濡周孔之教，自受封以來歷數百年。入春秋首，鄰好累見於經。齊桓北杏之會，晉文温之盟，皆執玉帛後先，以同尊王室。其君以利民爲急而不計其身，其民以一言却諸侯八百乘之師而定國。其地雖介乎數國强大之區，終春秋二百四十二年間，比他國爲獨壽，而其民可使者，皆其君習聞乎詩書禮義，以之導其民，而天理有以維持其心也。故楚靈王會諸侯於申以稱霸，侈心虚欿，震動中華，元侯大國奔走恐後，而邾獨晏然不與，楚靈王亦不敢以力臨之，詩書禮義之效乃如此。周衰，秦罷侯，邾之子孫以國爲姓而從朱。漢之雲，剛方有守，薛宣不能吏；晉之序，不忘晉，以一言破苻堅百萬之師；唐之敬則，兄仁軌，家傳孝義，世被旌表；其初皆一人之身也。奈何五代之後，宗法廢，既不能一其族；支流繁，又不可聚。歷世愈遠，譜諜難屬，往往著姓皆然。吾家可稽者，自大唐僖宗廣明間避巢寇居歙之黄墩，天祐中瓌以歙州刺史陶雅之命總卒三千戍婺源，制置四縣，婺源、祁門、德興、浮梁。因家焉。又數世，一支遷建之政和，今徽國文公家是也。一支遷休寧之臨溪，今吾家是也。但家中所編譜於婺源、建寧稍略，於臨溪月潭甚詳，予乃整而輯之，所以收宗族、厚人倫，書之以示子孫，庶幾乎會千載於一日，歸萬殊於一本，而思仰報先世積累之德，衍綿綿之澤於無窮焉。此予深所願望也，其懋之哉！乙巳歲九月朔日茶院十四世孫汝賢拜書。

月潭朱氏族譜序

〔清〕魏學誠

自禹湯文武既往，而孔孟以道統治天下數千百年，而紫陽繼之。四書、五經炳若日星，俾天下之聾者振、瞶者開，厥功亦甚偉哉！新安文獻之區，地靈人傑，紫陽先生實產於此。予家居西北，去新安數千里，然心儀大儒，時竊神往。每從江南之官京師者遊，輒詢紫陽家世，知紫陽先生產於新安而宦遊於閩，故其支遂兩處焉。今其宗居於婺而遷於休、歙者，如月潭、臨溪、環溪皆成望族，昭穆行第，按譜可稽。予益嘆賢者之族必昌，而其流澤餘風愈遠而愈無窮也。今國家重道右文，於濂洛關閩諸賢褒禮有加，而於紫陽尤推崇不置，凡學使者出，輒手書紫陽遺文以賜，此以見天子闡揚理學、表章先儒，而於紫陽尤諄諄不置也。

丙戌，予奉簡命視學江南，喜道出先賢名區，而紫陽之宗分居月潭者譜適成。丁亥秋，予校士池陽，因其太守西齋馬老父臺世兄，以大吕、士騏等叨居世誼，手持月潭宗譜壹集，代爲請序於余，曰：「月潭朱氏，休寧望族也。自婺源遷休寧，譜凡數修，代有聞人。今閲其譜，其表章絶學也，恍與昔之聖賢晤對焉；其推揚節義也，足令後之頑懦自立焉。其山川景物，足令卧遊者神往焉；其起居風俗，足令披讀者興起焉。其歲終伏臘也，報本之思寓焉；其四時家祭也，事先之禮存焉。其宦於四方者，德政皆有考焉；其官於京師者，文采皆可傳焉。觀於月潭之譜，而知先賢德澤在人，而流風餘韻愈遠而愈無窮也。今先生奉命視學，方將褒表名儒、崇尚氣節，俾俗盡長厚、人盡雍睦，其於月潭朱氏之譜可無一言以紀之乎？」予按家譜之立，以睦族也，紫陽年譜有建、婺二支，歲杪畢書之例，於合族頗爲盡善，而年遠族繁，遂有不盡舉行者。今月潭朱氏猶能傚厥貽模，不忘先緒，不益可嘉乎？雖然，予竊有進焉。詩曰：「無念爾祖，聿修厥德。」紫陽爲孔孟功臣，爲之宗者，果能修其祖德，爲國家正學術，爲民生敦教化，其念爾祖也，不更大乎哉！遂書此以應命，併以勗紫陽之子孫。康熙四十六年仲秋月提督江南學政東宫講官詹事府左春坊左諭德兼翰林院修撰蔚州後學魏學誠頓首拜題於秋浦試院。

月潭朱氏族譜弁言

〔清〕朱國蘭

紫陽朱氏之有譜也，訂自文公也。以茶院府君爲始祖，恐源遠而昧所自，慎厥始也。先世皆居婺之闕里，至瓚公自婺闕里徙居休之南，是爲臨溪府君。至興公自臨溪東徙十里曰月潭，是爲月潭府君。同時有時公者，自月潭徙居歙之環溪，是爲杏城府君。徽郡朱姓最繁，而紫陽之派惟此四族爲著，其他皆附紫陽以見者也。自文公訂譜後，五世孫汝賢公舉宋度宗朝進士，官至提舉觀察使。元兵下，棄職隱居，聚族譜及文公年譜重刊之。有明成化，提舉六世孫齊宗公合環溪族譜重修之，然族衆浩繁，時已有遺漏不及訂入者矣。國蘭上溯齊宗公九世下，而姪輩已有舉耳孫者。歷年近三百，歷世十二三，其間遷徙流亡不知凡幾，而欲舉而輯之，按簿而考之，不亦難哉！然閱年久，恐轉轉相因，一本之好不敦，同宗之誼罔識，世愈遠則愈不知所自，而遷徙流亡愈有不可知者。國蘭惟宗法之隕越是懼，同姪士騏等，於甲申之春，大聚族人，告之祖廟而重輯之。其遠徙客鄉者，則遣人四出而徵採焉。自甲申至丙戌，輯成宗譜凡十卷，視前之輯譜者較難，然視前之遺失有未易更僕數者矣。昔文公訂譜，著之爲訓，令族之人歲杪舉一年之生齒悉書之於册，則無詿漏之失，間有流寓，亦按簿可稽。嗚呼，昔之人歲一修之，而後之子孫數百年一舉之，其視譜之輕重爲何如也？

月潭朱氏修譜啓

〔清〕朱國蘭

蓋聞土姓之錫，肇自夏書；而國族之繁，係於左氏。凡瓜瓞之日衍，恐奕葉之易淆。讀史遷自序之文，司馬是重黎一本；玩子雲反騷之句，揚侯乃汾祖真傳。歷數先民，大以水源木本爲念；憫予小子，敢以年湮代遠爲辭？宗支是重，譜牒宜修。惟我朱氏，系先火正，苗裔出自高陽；國本邾婁，授社鄰於宗魯。自地遭楚併，遂去「邑」從「朱」。代有偉人，多勒勳於史册；世稱望族，每散穎於寰區。據徽之一派，亦分枝於兩省，源從吴郡，更徙金陵白下，重遷黄墩寄蹟。舜臣公身膺戎旅，自唐末造，兵戍婺源；諱瓌，茶院公也，唐禧宗時。韋齋公官拜迪功，當宋偏安，家留南建。文公父也，諱松。至臨溪爲休寧之祖，臨溪公諱瓚，自婺闕里始遷臨溪。粤月潭爲特起之宗。月潭公諱興，自臨溪再遷月潭。試上遡乎蘆村，均爲一父之子；再進推乎茶院，孰非一祖之孫。惟兹月潭之支，越四傳而大顯，實我竹溪遠祖聯九族以成書。竹溪公諱汝賢，月潭公四世孫，官提舉。弟竹窗諱汝清，明州同知。竹林諱汝弼，甌寧縣丞。竹軒諱汝輔，湖南承宣使。兄弟同居，世稱義門，首修家譜。棣萼聯輝，勳階並貴。紫陽義居之號，賜自宋朝；家有紫陽義居賜宅，宋度宗朝建。白嶽聖人之宅，建由獨力。休寧明倫堂，係竹溪公建，事詳邑誌。甲第極雲霄之上，園亭據山水之間。此月潭一派，至今繁衍者也。乃臨溪之三世，實先月潭之遷；有時公之一支，獨著環溪之勝。時公無號，其子堉遷環溪，臨溪公之曾孫也。月潭公則臨溪公之玄孫也。此歙縣環溪派也。留臨溪而不徙，守高唐之祖塋。此本邑臨溪派也。蘭等族居月潭，派分闕里，自提舉公刊年譜而後，黄海代有亢宗；提舉汝賢公，去文公五世，修宗譜及文公年譜重刊之。粤齊宗公修家乘而還，白嶽未鍾靈秀。齊宗公，提舉六世孫，成化壬辰修譜，至今凡十三世，近三百年未修。惟三百年之遺緒失墜，致十三世之譜系無聞。不揣輕微，欲蒐輯夫家乘；庶幾近易，用起例自月潭。書法不厭其詳，詳夫祖先名諱，生卒年壽行第；紀事務求其備，備及子女嫁娶，郡邑姓氏官階。庶見竭蹶而成一書，行將連類而全完譜矣。謹啓。康熙四十三年甲申歲八月朔日茶院二十七世孫國蘭拜書。

第四届續修宗譜(月潭朱氏族譜)序

朱承鐸

粵若我文公有家禮之作，凡冠昏喪祭皆以宗法行其間，而首定祠堂之制。又嘗以展墓歸自建州，創修世譜，垂憲方來。蓋大賢報本返歸之心與尊祖敬宗之意，已深切著明若此。遵而守之，首祠堂以奠昭穆、辨等威、奉烝嘗；有譜牒以篤宗親、紀世次、聯支屬，其義一也。吾月潭之祠，始建於廿五世從祖齊龍公與其諸昆季。譜則一修於十四世祖汝賢公，再修於廿世祖齊宗公，三修於廿七世從祖國蘭公。經時堂制一循家禮，譜例皆奉文公。棟宇崇洞，源流昭晰。又越五世，至我先曾王父鵬翼公，譜闕不修者已多歷年所。公感時代之湮遠，懼支裔涣散，提議興修，有志未逮，此初舉而不果也。會洪楊事起，户鮮寧居，譜册既殘，祠宇滅燼。我先王父士銓公亂定歸來，目覩心傷，潸然涕下。亟謀先復宗祠，以修祀事，衆志協定，迺隣其故址，芟薙荒穢。公櫛風沐雨，躬督匠石，品第檩桷，規畫間架，辛勤十載，始竣厥功。自是新廟奕奕，靈爽式憑。既落成，復以譜事爲己責。首厓略矣，不幸中道謝世，此再舉而不果也。迨先叔恩湛公晚歲家居，思踵前武，亦曾通告本支，寓書遠裔。

無何疾作，及易簀，猶以斯願未了爲言，此三舉而不采也。承鐸昔聞緒論，心嚮往之，竊念自國蘭公賡修以來，洎於今二百有餘歲矣。又時丁喪亂，兹事體大，曷敢怠荒？於是戊辰冬大會族之長老，與昆季羣從之諳譜學者，昭告家廟。慎初慎終，徵采不厭其詳，體例一仍其舊。其首懿行、令德、碩學、官勳，得之志乘、聞之故老者，必核實登載；其事蹟湮晦，傳同異辭者，則切實調查，闡幽表微，致嚴致謹。復走書東浙，得平湖、鎮海兩支，不遠千里，奉籍來會，兩易寒暑，譜事用成。惟源盛末分，歷世寖遠，中更兵燹，散而之四方者，不乏其人，無從搜録，例得增補遺一卷，俟後人續而載之。自兹以往，凡我族屬，歲終必舉一年之生齒叢書於册，藏庋於祠堂，俾無絓漏混奪之失，庶堂事修而譜事亦易爲繼。承鐸不敏，斯編成，謹誌其緣起於簡端，而益嘆我文公輯禮篹譜之流澤長也。民國廿年辛未孟夏月三十五世孫承鐸敬序。三十七世孫典麟拜書。

朱子奏議序

〔明〕葉向高

朱生崇沐既刻朱子語類，而余爲之序，大較言朱子之學同於孔子，有孔子，不可無朱子也。朱生復裒朱子奏議刻之，而仍屬余序。余於是歎曰：夫朱子者，非但學之同於孔子也，其遇亦同於孔子。孔子當周之東而欲挽之西也，轍環列國，以尊周攘夷爲事，而列國不能用也，周遂不復西而并於夷秦；朱子當宋之南而欲挽之北也，歷事諸帝，以尊宋攘夷爲事，而諸帝不能用也，宋遂不復北而并於夷元。此一聖一賢者，其身之合與不合、言之用與不用，非但關當代之存亡，而天地之所以晦明，運會之所以升降，生民之所以爲華爲夷爲人爲獸，皆于此決之。非如尋常謀國之士，爭一事之是非、計一時之得失已也。或者曰：孔子用而周必西，則吾信之矣，夫朱子也，而若是班乎？余曰：不然。朱子之地位力量，信不及于孔子也，而其學問之所至、功業之所竟，必足以爲天地立心、爲生民立命，則吾以爲孔子而後，儒者之有實用，未有遠過于朱子者。當孝宗之初立也，朱子上封事至數千言，惟以勤政講學、絶和議復讎恥爲説，已切中當日之膏肓。其後更歷三朝，屢廢屢召，屢有建白。小之而地方之利病、民生之休戚，如救荒恤刑之類，固已爲之規畫措置，經久可行；大之而朝廷紀綱、軍國之謀議，如奄竪竊權、賢才廢棄、兵食耗損諸弊，又爲之發憤開陳，思有補益。而其所爲本本原原、言之諄復曲折。至于世人詆爲迂談而不能自已者，則惟在于人主之一心。蓋其言曰：「人主之心術公平正大，無偏黨反側之私，然後紀綱有所繫而立。又必親賢臣，遠小人，講明義理之歸，閉塞私邪之路，然後人主之心可得而正。」使宋之君臣能用其説，必有以成恢復之功，而不至覆亡之禍，蓋萬萬無疑者。然而居官九考，立朝僅四十日。同時士大夫所爲推轂之口與媒孽之談，常遞爲勝負。而人主之心所爲傾慕倚注，欲究其用，與所爲齟齬厭畏，不能安之於朝廷之上者，亦遞爲疑信。而卒之王淮、陳賈之徒曹起而攻之，雖以孝宗之聰明、寧宗之篤向，亦爲所奪矣。蓋賢人君子之道，其難行于天下如此。然至今讀其封事疏劄及諸奏對之言，無不明白正大，辭暢而意真，使賈誼、劉向之徒爲之，不能如是之剴切也。故孝宗得其疏，至漏下七刻，猶披衣起讀。而寧宗每當進講，必問熹説云何。蓋賢人君子之言，其易于感動又如此。近世人士既詆訾宋儒，遂謂其用舍無益成敗，而欲束之高閣。至如正心誠意之説，宋人以爲世主所厭聞者，今已絶口不復談，學術壞而責難陳善之誼衰，其日睽日隔，漸以成極否之勢而不可挽回無惑也。然則朱生兹刻，其關係世道固不小哉！時萬曆甲辰初夏午日，賜進士出身通議大夫南京吏部右侍郎閩中後學葉向高謹序。

朱文公政訓前序

〔明〕彭　韶

聖賢之訓多矣，能認得爲己，則隨地可行。不然，日肆日偷，無所警省，白首且昏如，其能知一言爲可用乎？宋李文靖公謂聖人節用愛人一語尚不能行，是雖有激而云，然非身行之，未必真知其難也。繼聖人之後，朱文公一人而已。文公之學，全體大用之學也。範我後人，如規之圓、如矩之方，萬世所不能外也。間與門弟子問答時政，又皆指示病源，親切的實，讀之使人凛然知懼，蓋不獨爲門人弟子語也。繼文公而興者，又有西山真先生焉。先生嘗著心、政二經，傳在學者。其帥湖南、守温陵，于寮屬吏民屢有諭教。諄諄一家之言，委曲詳盡，讀之使人油然欣慕，亦非其寮吏所可專也。韶以海隅鄙人，承乏按察使于蜀，餘一載矣，脩己治人，茫然無術。比欲與同寮諸君子文告有司上下，深慮無益。乃録文公弟子問答之語、西山諭屬之文，名曰政訓，刻梓以行。期與吾寮吏共勉之，以所答辭爲己之答，以所諭辭爲己之諭，不患無益矣。若夫禮樂之懿、格心之妙，不敢輒及。然能於此勉慕而有得焉，則所以爲之地者，亦未嘗不在也。或謂文靖公澹然無欲，其所激殆爲風俗侈靡而發，亦孰知今之助奢尤有甚乎？噫！此心一萌，其不能從事于吾政訓矣。三尺之法，明明具在，豈容少私哉？願相與戒之。成化十二年歲次丙申冬十月既望後學莆田彭韶序。

朱文公政訓後序

〔明〕張悦

夫所謂政者，非徒事乎法度禁令而已，要在夫推吾心之所以正者以正人也。蓋心生道也，乃乾坤之元，萬物所以資始資生者也，人得之以爲心，即所謂仁也。然衆人雖有是仁，不能不爲邪誘所遷，惟聖人之心，粹然至正，故其所行，莫非仁政，不使一物弗獲其所，殆與天地生物之心同一仁矣。未至於聖者，必致知以明其理於心，而後力行以求至其地焉。奈何孔孟以後，心學失傳。人不知要，惟務口耳文字喪志之學，無復涵養本原、研窮義理，其於己之身心已無所得，況望其善諸政以利乎物哉！迨至有宋，濂洛關閩真儒輩出，講明心學，反復詳至，仁政之藴，悉備於辭。不得於辭，奚以善政？然其辭浩瀚廣博，若無際涯，欲入其門者，未必盡知所由。吾寮長憲使彭君鳳儀有見於此，乃於退食之暇，繙閲朱子相與門弟子問答時政之語，并真西山氏所著心、政二經，與夫戒諭僚屬之文，掇取其尤切於日用者，總若干條，稡爲一編，名曰政訓。既自爲文以序其端，出示寮佐，將板行以詔諸有司上下，蓋欲其行遠自邇、登高自卑，以求盡爲政之道，非欲其取足於此而遂已也。有志於仁政者，誠能由此入門，更求諸儒全書以及六經而有得焉，則升堂入室，大有所見。以之施於有政，不暇勉强穿鑿，一由乎心學中流出，而彼之被吾政者，亦豈有困於勞擾而弗獲其所者哉！若乃安於卑近，而不復求進高遠，則非今日纂集是編之本意也。刻板既成，復屬予序之以廣其意，義不可辭，故併言其政之所以然，俾觀者益有以知所本云。成化丙申冬十二月之吉四川按察司副使雲間張悦序。

朱子議政録序

〔清〕邵廷菜

叙曰：易之贊聖王也，曰：「通其變，使民不倦。」春秋立三世、三統之義，而改制質文之説詳焉。詩緯曰：「王者三百年一變政。」孟子亦曰：「由今之道，而不變俗，雖天不能一朝居。」變則治，不變則亂；變則存，不變則亡。三代以上，聖賢之論治，罔不重變法矣。後世變法之最著者，則有若趙武靈、秦商鞅、魏孝文、宋王安石。武靈胡服以制胡，孝文用夏以變夷，無可訾議，論者幾忘之矣。商君佐秦成帝業，雖嚴酷不道，人亦不甚歸罪。而羣矢咸集安石，相戒不可言變法，言則人亦以安石詬詈之，甚且以經術奸言之謬説醜詆之。夫病安石可也，病變法不可也。謂安石所變之法不合經義可也；因其不知經義，而並謂經義之不可施于實用不可也。陰主楊氏爲我之意，陽托護衛聖道之名，日譚精奥，而于聖人範圍百世、隨時損益之大法，熟視若無覩，此中國之大，所以因循萎頓以有今日也，豈不謬哉！夫有宋一代，主變法者安石，而明經義者，宜莫如朱子。朱子親見中原淪于夷狄，則變法之説，宜痛之惡之，而不忍出諸口，乃其上告君父，下告友朋，尤斤斤于此，而一再言之，雖獲罪當世而不恤。朱子果亦何樂于此而然耶？其亦瞢于經術，而甘以是自戾于聖人耶？是不可以不深長思矣。予既悲變法之説見詬于後世，又恨先生之志不獲大展于當時，乃剌取當時議政之言尤精切而適時用者，部分類聚，都爲十篇。有觸余懷，亦加引伸，不敢謂有當于先生意，亦聊以證道在因時制宜，而仁義性命之不可空談而已。嗚呼！先生已矣，魁儒僞學，何所重輕？冒其名而弗究其用，則亦所云魯國盡儒服，而真儒無一人也。世有講先生之學，以上窺先生經世之志乎？則鯫生之所馨香祝之，而亟欲就正者矣。

光緒二十五年中秋後四日邢廷莢。

朱子議政録序

〔清〕高鳳岐

自歐、美諸儒之遺著重譯遞衍，以主兹土，而吾國學界爲之一變。年少鼎鼎，爭與崇奉，至欲盡褫吾先儒之書以事之；而老悖排外之輩，則又視爲彼族之言，無不亂吾道。吾謂學問者，天下之公器，其理與天地並爲無窮。環球萬國，正當互采互勘，共求其學以爲歸，非一國一家一人之説所得而私據之也。吾國講學家日以派别爲齗齗，今則學界之鬨，一以國界爲爭。三十年前，苦心變法之士，至搜討西政西藝偶合六經、諸子者，名爲東來法，以塞守舊之口。嗟乎！同此法也，名爲東則可，名爲西則不可。幾幾乎天地之大，惟吾國有學，而萬國皆無學，國界之具可謂重矣。乃至今日之所謂國界，則不在此而在彼，又幾幾乎萬國有學，而吾國獨無學。其炫于衆者，不曰英儒之斯賓塞，即曰法儒之孟德斯鳩。豈知倫敦、巴黎，譯吾孟子之七篇、朱子之語類，至彼此互勘，驚其精理，以爲不可磨滅。苟掩其書目，易其名手，又轉譯爲漢文，以入吾土，彼學界中之媚外者，亦將心醉此書，以爲是誠彼國哲學，有精理而不可磨滅者也。曩者林迪臣太守重刊陶氏求己録以餉學子，以明先儒義理之學，未嘗無禆于人國，迄今累年，稍稍厭棄矣。兹勞玉初吏部，又重印邢氏所輯朱子議政録，督余序之，至於再三。吏部老而劬學，日求譯本，固無學界國界之見，而獨勤勤于此書者，蓋欲學者勿輕棄祖國以貽外人之譏，萬萬非以宋儒樹幟也。抑余又有説焉：世人敢于掊擊宋學，彼豈有惡于宋，爲不便于聲色貨利，不得恣而肆耳。若夫忠亮之士，割嗜慾以專國耻，愈精各國學理，愈益採録雜説以相刻勵，蓋天下未有不事舊學，足以冒新學者；未有真知新學，終以仇舊學者。在青年人，有志有氣，但能自鋤私慾，即無不軌于正以達其用。所難者暮齒昏眊之輩，于新理新法，一無所窺耳。苟得此書而警醒之，遇有真守舊者，彼見吾國大儒，猶公然昌言變法，而無所謂變于夷，則此書已不爲無禆矣。光緒癸卯年正月長樂高鳳岐桐甫。

朱子議政録跋

〔清〕勞乃宣

右朱子議政録一卷，醴泉邢氏撰。刺取朱子書中言變法者，以諗當世，使篤舊學者泯異視新學之情，崇新學者釋鄙夷舊學之惑。心甚苦，意甚盛，禆益于學界者甚大。原板遠莫能致，爰重付排印以餉學者。好學深思之士，有能會古今中外而貫通之者乎？斯則天下國家之幸也。光緒癸卯二月桐鄉勞乃宣識。

趙柏巖集彙呈朱子論治本各疏

〔清〕趙炳麟

掌京畿道監察御史臣趙炳麟跪奏：爲彙呈宋臣朱熹論治本各疏，以祈乙覽而裨治理，恭摺仰祈聖鑒事。竊臣於光緒三十三年十月初三日奏請勤求帝學，仰蒙兩宫採納，令孫家鼐等逐日進講。我皇太后、皇上睿智淵深，宸衷沖挹，臣迂陋小儒，何足窺見萬一。然有君如此，臣冀其媲治於唐虞三代之隆，以彊吾國而救吾民，此志未敢一日去諸懷抱者也。臣觀後世奏疏，惟宋臣朱熹述帝王之治理，極其精微；論亂亡之陋習，極其沈慟。熹嘗望其君以勤求上理、力挽末流，乃其君不能用。後數百年至我聖祖仁皇帝，一切用人行政無不由於朱熹之學説。咸豐間，倭仁、曾國藩諸臣，亦以其學事文宗，戡平大難。臣考朱熹論治要領，不外振綱紀、厲風俗、嚴賞罰、辨是非、肅宫闈、杜賄賂之數者，必人君學識進於明强，而後萬事萬物之來，如影在鑑，毫髮莫遁。

以此進退臣工，督責功過，曷事不舉，曷令不行？故人君之一心，又爲萬政之本也。臣不揣檮昧，謹將朱熹奏疏關係治本者，節其要而擇其精，彙輯爲書，恭呈御覽。不過萬數千言，而法戒備於此矣。惟聖明留心省察，天下幸甚。伏乞皇太后、皇上聖鑒。光緒三十四年二月二十七日奉旨：書留覽，欽此。

晦庵題跋識語

〔明〕毛　晉

先生爲絶學梯航，斯文菽粟，即童蒙皆能道之。故先喆尚論者，輒作道巍德尊等語。至若癖躭山水，跌宕詩文，一往情深，幾爲理學所掩。惟壽昌吳氏一贊頗具隻眼，贊云：先生每觀一水一石一草一木，稍清陰處，竟日目不瞬，飲酒不過兩三行，又移一處，大醉則趺坐高拱。經史子集之餘，雖記録雜説，舉輒成誦。微醺則吟哦古文，氣調清壯。某所聞見則先生每愛讀屈原離騷、孔明出師表、陶淵明歸去來辭，并杜子美數詩而已。余今獨梓其題跋若干卷，亦即與壽昌同欣賞云。海隅毛晉識。

按先生年譜，紹興十八年戊辰春登進士第，予幸見同年小録有冷世光、冷世脩，係吾常熟縣人，父母具慶，兄弟聯捷，真盛事也。又有弟名世南，同入太學，時稱爲「三泠」，邑志載其各有文集，惜乎今已不傳，因附記於此，晉又識。

朱子金石學序

〔清〕鮑　鼎

治宋學者恒譏誹金石學爲玩物喪志，而金石學家每不能與之辨，雖憒之於心，終不克宣之于口。蓋嗜金石者，大率祇攻金石一門，其他學術俱未研討，至多兼及文字學而已，況宋學乎？不知真正宋儒亦曾研求金石。宋儒之宗，首推朱子。而朱子於金石學上固大有發明，以之證經考古，靡不極其能事。旁及泉布鉨印，無不兼甄博取。朱子克治之功，古今罕見，果使金石無助于學術，等之玩好，則朱子必不論列及之，可斷言也。朱子論石刻而班班可紀者，如秦之罘刻石。

近思録傳序

〔清〕張習孔

近思録者，吾鄉朱晦庵先生所裒集周、張、二程四子之文辭德業，舉其要領，編次成書，以嘉惠後學者也。先生與東萊吕伯恭氏讀四子之書，以爲廣大閎博，若無津涯，恐爲學之士不知所從入，故採其關于大體、切于日用者，輯爲此篇，分爲十四卷，總六百十二條。精粗本末先後之序，條理精善，其功于往聖、德于來者，甚盛心也。至淳祐間，建安葉氏爲之集解，自序已經進御。後乃有曰鷺洲周公恕者，取葉氏本參錯離折之，先後倒亂，且有删逸，仍冒葉氏名，曰分類集解，創爲二百餘類，全失朱子之意。流傳既久，幾亂本真，世亦無知而辨之者，此實後學者之責也。習孔幸同先生梓里，凡先生一言一字，無論其雲仍世守保無亡失，而郡邑之士亦家藏户習，代有表章。至于此録，上自天地陰陽之奥，下及修己治人之方，無弗具備。上智之士循習不已，可以入聖。即姿質中下，隨其力之所至，亦不失爲善人。誠學者所當服膺而弗失也。習孔自少受讀是書，喜其約而備、微而顯，昕夕玩誦，意有所會。輒不自揆，敬爲傳數行附綴本文之下，以相發明。序次篇章悉本朱子之舊，日詮月徙，積成篇集。自甲寅編定以來，又已數易其稿，間有旁通微辭，要亦本乎心之所明，直而弗省，蓋不敢屈抑依附以蹈不誠之愆，或亦無悖于先賢或欺之旨歟？嘗見朱子與孫敬甫書：「易説初以未成，故不敢出。近覺衰耄不能復有所進，頗欲傳之于人」云。習孔雖抱道未見之志，而衰耄甚于朱子，其不能進于是也，愧慊當無已矣。嗚乎！義理無窮而資識有量，以孔子之聖，且以不能徙義爲憂。習孔何人，敢謂此編爲不易之書哉！亦以日迫崦嵫，微志竊同夫朱子云爾。況保其故物，無使紊軼，固後學所宜有事也。用是不避僭踰之責，而潰于成，以俟後之君子擇焉。康熙戊午二月甲子新安張習孔序，時年七十有三。

續近思録序

〔清〕沈維鐈

朱子文集、語類二書，一生爲學功夫，先後淺深，曲折次第，具載其中。所以提挈綱維、開示藴奥者，辨之極其精，語之極其詳，有志於聖學者，誠不可不熟復而精究之也。顧其爲書，詳略有無，往往互見，竇應朱止泉氏嘗言之矣。如己丑之悟，中和舊説序、與湖南諸公書等篇，文集所有，語類所無；如語陳北溪窮究根原來處、識許多規模大體等篇，語類所有，文集所無；如近思録，周、張、二程遺書之解，語類所詳，文集所略；如封事奏劄以告君，時事出處以答朋友之詞，文集所詳，語類所略。此等相參處甚多，然則此書豈可以易而讀哉？余欲取止泉朱氏選定本所分九類，循序讀之，庶幾本末淺深、曲折次第，得以窺見一二，而因循頽惰，久未卒業。已矣，不敢復言學問事矣。南陵何君克庵，潛心朱子之書數十年，以所輯續近思録見視。踵原編體例，取朱子之言，詳審而縷分之，令其文意相屬，條貫可尋，善哉乎君之用心也！君與鮑覺生侍郎以正學相砥礪，此編之作，侍郎實贊成之，蓋審定再四而棄取始不疑焉。君於朱子之言，洵能熟復而精究之矣。余語君速以此編開雕，俾志於正學者得其從入之津梁，由是扶聖學之統而熄俗學之氛，人心正而風俗淳，君之功豈小補哉！道光十四年八月檇李愚弟沈維鐈序。

續近思録後序

〔清〕何鴻器

右所輯續近思録十四卷。當朱子原編近思録後，其友劉子澄復著近思續録，朱子以其所輯程子門人等之言，其説不純粹，謂可以弗作，今其書或不傳。近世有以朱子之書，參列原編，爲五子近思録，則是破朱子之成書以爲己書；亦有專以朱子之書，依原編之例，採輯成集，而其節録間有改易本文。覺生先生既皆病之，又以朱子文集等書，簡帙浩繁，恐學者不能悉心徧讀，於是將全集、語類、或問三書，屬鴻器爲採輯。鴻器案原編以所引著書之人爲先後，此係朱子一人之言，雖非出於一時，如令文意相屬，則更得所言之條貫，爰殫心詳味於各類之中，分其言之淺深先後、本末始終，别爲各册之次序如右。竊謂道有定體，學有成法。自堯舜禹湯文武而上，修齊治平之道，全見於行。至孔孟不獲行，則道隱而不可見，惟寓於學以傳之。秦漢而後，並孔孟之學不傳。其所謂學者險膚怪誕，斯其所謂道者卑陋悖謬，去聖人也遠矣。迨宋濂洛關閩之學興，得孔孟淵源之正，而共以唱明窮理正心、修己治人之道，蓋其於全體大用無不明者，由其於尊聞行知無不一者也。夫軌必同而後合轍，迹必踐而後入室。自有宋五子以來，聖學之成法，炳如日星，由是以求道，具見全體。是編從簡，不無掛漏之譏，要不過踵原編之意，以備五子之全。朱子之書具在，非徧讀不足以見其閎深，然以道與學而言，則全體成法，二編已無不備矣，讀者其盡心焉。嘉慶庚辰正月南陵何鴻器謹叙。

續近思録識語

〔清〕何鴻器

向在都中，與覺生先生參訂是書，友人戴韞山時往來覺生先生寓所，見而好之，嘗語予以不能身體力行爲愧。嗣後改官，選授金壇縣教諭，以培養人材、振興學校爲己任，十餘年來會晤不數次。今秋因公來省，盤桓竟夕，語次談及文公。沈鼎甫先生慫恿，以是書付梓，苦無刊資。韞山慨然曰：「是書有功聖教，正士習、挽頹風，此亦一助。不能梓行，是吾輩責也。」爰助全俸以爲之倡，繼得莊玉章、劉符階諸友共相資以成是舉。余與韞山交最久，其生平所見於言行者，無非仁義之心，如樂成是書之類是也。詎料話别不及三月而溘然長逝，不及見是書之成。余不忍没其好善之心，感傷而誌之。甲午嘉平月日鴻器并識。

朱子經濟文衡類編序

〔明〕楊一清

儒者之學，窮理盡性，以至於命。其用則經緯天地、參贊化育，以康濟斯世斯民，垂教立則，傳之無窮。六經、四書，如日麗天，凡有目者之所共見。去聖逾遠，正學日以湮微，濂洛諸大儒起而闡明之。至紫陽朱文公先生，集諸儒之大成。其所撰述，有功聖門，與六經、四書並傳天地，同爲悠久矣。前輩嘗採葺先生答問要語爲經濟文衡，有前、後、續三集，板行已久，字多漫滅。總督漕運都憲沁水李公謂其傳不廣，出所藏善本，屬淮安知府西蜀趙君俊重刻之。同知楊君戬、通判羅君胤衡、推官涂君文祥咸與力焉。都憲以書徵予序。夫先生之文，布在經傳，括天地，貫古今，窮事物之奧，極鴻纖之變。吾儒當會其全，豈文衡可得而盡耶？顧今之學者，未仕局於舉業，仕則奪於職守，讀書窮理，往往有遺力焉。是書鉤玄撮要，自道德性命之藴，以至簿書名例之細，具載乎其中。於是玩索而有得焉，明體適用之學，致君澤民之術，庶幾乎不昧其所從矣，亦可以弗畔矣。夫世俗聲律伎倆之文，徒爲木災，較之廣是書之傳，孰得孰失，有不待論者。一清末學小子，何敢序先生之文？而都憲志崇風教，郡守諸君式克相成，皆不可以不著，於是乎書。正德四年己巳春正月既望資善大夫都察院右都御史前奉敕總制陜西三邊諸軍事兼督理馬政石淙楊一清。

朱子經濟文衡類編序

〔明〕朱吾弼

夫經者，常道也。世之有常道，猶天地之有日月。日月有二，明無兩體；常道有明，體與適用而無二致。故本來理性曰經，以爲天下國家，則九經亦曰經，文武之政備矣。統之以道，是謂在兹之文。仲尼所以爲萬代師，删述六經也。見禮知政知聖者，等事功於百王一以貫之之道乎！先儒言經術，所以經世務。此如禹之治水，總會其絡脈，而九川滌蕩、四海會同耳。今之工縟繡以取世資者，飛影敷珍，豈不艷發？然割裂裝綴，靡靡相勝，如華藻之繪明星，伎兒之舞訝鼓，無當世用。間或侈談理性，亦復憑虚躭寂，號空中注脚。謂一切形器法度皆芻狗之餘，卒至坐忘廢務，並其世用無之。夫無當於世用，用猶可循也；並世用無之，禍身心以禍家國，豈渺小哉！紫陽當乾道、淳熙間，紹濂洛諸儒之學，而集其成。蓋六經之擯詔、孔氏之宗臣也。其所披陳於四朝者，又皆凛若霜雪、鑑如著筮。前輩常總其答問、奏記爲經濟文衡。自太極心性及天時律呂，自三皇五帝及潮汐井田，與夫荒政、差役、廟祀、兵刑、亟罷和議以盡戰守諸疏，靡不殫載。夫論世務則世務耳，何至合理性於簿書名例之細，而以爲經濟耶？理性，吾本源也。本源理會，彼于宇宙内事，猶以高下制水、燥濕制火、按方察脈，神明之妙自行，固非棄倫絶學之虚而譁世取寵之陋矣。史記引孔子曰：「六藝於治一也：禮以節人，樂以發和，書以道事，詩以達意，易以神化，春秋以道義。」仲尼之徒受業身通者七十二人，當是時，回爲邦，賜專對，由治賦求理財，視禹稷夷夔，即曰未盡相等，使得見諸行事，總非空言。紫陽羽翼六經，其於帝王淑世之規、聖賢新民之旨，固已天開日揭。經學、經濟，夫豈二體？且聞經緯天地之爲文，文而經緯天地，文之實也。仲尼所云得與於斯文而提衡萬世者，在紫陽哉！紫陽遺文亦多在閩，閩董公崇相乃出家藏善本以授余。余同臺孫公、李公方砥柱澄清，期在共濟，遂協意鋟梓。朱生崇沐慨然身任，力闡先傳。因屬王生、吳生專力校讎，刻成而徵余序。夫紫陽之文以六經爲藏府，豈盡文衡一編？顧其中所載三才一本，道器一致，至近而遠，至顯而微，何所不盡也。獨惜其時見嫉羣邪，不盡經濟之用耳。而闡幽明微，使仲尼之道歷萬世亡敝，用孰與大乎？但求紫陽者無博觀而精探之，則平生所學四字，固孔門大經濟也。明經以經世者，將無願學乎哉！時萬曆丙午三十有四年仲秋之吉。

朱子經濟文衡序

〔清〕程　恂

宋婺源滕公珙，採子朱子文集、語類，區分條目，爲經濟文衡三集若干卷。夫經濟以致用也，農田、財賦、禮樂、兵刑，皆經世要務。是編不先治法，而首太極道體心性功夫，滕公輯録之意深矣。天德王道，體用同原，本體不立而求致用，道德入於清淨，仁義襍以權謀，漢唐以降，二帝三王之道，所以不明不行也。有宋大賢輩出，尋墜緒於遺經。子朱子集厥大成，躬負名世之才，而筮仕九考，立朝僅數十日。正心誠意之論，反覆切摯，末繇啓沃君心，上無善治，而下有真儒，其將以俟後聖於無窮也。我朝列聖相承，遠宗二帝三王之心法，數千年來道統、治統始合於一。皇上至德淵微，治功巍煥，所以推而放之四海而準者，與子朱子竭誠入告之言，一一若合符節。至於紫陽之學術事功，遺籍緒論，上禪宸修，追崇表章，超軼前代。蘇氏有言：「但使聖賢之相契，直如臣主之同時。」蓋子朱子之經濟於斯爲大，而滕公此編迄今而顯，亦千古一時也。南昌楊公守新安，校刻綱目、年譜、名臣言行録既竣，復得此本。捐俸授梓，以廣其傳，而藏版官舍。恂與婺源江永襄校厥事，爰志此書編輯刊布之源流如此。滕公字德章，南夫先生之嗣，與兄璘德粹偕受業朱子之門，並得其學。入太學，登淳熙第，爲合肥令，有仁聲。楊公名雲服，字衛京，號檀滸，雍正甲辰進士。由户部郎中歷守兩郡，今薦陞江安糧儲參政。乾隆四年九月翰林院檢討新安後學程恂書。

朱子鈔釋序

〔明〕吕　柟

予在江南日，徽中士從予遊者，請刻朱子鈔釋，予諾之，未有應也。比守太學，徽士戴冠輩十餘人復以是請，予乃取朱子門人楊與立所編語略者，遺其重複，取其切近，鈔出一帙，條釋其下，以便初學覽閲。夫朱子之文動千萬言，學者少而讀之，至於白首，不能窮盡，乃今落落數百條，何也？曰：君子之學雖貴於博，而尤要於約也。維其博之趨，在朱子大賢也則可，於初學豈不泛濫而無所歸哉！學者苟於是編少加意焉，然後以觀朱子之全書，自當知所從矣。且因是以窺周、程、張子之奥，上溯孔、顔、思、孟之道，亦可優入而不難也。嘉靖十五年丙申秋八月己丑國子監祭酒吕柟序。

朱子節要序

〔明〕高攀龍

聖人之道大矣，學者學焉而得其性之所近，賦質各别，成德亦殊。至于前聖後聖，若合符節之處，則不容毫釐差也。以毫釐差，迺千里謬矣。聖人嚴似是而非也，嚴之於此也。由孔子而後，見而知之者，爲顔曾思孟。然當孟子之時，邪説並作，而仁義充塞，不有孟子，孔子之道不著也。由孟子而後，聞而知之者，爲周程張朱。然當朱子之時，邪説並作，而仁義充塞，不有朱子，孔子之道不著也。故昌黎韓氏曰：「孟子功不在禹下。」而河汾薛氏曰：「朱子功不在孟子下。」可謂知言矣。夫聖人之道，載在六籍，得其言，而得其意，以之而明聖人之道；不得其言，而不得其意，以之而晦聖人之道。自朱子出，而六籍之言迺始幽顯畢徹，吾道如日月之經天、江河之流地，非獨研窮之功、照晰之密，蓋其精神氣力，真足以柱石兩間、掩映千古，所謂豪傑而聖賢者也。其書自傳注而外，見于文集、語録者，浩渺無涯。攀龍不自揣量，三復之餘，節其要言，倣朱子近思録例，分爲十有四卷，而不敢擬于近思，名曰朱子節要。嗚呼！不有朱子，孔子之道不著也；而不知孔子，朱子之道不著也。予豈知之者哉？以爲是編於天理人欲毫釐千里之介莫詳焉，學者欲知前聖後聖若合符節之處，此其要也。鍥成書此，以諗同志。萬曆壬寅秋七月己卯錫山後學高攀龍謹序。

按朱子近思録例，一卷論道體，二卷論學，三卷致知，四卷存養，五卷克治，六卷家道，七卷出處，八卷治體，九卷治法，十卷居官處事，十一卷教人之法，十二卷警戒，十三卷辨別異端，十四卷總論聖賢。呂東萊先生謂一卷所論非初學者所能領會。朱子曰且令識個頭腦。學者須自二三四卷而入。

朱子節要題辭

〔明〕顧憲成

昔朱子與東萊呂子會於寒泉精舍，相與讀周子、程子、張子之書，歎其廣大閎博，若無津涯，而懼初學者不知所入，因共掇其要爲一編，分十四卷，名曰近思録。友人高雲從讀而珍之，以爲四先生之後，能繼其道、發明而光大之者，無如朱子。亦取朱子全書，掇其要爲一編，分十四卷，悉準近思録之例，不敢擬于近思録也，而題之曰節要。間以示予，予受而卒業焉，爲之喟然太息。世之言朱子者鮮矣，彼其意皆不滿于朱子也。予竊疑之，非不滿也，殆不便也。何者？世好奇，朱子以平，平則一毫播弄不得，高明者遏於無所逞而厭之；世好圓，朱子以方，方則一毫假借不得，曠達者苦于有所束而憚之，故不便也。以其不便也，於是乎從而爲之辭。吾以爲平，彼以爲凡爲陋。若曰：夫豈誠有厭焉，不肯俯而襲，惜其傷於卑耳。吾以爲方，彼以爲矯爲亢。若曰：夫豈誠有憚焉，不能仰而模，惜其傷于高耳，故不滿也。内懷不便之實，外著不滿之形。不便之實，根深蔕固，而不滿之形遂成，而不可解，宜乎世之言朱子者鮮矣。乃雲從之於朱子，懇懇如是，且謂學者不知朱子，必不知孔子，抑何信之深也！非其超然獨立，不受變於流俗，夫孰得而幾之乎？此予之所以喟然太息也。然則朱子其孔子矣乎？曰：孔子依乎中庸，遯世不見知而不悔，平之至也。十五而志學，七十而從心不踰矩，方之至也。朱子學孔子者也，是故論造詣，顔孟猶有歉焉，論血脈，朱子依然孔子也。雲從之爲是編，正欲人認取血脈耳。血脈誠真，隨其所至，大以成大，小以成小，皆可以得孔子之門而入。倘不其然，即有殊能絶識超朱子而上，去孔子彌遠，雲從弗屑也。讀者以是求之，斯得之矣。萬曆壬寅六月穀旦梁溪顧憲成謹題。

朱子書節要序

〔朝鮮〕李　滉

晦庵朱夫子挺亞聖之資，承河洛之統，道巍而德尊，業廣而功崇。其發揮經傳之旨，以幸教天下後世者，既皆質諸鬼神，而無疑百世以俟聖人而不惑矣。夫子既没，二王氏及余氏裒稡夫子平日所著詩文之類爲一書，名之曰朱子大全，總若干卷，而其中所與公卿大夫門人知舊往還書札，多至四十有八卷。然此書之行於東方，絶無而僅有，故士之得見者蓋寡。嘉靖癸卯中，我中宗大王命書館印出頒行，臣滉於是始知有是書而求得之，猶未知其爲何等書也。因病罷官，載歸溪上，得日閉門静居而讀之，自是漸覺其言之有味、其義之無窮。而於書札也，尤有所感焉。蓋就其全書而論之，如地負海涵，雖無所不有，而求之難得其要。至於書札，則各隨其人材稟之高下、學問之淺深，審證而用藥石，應物而施鑪錘。或抑或揚，或導或救，或激而進之，或斥而警之。心術隱微之間，無所容其纖惡；義理窮索之際，獨先照於毫差。規模廣大，心法嚴密，戰兢臨履，無時或息。懲窒遷改，如恐不及。剛健篤實，輝光日新。其德其所以勉勉循循而不已者，無間於人與己，故其告人也，能使人感發而興起焉。不獨於當時及門之士爲然，雖百世之遠，苟得聞教者，無異於提耳而面命也。嗚呼至矣！顧其篇帙浩穰，未易究觀，兼所載弟子之問，或不免有得有失。滉之愚，竊不自揆，就求其尤關於學問而切於受用者表而出之，不拘篇章，惟務得要。乃屬諸友之善書者，及子姪輩分卷寫訖。凡得十四卷，爲七册。蓋視其本書，所減者殆三之二。僭妄之罪，無所逃焉。雖然，嘗見宋學士集有記魯齋王先生以其所選朱子書，求訂於北山何先生云，則古人曾已作此事矣。其選其訂，宜精密而可傳。然當時宋公猶歎其不得見。況今生於海東數百載之後，又安可蘄見於彼，而不爲之稍加損約，以爲用工之地也哉？或曰：聖經賢傳，誰非實學？又今集注諸説，家傳而人誦者，皆至教也。子獨拳拳於夫子之書札，抑何所尚之偏而不弘耶？曰：子之言似矣，而猶未也。夫人之爲學，必有所以發端興起之處，乃可因是而進也。且天下之英才不爲不多，讀聖賢之書，誦夫子之説，不爲不勤，而卒無有用力於此學者，無它，未有以發其端、作其心也。今夫書札之言，其一時師友之間講明旨訣、責勉工程，非同於泛論如彼，何莫非發人意而作人心也。昔聖人之教，詩書禮樂皆在，而程朱稱述，乃以論語爲最切於學問者，其意亦猶是也。嗚呼！論語一書既足以入道矣，今人之於此，亦但務誦説，而不以求道爲心者，爲利所誘奪也。此書有論語之旨，而無誘奪之害，然則將使學者感發興起，而從事於真知實踐者，舍是書何以哉？夫子之言曰：

「學者之不進，由無入處，而不知其味之可嗜；其無入處，由不肯虛心遜志、耐煩理會。」使今之讀是書者，苟能虛心遜志、耐煩理會，如夫子之訓，則自然知其入處、得其入處，然後知其味之可嗜，不啻如芻豢之悦口，而所謂大規模、嚴心法者，庶可以用力矣。由是而旁通直上，則泝伊洛而達洙泗，無往而不可。向之所云聖經賢傳，果皆爲吾之學矣。豈偏尚此一書云乎哉！滉年薄桑榆，抱病窮山。悼前時之失學，慨餘韻之難理。然而區區發端，實有賴於此書。故不敢以人之指目而自隱，樂以告同志，且以俟後來於無窮云。嘉靖戊午夏四月日後學真城李滉謹序。

先生此序成於嘉靖戊午。是時先生年五十八矣，手自淨寫，藏之巾笥，未嘗出以示人。蓋其微意，不欲以纂述自居也。後因學者求觀節要，則浸以流布，至有入梓以廣其傳者，乃更名朱子書節要，併刻目録及注解，而序則終不出焉。先生既没，門下諸人始得見其手稿，咸謂先生輯録之意不可使無傳，遂謄刻以寘卷首云。隆慶六年九月日後學高峯奇大升謹識。

朱子節要鈔序

〔清〕潘世璜

朱子書廣博浩渺，讀者莫能測其涯涘，梁溪高先生輯節要一書，即仿朱子近思録例，分十四卷，詳明簡要，足爲後學津梁。星溪汪氏五子近思録，實本先生是書而稍有增益。先生曰：「不有朱子，孔子之道不著。」然使不有先生是編，朱子之學又何從得其綱領耶？竊謂爲學當從致知入，而存養克治，則動静交養之實功，警戒改過，又防閑補救之方也。聖賢事心之學，寧外是乎？夫端本于身而推，而措之家國天下，有不中節者乎！不揣陋妄，復節鈔第一至五，并第十二，共爲六卷。謹依近思録分類標目，間採五子近思録中數條附入。用置坐隅，自備觀省，而于措之家國天下，姑未遑及也，故闕之。豈敢以管窺臆見而取古人所定之書妄爲取舍也哉！嘉慶甲子春分定庵學人謹識于不遠復齋。

按朱子近思録例，一卷道體，二卷爲學，三卷致知，四卷存養，五卷克治，六卷家道，七卷出處，八卷治道，九卷治法，十卷臨政處事，十一卷教人之法，十二卷警戒改過，十三卷辨別異端，十四卷總論聖賢。高先生朱子節要，卷例悉依之。兹編所鈔第一至五，悉依原序，而即以警戒改過列第六，其餘間摘數條，不能成卷，概附六卷末云。

朱子約編原序

〔清〕鄭士範

讀朱子文集、語類，苦無記性，又以匆匆，莫由通貫，蓋二十餘年矣。邇來方信所謂子細讀書之説，即依其法，還讀其書，然後恍然有以得其句心之所在而默識之。既爲增删年譜，想見其人，復加涵泳。條録德言，比去複繁，彙爲八卷。一曰主敬，二曰窮理，三曰省察，四曰克治，五曰德行，六曰政事，七曰論治，八曰訓蒙。大抵略於性命之高談，而惟是平常切實精約至卑之義，矜慎靡遺。所謂伊川「才説病，便有藥」者，一頁之中胥是也。我不敢知服之神效，庶幾成誦者之簡而易熟云爾。道光庚子秋八月壬申治亭鄭士範序。

重刻朱子約編序

〔清〕賀瑞麟

朱子約編者，鳳翔鄭治亭先生之所著也。先生生平學以朱子爲主，因讀者以語類、文集廣大宏博，輒有望洋之嘆，約爲此編，大抵仿近思録例，凡八篇。然於性道本原、學問綱要、辨異端、觀聖賢之大略獨未之及，蓋爲初學入門下手之處，示以親切確實所在。果於此而有得焉，即不難進而求之如近思録之全。然則先生爲後學慮，至深遠矣。惟首篇以「主静」標目，及讀其篇内所載，又皆主敬之意。主静之説，雖本之周子，而周子自以主静屬之聖人。下文「君子修之吉」，朱子注：「即以敬爲言。」通書第六篇又名「以慎動」，則知主静非始學所易幾。朱子生平論爲學工夫，皆言主敬，不言主静。且云太極圖主静即是主敬字，閒有説静，非爲學之通法也。先生「主静」標目，不知其用意如何。恐初學讀之，不免節外生枝，别求一主静之功。故易以「主敬」。自知僭踰，無所逃罪，或亦朱子之意，惜不得質之先生也。先生老年，又成朱子年譜及許魯齋年譜、心法約編。往歲周士甫宗釗曾爲刊布。此編作自早年，先生官黔時，已有鐫板，兵燹失存。士甫之姪鼎，雅慕先生之道，慨然繼志，以公同好，謂可附年譜以行，庶亦讀朱書之嚆矢也。其友張善志繼先經紀其事，亦與有勞，附記之。光緒癸巳季春望日三原賀瑞麟謹識。

榕村全書朱子語類四纂序

〔清〕李光地

自始讀語類，苦其已多，於是芟冗重、録精要，以備忘遺。取舍失中，過輒稍覺，或增或省，至是而四。前年從弟輩請刻之楚中，余曰：「此非千周不可。」未之許也。視學畿輔，朋友間有欲布之者，曰：「爲其門目部分之約，易於尋檢；士子等進於經書之便，其又下者敷議論對策有司，抑其根柢也。」余既懼存録之未當，然頗有童蒙向余索書，無以應之者。牽勉所請，刻以詒之。若夫美成在久，則雖終身反覆其道，慮有未窺焉爾。清溪李光地。

朱子語類輯略序

〔清〕張伯行

竊惟千古斯道之傳，首重在見知，其次莫如聞知。見知則親承其盛，如七十子之於孔子，無行不與，不獨言説之間而已也。聞知則去聖日遠，不獲睹其音容，所賴者言説之存，識大識小，以私淑艾而已。是二者均道之所寄，而未始有先後之分者也。顧嘗思之：論道而專求諸語言文字之間，則道晦矣；抑論學而不求之語言文字之間，則道亦泯矣。所以孔門之教，不離乎論語上下篇，以相授受；在當時門弟子則見而知之，後此舉皆聞知者也，其由來遠矣。有宋文公朱夫子出，上接孔孟之真傳，於四子之書，有集注，有章句，有精義、或問等書，剖抉精藴，無復遺憾。即以上班顔曾之列，其深契道妙，不過如是。至於平生言教，動有法，聲爲律、身爲度，則又莫備於語類一書，蓋當時與諸門人問答之辭，淺深互發，無所不盡，是亦猶孔門之有論語也。夫道一而已矣，士生千載而下，不及見孔子，見朱子如見孔子焉。孔子性與天道所未易聞，聞朱子之言則可知孔子之言矣。然則語類也者，其誠爲大道之航筏，而聖門之階梯也，寧非急務哉！余慕古志迂，既編輯朱子文集，而復重訂語類，以公同好。念窮鄉僻壤而無明師良友以先後之，苟能於此而究心焉，則亦何異於登仁智之堂、考紫陽之鐘，而日聞謦欬也乎？顧所慮者，章句之徒，泥於訓詁，無由知有弘通簡易之至理；矜才能者，肆其夸誕，無與適乎仁義中正之經塗。則雖有前聖往哲與之覿面周旋，亦一交臂失之，而況於語言文字之間，能沈潛玩味乎？語言文字且不可得，而況可望於無聲無臭之中，而神明會通也乎？是以每歎士生今日，載籍甚盛而讀書不及古人，議論甚多而識見不及古人，學問甚博而根本不及古人。總之，病在浮華鮮實耳。今試與讀朱子語類之書，理無微而不析，道無往而不貫，學無弊而不究，開卷如耳提面命，循循善誘，各極其量，然後知聖學之規模至大至正、孔孟之指趣有本有原。所謂見知，知此而已；所謂聞知，聞此而已。是何也？夫道一而已矣。康熙四十七年戊子季秋月儀封後學張伯行書於榕城之正誼堂。

朱子語類日鈔序

〔清〕陳　澧

朱子之學衰絶近百年矣。澧早年涉獵世學，不知讀朱子書，中年以後始讀之，以語類繁博，擇其切要，標識卷端，冀可尋其門徑。亡兒宗誼，鈔爲一袠。是時方避夷亂，寓居横沙。踰年，宗誼死，乃檢取所鈔，增損排類，分爲五卷。嘗考四庫存目，鈔朱子語者凡十餘家，提要皆頗貶抑，蓋道學風氣盛時，或依附以沽名，或爭辯以求勝，故無取焉。近時風氣不復有此，惟元和顧千里鈔語類爲一編，名曰遯翁苦口，然聞其名，未見其書，蓋成書而未刻。澧爲此編，初亦不欲示人也。嗚呼！兵燹流離之際，獨以舉世所不談之學，父子相與講誦於空江寂寞之濱，其迂拙可哂矣。其子又短命而死，暮年屯蹇，又可悲矣。近年頗有著書，然其成不成正不可知。此編簡約，今以付刻，冀有因此而讀朱子之書、爲朱子之學者，則吾將釋悲而爲喜也。咸豐十一年十月番禺陳澧謹序。

朱子語略刻版緣起

〔清〕程師羲

家雪門封君校刊朱子語略，年遠板失，書亦罕傳。外舅盛百堂先生偶于鄰人爨餘，購得殘板，知係甥家故物，遂以歸之。板缺十之二，遍求完本不可得。近獲弘治四年南監刻本核對，即是本所據以校刊也。惜首卷霉爛數頁，亦非完書。監本板依宋板，間有斷行缺字，一仍其舊，知爲原本宋刻者，以每遇「本朝」、「朝廷」等字俱空一格也。是本已泯其迹，惟十五卷首行僅存「盡性至命」四字，與監本同。因照監本補録，尚闕三十三行。余惟古人得殘帖數行，學之亦可名世，況義理之書乎？遂補刊印行，尚冀藏書家以原刻見示，俾成全璧，幸甚。嘉慶十三年龍集戊辰嘉平養真子程師羲識。

朱子語略跋

〔清〕程開暘

理學之傳尚矣。紫陽、象山異同，判若徑庭。數百年來宗鹿洞之教者，率契真傳焉。顧朱子全書，學者苦卷帙之充盈，未能得其綱領，此我宗雪門封翁所以有語録之輯也。聖朝治教純備，士子束髮受書，咸識講求義理。上命于童子試，制藝、詩賦而外，兼試以性理論。易曰：「蒙以養正，聖功也。」理學有不蒸蒸日上者乎？暘遠祖明道、伊川二子各有全集行世，而先君得此語略舊板，曾讎校刊而流傳焉。迄於今，鵒蟀數更，復有損失，遂謀諸梓人，而新其漫漶，補其遺亡，謹識數語於簡末。時咸豐六年丙辰暮春之初，雲間程開暘斗麓謹識。

朱子文語纂編識語

〔清〕嚴鴻逵

纂輯朱子文集、語類凡若干條，依近思録例，編爲十四卷，因名曰朱子文語纂編。昔先師吕子嘗病蔡覺軒近思續録失之太簡，至如學的、節要等書，非編類襍而少當，則采擇略而不精。因欲除凡朱子所已成書外，約取文集、語類二書爲朱子近思録，書未成而遽殁，學者至今以爲恨。鴻逵不敏，讀朱子書，患弗能記。自歲甲申始合二書掇其精要，纂録成帙，凡以自備遺忘，爲朝夕觀覽之便而已。藁凡數易，閲十年，癸巳之秋甫就藁。楚邵車遇上自金陵來，見之便攜歸謄寫，且約將付諸梓。鴻逵竊惟朱子之書廣大精深，豈末學小生之所能窺。顧此編纂輯之時，恐微言或有遺漏，故前後參互，不厭詳複，蓋所謂宗廟之美、百官之富，庶幾于此盡在。世有默契道要、由博反約者，則近思之續，固將可以不外是而他求矣。因更與遇上反復商訂而出之，願與世之善讀朱子書者共質焉。若以爲成先師未成之緒，則逵也豈敢！戊戌七月既望吴興嚴鴻逵謹識。

朱子文語纂編識語

〔清〕車鼎豐

朱子文集、語類兩書各盈尺許，皆所謂聖人之言，學者所當熟復潛玩而不可一字忽遺者也。顧自有明中葉以還，俗學束閣不觀，良知家横肆譏詆，陵夷至於末季，而紫陽流傳版本，亦俱漸就磨滅，晦盲否塞，莫此爲甚。晚邨吕子出，痛聖學之將湮，憫人心之陷溺，購刊遺書，廣播宇内。于時文評語中，輒爲之釐正是非，大聲疾呼，以震醒聾聵，而朱子之學始較然復明於世。晚將輯朱子近思録以便學者，朝夕誦覽，齎志未遂，而其門人寒邨先生起而承之，反復于兩書者蓋十有餘年，而編始成。不以余爲不肖，俯就商訂。而余亦因得與聞決擇之旨，雖其取舍次第不知於吕子何如，在寒邨亦並不敢襲近思之名，謂能成吕子之志，而要其于朱子所謂求端用力、處己治人、辨異端、觀聖賢之大略，亦庶幾塗徑井然，可以得其門而入，而不爲他歧所惑矣。顧或猶有執近思録條數之無多，而病是編爲太繁複者，不知朱子之書之流傳，較之周、張、二程，本不啻數倍，又況其辨析毫芒，樂誨不倦，精微廣大，實超出四子之上，而集四子之大成。讀其書者，雖若浩無津涯，而逐條味之，無不根極理要，穩愜人心，協乎無過不及之中，而切于日用事物之實。蓋其單詞片語，皆如布帛菽粟之難以一日缺焉。寒邨之爲是編也，方懼多所遺漏，而世顧且病其太繁，尚安望其熟復潛玩于文集、語類之大全耶？此適足以見其信好之不篤，而朱子之書之懸日月而豁羣蒙者，固不可以繁簡論也。噫，有志者亦確知所從事而已矣。康熙戊戌秋中楚邵車鼎豐謹書。

朱子文語纂編跋

〔日〕佐藤坦

朱子之學大如海，無所不有也。今夫海，當風猛濤怒，則雲霧咫尺，鯨鯢吼，雪山崩，何其壯也！至於風歇波恬，則千里一瞬，船帆走，島嶼浮，何其豁也！曉暾則波面漾金，夜月則星宿涵珠，何其麗且妍也！然其爲海則同矣。朱子之學亦猶是也。畢生撰著，不啻等身，經注成書之外，文集、語類亦累百卷，可謂極盛且大，無所不有矣。故後之爲其學者，往往采纂成編，而率皆随其人之所趣，每編各異，不猶觀海者之殊其賞，而概謂之海也乎？今讀嚴鴻逵斯編，亦就文集、語類選之，體例一依近思録，分類井然可見也。聞鴻逵受學於吕氏晚村，而晚村篤信朱子，平生規規乎早晚之論，則弟子所纂，意有師授也。抑夫朱子之説，其出於中年而確不可易者固不尠，雖出於晚年而猶未定者亦有之，未可遽以中年而屏之，是又其所以爲大如海，若能取舍而决擇之，要在觀海者之鉅眼爾。如斯編，則雖躂呂氏之所躂，而語混中晚，不墜偏執，幾乎有眼識者歟，抑師傳爾歟？屬者濱松侯擬翻雕，徵言於坦，乃且經緯持論，繫諸尾如是。弘化乙巳夏五中澣一齋陳人佐藤坦跋。闕研書。

朱子文語纂編跋

〔日〕鹽谷世弘

右朱子文語纂編十四卷，清呂留良門人嚴鴻逵所輯。原本爲大坂尼崎孝德藏本。考四庫全書，題書目而不著選人名氏，蓋以呂氏書係國禁，採訪時削其名而上之也。其傳於我者，僅有此一部。孝德惜其傳播之不廣也，獻諸祭酒林君，請官爲鋟之。會刻書令下，我公謀當急梓者於祭酒，祭酒以此書慫慂，因命付工。昔者坂府有一老生，得王錫侯字貫，喜曰：「清人所禁，吾獨獲之，天錫吾也。」以爲帳秘，生既死，書不知存否。夫書者天下之公用也，而私之，不亦不仁之甚乎？若夫誦其書而得其心、施諸事而達諸政，天下當多一人，不當少一人。公之亟命翻栞，蓋亦有取於孝德焉。至斯編簡擇之精，則林君之言盡矣，臣特舉事由以附于後。臣鹽谷世弘敬跋。

翻刊朱子文語纂編敘

〔日〕源忠邦

壬寅歲六月，有旨令列國刻典籍，予欲獲其最有裨世用者鍥之，詢諸大學頭林用韜，用韜乃出朱子文語纂編示之，曰：依近思録體以鈔朱子要語者，世有蔡氏續録，然采輯簡粗，不及斯編之詳也。而舶載者綦少，凡簡策之未更重鐫而切於世教者，以是爲最。乃受而卒業焉，信乎擇焉而精者矣。吾聞治天下，以正風俗、得賢才爲本，蓋聲教一則風俗正，造就至則賢才出。而聲教之所以一、造就之所以至，舍學而何以哉！雖然，學亦有弊，當今學術之弊，多書居其一焉。今使東閭奏雅樂，西閭歌俗謡，命里人縱其所習，則不背西而向東也必矣。故華實俱陳，則孰弗取華而舍實？淺深相錯，則孰弗赴淺而背深？世益降而書益多，書益多，而浮華淺膚、無實無用之言日益行矣。夫如是，風俗安得不日偷、人才安得不日壞也。然則奈之何而可？亦莫若以正學之書救焉。昔從林快烈受業，居恒以此見勖，及用韜示之，乃命翻梨。原本出大坂尼崎某。若其事由，使儒臣識諸簡尾，故不復道。天保十四年癸卯三月源忠邦。臣岩崎勝興謹書。

翻刊朱子文語纂編引

〔日〕源忠精

皇威遠敷，有逾風飛雷行；天德溥容，靡拒螘附蠅慕。遐方筐篚，奚屑珍玩；殊域制作，獨取典策。爰有朱子文語纂編，傳自閩、浙商舶，醇儒之格言，名家之精撰。部類詳備，體用兼該。廣深之理，醒聾發矇；諄篤之訓，刺骨擢髓。弘之在己，用之惟時。如登崑崙以拾羣玉，似入蓬瀛而采綺貝。仁者誦之，資諸文治；智者觀之，籍諸武備。顧當紫陽之時，外有女真之患。敵愾之憤，間見乎斯書；同仇之慨，復發於吾儂。封豕長蛇，無國弗伏；遠洋巨濤，有航可濟。曲突徙薪，陳艾備痼。不恤緯而憂天，匪輸載以戒轍。嗟此愚悃，寔從庭訓。纘箕裘之志，促梨棗之工。剞劂始竣，鉛槧是完。聊啓微衷，以質大雅。安政三年柔兆執徐壯月上弦源忠精。

朱子學的自識十五則

〔明〕邱　濬

學的曷爲而作？擬論語也。昔人僭擬論語，得罪聖門，曷爲效之？王通自著書，以己擬孔子；愚則采輯朱子語而竊推之，以繼孔子之後，非效通也，效曾子、有子之門人也，豈謂僭哉！

朱子之言，天下後世，家傳而人誦之，何用此爲？朱子生平著述，多是闡明聖經賢傳之旨，未嘗自爲一書，此愚所以不揆寡陋而妄有所輯也。

今所輯者，多經書傳注中語，學者既已熟聞之矣，而又贅之者何？此亦朱子輯近思録，采程氏周易、春秋傳文之意也。

名以學的者何？學以聖人爲的，龜山楊子之言也。而朱子於中庸或問論中和位育處亦以是爲言，喻學者之必志於爲聖賢，亦如射者之必志於中的也。愚於九篇載之，不無意焉。

自昔性理諸書，皆始於太極，今先下學者何？書爲初學者作也。

論語編次無倫，今有次第者何？論語之書，成於衆賢之所記，而愚此書則採朱子之成書故也。

所謂次第者何？姑以各篇言之，人之爲學，必自下學人事始，下學則可以上達矣。是則儒者之學也。儒者之學，學所以至乎聖人之道也，其要莫先於爲己爲人之辨。大學一書，爲己之學也，欲爲爲己之學，必先效法於人而後用功於己。其用功之要，程子所謂涵養，須用敬進，學則正致知是也。以此立志用功，循序積累，則知學與行偕進、心與理昭融，中外本末，隱顯精粗，一一周徧，是則儒者之學矣。古之學者，始乎士而終於聖人，不過下學上達而已矣。若通論一書，則首篇是其凡例，第二篇、三篇是其用功之要，是則程子兩語也。蓋今人既無小學工夫，須必先於持敬，敬不可以不立，而理不可以不窮。彼夫四書、五經以及近世諸儒之書，窮理之具也。必欲窮理而又不可不知理之所以名，故以字訓繼焉。既窮理矣，由是而治心，由是而治身，以之正倫理、成治功，以至於窮神知化，參天地，贊化育，而極其功之全。是則所謂聖神之能乎，學問之極功也。學者下學人事而至於上達天理，如此豈非儒者全體大用之學乎？此四篇至九篇之大意也。其第十篇效論語之鄉黨，舉朱子平生言行出處，示學者以標的也。

前十篇固已備矣，而又續之以後十篇者何？上編如小學之内篇，下編則其外篇也。

上編由事以達於理，下篇則由理而散之事，一以進德言，一以成德言也。

自昔先儒論敬，皆自内之外，而今反之何？　自學者言，使有下手處耳。

窮理略於格物而詳於讀書何？　讀書亦格物之一事，今之學者無師授，而欲舍讀書以窮理，吾見其泛無歸宿矣。

六經次第皆始易，次書、詩、春秋、禮，而今先詩、書、禮，而後及易、春秋何？　由淺以及深也。

人倫次第，皆先君父而後夫婦、長幼、朋友，今以父子兄弟、夫婦、朋友、君臣爲序何？由近以及遠也。

上編既言敬矣，而下編又專以仁禮爲一篇何？　孔門教人以仁爲先，求仁之要，由禮而入，言禮則敬在其中矣。

終篇序道統，載周、程、張四子贊，而不取邵焉何？　黄直卿論朱子道統之所以傳，亦云由孟子而後，周、程、張子繼其絶，而不及邵焉。　其意蓋本諸此，非愚敢妄爲去取也。

愚編此書成，恐或者不能無疑，竊觀勉齋先生作朱子行狀，擬答或人之疑於後，因效之書此卷末。　蓋志所見耳，非敢竊比大學、中庸之或問也，觀者尚矜其志而無備責矣。

天順癸未春正月壬辰後學瓊臺邱濬謹識。

以上十五則，文莊自識，非序也。今集本目爲序誤矣。先生自云書於卷末，然今重刻是書，俾後人開卷，識其大凡，故敬載於卷端，猶法言序之例也。乾隆辛卯七月十日大興後學翁方綱識。

朱子學的序

〔明〕朱吾弼

瓊山丘文莊采文公朱先生之言，次之爲學的，授先生之九世孫訓導禎。禎之子經歷爔受而藏之，乃請於婺令郭濂，因爲之梓，藏於家。歲久漶漫，版幾盡廢。爔之曾孫諸生崇沐，以録先生語類、近思録及全集、楚詞注、家禮、韓文考異諸書之暇，旁及於采先生言若經濟文衡者，而并録是集。余因得以竊觀焉。善乎丘文莊之言先生也，曰：「學以聖人爲的。」先生於中和位育推而言曰：「此萬化之本原，聖神之能事，學問之極功，如射者之的，行者之家。」然則由下學而上達，先生之的也。窺的在目，至的在力，中的在巧。夷以清爲的，尹以任爲的，惠以和爲的，孔以時爲的，而孟子皆目之曰「聖人」。先生之學，蓋以孔孟爲的者也。的在是，學在是，故夫析之有以極其精者，先生之所爲發矢；然後合之有以盡其大者，先生之所爲中鵠。小德川流，大德敦化，吾道所爲一貫也。先生之學，不求直截，必由下學以至上達。其言近而可遵、恪而可據。株守於章句，固有所不爲；馳鶩於玄虚，則有所不敢。理必折諸聖人，教必軌乎成法。博文約禮，循循先後，用力一原，收功百倍，而終之以非全放下，終難湊泊。然則先生之所爲終身彀率者，即先生所爲萬世標的。欲學聖人，而不於先生成法是守，是猶不能決拾而欲舍矢如破也，不可幾矣。先生之學，未嘗顓勒一家，如楊、王諸人，而散見於六經、語、孟、庸、學諸編。文莊準論語而集之，微情深意，見於跋述。其用心之勤，蓋以己之得於先生者，而欲後人皆有以知先生。非知先生也，知聖人之學之的也。知先生之的則知學，知先生之學則知聖人，然則覩是編者，其亦有志彀之思也夫！時萬曆丙午歲冬月之吉宗後學高安朱吾弼題。

朱子學的序

〔清〕張伯行

自考亭朱子倡明絶學，由周、張、二程上溯孔孟，迄明憲宗之世，二百餘年。當其時，金谿之説未熾也。而文莊丘氏依倣論語二十篇，采朱子言次爲學的，以爲吾道之體要、聖學之統宗。下學上達之旨，天德王道之全，靡不兼收條貫，會歸於斯集。蓋文莊之所纂輯，即文莊之所得力者。故薈萃先訓，昭示來茲，或原或委，若此其深切著明也。迨金谿之學盛，姚江、新會並起爭衡。羣言淆亂，莫知所宗。學者罕能窺於道德之要，又豐蔀以制科之帖括，爚亂以剽竊之詞章，然後朱子之學日以益晦。烏乎，其不達於聖人之的，後之學者宜其蔽與！夫欲工於射而閉其目，雖羿蒙不能發一矢；欲入其室而懵其途，雖回賜不能有所就。今使學者省括於度，以從事於是編，精於思而不惑，純於氣而不亂。其知之明，極之窮神達化，而無所不通；其才之充，推之修齊治平，而無所不得。其道之行，至於化俗；其教之成，至於動衆。則朱子之的，亦藉是以灑明。夫朱子之的，固周、張、二程之的。周、張、二程之的，固孔、曾、思、孟之的也。朱子集周、張、二程之言，作近思録，爲孔、曾、思、孟之階梯；文莊作學的，爲周、張、二程之階梯。學者誠由學的以求周、張、二程，從近思録以求孔、曾、思、孟，而由是以造乎聖人之道，猶善射者操弓挾矢，命中於百步之外，吾知其必有合也。是以不辭重鋟，而爲之序。康熙四十八年己丑仲春儀封後學張伯行書於榕城之正誼堂。

朱子學的序

〔清〕蔡衍鎤

聖人可學而至，學者以聖人爲的，猶射者以正鵠爲的也。昔孟子以巧力諭智聖，而曰：「猶射於百步之外，其至爾力，其中非爾力。」明中的之難也。一日又曰：「仁者如射，射者正己而後發。」蓋恐人情相諉於難，而教以操原作搢弓挾矢之道焉。漢唐以來，鮮知此意。至宋，周子始言太極、言中正仁義，是示學者以的也；程子言涵養須用敬，進學在致知，是告學者以中的之法也。迨朱子出，復推本此意而神明之，以卓爾爲的，以禮文爲法，以一貫爲的，以忠恕爲法。凡威儀容貌之必肅，亦如射者進退周還之求合於禮也。讀易而得其兩言曰：「敬以直內，義以方外。」謂爲學之要無以易此，亦如射者之內志正、外體直也。謂大學之道，莫先格物，而窮理以致其知，反躬以踐其實，亦如射者之持弓矢審固，而後可以言中也。用力若此，成功若彼，朱子之學，不誠中的矣乎！數百年後，有瓊山丘文莊先生雅摭其言，分上下卷，以擬小學，總二十篇，以擬論語。上篇自下學以至天德，由事以達理，而終之以韋齋，所以紀朱子之生平言行，猶論語之有鄉黨也。下篇自上達以至斯文，由理而散事，而終之以道統，所以紀濂洛關閩之學之所由來，猶論語之有堯曰也。則所謂的者，不既彰彰較著，而所謂操原作搯弓挾矢之道者，不於兹焉具乎？學者有志聖人，舍下學而別求神智，何異射百步之外，舍彀率而別求巧力，無怪乎中的之難也，願與三復夫是編。康熙己丑春正誼堂受業門人漳浦蔡衍鎤拜題。

朱子傳道經世言行録序

〔清〕王　峻

彭城舒君孝徵，今之篤行碩儒也。余至雲龍，即耳其名，近者惠然來顧，出所輯朱子言行録示余。余盥手展觀，既卒卷，喟然歎曰：「大哉，舒君之爲是書乎！」昔文公朱子以至大至精至正之學，集有宋諸儒之大成，紹孔孟之道統。其在於今，如雲漢之章天，江河之行地矣。顧朱子一生，所以自治與所以教人者，未嘗泛鶩高遠也。由小學而成德，自灑掃應對進退之末，以至格致誠正之要、修齊治平之方，莫不循序漸進，兼綜條貫。其言不離乎切近，其行摠歸於篤實。事不越乎倫常，道必原於性命。此朱子之學，所以本末兼該、小大畢備，尤爲後來所當法也。無如人心好異，世風日漓，自當時象山陸氏已不能無異同，元明以來，其傳不絶如綫。方其盛時，人以朱學爲宗，士習正而真儒間出焉；及其末也，人以背朱爲能，放縱無忌，士習壞而人材亦衰歇矣。我聖祖仁皇帝以天縱聖神，尊尚正學，表章全書，躋祀堂上，所以崇重朱子者至矣。乃近日溺於科舉之學者，雖日誦其言，止以爲干禄求進之具，未嘗一體驗自家身心；而一二高明之士，又或左袒陸王，傲然自是。豈徒學術之患，亦世道之隱憂。舒君一老諸生，獨奮然以朱子爲必當法，沈潛覃思於全集者有年，因而首列遺像，以誌仰止之私，乃考定年譜，上溯淵源，詳録言行，條理井然，如親炙紫陽而得其一生大概。使賢者觀之，可以希踪先哲；愚者觀之，可以憬然内省，其有補於學術人心豈淺哉！且舒君留心世務，於當世吏治民生及教育人才諸大政，咸能洞悉本原，詳究利病。嘗著書數萬言，敷陳剴切，實可坐言起行。今世有此體用兼備之士，廟堂求賢，舍此曷先焉？峻少習程朱之書，分心俗學；長而浮沈世路，年將五十，自考身心，茫無所得，所爲三復是編而汗流浹背者也。乾隆庚申八月望後虞山王峻謹書於雲龍書院。

朱子傳道經世言行録序

〔清〕舒敬亭

敬生貧賤，舞勺之年，始獲從師讀書，朝夕講授，習爲語言文字之學，以爲精此可以掇巍科、登顯仕，富貴功名相因而致。而翔步出入動容之節，孝弟親愛謹信之實，師不以之爲訓，弟子亦不以之爲學。至語夫窮理正心、省愆克己，所以本諸身以措之天下國家者，益不通曉。敬年漸壯，出與州里學士接會談聚，講其所持以廣之朋儕者，亦不過以文必如何而中時好，又必如何而應世求。敬以生長草野，所走數百里之地，無從遊於海内大賢之門，聆其至論以淑諸身。然就目之所見、耳之所聞，實止如此。展轉縈擾，志氣滅没，其中謀慮研傚，莫非人爲之私，而無念出於天理之公矣。竊意古之學者斷不如是，且我國家設學養士，冀獲英賢之用也，士學如此虛浮無用，内不足以成己，外不足以成物，其於國家何賴焉？嗣是乙酉，敬年二十二歲，間從友人借觀程朱諸儒語録。展讀未及半卷，已不禁汗流浹背，曰：「吾人爲學，宜如是也，不則虛此生矣。」敬於是痛悔俗學之陋，愧勵振拔，矯節力持，舉曩時願外爲人之習，盡轉爲反躬切己之務。復不揣量，妄意於程朱所論修身寡過之術、立教行政之方，酌會成卷，以訓子姪。顧以不學無文，知識闇陋，一語不合，即失先賢旨趣，是以稿雖已脱，輒自毁棄，不敢示人。然景芳烈、佩懿諷，思爲表章推行之道者，固未嘗一日去諸懷也。丁巳秋，敬以試事留府城，適夏邑蔣子爲垂青來徐，以介會敬於旅次。越二日，虞城王子懋悳存又復來徐。夫悳存諸君子，信皆敦品尚實、篤行有道之士，獨以敬志行多愆，無足當其知，顧爲可恥也。坐間，悳存因出所録朱子年譜一卷示敬，謀欲登之梓人，且曰：「學者日置此卷於案頭，時復展覽，舉目動心，亦即天理之發。苟於理念之發充之，又充以至於極，則亦已卓爾有道之士，可以興廉而起懦矣，此又奚俟廣求哉？」時敬與諸友咸以其言爲然，歸而謀諸同人，襄成其美。惟祇以年譜刻行，終覺簡略。當檢文公全集，細加檢閲，恭摹文公四十年遺像，并及贊詞，顏於篇端，庶開卷瞻像，肅然生敬，已各知所興起。附以道學淵源録、周子事實、二程子年譜、行狀，以見文公生周程之後，上接堯舜周孔之傳，又見先賢後賢若合符節，而文公又一人集諸儒之大成也。且文公布帛菽粟之文，動爲世則，無可去取。但典帙浩繁，恐難卒讀，亦惟取其關大體而切日用者，節録於後，以便誦讀。文雖無多，而顯微本末之理已具。苟於此體之而有得焉，派正舵直，於以航於大道爲無難矣。故學者於是書也，誠能因言以景其行，因行益師其言，體諸身心，彰諸履蹈，蘊之爲德行，發而爲文章，施而爲事業，華實並茂，體用咸該。於焉養之學，爲純儒而風俗以正；升之朝，爲純臣而治道益端。雖以敬之愚賤，妄爲纂輯，僭踰之罪無所逃避，然於國家興學育材之道，或亦稍有補助也云爾。乾隆己未七月中浣之吉後學舒敬亭謹識。

朱子聖學考略序

〔清〕朱澤澐

朱子上繼孔孟周程之聖學，自紹興以來至於今，歷六百餘年，如天地開朗，日月昭明，可謂盛矣。中間正嘉數十年，王學突興，特宗象山，以無善無惡、直透心體立爲宗傳，至指朱子之學有洪水猛獸之禍。自是以後二百餘年，天下學者多宗其説。間有宗朱子者，又不得朱子聖學先後次序之精微，但以習見習聞之説駁之，不獨無以服彼之心、折彼之氣，反使執吾之説以相訾謷，幾成聚訟，無有底止。是以遷延至今，學脈卒分兩途，不歸於一，良可歎已。朱子答范伯崇云：「異端害正，固君子所當闢。然須是吾學既明，洞見大本達道之全體，然後據天理以開有我之私，因彼非以察吾道之正，議論之間，彼此交盡，而内外之道一以貫之。如孟子論養氣而及告子義外之非，因夷子而發天理一本之大，豈徒攻彼之失哉，所以推明吾學之極致本原，亦可謂無餘藴矣。」答石子重云：「二先生説經如此，不同亦多，或是時有先後，或是差舛，當以義理隱度而取舍之。」玩此二條，則讀朱子書者烏可不推究吾學之極致，與夫先後論定之次序，而徒嘵嘵於口舌爭辨哉！　夫大學之要在於格致誠正修齊治平，中庸之要在於尊德性、道問學，此朱子所服膺終身而不倦者也。　議朱子者曰：「朱子格物，析心理爲二，徇外遺內。」又曰：「朱子只是道問學。」宗朱子者曰：「朱子格致，非析心理爲二，非徇外。」又曰：「朱子道問學即所以尊德性。」議朱子者曰：「朱子晚年方悔，方指示本體，同於陸學。」宗朱子者曰：「晚年不專指示本體，不同陸學，所引晚年者，非晚年。」兩家分塗，各執一說，無有定論久矣。　夫朱子之尊德性以立格致誠正修齊治平之本，道問學以盡格致誠正修齊治平之功，載之文集、語類者，原有早晚用功次第之可考。宗朱子者，於朱子洞見大本達道、全體大用之所在，未加深究，極力發揮，即其於朱子居敬窮理處亦著實用力，但得其半而不得其全，見其然而不見其所以然，其發明朱子之學，已失大頭腦矣。　至於朱子早年、中年、晚年用力處，所以屢進益深之故，所以疑而悟、悔而勇革之說，若有所深諱而不言，反使朱子垂教學者一片真精神、真門徑不大顯明於萬世，而後之學朱子者，往往不得其精神門徑而遵循之，徒執異端之說以闢彼，其無以服彼之心、折彼之氣，猶其後者。　且恐學彼之學者其徒轉盛，而學朱子之學者反落落晨星，而無得力深造之儒出於其間，豈不大可憂哉！　余少不敏學，既壯，方讀朱子全書，求其用功次序而不可得，後讀中和舊説序、記論性答稿後二篇，并與湖南諸公、答張欽夫、胡廣仲諸書，其前後涵養未發、進學致知之次序，皆顯然易見。按年細考，覺朱子當年虚心浩氣、積累深造之微妙雖不能得，而其居敬窮理不同於陸學者，亦可判别矣。蓋朱子仁義至善之性根於心者，合下便是聖賢資質。又有先生長者爲之師友，又好六經、孔孟周程張邵之書，注述講貫孜孜不懈，故其明德盡性之功，入手便是聖人之學，有源本，有條目，絶異於任心自大、蔑視經籍之輩。其居敬也，自見延平，便用力存心養性，知仁義之根心者，自天地來，與萬物體統是一個，而不能不分於形器，擾於念慮。延平教以合心理氣之説，當見用力處，三十以前已有察識端倪、涵養端倪工夫。延平既没，悔其未得未發之旨，與南軒反復參究，至四十而恍然。又十數年而丙申、庚子，更加涵養，形於答書。是朱子自用涵養未發工夫，屢進屢深，學如不及之意，自有如此境地。至丙午、丁未而動静合一、包羅含弘，天地萬物之理歸宿於此。至庚戌而聖學純，後十年則涵養益純，而幾於化矣。其窮理也，自延平教以聖經中求義理、日用間做工夫，早知天地萬物與我一理相貫、一氣相通，而分殊處尤不可混淆，故其窮仁義之説至精至密。是時尚未悟未發之旨，留心文義訓釋，而見理分明，仁義充積，格物大頭腦已極其正當、極其開闊矣。至四十悟未發之旨，便了然於未發時，天命之性，體段具焉。又十數年而丙申、庚子，悔其稍涉訓釋，是朱子自用格物致知工夫，屢進屢深，研幾精微之詣，自有如此進境。至丙午、丁未而精粗合一，内外渾融，天地萬物之理極其精透。至庚戌而聖學徹，後十年則無事窮究而幾於化矣。夫朱子之居敬窮理，固是齊頭用功，而其接孔孟之正脈，實在認真仁義之性。自癸酉見延平後十年工夫用力於格物致知，而其所以常存此心不爲他物所勝者，即由此得手。其行事講説處，只體究仁義之性，其心思存主處，亦只操持仁義之性，皆此一件，非有兩事也。但其行事講説、心思存主之專一於仁義者，偏於察識端倪著力，而天命本然未發之旨未透耳。至己丑而心統性情之旨了然於心，自是以往，覺不知涵養、專於致知，固前日受病之由，而所知不精、害於涵養，又今日切身之病。特與諸儒往復詳審，使來歷精確，不稍舛錯。其尤著意者，在大學中庸章句、或問、論孟集注、太極通書、西銘注、易本義、詩傳，皆是此旨。雖丙、庚有悔，究之居敬之功，即是居其所窮底；窮理之功，即是窮其所居底。原非截然兩事。所以深切明示，直向涵養做工夫，全不似他家遮前掩後，知非不悔，一概大言自護。又不似他家只事把捉，明知道理未曾透徹，一概屏去意見，飾非長傲也。是故義利公私之介、儒釋分判之原，辨之不遺餘力。如同父三代、漢唐之分，子淵悟道罵人之弊，折之斥之，毫不假借。以至無極太極之論，與象山屢書申明，皆所以使天理精明，涵養工夫方不墮那一邊去。戊申出太極、西銘注以示學者，己酉序大學、中庸以明聖學之宗。至於六十一歲，涵養純粹，一切道理貫通融會，有心在理在、理在心在之妙。自此後極純極熟，許多道理都在這裏，敬不待持而自篤，理不待窮而自著，性體在是，工夫在是，内外融徹無迹，漸近神化。如玉山講義、答陳器之書，與陳安卿講説，發明太極渾然燦然之理、齊家治國平天下之道，總從仁義性體本原處該括流通，一以貫萬，萬歸於一。此全體大用，只完全明德盡性之實學，而萬世學者之指南，定於一而無有兩途者也。嗚呼！朱子聖學高出諸儒上者自窮理入，朱子深潛涵養高出諸儒上者亦自窮理入，惟其於心性道理精詳研究，直透本然體段，故其所涵養者，是涵養仁義至善之性，而非涵養不使善惡累心、無善無惡之空體也；其所窮至者，是窮至仁義至善之全體大用，而非窮至不使善惡累心、無善無惡之空體空用也。如是涵養，初非晚年始然，而亦何曾有毫髮之同於陸氏耶？如是窮至，亦自道訓釋之煩，而何嘗因悔而謂前此格物之差耶？正嘉以來宗朱子者，亦間有人止言朱子窮理，而不言朱子居敬之基於早年、邃於中晚。即言窮理，亦止言文義訓釋，而不言其透徹性體、分別名義、會歸身心、呈體達用之妙。聖學不明，而欲有以服彼之心、折彼之氣，其亦難矣。予不自量其見之淺、力之弱，歷數十年而稍有見焉，故纂此編，實望當世積學君子，摘予所不逮而校正之，使朱子聖學昌明，則彼之議朱子者，不辨而其誣罔自見，庶幾共爲聖人之徒也夫！寶應朱澤澐止泉氏書於顧天齋。

朱子講學輯要編序

〔清〕楊秉璋

子朱子集諸儒之大成，以上接乎孔曾思孟之傳者也。其講學也，明辨以晰，純粹以精，皆本諸躬行心得之餘，故言之親切有味。然人每苦其書之浩博，置而不觀；即觀之，亦未能得其要領。新繁龍生爲朱子講學輯要編，條分縷析，非實心體驗過來者不能。人苟有志於學，取此熟復之、玩味之，切己體察，將有見於聖賢之道即在吾人性分之中，非高遠不可企及。識得大源頭，覺五經、四書與朱子所言，無非此理。果信得及，即立起志來，著實做去，更旁參之諸儒先講學之書，觀其會通而歸於一，則有體有用、本末兼該，與專心於舉業及詞章之學者相去何啻霄壤。予嘉生之講求實學，較之讀書做人譜，其識益精而功益進也。言行相顧，其爲慥慥之君子歟？用志數語，弁諸簡端，於讀是編者尤有厚望焉。同治丙寅秋七月懷寧楊秉璋識。

朱子講學輯要編序

〔清〕牛樹梅

前余司蜀臬時，新繁龍生炳垣嘗條陳時事數千言，刻小學，又來告以御製序文冠首，於是識其人，并略知其所學。既而見其讀書做人譜，又既而讀其朱子講學輯要編，蓋積數十年之心力而爲之者也。其書博觀約取，一本考亭而旁參經史，附以己意，明體適用，語重心長。雖詳注有似太繁者，然生平用功之精密亦可見矣。夫當此士習波靡之時，舉世以講學爲諱，而龍生所志如此、所學如此，豈非所謂空谷足音歟？今禮南學使懇懇以小學爲教，以端士習爲先務，按臨所至，訪求實學，得龍安陳孝廉代芝，與生同薦諸朝，授以京秩。其所以風勵多士者，不可謂不至矣。特書卷末，以誌欣幸。

同治五年丙寅重陽翌日隴右牛樹梅書。

朱子講學輯要編序

〔清〕龍炳垣

嗚呼，學之不講，豈小事哉！秦漢以來，道不明於天下，而士不知所以爲學，聖賢全體大用之旨，昧没而雜，莫尋端緒，致令人才失養，教化莫興，世不睹唐虞之休，人不逢三代之盛，皆學不講之咎也。然自周、程授受以來，講之者日益精，而學亦日益明。至朱子集其成，乃極純而大備。迄乎元明而後，講學抑又紛矣，或反失朱子之真傳，而不能無流弊。恭讀聖祖仁皇帝御製朱子全書序云：「讀書五十載，只認得朱子。」大學士李光地進表，又曰：「謂朱子爲羣儒之純粹，不難以聖而下學夫賢。然則居今日而講學，舍朱子之學而何講哉？蓋朱子之學，深得乎孔曾思孟之傳，融貫乎周程張邵之理。藴諸身心，天德具焉；措諸事業，王道昭焉。在當時雖未嘗大用以盡其量，然以著述觀之、年譜考之，所謂『體無不具，用無不周』者，猶得於孔孟後一見斯人也。」然而載籍極博，觀者有望洋之歎。炳垣至愚極陋，於伏讀朱子全書之後，再取文集、語類、或問等書，潛心玩索，五閱寒暑，恍若有得。不爰採切要之論，編輯成書，雖不盡屬講學之文，而以私心擬議，覺無適而非講學之意也。

辭僭妄，敢以「講學」二字加之。又謹依小學綱領，分内外二篇。内篇明體，欲學者皆如是，以明其體而立天下之大本；外篇適用，欲學者皆如是，以適於用而行天下之達道。然亦非兩事也。惟能明體，方能適用。明即明其所用之理，用即用其所明之道耳。其有未能明體而亦能適用者，乃是生質之美，才識異常。然迹其所爲，終不免於賢智之過，與中行之士迴殊矣。龜山先生嘗云：「外邊用計用數，假饒立得功業，亦只是人欲之私，與聖賢作處，天地懸隔。」正謂此也。或以爲明季天下敗於講道學，予應之曰：子獨不知我朝之天下，卻又興於講道學耶？熙雍之時，上下講學，道一風同。唐虞三代，實堪媲美。且真儒輩出，大展經猷，不可枚舉。而清獻陸子、文正湯公，尤繩尺朱子而優入聖域者也。夫明季天下，敗於閹宦小人，雖樵牧婦孺，至今猶痛恨而唾詈之。子不罪及此輩，而乃致罪於忠義道德之儒，豈不冤哉！何喪心病狂之甚也？方今兩宫仁聖，新主當陽，妖氛頓息，正聖學當明、教化當行之日。竊甚願天下當道大人君子，與夫一切老師宿儒，本聖賢全體大用之學，以教以養，積道德而著文章，居高位而展經綸；處士無以盜虚聲，朝廷於以收實效；則唐虞三代之盛，豈獨熙雍有然哉！同治四年乙丑秋九月重陽日新繁龍炳垣曉崖自序於百千困學堂。

朱子綱目輯略序

〔清〕周簡菴

憶少時從學於世父好生先生，嘗舉陸清獻公之言曰：「學者不可不窮經，又不可不讀史。經以載道，道不明無以探性命之精；史以載事，事不核無以識治亂之故。史之有春秋，尚矣。自司馬遷以下，變編年爲紀傳，雖事頗詳核，而抑揚進退，或不能合乎天下萬世之公。朱紫陽因司馬温公資治通鑑，提綱以斷是非，列目以詳事實，深得春秋之旨。學者必先從事於朱子綱目，則胸有權度，然後讀諸家之史，乃可以不惑於異説。」蓋好生先生與陸清獻公爲道義交，生平教訓後學，其所稱述多類此，此其一端也。時家貧無此書，居鄉僻陋，無從借閱。後館朱溪既翕堂張氏，乃得借觀而伏讀之。其中如大書、細書之辨，以昭烈繼漢，以嗣聖繫唐，楊雄之書「莽大夫」，陶潛之書「晉處士」，上下一千三百餘年微顯闡幽，實發前人所未發。繼復遍閱歷代全史，益歎此書之是非褒貶，悉合乎天理之公、人心之正。而好生先生所述陸清獻公之遺訓，真信而有徵也。歲丁未，館秦望山單氏，學徒民表好聚書，得朱子綱目善本，請於余曰：「先生嘗教讀朱子綱目，第小子質鈍，如七雄、三國、南北朝、五胡、五代事各繫年，不能悉記。願先生總其始終，撮其大要，庶使小子得其綱領，而後致力於全書，易於見功。」余辭之曰：「昔紫陽已略涑水之所詳矣，余何敢復略紫陽之所詳哉！」請再三，不獲已，乃於功課之餘，復取原本熟讀三復。凡一代之始終、一王之本末，必前後貫串於胸中，爰取而類叙之。中間稍參論斷，篇末又加總論，皆採拾先儒之説，或竊附己意，亦紬繹先儒之意而申明之，非敢臆斷也。但掛一漏萬，取譏博雅，聊爲生徒讀史入門之資，藏之篋中，何敢出以問世？前年漳浦鹿皋王公聞有是書，索而閲之，慫慂付梓，余爲慚謝。今年秋，及門謀授剞劂，余力阻之，業已開雕，不能禁也。又欲乞當世名公卿序以弁於首，余曰：「若是，則重余耻也。」因止存迪喆張表兄舊序，并自序其所以編次之由如此。嗟乎！學者或未讀綱目，先閲此以略得梗概、粗識大義，於初學或有小補。若曰閲此足矣，綱目可以東之高閣也，則余非特爲朱紫陽之罪人，而且爲陸清獻公及好生先生之罪人，是則余之所深懼也。時乾隆己巳八月，書於竹友草堂。

朱子綱目輯略後序

〔清〕謝來源

吾師耻亭先生，潛修力學，頗饒著作，同門生久謀鋟梓，以廣其傳，先生勿之許。己巳秋，金山徐子叔純首倡捐資，于是諸同門踴躍襄事。余小子念昔年負笈從遊于秦山單氏，先生方著綱目輯略。時囿于俗，尚欲專攻舉子業，未暇遍涉經史，僅抄全帖，藏諸巾笥。輾轉二十年，奔走名塲，仍未窺其底藴也。邇來杜門守拙，重整舊時師授，伏而讀之，始有旨味。因與石友張子旋九互相參訂，自夏徂秋，經半載而畢。余以此書曾經手授，爰竭蹷獨任焉。竊嘗論之，漢司馬遷變編年爲紀傳，破春秋之大法，唐蕭茂挺始能議之。直至宋朱子作綱目，遠接獲麟絶筆，同時惟吕伯恭大事紀詳略雖異，義理則同。後之續者，弗可及已。明瓊山邱氏取方遜志統論著世史正綱一書，與朱子綱目實相吻合，前輩亦稱良史，惜耳之而未目也。先生融義例、該事實，折衷諸家之説，以推見歷代治亂根原而定其是非。其意旨肅括，議論正大，可與唐鑑齊驅並駕。讀者誠由是書以求朱子筆削之意，則于道思過半矣。時乾隆庚午春三月既望，受業門人平湖謝來源百拜謹識。

朱子白鹿洞規條目序

〔清〕王澍

人之所以爲人者，性而已矣。學者，所以成性也；教者，所以興學者也。先王之世，黨有庠，術有序，國有學，故其時教化翔洽，風淳俗美，父父子子兄兄弟弟夫夫婦婦，莫不各得其性而一於理。人知有學，家知有教，邪説滅息，奸僞不起。此由教化漸劘之深，非獨風氣淳龐故也。及至於秦，銷刻德義，尊用名法，廢先王之道，燔列聖之經，上不知教，下不知學，棼棼泯泯，民無所措手足。三代聖人教育之方於是大壞。漢興，承秦之弊，得之馬上而不能治，詩書之氣，阨塞屏絶，民志無所興起，延百餘年。至於文、景之間，兵革不試，太平無事，乃稍稍破除故習，開挾書之禁，引用儒生，先聖遺經於是間出於煨燼之餘矣。而賈、董之徒，抱殘守闕，未窺先聖藴奥，零星補綴，千創百孔，專一不通，於世教民心終不能大有補益。晉、唐以下，亦無聞焉。至於有宋，天起生民，真儒並出。濂洛關閩諸子後先接跡，互爲維持。開盲聾，起僵仆，導清源，遏狂流。三代聖人之道，千數百年間所阨塞屏絶不興於民者，至於兹而始得大明也。於虖，可謂盛也已矣！朱子生濂洛後，遠本先聖遺經，近守周程明教，與其徒反覆講切，轉相倡導，六子、四經外，如小學、近思，其尤深切著明者也。而其簡而該、詳而密、切而有條者，尤莫如白鹿洞規。上之所以教，下之所以學，舍是即亡所用，舉而行之，雖以治天下可也。澍生也晚，學殖荒略，未窺朱子牆壁。顧嘗讀白鹿洞規，以爲雖聖人復起不能易也。乃竊取小學、近思成例，捃拾先聖賢之言，以洞規爲綱，中分支派，從類條析，勒成二十條。始自戊寅四月，迄癸未十月，中更六年，三易其稿，而定名曰白鹿洞規條目。吾聞之：道之大原出於天命，天命不已，人事且起而有功。聖人知天之不可棄也，是故等倫有辨，學問有序，教養有方，動作有守，以一其民。民亦不彊而從之，代天之工而已矣。後世道術不明，不因天而開人，但因心以立制，推之無本，行之不恕。意非不勤，知營力取，去人性遠矣。洞規，事天之學也。以是爲學，盡性也；以是爲教，修道也。人能修道、盡性以達於天，雖以之爲堯舜可也。金壇王澍書。

朱子靜坐集説序

〔日〕佐藤直方

夫動靜者，天道自然之機。而主乎靜以制動，則學者修之之功也。古昔聖賢小學大學之方，居敬窮理之訓，良有以也。老佛之徒厭動而求靜，固非天道之全矣。俗儒又初不知主靜之爲要，則其所習皆無用之妄動而已，何足謂之學者乎？程朱所謂靜坐，乃學者有心之術而積德之基也。今欲學聖賢者，不能用力於此，則亦豈有所得於己哉？但靜坐之可慮者，或有流入於坐禪入定之患耳。吾輩能循朱子之明誨，而實用其力，則誠可謂善學矣。柳川剛義嘗摭朱子之言及於靜坐者，集次爲一篇，名曰靜坐集説，以備講義之考索焉。頃請冠予一篇於篇首，而刻之於板。予奇其注意乎靜坐之説，輒應其請云。享保丁酉季秋佐藤直方操筆於東武僑居。

跋靜坐集説

〔日〕柳川剛義

學者之不可不靜坐也，猶舟之不可無柁也，豈可忽之乎？有志於聖學者宜致思焉。後世學者没溺於雜博卑陋之中，而不知聖賢教人之本意，滔滔皆然，吾竊患之。向來抄出於朱先生靜坐之説以爲一册，今秋求訂正於佐藤直方丈，且請一言書諸首，而幸得其許諾焉，乃版行之，與友朋之徒共之云。享保丁酉季冬日柳川剛義書。

濂洛關閩書朱子書序

〔清〕張伯行

黄勉齋曰：「由孔子而後，曾子、子思繼其微，至孟子而始著。由孟子而後，周、程、張子繼其絶，至朱子而始著。」信斯言也，韓昌黎謂孟子之功不在禹下，余亦謂朱子之功不在孟子下。蓋孟子時，邪説詖行，溺於人心，如楊墨之害仁害義，告子之食色言性，鄉愿之同流合汙，皆悖先聖之道而馳者。於是乎正之息之，距之放之，雖以爲好辯，勿恤焉。若朱子時，則世學不明，異端之蜂起尤甚，學老氏者談道德而遁於虚無，學浮屠者談心性而流於寂滅。他若王、蘇之誇誕險詖，陸子之頓悟近禪，凡爲吾道之害者，幾幾乎淪肌浹髓，不可救藥。朱子大聲疾呼，辭而闢之，日有孜孜，心良苦矣。善夫張子之言曰：「爲此學者苟非將大有爲，必有所甚不得已。」殆善道孟子之心，亦即先得朱子之心者歟？夫朱子之表章聖學、羽翼斯道，合周、程、張子而集其大成。其在經書傳注，制舉家當無不習而識之。獨語類、文集諸書，浩繁難讀。謹撮其要，編定七篇，妄爲詮解。惟期當代君子訂而正之，益信勉齋黄氏之言，而知朱子之功，直上躋孟子之列也云爾。儀封張伯行書。

閑闢録序

〔明〕程　曈

昔我新安夫子倡明聖學於天下，時則有若陸氏兄弟、浙之吕陳，亦各以其學並馳爭騖而號於世。陸則過高而淪於空虚，浙則外馳而溺於卑陋。夫子懼其誣民而充塞仁義也，乃斥空虚者爲異端、爲禪學、爲佛老；卑陋者爲俗學、爲功利、爲管商。辭而闢之，以閑聖道而正人心焉。而其憂之深、辨之嚴、任之重，涣然見諸遺書。與自以承三聖者，夫豈有所異哉？世衰道微，士膠見聞，至於身蹈浙學，而猶知其卑陋，不敢昌言以告人。於陸則謂之晚與夫子合，爲夫子之所集，甚則謂能接跡夫子、追踪孟氏，樂道而北面之。流弊不息，以迄於今兹。是蓋不察夫子閑闢之旨，而爲所謂彌近理而大亂真者所惑也。噫！聖學之不能明於世也，其基於此歟？曈也幸辱生夫子之土壤，而獲世守其書，乃敢妄以閑闢之所寓者類聚之，而浙則附焉。以爲爲學標的，術無惑於他歧云爾。若夫秉夫子之旌旗，搗陸氏之巢穴，以收摧陷廓清之功，則有望於任世道之責者。正德乙亥四月既望新安程曈序。

宋五子書後序

〔清〕李芳華

歲庚寅，余授徒宗祠，得晨夕接誨於家元朗先生。一日，偶語及濂洛關閩諸子書，淵微浩博，後生無由得覓梁筏。余應之曰：「唯太極闡天人之秘，通書揭理性命之旨，西銘明理一分殊之道，正蒙雖多未瑩，然囊括三才、論述六經，不可謂非造道之軌範也。近思一録，綱領該括、節目精深，朱子亦嘗自謂『四子之梯階』，而語類則又朱子平日與及門講學論道之粹言也。迺若感興之什，則人心道心之介，古今升降之故，道術之絶續，聖學之源委，罔不具備。訓子之篇，則又由下學以幾上達，由成己以迄成物，無弗明明示誨。是二詩者，寧愧物則民彝之旨、敬儀慎話之規哉？顧太極、通書、西銘之解，朱子祇發其大義，近思之註，諸家互有其醇疵，令讀者不能無不備不純之歎。若正蒙及朱子諸詩，則肄業及之者亦罕矣。至於朱子語類，乃其門人各記師説而彙集之者，故語句重疊，且多少年未定之論，誠解釋而纂輯之，則其裨益後進，良非淺鮮也。」先生慨然以爲己任，於是薈萃羣言，參以曠識。而末學寡昧，亦得俾與商確大旨，爬梳詳密，條理分明，皆可尋繹。復取語類，删其重複，擇其精要，訂爲約編，並以公世。學者苟潛翫是書，有以見夫其大無垠、其小莫破，亘宇宙而常新，合道器而一貫，則由是上溯四子、六經，不啻問塗於已經輕車，驅周道矣。嗟夫！去聖日遠，來者有待，吾道豈聽其晦明剥復於兩間？有志之士，誠講明而佩服之，固絶續之所由繫也。若謂聖功浩浩，非緜力眇材所能勝任，而卻顧不前，則是果於自棄而不仁之甚，殊非解輯此書之意也。今適授梓，故特叙編注始末，附識於後，與高明共質證之。雍正甲寅仲春湘川李芳華謹書。

朱子不廢古訓説序

〔清〕陳繼昌

二帝三王之學，至孔子而集大成。孔子删定贊修，厥功甚偉，而微言大義又莫備於論語一書。大學闡明新之道，曾氏獨得其宗；中庸探明誠之旨，子思詳演其説。後百餘年又得孟氏以承先聖道統。四子之言，前後若合符節矣。北宋英宗之前，論語爲經，孟子爲子，大學、中庸並載戴記。炎漢以來，如鄭、孔、何、趙、皇侃、邢、孫，注疏林立，至朱子裒合學、庸、語、孟爲四書，採漢、魏、唐、宋諸儒精粹之説，益以己意，而聖賢宗旨遂以大明，蓋又集諸儒之大成者也。陸清獻公云：「四書經朱子訂定，如大禹平成天地一番。」誠哉是言！然論者每謂漢儒詳於訓詁，宋儒精於義理。甚且漢學、宋學，區别門户，轉假四子書爲攻詰之端，如韓子所謂不合不公者。不知朱子於漢儒訓詁多沿其舊，特闡發義理實爲漢人所未到耳。夫文章爲宇宙公，理求其是，義得其安，亦何分疆域之見哉！粤東自阮芸臺相國總制兩粤時，創學海堂以課士，專務明經繹史。博雅之士，蛟騰鵲起，迄今踵而行之者垂二十年，罔或廢替，相國嘉惠後學者可謂至矣。道光己丑、庚寅，余主講越華，展閲學海堂集，知粤中人士談著述彬彬有人。越十年庚子，余假息里門，嘉應李子義門以其先大父譬齋公所著四書讀遠道見遺，并以其尊甫根五先生近作朱子不廢古訓説并注相質，將付剞劂，而以弁言爲請。余受而卒讀之，知其書始爲朱子不廢古訓而作，繼爲考證諸説異同而注。凡於朱子之注，每字每句必溯其源。自注凡五百條，繁徵博引，皆原原本本，殫見洽聞。盡去循聲模響之習，亦無附會穿鑿之弊。尤能以經證論，而一折衷於朱子，洵紫陽之功臣也。是書出，庶共曉然於朱子集注章句無非古訓是式，而漢學、宋學門户黨援之説亦可以息矣。先生之學，淵源有自，所謂能讀父書、克成家學者，允宜公諸同好，以廣其傳。是爲序。道光二十年歲次辛丑正月穀旦賜進士及第翰林院修撰誥攝通奉大夫直隸承宣布政使司布政使加二級隨帶加一級奉假在籍桂林陳繼昌謹序。

朱子不廢古訓説序

〔清〕李中培

先人譬齋公爲樂昌學博時，著四書讀一編，研究聖文義理，已鋟版行世，書目載廣東通志藝文略中。而凡考證異同，中培總角受經時嘗口講指畫，辨惑釋疑，第質魯善忘，旋得旋失。自嚴親見背，槖筆舌耕，學徒問難，懼恍惚無以應也，故凡遇典制訓詁衆説紛拏者，輒就夙聞父師之言，及前儒名論，會稡而劄證之，間亦附以鄙見。積久成編，剖分卷帙，署曰四書考證問疑。并孔孟生卒處考異、五帝三王統系、春秋列國諸侯大夫士世系，井田、學校、軍賦、宗廟、郊社、禘祫、樂律各圖考，周官孟子王制班爵禄異同表各卷。道光丙申春，學海堂以「朱子不廢古訓説」命題課士，發問曰：「世之學者皆以漢儒訓詁、宋儒義理分爲兩事，其實朱子何嘗盡廢古訓？即以四書集注章句言之，其本於古訓者多矣。試詳言之。」中培卷本舊纂以立說，蒙總制首賞。時授徒羊城，講貫餘暇，循省課稿未盡發揮，乃復取四書考證、名物圖表，及隸書辨僞各種，凡有關四書中朱子之說與古訓相證明者，附注各說下，條理成編，分爲十六卷，末附朱注引用文獻考略四卷，而就質於鄉先進及同學諸子。夫四子書微言讜論貫串諸經，乃義理之閫奥、典制之淵林，蠡測管窺，安足發明於萬一？即如古來箋疏汗牛充棟，今見於馬氏文獻通考、王氏續文獻通考、欽定四庫書目、朱氏經義考，可屈指者不下數百家，坊刻講章尚在其外。末學囿於方隅，家無五車，豈能搜擇融貫、得其會歸，不過就先儒名論而引伸之，以見朱子之書無非古訓，是或百家騰躍、轇轕紛綸，必折衷於紫陽而後定爾。道光二十年歲次庚子長至日嘉應李中培自識。

朱子學歸序

〔清〕鄭端

古之爲學者一，今之爲學者三：訓詁也，詞章也，儒者也。佛、老、刑名之説不與焉。欲正所學，必以真儒爲歸；欲歸真儒，必以聖賢爲則。聖言之載於四子、五經者，如日月之經天，如江河之行地，昭示流布，幽明巨細，靡不畢該。後之儒者，相與謹守而共學焉，以爲求道而入德者，捨此爲無所用心矣。然去聖既遠，講誦失傳，循流昧源，泥文忘義，甚至象數名物，尚有不能盡知者，又安能遽有以得其大指要歸也哉！自宋儒周、程、張、朱五子者出，發微言，闡大義，直探孔孟不傳之旨，於是聖學晦而復明，道統絶而復續。故朱子傳注經書，已集大成。又掇取周、張、二程遺文，爲近思録，書成，直命曰「四子，五經之階梯；近思録，四子之階梯」。明儒高景逸亦取朱子文集、語類，倣近思録爲節要，而序曰：「學者欲知前聖後聖符合處，此其要也。」自宋、明以來，集五先生之書者多矣，未有如近思節要之精粹而切實者。余讀近思録最久，求節要數年不得。得朱子文集、語類，見其廣大閎博，若無津涯，將欲從之，心目交困，時明時昧，時作時輟，而不得所由入也。因擇吾力所及知者，隨筆摘録，積而成篇；其所不及知者，則闕焉以俟後之君子。義例大概倣近思，而間有增損，輯成二十三卷。繕寫將半，天台楊廣文郵致節要一册，取以相質，亦不至大相刺謬。至於學業精粗、用心疏密，則有不可强同者。嗚呼！景逸節要，進乎道矣；吾所録者，猶未離乎器也。然器亦道，道亦器，有分別而不相離也。吾將以兹録爲節要階梯，因節要、近思以達於四子、五經，舍朱子其誰與歸？康熙癸亥夏六月戊子棗强後學鄭端謹序。

讀朱隨筆跋

〔清〕趙鳳翔

右讀朱隨筆四卷，乃當湖先師讀朱子文集而記之者也。先師於朱子之學精察力行，故生平於朱子之書篤嗜不倦。深懼嘉、隆以來之儒者顛倒早晚、蒙混是非，使朱學晦而不明也，因取文集中孰爲已定之説，孰爲未定之説，孰是初平之論，孰是中晚之論，無不條分而詳注之。雖闡發不及數言，而朱子一生先後截然，有非異學所得而假借者。學者讀文集而不得其持，得隨筆而參觀之，而朱子之學不難瞭然於心目之間。凡挾持邪説欲以調停兩可者，亦可不辨而自熄矣。先師嘗謂學蔀通辨乃朱子功臣，愚謂讀朱隨筆乃真朱子功臣也。原本自三十卷起至別集八卷止，係先師己未、庚申間丁封翁憂時所輯。尚有讀禮隨筆一編，行當嗣録，以公同志云。時康熙丁丑桂月既望，雲間受業趙鳳翔魚裳氏謹識。

朱子讀書法序

〔宋〕張　洪

聖賢之書，聖賢之言也；聖賢之言，聖賢之意也。學者學爲聖賢而已，既爲聖賢之學，必將因其言以求其意。得其言而未得其意者有矣，未有不得其言而得其意者也。傅説之告高宗曰：「學於古訓乃有獲。」吾夫子亦曰：「好古，敏以求之。」「何必讀書，然後爲學」，見哂於聖門也，宜哉！「臯夔所讀何書？」世率以斯言藉口，豈知帝王盛時化行俗美，凡塗歌里詠之所接，聲音采色樂舞之所形，灑掃應對冠昏喪祭之所施，莫非修道之教，固不專在書也。三代而下，古人養德之具一切盡廢，所恃以植立人極者，唯有書耳。此書之不可不讀也。然讀聖賢之書者爲不少矣，鮮能至於聖賢者，讀之無其法也。漢唐説義理如説夢，其間大儒，言正心而不及誠意，言誠意而不及致知格物。法之未立，學者將安適從乎？故以了悟爲高者，直謂格言大訓爲胸中之障礙，書且無取，何取於法？以記覽爲工者，又不過誇多鬭靡，務以榮華其言，希世取寵而已，法於何有？有過有不及，等之爲無得於道也。不有先覺，何以淑其後？紫陽夫子生於建炎庚戌，上符洙泗之運，遠紹濂洛之傳，吐辭爲經，家藏人誦，言滿天下，皆法言也。然門人輔公所編讀書之法，所以呼迷塗而飭稚昧者，尤爲深切著明。甲寅便殿奏疏，拳拳以爲食芹之獻，直謂：「此愚臣平生艱難辛苦已試之效，雖帝王之學，無以易之。」豈苟云乎哉？洪嘗與親長德勝齊君增多而臚列之，鄉友王君復盡索紫陽諸書，倣爲後編，輒又同爲之編定。於是首尾具備，條貫秩然。學者儻慨然知俗學之可厭、聖學之可傳，於文公之法信之篤、行之果，使精神之胥契，如師友之相逢。以此而讀書，其亦異乎人之讀書矣。聖賢之意如日杲杲，豈待單傳密付而後有得於道哉！咸淳乙丑，洪分教四明，齊君適遊東浙，益相與商榷是正，其書乃成。嘗謂此書之行，可使人人知道，人人爲聖賢。而受用之淺深，則在夫人信向之分數耳。洪一日袖呈師帥大參西澗先生。先生捧誦驚喜，謂足爲後學指南，不負儒先真切誨人之意，助費召匠，亟命鋟梓，與學者共之。吁！聖人復起，不易文公之言；文公可作，所以誨人者不過如此。此義之存，上帝臨汝，是又非學者爲聖賢之一助乎？盍相與懋敬之哉！雖然，文公嘗謂學不是讀書，不讀書又不知所以爲學之道，此語殆有深意。昔潘氏磨鏡帖云：「僕自喻爲昏鏡，喻書爲磨鏡藥。當用此藥，揩磨塵垢，使通明瑩徹而後已。若積藥鏡上而不施揩磨之功，反爲鏡累。」豈非道理合下皆具，用力之久，一旦豁然貫通焉，反身而誠，萬物皆備，豈拘拘尋行數墨間哉！因取晦庵觀書有感二詩附於編首，以發言外之意云。丙寅孟春後學鄱陽張洪拜手書於鄞泮。

朱子讀書法序

〔宋〕齊　熙

晦庵先生觀書有感

半畝方塘一鏡開，天光雲影共徘徊。問渠那得清如許，爲有源頭活水來。

昨夜溪邊春水生，蒙衝巨艦一毛輕。向來枉費推移力，此日中流自在行。

讀書法者，文公朱子之所常言，而門人輔公漢卿之所編集也，嘉惠後學，可謂至矣。巴川度侍郎正屬遂寧於和之校而刻之。外舅雙澗張先生家藏刊本，熙因得借觀，天球琳琅，不足喻斯寶也。但其間疏略未盡、雜亂無倫者，間亦有之。則恐學者未能見之瞭然，何以使其守之確然哉？故竊疑此漢卿草定而未修改之本。熙僭於暇日，與鄉親友龍山張君伯大因其舊文，及取文公之言此而漢卿之未録者，相與搜集附益，更易次第。先定綱領，以載書之所當讀之故，與讀之所當務之説。復於中撮其樞要，釐爲六條：曰「循序漸進」，曰「熟讀精思」，曰「虛心涵泳」，曰「切己體察」，曰「著緊用力」，曰「居敬持志」。而著其説於每條之下。於是綱領條目粲然明白，爲上下兩卷。蓋將案爲定式，確遵謹守，尚企及文公之萬一，凡我同志皆當從事於斯也。竊嘗論之，天下之事，莫不有法，法莫不有要。得其要而遵守之，則爲其事者雖與人同，所以爲其事者實與人異，他日所就，必有卓然非儕流之所及者。末藝且然，而況讀書爲吾儒之大業乎？秦漢以來，知讀書者衆矣，然皆不足以與聞斯道之傳。其務外者，爲誇多鬭靡；其厭煩者，爲獨觀大略；其平凡暗戇者，不過尋行數墨，爲蠹魚，爲書肆；其邪僻者，聖讀而庸行；其詭佞者，則借聖言以文姦而已。求其下帷潛心如仲舒者，已寥寥間見，況望其如濂溪關洛諸老先生，明聖道之藴奥、傳聖心之精微乎？是則彼非不讀書也，讀書而不得其法也。惟我文公稟命世之才，負離倫之識，而尤篤志於聖人之學。其爲學也，窮理以致其知，反躬以踐其實，而貫之以敬。其窮理則以讀書爲本，其讀書則以六者爲法。平日之所自務，與其所以教人，每切切乎此。雖致之聖君，言之賢相，亦必欲其急先乎此。此所以卓然能承道統之傳、啟道學之祕，盡發聖經賢傳之藴，大開天下萬世之蒙也。嗚乎盛矣！豈非文公之讀書與人同，而所以讀書與人異，固若是邪？六者之法，有前賢之所已言者，亦有前賢之所未及而出於文公之獨見者。誠能確遵謹守，罔有踰越，則窮理盡性，修身齊家，以至得時行道，而極於堯舜其君民，莫不自是基之，其功用豈淺哉！抑愚謂從古聖賢非不言讀書也，而每教人讀書以窮理，則至文公而愈切。關洛大儒亦非不言讀書之法也，而及於循序致精與先看易曉者之云，則自先生而始見其愈切者。正如孔子多説仁字之意，其始見者同於孟子性善養氣之功，學者尤不可以不知也。龍山君孝謹清修，自幼用心於聖賢之所謂學，十五年前相與編類此書。咸淳乙丑，𦙍適留會稽，而張君職教四明，郵傳如織，因得益加是正而更定之，於是無復遺恨。張君且欲刊之鄞泮，以惠多士，是豈徒此書之幸，學者遵是法而力行之，斯道其幸乎？其年秋仲鄱陽齊𦙍充甫謹序於越之蓬萊閣。

讀朱就正録序

〔清〕張錫嶸

天地之全理具於性，天下之大本繫於孝；聖人明性命之理，而著之於經。孝經，其總會也。孝經古今文之殊，一出顔芝，一出孔壁，而挈長較短，終當以古文爲正，司馬温公論之詳矣。自朱子刊誤出，而古今文乃皆有可疑。嶸少汩没於舉業，中年始知學。竊謂先聖之道，莫著於五經、四子書；先儒之書，莫粹於朱子。欲學孔子之學，而不讀朱子之書，其不誤於他歧者鮮矣。惟此刊誤一書，始從闕疑之義，自温公指解以及各家，則皆遠攬旁搜，研求至是。嘗疑諸家之註未足盡聖人之意。非惟未盡，或又戾焉。因積服習所得，輯爲章句，以俟君子。猶恐得失之微，有所未盡，乃復取刊誤讀之。及讀之，而愈不能無疑焉。疑則疑夫朱子集中所載，於諸儒語録，尚存其疑而不改其文，謂「隨手改易，即此氣象已非」。此誠有德者之言也，何於此經而不然耶？繼即朱子所疑，爲之推求其所由來，更以朱子之論，參合愚之所致疑於註釋諸家者，多不謀而合。乃知朱子所疑之義，皆註釋家之誤會經文，使經之語脈意旨隔閡晦滯、隱而不彰（詳後各説），轉覺經之正文亦有非聖人言語者。是朱子疑經之心，實出於尊經。揆之愚見，雖信疑不同，而同出於篤信聖人之意。前之疑朱子者，不惟涣然釋，亦且怡然順也。故特將朱子之因註疑經分列於後，間有不因註而疑，而實註家有以遺之者，亦爲臚其原委，附以愚見，義取質疑，或亦就正有道之資，而朱子之所許乎？嗟乎，墜緒茫茫，既不獲就炙孔曾之門，面聆夫微言緒論，又不獲出所見就正於先儒如朱子者，問難考訂，此余所俯仰太息者也。然天地之理，賦於性，具於心，不以古今殊也，特患學力淺薄，不能窺聖賢之堂奥耳。聖賢之義理其在遺籍，與在當人之心者，块然具足也，嶸也敢不勉哉！靈璧後學張錫嶸謹序。

述朱質疑序

〔清〕朱有基

當塗夏弢甫先生，平生講學服膺紫陽，司諭吾邑，一以紫陽之學勗士。所譔述朱質疑十六卷，皆躬行心得之言。有基請付剞劂，以廣其傳，俾人人尋讀是書爲快。至於書之精微博大，足以干城正學、沾溉後人，海内有識者自知寶貴，無待有基之揚搉也。咸豐辛亥臯月紫陽二十一世嫡裔襲授翰林院五經博士婺源朱有基謹識。

述朱質疑序

〔清〕夏　炘

炘幼讀朱子之書，長好朱子之學，老官朱子之鄉，高山仰止，欲從末由。每展玩朱子之遺編，不禁赧然汗下也。多士習聞鄉先賢之教，炘又自謂有一日之長，友朋聚集，必以誦法朱子相勗勉。竊以爲朱子之學，自明中葉以至於今，儒生挾好勝之心，每多異論。高明之士，既震於其言，而匍匐歸之；其守講章以習舉業者，名爲遵朱，問以朱子平生學術之早晚，著述之異同，師友之淵原，出處之節目，茫然如坐雲霧之中。而居常所誦章句、集注諸書，不過獵取詞句以供場屋之用。究之書自書而我自我，則朱子之學幾何而不晦也？數載以來，講習討論，凡關涉朱子之學術著述、師友出處者，隨筆疏記，積久成帙，共得如干篇，釐爲十有六卷，以未敢自信，名之曰述朱質疑。善乎朱子之道，又豈徒講説而遂已哉！多士幸生紫陽之闕里，須識得魯鄒濂洛，而後惟朱子爲吾道正宗。捨朱子而外，更無他途捷徑，可以至於聖人之域。識堅志卓，確乎不移，然後牢固着足，下艱苦功夫，居敬以涵養本原，讀書以明察倫物，返躬以體驗離合。先博後約，自麤及精，内聖外王之學，具足於己，由是真儒名世，二而一之。此炘之有志未能，而願與諸生共勉者耳。若徒騰口説，以資辯論，便泰然自附於朱子之徒，是又朱子陟降之靈所當麾而出諸門外者也。則是編也，姑以爲老馬之識途而已矣。尚冀海内之高賢碩德，真能爲朱子之學者，繩誤糾謬，以匡所不逮焉。道光庚戌冬月當塗弢甫氏夏炘謹譔於婺源學舍。

文公朱先生感興詩注跋

〔宋〕蔡　模

古今之書，惟詩入人最易，感人最深，三百篇之後，非無能詩者，不過詠物陶情，舒其蕭散閑雅之趣而已。獨朱子奮然千有餘載之後，不徒以詩爲詩，而以理爲詩，齋居之感興是也。蓋以理義之奥難明，詩章之言易曉，難明者難入而難感，易曉者易入而易感也。朱子切於教人，故特因人之易入易感者，以發其所難入難感者耳。今誦其詩，包羅衆理，總括萬變，排闢異端，又皆正其本而探其原。模之不敏，總角常侍先君讀之。優游諷詠之久，不覺手舞足蹈之意，然亦懵然未曉其爲何説也。先君間因其憤悱而啓發之，似有所見。近因弟杭試邑樵川，寄示瓜山潘丈箋本，積日吟誦。猶或恨其箋注之間若有未盡者，隨筆抄記，不覺成帙，用以求正於有道，正温公所謂揚子作玄，本以明易，非敢别爲一書，以與易競之意也。同志之士，其亦有以識予之心者乎哉？嘉熙丁酉仲春望日模書。

書感興詩注後

〔日〕天瀑山人

覺軒蔡氏注朱子感興詩一卷。余曩日獲活字版古本，乃知其久傳於此間矣。後又獲高麗本於友人處，校之，無甚異同。按永樂性理大全編入感興詩，其注互舉熊胡劉徐數家，而蔡氏則僅一見於第二十首耳。且蔡注孤行，於諸書無所見，豈其佚于彼者久歟？高麗本附録朱子詩數十首，末又載懼齋注武夷櫂歌。今删落其數詩，獨存櫂歌注，亦以其無别行也。上章涒灘孟夏之月中九日天瀑識。

感興詩翼序

〔清〕吳曰慎

古者詩教最重，其見於經傳所稱者歷歷可徵，微言要義多寓其間，後世爲詩者，徒尚浮辭，無與道此，邵子所以謂「删後更無詩」也。朱子感興二十章，其於天地陰陽之理，聖賢道統之傳，人心體用之妙，存養省察之方，小學大學之規，末習異端之失，國家衰亂之由，史筆是非之辨，精粗本末，無不兼該，羽翼聖經，上追雅頌。顧以辭旨宏深，卒難洞曉。於是採集羣言，參互考訂，裁以臆斷，詩傳式遵，編爲感興詩翼，雖未能盡得朱子之心，然於訓詁文義頗爲明著，因是而日諷咏焉，則天人心性之理、修身經世之方，或者亦可以知其大略云。

康熙壬子十二月丁未古歙後學吳曰慎序。

感興詩翼總論

〔清〕吳曰慎

雲峯胡氏曰：夫子讀周公、尹吉甫之詩，皆贊之曰：「爲此詩者，其知道乎！」以其詩有關於天理民彝，有關於世變也。子朱子感興詩兼之矣。明道統，斥異端，正人心，黜末學，六百三十字中，凡天地萬物之理、聖賢萬古之心、古今萬事之變關焉。使擊壤翁蚤得見之，安得謂「删後更無詩」哉！

余氏曰：感興詩幽探無極太極生化之原，明述人心道心危微之辨；粗及夫晚周漢唐治亂之迹，精言夫陰陽星辰動靜之機；上原夫堯舜禹湯文武周公授受之際，下列夫顏曾子思孟軻存守之要。大而乾坤之法象、性命之根原，微而神仙之渺茫、老佛之空寂，與夫經之所以得、史之所以失，靡不明備，無有遺闕。且於教之所以教、學之所以學，粲然條列，混然貫通。又曰：興隨感而生，詩隨興而作。或比或賦，雖非一體；或先或後，初非一意。然首尾之相爲貫穿，本末之相爲聯屬，則渾然其爲一貫也。

胡氏升曰：此詩究極道體綱維世教，與太極圖、通書、近思録實相表裏，指示學者甚切也。

王氏曰：先生此詩，凡太極陰陽之理、天理人欲之機、古今治亂之分、異端末學之辨，精粗本末，兼該並貫，加以興致高遠，音節鏗鏘，足以追儷風、雅。學者優游諷詠，良心善性油然而生。下學上達之功，孰能外是而求之哉！

晦庵先生五言詩鈔序

〔明〕吴　訥

五言古詩，實繼國風、雅、頌之後，若蘇、李之天成，曹劉之自得，以至陶靖節之高風逸韻，蓋卓卓乎不可尚焉。三謝以降，正音日靡。唐興，沈宋變爲近體，至陳伯玉始力復古作，迨李杜後出，詩道大興，而作者日盛矣。然於其間求夫音節雅暢、辭意渾融，足以繼絶響而闖淵明之閫域者，唯韋應物、柳子厚爲然爾。自時厥後，日以律法相高、議論相尚，而詩道日晦焉。宋室南遷，晦庵朱子以天挺豪傑之才，上繼聖賢之學，文詞雖其餘事，間嘗讀大全集，觀其五言古體，沖遠古澹，實宗風雅而出入漢魏、陶韋之間。至其齋居感興之作，則又於韻語之中盡發天人之藴以開示學者，是豈漢晉詩人之所可及哉！然集中編載，衆體混出，且卷帙浩翰，獲見者鮮。暇日因手抄五言古體，始於擬古，終于感興諸詩，得二百首，寘于家塾，以教子弟，蓋欲使知詩章之學亦先儒之所不廢，沉潛之久，庶因有以得其歸宿云。宣德十年歲在乙卯秋七月上澣海虞吳訥序。

晦庵先生五言詩鈔後序

〔明〕陳敬宗

詩自三百篇以後，漢蘇、李變爲五言，而建安曹、劉諸子繼之，詞氣高古，足以羽翼六義。至晉之陶、唐之韋柳，沖澹典則，得温柔敦厚之遺意焉，亦足以興衛風雅無忝矣。然自蘇、李以後千有餘年之間，作者固多，而或失之綺麗，或失之巧密，無復唱嘆之遺音，可慨也！後宋晦庵朱先生，以道統之學，上承先聖，下開後人，於注釋經傳之餘，時時發諸詠歌，衆體悉備，而尤粹於五言。蓋出入漢魏、陶韋之間，而興致高遠則或過之。藴淡薄之味於大羹玄酒之中，揚淳古之音於朱絃疏越之外，誠曠代之希聲也。至於感興之作，則又不徒以詩爲詩者焉，自夫天地陰陽之妙，性命道德之懿，古先聖賢開物成務、立則垂訓之要，歷世治亂興衰之蹟，與夫仙釋之誕妄、教化之淪喪，悉於此焉發之。所以正人心於不泯，遏邪説於復萌，其有關於世教、有功於學者大矣，豈特陶情適性而已哉！昔烝民之詩有曰：「天生烝民，有物有則。民之秉彝，好是懿德。」孔子贊之，以爲知道。噫！其先生之謂矣。然則所謂「羽翼六義、輿衛風雅」者，將不在於漢魏、陶韋，而在於先生無疑矣。今副都憲海虞吴公，慨世人之罕知，乃手録先生五言之作，自擬古至感興凡若干篇，編寫成帙。既已叙其編端，其婿錢宣公達將鋟梓以廣其傳也，乃復請予序其編末。嗟夫！舉爝火以益日月之明，揚纖塵以裨嵩華之高，又奚可不自量哉！弟以平昔素所欽慕，又重以公達之有請也，故敢忘其鄙陋，書此以申其敬仰之意云。宣德十年秋九月既望朝列大夫國子祭酒四明陳敬宗謹序。

朱子可聞詩集序

〔清〕洪力行

昔胡澹庵愛先生之詩，與王民瞻同薦於朝，先生歎爲不知己，蓋不欲以詩名也。而後之學先生者，奚爲於先生之詩？且其詩之精奥宏博，莫若齋居感興諸作，而集中反不及之者何？曰：此固先生之所許可也。先生著作，自經書傳注懸諸甲令外，他若近思、小學、家禮、綱鑑、名臣言行、伊雒淵源諸録，旁及楚詞注、韓文考，莫不家置一編，而皇上又頒淵鑒齋所藏全書於學官，俾人咸得誦習。先生之道既昭如日星矣，惟是操觚家視理學、風雅判然兩途，語及於詩，謂自有專門名家，何必朱子。不知夫詩者持也，持其性情以歸於正也。專門名家能各自抒其性情矣，詎能持人之性情乎？即如元輕白俗、島瘦郊寒，太白仙、長吉鬼，不善學之，則偏至之病必有中於性情者，又何論香奩、宫體之屬哉！故必有真理學而後有真風雅，以其有存乎詩之先者，而不徒爲詩人之詩而已也。先生惟不欲以詩名，故其詩尤有補於學者，此吾所以急録先生之詩以示世也。至於反不載説理諸詩者，又有故焉。記曰：「不學博依，不能安詩；不興其藝，不能樂學。」是以古人將有事於河，必先事於滹沱，慎之至也。感興詩二十章、性理吟一百首，性與天道具見於斯，非初學可遽通曉。莫若先取其流連景光、雕刻萬物，以歌詠乎性情者，優而游之，旁引而流示之，自然忘理學之高深，而樂風雅之和易，久而有得，將更有進於是者，與學者求之，而此則「夫子之文章可得而聞」者也，是以名其集曰可聞也。然則先生詩法與彼專門名家者異乎否？曰：非愚之所敢知也，然竊聞其略矣。先生嘗欲分古今詩作三等，自書傳所記虞夏以來及魏晉爲一等，附三百篇、楚辭後，爲詩之根本準則；顏謝以下及唐初爲一等；自沈宋定著律詩下及今日又爲一等，於二等中擇其近古者以爲之羽翼輿衛。是先生之取法乎上也。云李杜韓柳詩皆學選，杜韓變多，李柳變少，自其變者而學之，不若自其不變者而學之，是先生之與人以規矩也。詩尤愛陶徵士、韋左司、柳柳州，云不如是無以發其蕭散沖淡之趣。答鞏仲至書云：「來諭漱六藝之芳潤，以求真淡。然恐穢濁爲主，芳潤無由入。須更洗盡腸胃間夙生葷血，然後此語方有措。」是詩貴於淡，而又當先治其性情也。嘗病詩句之用經語，而不喜人使事。曰：「『關關睢鳩』，出在何處？」是爲詩者，當去陳言，空諸依傍也。又云：「當其不應事，平淡自攝，勝於思量詩句。至其真味發溢，又却與尋常好吟者不同。」是先生本不求工於詩，而天籟自鳴，無非詩也。夫惟平淡自攝，以去其腸胃間穢濁，及乎真味發溢，自然有得於蕭散沖淡之趣，又取法乎上而明其宗派，學乎不變者而守其規模，則雖不用經，不使事，自無片言隻字不有根源。吾所謂有存乎詩之先，而不徒爲詩人之詩者，此也。聞先生之詩，復聞先生所以説詩，以之持其性情，學者將化其偏而歸於正也可知矣。又安在文章非即性道哉？大全集中載詩二千首，僅録其十分之二三，蓋本諸先師汪息廬先生所選授，分體編次則依吴季元和生家藏程履齋所舊刻，不揣譾陋，間爲發明。嘗質於同學諸子，而唐仲鳳逸、陳祖范亦韓，其析疑糾謬之功尤多云。康熙六十一年歲在壬寅孟春新安洪力行敬識於常熟學署之南華堂。

朱子可聞詩集跋

〔清〕陳景雲

侍臣大兄從事吾師義門先生久，能傳其學，嘗以儒先之理及今古文辭開示來者。客冬在虞，箋釋子朱子詩五卷，特郵致家師，請序於先生。適當違豫在告，方倦于筆札，故久未申請，而先生近問至家，則已及之，云：「閲侍臣所箋朱子詩，嘆其嗜學深、用心苦，不媿擁皋比爲大師也。虞山多俊才，今秉鐸者，復能以伊洛之學導其源，鹿洞之風，庶幾復振乎？不及序也，可即此語之。」按此札作於夏六月己未，越兩日先生隨捐館舍矣。嘗聞子朱子昔當彌留之際，力疾作札，屬其徒黄勉齋輯成禮書，今先生于大兄亦猶此志歟？ 先生平日最慎許可，一字之褒不少假借。 苟非是編精要可傳，安得于垂歿時猶惓惓如此？ 嗟乎，哲人萎而微言絶矣！ 大兄追念師訓，俾景雲一言以識其末。 景雲竊謂先生之序雖未作，而手澤尚新，緒論可質。 當代文章巨公，由鑒是書箋釋苦心而溯其學問淵源所自，必有弁以雄文，廣其流傳者，爲謹書以俟之。 壬寅孟秋長洲同學弟陳景雲拜識。

晦庵文鈔前序

〔明〕吴　訥

右晦庵朱先生文鈔七卷，訥所繕寫。 訥自童幼，父師日授先生小學、四書。 稍長，復得先生所釋諸經，暨熊氏所輯性理羣書而誦讀焉，雖有他書，亦未暇及也。 迨年齡既壯，竊復有志文辭，適鄉親陳氏歸自福唐，出示先生大全集，總一百卷，因日借而觀之。 然自病記識弗彊，弗能有以徧讀也。 迺於衆體之中各録數篇，彙成一帙，凡經書序説及性理所載者，不復再録，蓋圖易於誦記，非敢有所去取也。 自是出入恒以自隨，今年攜至南京，一二同志咸曰：「晦庵諸書，衣被海内，惟文集獲見者鮮。 是帙雖僅百篇，而理明義精，衆體略備，誠所謂斯文菽粟者也。 盍出傳學者以爲矜式？」訥於是重加音點，子婿錢生因請其本，歸告其兄而刻焉。於戲！先生之學，體用兼備，其教學者必先小學、四書而後進讀諸經以及文辭。窮鄉晚學，誠能遵先生之教，循序而有及於是焉，則亦庶乎其有以得之矣。若夫大方之家，自當玩熟全集云。宣德五年歲在庚戌十月既望後學海虞吴訥謹書。

晦庵朱子文鈔序

〔明〕吕　柟

或問：晦庵朱子何以文鈔也？曰：朱子之文浩瀚無涯，學者未能徧觀而盡識，是以鈔其要者以範後進耳。海虞吴氏鈔於宣德之初，安陽崔氏鈔於嘉靖之中，皆切近矣。合觀二鈔不下數千萬言，併計所鈔者雖萬億言不啻也，不亦已多乎？曰：公都子以外人好辯譏孟子，孟子以爲不得已也。朱子之言亦不得已之意乎？昔者漢高祖馬上得天下，不事詩書。惠、文、景、武繼之，仍襲戰國、亡秦之故。挾書之禁，久而後弛。於時何、蒼以刑名爲相，良、參以黄老飾治，徹賈以游説傳行，諸治申、韓、蘇、張之言者猶紛然競也。廣川人董仲舒者，三年下帷，壹尊孔子，進退容止，非禮不行，學士咸師尊之。其言主於正誼明道，而謂春秋爲大一統，位雖未顯，道則常行，六經用章。斷獄者引經析僞，繫囚者受經聞道；或印綬加身而守死，或汙辱釋掾以觀仁；至有鞠躬盡瘁斃而後已者，用能扶漢業於四五百年。魏自建安七子以來，崇尚五言，爭眩靡麗。晉宋承之，汨於齊梁陳亡，或怨以怒，或治以織，三綱淪而九疇斁，至篡弒以相尋。河津人王通者出，隋開皇初進獻十二策以期太平，退擬六經，纘明先聖。一時董常得其藴，王珪、魏徵、杜如晦輩發於事業，以開唐初之治。李唐之世，半踵漢而襲梁，達摩、羅什之風未漸也。蕭瑀合掌禮佛，稱地獄以拒傅奕。至有宫人出而爲尼，後蓄髮以踐天后之位，濁亂海内，幾殞唐祊。宜乎永貞以後、元和以前，迎佛骨於天竺，舁傅禁内。雖號學者，出家爲僧，夷狄熾而中國滅矣。河陽有韓愈氏者出，奮不顧身，上表論諫，其言曰：「人其人，火其書，廬其居，明先王之道以道之。」表上，而身貶詘而道章，誠足以正人心於百世也。宋承五季之亂，立相多仍舊人，於是君子小人迭相柄政。王欽若出守天雄，閉門誦經。其後安石撰著新説，益肆其奸。至李沆、寇準不獲常用，而司馬君實、二程夫子且被逐譴，遂致徽、欽狩虜，汴京丘墟。南渡以來，諸儒學術又多不同。陸子静高才篤學，亦名儒也，倡爲一偏之學。其徒楊簡，揚其波而助其瀾，宛若文殊辟支之護法也。而況陳同父、張九成輩，或以功名、或以詞章相競於時哉！婺源晦庵朱子者出，先格致以擇善，即誠正以固執，事爲之辯，言爲之論，理不明不已，道不直不體，聖學至是亦大復續乎！是故董子明春秋而人心正，文中子續六經而聖道顯，韓子闢異端而正教明，朱子辯羣説而斯文之實學定。又曰：聖學雖以言而明，亦又以言多而晦。析危微之弊，求精一之中，此聖人示萬世道學的傳也。故朱子又嘗曰：「惟曾氏之傳獨得其宗。」今觀大學、孝經、論語、曾子問諸篇，果亦不如此之多也。學者誠因朱子之言而專師曾子，於聖道有不可至者哉！審若是，朱子之功亦又大矣。侍御潁川雙溪張君光祖屬藩司梓行傳布，意深遠乎！嘉靖十九年夏六月吉後學高陵吕柟書。

晦庵文鈔續集前叙

〔明〕崔　銑

宣德庚戌，海虞吳訥氏編晦庵文鈔，諸體略備，意若取其平約者。正德甲戌，鄱陽余祐氏輯文公經世大訓，間採語類，則專言治道也。今甲午夏，銑閉户三月，止酒屏事，三讀文公大全集。竊立言之旨，得其憂道之心乎，録是編稍釋大意。上通文鈔爲一書，已入大訓者不出。乃自叙曰：孟氏以來，荀卿之文離道，程氏之書猶簡，至文公粲如也。大涵於渾淪，細入於絲毛，發藴若指諸掌，抉邪則及其肺肝。蓋文公資既高明，濟之沉密，心即道義，助之剛毅。今每讀一篇，即心目開朗，愚可明而懦可奮矣。夫道之不明，僞儒汩之；儒之多僞，異端亂之。在昔兩漢，俗厚事省，士讀書必明理，修己必適用，處必樹節，出必竭忠。雖後人病其故訓之陋，君子服其忠信之純。魏晉以降，惟尚麗詞清談，遂至臣篡君、夷猾夏。胡僧桀黠，乘隙而入，佛澄、羅什售訞幻于北，達磨、曹溪倡心性于南。文字益繁，論説轉切。唐立國三百年，吏治煥乎可述，儒學未嘗一日而明也。宋興而禪談極矣，修顒、宗杲開堂説法，元老節士皆匍伏歸依之。張子韶雜禪於儒，改易頭面，真贋不辨矣。銑考文公答問，其宗禪者十之七，文公湎研童毫、敝脣折舌，似猶有未信者。今論其世，其犬戎虎噬切鄰，其弱君寄生僻土，孰抱成算，可安一障乎？學者託身借譽以便私圖，上之眇忽前哲，獨居傳道；下之寄附景響，自名正宗。求之真空定力，死生不二，如元城、了翁者，凡幾人與？銑今取我文公切言正理可裨先聖者，與同志者習之。吾人幸生崇文之代，匪禁道學，守真訓之詳，不必旁求，各務篤實之行，以贊休昌之治，顧不偉哉！

嘉靖甲午秋七月癸未後學相臺崔銑叙。

晦庵文鈔續集序

〔明〕胡纘宗

叙曰：由周公、孔子而上，王道行，聖學明，經不述、傳不作可也。由周公、孔子而下，王道不行，聖學不明，經不得不述、傳不得不作矣。故戰國世降，楊墨之徒出，邪説横行。孟子繼子思而有憂焉，不得已而爲之辯。夫孟子豈好辯哉？息邪説以正人心，明周公、孔子之道，以嗣子思而開來學，則孟子固有不得而辭焉者。微孟子，吾其異端矣。南宋世衰，佛老之徒出，禪學盛傳。朱子繼周、程、張子而有憂焉，不得已而與之辯。夫朱子豈故與之辯哉？斥禪學以扶世道，闡周公、孔子之道，以嗣周、程、張子而詔後世，則朱子亦有不得而辭焉者。微朱子，吾其他道矣。嗟乎！七篇不作，周公、孔子之道何以揭之中天？六經、四書不注，周公、孔子之道何以垂之後世？先正云孟子之功不在禹之下，愚亦云朱子之功不在孟子下。晦庵文鈔十卷，海虞吴公訥嘗鈔其文之可法者，以式天下後世而道寓焉。近相臺崔宗伯銑又鈔其文之有裨於道者，以訓天下後世而文寓焉。讀之而得其説，則援儒以入於禪，如唐張曲江、宋楊慈湖諸君子可以知省矣。孰不讀朱子大全也？有欲採輯其説以續近思録者，而卒不易輯也。涇野呂宗伯柟曾鈔釋其語，以與周、程、張子之語並示學者。纘宗亦竊演其緒餘，稿既具，隨燬於火，未及正之崔、呂二子。今見仲鳧是編，而讀朱子大全之心復作，然力不能加也。朱子之書，門人語録多矣，聽受傳習之餘，安知盡得先生本旨？若先生書、説、序、記、箴、贊諸文出自先生之手者，言切而理正，實與經書諸注同義，學周公、孔子者可不取以爲訓哉！潁川張侍御光祖按秦而遇纘宗於隴，相與訂論程朱之學而及是編，曰：「宗伯是鈔，有得於朱子爲近，有補於學者爲切。子崔子之友也，可無一言以繫於末簡？」纘宗避不可而謬爲之言，然於是編無得也。嘉靖十有九年夏六月二日天水胡纘宗序。

御製朱子全書序

〔清〕玄　燁

唐、虞、夏、商、周，聖賢迭作，未嘗不以文字爲重。文字之重，莫過五經、四書。每覽古今，凡傳於世者，代不乏人。秦漢以下，文章議論，無非因時制宜、諷諫陳事、繩愆糾謬、絶長補短之計耳。若觀文辭之雄、摛藻之嚴，古人已有定論，予何敢言？但不偏於刑名，則偏於好尚；不偏於楊墨，則偏於釋道；不偏於詞章，則偏於怪誕。皆不近乎王道之純。予少時頗好讀書，只以廣博華麗爲事、剛勇武備爲用。自康熙三十五年天山告警，朕親擐甲冑，統數萬子弟，深入不毛沙磧、乏水瀚海，指揮如意，破敵無存，未十旬而凱旋，可謂勝矣。後有所悟，而自問：兵可窮乎？武可黷乎？秦皇漢武，英君也，因必欲勝而無令聞，或至不保者，豈非好大喜功、與亂同道之故耶？所以宵旰孜孜，思遠者豈不柔？近者豈不懷？非先王之法不可用，非先王之道不可爲。反之身心，求之經史，手不釋卷，數十年來方得宋儒之實據。雖漢之董子、唐之韓子亦得天人之理，未及孔孟之淵源。至邵子而玩弄河洛之理、性命之微，衍先天後天之數，定先甲後甲之考。雖書不盡傳，理亦顯然矣。周子開無極而太極通書之類，其所授受，有自來矣。如星辰繫乎天而各有其位，不能淪也。光風霽月之量，又不知其何似。二程之充養有道，經天緯地之德，聚百順以事君親，前儒已誦之矣。至於朱夫子集大成而緒千百年絶傳之學，開愚蒙而立億萬世一定之規，窮理以致其知，反躬以踐其實。釋大學則有次第，由致知而平天下，自明德而止於至善，無不開發後人而教來者也。五章補之於斷簡殘篇之中，而一旦豁然貫通之爲止，雖聖人復起，必不能逾此。問中庸名篇之義，則不偏不倚，無過不及之名。未發已發之中，本之於時中之中，皆先賢所不能及也。論語、孟則逐篇討論，皆内聖外王之心傳，於此道人心之所關匪細。以五經則因經取義，理正言順，和平寬弘，非後世借此而輕議者同日而語也。至於忠君愛國之誠、動静語默之敬、文章言談之中，全是天地之正氣、宇宙之大道。朕讀其書、察其理，非此不能知天人相與之奥，非此不能治萬邦於衽席，非此不能仁心仁政施於天下，非此不能外内爲一家。讀書五十載，只認得朱子一生所作何事，故不揣粗鄙無文，而集各書中凡關朱子之一句一字，命大學士熊賜履、李光地素日留心於理學者，彙而成書，名之朱子全書，以備乙夜勤學，庶幾寡過雖未能，亦自勉君親之責者。朕又所思者，朱子之道，五百年未有辯論是非，凡有血氣，莫不遵崇。朕一生所學者，爲治天下，非書生坐觀立論之易。今集朱子之書，恐後世以借朱子之書自爲名者，所以朕敬述而不作，未敢自有議論。往往見元明至於我朝，註作講解，總不出朱子，而各出己見，每有駁雜，反爲有玷宋儒之本意。況天下至大，兆民至衆，輿圖甚遠，開地太廣，諸國外蕃，風俗不同，好尚各異，防此失彼之患，不可不思。若以智謀而得人心，如挾泰山而超北海也。以中正仁義、老成寬信，似乎近之。凡讀是書者，諒吾志不在虚詞，而在至理；不在責人，而在責己。求之天道而盡人事，存，吾之順；末，吾之寧。未知何如也？康熙五十二年歲在癸巳夏六月敬書。

朱子文集大全類編引言

〔清〕朱　玉

蓋嘗論理學之傳，至宋儒而極盛。惟我文祖集諸儒之大成，使聖人之道歷千古而不墜，厥功甚鉅。然文祖生平所得力在學、庸、論、孟、易、詩、禮諸經，至於通鑑綱目、八朝名臣言行録，皆維持世道之大者，與夫小學、近思録等集細而切近日用之常，既家傳而户誦矣。獨文集大全一編，雖久行於世，自宋迄今，編輯多家。所憾家無藏版，每向藝林而購祖書。且近年臧君喟亭、蔡君九霞相與重刊，亦嘗謂是集參錯而未編之以年，致後學莫尋其端緒，而爲多歧所眩，則亦仍其原本而無從更定也。玉幸生其後，每讀遺編，竊嘆文祖易簀時，作書命季子早歸，收拾文字，可見著作繁多。雖片言必存，究未類其孰先孰後，暨一生升沉顯晦，載在簡編者，亦多詳略逕庭。學者反無所考據，豈非五百餘年之缺事耶？玉不揣庸陋，殫三餘之心力，搜羅羣集，稽之家乘，詳其原委，序其先後，互參考證，彙鈔成帙，分爲一十六册。凡文祖之出處功業、行誼文章，按年稽月，計日循時，或載之譜牒，或附諸散帙，未售於世者，悉序次補入，顔曰朱子文集大全類編，將公諸海内，得以次第循覽，展卷瞭然。然篇頁頗繁，欲登梨棗，實慮功資浩瀚。兹勉强授梓，惟賴文祖在天默相，漸次圖功。倘幸而有成，其足以發明斯道者，即所以表玉三十載研究之夙願也，敢云於文祖之全集有以補其從前所未備也哉！康熙壬寅九月望日建安嫡長派十六代孫玉百拜謹識。

又

〔清〕朱　玉

蓋嘗論理學之傳，至宋儒而極盛。惟我文祖集諸儒之大成，使聖人之道歷千古而不墜，厥功甚鉅。然其生平得力，在學、庸、論、孟、易、詩、禮諸經，至於通鑑綱目、八朝名臣言行録，皆維持世道之大者，與夫小學、近思録等集細而切近日用之常，既家傳而户誦矣。獨文集大全一編，久行於世。自宋元而後，家失原版，子孫無從而購祖書，豈非吾家之憾事耶？近年臧、蔡二君得閩本，相與重刊，嘗謂是集參錯而未編之以年，致後學莫尋其端緒，且疑學問功夫有少壯晚年之别。玉不肖，幸生其後，質尤魯鈍，既無能窺其毫末，又安敢强爲牽合。然按文祖當易簀之頃，作書趣季子早歸，收拾文字，可見著作繁蔓，其間問答往來公移文字，或散之四方者，不無遺落。宋刻有大同集、南康集、臨漳語録、南溪志、各家刊帖、蔡久軒刊慶元書帖。幸後起同志留心搜採，遂加續、別二集附諸後卷。在宋末去慶元未遠，碎金屑玉，人知珍惜，迨世異人殊，水火頻繼，則珠沈圭燬，不可復覩矣。玉每讀全集，不揣庸愚，凡得之散簡斷篇者，參詳原委，按其年月，稽其日時，序次補入，彙鈔成帙，僭分八册。首册列以年譜，次及詩詞、奏對、政蹟、書劄、問答、雜著、記序，合一百一十卷，顔曰文集大全類編，俾文祖一生出處功業、行誼文章，讀者展卷瞭然，俾無片言隻字之遺矣。第篇頁頗繁，欲登梨棗，實慮功資浩瀚。兹承同學諸子慫恿授梓，惟賴文祖默相、高賢贊襄，倘能簣加腋集，漸次圖功，足以成全五百年之遺澤者，即所以酬玉三十載之夙願也，敢曰於全集有以補其從前所未備也哉！　年譜一編，由宋至明，自閩而徽，互相剞劂，增删，詳略或殊，出處紀實則一如原本。遇入對、囊封、涖治、興除，以及著撰文字，必截取數段以實其後，倣史例節文以成書也。兹全集可稽，何用贅及。凡當叙述處只注「某篇載，見後卷」，繙覽便得，倘仍其舊，似屬重複。　文集原本八十八卷，文公季子侍郎公所編也，版藏建安書院。至淳祐己酉，得續集五卷。編輯姓氏無考。　景定間，建通守余君師魯、建安書院山長黄君鏞重補別集七卷，見原序。合爲百卷。元末建罹兵燹，院版寢失。成化、嘉靖間，閩、浙重鋟，藏之藩臬。兹玉僭以別集内詩文、雜著、公移諸作，按其年次，類入全集各卷之内，獨時事往來附於五册書劄之中。其續集則補於五册之末、六册問答之前，從其類也。省去續集、別集之名，非敢勉强更移。細讀目次，見第原本各卷之後，附參考異。自謂與其讀畢一卷，重繙檢閱，似費搜尋，即於每篇每段之下注「某句某字，一本作某字」，尤見簡便。是集模刻既久，不無紕訛，亥豕既參，魯魚必辨。至卷内有音同字異者，初讀疑其有誤，至於屢見，必有所依，悉遵原本，不敢更易。博覽自能體會，勿謂讎校未精。康熙壬寅九月望日建安嫡長派十六代孫玉百拜謹識。

紫陽書堂重刊文集始末記後

〔清〕朱　玉

文公全集類編成一百一十卷，凡四千篇，計字二百四十萬，蓋自始事以至竣工，需費壹千貳百金有奇。其間拮据經營，機緣遇合，賴文公默相於上，俾得仰叨當事，加意成全，不能一言盡也。兹特詳其始末，以誌感於不忘焉。全集原本無存幾二百載，玉數十年來殫心訂補，類鈔成帙，欲重鐫以垂久遠，自知貧賤，舉非輕易。迨至康熙壬寅，有爲玉籌者曰：「子年幾七十矣，是集若勉力從事，或可漸次圖功，何自畫乃爾？」玉承教，以九月望文公誕辰，爰告於廟，鳩工授梓。至雍正甲辰孟夏，週二十月日，刊成一册至五册，得書不滿二千篇，遂力綿而中止。乙巳春，大宗師黄歲試按郡，玉以前刻呈覽，幸蒙許可，適有府邑詳罰贖鍰，悉移贈助，遂自七、八二册續刊。至丙午冬，凡十九閱月，又得書七百餘篇。歲戊申，幸遇新任大方伯趙蒞閩，未幾即承見召。晉謁時，呈以前後刊成七册之書。公見嗣刻卷數，校之全集，尚缺三分之一。玉具告以是舉原出孟浪，所以拮据經營於前，依然功虧力疲於後，至今不能終其局者，殊自媿悔耳。公曰：「不然，天下事詎有坐視其中道而廢者耶？」時聆公言出至誠，心存籌畫，已有力襄竣事之意。至己酉春夏間，果蒙清剔罰項，先後頒發。玉不勝踴躍，得以重集梓工，限期剞劂。不逾年，大工將竣，而公調任中州矣。兹幸書成有日，亟請序以志之。公謙光退遜，至再至三，然叨一日逾格之資助，以成數代未刻之全書，不獨玉族子孫戴頌靡窮，凡海内鉅公、藝林名宿讀是集者，冀鑒始末，以共相表揚此贊襄之雅也，則二公之深澤流長，當與先文公全集永垂天壤矣。趙公諱國麟，字仁圃，山東泰安州人，丙戌、己丑進士，任福建布政使司布政使，調任河南布政使司布政使，今陞授福建巡撫都院。黄公諱之雋，字石牧，江南華亭人，辛丑進士，日講官左春坊左中允，提督福建全省學政。雍正八年庚戌孟秋朔紫陽嫡裔朱玉石中甫謹識。

文集書板復藏考亭書院叙

〔清〕朱殿玉

文公文集大全板久就湮，郡城族兄玉搜羅考訂，殫力數十年，彙就是編，拮据謀梓。荷撫軍泰安趙公、學憲華亭黄公撥項助刻，始克成書。未幾玉故，而板隨售建陽書坊陳氏。丁卯春，邑侯許公初下車，訪求文公家藏遺書，告及板之流失，欷歔久之。越數月，展謁文公墓道，見賢壟荒落、享堂傾圮，爰白大憲，集邑紳士謀倡捐，命殿玉董其事。甫越浹旬，而墓前闕者增、享堂頹者建。構碑亭、置墓田外，尚得百餘金。亟召受質書板者，諭以公物何得私貨，姑酌給前價，而陳氏亦欣然凛諾。自是文集大全板復藏考亭書院，俾考亭微裔世守勿失，皆我邑侯之力也。因叙茲廢興失得，佈告海内，見邑侯之功，實與編輯助刻諸公並傳不朽云。許公諱齊卓，雍正乙卯拔貢，江南合肥人。乾隆十五年三月望日建陽考亭文公十六代孫殿玉謹識。

募刻朱子全集類編啓甲辰閏孟夏

〔清〕鄭方城　鄭方坤

原夫一畫天開，闕里獨鍾其盛；五星奎聚，考亭爰集其成。魚躍鳶飛，勃窣早深理窟；鵝湖鹿洞，文字總屬精言。顧末學曾廣以搜羅，問津有志；而全書終憂夫汗漫，捧土無功。不有象賢，將無蠹簡？兹紫陽嫡裔諱玉者，生宋元明以後，遡高曾祖而前。對黄卷以遐思，十六代心源可接；認青氊於舊物，五百年手澤如新。謂家塾具有成編，若藝林都非善本。率首衡而尾決，有似亂絲；倘句摘以章尋，難言完璧。傳疑每滋於異代，定論豈出自晚年？用是殫乃精神，勤其歲月。大書圖譜，井井有條；類次詩文，昭昭可考。發凡起例，終于獲野之麟；轉注象形，辨以渡河之豕。蓋棗梨壽永，爲之後而益彰；牛斗芒寒，非其時則不出也。然使田多負郭，即粟供梓匠以奚難；屋有散錢，縱紙貴洛陽而勿恤。而乃窺馬卿之壁，祇列琴尊；入杜甫之庭，惟餘松竹。勤勤懇懇，罔知刻楮之勞；矻矻孳孳，不學挈缾之守。思之抽兮似繭，手之捋也惟荼。事最艱焉，功斯鉅矣。今者謀諸剞劂，策剩二三；彙厥縹緗，里難九十。襄兹盛舉，大有同心。四海悉遠宗私淑之儔，七閩尤過化存神之地。必鐘鳴而谷斯應，道以薪傳；亦毛聚而裘可成，勢猶竹破。庶幾喪文無慮，編同四子之書；豈但數典不忘，祕作一家之寶。閩南後學鄭方城、方坤謹啓。

朱子古文讀本序

〔清〕周大璋

取朱子文集若干篇，而付之攻木氏，曰：是非徒教人以學文之具也，吾悲夫世之學者，倀倀乎其莫知所適從於聖人之道，而徒以其所爲文章言語之工者當之也。夫聖人之道，莫著於四子、五經之書。而文章言語之工者，則自丘明、馬遷以下，逮乎韓愈、柳宗元之徒，雖其所載或虛或實，或高或下之不同，而要之於聖人之道，則概乎其未有聞焉者也。孔子曰：「天下有道，則行有枝葉；天下無道，則辭有枝葉。」道不足而强有言，非詖則贅已矣。學者溺於其文，日取而誦習之，薰蒸漸染，文日益工，而身心於以大病。夫操無柁之舟，放乎中流，聽其所止而休焉，其不汩没於風濤之險幾何哉！然文實非聖人之所能廢，古今著述之富，莫如朱子。其一生精力，用於論孟集注、學庸章句以及詩集傳、易學啓蒙、本義者，較勤於他書；而文集一編，則自其平居師友往復辨難、問答書箋之類，與夫入告對主、居官敷治、耳聞目見之不能已於言者而爲之也。其文詞之工，雖左、史、韓、柳之徒無以過；而其與承學受業之士諄諄言之而不厭者，亦惟教之自立其志，使自致知格物誠意正心修身，推之至於齊家治國均平天下，方爲正大之學，而非徒使之綴緝言語、造作文辭，以爲旦夕科名利禄之計而已也。顧其全書浩博，未易購求。余少有讀本，因出而布之。世之君子，讀是書者，果有見於朱子之言，一章疏、一序記，皆爲實語，敬持其志，迤邐以上，則聖人之道於是乎在，而文章言語之工亦未必不於此乎有取也。今而後，左、史、韓、柳百家之文可以不讀，即讀之，而中有所主，亦不至溺於文而害於道也夫！時康熙五十六年七月既望，桐城後學周大璋聘侯氏謹書於賓旭齋。

重刊館選朱子古文讀本序

〔清〕鄔　傑

人之所以爲人，義理而已矣；學之所以爲學，亦義理而已矣。義理者蘊之爲德行，發之而經猷，積之爲風俗，朝野所由安，天地所由位，運會氣數所由厚以長者也。唐虞三代之隆，上自宫廷，下達閭里，其耳濡而目染者，無非是物；幼自能言，老及屬纊，其手持而足行者，無非是事。官司以之爲教令，民庶以之爲率循，庠序學校以之爲誦習而講求。當此之時，邪説詖行無自而興。雖有説異之流，欲逞其私智，以惑世而誣民，而中有顧忌，亦不敢公然倡爲遊談，以自棄於道教脩明之世。風化既美，國祚靈長，遠者八九百年，次猶五六百歲，無他，人心正而義理明也。自周之衰，異端漸起。孔子乃纂述六經，明先王之道以正之，諸弟子亦相與維持於其際。及孟子没而吾道益微。秦燔六籍，先王輔世長民之法蕩然無存。漢興，乃除挾書之律，遺儒稍爲捜羅，而存其崖略。學者不知學之所以爲學，第斤斤於制度訓詁之末，至於大本大經，無復有過而問者矣。由是老佛之學萌蘖其間，日盛一日，宰世者且爲所蠱惑而迷蒙，政教日非，而國脈愈蹙。唐初，惟傅奕稍知其失，逮昌黎始明目張膽以攻之，雖力孤勢屈，然人心省悟，咸懔然於君臣父子夫婦之倫，不可斁淪。雖大憝巨姦，亦畏縮逡巡而不敢逞，國脈所由稍延也。五代變亂相尋，義理之壞，至斯而極。宋世周程特出，正學始明，數傳復得朱子，起而表章之，由是舉世知天則民彝之未可或泯，雖有喪亂，義理之心隱然難没，應運者出而扶植之，不久即定，非復六朝、五季之反覆難爲矣。我朝稽古右文，聖祖仁皇帝天縱聖明，統觀歷代興亡之故、治亂之原，灼然知義理之宜明，而正學之不可不講也，遂崇尚程朱，以達於孔孟。教化既敦，元氣盎然，浸灌人心，成爲風俗。所以聖祖、高宗皆享國六十年，自三代以來，未有若斯之盛者也。乾嘉之際，海宇承平，碩彦魁儒留心經術，羽翼正學，而一二賢智之過者，欲爭勝前哲，以爲名高，別樹一幟，號曰「漢學」。其鉤沉考異之精，良足補前賢所未備，然於義理則稍疏矣。後生小子，飫聞其説，樂其無規矩準繩之拘束，而又可以淩駕前脩，於是翕然風靡，以洗垢索瘢爲卓識，以攻堅搗隙爲異才，而一切純正之説，均覺可厭，無復有平心易氣以研之者矣。而異教之徒，方喜其同室操戈，蓄鋭礪鋒而伺，而倒攻者且自詡其能也。譬諸盜賊來劫，一二賢子弟保獲門庭，爲家長先，而桀驁者相與鬩鬥於中，呶呶不已，助奸黨之燄而使之張，豈不愚哉！豈不殆哉！傑心憂之久矣，自歎壤薄勢孤，不能爲力。門下王生繼堯，攜重刊館選朱子古文五十餘篇，索序於余。見所録之文，既不薄漢世音訓考據之説而以爲非，而筆力雄渾浩瀚，多可方軌曾蘇。至於闡發義理，其熱如火，其湧如泉，使人讀之勃然而興，赧然而愧，瞿然而思，惕惕然而不敢自安也，皇皇然而不窮自已也。敬畏起而毅勇生，則固非詞章訓詁之家所能幾及者矣。誠使天下幼學之士，卒業諸經後，即取是編以課之，使知學以義理爲本，格致以充其識，誠正以植其基，由是而擴之，不惟訓詁詞章定爲吾道之助，即下至外夷所謂化學、聲學、光學、算學、天文、地理、制器、植物等學，皆可爲我資而不至爲我病。何者？有義理以宰之也。夫學術端而人材美，其謹始於學校，而其益終集於國家。不然，雖日役役於墳籍中，而不知義理爲何事，昧乎人之所以爲人、學之所以爲學，則豈特學術之憂也哉！時光緒七年辛巳秋八月，緜竹後學鄔傑靜民氏叙於晉熙書院之講舍西偏并書。

朱子文選序

〔清〕朱澤澐

朱子之學，注釋經書、文集、語類諸編，自宋末元明至今，凡五百餘年，傳留人間，如日月經天，江河行地。海内學者，無論智愚，皆知其爲孔孟周程之正脈，而無有異説也。獨其主敬知行先後淺深、曲折次第之故，文集、語類無不備言之，當時及門諸賢，或聞一説而未聞又一説，或聞前一説而未聞後一説，是以不能遍舉，有所遺漏。及二書既成之後，如何、王、金、許之篤信，程、董、二胡之注釋，曹、薛、胡、羅之謹守，可謂恪遵朱子而無微不究者矣。求其於朱子收斂身心、體驗道理，從二書透出曲折次第之所以然者，了不可得。不惟使宗陸王者執尊道分途以爲詞，抑何以使後之宗朱子者得有所循，以爲收斂身心、體驗道理之津梁，而無所迷惑差誤也哉？夫文、語二書，凡二百五十一卷。有此有彼無者，有彼有此無者，有此詳彼略者，有此略彼詳者。如己丑之悟，中和舊説序、與湖南諸公書等篇，文集所有，語類所無；如語陳北溪窮究根原來處、識許多規模大體等篇，語類所有，文集所無；如近思録周、程、程、張遺書之解，語類所詳，文集所略；如封事、奏劄以告君，時事出處以答朋友之詞，文集所詳，語類所略。此等相參處甚多，其切要實關係造道入德之方爲何如。而元明以來，諸先儒絶不指示發揮，以開正塗、以啓關鍵，令學者如入茫茫大海之中，而無所適從，亦誰任其責也耶？至於主敬窮理之説，朱子以此立教，其用功也，自格物致知入，見於壬午封事奏劄。四十後以主敬補小學工夫，先涵養而後察識，見於答胡廣仲、張南軒、林擇之諸書。答陳超宗又云：「先識義理大概規模於自己方寸中，然後加以存養省察之功。」因此積疑，窮究累年。後熟讀答何叔京、程允夫書而反求之，恍若開明，得其要領。蓋朱子立教，以遵小學收放心爲先，小學主敬工夫只是收斂在此，尚未能有所見，而主敬之功淺；入大學必先格致，識得義理，有所涵養，而主敬之功深；到德成於己，斷定是個孝弟忠信底人在這裏，仍用戒懼存養工夫，則所養益密，而主敬之功益深。此主敬窮理之序，不可不知也。格致之説，其序以「格物」或問章爲程式，而語類所載「窮究根原來處模樣，渾然燦然」之義，文集所載「經書指意，史傳得失，日用事物精粗本末，融會貫通」之旨，不可不知也。力行之説，其序以行狀「脩於身者」一段、年譜所紀行事爲程式，而文集所載答曾景建、吴晦叔諸書，語類沈莊仲録「曾子剛勇決烈」，余正叔録「只有致命遂志」等語，不可不知也。迨其後主敬之功熟，知行之力深，不待操而存，不待考索强力而自精自純，正是居仁便由義，由義便居仁，直内便方外，方外便直内，動静無違，體用不離，純是天理之候，不可不知也。嗚呼！朱子往矣，承周程之學而遠接孔孟者，昭於天壤五百餘年矣。周程之書渾穆簡直，幸朱子力爲發明，集北宋大儒之成，而爲來學之宗。蓋其天資高明，學業深密，主敬以立本，窮理以致知。天命之原，人倫之大，民物之待命，鬼神之流行，無不洞澈於胸中。而所以脩己之實、措事之方，脈絡條理，瞭然心目之間，而無不盡其藴奥。是以果行力踐，歷之患難死生，初無二致，而造於盛大純粹之極。又留之簡册，凡收斂身心，體驗道理，先後淺深、曲折次第之故，無不備言之。使後世有志之士，得以探討服行，實實有階可升，有門可入。日積月累，馴致於聖賢之域，而不墮於虚寂之途。則此二書之傳留，其心顯著於人心，其功被覆乎萬世矣。澐愚不肖，中歲方知講讀。用功既晚，賦質又鈍，常懼無以窺測其萬一。幸困衡之餘，忽啓其靈，稍見端緒，循溯而往，漸進漸親，若有契會。既編聖學考略，歷叙始終，編誨人編，以見教道之法。兹又選文集、語類，自補小學以至造極，其卷有九。萬不敢云有得於朱子之學，然按其收斂身心，體驗道理，先後淺深、曲折次第之故，亦略有當讀之者。誠因是立頑起懦，遵升階入門之序而深造焉，修己則仁義禮智之體立，存誠集義，實得於心，而無毫髪之假借；措事則惻隱羞惡辭讓是非之用行，宏綱巨目，實根於理，而無功利之紛營。英明果決，必竭其才，將德成於己，可爲後學之標準，可立道脈之綱維，明章其學，廣傳斯人，庶幾補元明以來諸先儒所未及，而朱子在天之靈，亦必有以鑒之也夫！　己亥三月後學朱澤澐謹序。

朱子文選目録後序

〔清〕姚　椿

寶應朱止泉先生宗法朱學積數十年，生平著書甚夥，而朱子聖學考略一書尤見其用功次第。乾隆初，江南大吏嘗刻之，然亦竟不甚顯，且復間有訛錯。獨其晚年所爲朱子文集語類選者，僅存其序於集中。其後先生之孫毓賢宛轉求得今書，而語類選則不復可睹全本矣。毓賢以椿頗知嚮慕先生之學，既以見寄，而其徒盧秀才昶將付之梓，以惠當世務實之士，而辱徵言於椿。椿以爲先生所以作是書之意，既已詳於自序，至其子孫搜訪之勤，與夫邑人士表章之雅，固不待鄙言以爲徵。獨於今之亟需是書，則又不可不爲一言者。朱子之學，廣大淵深，無不賅備，所著諸書，皆行於世。然如四書章句集注，士人童而習之，有白首而不知其義者。又自訓詁詞章之説盛行，爲其説者多詳於名物度數、文義事實之間，而略於身心之際。其或玩心虚無，高論性命，則於博文之端、下學之事，有未及焉。夫名物度數、文義事實者，道之迹也。道不可見，將於名物度數、文義事實者徵之。今乃沿其流而不溯其源，逐其末而不究其本，其於古者聖賢教人之旨，固有所未盡矣。若迺高明者流，任心而廢學，彼其功業節行非無足觀，揆諸古人本末一貫，抑有未盡，其能免於不醇不備之憾乎？先生是書，綱舉目張，體用咸具，以小學立志端其始，以窮理力行竟其功。其先之以主敬者，所以貫知行而使有所操持；其繼之以涵養者，所以包知行而使有所歸宿。然後措諸事業，驗諸患難死生而造乎其極焉。此其用意與夫曾子之述大學、子思之作中庸，分其先後，合其微顯以發明夫子之道者無殊。而子朱子所爲輯近思録以詔後人者，其叙次節目，蓋不異乎是也。承學之士誠得是編而熟復之，則於持守之方知所用力，而不迷於嚮往矣。然後反覆乎全書，涵泳乎義理，而徵驗夫事物，其於天下之故、古賢之意，庶有合乎？故輒不揆鄙愚，僭而序之，以與世之好學深思者共論焉。語類書雖不全，而先生所爲後序固在，讀者苟由此而推之，則於其所未得者，抑亦可以豁然而意會矣。道光元年辛巳三月婁後學姚椿謹序。

選讀朱子語類目録後序

〔清〕朱澤澐

或問於予曰：「朱子語類已有成書，持守知行，分載明白。子之是選也何爲乎？」予曰：子洪先生分類最確，無庸擬議。予之分九條者，固以便於誦讀體驗，而亦有説焉。朱子之學，原是尊、道齊頭用功，雖有「道問學工夫多了」之語，實從德性上著力，且明以訓詁詞章無益於性情之病，深戒學者。後儒吴草廬輩遂從而分之，以尊德性屬陸氏，以道問學屬朱子。歷今五百餘年，未有定論。正嘉間，陽明倡爲格物徇外之説，以議朱子，使後世之宗其説者皆執此言，紛紛立論，遂使朱子平生尊德性最切要、最精透之旨，皆置而不省。爲吾徒者，雖謹以朱子爲宗，而於此等切要精透處，亦不力加發明，闡揚其藴，且以心學爲諱，是無異於藉寇兵而賫盗糧也。幸子洪先生記載分明，令人一見了然有直截下手處，深得當日諄諄誨人收斂藏密、專致其尊德性之教，是洵一片苦心，上衛朱子聖道，而下教後學者矣。但切要精透語，散見於各卷者甚多，在子洪先生亦不料後世學脈分裂之弊竟至於此。後人值妄説猖狂之餘，若不彙聚發明，拈出此義，力爲説破，以明當日指本體親切做工夫深意，則爲彼妄説者只以講解常語視之，而爲吾徒者又不知從此等切要精透語，循其方、遵其旨，就自己身心實下奉持德性工夫，則朱子誨人收斂藏密之教，依舊埋没於紙上，而不深入於人心，大可痛惜，莫此爲甚。有志朱子聖學之正脈者，安得不起而任其責哉！予愚不敏，不足以及此。竊慮學脈不明，思得前哲留傳之集有能明此者，以爲之宗而繼述之。遍爲搜訪於書肆藏家，既不獲有一二，又求之近世海内宗匠之儒者，冀有同心，共學商究，而知交既寡，解者無人。於是不揣愚昧，擅爲闡明，選文集數百篇，略叙此義。尚有未盡，繼乃依九條之式，採語類各卷切要精透之語，附於文集之後，而此義亦大顯明矣。試以「居敬持志」一條言之，如五十九卷「仁父問平旦」數段，一百十八卷「一日因論讀大學」數段，一百二十一卷「或問居處恭」數段，其斂束放心者如何切要，如何精透，象山、陽明集中有此等語乎？猶謂之略於尊德性乎？以「涵養未發」一條言之，如六十二卷楊通老問中庸或問數段，七十四卷「易簡理得」數段，九十四卷「問無極而太極」數段，其涵養本體者如何切要，如何精透，象山、陽明集中有此等語乎？猶謂之略於尊德性乎？即此一百八十餘段讀之，自知朱子收斂藏密之功，煞有次第，故舉以教人，於德性之體段條理，言之極詳，尊之之功，必居敬以整内外，由已發以反未發，淺深疏密，顯著昭明，恭敬奉持，直透本原，與天命默相契合。歷觀先賢之言，所以指示性情、提撕工夫，未有若此之明且要者也。且非獨二條爲然也。朱子二十餘歲時，從事延平以求聖學之傳，後交南軒以識端倪之真，至四十透未發之旨，自此以後，無時不用力於尊德性矣。以主敬補小學，即以養德性之原。其言立志知性者，所以植德性之發幾，識德性之脈絡也。其言窮理致知者，所以開明此德性，而不使之稍昏昧蔽塞也。其言力行踐履者，所以堅實此德性，而不使之稍傾圮虚浮也。其言王道措施者，所以運用此德性，而不僅僅獨善自了己也。若夫歷患難生死，而德性之凝定貞固，不摇奪於利害；極盛大輝光，而德性之純粹精白，直馴至於渾全。此尊德性之極功，而終其身以優入聖域而無已時者也。合此四百餘段讀之，皆是循循收斂藏密，以盡尊德性之實脩。乃知其道問學之孜孜不已者，無非明瑩德性，無有不透徹，無有不完足，以充滿夫全體大用之本量，而非判爲兩途。何嘗有徇外遺内之病，如彼妄説之分毫哉？又豈屑與彼只拈心靈以爲奇特，而混佛老、管商以爲體用者共較短長哉！嗚呼，朱子之學原自顯明於天地間，上承孔、顔、曾、思、孟之正脈，非象山、陽明所能幾及。即其所呰議，亦扣槃捫燭之見，何能損其萬一。然自正嘉後，學者頗有分門竪幟之勢。則衛道之責，必有攸屬。後世誠有卓然崇正之儒，於語類一書反復研窮、沈潛玩味，尋其脈理先後次第之所在，日用之間，認得自己德性。以其所言尊之之功爲宗，步步遵循，時時效法，戰兢惕厲，以保守其固有之良。又讀書窮理，力踐躬行，以不懈其道問學之業，則德性日存日充，問學日明日著，以求無負朱子嘉惠後學之教。又與二三同志共爲講求，俾各尊其德性，各道其問學，一如朱子與朋友講習之旨，則子思子尊道之教，惟朱子得其宗。惟宗朱子之學者，爲能傳其宗。而彼之奉佛老以託名於尊德性，師管商以託名於道問學者，謬戾舛差，不待辨而自明。以此質之子洪先生，可以印合；即上質之朱子，亦可以潛通而無媿也夫！

録自朱子文選

朱子文選目録跋語

〔清〕朱毓賢

先鄉賢公文集載選讀朱子文與語類二序，而家無其書。往公舉鄉賢，一時鉅公如長白高公、儀封張公、博陵尹公、寧化雷公，訪求遺稿，俱未及此。後毓賢從表兄王耕伯先生遊三十年，談論亦未及此。嘉慶己卯二月，雲間姚子壽椿來寶應，印公文集二十本，借公四書五經學旨合意編、天文河道諸書暨紀年略原藁，攜歸抄録。校復公朱子聖學考略原本，兹復問及此書，毓賢方答以久經散失。而盧生昶忽得之公門人某君後人家，以示毓賢，前列原序，九卷目録前俱有題辭。毓賢讀原序，兹選在編聖學考略誨人編之後。蓋此書與聖學考略相表裏，而題辭更簡明，易於覽觀，真至寶也，埋没數十年復出，豈非大幸也哉！又毓賢得此書之前數日，夢赤麒麟至家，方作記與詩以紀其事，詎知爲得此書之兆也邪？因抄目録校對，并記已失而復得，其晦顯如右云。嘉慶庚辰仲夏孫男毓賢謹識。

朱子文選跋語

〔清〕姚　椿

寶應朱止泉先生所選朱子文九卷，其目録刻於同邑盧秀才昶，本師朱翁毓賢以椿頗知宗嚮其學，屬爲之序。予既以大全集手録其文，嘗欲爲之刊行，而苦於乏力。一以寄張雲巢鹺使邗上，業已鳩工，會去官不果；後復寄陳石士學使浙中，亦不果刊行。彼時宋儒之書方塵霾霧蝕於俗學中，無過而問者。及今則一時士大夫乃復有究此事，而椿之衰病潦倒，將就溝壑，私念此本由椿訪求得之，使竟任其湮没，則是狐埋狐搰，其咎滋大。適友人有助予以刻書貲者，乃爲更名曰分類文選而付諸梓，以正當世之君子。書中大旨已具前序。今所以附見者，以前此多爲它學所汩，今則潦盡而寒潭清，此時之病，患乎弗克躬行而實踐，而窮鄉僻壤之士，或有得是編而篤行之，循序漸進，則於止泉子輯是編之心，皎然揭諸天壤，其於當世化民成俗之事，或亦不無小補。若椿之空言僭竊之罪，則固有所不敢辭云爾。咸豐二年壬子長至日婁後學姚椿再書。

朱子古文節選序

〔清〕杜宗嶽

文章與道德分途久矣，自秦漢下逮唐宋，古文家率同風氣爲轉移。其近正者原本經術，如匡、劉、董、賈以及昌黎、南豐、歐陽數人而已。自朱子出，而道德文章復合爲一，然歷代選家多不之及。説者謂大儒之言與詞章不同，或不免陽遵而陰置之，此大誤也。昔真西山讀朱子之文，以爲古人之文幾爲之盡廢。余不得其解，豈以文中片語單辭，皆聖學之膏腴，故一概抹倒古人以示推尊之意歟？非也。丙寅秋，予得周聘侯先生所輯讀本，其評選固大有深意，非舉業家所知。然即以文論，亦以漢唐以來所未有。予年十四五時即學治古文，迨閱歷既久，竊以有實用者莫如御選文醇，有實學者莫如蔡選雅正。然歷觀古人之文，往往實義少而虛詞多。即如王荆公上神宗皇帝書，煌煌大篇，而其中實義，約之不過數行，此明證也。推此類求之，非道理偏雜，即間架空闊。不但僞八家宜辨，即真八家亦宜辨。

惟朱子生平所爲文，自奏疏以至序記，無一語虚衍，無一句落空，即隨筆酬答，亦無不語語踏實而風神超異，絶無一毫頭巾氣，即此一端，已獨開漢唐以來未開之境界。而況其深造自得，左右逢源，條理自然，精密藴蓄，自然宏深，以自在之趣，遇物而成，是豈以文章爲事業者所敢擬哉？無如後世人必以道學爲違，且並其文亦陽尊而陰違之，是真五六百年一大恨事也。至我朝陳榕門先生講學課士，以及榜諭札記，頗具朱子家法，而風神不及，亦以其心理之細，原于學問者深，而境詣未至渾脱，故分寸間有不可掩者。予嘗于退食之暇，取周聘侯原本而重選之，竊不自揣，妄加評注，以俟後人採擇，雖漢唐文字亦不可盡廢，而從此入門下手，使知古今文字惟朱子可以囊括無遺，斯亦嗜古者之一大捷徑也。若有志之士或因文以深求其所以然，此不但予之隱願，亦聘侯周先生之遺意也夫！時在道光庚戌季冬月，古腄杜宗嶽謹識。

朱子古文節選跋

〔清〕杜宗銓

古今文字之妙，不過「理」與「法」二字而已，然天下無心外之理，亦無心外之法。文有經緯，必其心有條理；文有矩度，必其心有准則。若徒以附會經義爲理，以拘守尺寸爲法，是舉業家揣摩之所爲，非古人由内達外之理法也。銓自幼從家兄學，即讀史記及大學、中庸序等篇，頗粗曉其義。及乙酉得入拔萃科，考罷後而家兄筮仕關中，不得復隨函丈游矣。嗣後入北闈，屢遭困頓，學殖益濩落，又爲家計所窘，幾不復有進取意。戊秋來陝省視，適值吾兄與西席雅三先生選訂此書。雅三亟勸付梓，以沾丐後學。銓遂膺參校之役。雒誦再三，而後知其删存意旨之所在。不但理透心源，法由心起，直覺龍門、紫陽造詣雖大相懸殊，而其文章理法之妙，又真天然宜合爲一者，斯亦奇矣。銓不敏，年已五旬而未掇一科，雖悔何及。然自今以往，竊欲因流溯源，以求理法于一心。至功名之得失，命也，願與天下之習舉業者共商焉。道光三十年庚戌季冬受業宗銓沐手并書。

朱子文鈔序

〔清〕王寶仁

朱子之學，大學之學也；朱子之文，兼格致誠正修齊治平而爲之者也。大學雖儒者童而習之之書，然誦其詞未必能通其義，通其義又未必能踐其實。其故何哉？溺於詞章之學也，狃於訓詁之學也，否則惑於空虛玄妙之學也。其所謂學，非大學之學也，非朱子之所爲學也。通乎朱子之學，則知朱子之文無非發明乎大學之學矣。吾鄉前輩如陳確菴、陸桴亭兩先生，皆爲朱子之學，兼能爲朱子之文。陳有聖學入門書，陸有思辨録，皆以大學八條目爲次。其他講義條議，與夫社學規程、社倉事宜、治田、治河、典禮、會通、治綱諸篇，無一不由格致以推之治平，則信乎爲朱子之學也，信乎爲朱子之文也。余嘗手録其書，以資景仰，顧材質駑下，昧所從入。欲求一二同志之士從事於斯，而朋輩生徒中，往往難得其人，有其人矣，又不能效切磋以竟所學。比來六安，謬膺司訓之任，樂其士風清淑，知必有魁奇俊特之材，斂其聰明才智，研心斯道，究乎大學之歸者。方恐恐焉無以爲諸生助，而又怪諸生不肯遽出其學以示余也。壽州茂才吕君敬甫，自安豐僑寓州中，所居與學舍鄰比，去春始相往來，漸得悉其爲人。余嘗出陳、陸二氏之書與之辨論，欣然心若相契。其學以朱子之學爲學也，其文以朱子之文爲文也。其於朱子所已發者彙而參之，必求其是也；其於朱子所未發者引而伸之，不嫌於創也。是善學朱子者也。其不溺於詞章之學也，不狃於訓詁之學也，不惑於空虛玄妙之學也。嘗舉大全集，録其一二爲家塾課本，兹將梓以公世，而屬余弁言，余愧不能究朱子之學，亦安能識朱子之文？敬甫虛衷下問，每有所得，輒來商榷，無以益之，而又不能藉敬甫以致力於此，然於大學之道，亦嘗有志焉矣。由朱子之文，以求朱子之學，因以推而至於大學之學，敬甫其許余爲同志耶？敬甫篤學力行，善承親意，偕其戚周君新齋同居，教其子一以朱子之學爲學。兩家長幼内外肅然雝然，庶有得於格致誠正修齊之略矣。他日出而有爲，其必推暨於治平之道也可知。是又不惟誦其詞、通其義，而兼思踐其實也。余故於朱子文鈔之刻而樂爲序之。道光歲在丁酉正月二十四日太倉王寶仁拜書於六安學署之紫來堂。

朱子論定文鈔序

〔清〕吳震方

子貢曰：「夫子之文章，可得而聞也；夫子之言性與天道，不可得而聞也。」蓋夫子删詩、書，定禮、樂，贊周易，修春秋，是文章也，其實即性道也。性道由文章而傳，故舍文章則無以求性道。自夫子殁而大義乖，微言絶，諸門弟子所記，論語而外，惟曾子、子思、子夏獨有傳述，而它無聞焉。其後七十子之徒，各守所聞于夫子者以教于四方，數傳以往，去聖漸遠。漢興，表章六經，以迄于宋，諸子諸儒或純或駁，而聖人之道亦時顯時晦。逮乎朱子，而聖學始有所總萃焉，乃一厄于當時僞學之禁，再亂于後學異同之説，甚至流爲門户，若水火之不相入，是亦吾道之憂也。我皇上睿學淵深，崇儒重道，右文籲俊，首重理學。兩闈以性理試論，童子兼小學命題，士風一軌于正義。又御制訓飭士子文，命國學勒石頒行，垂法萬世。士子無不恪遵聖訓，咸知宗守程朱，以共臻一道同風之盛。第朱子之書，邇年以來蒐羅校刊，蓋詳且備矣，而于朱子之論文未有專輯者。震方自丁卯春歸里十六年中，每讀朱子之書，見有論及經傳子史暨秦漢唐宋之文者，一一摘而條之，附以本文，彙爲二十卷，名曰朱子論定文鈔，是雖就文論文，而其闡發精徹，窮深極妙，論人論事，無不指歸于聖人，所謂由文章以求性道者，其在斯乎？是非真西山文章正宗、謝叠山文章軌範之所得比矣，況其後焉者乎？康熙壬午夏六月丙辰石門吴震方序。

朱子論定文鈔序

〔清〕仇兆鰲

紫陽朱夫子闡明經籍以啓牖後人，天下莫不誦習其書。自文集、語類外，尚有論孟或問、輯略、精義及各種遺書，經呂子晚村爲之重梓行世，於先儒著述幾幾表章無憾矣。語溪吴青壇先生與晚村爲同里至契，復輯朱子論定文鈔。上及經傳子史，下逮有宋之文，朱子莫不各有品評。但其説雖存，而其議論折衷則各載于他書，學者按部尋討，苦于卷繁而力瘁。青壇先生則彙萃成書，標朱子之説於前而備録原文於後。能於舊日成書之外别出見聞，讀者展卷之時釐然在目，俾夫含英咀華，食膏腴而飫神髓，豈不爲後學特開關鑰乎？是蓋合理學、文章爲一書，不特弘被後學，實則有功考亭，誠從來所未有也。書成，癸卯仲春，恭逢皇上南巡幸浙，遂繕寫進呈，時兆鰲亦進呈杜詩詳注，聯趨行在者數日，因得從容卒業。乃作而嘆曰：「世之習古文者，但知鹿門之文鈔，而不知本出于正宗，即知西山之正宗，而不知實本乎朱子。今考文章正宗於韓、歐八大家收載爲獨詳，非茅氏所取法乎？朱子平日論次左、國、秦、漢，兼及唐、宋名家，非真氏所託始乎？但此説未經人道，則亦晦而不彰。」或疑西山采取富而别擇嚴，若是書則泛濫博收，文非一體，似非古文准則。愚應之曰：「讀書貴乎知言窮理。一切是非異同，前人著作，豈無得失？唯能兼資博考，虚心而玩索，庶乎折理於幾微，而斷辭於疑似，以此廣學問而長識見，則其取益也更多，視世之規規然比櫛字句、摹擬詞華，以爲古文准則者，豈不大相逕庭乎？」青壇先生，同館前輩也。向在金臺，聆其言論丰采，留心經濟，期於坐言起行。自退居里門，日以著書爲業，近尤簡重沈默。覽其東軒晚語，可以針砭子弟，可以警悟士林，亹亹乎真切篤實，蓋歷練世故、克己省心而後得之，直堪作小學外編。另有説鈴，採拾方言雜記凡百餘卷，皆本朝六十年來縉紳黎老親志其聞見者，又可續今世説一部矣。至於文鈔鉅集，根據紫陽，包羅數千年文字，抑可以知其嚮往大儒，學有原本，非汲汲以古文鳴世者比也。時康熙四十三年癸未孟夏，甬江年家眷侍生仇兆鰲拜題于武林書舍。

朱子論定文鈔序

〔清〕陳廷敬

衆言淆亂折諸聖，去聖日遠，邪説害正，仁義路塞，子輿氏辭而辟之，廓如也。當是時，異端之學不有孟子，孰從而正之？然自戰國及秦以來，遊士縱横捭闔，以其言傾動世主。此其人皆貪得苟合譎詐之徒，恣爲險危叵測無忌憚之説，彼亦豈不知悖於聖人之道哉？欲自矜其所長，則不得不深匿其所短；欲苟一時之得，則不復顧萬世之害。舉先王所以成教化而美風俗者，道德之事變而爲功利之階。凡師之授其徒者，亦莫不各有所學焉。浸淫既久，中於人心，由是名家紛出，奮其私智，蜂起爭鳴，於是敢顯然有非聖之書者矣。兩漢表章六經，稍稍歸正，然微言既湮，其流至於曲學阿世，爲人心世道之憂。歷漢、唐、五季之餘，猶未衰止也。中間二三賢才之士補偏救弊，使聖人之道綿綿不絶如線者，此其功亦豈得泯泯而無傳也哉！然其邪正雜揉，道失其歸而學失其統，亦莫有能起而正之者。雖以濂洛之賢，其言亦僅邈焉孤存於世，其他離經叛道顯悖於聖人之説者亦已多矣。不有興者，曲學之弊，後之人孰從而正之？逮及南宋，紫陽奮起，集諸子之成，釐百家之謬，至於今，使世之學者知道之有歸而學之有統，謂非朱子之功，將誰屬哉？昔蘇氏論楊墨之害等於洪水，廷敬亦嘗謂曲學之害甚於異端。韓愈推尊孟子，以爲功不在禹下，廷敬亦嘗推尊朱子，以爲功不在孟子下也。孔子曰：「不知言，無以知人。」孟子願學孔子者曰：「我知言。」夫言之淆亂難知也久矣，由孟子至于今千有餘年，視孟子去孔子之世如此其遠也，聖人吾既不可得而見之矣，見學聖人者，吾將取以爲則焉。朱子善學聖者也，其評論古今之言，散見於羣書及其子集中者，石門吳子青壇距户十餘年，潛心蒐輯，薈萃成編，都爲一集，名曰朱子論定文鈔，其意可謂勤矣。方今聖明典學，以聖人之道爲必可行，以聖人之言爲必可信，詖衺新異之説不得至于黼扆之前，知言獨盛矣。將見學術日明，人才日盛，彼矜其所長以苟一時之得者，舉皆無之，而況離經叛道、顯悖于聖人之言者，有不回心嚮道、俗變風移以自外于聖明之世者哉？余是以知知言之功於兹爲獨盛也。今是書上佐乙夜之觀，益廣文明之化，又不僅爲學士大夫誦説服習之資而已。青壇以書來問序于余，余是以喜而爲之序。康熙歲次癸未孟夏高都陳廷敬撰。

朱子論定文鈔序

〔清〕靳　讓

讀書以窮理也，爲文以明道也。四子之書，乃古今人所以爲文之理，紫陽朱子出而發明之，其道理始昭揭于宇宙。後之學者雖未能窮其理，究不敢以文目之也。自諸子百家徒以詞章爲文，人各爲書，書各爲説，天下聰明博達之士，方且悦其可以資乎口耳，遂相祖述，浸淫日勝，而未有底也。幾使古今之義理，不復歸語言文字間矣。義理之不明，而猥云古今之文章莫大乎是，彼世之殫思竭才以求之于文者，其爲文何如也？夫人之行視乎知，則窮理爲最要。欲窮理者，舍紫陽朱子安所適從哉？今天子崇正學、飭士行，于紫陽朱子之書時勤御覽，制義取士，一遵朱子理解。多士亦皆爭自濯磨，翕然不變矣。有志之士果能好學深思，沉潛體驗于紫陽之發明四子者，無不解之義、不達之理，其于諸子百家之言，自可一覽而得其是非邪正之辨，文與道一以貫之。若徒騁才識而不窮其理，則是弄筆墨之揣摩以邀利達而已，豈不負國家養士造士之至意耶？善乎朱子與汪尚書論蘇學書云：「惟其文之取，而不復議其理之是非，則是道自道、文自文也。道外有物，固不足以爲道，且文而無理，又安足以爲文乎？」審是而爲文之必期明道，讀書之必期窮理也，豈不彰彰乎爲切己之實學哉！第朱子論文之說，散見他書，學者不能徧觀而盡識之也。吾同年友吳青壇先生手輯朱子論定文鈔，誠足以爲學者讀書窮理之助。學者固竟習于文章，而此書之刻，俾得博觀乎古今之文，因得隨文以折衷于朱子之說，毫釐銖黍，辨之必精，始信文章之宜傅義理，非文自文、道自道也。由是而博求紫陽之說以窮其理，即可以得四子之理。理明而行與並，全其所以爲人之理，即以之廣爲論定諸子百家，可以區區文云乎哉？讓謬司文教，竊異爲文者之回心而向道也，故爲序以望夫讀是書者。康熙四十四年乙酉春正月浙江督學使者年眷侍生中州靳讓序。

朱子論定文鈔跋

〔清〕惕 生

咸豐丙辰四月二十五日，圈閲朱子論定文鈔二十卷終。其間道學經濟，古今不刊之文，當次第抄出，類爲一編，成誦在心，胸次見識、學問氣節必超越常人萬倍。雖若曰力不足，但藏往知來，若後生不昧，即爲種夙慧也可。抑嗣吾世有子若孫不忘手澤，而亦養正之一助云。惕生星勺記于學廬西樓面爐峯之兩窗。